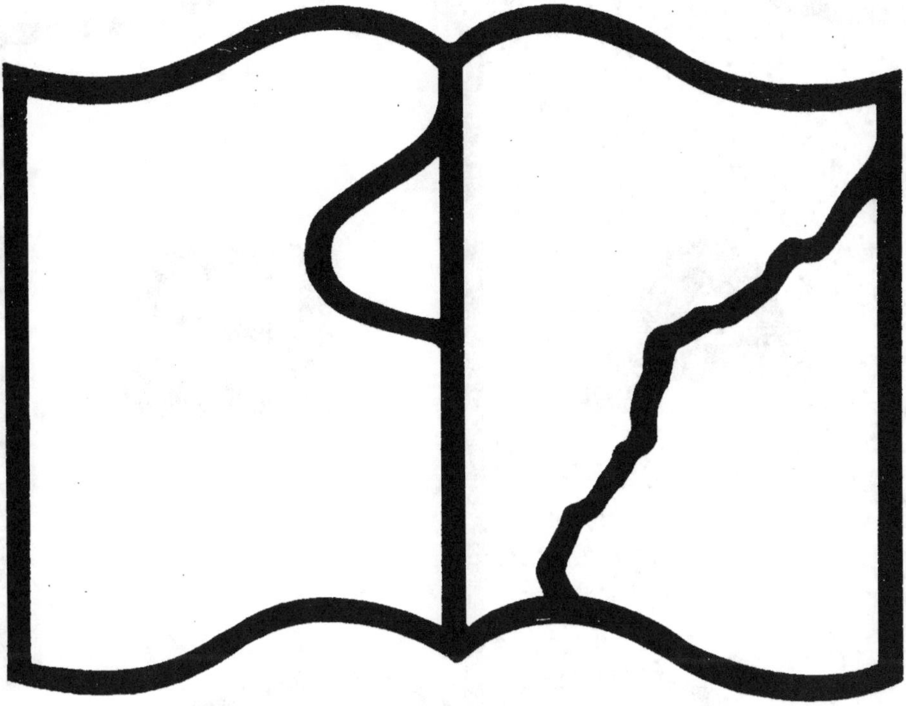

Texte détérioré — reliure défectueuse

NF Z 43-120-11

Contraste insuffisant

NF Z 43-120-14

PROPRIÉTÉ LITTÉRAIRE.

Droit de traduction réservé.

Tout exemplaire non revêtu de la signature de l'auteur sera réputé contrefait.

R. Youssouf

OUVRAGES DU MÊME AUTEUR
EN VOIE DE PUBLICATION.

1º Dictionnaire portatif Turc-Français extrait du présent Dictionnaire ;

2º Dictionnaire Français-Turc, seconde partie, en relation parfaite avec cette première partie turque-française ;

3º Grammaire complète turque-française, contenant aussi la partie arabe et persane, et faisant un tout avec les susdits ouvrages.

DICTIONNAIRE
TURC-FRANÇAIS

EN CARACTÈRES LATINS ET TURCS

A LA PORTÉE DE TOUT LE MONDE

RÉDIGÉ
D'APRÈS UNE MÉTHODE NOUVELLE
ET DES PLUS FACILES;
CONTENANT LES TERMES TURCS, ARABES ET PERSANS
QUI COMPOSENT LA LANGUE OTTOMANE;
ET ENRICHI D'UN TRÈS GRAND NOMBRE
DE MOTS NOUVEAUX ET TECHNIQUES
USITÉS DANS LES SCIENCES
LES ARTS, LE COMMERCE ET L'INDUSTRIE

PAR

R. YOUSSOUF

TOME PREMIER

Ouvrage approuvé
par le Ministère de l'Instruction Publique

CONSTANTINOPLE
Librairie International
Lorentz & Keil
CONSTANTINOPLE
457. Grand' rue de Péra 457.

مبدأ سـعادت ملك وملت وحامى‌ء عـلم
ودانش وحرفت اولان شـوكتلو قدرتلو
مهابتلو پادشاه معارفپناه وشهنشاه دل آگاه
نال ماتمناه الغازى سلطان عبدالحميد خان
ثانى افندمز حضرتلرينـه كمال افتقار ايله
تقديم قلنمشدر

HOMMAGE
A SA MAJESTÉ IMPÉRIALE
LE SULTAN

ABD-UL-HAMID II

NOTRE TRÈS GLORIEUX ET TRÈS PUISSANT
MONARQUE
ILLUSTRE PROTECTEUR
DES SCIENCES, DES LETTRES ET DES ARTS

مطبعة ابو الضيا

PRÉFACE

La langue turque, une des plus belles et des plus élégantes de l'Orient (1), est un mélange de tartare, de persan et surtout d'arabe.

---

(1) Le chevalier G. Jones récapitule ainsi les qualités relatives aux langues arabe, persane et turque : *Suavitatem persica, ubertatem ac vim arabica, mirificam habet turcica dignitatem ; prima allicit atque oblectat ; altera sublimius vehitur, et fertur quodammodo incitatius ; tertia elata est sane, sed non sine aliqua elegantia et pulchritudine . . . .*

La langue turque parlée, ajoute P. A. Jaubert, égale et surpasse peut-être le persan sous le rapport du nombre, de l'harmonie et de l'élégance ; elle est une des plus belles et, sans contredit, la plus majestueuse de toutes celles de l'Orient.

Et A. L. Davids dit : La langue des Osmanlis est riche, élevée et mélodieuse. Peut-être n'a-t-elle été surpassée par aucune langue dans la délicatesse de ses expressions. Elle est presque sans égale en noblesse, en beauté et en élégance.

Le dialecte tartare, et plus proprement l'*ouyghour* (1), est celui que les Ottomans ont parlé généralement jusqu'en 1453 (852 de l'Hégire), époque de la conquête de Constantinople par Fatih Mahomet II.

L'empire ottoman prit alors un développement considérable, aussi bien sous le rapport de son étendue et de sa puissance, que sous celui de ses relations politiques et commerciales. Par suite ce dialecte, trop primitif, ne tarda pas à devenir insuffisant pour le gouvernement d'un grand peuple qui venait de prendre rang parmi les nations européennes.

Les Osmanlis eurent recours au persan et surtout à l'arabe pour enrichir et perfectionner leur propre idiome. L'origine de leur religion, la langue de leurs livres mystiques, leurs relations constantes avec les Arabes, les portaient naturellement à donner la préférence à la langue de ces derniers.

Dans ce mélange de trois langues l'arabe joue donc le rôle le plus important. C'est à l'arabe que les Ottomans ont emprunté les caractères, les chiffres et presque tous les termes ou locutions exprimant des idées abstraites, morales ou religieuses,

---

(1) L'*Ouyghour* est une langue parlée dans le Turkestan oriental. C'est le premier dialecte tartare qui ait été fixé par l'écriture, au moyen d'un alphabet d'origine Syriaque (Bescherelle).

ainsi que tous les termes relatifs à l'administration civile et militaire, aux sciences, aux lettres et aux arts.

L'étude de la langue turque présente, spécialement aux étrangers, d'assez grandes difficultés : d'abord parce que cette langue n'a pas encore atteint son plein développement (1), et surtout parce que l'on omet toujours les accents-voyelles, seuls capables de déterminer l'exacte prononciation des mots.

D'autre part, l'emploi de ces accents-voyelles créerait, notamment dans les manuscrits d'une écriture serrée, un autre genre de difficultés non moins sérieuses, sans parler de la perte de temps considérable qu'il occasionnerait. Les accents pourraient, en effet, s'entrelacer facilement à cause de l'exiguïté de l'écriture manuscrite, appelée *rik'a* (2), en sorte que le lecteur peu familiarisé avec la langue turque ne saurait plus au juste à quelles syllabes ces accents se rapportent. De là la nécessité de les supprimer, à moins de vouloir faire pour chaque livre, et particulièrement pour les manuscrits, une série de tableaux présentant des mots isolés avec tous les signes nécessaires pour en déterminer les sons-voyelles. On

---

(1) *On peut dire,* avoue Samy Bey, *sans choquer l'amour-propre national, que la langue des Ottomans est une langue en état de formation.*

(2) C'est l'écriture courante employée communément dans les manuscrits.

se convaincra aisément des graves inconvénients qui résulteraient d'un pareil système.

Des savants Orientalistes, désireux de rendre l'étude de cette langue plus abordable aux Européens, avaient, depuis longtemps, conçu le plan, très hardi d'ailleurs, de mettre sous les yeux des commençants, des modèles d'entretiens ou de discours, transcrits en caractères latins, qui représenteraient exactement la prononciation des mots écrits en caractères arabes. Ce plan exigeait toutefois, pour avoir une valeur pratique, l'existence préalable d'un lexique turc composé avec les mêmes caractères que ces modèles, afin qu'on pût y trouver tous les termes et s'assurer de l'étendue de leur signification. Or, l'immense difficulté et la longue durée du travail pour compiler un dictionnaire de ce genre ont toujours arrêté la mise à exécution.

Cependant les relations politiques et commerciales de l'Empire Ottoman avec l'Europe ayant pris de nos jours une extension considérable, la connaissance de la langue turque devient de plus en plus nécessaire aux étrangers que leurs affaires mettent en rapport avec la Turquie. Un dictionnaire turc-français en caractères latins est, selon nous, indispensable pour arriver plus facilement à l'intelligence de cette langue. Dans tous les cas, un tel dictionnaire rendra de très grands services, non seulement aux étudiants, mais encore aux nombreux commerçants, aux employés, aux personnes d'affaires, aux avocats, aux missionnaires, aux touristes même, qui, absorbés par leurs occupations, ne peuvent sacrifier de longues années à l'étude pénible des caractères et de l'orthographe turcs pour arriver enfin à chercher les mots de cette langue dans les dictionnaires turcs ordinaires.

Profondément convaincu de l'utilité d'un lexique turc en caractères latins, nous conçûmes le dessein d'en composer un, sans nous faire d'illusions sur les grandes difficultés que nous devions rencontrer dans l'exécution de cette entreprise.

Recueillir tous les termes qui se trouvent épars dans les dictionnaires turcs pour les disposer par ordre alphabétique français, selon leur véritable prononciation; retrancher les mots arabes, persans et turcs tombés en désuétude et les remplacer par un très grand nombre d'autres employés dans les sciences, dans les arts et dans le commerce; donner et développer le sens de chaque mot avec ses modifications; distinguer enfin, dans une telle confusion, et coordonner les termes primitifs, ainsi que leurs dérivés, cela ne pouvait être certainement ni une tâche légère ni le travail d'un jour.

Mais, une fois à l'oeuvre, nous vîmes que les difficultés à vaincre et les sacrifices à faire, pour atteindre ce but, étaient encore plus considérables que nous ne l'avions prévu. Aussi, bien souvent, en nous heurtant à des obstacles presque insurmontables, avons-nous été tenté de renoncer à notre oeuvre; mais la perspective de rendre à la langue et au pays un service sérieux, et les encouragements reçus de plusieurs personnes de la Capitale, qui s'intéressent aux progrès des lettres et des sciences ont soutenu nos efforts. Nous nous remettions au travail avec une nouvelle confiance et, aujourd'hui, après dix ans d'un labeur opiniâtre, nous touchons au terme de notre entreprise, heureux de pouvoir présenter au public le fruit de nos veilles.

Notre ouvrage aurait été, croyons-nous, incomplet, si nous n'avions songé à le rendre utile aux nationaux mêmes, aussi bien qu'aux étrangers. C'est pour cela que nous avons ajouté, après chaque terme turc représenté en caractères latins, l'exacte orthographe en caractères arabes.

Il arrive souvent qu'un élève ottoman ignore l'orthographe d'un mot de sa langue à écrire ou à traduire en français. Or, les dictionnaires ordinaires turcs-français ou simplement turcs, en caractères arabes, ne pourraient pas facilement le tirer d'embarras. Il devrait tâtonner, feuilleter au hasard, et trop souvent sans succès. Car, outre que la lecture des caractères turcs offre, même aux élèves ottomans, certaines difficultés, vu le manque des voyelles, l'orthographe des termes les embarrasse encore plus (1). Comment pourraient-ils donc, avec un lexique ordinaire trouver le mot dont ils sont pressés de connaître l'orthographe ou la signification s'ils ignorent la manière de le chercher? Avec notre dictionnaire, il suffit à un élève de n'importe quelle nationalité de connaître un peu le français, même de savoir seulement épeler en cette langue, pour se tirer immédiatement d'embarras. Il n'a, en effet, qu'à y chercher le mot turc, arabe ou persan tel qu'il se prononce, avec ses consonnes et ses voyelles, comme s'il s'agissait de chercher un simple mot français dans un dictionnaire français.

Nous pouvons conclure de ce qui précède que le présent ouvrage est non seulement indispensable aux étrangers pour se familiariser aisément avec l'idiome turc, mais aussi très utile aux élèves ottomans pour apprendre le français et pour chercher bon

---

(1) L'orthographe des mots *turcs* n'est pas encore suffisamment fixée. Parmi les Osmanlis les plus instruits, les uns écrivent les mots tartares comme on les prononce, tandis que les autres observent une orthographe qui se rapproche de celle des anciens ouvrages turcs écrits en caractères arabes ou en caractères *ouyghour*. Nous disons les mots proprement *turcs,* car les règles de l'orthographe des mots arabes ou persans sont bien arrêtées. Encore faut-il nécessairement que l'élève ait une connaissance suffisante de ces deux langues.

nombre de mots de leur propre langue dont l'orthographe présente des difficultés.

En laissant de côté toute considération sur la valeur pratique de notre nouvelle méthode, quel est le mérite intrinsèque de cet ouvrage? Il ne nous appartient pas de nous prononcer là-dessus. Les hommes compétents en la matière jugeront du résultat de nos faibles efforts. Toutefois, nous avons la conscience d'avoir apporté à cet ouvrage tout le soin et toute l'exactitude possibles pour en faire une production unique en son genre.

Le choix des termes a été fait avec une attention minutieuse, en nous efforçant de les rendre selon la prononciation la plus correcte de la Capitale. L'indication juste de leur signification multiple, leur composition, le choix des exemples, la dérivation des mots arabes accompagnés quelquefois de leurs pluriels réguliers et souvent de leurs pluriels irréguliers, ainsi que le désir de donner l'orthographe exacte des mots turcs, nous ont imposé des recherches sans nombre et occasionné de grandes fatigues.

Néanmoins, si malgré les soins scrupuleux que nous avons donnés à un ouvrage si difficile, quelque erreur ou défaut a pu échapper à notre attention, nous osons espérer que le public usera d'indulgence à notre égard. Au reste, nous accepterons avec reconnaissance les remarques bienveillantes qu'on voudrait bien nous adresser, et nous en tiendrons compte, s'il y a lieu, dans la préparation éventuelle d'une nouvelle édition.

Nous profitons de cette occasion pour remercier chaleureusement tous ceux qui, par leurs encouragements et leur flatteuse approbation, nous ont soutenu dans notre rude labeur. Qu'il nous soit permis de témoigner ici tout particulièrement notre reconnaissance à Monsieur Antoine Ceraci, ancien professeur au Lycée Impérial de Galata-Séray, dont le dévouement, le savoir et la pratique des langues orientales nous ont si efficacement secondé dans l'accomplissement de notre travail.

Nous déposons humblement cet ouvrage aux pieds du trône de Notre Très Auguste et Très Glorieux Monarque, le Sultan **Abd ul-Hamid Han II**, comme une marque de profonde admiration et de respectueux dévouement. Que ce soit, en quelque sorte, l'accomplissement d'un devoir de reconnaissance et de soumission envers le **Grand Padichah**, dont la libéralité et les précieux encouragements font fleurir les sciences, les lettres et les arts dans Son vaste Empire.

Nous croyons utile de donner ici quelques renseignements sur notre manière de procéder dans la rédaction de ce lexique :

1° Nous avons placé parfois, à côté d'une expression empruntée au langage relevé, le mot usuel correspondant, et *vice-versa*, ce qui sera de quelque utilité aux étrangers.

2° L'origine de chaque terme est marquée par la lettre initiale de la langue d'où il a été tiré: ainsi l'*A* désigne l'arabe, le *P* le persan, et le *T* le turc.

3° Lorsque nous avons rencontré des mots qui, en turc, ont deux prononciations, l'une choisie, l'autre vulgaire, nous les avons ajoutées toutes les deux en mettant l'une ou l'autre entre parenthèse.

4° Les termes arabes sont suivis de leurs nombreux pluriels en usage dans la langue turque, soigneusement notés et classés eux aussi par ordre alphabétique français, selon leur prononciation figurée.

5° Les dérivés arabes n'ayant, dans leur formation, aucun rapport avec les règles ordinaires de la langue turque, nous les avons, pour la commodité des étudiants, fait suivre de leurs primitifs les plus usités.

6° Les participes passés des verbes passifs et pronominaux appartenant aux types *ifti'al*, *infi'al* et *tèfa' 'ul* ont la forme du participe présent; nous les considérons néanmoins comme des participes passés.

7° Il nous a semblé superflu d'indiquer toujours le féminin des participes arabes, car, pour le former, il suffit de savoir qu'on doit ajouter au masculin la lettre *è*, ou la lettre *a*, selon que la syllabe finale est douce ou dure ; par exemple :
mèzkiour-è, mèrkoum-è; mèchrou'a, mèchrout-a, etc.

8° Pour faciliter la connaissance des mots composés, nous avons divisé les parties dont ils se composent par un trait (-).

9° Le point et virgule (;) sépare ordinairement le sens propre des mots de celui qui en est un peu éloigné.

10° Des remarques grammaticales ajoutées parfois à certains articles faciliteront l'étude de la langue.

11° Ce dictionnaire, pour être utile à toutes les classes de personnes, a été enrichi d'un très grand nombre de termes techniques nouveaux, relatifs aux sciences mathématiques et physiques, à l'histoire, à l'astronomie, à l'histoire naturelle, à la minéralogie, à la médecine et à la chirurgie, à l'art militaire et nautique, etc.

12° Il a été jugé superflu de reproduire en caractères arabes les nombreux exemples contenus dans ce lexique, qui autrement aurait été trop volumineux, par conséquent peu maniable et très coûteux. Dans le cas où l'on ignorerait l'orthographe turque d'un mot compris dans ces exemples, il serait facile, pour la trouver, de chercher ce mot dans le lexique même.

13° Nous nous sommes servi, dans la prononciation figurée, des lettres simples $\check{c}$, $\tilde{g}$, $\underline{h}$, à la place de *tch*, *dj*, *kh*, pour rendre le son des consonnes *tchim*, *djim* et *khe*, qui font défaut dans l'alphabet français. Nous avons évité ainsi de multiplier inutilement les lettres pour représenter un seul son, et gagné de pouvoir classer les termes exactement à leur place respective. Pour tout le reste nous avons suivi rigoureusement, dans la transcription des mots turcs, la prononciation des lettres françaises.

14° En ce qui concerne les termes étrangers qui se sont furtivement glissés dans la langue turque, nous n'avons pas cru devoir adopter tous ceux que le vulgaire, insouciant de la pureté de la langue, se permet d'employer, mais seulement ceux auxquels un usage incontesté et les meilleurs dictionnaires modernes ont accordé, pour ainsi dire, le droit de naturalisation.

15° Pénétré enfin du grand respect dû à la jeunesse et à la morale, nous avons sévèrement banni de cet ouvrage toute expression, tout mot contraire aux convenances sociales.

R. YOUSSOUF

TRAITÉ

DE LA

PRONONCIATION TURQUE

---

1. Les Osmanlis, surtout ceux de la Capitale, prononcent leur langue d'une manière grave, douce, harmonieuse et distinctement accentuée.

2. Les fortes aspirations de la prononciation arabe sont soigneusement écartées.

3. La prononciation turque présente aux étrangers peu de difficultés.

4. A l'exception du č (čim), de l'e (èsrè ou yè dans les mots durs), du ǧ (ǧim), du gh (ghayn), de l'h (ha, hè), et de l'ḫ (ḫe), toutes les autres lettres se prononcent comme en français (v. N° 53).

RÈGLES GÉNÉRALES.

5. Toute lettre doit être distinctement et clairement prononcée, quelle que soit la place qu'elle occupe.

6. Il n'y a pas d'l mouillée, ni d'e proprement muet (v. N° 42).

7. En général les finales ne font pas liaison avec le mot qui suit ; les parties mêmes des mots persans composés ne s'élident pas entre elles :

ǧihan-afèrin (1), ǧihan-ara, bèd-asl, bèd-ahtèr, ǧan-avèr, harf-èndaz, ẖon-èfchan.

8. **Exception.** Fait liaison tout mot arabe terminé par une consonne et suivi de l'article *ul (oul, etc.)* :

'ilm ul-èmraz, 'ilm ul-hèyèt ul-'alèm, rahmèt oul-lah, marr uz-zikr.

DES CONSONNES DE DIFFÉRENTE NATURE ET DES CONSONNES DOUBLES.

9. Deux ou plusieurs consonnes de différente nature, au milieu d'un mot, et qui n'appartiennent pas à la même syllabe, se prononcent comme en français, c'est-à-dire, l'une avec la syllabe précédente, et l'autre avec la syllabe suivante :

kèk-lik, kèk-lik-lèr, mèk-toub, mèk-toub-lar, tos-ba-ghe, a-ghaǧ, aǧem-trak, bach-lan-gheǧ.

10. **Remarque.** Cette règle s'applique aussi aux mots persans composés, et cela afin de mieux faire ressortir les parties dont le mot se compose :

ab-rah, ẖoub-rou, bèd-rèftar, bèd-nam, ẖoch-tab', ẖod-bin.

11. Lorsqu'il se rencontre des consonnes doubles dans le corps des mots simples (2), composés ou

---

(1) Nous croyons superflu d'ajouter aux exemples l'orthographe turque et la signification : l'une et l'autre étant déjà indiquées dans ce dictionnaire.

(2) Nous appelons mot simple tout mot non composé, ou non augmenté de particule affixe ou de voyelle.

augmentés de quelque particule, quelle que soit la nature du mot, la première consonne se rattache à la syllabe précédente et se prononce en se confondant légèrement avec le son de la même syllabe, et la seconde appartient à la syllabe suivante ; de telle sorte que toutes les deux donnent un son assez distinct (pour les doubles *s* v. N° 45):

ham-mal, ham-mam, sar-raf, rak-kas, chid-dèt, biz-zat, dèğ-ğal, bèd-dow'a, bèyan-namè, hèm-matlèb, čèkiğ-ği, sakal-le.

DE L'ACCENT TONIQUE.

12. On appelle *accent tonique* l'inflexion de voix par laquelle on appuie sur une syllabe.

13. En général l'accent tonique se fait légèrement sentir en appuyant sur la dernière syllabe des mots simples :

kitâb, aslân, murèkkêb, harèkêt, mouchmoulâ.

14. **Remarque.** Les finales des génitifs et les affixes pronominaux de la 2ᵉ pers. du sing. et du pluriel ont l'accent tonique mieux marqué :

èviñ, èvin, èvlèriñ, èvlèrin, èvlèriniz, etc.

15. Les mots simples augmentés d'une ou plusieurs particules, ou d'un affixe pronominal, ou d'une simple voyelle, ont l'accent tonique sur la dernière syllabe ou voyelle ajoutée :

kapou-lâr, kitablar-dâ, tèftèr-imiz, kalèmlèr-iñiz, mèmlèkèt-i.

16. Exception. Un petit nombre de mots simples ont l'accent sur la première syllabe ; de ce genre sont :

yâren, ḫânge, nêrèdè, nâssel, êvvèt, âpan-scz, zira, hâydè, ghâyr, sônra, čôban, moùhtassar, bâyram, bâytar, dêrya, âfè-rin (1), *hâyer, hâla* (actuellement), etc.

17. Remarques.

1° En général l'accent tonique ne s'appuie pas sur l'*y*, mais tantôt sur la voyelle qui le précède, tantôt sur la voyelle qui le suit.

2° L'accent s'appuie sur la voyelle qui précède l'*y* :

I° Dans les monosyllabes :

bêy, pây, sôy, bôy, vây, tây, chêy, keùy, ḫoùy, boùy, ghâyn, lêyl, ghâyb, etc.

II° Dans les mots arabes terminés en *iyèt, iyè, iyat, iyoun,* etc. :

ḫarab-iyèt, hayvan-iyèt, insan-iyèt, 'ilm-iyè, bèchèr-iyè, ghazèl-iyat, havar-iyoun, harb-iyoun.

3° L'accent s'appuie ordinairement sur la voyelle ou sur la syllabe qui suit l'*y* lorsque cette lettre est précédée de toute autre voyelle que d'un *i* :

bèyâz, dayim, èyê, hayim, bèyân, ayâk, čèryêk, duymê, hayvân, cheuylê, beuylê, euylên.

18. Exception. Il faut excepter les mots en *y* déjà marqués au N° 16, c.-à-d. :

---

(1) Le mot persan *afèrin* (le Créateur), comme substantif, a l'accent sur la dernière syllabe ; comme interjection sur la première.

bâyram, bâytar, dêrya, ḫâyer, (ou ḫâyr), hâydè, ghâyr, etc. qui ont l'accent sur la première syllabe.

DE L'ACCENT TONIQUE
DANS LES VERBES.

19. Les verbes formés d'un adjectif ou d'un substantif à l'aide des terminaisons *lamak (lèmèk), latmak (lètmèk), lanmak (lènmèk),* etc. ont toujours l'accent tonique sur la dernière syllabe du mot (1) à laquelle ces terminaisons se joignent :

zôr-lamàk, èyê-lèmèk, bèyâz-latmàk, ingê-lètmèk, boughoù-lanmàk, êv-lènmèk, èkchi-lèchmèk.

20. Les verbes simples de deux ou plusieurs syllabes ont toujours l'accent tonique sur la dernière :
bakmâk, yazmâk, čěkmêk, sèvmêk, kaplamâk, soghoumâk, okoumâk, titrèmêk.

21. Mais si le verbe simple vient à être augmenté d'une ou de plusieurs particules interposées entre le radical et la terminaison, alors l'accent se déplace et se pose sur la première particule ajoutée :

kap-ân-mak, sok-oùl-mak, sèv-il-mèk, sèv-il-mè-mèk, sèv-il-èmè-mèk, aṅla-yâ-mamak, seulè-yê-mè-mèk.

22. **Exception.** Les verbes augmentés de la particule causative *dir (tir)* euphonique, ou seulement

---

(1) Si le mot est monosyllabe l'accent tombe naturellement sur la voyelle du monosyllabe même.

de la particule négative *ma, mè*, ont l'accent tonique sur la voyelle de leur radical :

bil-dir-mèk, èùl-dur-mèk, kâz-der-mak, boùl-dour-mak, ichit-tir-mèk, dât-ter-mak, yâz-ma-mak, sêv-mè-mèk.

DU SON NASAL.

23. La lettre *ñ* (*sagher-kiaf* ou *sagher-noun*) (1) prend un léger son nasal dans les cas suivants :

1° Dans un certain nombre de mots purement turcs, tels que :

dèñiz, siñèk, čañ, soñ, soñra, biñ, bèñ, doñ, bèñz, bèñzèr, doñouk, añsezen, doñouz, doñmak, añmak, añsermak, dèñèmèk, diñmèk, etc. avec leurs dérivés.

2° Dans toutes les terminaisons des génitifs :

kitab-eñ, kitablar-eñ, kouch-ouñ, kouchlar-eñ, dil-iñ dillèr-iñ.

3° Dans les affixes pronominaux de la 2ᵉ pers. du sing. et du pluriel :

pèdèr-iñ, pèdèr-iñiz, valid-èñ, valid-èñiz, kiatib-iñiz, hoǧa-ñcz.

4° Dans les datifs pronominaux :

baña, saña, oña, bouña, chouña.

---

(1) Ce que nous représentons toujours par un **n** surmonté d'un trait.

C'est un **n** sourd, comme l'indique le nom même de cette lettre ; il représente un son nasal propre à la langue turque.

5º. Enfin dans toutes les finales de la 2ᵉ pers. plurielle des verbes :

sèvèyor-souñouz, sèvèr-siñiz, sèvèr-idiñiz, sèv-diñiz, sèvèğek-siñiz.

Font exception les secondes personnes du singulier terminées en *sen (soun, sin, sun)*.

24. Remarque. Dans la langue usuelle la lettre *ñ* peut parfaitement se prononcer comme un simple *n*.

DE L'EUPHONIE

25. On appelle *euphonie* ce qui rend la prononciation douce et coulante.

26. L'euphonie est la base de la langue turque, c'est elle qui règle le son des voyelles et des particules affixes. Elle joue un grand rôle dans la déclinaison des mots, ainsi que dans la conjugaison des verbes (1).

27. L'euphonie veut que la particule ou la voyelle qu'on ajoute à la fin d'un mot soit dure ou douce, selon que la terminaison de ce mot est dure ou douce :

---

(1) Nous ne saurions assez recommander aux jeunes étudiants l'importance de cette remarque. Pour n'avoir pas adopté cette loi fondamentale de la prononciation turque, des grammairiens de mérite ont multiplié inutilement les déclinaisons et les conjugaisons. Tandis qu'en faisant reposer tout le système des déclinaisons et des conjugaisons sur l'euphonie, ils auraient pu les réduire à l'unité, comme nous l'avons fait dans notre grammaire.

sakal-le, fèna-lek, kol-lou, omouz-ou, rènk-li, murèkkèb-i, tuy-lu, bulbul-u.

28. Il y a en turc huit voyelles (sons-voyelles) dont quatre sont dures et quatre douces (faibles).

29. Les voyelles dures sont : *a, e, o, ou,* et les douces *è, i, u, eu.*

RÈGLES FONDAMENTALES
DE L'EUPHONIE.

30. Dans la langue turque une particule ou une voyelle peut s'unir à un mot pour transformer un adjectif en substantif ou vice-versa, pour indiquer la possession d'un objet ou ses rapports, pour dénoter les modifications d'un verbe dans ses temps et ses personnes, enfin pour rendre passifs les verbes actifs ou l'actif causatif, réciproque, négatif, etc. Dans ces cas la particule ou la voyelle qu'on ajoute au radical doit être en relation euphonique avec la voyelle (son) finale de ce radical ; ainsi :

1° Si la dernière voyelle d'un radical est *a* ou *e*, ce qu'on ajoute aura *e* pour voyelle euphonique :

balta-ǧe, yaldez-ǧe, balek-ǧe, dagh-le, 'a-kel-le, ayagh-e, bèyaz-lek, sakse-se, yazar-em, yaz-deñ ; et non pas *balta-ǧi, yaldez-ǧi, balek-ǧi,* etc. à la manière des étrangers peu familiarisés avec la langue turque.

2° Si la dernière voyelle est *o* ou *ou,* on ajoutera *ou* au radical :

kol-lou, bol-louk, kapou-ǧou, kapou-ǧou-louk, kouyou-sou, sok-oul-mak, sor-dour-mak.

3° Si la dernière voyelle est è ou i, on ajoutera i :

èv-li, kahvè-ǧi, futuvvèt-li, dil-siz, èyiri-lik, piliǧ-i.

4° Enfin si la dernière voyelle d'un radical est u ou eu, on ajoutera u :

keupru-ǧu, yuz-lu. yuz-suz, yuz-u, geuz-lu, geuz-suz, geuz-u.

Paradigme des voyelles euphoniques.

VOYELLES

Dures				Douces			
a,	e	prend	e.	è,	i	prend	i.
o,	ou	—	ou.	eu,	u	—	u.

31. Exceptions.

Il y a des particules qui n'ont que deux sons euphoniques, ce sont :

1° *Mak* et *mèk*, marques caractéristiques des infinitifs des verbes turcs :

yaz-mak, okou-mak, sèv-mèk, bil-mèk.

2° *Ma* et *mè*, marques des verbes négatifs :

yaz-ma-mak, okou-ma-mak, sèv-mè-mèk, bil-mè-mèk.

3° *Ğak* et *ğèk*, terminaisons de la 3ᵉ pers. du sing. du futur :

> *yaza-ğak, okouya-ğak, sèvè-ğèk, bilè-ğèk.*

4° *Lar* et *lèr*, particules qui ajoutées à un mot marquent le pluriel :

> *baba-lar, aghre-lar, èv-lèr, gul-lèr, yazar-lar, sèvèr-lèr.*

32. Remarques.

1° Les voyelles ou les particules arabes et persanes qui s'unissent aux mots de la même origine, ne sont pas assujetties aux règles de l'euphonie :

> *mèzbour-è, baten-i, bous-i, abadan-i, chita-yi, dayim-a, ḫoussous-i, ḫoussous-siyèt, ḫoussous-sèn, adèmi-yan, 'alim-anè, gharbi-youn.*

2° Les adjectifs turcs, formés par l'addition de la particule *li*, dans le style épistolaire et comme marque de respect, changent cette particule en *lu* :

> *'izzèt-lu pèdèrim èfèndim hazrètlèri ; raghbèt-lu ri'ayèt-lu dosti vèfa chi'arem èfèndim hazrètlèri.*

Ce changement a lieu, surtout en s'adressant aux pachas, aux ministres, au *chèyḫ ul-islam*, etc. et spécialement à S. M. I. le Sultan :

> *chèvkèt-lu koudrèt-lu 'azamèt-lu mèhabèt-lu padichahemez èfèndimiz soultan 'abd ul-hamid ḫan sani.*

DE L'EUPHONIE
DANS LA
RENCONTRE DE DEUX VOYELLES.

33. Lorsqu'une voyelle, ou une particule commençant par une voyelle, s'unit à un radical terminé aussi par une voyelle, l'euphonie exige qu'on y interpose un *y* (1) :

balta-y-e, sakse-y-e, oda-y-a, sou-y-ou, tilki-y-i, kèdi-y-i, gèmi-y-è, sèvè-y-or.

34. **Remarque.** Cette règle ne s'applique pas aux particules, ni aux mots qui restent séparés du mot dont ils dépendent :

latifè ilè (2), euylè issè, èl ilè olsoun.

35. **Exception.** Il faut excepter le verbe *im* (je suis) qui, à la 1e pers. du sing. et du pl. du prés. de l'ind., prend un *y* :

ḣasta y-em, èyi y-im, kèyfli y-iz.

Dans les autres temps de ce verbe on fait sentir assez souvent l'*y* dans la prononciation seulement.

36. Lorsque le radical d'un mot est terminé par un *y*, c'est la voyelle précédente qui règle le son eu-

---

(1) Les mots simples dans la rencontre de deux voyelles ont aussi un *y* qui en adoucit le son : *ayak, yayan, èyi, èyè, kaya, kayech, humayoun, ghayèt, dèyirmèn,* etc.

(2) Pour ce qui regarde l'euphonie de la particule *ilè* dans la formation des adverbes turcs voyez la grammaire.

phonique, car l'*y (yè)* de sa nature n'est qu'une simple consonne :

keuy-lu, tuy-lu, boy-lou, bèy-lik.

DES DIPHTONGUES.

37. On appelle *diphtongue*, la réunion de deux ou plusieurs voyelles prononcées par une seule émission de voix, et faisant entendre un double son.

38. Les lettres *ya, ye, yè, yi, yo, you, yeu, yu,* sont de véritables diphtongues :

yanak, yeghen, yèk, yirmi, yok, youmourta, yurumèk.

39. Mais *ay, ey, èy, iy, oy, ouy, euy, uy* (qui se lisent *aï, eï, oï,* etc.) peuvent être diphtongues ou simple voyelles.

40. Dans le premier cas elles sont suivies d'une consonne :

ayna, èylè, èyman, oyna, oynak.

41. Dans le second cas elles sont suivies d'une voyelle, et se lisent séparément :

ayak, aye, beyek, ayermak, ayin, èyirmèk èyoub.

OBSERVATIONS SUR LES LETTRES
E, K, S, Y, Z et 'AYN.

1° De la lettre E (ى (ٍ)).

42. La lettre *e*, en turc, se prononce toujours et bien distinctement, quelle que soit la place qu'elle occupe. Elle a le son d'un *e* presque muet.

Selon Bianchi, elle représente un son sourd et mixte qui tient à la fois de l'*i* et de l'*e* muet. C'est proprement le son de l'accent *èsrè*, placé au-dessous d'une particule ou de la lettre *y (yè)* qui se trouve dans le corps ou à la fin d'un mot dur.

Ce son étant généralement inconnu aux Européens, l'usage seul peut en faire saisir la véritable prononciation. Cependant, en la prononçant comme un simple *e* muet, on sera parfaitement compris :

paha-le, sakal-le, bazar-lek, kitab-eñ, insaf-sez, kayermak, ayeran, sakseye.

2° De la lettre K (ك ق).

43. La lettre *k (kièf)* se prononce d'une manière plus douce que la lettre *q (kaf)*.

En général on emploie la première devant ou après

une voyelle douce (son doux), et la seconde devant ou après une voyelle dure (son dur).

44. Remarque.

Afin de rendre plus facile la recherche des termes dans notre lexique nous avons cru utile d'employer toujours la lettre *k* dans la transcription du *kièf (k)* et du *kaf* (q), quoique, en turc, les mots se trouvent écrits avec l'une ou l'autre lettre, conformément aux règles de l'orthographe.

Cependant nous faisons remarquer que, quand la lettre *k* représente le *kièf (k)* elle est précédée ou suivie d'une voyelle douce, comme : *èkmèk, kil, lèylèk* ; et quand elle représente le *kaf* (q) elle est précédée ou suivie d'une voyelle dure, comme : *kalpak, tabak, kachek*.

Dans le premier cas, lorsque le *k* se trouve à la fin des mots purement turcs, et se joint à une voyelle ou à une particule qui commence par une voyelle, il se change en *y* (dans la prononciation seulement) :

kèklik, kèkli-y-iñ, kèkli-y-è, kèkli-y-i.

Dans le second cas il se change en *gh* (dans la prononciation aussi bien que dans l'écriture) :

tavouk, tavou-gh-ouñ, tavou-gh-a, tovou-gh-ou.

3° De la lettre S (ص س ث).

45. La lettre *s* (*sè, sin, sad*) a le son sifflant de deux *s* ou du *ç* français et non pas celui de l's adou-

ci (*s* entre deux voyelles). C'est pourquoi l'orsqu'elle se trouve entre deux voyelles nous l'avons doublée, quoique dans l'orthographe turque elle se trouve simple, et cela pour être plus conforme à la prononciation française.

Nous faisons remarquer que dans ce cas les doubles *s* appartiennent exclusivement à la syllabe suivante, de sorte que cette double consonne n'est pas soumise à la règle de prononciation donnée au N° 11.

46. **Remarque.** Certains participes arabes, pris substantivement et qui s'écrivent avec double *s*, c'est-à-dire avec *sin* ou *sad* surmonté du *tèchdid*, suivent la règle donnée au N° 11.

has-sad, rès-sam, mès-sah, etc.

4° De la lettre Y (ى).

47. Dans la langue ottomane la lettre *y (yè)* se prononce généralement comme un simple *i* (1):

yel, yuk, soy, sèray, ḥeyar, hayat, hayvan.

48. **Exception.** Dans les mots arabes l'*y* précédé ou suivi d'un *i* se prononce comme deux *i*, c.-à-d. *i* allongé comme dans yeux:

ḥarbiyè, ḥariğiyè, 'afiyèt, ghazèliyat, ḥafiyèn, ghavayib, ghavayil, dayim, dayir, ḥalayik.

---

(1) Le son de l'*i*, dans cet ouvrage, au commencement des mots et suivi d'une voyelle, est toujours représenté par *y*; comme: *yanák, yok, youmourta, yuk.*

5° De la lettre Z (ظ ض ز ذ).

49. La lettre z *(zal, zè, dad, ze)*, simple ou doublée, quelle que soit la place qu'elle occupe ou la nature du mot, se prononce toujours adoucie comme en français :

zikr, mèzmoum, papaz, zaboun, 'aziz, zanbak, sakalsez, bèz (ou *bèzz*), *bèzzaz, tènèzzul, 'izzèt.*

6° De la lettre 'AYN (ع).

50. L' *'ayn* (1) est une lettre toute particulière aux langues arabe et hébraïque. Elle se prononce du gosier et comme double voyelle, mais ordinairement, en turc, le son de cette lettre est à peine sensible :

'ilm, 'eumr, 'aziz, dèf', bèy', da'va, ma'rouf, ma'rifèt, ma'loum.

Cependant les gens instruits de la Capitale font sentir le son de l' *'ayn* surtout lorsque le mot, prononcé sans *'ayn*, pourrait se confondre avec un autre mot semblable dépourvu de cette lettre ; par exemple :

'adèm, le rien, etc. ; *adèm*, homme ; *'ala*, hauteur ; *ala*, lèpre ; *'arz*, présentation ; *arz* (ou *èrz*), terrain, sol ; *ibda'*, invention ; *ibda*, manifestation.

---

(1) Nous représentons la lettre *'ayn* par une apostrophe (').

DU CHANGEMENT
DE QUELQUES LETTRES.

51. Il y a en turc des lettres qui, dans la prononciation vulgaire, changent souvent de valeur, ainsi, se changent :

b	en	p,	bazar, pazar ; bounar, pounar.
d	—	t,	dèftèr, tèftèr ; dèstè, tèstè ; datlc, tatle.
è	—	a, i,	adèm, adam ; pèchiman, pichman.
ğ	—	č,	aghağ, aghač ; bèkği, bèkči.
n	—	m,	anbar, ambar ; 'anbèr, 'ambèr.
t	—	d,	(1) katifè, kadifè.

52. Remarque générale.

Pour bien saisir l'importance des quelques règles déjà énoncées dans ce traité de prononciation, il serait indispensable aux commençants d'avoir quelques notions de la grammaire turque.

La connaissance de la grammaire, à notre avis, surtout pour les étrangers, devrait précéder toute étude sur l'idiome ottoman.

---

(1) Ce changement se fait toujours dans les verbes, toutes les fois que le *t* se trouve entre deux voyelles : *ètmèk, gitmèk, èritmèk,* font *èdèrim, gidèrim, èridirim.*

Il y a un petit nombre de mots qui s'écrivent, en turc, avec la lettre *the* (ŧ), laquelle se prononce comme *dal* (d) : *dagh, dolou, dolab,* pour *ŧagh, ŧolou, ŧolab.*

LETTRES ET SIGNES CONVENTIONNELS

EMPLOYÉS DANS LA

TRANSCRIPTION DES MOTS TURCS.

53. Les lettres *a, b, ch, d, è, f, i, j, k, l, m, n, o, p, r, s, t, u, v, y* (v. Nº 47), *z, eu* et *ou* se prononcent comme en français ; mais *ay, ey, oy* se lisent *aï, eï, oï* (v. Nº 39). Les autres lettres se prononcent comme dans le tableau suivant :

F.	T.	Arm.	G.	
C	چ	⟨⟩	τζ	*tch, c* italien devant *e, i*.
E	ى (٠)	⟨⟩	η	*e* presque muet (v. Nº 42).
G	گ	կ	γx	*g* devant *a, o, u (ga, go, gu)*.
Ğ	ج	ճ	δζ	*dj, g* italien devant *e, i*.
GH	غ	ղ	γ	*g* guttural (1).
H	ح	հ	χ	*h* doucement aspirée.
H	خ	խ	χ	*kh, h* fortement aspirée (2).

(1) La prononciation de cette lettre est celle d'un *g* suivi d'un *r* légèrement grasseyé.

(2) D'après Bianchi, les Osmanlis de Constantinople tendent généralement à adoucir l'aspiration de la lettre *he* (*kh*), qui est de sa nature fortement aspirée, et ils la confondent souvent avec celle du *ha* (*h*), doucement aspiré. Mallouf dans sa grammaire affirme plus positivement encore que les Ottomans, surtout dans le langage usuel, ne distinguent pas le *he* du *ha*. Nous voudrions bien admettre leurs observations. Mais, si notre oreille ne nous trompe pas, nous sommes porté à suivre l'avis contraire. Ainsi, dans la Capitale, à part le vulgaire, personne ne prononcerait *habêr, harab, hoch, hamour, han, anahtar*, etc. avec une aspiration douce ; cependant on n'imite pas non plus le râlement guttural du *he* fortement aspiré des Arabes.

FORMES DES LETTRES
DE
L'ALPHABET TURC.

Valeur des lettres.	Isolées.	Initiales.	Médiales.	Finales.	Valeur des lettres.	Isolées.	Initiales.	Médiales.	Finales.
a, ê, i, u	ا	—	—	ا	s	ص	صـ	ـصـ	ـص
b	ب	بـ	ـبـ	ـب	d, z	ض	ضـ	ـضـ	ـض
p	پ	پـ	ـپـ	ـپ	the, t	ط	طـ	ـطـ	ـط
t	ت	تـ	ـتـ	ـت	z	ظ	ظـ	ـظـ	ـظ
s	ث	ثـ	ـثـ	ـث	'ayn	ع	عـ	ـعـ	ـع
ğ	ج	جـ	ـجـ	ـج	gh	غ	غـ	ـغـ	ـغ
č	چ	چـ	ـچـ	ـچ	f	ف	فـ	ـفـ	ـف
h	ح	حـ	ـحـ	ـح	k	ق	قـ	ـقـ	ـق
ḫ	خ	خـ	ـخـ	ـخ	*) k	ك	كـ	ـكـ	ـك
d	د	—	—	ـد	l	ل	لـ	ـلـ	ـل
z	ذ	—	—	ـذ	m	م	مـ	ـمـ	ـم
r	ر	—	—	ـر	n	ن	نـ	ـنـ	ـن
z	ز	—	—	ـز	v	و	—	—	ـو
j	ژ	—	—	ـژ	h	ه	هـ	ـهـ	ـه
s	س	سـ	ـسـ	ـس	y	ي	يـ	ـيـ	ـي
ch	ش	شـ	ـشـ	ـش					

*) Les autres *kièfs* (*g*, *y*) et le *sagher-noun*, ont la même forme.

ABRÉVIATIONS.

A.	arabe.	loc.	locution.
a.	adjectif.	m. à m.	mot à mot
ad.	adverbe.	mar.	marine.
anat.	anatomie.	math.	mathématiques.
Arm.	arménien.	méd.	médecine.
bot.	botanique.	mil.	militaire.
c.	composé.	n. p.	nom propre.
cap.	capitale.	num.	numéral.
compar.	comparatif.	ol.	olmak.
conj.	conjonction.	P.	persan.
d.	dérivé.	partic.	particule.
dim.	diminutif.	pers.	personne.
èt.	ètmèk.	pl.	pluriel.
F.	français.	p. p.	participe passé.
fém.	féminin.		
fig.	figuré.	p. pr.	participe présent.
fort.	fortifications.		
G.	grec.	prés.	présent.
géom.	géométrie.	pron.	pronom.
gramm.	grammaire.	prov.	proverbe.
h.	habitants.	p. u.	peu usité.
I.	italien.	s.	substantif.
indét.	indéterminé.	sing.	singulier.
impér.	impératif.	T.	turc.
interj.	interjection.	us.	usuel.
juris.	jurisprudence.	v.	voyez.
L.	latin.	vulg.	vulgaire.

AVERTISSEMENT.

Pour les additions et les corrections consultez au besoin l'Appendice placé à la fin du Tome second selon l'ordre alphabétique.

DICTIONNAIRE
TURC — FRANÇAIS

A

A ا (*èlif*) première lettre de l'alphabet turc. La lettre *èlif* n'a aucune valeur propre; cependant les accents *ustun*, *èsrè* et *cuturu* (*fètha*, *kèsrè* et *zammè*) qui souvent sont sous-entendus, lui donnent le son voyelle de *a, e, o, ou, è, i, eu, u*. L'*èlif*, quand il se trouve dans le corps ou à la fin des mots, et quand il est surmonté d'un *mèdd* ~ (ce qui a lieu au commencement du mot), se prononce comme *a*.

A ـَ terminaison du datif pour les mots finissant par une voyelle dure ou par une consonne précédée d'une voyelle dure; *baba-y-a*, au père; *kapou-y-a*, à la porte; *aslan-a*, au lion; *kitab-a*, au livre.

A آ interj. T. ah! ô! oh! eh! hé! fi!

Ab آب s. P. eau, suc, jus; il n'est usité, en turc, que dans quelques mots composés; *ab-dèst*, ablution avant la prière musulmane; *ab-giour*, conduit d'eau; *ab-gir*, lac, étang.

'Aba عبا s. T. drap ou étoffe grossière, manteau fait de cette étoffe, feutre; a. (comme mot T.) fait de feutre, etc.

Abad آباد s. A. pl. de *è-bèd*, éternités, siècles à venir.

Abad آباد a. P. (ou *aba-*

dan), habité, cultivé, florissant; s. pays florissant, lieu peuplé et bien cultivé.

Abadan آبادان a. P. v. le précédent.

Abadan èt. آبادان اتمك T. (ou *abad èt.*), repeupler, cultiver, restaurer, rendre agréable, réjouir; en T. us. *chènlètmèk* ou *chènlèndirmèk*.

Abadani آبادانى s. P. état d'un pays peuplé, bien cultivé; en T. us. *chènlik*. La terminaison *i* dans les mots persans marque les substantifs ou les adjectifs, et dans les mots arabes les adjectifs seulement (v. gramm.).

Abadanlek آبادانلق s. T. état d'un pays peuplé et bien cultivé.

Abadan ol. آبادان اولمق T. être peuplé, habité, fréquenté, cultivé; en T. us. *chènlènmèk*.

Abad èt. آباد اتمك T. v. *abadan èt.*

Abanos آبنوس s. P. v. le suivant.

Abanoz آبانوز s. T. ébène.

Abanozğoulouk آبانوزجيلق s. T. ébénisterie.

Abar آبار s. A. pl. de *biir*, puits; en T. us. *kouyoular*.

'Abd عبد s. A. au pl. *'ibad* ou *'ouboud*, serviteur, esclave; créature, homme; *'abd ul-lah*, serviteur de Dieu; *'abd ul-hamid*, serviteur du Glorieux (Dieu); *'abd ul-'aziz*, serviteur du Très-Saint; *'abd ul-mèğid*, serviteur du Glorieux (Dieu).

Abdal آبدال s. A. moine, ermite.

Ab-dan آبدان s. P. bassin, vivier; vase à eau; c. de *ab* et de *dan*. Cette dernière particule ajoutée aux noms persans signifie vase, récipient, bourse, sac.

Ab-dar آبدار a. P., *soulou*, T. humide, aquatique, aqueux, juteux, succulent; brillant, élégant; agréable; c. de *ab* et de *dar*, qui tient, qui contient.

Ab-dèst آبدست s. P. ablution avant la prière musulmane; c. de *ab* et de *dèst*, main; *ab-dèst almak*, faire ses ablutions, se purifier en se lavant les mains avant la prière.

Ab-dèst-hanè آبدستخانه s. P. cabinet, lieu d'aisances;

c. de *ab-dèst* et de ḫanè, chambre, endroit, lieu.

Ab-dèstlik آبدستلك s. T. veste courte qu'on porte pendant qu'on fait l'ablution.

Ab-dèstsiz آبدستسز a. T. qui n'a pas fait ses ablutions religieuses.

Ab-ginè آبكینه s.P. verre, corps transparent et fragile; en T. us. *ğam*.

Ab-giour آبكور s. P. conduit d'eau.

Ab-gir آبكیر s.P., *geul*, T. lac, étang; c. de *ab* et de *gir*, qui contient ou qui possède.

'Abid عابد s.A. adorateur de Dieu; dévot, pieux, homme dévot; d. de *'ouboudiyèt*.

'Abidanè عابدانه ad.P. respectueusement, dévotement; a. qui se fait avec dévotion.

'Abidlik عابدلك s. T. dévotion.

Abilè آبله s.P., *kabarğek*, T. furoncle, clou, ampoule, tumeur.

Abla آبلا s.T. sœur, sœur ainée; sœur plus âgée; la plus âgée des servantes qui a droit de commandement sur les autres.

Ablak آبلاق a. T. qui a le visage plein; *ablak yuzlu*, mafflé.

Able آبلی s.T. cordage qui lie la voile aux vergues d'un vaisseau.

Abloka آبلوقه s. de l'I. blocus, siège.

Abloka èt. آبلوقه اتمك T. bloquer, assiéger.

Abonè آبونه s. a. du F. abonné.

Abonè èt. آبونه ایتمك T. abonner.

Abonèlik آبونه لك s. T. abonnement.

Abonè ol. آبونه اولمق T. s'abonner, être abonné.

Abour-ğoubour آبور جبور a. T., *karmakarech*, chose embrouillée, embarrassée. Ces mots séparément n'ont pas de signification.

Abrach آبراش a.T. bigarré, bariolé (cheval).

Ab-rah آبراه s. P., *sou yolou*, T. aqueduc; c. de *ab* et de *rah*, chemin, voie, route.

Absènt آبسنت s. T. *pèlin otou*, absinthe.

Abtal آبطال s.A.pl.de *batal*, les héros; en T. us. *ghazilèr*, *kahrèmanlar*.

Ačar آچار a. T. qui ouvre, ouvrant; d. de *ačmak*.

Ačeğe آچیجی s. T. qui ouvre.

Ačegha آچیغه ad.T., *alargha*, au large; d. de *aček*.

Aček آچیق a. T. ouvert, découvert; serein, plaisant; béant; claire, large, vaste; ad. ouvertement, franchement; s. place vacante; *aček hava*, beau temps, serein; *aček mèchrèb*, d'un naturel ouvert; *aček hissab*, compte ouvert; *aček geuz*, vigilant; *aček mayi (mavi)*, bleu clair.

Aček آچیق s.T., *noksan*, A. déficit; *budjè ačeghe*, déficit budgétaire; *budjè ačeghene kapamak*, combler le déficit.

Ačeklamak آچیقلامق T. montrer, manifester, déceler; vn. se manifester, se répandre.

Ačeklek آچیقلق s. T. sérénité, clarté; ouverture; gaîté.

Aček ol. آچیق اولمق T. être découvert, se découvrir; être clair, s'éclaircir; devenir net, se clarifier.

Ačelma آچلمه s. T. déploiement, expansion, développement, ouverture; épanouissement.

Ačelmak آچلمق T. être ouvert, se découvrir, s'ouvrir; être clair, s'éclaircir, éclore, s'épanouir, se clarifier, devenir net, être poli, brillant, luisant; se déployer, se débrouiller; prendre le large, la haute mer; débrouiller; d. de *ačmak*; *ğènk ačelde*, la guerre commença; *hava ačelde*, le temps s'est éclairci.

Ačelmaz آچلماز a.T. qui ne s'ouvre pas, fermé.

Ačelmech آچلمش p. p. T. ouvert, découvert; éclairci, épanoui.

Ach آش s. P., *yèyèğèk*, T. repas, mets, manger; soupe, potage.

Achagha آشاغی ad. T. v. le suivant.

Achaghe آشاغی ad.T. (*achagha*), en bas, dessous, au dessous; a. inférieur; bas, ordinaire, vulgaire, grosier, lâche, moindre; *achaghesse*, le dessous; *achaghe duchmèk*, tomber en bas; *achaghe yokare yurumèk*, courir ça et là; *achaghe vourmak*, diminuer, déprécier,

Achaghe èt. آشاغی اتمك T. baisser, abaisser, faire descendre plus bas.

Achagheki آشاغیکی a. T. qui est en bas, situé plus bas.

Achaghelamak آشاغیلامق T. baisser, abaisser; avilir; vp. s'abaisser, s'avilir; descendre, tomber.

Achaghelanmak آشاغیلانمق T. s'abaisser, être abaissé, baisser.

Achaghelek آشاغیلق s.T. infériorité.

Achaghesse آشاغیسی s.T. le bas, le dessous.

'**Achayir** عشایر a. A. pl. de *'achirèt*; tribus nomades.

Ache آشی s.T. greffe, vaccin.

'**Achek** عاشق a. A. amoureux, passionné; et dans le sens mystique, qui brûle de l'amour de Dieu; d. de *'achk*.

Achek آشیق s.T. os du genou, cheville, osselet, rotule.

'**Acheka** عاشقه s.a.A.fém. de *'achek*, amante; passionnée.

'**Achekanè** عاشقانه ad. P. amoureusement, passionnément; a. propre aux amoureux.

'**Achek ol.** عاشق اولمق T. devenir amoureux.

Achelamak آشیلامق T.(*achlamak*), greffer, vacciner.

Achelanmak آشیلانمق T. (*achlanmak*), être greffé, vacciné.

Achelatmak آشیلاتمق T. (*achlatmak*), faire greffer, vacciner.

Achele آشیلی a. T. greffé, vacciné.

Achenderegè آشیندیریجی a. T. corrosif, qui use.

Achendermak آشیندیرمق T. corroder, user, consommer, effacer.

Achenma آشنمه s. T. corrosion, consommation; effacement, frottement.

Achenmak آشنمق T. être usé, s'user, se consommer, être consommé; se corroder, s'effacer par le frottement.

Achenmech آشنمش p.p.T. usé, consommé; corrodé.

Achere آشوری آشیری ad. a.T. excessivement, à l'excès; excessif, trop, beaucoup, au delà, de l'autre côté; *dagh achere*, de l'autre côté de la montagne.

Acherelmak آشیرلمق T.

être dérobé, volé, enlevé, emporté.

Achermak آشیرمق T. dépasser, faire passer, se délivrer de, dérober, voler.

Achertmak آشیرتمق T. faire ou laisser dérober, voler, enlever.

Achessez آشیسز a. T. non greffé, non vacciné.

Ach èt. آشی ایتمك T. vacciner, greffer.

Achğc آشجی s.T., *tabbaḫ*, A. cuisinier; d. de *ach*. La terminaison *ğe* (*ğou, ği* euphonique) dans les noms, exprime la profession, le métier, la condition, etc.; *kapouğou*, portier; *èkmèkği*, boulanger (v. gramm.).

Achğc - dukkiane آشجی دكانی s. T. restaurant.

Achğelek آشجیلق s.T. métier du cuisinier.

Achğelek èt. آشجیلق ایتمك T., *yèmèk pichirmèk*, cuisiner, faire la cuisine.

Ach-hanè آشخانه s.P., *matbaḫ*, A. cuisine.

Achiklar آشكار a.P., *bèlli*, manifeste, évident, clair; divulgué.

Achiklara آشكارا ad. P. v. le suivant.

Achikiarè آشكاره ad. P. clairement, ouvertement, évidemment, visiblement, ostensiblement, distinctement, en public; *achikiarè scuylèmèk*, déclarer ouvertement.

Achikiar èt. آشكار ایتمك T. déclarer, publier, divulguer, mettre en évidence.

Achikiar ol. آشكار اولمق T. être ou devenir clair, manifeste, notoire, évident.

Achina آشنا s. a. P. connaisseur, ami.

Achinalek آشنالق s. T. connaissance, science; familiarité; amitié, salut, salutation.

Achinalek èt. آشنالق ایتمك T. faire connaissance avec quelqu'un.

Achinasse ol. آشنای اولمق T. faire connaissance avec quelque chose.

'Achirèt عشیرت s.A. tribu nomade; au pl. *'achayir*.

'Achk عشق s. A. amour passionné; passion; *allah 'achkena*, pour l'amour de Dieu; *achkena*, à votre santé (amour).

Achken آشقین a. T. qui dépasse, outrepasse, débordant; d. de *achmak*.

'Achk ilè عشق ایله ad. T. amoureusement, passionnément; avec zèle; *'achk ilè čalechmak*, travailler avec ardeur.

Achlama آشیلامه s. T. greffe, ente, inoculation, vaccine; *achlama fidane*; rejeton, greffe.

Achlamak آشیلامق T. (*achelamak*), greffer, enter, inoculer, vacciner; (en tartare) manger.

Achlanmak آشیلانمق T. v. *achelanmak*.

Achlatmak آشیلاتمق T. v. *achelatmak*.

Achlayan آشیلایان s. T. inoculateur, greffeur; vaccinateur.

Achmak آشمق T. franchir, traverser, dépasser, outrepasser, surmonter, outrer, excéder, gravir une montagne; transgresser; *bachdan achmak*, passer par dessus la tête.

'Achoura عاشورا s. A. espèce de potage froid préparé de divers fruits cuits.

Ačma آچمه s. T. ouverture, développement, déploiement.

Ačmak آچمق T. ouvrir, découvrir, déployer, développer, expliquer, rendre clair, déclarer, débrouiller, prendre, conquérir une ville; percer, trouer, élargir, étendre, dilater, frayer un passage, déboucher; *dukkian ačmak*, ouvrir boutique; *yelkèn ačmak*, déployer les voiles; *yol ačmak*, ouvrir un chemin; *seuz ačmak*, entamer le discours, commencer à parler; *yare ačmak*, entr'ouvrir; *kapouyou ačmak*, ouvrir la porte.

Ačmaz آچماز a. T. qui n'ouvre pas; discret; s. échec au roi (au jeu d'échecs).

Ačmazlek آچمازلق s. T. discrétion, dissimulation.

Ačmech آچمش p.p. T. ouvert, étendu.

Ačtermak آچدیرمق T. défricher.

Ad آد s. T., *ism*; A. nom; *aden nè dir*, quel est ton nom? *ad komak*, nommer, donner un nom; *ad bozmak* dénigrer.

Ada آطه s. T. île; *ada tavchane*; lapin.

Adab آداب s. A. pl. de é-dèb, politesses, règles, préceptes, formules, convenances ; adab - kanounou, moralité.

Adach آداش s. T. homonyme, de même nom; c. de ad et de dach.

Adachlek آداشلق s.T. homonymie.

A'dad اعداد s. A. pl. de 'adèd, les nombres ; en T. us. sayelar.

A'dadi اعدادى a. A. numérique.

Adağck آطه‌جق s.T. îlot, petit île; dim. de ada. En ajoutant aux noms les particules euphoniques ğck, ğik, on forme les diminutifs.

Adak آداق s. T. vœu, promesse fait à Dieu.

Adak èt. آداق اتك T., a-damak, vouer, faire vœu, promettre quelque chose à un lieu saint.

Adale آطه‌لى a. T. insulaire; d. de ada. La terminaison le (lou, li, lu, euphonique) sert à former les adjectifs turcs.

'Adalè عضله s. A. muscle.

'Adalèt عدالت s. A., dad, P. justice, équité, droit (v. Dict. F.—T.).

'Adalèt èt. عدالت اتك T. observer la justice, l'administrer.

'Adalèt ilè عدالت ايله ad. T. équitablement, avec justice.

'Adalètli عدالتلى a.T. juste, équitable, intègre; 'adalètli adèm, homme juste.

'Adalètsiz عدالتسز a. T. injuste, sans équité; inique, c. de 'adalèt, et de siz. La particule siz (suz, souz, sez) marque, en turc, la privation.

'Adalètsizlik عدالتسزلك s.T. injustice, iniquité; immodération. La terminaison lik (luk, lek, louk) marque les noms abstraits.

'Adali عضلى a. A., sinirli, T. musculaire, musculeux.

Adam آدم n. p. T. (adèm, A.), Adam; s. serviteur, employé.

Adam آدم s.T. (adèm, A.), mèrd, P. homme; gènğ adam, jeun-homme; beuyuk adam, grand homme ; ouzoun boylou bir adam, un homme grand de taille; yaban adamc, homme sauvage, rustre; *èyi adam*, brave homme; *fèna adam*, homme méchant; *okoumouch adam*, homme savant; *'ilimsiz adam*, homme ignorant; *ğèssarètli adam*, homme courageux; *korkak adam*, homme lâche, timide; *adam yèyèn*, anthropophage.

Adamak آدامق T. v. *adak ét*.

Adam-assağak آدم آصه‌ق s. T. hart, lien de bois très pliant.

Adamğek آدمجق s. T. petit homme, homme pauvre; dim. de *adam*.

Adamğelayen آدمجلاین ad. T. humainement, comme il faut.

Adamlek آدملق s. T. humanité; nature humaine; civilité.

Adamsez آدمسز a. T. qui n'a personne au monde, qui est seul.

Adana آدنه n. p. T. Adana, ville de l'Anatolie.

'Adat عادات s. A. pl. de *'adèt*, usages, règles.

Ada-tavchane آطه طاوشانی s. T. lapin; *dichi ada tavchane*, lapine.

Adatmak آداتمق T. faire faire un vœu.

'Adavèt عداوت s. A., *duchmanlek*, T. inimitié, hostilité, haine, malveillance, persécution.

'Adèd عدد s. A. au pl. *a'dad*; nombre; numéro; en T. us. *saye*.

'Adèdi عددی a. A. numérique; numéral; en T. us. *sayeya dayr*.

'Adèdsiz عددسز a. T.p.u.; *sayessez*, sans nombre; infini.

Adèm آدم s. A. (*adam*, T.), homme; n. p. Adam; *adèm èvlade*, l'homme, les hommes, les descendants d'Adam (v. *adam*).

Adem آدم s. T. pas, mesure d'un pas; *adem adem*, pas à pas; *ademlamak*, faire des pas; *tèk adem almak*, avoir le pas.

'Adèm عدم s. A., *yoklouk*, T. le rien, néant, privation, manque, absence.

Adèmğik آدمجك s. T. (*adamğek*), petit homme; dim. de *adèm*.

'Adèmi عدمی a. A. privatif; qui tient au néant; a. s. nihiliste.

Adèmi آدمی a. A., *insani*, humain, mortel, appartenant à l'homme, à sa nature; s. homme, humain, mortel.

Adèmiyan آدميان s. P. pl. de *adèmi*, les hommes, le genre humain.

Adèmiyanè آدميانه ad. P. humainement, en homme, selon la nature humaine. La terminaison *anè*, marque les adverbes persans et souvent les adjectifs.

Adèmiyèt آدميت s. A., *insaniyèt*, humanité, nature humaine. Les terminaisons *è, èt, a*, dans les noms arabes désignent le genre féminin.

Adèmiyètsiz آدميتسز a.T. p. u., *insaniyètsiz*, sans humanité, qui n'a rien de la nature humaine; dur, âpre, incivil.

Adèmiyètsizlik آدميتسزلك s. T., *insaniyètsizlik*, inhumanité.

Ademlamak آدملامق T. sauter, aller pas à pas, mesurer avec le pas; marcher; d. de *adem*, pas. En ajoutant aux noms la terminaison euphonique *lamak* ou *lèmèk*, on forme les verbes turcs (v. *lamak*).

Adèmlik آدملك s. T. humanité, nature humaine; civilité; d. de *adèm*.

'Adèn عدن n.p. A. Eden, paradis terrestre; demeure fixe.

'Adèt عادت s. A. au pl. *'adat*, usage, coutume, habitude; règles, formalité; *'adèt dir*, c'est l'usage; *'adèt uzrè*, selon l'usage.

'Adèta عادتا a. ad. A. ordinaire, ordinairement; habituellement, comme d'ordinaire.

'Adèt èt. عادت اتمك T. (*'adèt èdinmèk*), s'habituer, se faire un habitude, s'accoutumer.

'Adèt èttirmèk عادت ايتدرمك T., *alechdermak*, habituer, accoutumer.

'Adètgè عادتجه ad. T. comme d'usage, de raison.

'Adètli عادتلی a. T. habituel, accoutumé, selon l'usage ou la coutume.

'Adèt ol. عادت اولمق T. s'habituer, être habitué, être d'usage.

'Adid عديد a. A. nombreux; d. de *'adèd*.

'Adil عديل a. s. A. égal,

équivalent, pareil; d. de 'adl.

'Adim عديم a. A. privé, dénué; d. de 'adèm; 'adim ul-imkian, impossible.

'Adl عدل s. A. justice, équité.

Adlé آدلى a. T. nommé, appelé, renommé, illustre, célèbre; d. de ad.

'Adli عدلى a. A. relatif à la justice; d. de 'adl.

'Adliyè عدليه a. A. fém. du précédent, qui a rapport à la justice; d. de 'adalèt; 'adliyè nazarèti, Ministère de la Justice; 'adliyè nazere, Ministre de la Justice.

Adsez آدسز a. T. anonyme, sans nom, sans renommée, inconnu.

'Af عفو s. T. (mieux 'afv, A.) pardon, absolution; dispense; ğurmlèrini 'af èylèdi, il lui remit les fautes; 'af èdèrsiniz, excusez, je vous demande pardon; 'af dilèmèk, demander pardon; 'af olounmaz, irrémissible, impardonnable; 'af olounour, pardonnable, rémissible.

Afak آفاق s. A. pl. de oufouk, horizons; contrées du monde, monde.

Afaki آفاقى a.A. mondain.

'Afarit عفاريت s. A. pl. de 'ifrit, démons, hommes méchants.

Afat آفات s. A. pl. de afèt, malheurs, calamités.

Afatlamak آفاتلامق T. criailler, dire des injures grossières.

Afatlatmak آفاتلاتمق T. rendre impatient, passionner.

Afèrim آفرين interj. T. v. le suivant.

Afèrin آفرين interj. P. bravo! très bien! afèrin saña, bravo à toi! afèrin okoumak, applaudir, louer.

Afèrin آفرين a. s. P. créateur; ğihan afèrin, le Créateur de l'univers (Dieu).

Afèrin èt. آفرين ايتك T. acclamer, applaudir.

Afèrinich آفرينش s. P. Création, l'univers, la nature.

Afèt آفت s. A. au pl. afat. malheur, calamité, infortune, dommage, désastre, adversité; en T. us. bèla.

'Afif عفيف a. A. intègre, continent, loyal, vertueux, chaste, honnête; d. de *'iffèt*.

Afion آفيون s. T. v. le suivant.

Afioun آفيون s. T. (*afion*), opium, suc du pavot blanc.

Afioun-čičèyi آفيون چیچکی s. T., *hachhach*, pavot.

Afitab آفتاب s. P., *chèms*, A., *gunèch*, T. soleil; *afitab pèrèst*, adorateur du soleil; héliotrope (fleur).

'Afiyèt عافيت s. A. santé salut; *husnu 'afiyèt*, bonne santé; *kémali 'afiyèt*, parfaite santé; *'afiyèt boulmak*, recouvrer la santé; *'afiyèt ola* ou *olsoun*, grand bien vous fasse, bon appétit; paroles qu'on dit à celui qui vient de boire ou de manger.

Aforoz آفوروز s. du G. (ou *aforos*), excommunication, anathème. L'*s* final dans le turc vulgaire souvent se change en *z*, comme: *papas, papaz*, prêtre.

Aforoz èt. آفوروز ایتمك T. excommunier.

Aforozlamak آفوروزلامق T. v. le précédent.

Aforozlou آفوروزلی a.T. excommunié.

'Afouvv عفو a. A. qui pardonne toujours, indulgent; clément; d. de *'afv*.

Afrika آفريقا s. du L. Afrique, l'une des cinq parties du monde; 75,000,000 h.

Afrikalc آفريقالی a. T. africain.

'Afv عفو s. A. pardon, exemption; v. *'af* avec ses dérivés.

Ağ آچ a. T. affamé, famélique, qui est à jeun; fig. avide, insatiable; *ağ olmak*, avoir faim; *ağ dourmak*, endurer la faim; *ağ karnena*, à jeun; *ağ geuzlu*, avide, gourmand, insatiable; *ağ geuzluluk*, avidité; gourmandise, insatiabilité.

'Ağab عجب s. A. v. *'ağèb*.

'Ağaba عجبا interj. A. marque l'étonnement et le doute; est-il possible! serait-ce vrai!

Ağar آجار s. A. pl. de *èğr*, loyers, salaires, récompenses.

'Ağayib عجائب a. T. merveilleux, drôle, bizarre, curieux à voir; interj. c'est étonnant!

'Ağayib عجائب s. A. pl.

de 'aǧibè, prodiges, miracles, merveilles, choses extraordinaires.

'Aǧayiblik عجايبلك s. T. bizarrerie, drôlerie.

Aǧe آجى a. T. amer, dur, rude, aigre, âcre, douloureux; *aǧe seuz*, parole amère, piquante; *aǧe maroul*, chicorée blanche.

Aǧe آجى s. T. amertume, douleur, mal, chagrin, affliction, regret, peine.

'Aǧèb عجب s. A. étonnement, chose étonnante.

'Aǧèba عجبا interj. A. v. *'aǧaba*.

Aǧedmak آجَقْمَق T. v. *aǧetmak*.

Aǧeǧa آجِجَه ad. T. un peu amer.

Aǧek آجِيق s. T. p.u. chagrin, douleur, affliction.

Aǧekelmak آجِيقْمَق T. avoir faim.

Aǧeklanmak آجِيقْلاَنْمَق T. éprouver des malheurs, s'affliger, s'attrister.

Aǧekle آجِيقلو آجِيقلى a. T. désolé, affligé, touchant, navrant, en deuil.

Aǧekmak آجَقْمَق T. avoir faim; fig. désirer, envier.

Aǧektermak آجِيقْدِرْمَق T. (*aǧekdermak*), faire souffrir la faim, affamer; causer la faim.

Aǧèlè عجله s. T. précipitation; promptitude; hâte, empressement; a. pressé.

'Aǧèlè èt. عجله اتمك T. se presser, se hâter.

'Aǧèlè ilè عجله ايله ad. T. précipitamment.

Aǧelek آجِيلِق s.T. amertume, âcreté, dureté, rudesse; fig. douleur; affliction, regret, peine.

'Aǧèlètèn عجلةً ad. A. pressamment, à la hâte, vite, promptement, précipitamment.

'Aǧèm عجم s. A. étranger, qui n'est pas arabe; Persan; *'aǧèm chahe*, le roi de Perse; *'aǧèm vilayèti*, la Perse; *'aǧèm dèvèssi*, dromadaire.

A'ǧèm اعجم a. A. au pl. *è'aǧim*, qui n'est pas arabe.

Aǧema آجيمه s. T., *mèrhamèt*, A. compassion, condoléance; miséricorde; attendrissement.

Ağemak آجِمَق T. avoir de la compassion, compatir, plaindre, déplorer, regretter, souffrir; s'affliger; ménager; avoir de la douleur, avoir mal (membre); *fâker hayvane ağede*, il eut pitié du pauvre animal.

Ağe-maroul آبی مارول s. T. chicorée blanche; endive, espèce de laitue amère.

'Ağèm-dèvèssi عجم دوه سی s. T. dromadaire.

'Ağèmi عجمی a. A. qui n'est pas arabe, étranger; inexpérimenté; novice.

'Ağèmilik عجملك s. T. inexpérience, noviciat.

'Ağèmistan عجمستان s.P., *'ağèm mèmlèkèti*, T. la Perse; pays de la Perse, vaste contrée de l'Asie, 10,000,000 h., cap. Téhèran; c. de *'ağèm* et de *istan*. Les particules *istan*, *sitan*, *stan*, ajoutées aux substantifs, indiquent le nom du lieu, la contrée.

Ağemtrak آجِمتراق a. T. rance, un peu amer, âcre, saumâtre; d. de *ağe*.

Ağemtraklek آجِمتراقلق s. T. le rance, rancidité, rancissure.

Ağemtrak ol. آجِمتراق اولق T. rancir.

Ağenağak آجِنه جق a.T., *aghlanağak*, déplorable, piteux, affligeant; pitoyable, regrettable.

Ağenelmak آجِنلمق T. être plaint.

Ağenmak آجِنمق T. s'affliger, s'attrister, regretter, plaindre, avoir pitié.

Ağetmak آجِتمق T. (*ağedmak*), causer de la douleur, affliger, faire souffrir, faire mal; causatif de *ağemak*.

Ağettermak آجِتدرمق T. attendrir, toucher, émouvoir, faire pitié.

Ağeyarak آجِه رق ad. T. à regret, à contre-cœur.

'Ağèzè عجزه s. A. pl. de *'ağiz*, les faibles, les indigents, les incapables.

Ağ-geuzlu آج كوزلو a.T. *haris*, avide, gourmand.

Ağ-geuzluluk آج كوزلیلك s. T. avidité, gourmandise.

Agh آغ s. T. filet, rets; *balek* ou *kouch aghe*, filet pour les poissons ou pour les oiseaux.

Agha آغا s. A. seigneur,

monsieur; sieur, chef, commandant, maître, gouverneur, gardien; *agha èvdè mi dir*, monsieur est-il dans la maison (est-il chez lui?)? *bèli èvdè dir*, oui, il est dans la maison. Le mot *agha* s'applique plutôt aux militaires et aux gens illettrés, tandis que *èfèndi* désigne ordinairement les gens de plume et de lettres.

Aghaǧ آغاج s. T. arbre, bois; bâton, poutre; a. en bois, de bois, ligneux; *aghaǧ kakan*, pic, pivert (oiseau); *aghaǧ-kavounou*, cédrat; *aghaǧ-kourdou*, ver qui ronge le bois; *kara-aghaǧ*, orme; *ak-aghaǧ*, orme, frêne sauvage; *dèfnè-aghaǧe*, laurier; *aghaǧ-murvèri*, sureau; *aghaǧ-mantare*, agaric; *armoud-aghaǧe*, poirier; *portoukal-aghaǧe*, oranger; *ayva-aghaǧe*, cognassier; *inǧir-aghaǧe*, figuier; *nar-aghaǧe*, grenadier; *yèmich-aghaǧe*, arbre à fruit; *kučuk-aghaǧ*, arbrisseau; *aghaǧ dikmèk*, planter, ficher un bois. En ajoutant le mot *aghaǧ* aux noms des fruits, on forme les noms des arbres.

Aghaǧa آغاجه ad. T. avec grandeur, en grand; d. de *agha*.

Aghaǧek آغاجق s. T. petit seigneur, petit maitre, petit monsieur; dim. de *agha*.

Aghaǧ-kakan آغاج قاقان s. T. grimpereau, petit oiseau qui grimpe le long des arbres.

Aghalanmak آغالانمق T. faire l'important.

Aghalek آغالق s. T. titre ou état d'un *agha*, seigneurie; générosité, magnanimité.

Agharma آغارمه s. T. la pointe du jour, l'aube, l'aurore.

Agharmak آغارمق T. blanchir, devenir blanc, se faire jour; être grisaillé, nettoyé, poli, lavé; pâlir.

Agharmech آغارمش p. p. T. blanchi, devenu blanc; *saċe sakale agharmech*, un vieillard à la barbe et aux cheveux blancs.

Aghartmak آغارتمق T., *bèyazlatmak*, blanchir, faire devenir blanc; grisailler, polir, lustrer, laver.

Aghel آغل s. T.,

mandra, de l'I. bercail, enclos de brebis ou de bestiaux; cour, parc, haie.

Agher آغِر a. T. pesant, lourd, tardif; lent, grave, sérieux; important; précieux; sourd; *agher yuk*, fardeau pesant; *bach agherleghe olmak*, avoir la tête pesante; *agher seuylèmèk*, parler lentement; *agher bachle*, grave; *agher dilli*, qui a la langue pesante; *bir kimsèyè agher olmak*, être à charge à quelqu'un.

Agher-agher آغِر آغِر ad. T. lentement, gravement.

Agherchak آغِرشاق s. T. rouet.

Agherchaklanmak آغِرشاقلانمق T. s'arrondir; se gonfler.

Agherğa آغِرجه ad. T. gravement, lentement, grièvement.

Agherlachdermak آغِرلاشدِرمق T. alourdir, faire peser; rendre plus lourd, plus sérieux, plus difficile.

Agherlachma آغِرلاشمه s. T. ralentissement, aggravation.

Agherlachmak آغِرلاشمق T. s'aggraver, s'appesantir, devenir plus lourd, plus pesant; devenir grave, sérieux, plus difficile.

Agherlachtermak آغِرلاشدِرمق T. v. *agherlachdermak*.

Agherladeğe آغِرلادِيجى a.T. aggravant.

Agherlamak آغِرلامق T. devenir lent, se ralentir; devenir grave sérieux; honorer.

Agherlanmak آغِرلانمق T. se charger, être chargé; s'appesantir, s'aggraver; devenir lourd, pesant, grave, sérieux, important.

Agherlanmech آغِرلانمش p.p.T. chargé, aggravé.

Agherlatma آغِرلاتمه s. T. alourdissement, appesantissement.

Agherlatmak آغِرلاتمق T. appesantir, aggraver, rendre lourd, pesant; fig. honorer, rendre des honneurs. La terminaison *latmak* ou *lètmèk* sert à former les verbes dérivés des adjectifs.

Agherlek آغِرلَق s. T. pesanteur, gravité, charge, lenteur; grièveté; bagages; poids, ralentissement; gravité de caractère.

Agher ol. آغِر اولْق T. être à charge à…; être grave.

Agher-otou آغِر اوتی s. T., *kassek-otou*, aigremoine (herbe médicinale).

Aghez آغِز s. T. bouche; ouverture, gueule, embouchure; *iki yol agheze*, chemin fourchu; *aghze kokar*, il a l'haleine désagréable; *aghze buyuk*, qui a une large bouche; *aghezene ačep dourmak*, rester la bouche ouverte; *aghez ačmak*, ouvrir la bouche; *aghez kapamak*, fermer la bouche; *aghezenen soularene aketmak*, faire venir l'eau à la bouche.

Aghez آغِز s. T. le premier lait après la parturition, colostrum.

Aghezle آغِزلی a. T. qui a une bouche, une ouverture; *iki aghezle tufènk*, fusil à deux coups.

Aghezlek آغِزلَق s. T. bouche, ouverture, orifice.

Aghlachmak آغلاشمَق T. pleurer ensemble, se plaindre; d. de *aghlamak*.

Aghlama آغلامه s. T., *aghlayech*, pleurs, plainte; complainte; larmes; action de pleurer.

Aghlamak آغلامَق T. pleurer, se lamenter, lamenter, déplorer; se plaindre, s'affliger; être en deuil; *cukur cukur aghlamak*, pleurer à chaudes larmes, sangloter.

Aghlamsamak آغلامسَمَق T., feindre de pleurer.

Aghlanağak آغلانه جَق a. T., *ağenağak*, déplorable, triste, lamentable.

Aghlaumech آغلانمش p. p. T. déploré.

Aghlatmak آغلاتمَق T. faire pleurer, faire lamenter; émouvoir.

Aghlayan آغلايان a. T. pleurant, pleureur.

Aghlayech آغلايش s. T. pleurs, lamentation; action de pleurer, etc.

Aghlayeğe آغلايجی s. a. T. pleureur, qui pleure, qui se lamente; pleurant.

2.

Aghmak, آغْمَق T. s'élever, s'envoler, s'évaporer.

Aghna اغنى a. A. compar. de *ghani*, plus riche, très riche.

Aghnam اغنام s. A. pl. de *ghanèm*, brebis, moutons, troupeaux.

Aghnamak آكْلامَق T. v. *añlamak*.

Aghniya اغنيا s. A. pl. de *ghani*, les gens riches.

Aghniyè اغنيه s. A. p. u. au pl. *èghani*, chanson; en T. us. *turku*.

Aghostos آغُسْتوس s. du L. août (mois); *âghostos-beuğèyi*, grillon.

Aghraz اعراض s. A. pl. de *gharaz*, buts, intentions.

Aghre آغْرى s. T. douleur, mal; *bach aghressè*, mal de tête; *yârèm bach aghressè*, migraine; *dich aghressè*, mal de dents; *gueuz aghressè*, mal d'yeux; *yurèk aghressè*, mal de cœur; *karn aghressè*, colique; *ič aghressè*, flux de ventre; *kèskin aghre*, douleur violente.

Aghrèb اغرب a. A. compar. de *gharib*, plus ou très étrange, étonnant, merveilleux.

Aghrele آغْريلى a. T., douloureux, qui fait mal.

Aghremak آغْرِمَق T. avoir de la douleur, du mal, de l'affliction, ressentir des douleurs.

Aghretmak آغْرِتْمَق T. faire mal, causer de la douleur, de l'affliction; *bach aghretmak*, importuner.

Aghval اغوال s. A. pl. de *ghoul*, démons qui, croit-on, parcourent les déserts et égarent les hommes; loups-garous.

Aghyar اغيار s. A. pl. de *ghayr*, les autres, étrangers.

'Ağib عجيب a. A. étonnant, merveilleux, prodigieux, miraculeux; singulier, étrange; curieux; d. de *'ağèb*.

'Ağibè عجيبه s. A. au pl. *'ağayib*, prodige, miracle, merveille; chose étonnante.

'Ağil عاجل p. pr. a. A. *'ağèlè èdèn*, T. qui se hâte, qui fait vite; pressé; prématuré; d. de *'ağèlè*.

'Ağilanè عاجلانه a. P. pressé, hâté; ad. à la hâte, avec empressement.

'Ağılèn عاجلا ad. A. promptement, à la hâte.

'Ağiz عاجز a. A. au pl. *'ağèzè*, impuissant à faire quelque chose; faible; humble; d. de *'aÿz*; *'ağiz kalmak*, n'en pouvoir plus.

Ağlek آجلق s. T. faim, famine; avidité.

Ağ ol. آج اولق T. avoir faim, être à jeun; *karnem aÿ der*, j'ai faim.

'Aÿz عجز s, A. faiblesse, impuissance à accomplir quelque chose: *izhari 'aÿz ètmèk*, se montrer incapable.

Ah آه s. T. soupir, gémissement.

Ah آه interj. T. ah! oh!

Ah̬ اخ s. A. au pl. *ih̬van*, frère; en T. us. *kardach*.

Ah̬ar آخر a. A. autre; en T. us. *bachka*.

Ahbab احباب s. A. (*ahibba*), pl. de *habib*, amis; comme sing. T. ami, et plus communément *dost*.

Ahbabğa احبابجه ad. T., *dostanè*, P. en ami, amicalement.

Ahbablek احبابلق s. T. amitié, service d'amitié.

Ahbabsez احبابسز s. T. sans amis.

Ahbabsezlek احبابسزلق s. T. état de celui qui n'a pas d'amis.

Ah̬bar اخبار s. A. pl. de *h̬abèr*, nouvelles, histoires, récits.

Ah̬cham آخشام s. T. (*akcham*), soir, soirée; *ah̬chamenez h̬ayr olsoun* ou *akchamlar h̬ayr olsoun*, bonsoir; *ah̬cham ustu*, vers le soir, vers le tard; *ah̬cham olmak*, se faire nuit; *ah̬cham olouyor*, il se fait nuit, il se fait tard; *ah̬cham yèmèyi*, le souper; *ah̬cham yeldeze*, étoile du soir; *ah̬chamdaki*, du soir; *ah̬chamlayen*, vers le soir, le soir; *ah̬cham aydenleghe*, le crépuscule après le coucher du soleil; *ah̬cham vakte*, la soirée.

Ah̬chamki آخشامكی ad. T. du soir.

Ah̬chamlamak آخشاملق T. (*akchamlamak*), passer la nuit.

Ah̬chamlatmak آخشاملتمق T. (*akchamlatmak*), faire durer ou attendre jusqu'au soir.

Ah̬cham ol. آخشام اولق T. se faire nuit, se faire tard.

'Ahd عهد s. A. au pl. *'ouhoud*, alliance, promesse, engagement, obligation, pacte, traité; temps, époque, âge.

'Ahd èt. عهد اتمك T. promettre, s'obliger, faire vœu.

'Ahdi-kadim عهد قديم s. A., *tèvrat*, l'Ancien Testament.

'Ahdlachma عهدلاشمه s. T. action de pactiser.

'Ahdlachmak عهدلاشمق T. pactiser, s'engager réciproquement.

'Ahd-namè عهدنامه s. P. pacte, convention, traité.

Ahèngèr آهنكر s. P., *dèmirği*, T. forgeron.

Ahènk آهنك s. P. harmonie, musique, accord; concert, divertissement, intention.

Ahènk èt. آهنك اتمك T. harmoniser, faire de l'accord musical; se divertir.

Ahènkği آهنكجى s. T. harmoniste.

Ahènklèmèk آهنكلمك T. accorder un instrument; d. de *ahènk*.

Ahènklènmich آهنكلنمش p. p. T. accordé; d'accord.

Ahènkli آهنكلى a. T. harmonieux; accordé.

Ahènksiz آهنكسز a. T. sans harmonie, discordant, dissonnant.

Ahènksizlik آهنكسزلك s. T. dissonnance, discordance, désaccord (des instruments).

Ahènksiz ol. آهنكسز اولمق T. discorder, dissonner.

Aher آخور s. P. écurie, étable.

Aher آخر s. A. fin; terme; a. dernier.

Ah èt. آه اتمك T. soupirer; gémir.

Ahfad احفاد s. A. pl. de *hafid*, petits-fils.

Ahğar احجار s. A. pl. de *hağèr*, pierres.

Ahğè آقجه s. T. v. *akčè*.

Ahibba احبا s. A. v. *ahbab*.

Ahir اخير a. A. dernier; au fém. *ahirè*.

Ahirèn اخيرا ad. A. finalement; en T. us. *èn soñra*.

Ahiret آخرت s. A. (*ahrèt*), la vie éternelle, l'autre vie, l'autre monde, l'éternité.

Ahklam احكام s. A. pl. de *hukm*, pouvoirs, autorités, etc.

Ahlaf اخلاف s. A. pl. de *halèf*, successeurs; postérité.

Ahlak اخلاق s. A. pl. de *halk*, créatures, gens, peuples, nations.

Ahlak اخلاق s. A. pl. de *houlk*, mœurs, caractère; *ahlakè hamidè*, bonnes mœurs; *ahlakè zèminè* ou *mèzmoumè*, mauvaises mœurs; *'ilmi ahlak*, la morale.

Ahmak احمق a. A., *boudala*, T. sot, imbécile, idiot, ignorant, stupide; d. de *hamakat*.

Ahmakğa احمقجه ad. T. sottement, bêtement, stupidement, un peu sot.

Ahmaklanmak احمقلنمق T. devenir stupide, sot.

Ahmaklek احمقلق s. T. sottise, imbécillité; ignorance; balourdise; stupidité.

Ahmèr احمر a. A. rouge; en T. us. *kezel*; d. de *houmrè*; *bahri ahmèr*, la mer Rouge.

Ahram احرام s. A. pl. de *harèm* et de *harim*, gynécées; choses défendues, prohibées, etc.

Ahrèt آخرت s. A. v. *ahirèt*.

Ahrètlik آخرتلك s. T. fils adoptif; en T. us. *ğan èvlade* ou *ahrèt oghlou*; a. adoptif; dévot, pieux.

Ahtapod آختاپود s. du G. (ou *ehtapot*), polype, poulpe.

Ahtèr اختر s. P. étoile, astre; fig. auspices; en T. us. *yeldez*.

Ahval احوال s. A. pl. de *hal*, conditions, affaires, états, aventures.

Ahyèr اخير a. A. très bon, très charitable.

Ahz اخذ s. A. action de prendre, prise.

Ahz èt. اخذ اتمك T. tenir, prendre, saisir.

Ak آق a. T., *bèyaz*, A. blanc; pur, sans tache; s. blancheur, couleur blanche; innocence, pureté; *youmourta akè*, le blanc d'œuf; *gueuz akè*, le blanc d'œil; *ak-dikèn*, aubépine; *ak-kéfal*, chabot; *ak-balek*, espèce de muge; *ak-dèñiz*,

Méditerranée; *yuzu ak*, pur, net (en parlant de la conscience); *ak pak*, tout blanc, tout pur; *ak sakalle*, qui a la barbe blanche.

Ak-aghağ آق آغاج s. T. érable (arbre).

Akan آقان p. pr. décl. T. coulant, qui coule; fluide; *akan sou*, eau coulante; d. de *akmak*.

Akar آقار p. indécl. T. coulant; fluide.

'Akar عقار s. A. au pl. *akarat*, biens-fonds, immeuble.

'Akarat عقارات s. A. pl. de *'akar*, les biens-fonds, les immeubles; possessions (v. *mulk*).

'Akarib عقارب s. A. pl. de *'akrèb*, scorpions.

Akassia-aghağe آقاسيا آغاجی s. T. acacia.

Ak-baba آق بابا s. T. vautour; gros oiseau de proie fort rapace.

Ak-balek آق بالق s. T. sandre (poisson); espèce de muge.

Akčè آقچه s. T. (*akğè*), monnaie, argent; richesses; pièce; ancienne petite monnaie turque valant le tiers d'un para; *nakt akčè*, argent comptant; *gèčèr akčè*, monnaie courante; *oufak akčè*, petite monnaie; *kalb akčè*, fausse monnaie; *akčèm yok dour*, je n'ai pas d'argent; *akčè-bache*, *iskonto*, agio, bénéfice du change; bénéfice de l'escompte; *akčè-bozma*, change (de la monnaie); *akčè-bozmak*, changer de l'argent; *ak akčè kara gun ičin dir*, m. à m. la monnaie blanche est pour le jour noir (prov.), se dit lorsqu'il faut dépenser dans les jours de crise l'argent qu'on a économisé en temps de prospérité.

Akčèl آقچل a. T. (*akğel*), d'une couleur blanchâtre.

Akčèli آقچلی a. T. (*akğèli*), riche, qui a de l'argent, richard.

Akčèssiz آقچهسز a. T. sans argent, pauvre.

Akčèssizlik آقچهسزلك s. T. manque d'argent.

Akcham آقشام s. T. v. *ahcham*.

'Akd عقد s. A. action de lier, de nouer; conclusion; réunion.

Akdah اقداح s. A. pl. de *kadèh*, verres à boire.

Akdam اقدام s. A. pl. de *kadèm*, pas, pieds.

Akdèm اقدم a. A. compar. de *kadim*, plus ou très ancien.

Ak-dèñiz آق دكز s. T. *ič-dèñiz*, Méditerranée.

Ak-dikèn آق ديكن s. T. aubépine (arbrisseau épineux); m. à m. épine blanche.

'Akdiyè عقديه s. A nodosité, nœuds.

'Akebèt عاقبت s. A. au pl. *'avakeb*, succès, terme, issue, conséquence, fin; mort; résultat, suite; ad. au bout du compte; *'akebètin ḫayr ola*, que ta fin soit heureuse; *'akebèt ḫayr*, heureux succès.

Akech آقيش s. T. cours, flux, écoulement; action de couler; d. de *akmak*.

Akeğe آقيجى a. T. coulant, qui coule.

'Akel عقل s. A. v. *'akl*.

'Akelanè عاقلانه ad. P. v. *'akilanè*.

'Akelle عقللى a. T. sage, prudent, judicieux, raisonnable, intelligent.

'Akellega عقللجه ad. T. prudemment, sagement, raisonnablement, judicieusement.

'Akellelek عقللق s. T., *'akl*, A. intelligence, prudence, esprit, raison, sagacité.

'Akelsez عقلسز s. T. irraisonnable, déraisonnable; sot, sans prudence, sans intelligence, sans raison, imprudent.

'Akelsezlek عقلسزلق s. T. stupidité, imprudence, déraison, manque d'esprit.

Aken آقين s. T., *čapoul*, excursion de bandes de pillards, incursion, maraude; razzia.

Aken èt. آقين ايتمك T. marauder.

Akenğe آقينجى s. T. marauder; soldats qui font des excursions pour piller.

Akenğelek آقينجيلق s. T. pillage, razzia.

Akente آقندى آقينتى s. T. (*akende*), courant d'un fleuve ou de la mer; courant d'air; *souyouñ akentessena gidèrèk*, en suivant le courant.

Akentele آقنديلى آقينتيلى

a. T. où il y a du courant.

Akentessez آقنتيسز a. T. sans courant.

Aketmak آقتمق T. faire couler, verser, répandre.

Akettermak آقتدرمق T. verser, répandre.

Akğè آقجه s. T. v. *akčè*.

Akğè آقجه a. T. blanchâtre ; *akğè-kavak*, peuplier blanc ; *akčè-aghağ*, érable (arbre).

Akğel آقجل a. T. v. *akčel*.

Akğèli آقجەلى a. T. v. *akčèli*.

Ak-ğiyèr آق جكر s. T. poumon ; *ğiyèr*, foie.

'Akik عقيق s. T. cornaline ; agate (pierre précieuse).

'Akil عاقل a. s. A. au pl. *'oukala*, intelligent, sage, prudent, sensé ; d. de *'akl*.

'Akilanè عاقلانه ad. P. prudemment, raisonnablement, intelligemment ; a. qui se fait avec intelligence.

'Akilè عاقله a. fém. A. sage, prudente, intelligente.

Ak-kèfal آق كفال s. T. ablette ou able, sorte de petit poisson plat et argenté ; chabot ; *kèfal*, muge, mulet (poisson).

'Akl عقل s. A. (*'akel*), au pl. *'oukoul*, esprit, raison, sens, intelligence, jugement, prudence ; mémoire ; *'akle bachenda*, sensé, qui se possède ; *'akla gètirmèk*, se souvenir, faire souvenir.

Aklam اقلام s. A. pl. de *kalèm*, plumes, roseaux à écrire ; bureaux où travaillent les secrétaires des départements publics.

Aklamak آقلامق T. blanchir ; fig. faire honneur, acquitter ; d. de *ak*.

Akle آقلى a. T. tacheté de blanc.

Aklek آقلق s. T., *bèyazlek*, blanc, couleur blanche ; blancheur.

'Aklèn عقلًا ad. A. mentalement ; d'après la raison.

'Akli عقلى a. A. intellectuel, mental ; qui a pour base la raison et non la tradition.

Akma آقمه s. T. (*akech*), écoulement ; flux ; action de couler.

Akmak آقمق T. couler, fluer, affluer; courir (liquide).

Akmecha آقمشه s. A. pl. de *koumach*, étoffes, toiles fines, etc.

Ak-mèrmèr آق مرمر s. T. albâtre; *mèrmèr*, marbre.

Akraba اقربا s. a. A. v. *akrèba*.

Akrabalek اقربالق s. T., *karabèt*, A. parenté, parentage; affinité.

Akran اقران s. a. A. pl. de *karin*, les égaux, de même âge, les proches, les semblables.

'Akrèb عقرب s. A. au pl. *'akarib*, scorpion; aiguille de montre; Scorpion, signe du Zodiaque (astr.); *sa'at 'akrèbi*, aiguille de montre.

Akrèb اقرب s. A. compar. de *karib*, plus ou très proche.

Akrèba اقربا s. A. *(akraba)*, pl. de *karib*, proches, parents.

'Aks عكس s. A. contraste, réverbération, reflet, réfléchissement.

Aksa اقصى a. A. compar. de *kassi*, extrême, suprême; dernier.

Aksak آقساق a. s. T., *topal*, boiteux, estropié.

Aksaklek آقساقلق s. T. claudication.

Aksam اقسام s. a. pl. de *kesm*, parties, portions, divisions.

Aksamak آقسامق T. boiter, être boiteux.

Aksatmak آقساتمق T. faire boiter, estropier, rendre boiteux.

Akserech آقسريش s. T. éternuement.

Akserek آقسريق آقصريق s. T. v. le précédent.

Akserma آقسرمه s. T. *(akserech)*, action d'éternuer; éternuement.

Aksermak آقسرمق - آقسير T. *(añsermak)*, éternuer.

Aksertmak آقسيرتمق T. faire éternuer.

'Aks èt عكس اتمك T. réverbérer; refléter.

'Aksi عكسى a. A. *(akse, T. vulg.)*, contraire, inverse; sans succès, *'aksi mana*, contre sens.

'Aksingè عكسنجه ad. T. contrairement, inversement.

'Aksi ol, عكسی اولاق T. contraster.

'Aksissi عكسیسی s. T. le contraire.

Aktab اقطاب s. A. pl. de *koutb*, pôles.

Aktar عطار s.T.vulg.v. *'attar*, A.

Aktar اقطار s. A. pl. de *koutr*, régions, pays ; contrées ; diamètres ; et pl. de *katr*, gouttes.

Aktarelmak آقتارلمق T. être transbordé.

Aktarlek عطارلق s.T.v. *'attarlek*.

Aktarma آقتارمه s. T. transbordement, transport de marchandises et de passagers d'un vaisseau à un autre ; troisième labour donné à la terre ; remplacement des tuiles d'un toit.

Aktarma èt. آقتارمه ايتمك T. transborder, remplacer les tuiles d'un toit.

Aktarmak آقتارمق T. transborder, transporter, transférer ; chercher, examiner, feuilleter ; abattre de force.

Akval اقوال s. A. pl. de *kavl*, paroles, discours, opinions, pactes, accords, stipulations ; propos.

Akvam اقوام s. A. pl. de *kavm*, peuples, nations, tribus.

Akvat اقوات s. A. pl. de *kout*, aliments ; mets.

Al آل a.T. vermeil, écarlate ; rouge ; *al yanaklar*, joues vermeilles.

Al آل s. A. postérité, famille, dynastie ; race ; les descendants ; *al 'osman*, la dynastie ottomane ; *padichahi ali 'osman*, empereur de la dynastie ottomane.

Al آل s. A., *hilè*, ruse, fraude, tromperie ; artifice, finesse ; *al ilè*, avec ruse.

Al آل impér. T. de *almak*, prends.

A'la اعلا a. A. au pl. è-*'ali* ; compar. de *'ali*, excellent ; plus ou très haut, supérieur, meilleur, très bon, sublime, élevé, magnifique, exquis ; au fém. *'oulya*, *'ulya* ; *pèk a'la*, à merveille.

'Ala علا s. A. hauteur, élévation, sublimité ; dignité.

Ala آلا s. P., *ala tènlik*, T. lèpre.

Ala آلا a. P. de couleur mélangée, moucheté de plusieurs couleurs; bigarré; *ala gueuzlu*, qui a les yeux de diverses couleurs; *ala tèn*, peau tachetée; *ala tènli*, qui a la peau tachetée; lépreux; *ala segherǧek*, étourneau; *ala kargha*, geai.

'Ala على prép. A. sur, en, selon, contre.

Ala-baleghe آلا بالغى s. T. truite, poisson de rivière très délicat.

Alabanda آلابانده s. de l'I., bordée; fig. forte réprimande.

Alacha آلاچه s. T., *bargir*, P. cheval de charge, de train; cheval hongre.

Alaf آلاف s. A. pl. de *èlf*, mille; milliers.

Alağa آلاجه a. T. bigarré, de plusieurs couleurs, tacheté, madré; d. de *ala*; *alağa boulağa*, mélangé de plusieurs choses ou de plusieurs couleurs; *alağa at*, cheval pie.

Alağa-boulağa آلاجه بولاجه a. T. qui est de diverses couleurs mal assorties; bariolé.

Alağa èt. آلاجه ايتك T. bigarrer.

Alağak آلاجق s. T. créance, dette active, crédit; dû, ce qui est dû.

Alağakle آلاجقلو a. T. créancier.

Alağalamak آلاجه‌لامق T. barioler, bigarrer, peindre en diverses couleurs.

Alağalanmak آلاجه‌لانمق T. être bigarré.

Alağalatmak آلاجه‌لاتمق T. tacheter, bigarrer.

Alağalek آلاجه‌لق s. T. bigarrure.

'Alaka علاقه s. A. au pl. *'alayik*, sympathie, contact, attachement, amour, inclination; relation, rapport.

'Alakale علاقه‌لى a. T. amoureux.

Ala-kargha آلا قارغه s. T. (*alağa-kargha*), geai, choucas, casse-noix (oiseau).

A'lam اعلام s. A. pl. de *'alèm*, drapeaux, étendards.

Alam آلام s. A. pl. de *èlèm*, chagrins, peines, douleurs.

Alaman آلامان s. A. de l'I. allemand.

Alamania آلامانیا n. p. T. Allemagne.

Alamaniale آلامانیالی a. T. allemand.

'Alamèt علامت s. A. au pl. *'alayim*, devise, indice, signe; marque, attribut, symbole, symptôme; phénomène; *'alamèti sèmaviyè*, météore.

Alan آلان s. a. T, acheteur, preneur, receveur; qui prend, prenant; d. de *almak*.

Alargha آلارغه ad. de l'I. *(alarga)*, au large, en haute mer; loin du bord; s. haute mer, le large; interj. au large!

Alargha èt. آلارغه اتك T. alarguer (mar.).

Ala-seghergek آلا صغرجق s. T. étourneau.

Alat آلات s. A. pl. de *alèt*, instruments, ustensiles, appareils; (en turc il est aussi usité au singulier); *alate hèndèssiyè*, instruments de géométrie.

Ala-tènli آلا تنلی a. T. lépreux; en T. us. *ouyouzlou*.

Ala-tènlik آلا تنلك s. T., *ouyouz*, lèpre.

Alay آلای s. T. troupe, bande, régiment; somptuosité, solennité, pompe, cortège, apparat, procession, cérémonie; *mir alay*, colonel; *alay čaouchou*, huissier du divan; *alay alay oloup*, rangé en escadrons; *dayma bir alay dir*, c'est une procession continuelle.

'Alayik علائق s. A. pl. de *'alaka*, sympathies, etc.

Alay ile آلای ایله ad. T. avec pompe; solennellement.

'Alayim علائم s. A. pl. de *'alamèt*, signaux, indices, phénomènes; *'alayimi sèma*, arc-en-ciel.

Alčak آلچاق a. T. abject, ignoble, vil, méprisable, lâche; de basse condition; court, de petite taille, petit; peu élevé; déprimé; *alčak halk*, canaille; bas peuple.

Alčakğa آلچقجه ad. T. ignominieusement, ignoblement; lâchement.

Alčakladeğc آلچاقلادیجی a. T. humiliant, ignoble; méprisable.

Alčaklamak آلچاقلامق T. abaisser, avilir, humilier; dédaigner; vn. s'abaisser, s'avilir, faire des bassesses.

Alčaklanma آلچقلنمه s. T. abaissement, humiliation, mépris.

Alčaklanmak آلچقلنمق T. s'abaisser, s'humilier, être abaissé; s'avilir.

Alčaklanmech آلچقلنمش p. p. T. abaissé, humilié; méprisé.

Alčaklatmak آلچقلتمق T. abaisser, amoindrir; humilier, avilir, déprimer, mépriser.

Alčaklek آلچقلق آلچاقلق s. T. abaissement, bassesse; état de ce ou de celui qui n'est pas haut; humiliation, ignominie, lâcheté, avilissement, soumission.

Alčaklekla آلچقلقله ad.T. ignominieusement, bassement.

Alčak ol. آلچق اولمق T. s'abaisser, s'avilir, s'humilier.

Alčalmak آلچالمق T. se courber, fléchir; faire des bassesses.

Alče آلچى s. T. plâtre, gypse.

Alčeğe آلچيى s. T. plâtrier.

Alčelamak آلچيلامق T. plâtrer, mêler ou couvrir de gypse.

Alčele آلچيلى a. T. plâtreux, gypseux.

Aldadan آلدادان a. s. T. qui trompe, qui triche.

Aldadeğe آلداديجى a. s. T. insidieux, illusoire; trompeur, imposteur.

Aldadeğelek آلداديجيلق s. T. tromperie, ruse.

Aldang آلدانج a. T. qui est facilement trompé.

Aldangheğ آلدانغج s. T. tromperie, ruse, farce.

Aldanma آلدانمه s. T. tromperie, ruse.

Aldanmak آلدانمق T. être trompé, se tromper.

Aldatma آلداتمه s. T. tromperie, déception.

Aldatmağa آلداتمجه s. T. tromperie, farce.

Aldatmaghela آلداتمغله ad. T. pour *aldatmak ilè*, insidieusement, avec ruse.

Aldatmak آلداتمق T. tromper, tricher, circonvenir, séduire, frauder; mentir; mystifier.

Aldayech آلدايش s. T. action de tromper, tromperie.

Aldermak آلديرمق T. faire prendre; recevoir, faire amener.

Alech آلش s. P. prise, reçu; achat; action de prendre; d. de *almak;* *alech vèrich,* commerce.

Alechdermak آليشديرمق T. *(alechtermak),* apprivoiser, accoutumer, exercer; instruire; habituer; familiariser; dompter; imbiber; façonner; apprêter.

Alechek آليشيق a. T., *alechmech,* apprivoisé, accoutumé, familier; familiarisé; habile; pratique; habitué; s. client.

Alecheklek آليشيقلق s. T. pratique.

Alechelmak آليشلق T. s'accoutumer, etc.

Alechghan آلشغان a. T. apprivoisé, familiarisé; dompté.

Alechmak آليشمق T. s'habituer, s'apprivoiser, s'accoutumer, se familiariser; s'imbiber; être apprivoisé.

Alechmamazlek آلشمامزلق s. T. inhabitude.

Alechmamech آلشمامش p. p. T. inhabitué, inaccoutumé.

Alechmech آلشمش p. p. T. apprivoisé, habitué, accoutumé.

Alechtermak آلشدرمق T. v. *alechdermak.*

'Alèv علو s. T. (mieux *'alèv),* flamme.

'Alèflènmèk علوفلنمك T. *('alèvlènmèk),* s'enflammer, prendre feu.

Aleğ آليج a. T. vainqueur; qui gagne.

Aleğe آليجى s. T. preneur, receveur, qui prend ou reçoit, acheteur; d. de *almak.*

Alek آليق a. T. stupide, imbécile.

Alekomak آليقومق T., *toutmak,* retenir.

'Alèm عالم s. A, au pl. *'avalim,* univers, monde; siècle; position, état, temps, création; créatures; système solaire.

'Alèm عَلم s. A. au pl. *a'lam,* drapeau, bannière, oriflamme; étendard; *'alèmi humayoun,* drapeau impérial.

'Alèm علم s. A. nom propre.

Alem الم s. T. capacité, aptitude.

'Alèm-dar عالمدار s. P. celui qui porte le drapeau, la bannière ; porte-drapeau.

'Alèmi عالمى a. A. mondain; universel.

'Alèmiyan عالميان s. P. pl. de 'alèmi, habitants du monde.

Alemle آللى a. T. capable, habile, apte.

Alen آلين s. T., ǵèbhè, A. front; fig. le devant, physionomie; audace, effronterie ; alnemda, sur mon front; alen yazesse, destin; alen baghe, frontal.

'Alènèn علنًا ad. A. publiquement, ouvertement, en public.

'Alèni علنى a. A. public; notoire; ouvert.

Alenle آلينلى a. T. qui a le front large.

Alenlek آلينلق s. T. frontal.

Alenmak آلينمق T. être pris, reçu; vn. être choqué, se fâcher; d. de almak.

Alenmaz آلنماز آلينماز a. T. imprenable.

Alenmech آلينمش p. p. T. pris.

Alèt آلت s. A. au pl. alat, instrument, outil, ustensile ; attirail, appareil,

machine, organe; alati hèndèssiyè, instruments géométriques; alati moussikiyè, instruments de musique.

Alètgi آلتجى s. T. fabricant ou vendeur d'outils, d'instruments.

Alètli آلتلى a. T. instrumental, organique.

Alètsiz آلتسز a. T. inorganique.

'Alèv علو s. T. flamme; en T. us. 'alèf.

'Alèvlèndirmèk علولندرمك T. enflammer; fig. exciter; d. de 'alèv.

'Alèvlènmèk علولنمك T. flamber, s'ellumer en flamme ; s'enflammer ; fig. être excité.

'Alèvli علولى a. T. enflammé; fig. excité.

'Ali عالى a. A. sublime, éminent, élevé, haut, supérieur, superbe, illustre; d. de 'uluvv ; 'ali chan, glorieux; babe 'ali, la Sublime Porte.

'Ali على n. p. A. Ali ; le quatrième calife après Mahomet.

'Ali-ǵènab عالى جناب a. A. magnanime, fier ; libéral, généreux.

'Ali-gènablek غالىجنابلق s. T. magnanimité, fierté, générosité.

'Alil عليل a. A. malade, infirme, estropié ; comme mot T. aveugle.

'Alim عالم p. pr. a. s. A. au pl. *'ulèma (*'oulèma), qui sait, savant, docte, instruit, lettré, sage ; érudit ; d. de *'ilm*.

'Alimanè عالمانه ad. P. savamment, doctement, sagement ; d'une manière digne des savants.

'Alimgè عالمجه ad. T. savamment, etc.

Alkech آلقيش s. T. acclamation, ovation, applaudissement.

Alkechlama آلقيشلامه s. T. applaudissement, action d'applaudir, etc.

Alkechlamak آلقيشلامق T., *alkech èt.*, acclamer ; applaudir, encourager, approuver.

Alkechlanmak آلقيشلانمق T. être applaudi, être approuvé, encouragé.

Allah الله s. A., *houda*, P., *tanre*, T. Dieu ; *allah versin*, plût à Dieu ; *allah bilir*, Dieu sait ; *allah geustèrmèssin*, Dieu nous en préserve ; *allaha chukr*, grâce à Dieu ; *allah razi ola*, (que Dieu en soit content), je vous remercie ; *allaha esmarladek*, adieu ! *allah ta-'ala*, le Très-Haut ; *allah ikbèr*, grand Dieu ! *allah kèrim*, Dieu est bienfaisant, généreux ; *subhan allah*, que Dieu soit béni ! *allah bèrèkiat versin*, que Dieu vous accorde d'abondantes bénédictions ; *allaha esmarlama*, confiance en Dieu ; *allah saklassen*, Dieu vous en garde ! *allah ou allah allah*, grand Dieu ! Dieu ! *ya allah*, ô Dieu ! *allah 'achkena, allahe sèversèn*, pour l'amour de Dieu.

Allahlek آللهلق s. T., *ilahiyèt*, divinité.

Allah-vèrdi آلله وىردى n. p. T. Adéodat ; m. à m. Dieu donna (donné par Dieu).

Allak-boullak آللاق بو-للاق a. T. confondu, troublé, mêlé.

'Allam علام a. A. très savant, qui connaît tout (Dieu).

'Allamè علامه s. A. très savant, très érudit.

Alma آلما s. T., *alech*, prise, enlèvement, soustraction.

Almak آلمق T. prendre, enlever, soustraire; acheter, contenir: *zor ilè almak*, prendre par force; *ustunè almak*, prendre sur soi, se charger; *solouk almak*, respirer.

Alt آلت s. T. le dessous, le bas, le fond; a. qui est au-dessous, en bas, inférieur; ad. au-dessous, en bas; prép. sous, au-dessous de; *altenda*, par dessous; *èl altendan*, sous main; *alt ust*, sens dessus dessous; *alt ust olmak*, être bouleversé; *alt olmak*, avoir le dessous; *alt ust ètmèk*, intervertir, bouleverser; *altena almak*, soumettre, assujettir.

Alte آلتی a. num. T., *chèch*, P. six.

Altechar آلتیشر a. ad. T. six à chacun, par six; de six en six.

Altelek آلتلق s. T. pièce de six piastres; a. qui vaut six piastres.

Alten آلتون s. T. (*altoun*), or; monnaie d'or; *altendan*, d'or, en or; *alten otou*, scolopendre (herbe); *alten bèhassena almak*, acheter au poids de l'or.

Altena آلتنه ad. T. au-dessous.

Altenda آلتنده ad. T. dessous.

Altendan آلتندن ad. T. par dessous.

Altenğe آلتنجی a. num. T., *sadis*, A. sixième; *on altenğe*, seizième.

Altenlamak آلتونلامق T. dorer, garnir d'or.

Altenle آلتونلی a. T. doré, en or, d'or.

Alt èt. آلت ایتمك T. soumettre, assujettir.

Alt-kat آلت قات s. T. rez-de-chaussée.

Altmech آلتمش a. num. T. soixante.

Altmechar آلتمشر a. ad. T. de soixante, soixante chacun; par soixantaines.

Altmechenğe آلتمشنجی a. num. T. soixantième.

Altmechlamak آلتمشلامق T. arriver au nombre de soixante, avoir la soixantaine.

Altmechle آلتمشلی a. T. qui contient soixante.

Altmechlek آلتمشلق s. T. soixantaine.

Alt ol. آلت اولمق T. être soumis, s'assujettir; être vaincu.

Altoun آلتون s. T. v. *alten*.

Altounlamak آلتونلامق T. v. *altenlamak*.

Alt-ustuluk آلت اوستلك s. T. désordre, bouleversement, interversion; confusion.

'Ama عمى s. A. cécité, aveuglement; en T. us. *keurluk*.

Amadè آماده a. P., *hazer*, A. prêt; préparé.

A'mal اعمال s. A. pl. de *'amèl*, actions, actes.

Amal آمال s. A. pl. de *èmèl*, désirs, vœux, espérances, vues, intentions, projets; *vahib ul-amal*, dispensateur des vœux (Dieu).

Aman آمان s. T. grâce, pardon.

Aman آمان interj. T. miséricorde! ah! oh! mon Dieu! grâce! de grâce! à mon secours!

A'mar اعمار s. A. pl. de *'eumr*, vies; existences.

Ambar آنبار s. T. (*an-bar*, P.), grenier, entrepôt, magasin à grains; garde-manger; *boughday ambare*, grange.

Ambargè آنبارجى s. T. gardien de dépôt.

'Ambèr عنبر s. T. (*'anbèr*, A.), ambre gris; parfum; *kèhribar*, ambre jaune.

'Ambèriyè عنبريه s. T. (*'anbèriyè*, A.), rossolis (liqueur), ambroisie.

'Ambèriyègi عنبريه‌جى s. T. liquoriste.

'Amd عمد s. A. dessein, intention, propos délibéré, préméditation.

'Amdèn عمداً ad. A. à dessein, de propos délibéré.

Amèd آمد s. P. action de venir; arrivée; entrée en service; *amèd chud*, aller et venir.

Amèdgi آمدجى s. T. rapporteur du divan, secrétaire de conférences, chef du bureau de la correspondance du palais de la Sublime Porte.

Amèdiyè آمديه s. P. taxe de douane.

'Amèga عمغه s. T. v. *'amouğa*.

'Amèl عمل s. A. au pl. a'mal, action, acte, fait, opération, œuvre, exécution; pratique, travail; comme mot T. diarrhée; 'amèl mandè, incapable de travailler; invalide.

'Amèldè علمده ad. T. en pratique, en action, pratiquement.

'Amèlè علم s. A. pl. de 'amil, travailleurs, ouvriers (il est aussi employé au sing.).

'Amèlèn علاً ad. A. pratiquement.

'Amèl èt. عمل اتمك T. agir, exécuter, faire, travailler; opérer.

'Amèli عملى a. A. pratique.

'Amèliyat عمليات a. A. opération, pratique.

'Amèlsiz عملسز a. T. inefficace, sans opération ou effet.

'Amèlsizlik عملسزلك s. T. inefficacité.

Amèrika آمريقا s. de l'I., yêni dunya, T. Amérique, l'une des cinq parties du monde; 70,515,000 h.

Amèrikalé آمريقالى a. T. américain.

'Amğa عوجه s. T. v. 'amouğa.

Amik عميق a. A. profond; d. de 'oumk.

'Amil عامل p. pr. s. A. au pl. 'amèlè ou 'amilin, gouverneur, administrateur; mot qui régit un cas (gramm.); actif, qui agit.

'Amilin عاملين s. A. pl. du précédent.

'Amim عميم a. A. universel, général; d. de 'oumoum.

Amin آمين interj. A. amen, ainsi-soit-il!

Amir آمر s. A., komandan, du F. chef, commandant, supérieur (v. Dict. F.-T.).

Amiral آميرال s. du F. d. de l'A. èmir ul-ma, amiral chrétien; bahriyè livassè, muchiri, fèriki, amiral ottoman.

Amiranè آمرانه ad. P. en chef, en commandant; d'un ton imposant.

'Amm عم s. A. oncle paternel; en T. us. 'amouğa.

Amma اما conj. A., lakin, mais; amma saken, mais prenez garde.

'Ammè عامه s. A. au pl.

'avam, le vulgaire, le bas peuple, le public.

'Ammè عمّة s. A. tante paternelle.

'Amoud عود a. A. perpendiculaire, vertical ; s. colonne.

'Amoudèn عودًا ad. A. perpendiculairement, verticalement ; directement ; en forme de colonne.

'Amoudi عودي a. A. perpendiculaire, vertical.

'Amouǧa عمّوجه s. T. oncle paternel ; d. de l'A. *'amm.*; *beuyuk 'amouǧa*, grand-oncle ; *'amouǧaneñ oghlou*, cousin ; *'amouǧaneñ keze*, cousine.

'An عن prép. A. de.

An آن s. A. au pl. *avan*, moment, instant, minute, temps ; heure ; en T. us. *dèm, takikè*.

An آن s. P. beauté, attrait.

An ان terminaison des pl. persans, généralement pour les êtres animés (v. *ha*).

Ana آنا s. T., *validè*, A. mère ; fig. souche, source ; *beuyuk ana*, grand'mère ; *sud ana*, nourrice ; *ana*

baba, le père et la mère, les parents ; *kaynana*, la belle-mère ; *anaǧek*, petite mère.

'Ana عنا s. A. fatigue, peine, travail forcé et pénible.

Anadolou آناطولی s. du G. Anatolie ou Asie-Mineure, province de la Turquie d'Asie.

Anaf آناف s. A. pl. de *ènf*, nez.

Anafor آنافور s. du G. tournant d'eau ; reflux.

Anaǧ آناج a. T. grand, adulte ; rusé ; qui connaît les affaires.

Anaǧek آناجق s. T. petite mère ; mère aimable ; dim. de *ana*.

Anaǧlamak آناجلامق T. vieillir dans les affaires.

Anaǧlek آناجلق s. T. habileté.

Anahtar آناختار آنختار s. T. clef ; *sa'at anahtare*, clef de montre ; *chèhrin anahtarlare*, les clefs de la ville.

Analek آنالق s. T., *validèlik*, maternité ; mère adoptive.

Ananas آناناس s. T. ananas, plante et fruit des Indes; grosse fraise.

'Ananèt عنانت s. A. impuissance; frigidité.

'Anassir عناصر s. A. pl. de 'ounsour, éléments.

Anbar آنبار s.P.v. ambar.

'Anbèr عنبر s.A.v. 'ambèr.

And آند s. T., yèmin, serment; vœu; and bozmak, violer un serment; and bozouğou, parjure.

Anda آندَ ad. T. (onda), là.

'Andèlib عندليب s. A. rossignol.

Añdermak آكدیرمق T. faire souvenir, faire penser; rappeler, ressembler.

Andlachmak آندلاشمق T. s'engager réciproquement par serment; pactiser.

Andlamak آندلامق T., yèmin vèrmèk, jurer, faire serment.

Andle آندلو آندلی a. T. juré, assermenté.

Añelmak آكلق T. être mentionné.

Añermak آكرمق T. braire.

Añertmak آكرتمق T. faire braire.

Anğak آنجق ad. T. à peine, uniquement, seulement; a. seul; conj. mais, cependant, toutefois.

Anğelayen آنجیلاین ad. T. de cette manière, autant.

Angharia آنغاریه آنغریه s. du G. corvée, travail forcé sans payement.

Anghet آنغیت s. T. cavran, sorte d'oiseau aquatique; espèce de grand canard; coquillage qui s'attache aux navires.

Anidè آیدہ ad.T., fil-hal, A. aussitôt, vite; immédiatement; sur-le-champ.

'Anka عنقا s. A., 'ankakouchou, T. griffon fabuleux (oiseau); phénix.

Añlacheler آكلاشیلور آكلاشیلیر a. T. intelligible, compréhensible.

Añlachelmak آكلاشلق T. être compris, se comprendre.

Añlachelmaz آكلاشلماز آكلاشلاز a.T. inintelligible, incompréhensible, inconcevable.

Añlama آكلامه s. T. action de comprendre, compréhension, intelligence.

Añlamak آكلامق T. (*aghnamak*), comprendre, concevoir, entendre, penser; sentir; se connaître; croire; juger; s'informer; interroger; *añladeñme*, avez-vous compris? *seuz añlar bir adam der*, c'est un homme qui entend raison.

Añlatmak آكلاتمق T.(*aghnatmak*), faire comprendre, faire entendre, faire connaître, expliquer, déclarer; accuser, dénoncer.

Añlattermak آكلاتديرمق T. faire comprendre par un tiers.

Añlayech آكلايش s. T. action de comprendre; esprit, finesse.

Añlayechle آكلايشلى a. T. pénétrant, qui comprend facilement.

Añmak آكق T. faire mention, se souvenir, avoir mémoire de..., rappeler à la mémoire.

Annè آنه s. T. mère, maman (dans le langage des enfants).

Añserma آكسرمه s. T. éternuement.

Añsermak آكسرمق T. éternuer.

Añsez آكسز a. ad. T. (*añsezen*), subit, soudain; subitement, soudainement; c. de *añ* et de la partic. *sez; añsez gèlmèk*, survenir inopinément; *añsez eulum*, mort subite; *añsezdan*, inopinément.

Añsezen آكسزن ad. T., *apansez*, soudainement.

Antakiya آنطاكيه n. p. T. Antioche.

Antèna آنتنا s. de l'I. antenne (vergue fixée au mât).

Antika آنتيقا آنتيقه a. de l'I. antique; s. antiquité.

Antikağe آنتيقه‌جى s. T. antiquaire.

Aoue آوج s. T. paume de la main; fig. petit nombre.

Aourt آورت s. T. l'intérieur de la joue.

Aourt èt. آورت ايتك T. faires des fanfaronnades.

Aoustria آوستريا s. de l'I., *aoustria mèmlèkèti*, T. Autriche, l'une des cinq grandes puissances de l'Europe, 35,900,000 h.

Aoustriale آوستريالى s. a. T. Autrichien.

Aoutmak آوتمق T. faire

danser (l'enfant); fig. bercer de faux espoirs.

Aouttourmak آوتدرمق T. faire danser (l'enfant); fig. faire bercer de faux espoirs.

Ap آپ partic. T. augmentative qu'on place devant quelques adjectifs commençant par *a*, et qui a le sens de *très, fort*; *ap aček*, tout ouvert; tout à fait ouvert; *ap ak*, tout ou fort blanc, tout à fait blanc.

Apansez آپانسز ad. T. (ou *âpansez*) inopinément, à l'improviste, soudainement; a. soudain; qui arrive ou se fait à l'improviste; c. de *ap*, *añ* et de *sez*.

Apañsez آپا کسز ad.T.v.le précédent.

Apañsezen آپا کسزین آپا نسزین ad.T. à l'improviste.

Aparmak آپارمق T. emporter, enlever furtivement.

Apech آپوش آپیش آپش s. T. le gras de la cuisse..

Apechek آپشیق a. T. las, abattu.

Apechmak آپشمق T. se lasser, s'abattre; défaillir.

Apechtermak آپیشدرمق آپشدرمق T. lasser, abattre.

'Ar عار s. A., *èdèb*, A. honte, pudeur; ignominie, opprobre.

Ara آرا s. A. pl. de *rèèy*, opinions, avis, votes; voix; conseils.

Ara آرا impér. P. orne; partic. qui entre dans la composition de certains adjectifs persans; qui orne, qui donne de la beauté; *ǧihan-ara*, qui fait l'ornement du monde.

Ara آرا prép.ad.T. entre; au milieu; s. intervalle, espace, délai, loisir, interruption; *ara yèrdè yaramazlek èdènlèr*, ceux qui dans l'intervalle font des méchancetés; *aramezda*, parmi nous; *bou arada*, dans cet intervalle; *ô arada*, pendant ce temps-là; *araya girmèk*, intervenir, faire le médiateur; *arassenda*, au milieu; *dostlar arassenda tèklif yok dour*, entre amis point de cérémonies; *araya girèn*, médiateur; *araya girmè*, médiation.

'Arab عرب s. A. (*'arèb*),

au pl. *'ourban*, Arabe, le peuple arabe, le pays arabe ; Arabie ; Éthiopien, noir.

'Araba عربه s. T. voiture, carrosse; char; chariot; *yuk 'arabasse*, chariot; *nakliyè 'arabasse*, voiture de transport, charrette.

'Arabağē عربه‌جی s. T. voiturier, charretier, cocher; charron; fabricant de voitures.

'Arabağelek عربه‌جیلق s. T. métier de cocher, de charretier, de charron.

'Arabğa عربجه ad. T. (*'arèbğè*), en arabe; en langue arabe; a. arabe; s. langue arabe.

'Arabi عربی a.A.(*'arèbi*), arabique, propre au peuple arabe; arabe; arabesque; s. langue arabe; ad. en arabe; *zamk 'arabi*, gomme arabique; *lissani 'arèbi*, langue arabe.

'Arabistan عربستان s. P. (*'arèbistan*), Arabie, vaste péninsule de l'Asie; 12,000,000 h.; c. de *'arab* et de *istan* (v. *istan*).

'Arabistanle عربستانلی a. T. arabe, arabique; de l'Arabie.

'Arabiyat عربیات s. A. (*'arèbiyat*), fém. pl. de *'arabiyèt*, littérature arabe.

'Arabiyèt عربیت s. A. (*'arèbiyèt*), littérature arabe.

Arachmak آراشمق T. se chercher réciproquement; d. de *aramak*.

Arachtereğē آراشدیرجی s. T. inquisiteur, investigateur; chercheur.

Arachterma آراشدرمه s. T. investigation, recherche, enquête.

Arachtermak آراشدرمق T. faire des recherches, s'informer; rechercher, scruter, interroger, examiner.

A'raf اعراف s. A., *mathèr*, purgatoire; mur qui sépare le paradis de l'enfer.

'Arafat عرفات s.A., *'arafat daghe*, T. mont près de la Mecque où les pèlerins Mahométans égorgent un agneau.

'Arak عرق s. A. sueur, transpiration (en T. us. *tèr*, sueur); liqueur spiritueuse distillée; eau-de-vie; en T. us. *rake*, eau-de-vie.

Aralachmak آرالاشمق T. se disperser, se raréfier.

Aralachtermak آرالاشدیرمق T. disperser, raréfier.

Aralamak آرالامق T. disperser, raréfier, séparer.

Aralanmak آرالانمق T. être dispersé.

Aralatmak آرالاتمق T. faire séparer, disperser; raréfier.

Aralek آرالق s. T., *ara*, intervalle, distance, interstice, intermission, espace, temps, loisir, interruption; petit corridor; *aralek aralek*, de temps en temps.

Aram آرام s. P., *rahat*, repos, délassement, relâche, tranquillité, calme, paix; *aram-saz*, qui se repose; *aram-giah*, lieu de repos.

Arama آرامه s. T. recherche; action de rechercher, de chercher.

Aramak آرامق T. chercher, rechercher; visiter, inspecter; réclamer, demander; solliciter; *sizi arayorlar*, on vous cherche.

Aram èt. آرام اتمك T. reposer, se délasser.

Aramsez آرامسز a. T. inquiet, mal à l'aise, remuant.

Aramsezlek آرامسزلق s. T. inquiétude, turbulence.

Aranelmak آرانلمق T. être cherché, désiré, estimé.

Aranmak آرانمق T. être cherché, apprécié.

Arassenda آراسنده prép. T. entre, parmi; *aramezda*, *bèynimizdé*, entre nous.

Arassera آراصره ad. T. occasionnellement; parfois, quelquefois.

Aratmak آراتمق T. v. le suivant.

Arattermak آراتدیرمق T. faire chercher, demander.

Arayeğe آرایجی s. T. chercheur; inspecteur, qui visite.

Arayich آرایش s. P. action d'orner; ornement, embellissement.

Arazi اراضی s. A. pl. de *arz*, sols, terres; fonds.

'Arbèdè عربده s. A. dispute, querelle; tumulte.

'Arch عرش s. A. trône, siége.

Archen آرشین آرشون s.

T. aune turque; fig. calcul; réflexion.

Archenlamak آرشینلامق T. mesurer à l'aune; arpenter.

Archenlek آرشینلق s. T. qui se mesure avec l'aune; qui a la largeur d'une aune.

Ard آرت s. prép. T. *(art)*, dos, postérieur, arrière, derrière; fin; résolution; conséquence; *ard tarafe*, côté de derrière, du dos; *ard kapoussou*, porte de derrière; *ardemğa*, derrière moi; *ardenğa*, derrière toi; *arde sera*, l'un après l'autre.

Arda آردا s. T. long bâton des huissiers; cible.

Ardeğ آردیج s. P. genièvre, genévrier (arbuste); *kara ardeğ*, sabine, espèce de genévrier; *ardeğ sakeze* ou *zamke*, sandaraque, résine.

Ardeğ-kouchou آردیج قوشی s. T. grive (oiseau).

Arden آردین ad. T. à reculons, en arrière; *arden arden gitmèk*, aller à reculons; *bir biri ardenğa*, l'un après l'autre; *ardena deunmèk*, s'en retourner; *ardena gèlèn*, qui suit; *ardena gitmèk*, suivre, poursuivre.

Ardèn آردن n. p. T. (*èrdèn*, A.), Jourdain (fleuve).

Arden-arden آردین آردین ad. T. en reculant; à reculons.

Are آری s. T. abeille; *yaban aresse*, guêpe; *èchèk aresse*, bourdon; *are kovane*, ruche; *are surussu*, essaim d'abeilles.

'Arèb عرب s. A. v. *'arab*.

'Arèbi عربی a. A. v. *'arabi*.

'Arèbistan عربستان s. P. v. *'arabistan*.

'Arèbiyat عربیات a. A. fém. pl. de *'arèbiyèt*, choses arabes, littérature arabe.

'Arèbiyèt عربیت s. A. littérature arabe.

Arech آرش s. P. palme (mesure); avant-bras; aune turque.

Arechlamak آرشلامق T. mesurer à la palme.

'Arèfè عرفه s. A. v. *'arifè*.

Aregh آریغ a. T., *zaboun*, maigre, faible.

Areklamak آریقلامق T. maigrir, s'affaiblir.

Areklanmak آریقلانمق T. v. le précédent.

Areklatmak آریقلاتمق T. amaigrir, affaiblir.

Areklek آریقلق s. T. maigreur, faiblesse.

Are-kouchou آری قوشی s. T. pie grièche (oiseau).

Are-kovane آری قوغانی قوانی s. T. ruche.

Arghağ آرغاج s. T. trame d'un tissu.

Arghağlamak آرغاجلامق T. tramer (un tissu); ourdir la trame.

Arghamak آرغامق T. ourdir; rouler.

'Arif عارف a. p. pr. A. sage, savant; connaisseur, clairvoyant; qui sait, qui connaît; instruit; d. de *irfan*.

'Arif عریف a. A. au pl. *ourèfa*, savant, instruit, intelligent.

'Arifanè عارفانه ad. P. sagement, savamment; d'une manière qui convient aux personnes instruites.

'Arifè عارفه a. A. fém. de *'arif*, intelligente; savante.

'Arifè عرفه s. A. le jour précédent le Bayram; veille d'une fête (en général).

'Ariflik عارفلك s. T. sagesse, science, connaissance.

'Arif ol. عارف اولمق T., *bilmèk*, savoir, être instruit.

'Ariyèt عاریت s. A. chose empruntée, prêtée; *'ariyèt vèriği*, prêteur, qui donne un prêt; *'ariyèt vèrmèk*, prêter, donner à condition que l'on rendra; *'ariyèt almak*, emprunter.

'Ariz عارض a. p. pr. A. accidentel, adventice; qui survient.

'Ariz عریض a. A., *ènli*, T. large, vaste.

'Ariza عریضه s. A. (*'arizè*), lettre, requête, pétition.

'Arizè عریضه s. A. v. le précédent.

'Arizè عارضه s. A. au pl. *'avariz*, événement, accident, malheur.

Arizi عارضی a. A. accidentel, éventuel, fortuit.

Arka آرقه s. T. dos, derrière, arrière; revers; appui, protection, protecteur; *arkada*, en arrière; *arkadan*, par derrière; *arkamda*, derrière moi; *arkassenda*, derrière lui.

Arka-dach آرقداش s. T. compagnon, associé, camarade; c. de *arka* et de *dach*, associé…

Arkadachlek آرقداشلق s. T. compagnie, association.

Arkale آرقه‌لو آرقه‌لی a. T. protégé; large d'épaule, robuste.

Arkalek آرقه‌لق s. T. sorte de veste qui ne couvre que le dos.

Arka ol. آرقه اولق T. protéger.

Arkasse آرقه‌سی s. T. le revers; c. de *arka* et de l'affixe poss. *se*, son (v. gramm.).

Arkouri آیقری آرقوری a. ad. T., *yampouri*, transversal, transverse, oblique; obliquement, à califourchon; en écharpe; *arkouri olarak*, transversalement, obliquement.

'Arlanmak عارلانمق T. avoir honte; rougir; d. de *'ar*.

'Arlanmaz عارلانماز a. T., *outanmaz*, impudent, déhonté, sans honte; effronté, dévergondé.

'Arle عارلی a. T., *èdèbli*, pudique.

Arma آرمه آرما s. de l'I. arme, armoiries; *dèvlèt armasse*, les armes du gouvernement.

Armağe آرماجی s. T. armoriste.

Armoud آرمود s. T. (*armout*, vulg.), poire.

Armoud-aghağe آرمود آغاجی s. T. poirier.

Arnaoud آرنود آر ناود s. T. (*arnaout*, vulg.), Albanais.

Arnaoudlouk آرنودلق آرناودلق n. p. T. Albanie, Épire, province de la Turquie d'Europe, 1,900,000 h.; cap. Scutari.

Arnaoud-vilayèti آرناود ولایتی n.p.T. v. le précédent.

Arnika آرنیقه s. de l'I. arnica, arnique.

'Arous عروس s. A. nouvelle mariée.

'Aroussi عروسی s. P. noce.

'Aroussi عروسی a. A. qui

a rapport à la nouvelle mariée.

'Arouz عروض s. A. prosodie.

Arpa آرپه s. T. orge; *arpa souyou*, bierre (boisson).

Arpağek آرپهجق s. T. orgelet, petite tumeur à la paupière qui a la forme d'un grain d'orge.

Arpalek آرپهلق s. T. apanage; lieu semé d'orge.

Arsènik آرسنيق s. du G. arsenic.

'Arsez عارسز a. T., *èdèbsiz*, effronté, obscène; impertinent, dévergondé, impudent, impudique; sans honte, éhonté; *'arsez turku*, chanson obscène; *'arsez seuz*, parole obscène.

'Arsezğa عارسزجه ad. T. effrontément, impudiquement.

'Arsezlanmak عارسزلانمق T. devenir effronté, impudique.

'Arsezlek عارسزلق s. T., *èdèbsizlik*, effronterie, impudence, obscénité, dévergondage, impudicité.

Arslan آرسلان s. T. (*aslan*, vulg.), lion (v. *aslan*).

Art آرت s. T. v. *ard*.

Artan آرتان a. s. T. qui reste, superflu; le restant, le reste, le surplus; d. de *artmak*.

Artek آرتيق s. T. reste, restant, superflu, surplus; coupon; a. restant, superflu.

Artek آرتق ad. T., plus, davantage, au surplus; désormais; enfin; *artek nê seuylèym*, que dirais-je de plus?; *artek èksik*, plus ou moins.

Arteklek آرتقلق s. T. p. u. avantage, bénéfice; en T. us. *kiar*, bénéfice.

Artelmak آرتلمق T. être augmenté, haussé; croître.

Arterege آرتيرجى s. T. amplificateur, qui accroît, qui augmente.

Arterelmak آرتيرلمق T. être augmenté, haussé.

Arterma آرتيرمه s. T. action d'augmenter.

Artermak آرتيرمق T. augmenter, accroître; propager, multiplier, ajouter.

Artma آرتمه s. T. augmentation, superfluité, croissance, accroissement, ampliation, crue, multiplication; appendice; restant; action de rester.

Artmak آرتمق T. croître, augmenter, s'accroître, s'augmenter, s'agrandir; rester de plus, excéder; grandir, pulluler.

Artmaklek آرتمقلق s. T. augmentation, accroissement.

Arz ou **èrz** ارض s. A. au pl. *arazi*, terrain, sol, fonds; *arz sahibi*, le propriétaire.

'Arz عرض s. A. présentation, exposition, proposition; soumission; latitude, largeur; *'arz èdèn*, exposant.

'Arzan عرضاً ad. A. par latitude, en latitude.

'Arz èt. عرض اتمك T. présenter, proposer, exposer, offrir, soumettre.

'Arzi عرضى a. A. qui regarde la largeur, la latitude.

Arzi ارضى a. A. terrestre.

'Arzi-hal عرضحال s.P.v. *'arzou-hal*.

Arzou آرزو s. P. v. *arzu* avec ses dérivés.

'Arzou-hal عرضحال s. T. vulg. (*'arzi-hal*, P.), pétition, requête, demande, placet, supplique; *'arzou-hal vèrèn*, pétitionnaire, postulant; qui demande.

Arzou-kèch آرزوكش a.P. désireux.

Arzoulamak آرزولامق - آرزولامق T. v. *arzulèmèk*.

Arzou-mènd آرزومند a. T. v. *arzulu*.

Arzu آرزو s. P. désir, souhait, vœu; intention, volonté, vouloir; appétit.

Arzu èt. آرزو اتمك T. v. *arzulèmèk*.

Arzulèmèk آرزولمك T. (*arzoulamak*), désirer, aspirer, vouloir, souhaiter, convoiter, appéter; avoir dessein.

Arzulènèğèk آرزولنهجك a. T. désirable, souhaitable.

Arzulènmich آرزولنمش p. p. T. désiré, convoité, souhaiter.

Arzulèyèn آرزولين s. T. qui désire, qui convoite, qui souhaite.

Arzulu آرزولو a. T., *arzoumènd*, P. désireux.

Asdaf اصداف s. A. pl. de *sadèf*, conques, nacres de perles.

Asdak اصداق s. A. pl. de *sedk*, vérités.

Asdak اصدق a. A. compar. de *sadek*, plus fidèle, plus vrai...; d. de *sedk*.

Asdeka اصدقا a. s. A. pl. de *sadek*, amis loyaux, sincères, vrais, fidèles.

Asfèr اصفر a. A. jaune; en T. us. *sare*.

Asghar اصغر a. A. compar. de *saghir*, plus petit, plus jeune, cadet.

Ashab اصحاب s. A. pl. de *sahib*, possesseurs, maîtres.

Aske آصق s. T. tout ce qui est suspendu en guise d'ornement, comme lampe, lustre, pendule, rideau, bretelle; fig. délai, suspension.

Askeğe آسقیجی s. T. celui qui fait ou arrange des ornements suspendus.

'Askèr عسكر s. A. au pl. *'assakir*, soldat, militaire; milice, armée, troupe; grand nombre; nuée; *'assakiri nizamiyè*, troupe régulière, disciplinée, de ligne; *'assakiri bahriyè*, troupe de marine; *'askèr nazere*, intendant militaire; *'askèr kerghene*, défaite d'une armée; *'askèr yazmak*, enrôler, recruter des soldats; *'askèr gibi*, militairement, comme un militaire.

'Askèri عسكری a. A. militaire, soldatesque, appartenant aux militaires; s. militaire, soldat, officier.

'Askèrlik عسكرلك s. T. état et service de soldat, service militaire.

Asl اصل s. A. (*assel*), au pl. *oussoul* (*ussoul*), origine, racine, souche, race, famille; cause, principe, base; capital; fondement, fond, principe; *bèd asl*, de mauvaise race; *aslendan*, dès son origine; *asle vè fasle yok*, il n'en est rien.

Asla اصلا ad. A. point du tout, non, nullement, jamais; rien.

Aslab اصلاب s. A. reins.

Aslan آرسلان s. T. (*arslan*), lion; fig. très courageux, brave; *dichi aslan*, lionne; *aslan gibi*, comme un lion; *aslan yavroussou*, lionceau; *aslan pènčessi*, pied-de-lion (bot.).

Aslendan اصلندن ad. T. primitivement.

Asli اصلی a. A. original,

natif, essentiel, radical, fondamental; étymologique, primitif; principal, primordial; d. de *asl*.

Asma آسْمَه a. T. suspendu, pendant; s. treille; cep de vigne; d. de *asmak*; *asma čoubouklare*, sarments; *yaban asma*, lambrusque, vigne sauvage; *asma sa'at*, pendule; *asma keupru*, pont-levis; *asma kilid*, cadenas.

Asmak آسْمَق T. suspendre, pendre, attacher, accrocher.

Asmalek آسْمَلِق s. T. treille.

'Asr عصر s. A. au pl. *a'ssar*, époque, temps; siècle.

'Assa عصا s. A. sceptre.

Assad آساد s. A. pl. de *èssèd*, lions.

'Assakir عساكر s. A. pl. de *'askèr*, soldats, troupes, armées, corps d'armée.

Assan آسان a. P., *kolay*, T, facile, commode; simple.

Assar آثار s. A. pl de *èssèr*, traces, vestiges, marques, signes, indices, ouvrages; monument.

A'ssar اعصار s. A. pl. de *'asr*, époques, temps, siècles.

Asse آسى s. T. utilité, profit, avantage, produit, revenu.

Assege آصيجى s. T. pendeur, accrocheur, celui qui pend.

Assel اصل s. A. v. *asl*.

'Assèl عسل s. A., *bal*, T. miel.

Asselağak آصلهجق a. T. pendable, qui mérite d'être pendu.

Asselasse آصلهسى a. T. pendable.

'Assèlbènd عسلبند s. P. oliban (encens).

Assele آصيلو آصيلى آصلو آصلى a. T. pendu, pendant, suspendu; accroché.

Assele آصيل a. T. utile, profitable, avantageux.

Asselenmak آصيلنمق T. profiter, gagner.

Asselma آصلمه s. T. pendaison; suspension; prière faite avec persistance.

Asselmak آصلمق T. être pendu ou suspendu, être attaché; vn. pendre; fig. prier avec persistance; d. de *asmak*.

Asselmech آصلمش p.p. T. pendu, suspendu, attaché, accroché.

Asselsez اصلسز a. T. sans origine, sans principe; imaginaire.

Assel-zadè اصلزاده s. P. gentilhomme; aristocrate; de noble origine.

'Assès عسس s. A. gardien de nuit.

'Assi عاصى p. pr. a. A. au pl. *'oussat*, qui se révolte, séditieux, rebelle, insurgé; d. de *'isyan*.

Assia آسیا n. p. T. Asie, l'une des cinq parties du monde; 576,835,000 h.

Assiale آسیالى a. T. asiatique.

Assil اصیل a. A. au pl. *ussèla*, principal, radical; noble; d. de *asl*.

'Assilik عاصیلك s. T. sédition, rébellion.

'Assim عاصم a. A. chaste; d. de *'ismèt*.

'Assi ol. عاصى اولمق T. se révolter (avec le datif).

Assuman آسمان s. P. ciel; en T. us. *geuk*.

Assumani آسمانى a. P. céleste.

Astar آستار s. T. doublure.

Astarlamak آستارلامق آستار لامق T. doubler un habit, mettre une doublure.

Astarlanmak آستارلنمق T. être doublé (habit).

Astarlanmech آستارلنمش p. p. T. doublé.

Astarle آستارلى a. T. doublé (habit).

Astarlek آستارلق s. T. doublure; toile qui sert de doublure.

Astermak آصدیرمق T. faire pendre.

At آت s. T., *èsb*, P. cheval; *yèdèk ate*, cheval de main, coursier; *binèğèk at*, cheval de selle; *'araba ate*, cheval de voiture; *alay ate*, cheval de parade; *'arab ate*, cheval arabe; *ğins at*, cheval de bonne race; *at-baleghe*, hippopotame; *at-sinèyi*, taon; *at-mèydane*, hippodrome; *at kele*, crin; *at oghlane*, garçon d'écurie; *ata binmèk*, monter à cheval; *atdan ènmèk*, descendre de cheval; *ata bindim*, j'ai monté à cheval; *ate oynatmak*, faire caracoler un cheval; *ate deurt naṭ*

4.

kochdourmak, mettre le cheval au galop ; *at yèlèssi*, crinière, crin de cheval.

Ata آتا s. T. père, grand-père ; *atalar*, nos pères, nos ancêtres.

A'taf اعطاف s. A. pl. de *'atf*, grâces, faveurs, bontés.

Atak آتاق a. T. hardi, audacieux ; imprudent ; vantard.

Ataklek آتاقلق s. T. hardiesse, audace, imprudence, ; jactance d'un vantard.

Atalek آتالق s. T. paternité ; vieillard qui tient lieu de père ; pédagogue d'un prince.

'Atalèt عطالت s. A. inertie.

'Ataya عطايا s. A. pl. de *'atiyè*, gratifications, etc.

Atbak اطباق s. A. pl. de *tabak*, assiettes, plats ; disques.

At-baleghe آت بالغی s. A. hippopotame.

'Atèbat عتبات s. A. pl. de *'atèbè*, seuils.

Atebba اطبا s. A. pl. de *tabib*, médecins.

'Atèbè عتبه s. A. au pl. *atèbat*, seuil.

Atech آتیش s. T. manière de tirer, jet, tir ; fanfaronnade, mensonge ; d. de *atmak*.

Atèch آتش s. P., *nar*, A. feu ; incendie ; ardeur ; chaleur, éclat; vivacité, vigueur, passion ; *kezghen atèch*, feu ardent ; *chènlik atèchi*, feu de joie ; *tabour atèchi*, feu par bataillons ; *mikrasvari atèch*, feu croisé ; *avğe atèchi*, feu de tirailleur ; *atèch-zèban*, qui parle avec beaucoup de force ; *atèch-zèdè*, brûlé, incendié ; *atèch-baleghe*, sardine; *atèch ètmèk*, faire feu ; *atèch yakmak*, faire du feu ; *atèch almak*, prendre feu ; *atèch almamak*, rater, ne pas prendre feu.

Atèch-bar آتشبار a. P. qui répand du feu, des flammes ; c. de *atèch* et de *bar*.

Atèch-beuğèyi آتش بوجكی s. T. ver luisant ; luciole ; *kanadsez atèch beuğèyi*, luciole sans ailes.

Atèch èt. آتش ایتك T. faire feu.

Atèchği آتشجی s. T. chauffeur.

Atèchi آتشی a. P., *a-*

tèchli, T. qui a du feu; ardent; chaleureux.

Atèchlèmèk آتشلمك T. brûler, jeter au feu; mettre le feu.

Atèchlèndirmèk آتشلندیرمك s. T. mettre en colère, irriter.

Atèchlènmèk آتشلنمك T. s'emporter, s'irriter.

Atèchli آتشلی a. T. ardent, brûlant, de feu; très chaud; fig. vif, actif; *atèchli gueuzlèr*, des yeux pleins de feu, vifs.

Atèchlik آتشلك s. T. foyer, réchaud, ustensile à feu; a. qui mérite d'être brûlé.

Atechmak آتیشمق آتشمق T. se battre, en venir aux mains; disputer en se disant des injures.

Atèch ol. آتش اولمق T. s'irriter fort.

Atèch-pèrèst آتش پرست s. P. adorateur du feu, guèbre, mage.

Atèch-pèrèstlik آتش پرستلك s. T. pyrolatrie, adoration du feu; religion de Zoroastre.

Atechtermak آتیشدیرمق T. réprimander, corriger, blâmer, injurier; manger à la hâte.

Atège آتیجی s. T. tireur.

Atelech آتلش s. T. élan, essor; transport impétueux.

Atelmak آتلمق T. être jeté, se jeter, se précipiter; fig. interrompre la conversation brusquement; passif de *atmak*.

Atem آتیم s. T. jet, tir, coup, décharge d'armes à feu; portée d'une arme à feu; *ok atemè*, trait de flèche.

'Atf عطف s. A. au pl. *a'taf*, action de diriger; attribution.

Atibba اطبا s. A. pl. de *tabib*, médecins.

'Atik عاتق a. A. libre, affranchi; d. de *'etk*.

At'immè اطعمه s. A. pl. de *ta'am*, repas, mets.

Atina آتینه n. p. T. Athènes; cap. de la Grèce; 50,000 h.

Atinalè آتنه لی a. T. Athénien.

'Atiyè عطیه s. A. au pl.

'ataya, gratification, récompense, don, présent.

Atlama آتلامه s. T. action de sauter ; bond; omission.

Atlamak آتلامق T. sauter, bondir, s'élancer, se jeter ; passer outre, omettre, laisser derrière soi.

Atlambağ آتلامباج s. T. saut de mouton (jeu).

Atlas اطلس s. A. satin (étoffe).

Atlatmak آتلاتمق T. faire passer ; faire cesser.

Atle آتلی آتلو a. T. homme à cheval ; équestre ; s. cavalier; *atle nèfèr*, *souvari*, soldat de cavalerie ; *atle 'askèri zabiti*, officier de cavalerie.

Atma آتمه s. T. jet, tir ; action de tirer.

Atmağa آتمجه آتمغه s.T. épervier ; faucon ; d. de *atmak*.

Atmak آتمق T. jeter, lancer, tirer, décharger (arme à feu) ; abattre, terrasser, jeter, imputer; répandre; *keupru atmak*, jeter un pont ; *parèkètè atmak*, jeter le loch ; *oyounda kiaghed atmak*, jeter ses cartes ; *koura atmak*, tirer au sort;

pambouk atmak, carder du coton ; *tufènk atmak*, tirer un coup de fusil ; *dèmir atmak*, jeter l'ancre.

At-mèydane آت میدانی s. T. hippodrome, place aux chevaux.

'Atouf عطوف a.A. affectueux ; qui a de la sympathie ; d. de *'atoufèt*.

'Atoufèt عظوفت s.A. affection, tendresse.

At-sinèyi آت سینئی s. T. taon, mouche qui s'attache aux chevaux et aux bestiaux.

'Attar عطار s. A. (*aktar*, T. vulg.), pharmacopole, pharmacien, droguiste ; parfumeur ; d. de *'etr*.

'Attarlek عطارلق s. T. profession et commerce de droguiste, de parfumeur.

Av آو s. T. chasse, gibier ; venaison ; pêche ; proie ; *av kcupèyi*, chien de chasse ; *av tufèngi*, fusil de chasse ; *ava gitmèk*, aller à la chasse.

Avadanlek آوادانلق s. T. ustensiles, outils d'un artisan.

'Avakeb عواقب s. A. pl. de *'akebèt*, fins, termes, issues, résultats.

'**Avalim** عوالم s. A. pl. de 'alèm, mondes, siècles, etc.

'**Avam** عوام s. A. pl. de 'ammè, hommes du peuple; comme sing. bas peuple.

'**Avampèssènd** عوام پسند a. P. populaire.

Avan آوان s. A. pl. de an, moments, temps, instants.

Avarè آواره a. P. désœuvré, oisif, fainéant, vagabond, égaré, qui erre, qui rôde à l'aventure.

Avarèlik آوارەلك s. T., ichsizlik, oisiveté, désœuvrement; état de vagabond; vagabondage, fainéantise.

Avarè al. آواره اولق T. être oisif, désœuvré, errer çà et là.

Avaria آواریا s. de l'I. avarie.

'**Avariz** عوارض s. A. pl. de 'arizè, accidents, malheurs; maladies.

'**Avayd** عواند s. A. pl. de 'aydè, revenus, rentes, pensions.

Avaz آواز s. P., sès, T. voix, cri; son, écho; renommée.

'**Avdèt** عودت s. A. retour.

Avenmak آونمق T. être trompé; être bercé de faux espoirs.

A'vèr اعور a. s. A. borgne; en T. us. tèk geuz.

Avèr آور p. pr. a. P. portant, qui porte, qui cause; ce mot entre dans la composition de certains adjectifs persans; mèssèrrèt-avèr, qui cause la joie.

Avğe آوجى s. T. chasseur; pêcheur; chasseur (soldat).

Avğelek آوجیلق s. T. art de chasser; état, métier de chasseur ou de pêcheur.

Avğelek èt. آوجیلیق ایتمك T. chasser les bêtes.

Avlak آولاق s. T. lieu où l'on chasse.

Avlamak آولامق T. chasser les bêtes; pêcher; vn. aller à la chasse, à la pêche.

Avlanech آولانش s. T. état de celui qui se trompe.

Avlanmak آولانمق T. être chassé ou pêché; fig. être trompé.

Avlé حول آولی s. du G. cour, parc, enclos.

'Avn عون s. A. aide, assistance, secours.

Avouč آوچ s. T. (aouč), poignée, creux de la main; paume de la main; *bir avouč akčè*, une poignée d'argent; *bir avouč adam*, une poignée d'hommes.

Avouč-avouč آوچ آوچ ad. T. à pleines mains.

Avoučlamak آوچلامق T. empoigner.

Avourt آورت s. T. le dedans de la joue.

Avourt èt. آورت اِتْكْ T. faire des fanfaronnades.

'Avrèt عورت s. A., *kare*, T., *zèn*, P. femme, épouse.

Avropa آوروپا n. p. de l'I. Europe.

Avropale آوروپالی a. s. T. Européen.

Avstria آوستریا n. p. de l'I. Autriche; 35,900,000 h.

Avstrialè آوستریالو-آوستریالی a. s. T. Autrichien.

Ay آی s. T., *mah*, P. lune; mois; *yèni ay*, nouvelle lune; *dolou ay, bèdr*, pleine lune; *ay doghdou, hilal*, le croissant; *ayeň èksilmèssi*, le déclin de la lune; *ay toutoulmassè*, éclipse de lune; *aydan aya*, chaque mois, de mois en mois; *aylek*, salaire mensuel; *ayeň èvvèlki gunu*, le premier du mois; *hèr ay*, tous les mois; *ayda*, par mois; *ay dèvri*, lunaison.

Ay آی interj. T. ah! tiens!

Aya dayr آیه دایر a. T., *mahi*, P. lunaire.

Ayak آیاق s. T., *pa*, P. pied; patte; base, piédestal, socle; marche d'un escalier; support; *ayak ustu*, à la hâte; *ayak kabe*, chaussure; *ayak takeme*, populace; *ayak basmak*, poser le pied, insister; *ayagha kalkmak*, se lever, se mettre debout; se révolter; *ayakda*, sur pied.

Ayak آیاق s. T., *bassamak*, gradin, degré; mesure; *ayak basma, ibram*, sollicitation, instance; *ayak basmak*, mettre ou poser le pied; insister; solliciter; *ayak bukulmèssi*, entorse.

Ayak-dach آیاقداش s. T., *yoldach*, compagnon de voyage; compagnon.

Ayak divane آیاق دیوانی s. T. conseil sur pied;

grand conseil extraordinaire chez le Sultan.

Ayak-kabe آیاق قابی s. T. chaussure, soulier.

Ayaklamak آیاقلامق T. mesurer avec le pied; fouler aux pieds; faire des pas.

Ayaklandermak آیاقلانديرمق T. faire insurger, mettre sur pied.

Ayaklanmak آیاقلانمق T. se lever; se révolter.

Ayakle آیاقلو آیاقلی a. T. qui a des pieds; *deurt ayakle*, quadrupède.

Ayaklek آیاقلق s. T. échasse; base d'une colonne.

Ayakta آیاقده ad. T., *ayak uzrè*, debout, sur pied.

Ayak-yolou آیاق يولی s. T., *abdèst-hanè*, P. latrines, cabinets, lieux d'aisances.

'Ayal عیال s. T. vulg. (*'iyal*, A.), famille, maison; épouse.

'Ayar عیار s. T. vulg. (*'iyar*, A.), aloi; titre légal de l'or et de l'argent.

Ayartege آیارتجی s. T. séducteur; a. séduisant.

Ayartma آیارتمه s. T. séduction, action de séduire, de pervertir.

Ayartmak آیارتمق T. séduire, pervertir, suborner; débaucher.

Ayassoulonk آیاثلونق n.p. T. Éphèse.

Ayat آیات s. A. pl. de *ayèt*, signes, indices; miracles.

Ayaz آیاز s. T. nuit sereine et froide.

Ayazlamab آیازلامق T. se rasséréner; passer la nuit à découvert sous un ciel clair et avec un temps frais.

Ayazlek آیازلق s. T. temps clair et frais.

Ayazma آیازمه s. T. du G. source miraculeuse (chez les Grecs).

Ayaz ol. آیاز اولمق T. être serein (se dit du ciel).

'Ayb عیب s. A. au pl. *'ouyoub*; v. *'ayeb* avec ses dérivés.

Ay-čičèyi آی چیچکی s. T. tournesol.

'Aydè عائده s. A. au pl. *'avayd*, revenu, rente, pension.

Ayden آیدین a. T. éclairée par la lune (nuit); clair, brillant.

Aydenlek آیدینلق s. T.

clarté, lumière; éclat; clair de lune; *gunèch aydenleghe*, lumière du soleil; *ay aydenleghe*, lumière de la lune; en P. *mahitab*.

Aydenlek èt. آيدينلق اتمك T. illuminer, éclairer.

Ay-dèvri آی دوری s. T. lunaison.

Aye آیو s. T. ours; *aye yavroussou*, ourson; *dichi aye*, ourse, femelle de l'ours; *aye koulaghe*, pivoine (plante).

'Ayeb عيب s. T. vulg. (*'ayb*, A.), ignominie, honte, déshonneur, opprobre, humiliation, défaut; vice, tache; a. ignominieux, déshonorant; honteux; interj. c'est honteux!

Aye-baleghe آیو بالغی s. T. veau marin; phoque.

'Ayeblama عيلامه s. T. blâme, réprimande; animadversion.

'Ayeblamak عيلامق T. blâmer, gronder, désapprouver, reprocher.

'Ayeblanağak عيلنه جق a. T. blâmable, répréhensible.

'Ayeblanmak عيلانمق T. être désapprouvé, blâmé; reprocher.

'Ayeble عيبلی a. T. blâmable, honteux.

Ayen آين s. P. (*ayin*) rite; coutume, usage.

'Ayeplamak عيبلامق T. v. *'ayeblamak*.

Ayerelma آیرلمه s. T. désunion, détachement; séparation.

Ayerelmak آیرلمق T. se détacher, se séparer; se désunir; s'isoler.

Ayerelmech آیرلمش p.p.T. séparé, désuni, détaché, isolé.

Ayerma آیرمه s. T. séparation, isolation, désunion, détachement; distinction.

Ayermak آیرمق T. séparer, détacher, désunir; mêler; excepter; diviser; déjoindre, isoler, choisir, distinguer; trier.

Ayert آیرت آیرد s. T. séparation, distinction.

Ayertlamak آیرتلامق T. émonder, éplucher, nettoyer; séparer le bon d'avec le mauvais; sarcler.

Ayertlanmak آیرتلانمق T. être nettoyé, épluché, sarclé.

Ayertlanmech آیرتلانمش p. p. T. émondé, épluché, nettoyé.

Ayertlatmak آیرتلامق T. faire émonder, éplucher, nettoyer.

Ayèt آیت s. A. au pl. *ayat*, signe, miracle; symbole; oracle; verset du Coran.

Aygher آیغیر آیغر s. T. étalon, cheval entier.

Ayin آین s. P. v. *ayen*.

Aykere آیقری a. T., *èyri*, transversal; oblique.

Aylak آیلاق a. s. T. oisif, fainéant; vagabond.

Aylakğe آیلاقجی s. T. ouvrier qui travaille par journées.

Aylek آیلق s. T. salaire mensuel, paie d'un mois; appointements; un mois entier; a. mensuel, qui se fait par mois; *bir aylek yol*, un mois de chemin; *iki aylek*, de deux mois.

Aylekle آیلقلی a. T. employé à solde, salarié, appointé.

'Ayn ع dix-huitième lettre de l'alphabet turc.

'Ayn عین s. A. au pl. *'ouyoun*, œil; source, fontaine; essence; vue; en T. us. *geuz*, œil.

Ayna آینه s. P. (*aynè*), miroir; *kovouk ayna*, miroir concave; *aynaya bakmak*, se mirer, se regarder dans le miroir.

Aynağe آینه‌جی s. T. miroitier.

Aynağelek آینه‌جیلق s. T. miroiterie.

Aynale آینه‌لی a. T. qui a des miroirs, des glaces; orné de miroirs ou de glaces.

Aynè آینه s. P. v. *ayna*.

'Aynèn عیناً ad. A. textuellement.

'Ayni عینی a. A. oculaire, appartenant à l'œil.

'Ayni عینی a. T. original, qui est le même, qui ne diffère point; *'ayni ô dour*, c'est le même.

'Ayniyèt عینیت s. A. identité.

Ayran آیران s. T. petit lait, lait caillé mêlé avec de l'eau.

Ayre آیرو آیری a. T. autre, séparé, distinct, isolé; particulier, éloigné.

Ayre-ayre آیری آیری ad. T. séparément, isolément.

Ayre èt. آیری ایتمك T. séparer, isoler; excepter;

ayre ètmè, séparation; exception.

Ayreğa آیرو جه آیربجه ad. T., *tanè tanè*, séparément, distinctement, isolément; spécialement, à part.

Ayrek آیریق s. T. chiendent (plante).

Ayrelachmak آیریلاشمق T. se séparer, s'isoler.

Ayrelek آیرولق آیریلق s. T. séparation, éloignement; absence.

Ayreler آیریلور آیریلیر a. T. séparable; divisible.

Ayrelmak آیرلمق T. se séparer, être séparé, se démêler, se déjoindre; se diviser, s'éloigner; se fendre; se distinguer, être choisi.

Ayrelmaksezen آیرلمقسزن ad. T. inséparablement.

Ayrelmaz آیرلمز a. T. inséparable, indivisible, inhérent.

Ayrelmech آیرلمش p.p.T. séparé, divisé; isolé.

Ayva آیوه آیوا s.T. coing (fruit).

Ayva-aghağc آیوه آغاجی s. T. cognassier.

'Ayyar عیار a. A. menteur, rusé, coquin; en T. us. *dolandereğe*.

Az آز s. P. p. u. cupidité.

Az آز ad. T. peu, modiquement; *az der*, c'est peu; *az kalde*, peu s'en est fallu; *aza kana'at ètmèk*, se contenter de peu; *az masraf ètmèk*, dépenser peu; *az vaketdan*, sous peu; *pèk az*, très peu; *az čok, azdan čokdan*, quelque chose; un peu, rien; *bir azdan*, peu après, d'ici à peu; *azar azar*, peu à peu; *bir az*, un peu; *azağek*, tant soit peu; *bir az soñra*, peu après; *azağek bèklè*, attendez un peu.

A'za اعضا s. A. pl. de *'ouzv*, membres du corps; fig. membres d'un corps politique ou savant; *a'zay mèğlis*, les membres du conseil ou l'assemblée; *a'za kèsmèk*, amputer, couper un membre.

'Azab عذاب s.A. (*'azap*), peine, supplice, châtiment; punition, tourment, torture; *'azabi chèdidi ğèhènnèm*, les violentes tortures de l'enfer.

Azad آزاد a. P. libre, délivré, affranchi, indépendant, exempt, dégagé; s. congé, heure de départ.

Azadè آزاده a. P. v. le précédent.

Azad èt آزاد ایتمك T. faire ou rendre libre, mettre en liberté, affranchir, émanciper, exempter, libérer, relâcher, congédier; dégager; donner congé aux écoliers.

Azadlama آزادلامه s. T. affranchissement, esclave affranchi.

Azadlamak آزادلامق-آزاد لمق T. v. *azad èt*.

Azadle آزادلو آزادلی a.T. libre, affranchi (esclave); indépendant, délivré, congédié; s. esclave affranchi.

Azadlek آزادلق s. T. exemption, affranchissement, liberté, émancipation, immunité.

Azad ol آزاد اولمق T. s'affranchir, s'émanciper, être libre, exempt.

Azadsez آزادسز a. T. qui ne peut pas être ou qui n'est pas affranchi.

Azağek آزاجق ad. T. un peu, fort peu, un petit peu; dim. de *az*.

Azak آزاق n. p. T. Azof; *azak dèñizi*, la mer d'Azof.

Azalan آزالان p. pr. T. décroissant.

Azaldelmak آزالدلمق T. être diminué, amoindri.

Azalma آزالمه s. T. décroissance.

Azalmak آزالمق T., *èksilmèk*, se diminuer, décroître; amoindrir; d. de *az*.

Azaltma آزالتمه s. T. action de diminuer, amoindrissement.

Azaltmak آزالتمق T. diminuer, amoindrir; ralentir, rabaisser, baisser le prix, réduire; *bèha azaltmasse*, baisse de prix.

A'zam اعظم a. A. au pl. *è'azim*, compar. de *'azim*, plus ou très grand, suprême; grandissime.

'Azamèt عظمت s.A. magnificence, majesté, grandeur, faste, pompe; orgueil, fierté; *'azamèt ilè*, magnifiquement, superbement; majestueusement, fastueusement, avec grandeur, avec pompe.

'Azamètlu عظمتلو عظمتلی a. T. magnifique, grandiose, auguste, illustre; titre qu'on donne aux Sultans Ottomans.

A'zamiyèt اعظميت s. A. maximum; le nec plus ultra.

Azan اذان s. A. p. u. pl. de *uzun (uzn)*, oreilles.

A'zar اعذار s. A. pl. de *'uzur* (ou *'euzr*), excuses, prétextes.

Azar آزار s. P., *ta'zir*, injure, outrage, blâme, réprimande, reproche, invective, gronderie; offense; peine.

Azar آزار ad. T. de peu, un peu à chacun; *azar-azar*, peu à peu, petit à petit; partiellement.

Azar èt. آزار ايتك T., *azarlamak*, blâmer, invectiver, gronder, reprocher, réprimander, injurier, outrager; affliger, tourmenter, molester.

Azari آزارى s. P., *sitèm*, offense; reproche; vexation, peine.

Azarlama آزارلامه s. T. action de blâmer, de reprocher; blâme, reproche, réprimande, répréhension.

Azarlamak آزارلامق T. v. *azar èt.*

Azarlanmak آزارلانمق T. être blâmé, grondé; vp. recevoir le reproche de.

Azarlanmech آزارلانمش p. p.T. réprimandé, reproché, blâmé, etc.

Azarlatmak آزارلاتمق T. faire reprocher, blâmer, gronder.

Azarlayech آزارلايش s. T. action de reprocher, de blâmer, de gronder; blâme, reproche, réprimande, répréhension.

Azarlayegè آزارلايجى s. T. grondeur; qui blâme, qui réprimande.

'Azb عذب a. A. doux, agréable.

Azderegè آزديرجى s. T. séducteur, corrupteur (en parlant des mœurs).

Azderelmak آزديرلمق T. être exalté, dépravé, séduit, égaré.

Azdermak آزديرمق T. exalter, enthousiasmer; séduire, corrompre, dépraver; pervertir, égarer.

Aze آزو آزى s. T. *(azou)*, dent molaire; *aze dichlèri*, dents molaires.

'Azèb عزب s. A. célibataire; en T. us. *bèkiar*, *èrgèn*.

Azechmak آزیشمق T. s'aggraver; se battre.

Azek آزوق آزیق s. T. provisions, nourriture, vivres, aliments, denrées.

Azeklanmak آزوقلنمق ـ آز- یقلنمق T. se nourrir.

Azele آزیلی a. T. carnassier.

Azetmak آزیتمق T. se corrompre, se pervertir.

Azghachmak آزغاشمق T. se brouiller, se battre, en venir aux mains.

Azghen آزغین a. T. exalté, irrité, enragé; acharné, perdu, débauché, égaré; rebelle envers son souverain, révolté; furieux.

Azghenlachmak آزغینلاشمق T. *(azghenlanmak)*, s'exalter, s'enthousiasmer, s'irriter, s'enrager, se révolter, s'égarer.

Azghenlanmak آزغینلنمق T. v. le précédent.

Azghenlek آزغینلق s. T. acharnement, fureur.

'Azil عزل s. A. v. *'azl*.

'Azim عظیم a. A. au pl. *'izam*, grand, illustre, auguste, sublime; immense, important; *padichahi 'azimi 'ali 'osman*, le Grand Monarque de la dynastie Ottomane.

'Azimèt عزیمت s. A. entreprise; départ; enchantement, magie.

'Aziz عزیز a. A. cher, précieux, rare, vénérable, très estimé, glorieux, puissant, chéri; saint, illustre, fort (Dieu); d. de *'izzèt*; *'abd ul-'aziz*, serviteur du Très-Saint, du Très-Puissant (Dieu).

'Azizè عزیزه a. A. fém. de *'aziz*, sainte, précieuse, vénérable, très estimée.

'Azizlik عزیزلك s. T. sainteté; *'azizlik ètmèk*, fig. jouer un tour.

'Azl عزل s. A. *('azil)*, destitution, déposition.

Azla' اضلاع s. A. *(adla')*, pl. de *zil'* (ou *dil'*), côtés (anat.), côtés (géom.).

Azlek آزلق s. T. modicité, petite quantité; d. de *az*.

'Azl èt. عزل ایتمك T. destituer.

'Azm عزم s. A. entreprise, intention, résolution; expédition.

'Azm عظم s. A. au pl. 'izam, os; en T. us. kèmik.

Azmak آزمق T. s'égarer, s'acharner, se révolter, s'irriter, enrager, s'enflammer; déborder, dépasser la mesure; se soulever; *yoldan azmak*, s'égarer.

Azman آزمان a. T. très gros, très grand, colossal.

Azmayich آزمايش s. P. expérience.

Azot آزوت s. T. azote, gaz impropre à la respiration et à la combustion.

Azoti آزوتی a. A. azoteux.

Azotiyèt آزوتیت s. A. nitrate, azotate.

Azou آزو s. T. v. *aze*.

Azoulou آزولو a. T. (*azèle*), carnassier; *azoulou hayvan*, animal carnassier; m. à m. qui a des dents molaires.

'Azv عزو s. A. *isnad*, imputation, attribution.

'Azv èt. عزو اتمك T. *isnad èt.*, imputer, attribuer.

B

Ba با prép. P., *bi*, A., *ilè*, T. avec, en, à, par; *ba-ihtiram*, avec respect; *ba-kèmali sè'adèt*, avec grand bonheur.

Bab. باب s. A. au pl. *èbvab*, porte; maison, hôtel; sujet, affaire; objet; cour; matière, article, point, chapitre d'un livre; *babi'ali*, la Sublime Porte; *bou babda*, sur ce sujet; *babi humayoun*, la porte auguste, c.-à-d. la porte du sérail du sultan; *babi sè'adèt*, la porte de la félicité; *bab ul-èbvab*, la porte des portes, c.-à-d. les Portes Caspiennes; *bab ul-mandèb*, détroit de l'Océan indien qui unit la mer d'Oman à la mer Rouge.

Baba بابا s. T., *valid*, A., *pèdèr*, P. père, papa; *baba*, titre d'honneur qu'on donne aux vieillards; a. droit, sincère et respectable; *ana baba*, le père et la mère; *bir baba adam*, un brave homme; *baba male*, patrimoine, biens qui viennent du père.

Babaġa باباجه ad. T. paternellement, en brave homme.

Baba-korou باباقوری s. T. espèce d'agate (pierre précieuse).

Babalek بابالق s. T. paternité; père adoptif; second mari de la mère, beau-père; a. s. droit et bon, bonhomme.

Babayanè بابایانه ad. P., pèdèranè, paternellement, en brave homme; à la manière des vieillards; à l'antique; a. paternelle, sage, paisible.

Babèl بابل s. A. (ou *babil*), d. de l'Hébreu, Babylone, ville autrefois capitale de la Chaldée et de l'empire des Assyriens; fig. confusion.

Babil بابل s. A. v. le précédent.

Bach باش s. T. tête; chef, supérieur; sommet, sommité, cime, commencement, début, source; a. principal, premier; *bach tèpèssi*, sommet de la tête; occiput; *bach čanaghe (kafa)*, crâne; *bach aghressè*, migraine, mal à la tête; *bach deunmèssi*, vertige; *bache pèk*, entêté, dur de tête; *bachdan ayaghe*, de la tête aux pieds, de pied en cap; *bach ustunè*, volontiers, m. à m. sur la tête; *bachdan bacha*, de fond en comble, m. à m. de la tête à la tête; *bach parmak*, pouce de la main; *bach vèkil*, premier ministre; *bach tèrğiman*, premier drogman; *bin bache*, chef de bataillon, colonel, m. à m. chef de mille (soldats); *onbache*, caporal; *kilèrği bache*, chef d'office; *kaza bache*, chef d'un district; *bach komándan*, commandant en chef; *istihkiam on bachesse*, chef de brigade; *topğou vè souvari vè èrkiani harb bin bachesse*, chef d'escadron; *sagh bache ilèridè*, tête à droite (mil.); *bach rouzgiar*, les vents cardinaux; *bach kaldermak*, lever la tête, se révolter; *bach kèsmèk*, couper la tête, décapiter; *bachdan čekmak*, se laisser séduire; *bachdan čekarmak*, séduire ou perdre quelqu'un; *bacha čekmak*, réussir, parvenir à..; *bacha čekarmah*, achever; mener à bonne fin; *bachdan gèčmèk*, exposer, risquer sa vie; *bacha gèlmèk*, avoir lieu (événement);

bach aghretmak, importuner, ennuyer; *bach achagha duchmèk*, tomber la tête la première; *bachda otourmak*, présider.

Bachak باشاق s. T. épi; *boughday bachaghe*, épi de blé; *arpa bachaghe*, épi d'orge; *boch bachak*, épi vide; *dolou bachak*, épi plein; *bachak toutmak*, monter en épi, épier.

Bachakğe بشاقجى s. T. glaneur, glaneuse.

Bachaklamak بشاقلق T. monter en épi.

Bachaklanmak بشاقلنمق T. se former en épi, être en épi (blé, etc.).

Bache-bozouk باشى بوزوق s. T. soldat irrégulier.

Bach èt باش ايتمك T. réussir, achever.

Bachğeghaz باشجغز s. T. petite tête; dim. de *bach*.

Bachka بشقه a. T. autre, séparé, distinct, différent; ad. séparément, à part, hormis, de côté, en particulier, en outre, hors, sauf; *bachka dèf'a*, une autre fois; *bachka turlu*, autrement; *bachka bachka*, chacun séparément, à part; *bachka biri*, un autre; *bachka čekmak*, devenir maître de soi, s'émanciper.

Bachkağa بشقه جه ad. T. séparément, en particulier, autrement.

Bachkalachmak بشقه لاشمق T. devenir autre, changer radicalement.

Bachlama باشلامه s. T. commencement, action de commencer.

Bachlamak باشلامق T. commencer, débuter, entreprendre, donner l'initiative (avec le dat.); *seuylèmèyè bachladerlar*, ils se mirent à parler.

Bachlanech باشلانش s. T. v. *bachlanma*.

Bachlanelmak باشلانلمق T. être commencé.

Bachlangheğ باشلانغيج s. T. commencement, initiative, début, rudiment, ce qui précède une chose.

Bachlanma باشلانمه s. T. (*bachlanech*), action d'être commencé; commencement.

Bachlanmak باشلانمق T. être commencé.

Bachlatmak باشلاتمق T.

Bachlayan باشلایان p. pr. a. T. qui commence, commençant, débutant.

Bachlayech باشلایش s.T. commencement, début.

Bachlayeğe باشلایجی s.T. qui commence, qui débute; commençant, débutant.

Bachle باشلو a. T. qui a une tête, qui a une cime; principal, essentiel; *dik bachle*, têtu; obstiné; *bèlli bachle*, très connu; *bachle dèynèk*, canne à pomme.

Bachleğa باشلوجه باشلیجه ad. T. principalement, en premier lieu, essentiellement; a. principal, essentiel.

Bachlek باشلق s. T. têtière; capuchon, casque et tout ce qui sert à couvrir la tête.

Bachsez باشسز a.T. sans tête, sans chef, irrégulier.

Bachsezlek باشسزلق s.T. anarchie, état d'un peuple qui n'a pas de chef.

Bad باد s. P., *rouzgiar*; *yèl*, T. vent, air; *badi chèdid*, vent violent; *badi saba*, vent frais et agréable, zéphyr; *badi bèhar*, vent ou air du printemps.

Badam بادام s. P. (*badèm*, T. vulg.), amande; *badèm aghağe*, amandier.

Badana بادانه s. T. chaux pour blanchir les murs; badigeon.

Badana èt. بادانه اتك T. badigeonner, blanchir un mur avec la chaux; fig. faire quelque chose superficiellement.

Badanağe بادانه جی s. T. celui qui blanchit avec la chaux; badigeonneur.

Badanağelek بادانه جیلق s. T. badigeonnage.

Badanalamak بادانه لامق T. badigeonner; fig. couvrir superficiellement les défauts.

Badava بادهوا s. T. v. *bèdava*.

Bad-ban بادبان s. P., *yèlkèn*, T. voile d'un navire; c. de *bad* et de *ban*.

Badè باده s. P., *mèy; chèrab*, A. vin.

Badèm بادم s. T. vulg. (*badam*, P.), amande; *badèm aghağe*, amandier; *badèm yaghe*, huile d'amande.

Badi بادی p. pr. A. qui

cause, qui motive ; s. commencement.

Badi-hava بادهوا ad. P., ǧaba, T. gratis, gratuitement, pour rien ; a. gratuit.

Badinǧan بادنجان s. P. v. *patliǧan*.

Baǧ باج s. P., *vèrgi*, T. impôt, gabelle, droit de transit, de transport, de douane.

Baǧa باجه s. T. manteau de cheminée, cheminée, lucarne.

Baǧak باجاق s. T. jambe ; cuisse.

Baǧaklo باجاقلی a. T. qui a les jambes longues.

Baǧanak باجاناق s. T. nom d'alliance de deux personnes qui ont épousé deux sœurs.

Baǧanaklek باجاناقلق s. T. parenté de deux personnes qui ont épousé deux sœurs.

Baǧe باجی s. T. sœur ainée ; religieuse ; nom que l'époux donne à son épouse par modestie.

Bagh باغ s. T. bande, lien, ligature, nœud, attache, bandage ; obstacle ; fig. liaison.

Bagh باغ s. P. jardin, vigne ; *bagh bozmak*, vendanger ; *bagh bozouǧou*, vendangeur ; *bagh bozoumou*, vendange.

Bagha باغه بغا بغه s. T. écaille de tortue.

Bagh-ban باغبان s. P. (*baghčèvan*, T.), jardinier, vigneron ; c. de *bagh* et de *ban*, gardien.

Baghčè باغچه s. T. jardin, parterre de fleurs.

Baghčèli باغچه لی a. T. qui a un jardin.

Baghčèlik باغچه لك s. T. jardinage ; pays rempli de jardins.

Baghčè-van باغچه وان s. T. v. *bagh-ban*.

Baghčèvanlek باغچه وانلق s. T. jardinage, culture de la vigne, horticulture, profession ou art du jardinier.

Baghčèvanlek èt. باغچه وانلق ایتمك T. cultiver la vigne ou le jardin.

Baghdach باغداش s. T. croisement des jambes ; *baghdach kourmak*, s'asseoir en croisant les jambes.

Baghdad بغداد n. p. T. Bagdad, l'une des villes

les plus riches et les plus importantes de la Turquie d'Asie sur le Tigre; 100,000 h.

Baghe باغى s. T. sorcellerie.

Baghechlama باغشلامه s. T. *(baghechlayech)*, action de donner, de faire un présent, d'offrir; pardon, excuse.

Baghechlamak باغشلامق T. donner, offrir, faire don, donner pour rien; pardonner, excuser; *souč baghechlamak*, pardonner la faute, le péché.

Baghechlanmak باغشلانمق T. être donné, accordé, pardonné.

Baghechlanmaz باغشلانمز a. T. irrémissible, impardonnable, inexcusable.

Baghechlanmech باغشلانمش p. p. T. donné, accordé, pardonné, excusé.

Baghechlayech باغشلايش s. T. v. *baghechlama*.

Baghechlayeğe باغشلایجی s. a. T. qui donne, donneur, qui pardonne; généreux, loyal.

Bagheldak باغلداق s. T. *(bagherdak)*, maillot.

Bagher باغر s. T. viscère; poitrine ou l'intérieur de la poitrine.

Bagheran باغران p. pr. a. s. T. criant; criard, crieur; d. de *baghermak*.

Bagherdak باغرداق s. T. v. *bagheldak*.

Bagherech باغرش s. T. cri, hurlement, rugissement; action de crier, de hurler, etc.

Bagherechmak باغرشمق T. crier ou rugir ensemble.

Bagtiereğe باغریجی s. T. crieur, criard; brailleur.

Bagherma باغرمه s. T. *(bagherech)*, cri, alerte, rugissement; action de crier, de rugir, de hurler.

Baghermak باغرمق T. crier, hurler, mugir, rugir, brailler, japper.

Baghersak باغرساق s. T. entrailles, intestins, boyaux; *baghersak yaghe*, graisse des intestins; *baghersak aghresse*, miséréré.

Baghertlak باغرتلاق s.T. ramier sauvage; sarcelle (oiseau aquatique).

Baghertmak باغرتمق T. faire crier, etc.

Baghğe باغجی s. T. vigneron.

Baghğelek باغجیلق s. T. métier ou profession de vigneron.

Baghi باغى p. pr. a. A., 'assi, qui transgresse, rebelle ; d. de *boughyan* et de *baghi*.

Baghi بغى a. A. rebelle.

Baghi بغى s. A. action de se révolter, de s'écarter du droit chemin.

Baghilik باغیلك s. T. rebellion, félonie.

Baghi ol. باغى اولمق T. se révolter.

Baghistan باغستان s. P. endroit plein de vignes, vignoble.

Baghlama باغلامه s. T. action de lier, de nouer.

Baghlamak باغلامق T. lier, nouer, attacher, fermer, boucher, ceindre ; se couvrir de ; fasciner, ensorceler ; *bachene baghlamak*, lier la tête avec quelque chose ; fig. fixer la position de quelqu'un ; *kaymak baghlamak*, se couvrir de crème.

Baghlan باغلان s. T. espèce d'oie à ailes rouges ; outarde.

Baghlanmak باغلانمق T. être lié, attaché, noué ; être conclu ; être fasciné, ensorcelé ; s'attacher, se lier ; être fermé, bouché.

Baghlanmech باغلانمش p. p. T. lié, noué, attaché, fermé, conclu ; ensorcelé, charmé.

Baghlatmak باغلاتمق T. faire attacher, lier, fixer, nouer.

Baghlayan باغلایان p. pr. s. a. T. qui attache ; ensorceleur, lieur.

Baghlayeğe باغلاییجى s. T. qui lie, qui fixe, qui attache.

Baghle باغلى a. T. lié, attaché, fixé, noué ; ensorcelé, charmé.

Baghlek باغلق s. T. pays plein de vignes, vignoble.

Baghmak باغمق T. ensorceler, charmer.

Baği باجى s. T. sœur, surtout l'aînée chez les Turcs d'Asie ; ceux de Constantinople disent *abla*.

Baha بها s. T. vulg. et plus souvent *paha* (*bèha*, P.), prix d'une chose, estimation ; *kèssilmich paha*, prix fixe ; *paha kèsmèk*, fixer le prix, évaluer; *paha kèsmè*, estimation; *paha kèssèn*, estimateur, appréciateur; *pahassene èksiltmèk* ou *èndirmèk*, baisser le prix, déprécier une chose; *pahassene artermak*, hausser le prix; *pahassene vèrmèk*, rendre le prix, rembourser; *pahassez*, sans prix, inappréciable; *alčak paha*, à vil prix; *dèyèr pahassena*, à juste prix; *pahasse nè dir*, quel est le prix?

Bahalanmak بهالانمق T. devenir cher, coûteux; devenir plus cher.

Bahalatmak بهالاتمق T. renchérir.

Bahale بهال a. T. (*pahale*), cher, coûteux, précieux; *čok pahale der*, il est trop cher.

Bahalelek بهاله‌لك s. T. (*pahalelek*), cherté.

Bahar بهار s. T. vulg. (*bèhar*, A.), arome, épice.

Bahar بهار s. T. vulg. (*bèhar*, P.), printemps.

Baharlamak بهارلامق T. embaumer, épicer.

Baharlayan بهارلایان s. T. embaumeur.

Baharle بهارلی a. T. aromatique.

Bahch بخش impér. P. de *bahchidèn*, donne, accorde, pardonne; entre dans la composition des adjectifs; *hata-bahch*, qui pardonne les fautes; s. don, présent, cadeau.

Bahchayich بخشایش s. P. action de donner, d'accorder, de pardonner.

Bahch èt. بخش ایتمك T. donner, distribuer, accorder; en T. us. *vèrmèk*.

Bahchich بخشش s. P. don, présent, cadeau, pourboire; gratification; d. de *bahchidèn*; *bahchich vèrmèk*, donner un pourboire, une récompense, une gratification, faire un don, un présent.

Bahil بخل a. A. avare; d. de *bouhl*; en T. us. *tamahkiar*, *nèkès*.

Bahillik بخيللك s. T. avarice.

Bahir باهر a. A. clair, manifeste, évident; public.

Bahour باحور s. A. la canicule; *èyami bahour*, jours caniculaires.

Bahr بحر s. A.; *dèñiz*, T.,

dèrya, P.; au pl. *bihar*, mer; *bahri sèfid (ak dèñiz)*, mer Méditerranée; *bahri siyah, (kara dèñiz)*, mer Noire; *bahri koulzoum* ou *bahri ahmèr*, mer Rouge; *bahri lout*, mer Morte; *bahri munğèmid*, mer Glaciale; *bahri baltik* ou *baltik dèñizi*, mer Baltique; *bahri hazèr*, mer Caspienne; *bahri younan*, mer Ionienne; *bahri mouhit*, Océan; *bahri mouhiti chimali*, Océan du Nord; *bahri mouhiti ğenoubi*, Océan du Sud; *bahriyè mèğlissi*, conseil de l'Amirauté; *bahriyè livasse, muchiri, fèriki*, amiral Ottoman; *bahriyè fèriki, kapoudan bèy*, vice-amiral; *bahriyè miri livasse*, contre-amiral; *bahriyè nèzarèti*, ministère de la marine; *bahriyè nazere*, ministre de la marine.

Bahri بحرى a. A. marin, appartenant à la marine; maritime, naval.

Bahriyè بحريه s. A. marine.

Bahs بحث s. A. au pl. *èbhas*, discussion, dissertation, conversation; dispute, pari, gageure.

Bahs èt. بحث اتمك T. parier, gager, discuter, disserter; *bahse kayb ètmèk* perdre un pari; *bahs kazanmak*, gagner un pari; *bahs komak*, déposer la gageure; *bahs toutmak*, parier, gager; *bahs èdèn* ou *toutan*, gageur, parieur.

Baht بخت s. P. fortune, sort, chance, prospérité, bonheur, lot; hasard; *nikbaht (sa'adètli, moutlou)*, heureux, fortuné; *bèd-baht (zavalle)*, malheureux.

Bahtena بختنه ad. T. hasardeusement.

Bahtiyar بختيار a. P. fortuné, heureux; en T. us. *sa'adètli, moutlou.*

Bahtiyarlek بختيارلق s.T. bonheur, félicité.

Bahtlo بختلو بختلی a. T. fortuné, heureux, prospère, chanceux.

Bahtsez بختسز a. T., *zavalle*, malheureux, infortuné; funeste.

Bahtsezlek بختسزلق s. T. malheur, disgrâce, adversité, mauvaise fortune.

Bak باق impér. T. de *bakmak*, regarde.

Baka بقا s. A. v. *bèka.*

Bakağak باقه جق a. fut. T. de *bakmak*, digne

d'être regardé ou vu; il regardera.

Bakal بَقال s. T. vulg. v. *bakkal*.

Bakalem باقه لم interj. T. voyons!

Bakam بَقام s. T. bois de Brésil, teinture rouge.

Bakan باقان p.pr.s.a. T. qui regarde, qui voit; voyant, regardant; contemplateur.

Bakanak باقاناق s. T. corne du pied fendu des moutons, des bœufs, etc.

Bakarak باقه رق ad. T., *nazarèn*, A. relativement; d'après.

Bake باق p.pr. A. *(baki)*, qui reste, qui dure; a. excédant; durable, éternel, permanent; s. le reste; ad. au reste.

Bakech باقش s. T., *nazar*, A. regard, œillade; observation; soin; d. de *bakmak*.

Bakechle باقشلى a. T. qui voit bien, qui a tel ou tel regard.

Bakechmak باقشمق T. se regarder réciproquement; *biri birinè bakechmak*, se regarder l'un l'autre.

Bakeğe باقيجى s. T. qui regarde, qui voit, qui observe, qui soigne; contemplateur; qui dit la bonne aventure.

Bakelma باقلمه s. T. action d'être regardé.

Bakelmak باقلمق T. être regardé, considéré, observé, soigné.

Bakelmech باقلمش p.p. T. regardé, vu, soigné.

Bakem باقم s. T. regard, observation; rapport; *bir bakema*, sous un rapport.

Bakemle باقملى a. T. soigné, gras (animal).

Bakenmak باقنمق T. regarder sur ou autour de soi, être ébahi.

Baker باقر s. T. cuivre, oxyde de cuivre; a. de cuivre, en cuivre; *bakerdan*, en cuivre.

Bakerğe باقرجى s. T. marchand de cuivre, chaudronnier en cuivre.

Bakeyè بقيه s. A., *bake kalan*, T. le reste, le surplus, le restant d'une chose.

Baki باقى p. pr. A. v. *bake*.

Bakirè باكره s. A. vierge.

Bakkal بقال s. A. (*bakal*, T. vulg.), épicier.

Bakla باقلهٔ s. T. fève; ağc bakla, lupin, fève amère.

Baklava باقلوا s. T. (paklava), espèce de gâteau au miel ou au sucre et aux amandes ou aux noix, coupé en losanges; losange.

Bakma باقمه s. T. action de regarder.

Bakmak باقمق T. regarder; envisager, faire attention, avoir égard; considérer, observer; soigner, nourrir; visiter un malade (médecin); *dostlougha bakmayep*, n'ayant aucun égard pour l'amitié; *bana bak*, écoute! dis donc! *bak bana*, regarde moi.

Bakrağ باقراج s. T. vase de cuivre pour le lait ou pour l'eau.

Baktermak باقدیرمق T. faire regarder, voir; montrer au médecin, faire soigner par un médecin.

Bal بال s. T., *'assèl*, A. miel; *bal aressc* ou *arc*, mouche à miel, abeille; *gumèğ* ou *gumèğ bale*, rayon de miel; *bal moumou*, cire, cierge.

Bal بال s. P. aile d'oiseau; en T. us. *kanat* (ou *kanad*).

Bal بال s.A. cœur; en T. us. *yurèk*.

Bala بالا a. P., *yuksèk*, haut, élevé, éminent, sublime, supérieur.

Balaban بالابان s. T. animal à grosse tête; grande timbale.

Balabanlanmak بالابانلنمق T. devenir gros; avoir la langue embarrassée.

Balar بالار s. T. planche mince de pin ou de sapin.

Balček بالچق s. T., *čamour*, boue, crotte, fange, limon; argile.

Baldak بالداق s. T. l'anneau de la courroie de l'épée.

Balder بالدر s. T. mollet, le gras de la jambe.

Balderak بالدراق s. T. partie des caleçons qui couvre les jambes; jambes du caleçon.

Balderan بالدران s.T. ciguë, herbe vénéneuse qui ressemble au persil.

Balderghan بالدرغان s.T. petite ciguë, assa fœtida.

Baldez بالدز s. T. belle-sœur, sœur de la femme.

Balek بالق s. T., *sèmèk*, A., *mahi*, P. poisson; *yelan baleghe*, anguille, m. à m. poisson serpent; *keleğ baleghe*, espadon, m. à m. poisson à épée; *ringa baleghe*, hareng; *kèfal baleghe*, mulet (poisson), muge; *keupèk baleghe*, requin, m. à m. poisson chien; *salomon baleghe*, saumon; *murèkkèb baleghe*, sèche, m. à m. poisson encre; *dil baleghe*, sole; *yonouz baleghe*, dauphin; *kaya baleghe*, goujon, poisson de rocher; *balek dikèni*, arêtes; *balek kanade*, nageoires; *balek poulou*, écailles de poisson; *balek youmourtasse*, œufs de poisson; *balek nèfsi*, laitance; *balek aghe*, filet; *balek sèpèdi*, nasse; *balek bazare*, marché ou halle aux poissons; *balek avlamak*, prendre des poissons, pêcher.

Balekġe بالقجى s. T. pêcheur, vendeur de poissons, poissonnier.

Balekġel بالقجيل s. T. héron, aigrette (oiseau).

Balekġelek بالقجيلق s. T. métier du pêcheur, pêche.

Balek-hanè بالقخانه s. T. marché ou halle aux poissons; vivier, bassin ou réservoir de poissons.

Balekle بالقلى n. p. T. Lieu de pèlerinage pour les Grecs, à une demi-heure des fortifications de Constantinople.

Balèna بالنه s. de l'I. baleine, mammifère de l'ordre des cétacés.

Balgham بلغم بالغم s. T. (*bèlgham*, A.), flegme, pituite.

Balghamle بالغاملى a. T. flegmatique, pituiteux.

Baligh بالغ p. pr. A. qui arrive, qui parvient à...; qui va, qui se montre; a. majeur; qui a atteint l'âge de puberté; hors de tutelle; nubile; d. de *bulough*.

Baligha بالغه a. A. fém. de *baligh*, fille majeure, nubile.

Baligh ol. بالغ اولق T. devenir majeur, être hors de tutelle.

Balkan بالقان s. T. chaîne de montagnes; n. p. les Balcans, l'Hœmus des anciens.

Ballandermak بالاندرمق T. louer avec exagération.

Balle بالی a.T. mielleux.

Balo بالو s. de l'I. bal; *balo vèrmèk*, donner un bal.

Balon بالون s. du F. ballon.

Balsam بلسم ou *pèlèssènk*, s. T. vulg. (*bèlsèm* ou *bèlèssan*, A.), baume.

Balta بالطه s. T. cognée, hache; *èl baltasse*, hache à main.

Baltağc بالطه جی s. T. celui qui fait ou vend des cognées, des haches; porteur de hache, hallebardier, sapeur, pionnier; anciens gardes du *harèm* impérial qui portaient des haches.

Baltağek بالطه جق s. T., *kučuk balta*, hachette, petite cognée; dim. de *balta*.

Baltalamak بالطه لامق T. couper avec la hache; renverser, démolir.

Baltale بالطه لی s. T. soldat armé d'une hache; sapeur.

Baltik بالطیق n, p. T. Mer Baltique.

Bamia بامیه s. T. corne grecque; gombo.

Ban بان partic. P. se trouve dans certains mots composés; *bagh-ban*, jardinier; *dèr-ban*, portier.

Bandèra باندیره باندره s. de l'I., *bayrak*, T. bannière, pavillon, bandière.

Banka بانقه s. de l'I. banque; *èmanèt bankasse*, banque de dépôt; *millèt bankasse*, banque nationale; *zira'at bankasse*, banque agricole.

Banknot بانقه‌وط s. de l'Ang. banknote, billet de la banque d'Angleterre.

Banmak بانمق T. tremper légèrement.

Bar بار s. P. fruit; charge, bagage, fardeau; forteresse; fois; *bar-avèr*, fructifiant, qui donne son fruit; *hèr-bar*, chaque fois. On trouve souvent ce mot à la fin des noms composés; *hèndi-bar*, le pays de *hènd* (ou *hèndi*), à savoir les Indes Orientales; *zènghi-bar*, le pays des Zenges, appelé communément Zanguebar ou Zanzibar ou la côte de la Cafrerie dans la partie orientale et maritime de l'Afrique; *mala-bar*, le pays des Malais ou Malabar; *roud-bar*, pays de rivières.

Bar بار impér. P. fais

pleuvoir, verse, d. de *ba-ridèn*, pleuvoir, verser, répandre ; partic. en compos. qui verse, qui répand ; *èchk-bar*, qui répand des larmes ; *durèr-bar*, qui répand des perles ; fig. qui dit de belles choses.

Baran باران s. P. pluie ; en T. us. *yaghmour*.

Barbounia باربونیه s. de l'I. barbeau, rouget (poisson).

Barda بارده s. de l'I. hache courbe de tonnelier.

Bardak برداق بارداق s. T. vase en terre poreuse pour rafraîchir l'eau ; coupe ; *sou bardaghe sou yolounda kereler*, tant va le vase (cruche) à l'eau qu'à la fin il se brise (prov.).

Barech باریش بارش s. T., *soulh*, paix, tranquillité ; réconciliation.

Barechderan باریشدران p. pr. T. qui réconcilie, qui pacifie.

Barechdereğe - باریشدیر ـ جی s. T. *(barechtereğe)*, pacificateur, réconciliateur.

Bareckdermak - باریشدیر ـ مق T. *(barechtermak)*, réconcilier, pacifier.

Barechek باریشیق s. T. paix, conciliation, réconciliation ; a. réconcilié, qui est en paix.

Barechek èt. باریشیق ایتمك T. faire la paix, se réconcilier.

Barechek ilè باریشیق ایله ad. T. pacifiquement.

Barecheklek باریشیقلق s. T. v. *barechek*.

Barechma باریشمه s.T. réconciliation, action de se réconcilier.

Barechmak باریشمق T. se réconcilier, faire la paix.

Barechmaz بار یشمز a. T. irréconciliable, inconciliable.

Barechmech باریشمش p. p. T. pacifié, réconcilié.

Barechtereğe باریشدیرجی s. T. v. *barechdereğe*.

Barechterelmaz - باریشدیر ـ لمز a. T. inconciliable, irréconciliable.

Barechterma باریشدرمه s. T. action de réconcilier, de pacifier ; réconciliation, pacification.

Barechtermak باریشدیرمق T. v. *barechdermak*.

Barechtermaklek باریشد ـ

برمقلق s. T. action de réconcilier ; réconciliation, pacification.

Bar-giah باركاه s. P. cour royale, salle d'audience.

Bar-gir باركير s. P. (bèygir, T. vulg.), sommier, bête de somme ; a. qui porte des fardeaux ; c. de *bar* et de *gir*, qui prend, qui saisit.

Bari باري n.p.A. Le Créateur, Dieu.

Barid بارد a. A. froid ; au fém. *baridè* ; d. de *bouroudèt*.

Barik باريك a. P., *inğè*, T. fin, subtil.

Bark بارق s. T. *èv-bark*, famille, maison, domicile ; *bounda èvim barkem var der*, je suis ici de famille.

Bar-kèch باركش s. P. portefaix ; c. de *bar* et de *kèch*; en T. us. *hammal*.

Barklanmak بارقلانمق T., *èvlènmèk*, prendre femme, se marier, avoir famille, se faire une famille, une maison.

Baromètro بارومترو s. du G. baromètre.

Barou بارو s. P. mur, rempart; en T. us. *divar*, *tabia*.

Barout باروت s. T. poudre à fusil ou à canon ; *kaba barout*, grosse poudre ; *avğe baroutou*, poudre de chasse ; fig. fort, violent ; *barout gibi adam*, homme violent ; *barout gibi sirkè*, vinaigre très fort.

Baroutğou بارونجى s. T. poudrier, qui fabrique ou vend la poudre à fusil, à canon.

Barout-hanè بارونخانه s. T. poudrière, fabrique ou magasin de poudre à canon ; *barout koutoussou*, poudrière (boîte).

Barr بار a. A. juste et pieux, vertueux.

Baske باصق s. T. presse, pressoir; compression.

Baskeğ باصقج s. T. escalier, degrés à monter.

Basken باصقين s. T. invasion, surprise, attaque imprévue ; a. lourd ; *basken vèrmèk*, être surpris en flagrant délit.

Basma باصمه s. T. action de presser, de fouler, d'imprimer; compression, pression, pressurage; estampe; édition ; *tache basmasse*, lithographie ; *guzèl basma,* jolie édition.

Basmaġe باصمه‌جى s. T. imprimeur, typographe; marchand d'indiennes.

Basmaġelek باصمه‌جيلق s. T., *fènni tab'* ou *taba'at*, imprimerie, typographie (art.).

Basma-hané باصمه‌خانه s. T., *tab'-ḫanè*, imprimerie, typographie (local).

Basmak باصمق T. comprimer, fouler aux pieds, écraser, presser, imprimer, estamper ; opprimer, attaquer par un assaut imprévu ; vn. mettre le pied, tomber sur; *kitab basmak,* imprimer un livre.

Basra بصره n. p. A. Bassora, ville importante de la Turquie d'Asie, à 88 kil. du golfe Persique.

Bassamak بصامق باصامق s. T., *ayak*, degré d'escalier, marchepied.

Bassan باصان p. pr. T. foulant, qui imprime.

Bassar باصار a. T. qui foule, qui imprime.

Bassar بصر s. A. *(bèssar),* œil, vue, faculté de voir ; intelligence.

Bassech باصش s. T. action de presser, de fouler, d'imprimer.

Bassek باصيق a. T. bas, étouffant, épais, étroit.

Bassele باصلى a. T. imprimé.

Basselech باصيلش s. T. action d'être pressé, opprimé, imprimé.

Basselma باصلمه s. T. action d'être pressé, imprimé, etc.

Basselmak باصلمق T. être imprimé, foulé, pressé, opprimé, attaqué à l'improviste ; s'imprimer.

Basselmamech باصلامش p. p. T. inédit, *daha basselmamech massallar,* fables inédites.

Basselmech باصلمش p. p. T. comprimé, imprimé, foulé, écrasé.

Bassir بصير a. A. qui voit bien, perspicace, intelligent.

Bassir باصر p. pr. A. qui voit ; d. de *bassar*.

Bassirè باصره s. A. vue, œil.

Bassirèt بصيرت s. A. vue; prévoyance, clairvoyance, perspicacité, pénétration, vigilance, prudence, circonspection, attention.

Bassirètli بصیرتلی a. T. prévoyant, prudent, intelligent, clairvoyant.

Bassirètsiz بصیر تسز a. T. imprévoyant, imprudent.

Bassirètsizlik بصیر تسزلك s. T. imprévoyance, imprudence.

Bassour باسور s. A., *mayassel*, hémorrhoïdes.

Basssouri باسوری a. A. hémorrhoïdal.

Bast بسط s. A. déploiement, extention.

Baste باصدی s. T. viande cuite avec des légumes.

Bastereler باصدر یلور با صدریلیر a. T. qui peut être foulé, pressé ; imprimable.

Basterelmak باصدریلمق باصدرلمق T. être pressé, opprimé, étouffé, imprimé.

Basterma باصدیرمه باصدرمه s. T. action de presser, de faire imprimer, etc.; conserve de viande de bœuf séchée au soleil appelée communément *pasterma*.

Bastermak باصدیرمق باسـ

رمق T. presser, étouffer, opprimer, faire fouler, faire imprimer; dépasser; causatif de *basmak*.

Bastoun باسطون باستون s. de l'I. bâton ; en T. us. *sopa*.

Batak بطاق باتاق s. T. marais, bourbier, marécage; fange, boue, bourbe; *batak yèr*, endroit bourbeux.

Batakğe باتاقجی بتاقجی بطاقجی s. T. voleur qui vole en trompant ; tricheur.

Batakğelek بطاقجیلق بتا قجیلق باتاقجیلق s. T. vol par tromperie; tricherie.

Batak-hanè بطاقخانه بتا قخانه باتاقخانه s. T. maison de vol, de jeu malhonnête.

Batakle بطاقلی باتاقلی a. T., *čamourlou*, boueux, fangeux, bourbeux, marécageux.

Bataklek بطاقلق بتاقلق باتاقلق s. T. bourbier, terre bourbeuse.

Batal بطل s. A. au pl. *abtal*, guerrier intrépide, héros ; en T. us. *kahrèman*.

Bataria بطاریه بتاریه باتاریه

s. de l'I. batterie (mil.); *sahil batariasse*, batterie de côte; *gizli bataria*, batterie masquée; *piyadè batariasse*, batterie montée; *galvanisma batariasse*, batterie galvanique; *èlèktirik batariasse*, batterie électrique.

Bate باتى s. T., *gharb*, A. ouest, occident; vent de l'ouest; *bate yèli*, vent de l'ouest; *bate lodos*, vent du sud-ouest.

Batek باتيق a. T. plongé, enfoncé.

Batel باطل a. A. (*batil*), vain, frivole, faux, inutile; *fikri batel*, pensée vaine, frivole; d. de *butlan*.

Baten باطن a. A. intérieur, interne, caché, mystérieux; s. conscience, âme, mystère.

Bateni باطنى a. A. mystérieux, caché; spirituel.

Baterelma باتيرلمه s. T. action d'être plongé, enfoncé, immergé.

Baterelmak باتيرلمق T. être enfoncé, plongé, immergé; être perdu, réduit à la faillite.

Baterma باتيرمه s. T. action d'enfoncer, de plonger; immersion, submersion.

Batermak باتيرمق T. immerger, enfoncer, submerger, plonger, engouffrer; réduire à la faillite.

Batil باطل a. A. v. *batel*.

Batken باتقين a. T. plongé; qui a fait faillite.

Batkenlek باتقينلق s. T. état de celui qui est enfoncé, plongé; qui a fait faillite.

Batma باتمه s. T. submersion, enfoncement, perte, faillite; coucher du soleil.

Batmak باتمق T. s'enfoncer dans l'eau ou dans la boue, aller au fond, être plongé, couler bas, plonger, se noyer; être perdu, faire faillite; se coucher (soleil).

Batmech باتمش p. p. T. submergé, immergé, engouffré, enfoncé, plongé, noyé.

Batn بطن s. A. au pl. *butoun*, ventre, intérieur du corps; en T. us. *karen*.

Batni بطنى a. A. qui appartient au ventre.

Battal بطال a. A. aboli,

annulé, abrogé, inutile ; qui n'est plus en usage ; grand, lourd, oisif ; d. de *butlan.*

Battal èt. بطال اتمك T. abolir, annuler, abroger, supprimer.

Bay' بايع p. pr. A. vendeur ; d. de *bèy'* ; en T. us. *sateğe* ; *bay' ilè muchtèri (sateğe ilè alağe)*, le vendeur et l'acheteur.

Bayaghe باياغى a. T. ordinaire, commun, vulgaire, trivial ; ad. ordinairement ; *bayaghe ḥalk,* la populace, le bas peuple.

Bayaghelek باياغيلق s. T. état d'une personne ou d'une chose ordinaire, triviale, commune.

Bayat بايات a. T. rassis, qui n'est pas frais ; *bayat èkmèk,* pain rassis ; *bayat youmourta,* des œufs non frais.

Bayatlanmak بايتلنمق T. n'être plus frais, perdre sa fraîcheur.

Bayelech بايلش s. T. défaillance, évanouissement, syncope, pâmoison ; fig. faiblesse.

Bayelma بايلمه s. T. v. le précédent.

Bayelmak بايلمق T. défaillir, s'évanouir, se pâmer.

Bayelmaklek بايلمقلق s. T. défaillance, évanouissement.

Bayelmech بايلمش p. p. T. évanoui, tombé en défaillance ; pâmé.

Bayelte بايلدى s. T. évanouissement, défaillance.

Bayeltmak بايلتمق T. faire défaillir, faire évanouir.

Bayer باير s. T. penchant d'une colline, d'une montagne ; colline.

Bayergek بايرجق s. T., *tèpèjik,* petite colline ; dim. de *bayer.*

Bayerle بايرلى a. T. montueux, plein de collines.

Bayghen بايغين a. T. évanoui, défailli ; fig. faible.

Bayghenlek بايغينلق s. T. évanouissement, défaillance, syncope ; fig. faiblesse.

Ba'yis باعث p. pr. A., *mouğib,* qui cause, qui occasionne.

Ba'yis ol. باعث اولمق T. occasionner.

Baykouch بايقوش s. T. chouette ; hibou ; hulotte.

Bayrak بايراق s. P., *'alèm*, A. drapeau, étendard, pavillon; corps d'armée irrégulier.

Bayrakdar بيراقدار s. P., *'alèmdar*, porte-drapeau, porte-étendard, porte-enseigne.

Bayrakle بيراقلى a. T. compagnie qui sert sous le même drapeau; qui porte un drapeau.

Bayraktar بيراقدار s. P. v. *bayrakdar*.

Bayram بيرام s. P. fête, grande fête. Il y a deux grandes fêtes mahométanes qui portent le nom de *bayram*; la première est celle qui suit immédiatement le jeûne du *ramazan*, et s'appelle en arabe *'idi fitr* (fête de la rupture du jeûne), *'idi chèrif*, et vulgairement *chèkèr bayrame* (fête des bonbons). Elle a lieu le premier de la lune du mois arabe *chèvval*, et dure trois jours. La seconde est appelée *kourban bayrame*, et en arabe *'idi adha* ou *azha*, à savoir fête des sacrifices, qui se célèbre soixante-dix jours après la première, c.-à-d. le dix de la lune du mois arabe *zilhiğğè*, et pendant laquelle on égorge des moutons que l'on partage entre les pauvres. Elle dure quatre jours; *hèr gun bayram dèyil*, tous les jours ne sont pas jours de fête (prov.); *dèliyè hèr gun bayram der*, chaque jour est un jour de fête pour les sots (prov.).

Bayramlachmak بيراملشمق T. s'embrasser en se souhaitant bonne fête.

Bayramlek بيراملق a. T. propre à la fête; s. présent fait au jour de la fête du *bayram*.

Baytar بيطار s. A, vétérinaire; profession du maréchal ferrant.

Baytarlek بيطارلق s. T. art vétérinaire; profession du maréchal ferrant.

Baz باز a. P., *aček*, T. ouvert, découvert.

Baz باز impér. P. joue; d. de *bakhtèn*, jouer; partic. en compos. qui joue; qui manie; *kouch-baz*, oiseleur; *dil-baz*, éloquent; *hilè-baz*, rusé; *chou'bèdè-baz*, escamoteur; *ğan-baz*, bateleur, danseur de corde, m. à m. qui expose son âme; qui risque sa vie.

Ba'z بعض a. A. v. *ba'zè*.

Bazar بازار s. P. *(pazar*, T. vulg.), marché public mobile ; *čarche pazar*, marché public stable ; *at pazare*, marché aux chevaux ; *balek pazare*, marché ou halle aux poissons ; *bit pazare*, friperie, m. à m. marché aux poux.

Bazar بازار s. P. *(pazar* ou *pazar gunu*, T. vulg.), dimanche ; *pazar èrtèssi*, lundi, c'est-à-dire le jour après le dimanche.

Bazar èt. بازار اتمك T. *(pazar* ou *pazarlek èt.)*, marchander, convenir du prix d'une chose.

Bazarğe بازارجى s. T. *(pazarğe)*, petit marchand.

Bazarlachmak بازارلاشمق T. *(pazarlachmak)*, s'accorder pour le prix, disputer sur le prix.

Bazarlek بازارلق s. T. *(pazarlek)*, marché, discussion pour fixer le prix ; *pazarlek ètmèk*, conclure un marché ; *pazarleghe bozmak*, rompre le marché.

Ba'ze بعض a. A. (comme mot T. pron.), quelque, certain ; *ba'ze kèrrè* ou *dèf'a*, quelquefois ; *ba'zesse* ou *ba'zelare*, quelques-uns ; *ba'ze kimèsnèlèr*, certaines personnes ; *ba'ze yèrlèrdè*, en certains endroits ; *ba'ze chèylèr*, certaines choses ; *ba'ze ba'ze*, *vaket bè-vaket*, quelquefois, de temps en temps.

Ba'zèn بعضاً ad. A. parfois, quelquefois.

Bazi بازى s. P. jeu, badinage, plaisanterie.

Bazirgian بازركان s. P. marchand, négociant, commerçant.

Bazirgianlek بازركانلق s. T. négoce, commerce, trafic ; profession du commerçant.

Bazirgianlek èt. بازركانلق اتمك T. faire le négoce, faire le marchand, négocier.

Bazou بازو s. P. bras ; en T. us. *kol*.

Bazou-bènd بازوبند s. P. brassard.

Bè ب seconde lettre de l'alphabet turc, se prononce comme le *b* français.

Bè ب partic. P. en, dans, à, avec, pour ; *vaket bè-vaket*, de temps en temps ; *loughèt bè-loughèt*, *harf bè-*

Bèbèk بــك s. T. bébé, poupée ; *gcuz bèbèyi*, pupille de l'œil.

Bèbèr بر s. P. panthère.

Bèč چ n. p. T. Vienne, cap. de l'Autriche.

Bečak بچاق s. T. couteau, couteau de table ; *bečak yarasse*, coup de couteau ; *bečak aghze*, tranchant, taillant d'un couteau.

Bečakğe بچاقجی s.T. coutelier, vendeur de couteaux.

Bečakğelek بچاقجیلق s. T. coutellerie ; profession ou art du coutelier.

Bèch بش a. num. T., *hamsè*, A., *pènğ*, P. cinq ; *bèch parmak*, les cinq doigts ; quintefeuille (herbe) ; *bèch para*, cinq paras ; *bèch kitab*, cinq livres. Les noms pluriels, en turc, accompagnés d'un adjectif numéral restent au singulier.

Bèchèr بشر a. num. T. cinq à cinq, par cinq, cinq à chacun. La terminaison *èr* (ou *ar*), en turc, est la marque des adjectifs distributifs ; *bir-èr*, un à un ; *uč-èr*, trois à trois ; *sèkiz-èr*, huit à huit ; *on-ar*, dix à dix.

Bèchèr بشر s. A., *insan*, l'homme (en général), le genre humain, l'humanité.

Bèchèri بشری a. A. humain, appartenant au genre humain, à l'homme.

Bèchèriyèt بشریت s. A. nature humaine, humanité.

Bèchik بشك s. T. berceau ; bassin large et peu profond ; *bèchik sallamak*, bercer.

Bèchik-tach بشكطاش n. p. T. village près de Constantinople sur le Bosphore, côte d'Europe.

Bèchinği بشنجی a. num. T., *hamis*, A. cinquième. La terminaison *inği* (euphonique) dans la langue turque est la marque des adjectifs ordinaux ; *bir-inği*, premier ; *iki-nği*, second ; *uč-unğu*, troisième ; *deurd-unğu*, quatrième ; *bèch-inği*, cinquième ; *altenğc*, sixième ; *yèdi-nği*, septième ; *on-ounğou*, dixième (v. gramm.).

Bèchli بشلی a. T. qui

harf, mot à mot, lettre par lettre ; *dèr bè-dèr*, de porte en porte ; vagabond.

contient cinq ; s. le cinq au jeu des cartes.

Bèchlik بشلك s. T. monnaie de cinq piastres (le quart d'un *mèğidiyè*).

Bĕcke جقى s. T. scie, serpe.

Bĕckeğe جقىجى s. T. scieur.

Bèd بد a. P. (*bèt*, T. vulg.), mauvais, méchant, vilain, disgracieux, affreux, ; *bèd-baht*, malheureux ; *bèd-ahtèr*, infortuné, malheureux ; né sous une mauvaise étoile ; *bèd-ayin*, qui a des mœurs et des coutumes mauvaises ; *bèd-asl*, de mauvaise nature ; *bèd-cèhrè*, de mauvaise mine ; *bèd-hal*, misérable ; *bèd-dou'a*, la'nèt, imprécation, malédiction ; *bèd-dou'ağe*, celui qui maudit ; *bèd-hou* ou *houy*, qui a un mauvais caractère, vicieux; *bèd-zèban*, médisant ; qui a une mauvaise langue ; *bèd-sirèt*, de mauvaise nature ; *bèd-'ahd*, qui ne tient pas sa parole, perfide; *bèd-fi'il*, de mauvaise conduite; méchant ; *bèd-kiar*, méchant, scélérat ; *bèd-giou*, médisant ; *bèd-nam*, qui s'est fait une mauvaise réputation ; *bèd-namlek* ou *bèd-nami*, mauvaise réputation ; *bèd-ahlak*, de mauvais caractère, *bèd-amouz*, qui enseigne le mal ; *bèd-èndich*, qui nourrit de mauvaises pensées, malveillant ; *bèd-pèssènd*, qui ne plaît pas, désagréable ; *bèd-tèbar*, de mauvaise engeance, méchant; *bèd-houlk*, de mauvais caractère ; difficile à vivre ; *bèd-hah*, malveillant, hostile ; *bèd-hahi* ou *hahlek*, malveillance, hostilité ; *bèd-din*, irréligieux, impie ; *bèd-rah*, qui suit un mauvais chemin, qui s'est égaré ; séduit, pervers ; *bèd-rahi*, égarement ; *bèd-rayha*, qui sent mauvais; mauvaise odeur ; *bèd-rèftar*, qui marche mal ; qui agit mal ; *bèd-rèftari*, manière d'agir tortueuse, mauvaise conduite ; *bèd-rèv*, qui a un mauvais pas ; qui agit mal; *bèd-zindègian*, ceux qui mènent une mauvaise vie, méchants, pervers ; *bèd-chèkl*, difforme, vilain; *bèd-'amèl*, immoral; *bèd-fèrğam*, qui doit avoir une mauvaise fin; méchant; *bèd-girdar*, habitué à faire le mal ; méchant ; *bèd-guman*, qui forme de mauvaises idées ; soupçonneux ; *bèd-nigèh*, qui a un vilain regard, un regard sinistre ; *bèd-numa*, de mauvais aspect, sinistre.

Bèd بدأ s. A. commencement ; en T. us. *bach-langheğ*.

Bèdava بادهوا ad. T. vulg. (*badi-hèva*, P.), gratuit, gratis, gratuitement.

Bèd-dou'a بدعا s. P., la'*nèt*, A. malédiction, imprécation ; *bèd-dou'a ètmèk*, maudire.

Bèdèl بدل s. A. revanche ; équivalent, ce qui est donné en échange, contre-valeur, échange, prix ; *bèdèl vèrmèk*, donner en échange ; *yèrinè bèdèl*, en échange de..., *gcuzè bèdèl geuz*, œil pour œil ; *bèdèli yok dour*, il n'y a pas la contre-valeur ; *bèdèl eudèmèk*, remplacer une chose en la payant.

Bèdèlèn بدلا ad. A. en échange, en donnant un équivalent.

Bèdèn بدن s. A. au pl. *èbdan*, corps, tronc ; créneau ; comme mot T. soi-même, personne.

Bèdènèn بدنا ad. A. en personne.

Bèdèni بدنى a. A. qui concerne le corps ; corporel.

Bèd èt. بدأ اتّك T. commencer, entreprendre, aborder une affaire.

Bèd-hèva بدهوا a.P. malévole, malveillant.

Bèd-hou بدخو a. P. (*bèd-houy*), vicieux, qui a de mauvaises habitudes ; c. de *bèd* et de *hou*.

Bèd-houy بدخوى a. P. v. le précédent.

Bèdi' بديع a. A. nouveau ; admirable, merveilleux ; inouï ; s. créateur (Dieu) ; d. de *bid'at*.

Bèdidar بديدار a. P. visible, apparent, manifeste.

Bèd-kiar بدكار a. P. scélérat, malfaisant.

Bèdlik بدلك s. T. laideur ; état de ce qui est mauvais et laid.

Bèdlik ilè بدلك ايلا ad.T. laidement, disgracieusement.

Bèd-nam بدنام a. P. infâme, malfamé, de mauvaise réputation.

Bèd-nam èt. بدنام اتّك T. diffamer, décrier.

Bèd-nami بدنامى s. P. v. le suivant.

Bèd-namlek بدناملق s. T. infamie, mauvaise réputation.

Bèdr بدر s. A. pleine lune ; *yèvmi bèdr*, le jour où Mahomet remporta la première victoire.

Bèd-sirèt بدسيرت a. P. de mauvaise condition, scélérat.

Bèd-tèr بدتر a. ad. P., *daha fèna*, T. pire, pis ; c. de *bèd* et de *tèr*.

Bèd-zèban بدزبان s. P. médisant ; c. de *bèd* et de *zèban*, langue.

Bèğayich بجايش s. T. permutation ; changement de place, d'emploi.

Bèğayich èt. بجايش اتمك T. permuter ; changer de place.

Bèğel بجل s. T. un des petits os du pied, osselet.

Bèğelghan بجيلغان s. T. espèce d'abcès qui se forme aux jarrets des chevaux.

Bèğerghan بجيرغان s. T. outil de forgeron propre à lisser le fer.

Bèğèrik بجريك s. T. aptitude pour les affaires, habilité.

Bèğèrikli بجريكلى a. T. apte aux affaires, habile, capable.

Bèğèriksiz بجريكسز a. T. inepte.

Bèğèriksizlik بجريكسزلك s. T. ineptie.

Bèğèrilmèk بجريلمك T. être fait, accompli, exécuté avec succès.

Bèğèrmèk بجرمك T. accomplir, exécuter avec succès.

Bèğèrtmèk بجرتمك T. faire accomplir, exécuter avec succès.

Bèğir بكير s. T. v. *bargir*.

Bèha بها s. P. (*baha*, T.), prix, valeur ; *kèssilmich bèha*, prix fixe ; *bèha kèsmèk* ou *komak*, fixer le prix ; *bèhassene èndirmèk*, baisser le prix ; *bèhassene artermak*, hausser le prix ; *alčak bèha*, à vil prix ; *dèyèr bèhassena*, à juste prix ; *bèhassez*, sans prix ; *bèhasse nè dir*, quel est son prix ? *bèha artmasse*, la hausse ; *bèha ènmèssi*, la baisse (dans le prix).

Bèhader بهادر a. P. v. le suivant.

Bèhadir بهادر a. P. courageux, brave.

Bèhadiranè بهادرانه ad. P. bravement.

Bèhadirlik بهادرلق s. T. bravoure, courage, vaillance.

Bèhale بهالى a. T. *(pahale)*, cher, précieux, de grand prix.

Bèhalelek بهاليلق s. T. la cherté dans le prix.

Bèhanè بهانه s. P., *mahana*, T. vulg. prétexte, excuse.

Bèhanè èt. بهانه ایتمك T., *mahana èt.*, prétexter.

Bèhar بهار s. P. *(ilk bèhar, T.)*, printemps; *soñ bèhar*, automne.

Bèhar بهار s. A. *(bahar, T. vulg.)*, au pl. *bèharat*, aromate, arome, épice.

Bèharat بهارات s. A. pl. du précédent.

Bèharle بهارلى a. T. aromatique, assaisonné d'aromes; épicé, aromatisé.

Bèka بقا s. A. permanence, durée; *dari bèka*, l'autre vie, le monde éternel.

Bèkar بقر s. A. bœuf; en T. *us. segher*.

Bekdermak بقدرمق یقدیر مق T. *(bektermak)*, blaser, faire éprouver du dégoût, dégoûter, ennuyer.

Bekelmak بقه لمق T. se dégoûter, s'ennuyer.

Bekente بقندی s. T. dégoût, ennui.

Bèkği بكجى s. T. *(bèkči)*, gardien, garde, sentinelle.

Bèkğilik بكجيلك s. T. garde, surveillance; état et profession du gardien.

Bèkğilik èt. بكجيلك ایتمك T. faire la garde, monter la garde, surveiller.

Bèkiar بكار یكار s. T. célibataire, non marié; d. de l'A. *bikr*; comme mot persan, *bikiar* signifie oisif.

Bèkiarèt بكارت s. A. virginité.

Bèkiarlek بكارلق s. T. célibat, vie célibataire.

Bèklèchmèk بكلشمك T. attendre avec impatience.

Bèklèmè بكلمه s. T. *(bèklèyich)*, action d'attendre; attente.

Bèklèmèk بكلمك

T. attendre; garder; espérer; faire la garde.

Bèklènilmèk بكلنلمك T. attendre, pouvoir attendre.

Bèklènmèk بكلنمك T. être attendu.

Bèklètmèk بكلتمك T. faire attendre, tarder; mettre des gardiens.

Bèklèttirmèk بكلتدرمك T. v. le précédent.

Bèklèyèn بكليان p. pr. T. qui attend; qui garde.

Bèklèyich بكله يش s. T. v. *bèklèmè*.

Bèklèyigi بكله يجى s. T. celui qui attend, qui fait la garde.

Bekmak بقمق T. éprouver du dégoût, s'ennuyer.

Bèkri بكرى s. T., *sèr-ḫoch*, P. buveur, ivrogne, crapuleux.

Bèkrilènmèk بكريلنمك T. devenir ivrogne.

Bèkrilik بكريلك s. T., *sèrḫochlouk*, ivrognerie, ivresse; crapule.

Bèkrilik èt. بكريلك اتمك T. devenir ivrogne, se griser; crapuler.

Bektermak يقدرمق T., *ossandermak*, dégoûter; ennuyer.

Bèl بل s. T., reins; *bèl aghressè*, mal aux reins.

Bèl بل s. T. bêche.

Bèla بلا s. A., *fèlakèt*, malheur, adversité, peine; difficulté; *allaheñ bèlassè*, malheur envoyé par Dieu; *bèla-kèch*, malheureux.

Bèladèt بلادت s. A. stupidité, apathie.

Bèlaghat بلاغت s. A. éloquence.

Bèlahèt بلاهت s. A. stupidité, imbécillité.

Bèlale بلالى a. T. malheureux, fatal, désastreux; dangereux.

Bèldè بلده s. A. au pl. *bilad*, ville, pays, contrée.

Belder بلدر s. T., *gèčèn sènè*, l'année passée.

Beldergèn بلدرجين s. T. caille (oiseau); *beldergèn yavroussou*, cailleteau.

Bèlèd بلد s. A. au pl. *bilad* ou *buldan*, ville, pays, contrée.

Bèlèdi بلدى a. A. qui appartient à la ville, au pays; local, municipal; *dayrèy* *bèlèdiyè*, municipalité ; cercle municipal.

Bèlèssan بلسان s. A. v. *balsam*.

Bèlgham بلغم s. A. v. *balgham*.

Bèlghami بلغمى a. A. flegmatique.

Bèlghrad بلغراد n. p. T. Belgrade ; 30,000 h.

Bèlğika بلجيقه n. p. Belgique ; 5,519,000 h.

Bèlğikale بلجيقه لى a. T. Belge.

Bèlguzar بر كذار s. T. vulg. (*bèr-guzar*, P.) don, présent, cadeau.

Bèli بلى ad. A., *èvèt*, T. oui, si, sans doute, ainsi.

Bèlid بليد a. A. stupide, apathique ; d. de *bèladèt*.

Bèligh بليغ a. A. au pl. *bulègha*, éloquent, disert ; d. de *bèlaghat*.

Bèlirmèk بلرمك T. apparaître, se manifester.

Bèlirtmèk بلرتمك T. rendre évident, manifeste.

Bèlki بلكه ad. P. peut-être ; mais, au contraire, non-seulement, probablement ; plutôt.

Bèllèmè بلله‌مه s. T. action d'apprendre, de bêcher.

Bèllèmèk بلله‌مك T. bêcher, creuser avec une bêche ; d. de *bèl*.

Bèllèmèk بلله‌مك T. écouter avec attention, apprendre, graver dans l'esprit ; marquer, retenir dans la mémoire ; noter.

Bèllènmèk بلله‌نمك T. être connu ; appris ; être bêché.

Bèllètmèk بلله‌تمك T. faire connaître, faire apprendre, faire apparaître, manifester ; faire bêcher.

Bèllèyich بلله‌يش s. T. v. *bèllèmè*.

Bèlli بللى a. T. connu, certain, évident, manifeste, clair ; *bèlli dèyil*, ce n'est pas clair ou certain ; *bèlli bache*, homme renommé ; *bèlli olmak*, être connu, certain.

Bèlli بللى a. T. qui a tels ou tels reins.

Bèlli èt بللى ايت T. rendre certain, clair.

Bèllissiz بللى‌سز a. T. incertain, inconnu ; indistinct, obscur.

Bèllour بلور s. A. v. *billour*.

Bèlsèm بلسم s. A. (*bèlèssan*), *pèlèssènk*, T. vulg. baume.

Bèlsèmi بلسمى a. A., *pèlèssenkli*, T. vulg. balsamique.

Bèn بن pron. T. moi, je; *baña*, à moi; *bèn issè*, quant à moi; *bèn kèndim*, moi-même; *bèndè, bèn dahi*, moi aussi; *baña vèr*, donnez-moi; *bèn im*, c'est moi; *bèndèn*, de moi; *biz*, nous.

Bèñ بك s. T. tache naturelle sur la peau; grain de beauté.

Bènd بند s. P. digue, lien, nœud; paragraphe; action de lier, d'attacher; réservoir d'eau; article d'une loi, d'un règlement; alinéa.

Bènd بند a. P. qui lie.

Bèndè بنده s. P. au pl. *bèndègian*, serviteur, domestique, esclave; *bèndèñiz, koulouñouz*, votre serviteur (en terme de politesse).

Bèndè بنده ad. T. moi aussi.

Bèndègi بندگى s. P. servitude, esclavage.

Bèndègian بندکان s. P. pl. de *bèndè*, serviteurs, domestiques, esclaves.

Bèndèlik بندلك s. T. servitude; fidélité.

Bèndèr بندر s. P. port, échelle; ville maritime et commerciale.

Bènèfchè بنفشه s P. (*mènèkchè*, T. vulg.), violette.

Bènèk بنك بكك s. T. (*bèñèk*), tache, moucheture; mouche.

Bènèk بنك s. T. petit rond.

Bènèk-bènèk بنك بنك a. T. tacheté, moucheté.

Bènèk-bènèk èt. بنك بنك ایتمك T., *bènèklèmèk*, tacheter, moucheter; jasper.

Bènèklèmèk بنكلمك T. v. le précédent.

Bènèklènmèk بنكلنمك T. (*bèñèklènmèk*), se tacheter, se faire des mouches sur la peau.

Bènèkli بنكلو بنكلى a. T. (*bèñèkli*), tacheté, moucheté; jaspé; qui a des mouches.

Bèni بنى s. A. pl. de *ibn*, fils.

Bènim بنم pron. T. de moi; mon, ma; génitif sing. de *bèn*, moi. Le génitif des pronoms personnels s'emploie comme adjectif possessif ; *sèniñ*, ton, ta ; *onouñ*, son, sa ; *bizim*, notre ; *siziñ*, votre ; *onlareñ*, leur, leurs. En y ajoutant la particule *ki*, on forme les pronoms possessifs ; *bènimki*, le mien, ce qui est à moi ; *sèniñki*, le tien, ce qui est à toi ; *onouñki*, le sien, ce qui est à lui.

Bènimki بنمكى s. T. le mien ; v. le précédent.

Bènimsèmèk بنمسمك T. s'approprier.

Bèñli بكلى a. T. celui qui a une tache sur la peau.

Bènlik بنلك s. T. égoïsme ; arrogance ; moi ; d. de *bèn*, moi.

Bèñz بكز s. T. visage, mine ; teint.

Bèñzèdich بكزەدش s. T. action de rendre pareil, d'imiter ; assimilation.

Bèñzèdigi بكزەديجى s. T. imitateur.

Bèñzèdilmè بكزەدلمه v. *bèñzèdich*.

Bèñzèdilmèk بكزەدلمك T. être assimilé.

Bèñzèdilmèz بكزەدلمز a. T. inimitable.

Bèñzèmè بكزەمه s. T.,

(*bèñzèyich*), similitude, ressemblance.

Bèñzèmèk بكزەمك T. ressembler, être semblable, pareil ; *sizè bèñzèr*, il vous ressemble.

Bèñzèmèmèzlik بكزەمەمزلك s. T. dissemblance.

Bèñzèmèyèrèk بكزەميەرك ad. T. ne ressemblant pas.

Bèñzèmèz بكزەمز a. T. dissemblable.

Bèñzèr بكزر a. T. semblable, ressemblant, égal, pareil, conforme.

Bèñzètmè بكزەتمه s. T. imitation, assimilation ; falsification.

Bèñzètmèk بكزەتمك T. faire ressembler à... ; assimiler, rendre pareil, conformer ; imiter, comparer ; singer.

Bèñzèyich بكزەيش s. T. (*bèñzèmè*), similitude, imitation ; ressemblance ; analogie.

Bèr بر s. P. fruit ; poitrine ; sein.

Bèr بر p. pr. P. porteur, qui enlève, qui emporte, qui ravit, qui conduit, qui coupe ; *dil-bèr*, éloquent, m. à m. qui enlève le cœur, qui ravit le cœur ; *namè-bèr*, porteur de lettres, messager.

Bèr بر prép.P. sur, selon, avec, par, en, de, d'après ; *bèr taraf*, de côté ; *bèr taraf ètmèk*, mettre de côté ; *bèr mouǧib*, conformément.

Bèrabèr برابر a. P. égal, ensemble, sur le même niveau ; ad. également ; en commun ; c. de *bèr*, *a*, *ber*. L'élif *(a)*, en persan, sert aussi à unir deux mots, pour rendre les prépositions de... jusqu'à ; *sèrapa*, de la tête aux pieds ; *bèrabèr dèyil*, inégal ; *bèrabèr gitmèk*, aller ensemble ; *bèrabèriñè varmak*, aller à la rencontre.

Bèrabèr èt. برابر ایتمك T. égaliser, égaler ; démolir ; raser.

Bèrabèr olarak برابر اولەرق ad. T. inclusivement.

Bèraèt برأت s. A. immunité, franchise, exemption ; acquit à caution.

Bèrahin براهین s. A. pl. de *burhan*, arguments, documents, etc.

Bèrak èt. براق ایتمك T. éclaircir.

Bèraklandermak براقلندر T. éclaircir, rasséréner.

Bèraklanmak براقلنمق T. s'éclaircir, se rasséréner.

Bèraklek براقلق s. T. netteté, clarté, pureté, limpidité.

Bèrat برات s. A. au pl. *bèravat*, diplôme, patente, brevet, privilège, immunité, franchise, exemption ; exequatur des consuls dans les échelles du Levant ; *bèrati humayoun*, diplôme impérial ; *bèrat vèrmèk*, patenter, donner un diplôme, un brevet.

Bèrat gèǧèssi برات كیجەسی s. T. la 15e nuit du mois de *Cha'ban* ; la nuit du *bèrat*.

Bèratle براتلو a. T. qui a un diplôme, un brevet, une patente ; privilégié, patenté, breveté.

Bèrbad برباد a. P. délabré, gâté ; détruit, ruiné.

Bèrbad èt. برباد ایتمك T. délabrer, gâter, détruire, ruiner.

Bèrbadlek بربادلق s. T. délabrement, dérèglement ; saleté.

Bèrbèr بربر s. P. barbier, perruquier.

Bèrbèr بربر n. p. Berbères, peuples des côtes septentrionales de l'Afrique.

Bèrbèristan بربرستان n.p. P. Barbarie, contrée de l'Afrique, qui se divise en quatre parties : le Maroc, l'Algérie, Tunis et Tripoli; c. de *bèrbèr* et de *istan*.

Bèrbout بربط s.P., *saz*, T. lyre.

Bèrd برد s. A. froid.

Bèr-dar بردار a. P. pendu; obéissant; fructifiant.

Bèrdè برده s. P., *yèssir*, esclave.

Bèrdèvam بردوام a. P. persévérant, qui dure, durable, perpétuel; ad. continuellement, perpétuellement; c. de *bèr* et de *dèvam*.

Bèrè بره s. T. cicatrice, blessure, meurtrissure, contusion.

Bèrè بره s. P. agneau; en T. us. *kouzou*.

Bèrèkèt بركت s. A. au pl. *bèrèkiat*, abondance, fertilité, fécondité, félicité, bonheur, prospérité; bienfait céleste, bénédiction de Dieu; *bèrèkiat vèrsin*, je vous remercie; que Dieu vous en récompense !

Bèrèkètlè بركتله ad. T. (*bèrèkèt ilè*), abondamment, avec abondance; fertilement.

Bèrèkètli بركتلى a. T. abondant, fertile; béni.

Bèrèkètsiz بركتسز a. T. infertile, stérile.

Bèrèkètsizlik بركتسزلك s. T. stérilité.

Bèrèkiat بركات s. A. pl. de *bèrèkèt*, abondances, etc.

Bèrèlèmèk برهلمك T. faire une contusion, des meurtrissures; blesser; d. de *bèrè*.

Bèrèlènmèk برهلنمك T. être meurtri.

Bèrèvat بروات s. A. pl. de *bèrat*, diplômes, patentes.

Bèrg برگ s. P. feuille d'arbre; ressources, richesses.

Bèrgamot برغموت s. du F. (ou *bèrghamout*), bergamote.

Bèrghamout برغموت v. le précédent.

Bèrguzar برگذار s. P.,

(bèlguzar, T. vulg.), pèch-kèch, don, cadeau, présent, souvenir.

Bèr-hordar برخوردار a. P. qui a obtenu les fruits de ses efforts ; heureux, fortuné.

Bèri برى a. A. exempt, libre ; d. de bèraèt.

Bèri برو ad. T. ici, en deçà, de ce côté-ci, dès, depuis ; a. qui est en deçà ; bèri tarafda, en deçà, de ce côté-ci ; čokdan bèri, depuis longtemps ; dundèn bèri, depuis hier ; bèri gèl, venez ici ; čok sènèdèn bèri, depuis nombre d'années ; bèriyè, de ce côté-ci ; plus près ; bèridèn, par ici ; nè zamandan bèri, depuis quand ? iki gundèn bèri, depuis deux jours.

Bèriki بريكى s. T. celui-ci, le plus proche.

Bèrk برق s. A. éclair ; en T. us. chimchèk.

Bèr-karar برقرار ad. P. solidement, fortement ; invariablement ; a. stable ; constant, durable, établi, arrêté.

Bèrlin برلين n. p. du F. Berlin, cap. de l'Empire d'Allemagne, 1,122,000 h.

Bèrou برو ad. T. v. bèri.

Bèrr بر s. A., kara, T. terre ferme, continent ; terre ; bèrrèn, ad. par voie de terre ; bèrrèn vè bahrèn, par terre et par mer.

Bèrr بر a. A. au pl. èbrar, pieux, vertueux ; juste, bon.

Bèrrak براق a. A. clair, limpide, ouvert, serein ; d. de bèrk,

Bèrri برى a. A. continental.

Bèrriyè برية s. A. troupes de terre.

Bèrt برت s. T., kèllik, teigne.

Bèslèmè بسلمه s. T. action de nourrir ; servante, bonne ; nourrissage.

Bèslèmèk بسلمك T. engraisser, nourrir, alimenter ; élever, entretenir.

Bèslènich بسلنش s. T. manière d'être nourri.

Bèslènmèk بسلنمك T. se nourrir, s'alimenter ; être nourri, élevé ; s'engraisser.

Bèslènmich بسلنمش p. pr. T. nourri, engraissé.

Bèslètmèk بسلتمك T. faire nourrir.

Bèslèyèn بسليان a.T. nutritif.

Bèslèyich بسليش s. T. action de nourrir ou d'élever.

Bèslèyigi بسليجى s. T. nourrisseur, éleveur; a. nourrissant, substantiel.

Bèsli بسلى a. T. nourri, engraissé.

Bèssar بصر s. A. vue; œil.

Bèssari بصرى a. A. optique.

Bèssatin بساتين s. A. pl. de *bostan*, jardins de fleurs, potagers; parterres.

Bèssit بسط a. A. étendu, spacieux; non composé, simple; d. de *bast*.

Bèstè بسته p. p. a. P. lié, attaché, fermé; s. la musique d'opéra, etc.

Bèt ب a. T. vulg. v. *bèd*.

Bètaèt بطائت s. A. lenteur.

Bètalèt بطالت s. A. oisiveté; intrépidité.

Bètèr بدتر a. T. d. du P. *bèd-tèr*, pire; s. ce qui est pire; ad. pis.

Bètoul بتول s. A. vierge vouée au culte de Dieu; *èl-bètoul*, la Ste Vierge.

Beubrèk بوبرك s. T. rognon.

Beuğèk بوجك s. T. insecte; ver; mouche; *sumuklu beuğèk*, limace; *atèch beuğèyi*, ver luisant, luciole; *tèsbih beuğèyi*, cloporte; *ipèk beuğèyi*, ver à soie.

Beuğèkli بوجكلى a. T. qui a des insectes.

Beugurmè بوكورمه s. T. mugissement, meuglement.

Beugurmèk بوكورمك T. (*beuyurmèk*), mugir, meugler.

Beuldurmèk بولدرمك T. faire diviser, partager, séparer, couper.

Beulèn بولن p. pr. T. diviseur; qui divise.

Beulmè بولمه s.T., *taksim*, division, partage; cloison.

Beulmèk بولمك T., *ayermak*, diviser, partager, distribuer, démembrer, séparer, couper, trancher.

Beuluchmèk بولشمك T. partager; prendre part à un partage; d. de *beulmèk*.

Beuluchturmèk بولشدرمك T. faire partager.

Beuluğu بوليجى s. T. diviseur, qui fait des portions.

Beuluk بلوك s. T. bande, division militaire; compagnie, classe, partie; détachement, portion morceau ; *atle beuluyu*, compagnie de cavalerie ; *beuluk bache*, chef de compagnie.

Beulunmèk بولنمك T. être partagé, divisé, séparé, coupé.

Beulunmèmèzlik بولنمامزلك s. T. indivisibilité.

Beuluumèz بولنمز a.T. indivisible.

Beulunmuch بولنمش p. p. T. divisé, partagé.

Beulnnulmè بولنلمه s. T. divisibilité.

Beulunur بولنور a. T. divisible.

Beuñ بوك s. T. imbécile, sot, idiot; naïf, simple.

Beuñğè بوكجه ad. T. naïvement.

Beuñluk بوكلك s. T. imbécillité, idiotisme ; naïveté, simplicité.

Beuñsèmèk بوكسدمك T. tomber en enfance.

Beuñsèmmèk بوكسنمك T. (*beuñsimèk*), devenir imbécile, idiot.

Beuñsimèk بوكسيمك T.v. le précédent.

Beurèk بورك s. T. espèce de petit pâté fait au beurre avec du hachis, du persil ou simplement avec du fromage et quelquefois sans fromage.

Beurèkği بوركجى s. T. marchand de pâté.

Beuylè بويله ad. T. ainsi, de cette manière-ci; a. tel; *beuylè bir adam*, un tel homme; *beuylè olağak*, il en sera ainsi ; *beuylè issè*, s'il en est ainsi ; *beuylè cheuylè*, comme ci, comme ça ; *beuylè aghañeñ beuylè hezmètkiare olour*, tel maître tel valet (prov.).

Beuylèğè بويلجه ad.T., *beuylèğènè*, ainsi, de cette manière, pour ainsi dire.

Beuylèlik بويله لك s. T. manière d'être.

Beuyuk بويك a. T. (*buyuk*), grand, vaste, étendu ; important, considérable ; haut, élevé ; âgé, vieux ;

pèk beuyuk, très grand; *beuyuk adam*, grand homme; *beuyuk orouğ*, carême.

Beuyuk-ana بیوك آنا s. T. aïeule.

Beuyuk-ata بیوك آتا s. T. aïeul; *beuyuk validè*, aïeule.

Beuyuk-dèrè بیوكدره n. p. T. Buyukdéré, village sur le Bosphore, 4 lieues de Constantinople; c. de *beuyuk* et de *dèrè*, vallée.

Beuyukğè بیوكجه ad. T. grandement.

Beuyukluk بیوكلك s. T. grandeur; largeur, importance; majesté, fierté.

Beuyumèk بیومك T. grandir, croître; être élevé, s'élever en taille ou en grade.

Beuyumuch بیومش p. p. T. devenu grand.

Beuyurèn بیوكورن p. pr. T. mugissant, rugissant.

Beuyurmè بیوكورمه s. T. mugissement, rugissement.

Beuyurmèk بیوكورمك T. (*beugurmèk*), rugir, mugir, beugler.

Beuyutmèk بیوتمك T. agrandir; exagérer; amplifier, grossir; élever.

Beuyuyèmèmèk بیویه مامك T. rabougrir; ne pouvoir grandir.

Bèvl بول s. A., *sidik*, T. urine.

Bèvl-dan بولدان s. P., *havroz*, T. pot-de-chambre; c. de *bèvl* et de *dan*, vase, pot.

Bèvl èt. بول ایتمك T., *sou deukmèk*, uriner, pisser.

Bèvvab بواب s. A. portier, concierge; en T. us. *kapouğou*.

Bèy بك s. T. seigneur, prince; chef; bey; titre de noblesse donné aux gens de race, aux fils des pachas, aux officiers supérieurs, etc.; *bèy-oghlou*, fils du Bey; n. p. Péra, l'un des faubourgs de Constantinople; *bèylèr bèyi*, le prince des princes; gouverneur des grandes provinces de l'Empire; n. p. faubourg de Constantinople sur le Bosphore; *bèylikği bèy*, le grand chancelier; *bèy-zadè*, gentilhomme, de noble naissance; *alay bèyi*, colonel de la gendarmerie; *are bèyi*, la reine des abeilles.

Bèy' بیع s. A. vente, achat; contrat, convention.

7

Bèy بك s. T. as (cartes).

Bèyan بيان s. A., *i'lan,* manifestation, déclaration, explication, signification, communication, révélation.

Bèyan èt. بيان اتمك T., *i'lan èt.,* manifester, déclarer, communiquer, dénoncer; révéler; signifier.

Bèyau-namè بيانامه s. P. prospectus, programme, manifeste; mémorandum.

Bèyan ol. بيان اولمق T. se déclarer, se manifester, se révéler.

Bèyaz بياض a. s. A., *ak,* a. T. blanc; blancheur; *bèyaz rènk,* couleur blanche; *kar gibi bèyaz,* blanc comme la neige; *bèyaz charab,* vin blanc; *bèyaza čalar,* blanchâtre.

Bèyazemse بياضمسى a. T. blanchâtre.

Bèyaz èt. بياض اتمك T. blanchir.

Bèyazğa بياضجه a. T. blanchâtre.

Bèyazlanmak بياضلنمق T. blanchir, être blanc, blanchi; devenir blanc.

Bèyazlatmak بياضلاتمق T. blanchir; d. de *bèyaz.*

Bèyazlek بياضلق s. T. (*bèyaz,* A.), blancheur, le blanc.

Bèyaz ol. بياض اولمق T. blanchir, être blanchi.

Beyek بيق s. T. moustache.

Beyeklanmak بيقلنمق T. se dit d'un jeune homme dont la moustache commence à pousser.

Beyekle بيقلى a. T. qui a une moustache.

Beyeksez بيقسز a. T. sans moustache.

Bèyèndirich بكندرش s. T. (*bèyèndirmè*), action de faire approuver, de faire accepter, plaire.

Bèyèndirilmèk بكندرلمك T. se faire plaire, être approuvé, accepté.

Bèyèndirmè بكندرمه s. T. v. *bèyèndirich.*

Bèyènèn بكنان a. s. T. approbateur.

Bèyènilich بكنلش s. T. (*bèyènilmè*), action de plaire, d'être accepté, approuvé.

Bèyènilmè بكنلمه s. T. v. le précédent.

Bèyènilmèk بكنلمك T., *makboul ol.*, plaire ; être agréé, accepté, approuvé.

Bèyènmè بكنمه s. T. v. *bèyènich*.

Bèyènmèk بكنمك T. accepter, approuver, agréer, daigner.

Bèyènmèklik بكنمكلك s. T. approbation, etc.

Bèyènmèmè بكنمه s. T. (*bèyènmèzlik*), désapprobation.

Bèyènmèmèk بكنمامك T. désapprouver.

Bèyènmèmèzlik بكنمامزلك s. T. v. *bèyènmèmè*.

Bèyènmèyèn بكنميان s. a. T. désapprobateur.

Bèy' èt. بيع ايتك T., *satmak*, vendre.

Bèygir بيكير s. T. cheval à louer, cheval de charge ou châtré.

Bèyin بين a. A. clair, évident, manifeste.

Bèyin بين s. T. cervelle, cerveau.

Bèyinat بينات s. A. pl. de *bèyinè*, preuves, signes clairs et évidents.

Bèyinè بينه s. A. preuve, signe évident.

Bèyinsiz بينسز a. T. sans cervelle, cerveau creux.

Bèylèrbèyi بكلربكي s. T. prince des princes, grand gouverneur ; n. p. Beylerbeyi, village sur le Bosphore ; c. de *bèy-lèr*, princes, seigneurs ; pl. T. de *bèy*; et de *bèy*, prince, seigneur.

Bèylik بكلك s. T. principauté, seigneurie, comté, fief ; poste de bey, titre d'un bey ; gouvernement vassal ; a. qui appartient à l'État.

Bèylikği بكلكجي s. T. chef du bureau dit *divani humayoun*, qui délivre les brevets impériaux.

Bèyn بين s.A. intervalle, distance, milieu.

Bèynè بين ad. A. entre, au milieu de ; parmi.

Bèy-oghlou بك اوغلي n. p. T. Péra, l'un des faubourgs de Constantinople ; m. à m. fils de Bey.

Bèyram بيرام s. A. v. *bayram*.

Bèyrout بيروت n. p. A. Beyrouth, ville de la Turquie d'Asie ; 40,000 h.

Bèyt بيت s. A. au pl.

buyout, maison ; en T. us. èv.

Bèyt بيت s. A. au pl. è-biat, verset, distique ; vers.

Bèyza بيضة s. A., *you-mourta,* T. œuf.

Bèyza بيضا a. A. blanche; fém. de *èbiaz.*

Bèy-zadè بكزاده s.P. prince, fils de bey, d'un prince ; noble, gentilhomme ; c. de *bèy* et de *zadè,* fils.

Bèy-zadèlik بكزادەلك s. T. noblesse.

Bèyzi بيضى a. A. ovale.

Bèz بز s. T. glande, partie spongieuse qui sert à la sécrétion des humeurs.

Bèz بز s. T. vulg. v. *bèzz.*

Bèzadi بزادى s. T. beryl (pierre précieuse).

Bèzdirmèk بزديرمك T. ennuyer, dégoûter, importuner.

Bèzèmèk بزمك T. orner, parer.

Bèzèn بزن s. T. ornement.

Bèzènmèk بزنمك T. s'orner, se parer.

Bèzği بزجى s. T. linger, toilier.

Bèzğilik بزجيلك s.T. lingerie, toilerie.

Bèzgin بزكين a. T. ennuyé, dégoûté.

Bèzir بزر s. A. lin; graine de lin ; comme mot T. huile de graines de lin ; *bèzir yaghe,* huile de graines de lin.

Bèzirği بزرجى s. T. marchand d'huile de lin.

Bèzl بذل s. A. dépense ; dissipation, consommation, usage.

Bezlangheğ بيزلانغغ s.T. v. *bizlèngiğ.*

Bèzmèk بزمك T. s'ennuyer, se dégoûter, être las.

Bèzr بزر s. A. graine, semence.

Bèzz بز s. A. (*bèz,* T. vulg.), toile; *kètèn bèzi,* toile de lin ; *pambouk bèzi,* toile de coton ; *ham bèz,* toile écrue et fine; *inğè bèz,* toile fine ; *bèz dokoumak,* tisser, faire la toile ; *bèz-fabrikasse,* fabrique de toile.

Bèzzaz بزاز s. T. marchand ou fabricant de toile ; toilier ; tisseur ; d. de *bèzz.*

Bi ب prép. A. avec, à, pour, par.

Bi ی partic. nég. P. sans. Cette particule se place avant les mots; *bi-hissab*, innombrable; *bi-habèr*, ignorant; *bi-ichtibah*, sans aucun doute.

Bibèr ببر s. T. poivre; *ouzoun bibèr*, poivre long; *kara bibèr*, poivre noir; *kermeze bibèr*, poivre rouge; *bibèr kabe*, poivrière; *bibèr komak*, poivrer.

Bibèrği ببرجی s. T. vendeur de poivre.

Bibèrlèmèk ببرلمك T. poivrer.

Bibèrlènmèk ببرلنمك T. être poivré.

Bibèrlènmich ببرلنمش p. p. T. poivré.

Bibèrli ببرلی a. T. poivré.

Bič بچ impér. T. de *bičmèk*, coupe.

Bi-čarè بیچاره s. a. P. pauvre.

Bičèn بچن p. pr. s. T. qui coupe, qui moissonne; moissonneur.

Bičiği بچیجی s. T., *orakği*, moissonneur, faucheur; tailleur; d. de l'impér. *bič*.

Bičilmèk بچلمك T. être taillé.

Bičilmich بچلمش p. p. T. coupé, scié, moissonné; récolté.

Bičim بچم s. T. taille, coupe d'un habit; moisson, récolte; fig. manière, guise, trempe.

Bičimsiz بچمسز a. T. difforme, informe.

Bičimsiz èt. بچمسز اتمك T. difformer.

Bičimsizlik بچمسزلك s. T. difformité.

Bičmè بچمه s. T. action de couper; coupure; taille; planche; poutre.

Bičmèk بچمك T. moissonner, faucher, couper, tailler, scier; récolter; *èkin bičmèk*, couper le blé; *orak bičmèk*, moissonner; *bèha bičmèk*, convenir du prix.

Bičtirmèk بچدیرمك T. faire tailler, couper; moissonner.

Bid'at بدعت s. A. nouveauté, innovation; hérésie.

Bidayèt بدایت s. A. commencement; *mahkèmèy bidayèt*, tribunal de première instance.

Bidayètèn بداية ad. A. en première instance (jurisp.).

Biddèfat بالدفعات ad. A. plusieurs fois.

Bihar بحار s. A. pl. de *bahr*, mers.

Bi-houch بهوش a. P. insensible, étourdi.

Bi-houdè بهوده a. P. futile, vain, inutile; ad. en vain, inutilement.

Bi-houzour بحضور a. P. qui n'a pas de repos; gêné, incommodé.

Bi-houzour èt. بحضور اتمك T. gêner, incommoder.

Bi-houzourlouk بحضورلق s. T. gêne, incommodité.

Biir بئر s. A. au pl. *abar*, puits.

Bi-karar بيقرار a. P. inconstant, inquiet.

Bi-kayd بيقيد a. P. impassible, indolent, nonchalant.

Bikir بكر a. A. vierge.

Bikirlik بكرلك s. T. virginité.

Bikr بكر s. a. A. (ou *bikir*), au pl. *èbkiar*, vierge.

Bil بل impér. T. de *bilmèk*, sache.

Bila بلا prép. A., *bi*, P., *siz*, T. sans; *bila sèbèb*, sans cause, sans motif; *bila ǧèvab*, sans réponse.

Bilad بلاد s. A. pl. de *bèldè* et de *bèlèd*, villes, pays, contrées, régions.

Bilahirè بالاخره ad. A. puis, enfin.

Bilardo بيلياردو بيلاردو s. de l'I. billard.

Bildik بيلدك s. T. connaissance; a. connu.

Bildirich بيلدرش s. T. annonce, avertissement, déclaration.

Bildirilmèk بيلديرلمك T. être annoncé, déclaré.

Bildirmèk بيلديرمك T. déclarer, dénoncer, énoncer, annoncer, avertir, faire connaître, faire savoir.

Bilè بله ad. T. avec, ensemble, même, seulement, et, aussi; encore, quand même, en même temps; dans la phrase négative il a le sens de pas même; *birissi bilè gèlmèdi*, pas un seul n'est venu.

Bilè-bilè بله بله ad. T. sciemment, avec connaissance de cause.

Bilèdiyè بلديه s. A. municipalité.

Bilègi بيله كو بيلكي s. T. v. *bilèyi*.

Bilèk بيلك s. T. avant-bras.

Bilèmè بيلمه s. T. aiguisement, repassage (des couteaux...).

Bilèmèk بيلمك T. affiler, aiguiser.

Bilèn بيلن p. pr. T. qui sait, sachant, connaissant; d. de *bilinmèk*; *bilèn bilir*, celui-là le sait, qui le sait; *čok bilèn čok yaneler*, ceux qui savent beaucoup de choses se trompent souvent (prov.).

Bilènmèk بيلنمك T. être aiguisé, affilé.

Bilènmèz بيلنمز a. T. qui ne peut être aiguisé.

Bilèrèk بيلرك ad. T., *bilè bilè*, sciemment, avec connaissance de cause.

Bilèt بيلت s. du F. billet.

Bilètmèk بيلتمك T. faire aiguiser, affiler.

Bilèyi بيلكي s. T., *bilèyi tache*, pierre à aiguiser; d. de *bilèmèk*.

Bilèyich بيلكيش s. T., *bilèmèklik*, aiguisement.

Bilèyigi بيلكيجى s.T. aiguiseur, repasseur, remouleur.

Bilèzik بيلازك s. T. bracelet; cercle; il peut être regardé comme dim. de *bilèk*, dont la lettre ڭ, de *yik* est changée par corruption en *z*.

Bilèzikği بيلازكجى s. T. marchand ou fabricant de bracelets.

Bilgi بيلكي s. T. savoir, connaissance.

Bilgiğ بيلكج a. T., *'alim*, A. savant, érudit; qui sait.

Bilgiğlik بيلكجلك s. T. érudition, savoir.

Bil-ğumlè بالجمله ad. A. tout, entièrement.

Biliardo بيلياردو s. de l'I. billard.

Bilich بيلش s. T. savoir, connaissance, science; d. de l'impér. de *bilmèk*.

Biliği بيليجى s. T. qui sait, savant, sage, connaisseur.

Bilinmèdik بيلنمدك a. T. inconnu; d. de *bilinmèk*.

Bilinmèk بيلنمك T. être su, être connu.

Bilinmèmich بيلنمامش p. p. nég. T. ignoré, inconnu.

Bilinmèz بیلنمز a. T., *na-ma'loum*, inconnu, ignoré.

Biliumich بیلنمش p. p. T. connu, su.

Biliyèt بیلیت s. du F. (*biliét*), billet ; *tèatro biliyèti*, billet de théâtre ; *douhouliyè biliyèti*, billet d'entrée.

Billah بالله interj. A. par Dieu ! c. de *bi* et de *allah*.

Billour بلور s. A. cristal.

Billouri بلوری a. A. cristallin.

Bilmè بلمه s. T. savoir, connaissance.

Bilmèdik بلمدك a. T. qui ne sait pas ; *bounou bilmèdik yok dour*, il n'y a personne qui ne connaisse cela.

Bilmègè بلمجه s. T. énigme, charade ; logogriphe.

Bilmèk بلمك T. savoir, connaître, reconnaître, apprendre ; être informé; pouvoir ; deviner ; *bilirim*, je sais ; *bilmèm*, je ne sais pas ; *billèssiñiz ki*, sachez que ; *èzbèrdèn bilmèk*, savoir par cœur ; *yapa bilmèk*, pouvoir faire ; *bildigiñ haldè*, comme vous savez ; *filanè filan bilmèk*, reconnaître un tel pour tel, et l'estimer pour tel.

Bilmèmèk بلمامك T. ignorer, ne pas savoir ; ne pas reconnaître ; négatif de *bilmèk* ; *bilmèm nè*, je ne sais quoi.

Bilmèmèzlik بلمامزلك s. T. ignorance.

Bilmèyèn بلمیان a. T. ignare, ignorant.

Bilmèyèrèk بلمیه رك ad. T. à l'insu de, insciemment.

Bilmèz بلمز a. T. ignorant, qui ne sait pas, qui ne connaît pas ; d. de *bilmèmèk*, 3ᵉ pers. du sing. du prés. de l'ind. ; *èylik bilmèz*, ingrat ; *bilmèz ikèn*, à l'insu de.

Bilmich بلمش p. p. T. su, connu.

Bilmich ol. بلمش اولق T. savoir, connaître ; *bilmich ol*, sache, sachez.

Bimar بیمار s. P. malade.

Bimar-hanè بیمارخانه s. P. hôpital ; maison de santé, particulièrement pour les aliénés.

Bimari بیماری s. P. maladie.

Bi-mèrhamèt بیرحمت a. P. sans miséricorde, implacable.

Bin بن s. A. pour *ibn*,

fils; en T. us. *oghl, oghoul; èvlad.*

Biñ بيك a. num. T., *hèzar*, P. mille (nombre); *biñ kichi*, mille personnes; *biñ nèfèr*, mille soldats; *biñ kèrrè*, mille fois; *biñ bèla ilè*, avec mille peines; *biñ-lèrĝè*, par milliers.

Bin بين impér. a. P. regarde; qui voit, qui regarde; se trouve dans certains mots composés; *dourbin*, télescope; *hourdè-bin*, microscope.

Bina بنا s. A. au pl. *èbniyè*, bâtisse, édifice, construction, bâtiment; le corps du navire; *bina yuzu*, la façade d'un édifice.

Bina بينا s. a. P., *gcuruğu*, T. qui voit bien, qui a la vue perçante; qui regarde; clairvoyant, qui voit tout, c.-à-d. Dieu.

Binaèn بناءً prép. A. selon, conformément; ad. à cause de, par conséquent.

Bina èt. بنا اتمك T. construire, fabriquer, bâtir; édifier; *bina kourmak*, fonder; *bina olounmouch*, bâti.

Bi-nam بينام a. P., *adsez*, T. anonyme, sans nom.

Bina ol. بنا اولمق T. être bâti, être construit.

Biñar بيكار s. T. (*bouñar, pouñar*), source, fontaine; puits; en T. us. *kouyou*, puits.

Binat بنات s. A. pl. de *bint*, filles.

Bi-nazir بى نظير a. P. incomparable, sans pareil; c. de *bi*, P. sans, et de *nazir*, A. égal, semblable, comparable.

Biñ-bache بيكباشى s. T. major, chef de bataillon; chef de mille soldats; *biñ-bache mulazimi*, adjudant-major.

Bindirich بيندرش s. T. action de faire monter sur.

Bindirmè بيندرمه s.T. v. le précédent.

Bindirmèk بيندرمك T. affourcher, retenir un bâtiment avec deux ancres en fourche; faire monter sur.

Binèk بينك s. T. cheval de selle; monture; mulet propre à monter; *binèk mi dir*, est-il cheval de selle ?

Biñèr بيكر a.T. mille chacun; par milliers.

Bi-nèva بينوا a. P. pauvre, indigent, malheureux.

Binich بينش s. T. action et manière de monter à cheval; ancien costume pour les cérémonies officielles; d. de *bin*, impér. de *binmèk*.

Biniği بينجى s. T. cavalier, bon cavalier.

Biniğilik بينجيلك s. T. équitation; art de bien monter à cheval.

Biñinği بيكجى s. T. millième.

Biñlèrğè بيكلرجه ad. T., *biñ tanè*, par milliers.

Biñlik بيكلك s. T. qui vaut mille piastres, etc.

Binmè بنمه s. T. action de monter.

Binmèk بنمك T. monter à cheval, monter sur; (avec le datif); *ata binmèk*, monter à cheval; *'arabaya binmèk*, monter en voiture; *gèmiyè binmèk*; s'embarquer, monter à bord.

Bint بنت s. A. au pl. *binat*, fille.

Bi-pèrdè بيپرده a. P., *pèrdèssiz*, T. sans voile; dévoilé; éhonté.

Bi-pèrva بيپروا a. P. téméraire, audacieux; ad. témérairement.

Bir بر a. num. T., *yèk*, P. un, une; unique, seul; *hèr bir*, chacun; *bir agha*, un seigneur; *bir adam*, un homme; *bir dakikèdèn*, dans une minute; *bir dèf'a, bir kèrrè*, une fois; *bir birini*, les uns, les autres; *bir az*, un peu; *bir az èvvèl*, naguère; *bir bir*, un à un; *bir chèkildè*, uniforme, de la même manière; *bir chèkildè olma*, uniformité.

Bir بر a. ind. T. certain, quelque; *bir kimèsnè*, une certaine personne; *adèmiñ biri*, un certain homme; *bir chèy*, quelque chose; *bir kač kichi*, quelque personne; *bir mèktar akčè*, quelque peu d'argent; *bir kimèsnè*, quelqu'un.

Bira بيرا s. de l'I., *arpa souyou*, T. bière (boisson).

Biradèr برادر s. P. (*bi-ladèr*, T. vulg.), *kardach*, T. frère; fig. ami.

Biradèranè برادرانه ad. P., *kardachğa*, T. fraternellement; en frère; en ami.

Biradèri برادرى a. T. fraternel.

Bira-fabrikasse بيرا فابريكه سى s. T., *arpa souyou fabrikasse*, brasserie.

Biraği بيراجى s. T. brasseur.

Bi-rahm بيرحم a. P. sans miséricorde, cruel.

Bir daha ر دها ad. T. jamais, plus.

Bir-dèm ر دم ad. T. un moment, un petit moment.

Birèr رر a. T. un à un, un à chacun ou par chacun. On forme des nombres cardinaux les nombres de répartition, en ajoutant à ceux qui se terminent par une consonne la lettre *r*, et à ceux qui se terminent par une voyelle la syllabe *chèr*; *bir*, un; *birèr*, à un, un à un; *iki*, deux; *ikichèr*, à deux, deux à deux; *birèr birèr*, un à un; *ikichèr ikichèr*, deux à deux; par deux; *birèr birèr saymak*, énumérer, compter un à un.

Bir èt. ابر ايتلك T. unir, identifier.

Biri برى pron. T. quelqu'un, l'un deux; *bir biri ilè*, l'un avec l'autre; *biri birinè* (*biri birini*), mutuellement; *biri birinè karche*, l'un contre l'autre, contradictoire; opposé; *biri birlèrinè*, réciproquement, mutuellemnet.

Birikdirich بريكديريش s. T. (*biriktirmè*), action de ramasser, d'assembler.

Birikdirilmèk بريكديرلمك T. être ramassé, assemblé.

Birikdirmèk بريكديرمك T. rassembler, réunir, assembler, ramasser.

Birikmè بريكمه s. T. action de ramasser, de s'assembler.

Birikmèk بريكمك T. se ramasser, s'assembler.

Biriktirmèk بريكديرمك T. v. *birikdirmèk*.

Biringi برنجى a. num. T., *ilk*, premier; principal; *biringi gun*, le premier jour; *biringi dèf'a*, la première fois. En ajoutant aux adjectifs numéraux cardinaux la particule euphonique *nği*, on forme les nombres ordinaux; *bir*, un; *biringi*, premier; *iki* deux; *ikinği*, second; *uč*, trois; *učunğu*, troisième; *deurt*, quatre; *deurdunğu*, quatrième; *bèch*, cinq, *bèchinği*, cinquième; *altc*, six; *altenğe*, sixième.

Biringilik برجيلك s. T. état de celui qui occupe le premier rang.

Birlè برله prép. T. avec, en.

Birlèchdirèn برلشدیرن a. T. unitif.

Birlèchdirmèk برلشدرمك T. v. *birlèchtirmèk*.

Birlèchmè برلشمه s. T. incorporation, union, fusion, fusionnement, ligue, coalition, accord.

Birlèchmèk برلشمك T., *bir ol.*, s'unir, s'unifier, s'incorporer, se fusionner, se joindre, se réunir ; se rencontrer ; s'allier, se coaliser, être un ; d. de *bir*.

Birlèchmich برلشمش p. p. T. uni, incorporé, conjoint ; allié.

Birlèchtirilmèk برلشدیر‑ لمك T. être uni, unifié.

Birlèchtirmèk برلشدرمك T., *bir èt.*, incorporer, unir, unifier, joindre, conjoindre, fusionner ; annexer. La particule *dir (tir)* sert à former les verbes causatifs. Les verbes dont le radical est terminé par *ich* (euphonique) ou par *k*, peuvent indistinctement changer *dir* en *tir* (v. gramm.).

Birlik برلك s. T., *ittifak*, union, unité, identité, accord, ligue.

Birlikdè برلكده ad. T. conjointement, ensemble.

Birlik èt. برلك اتك T. s'unir, s'accorder, convenir ; tomber d'accord.

Bir ol. بر اولمق T. v. le précédent.

Bir olmouch بر اولمش p. p. T. uni, incorporé.

Birr بر s. A. bonne œuvre ; piété, vertu, justice.

Bir-sèdalè برصدالی a. T. monotone.

Bir-tanègik بردانه‌جك a. T. unique.

Bismillahi بسم‌الله interj. A. pour *bi ism illahi*, au nom de Dieu ; mot dont les Musulmans se servent en commençant toute action.

Bit بت s. T., *kèhlè*, pou ; insecte ; vermine ; *keupèk, biti, kènè*, tique (insecte) ; *tahta biti*, punaise ; *boughday biti*, charançon ; *koulak biti*, perce-oreille ; *bit pazarc*, friperie ; marché de vieilleries à Constantinople.

Bi-taraf يطرف a. P. neutre.

Bi-taraflek يطرفلق s. T. neutralité ; impartialité.

Bitèvi بتوى a. T. entier, d'une pièce; ad. entièrement.

Bitichik بتشك a.T. contigu, uni ; attaché ; joint, conjoint, attenant, joignant ; voisin.

Bitichiklik بتشكلك s. T. contiguïté, liaison, voisinage.

Bitichmèk بتشمك T. s'unir, se joindre, s'approcher.

Bitichmich بتشمش p.p. T. uni, joint.

Bitichtirmè بتشدرمه s. T. action de mettre en contiguïté.

Bitichtirmèk بتشدرمك T. joindre, unir, embrancher ; approcher.

Bitiriği بتوريجى s. a. T. qui termine, qui achève.

Bitirilmèk بتورلمك T. être achevé, fini, accompli ; terminé ; détruit.

Bitirilmich بتورلمش p. p. T. fini, accompli.

Bitirim بترم s. T. fin, terminaison, accomplissement.

Bitirmè بتورمه ad. T. en gros, en bloc, le tout.

Bitirmèk بتورمك T. achever, finir, accomplir, terminer ; anéantir, conclure ; faire pousser.

Bitlèmèk بتلمك T. épouiller, ôter les poux ; d. de *bit*.

Bitlènmèk بتلنمك T. s'épouiller, chercher ses poux.

Bitli بتلى a.T. pouilleux.

Bitmè بتمه s. T. action de pousser, de produire des jets, de germer, de finir, de se terminer.

Bitmèk بتمك T. végéter, germer, pousser, être achevé, fini, accompli, terminé.

Bitmèz بتمز a. T. interminable, intarissable ; qui ne végète pas.

Bitmich بتمش p. p. T. végété, achevé, terminé, fini, accompli.

Bi-t-tab' بالطبع ad. A. naturellement.

Bi-t-tèmam بالتمام ad. A., *tèmamèn*, entièrement.

Bi-t-tèrgih بالترجيح ad. A. préférablement.

Bi-vèfa بيوفا a. P. inconstant, dont l'amitié n'est pas stable.

Biz بز pron. T. nous; pl. de *bèn*.

Biz بیز s. T. alène, poinçon.

Bizar بيزار a.P. ennuyé, dégoûté.

Bizèlia بزليا s. de l'I. pois, petit pois.

Bizği بیرجی s. T. alénier; fabricant d'alènes.

Bizim بزم a. poss. T. notre; de notre, nos.

Bizimki بزمكى pron.poss. T. le nôtre, ce qui est à nous; d. du pron. *biz*.

Bizlèngiğ بزلنكج s. T. (*bezlangheğ*), petit aiguillon de vacher.

Bi-z-zarour بالضرور ad. A. forcément, indispensablement; malgré.

Bi-z-zat بالذات ad. A. personnellement, en personne.

Boch بوش a. T. vain, vide, inutile, futile; oisif, désœuvré, divorcé; s. vide; *boch lakerde*, discours futile; *boch yèr*, place vide, pays désert; *boch èl ilè*, avec les mains vides; *boch yèrè*, inutilement; *boch chèy*, bagatelle, futilité; *boch boghazlck*, jaserie, indiscrétion; *boch gèzènin bach kalfasse*, fainéant de premier ordre.

Bochadelmak بوشادلق T. être divorcé.

Bochalmak بوشالق T. être vidé, évacué, transvasé.

Bochaltmak بوشالتمق T. vider, transvaser, verser, évacuer, tirer une arme à feu.

Bochama بوشامه s.T. action de divorcer, de répudier.

Bochamak بوشامق T. répudier, divorcer.

Bochanma بوشانمه s. T. action de divorcer, de se vider, de couler en abondance.

Bochanmak بوشانمق T. divorcer, se vider, couler en abondance; être transvasé, évacué; échapper; rompre ses chaînes.

Bochanmech بوشانمش p. p. T. évacué; répudié; vidé.

Bochatma بوشامه s. T. action de faire divorcer.

Bochatmak بوشاتمق T. faire divorcer.

Boch bochouna بوشبوشنه ad. T. en vain, inutilement.

Bochlamak بوشلامق T. laisser, abandonner, négliger.

Bochlouk بوشلق s. T. inadvertance.

Bochnak بوشناق s. a. T. Bosniaque; *bosda*, n. p. la Bosnie.

Bodour بودور a. T. court, de basse taille.

Bodourlouk بودورلق s. T. basse taille.

Bodouroum بودروم s. T. (*bodroum*), cave, caveau, souterrain.

Bodroum بودروم s. T. v. le précédent.

Boğa بوجا s. T. (ou *boği*), transport, déplacement.

Bogha بوغا s. T. taureau.

Boghača بوغاچه s. T. pâté gras.

Boghan بوغان p. pr. T. qui étrangle.

Boghaz بوغاز s. T. gorge, col, gosier, gueule; détroit, défilé, canal, embouchure, le Bosphore; *boghaz kesselmasse*, mal de gorge; *boghazdan toutmak*, prendre à la gorge; *touna boghaze*, les bouches du Danube; *kara dèñiz boghaze*, embouchure de la mer Noire; *boghaz iči*, Bosphore (de Thrace); *ak dèñiz boghaze*; *čanak kalèssi*, détroit des Dardanelles.

Boghazlama بوغازلامه s. T. égorgement.

Boghazlamak بوغازلامق T. égorger.

Boghazlayeğe بوغازلايجی s. T. égorgeur.

Boghča بوغچه s. T. paquet, pièce d'étoffe servant à envelopper.

Boghčalama بوغچه‌لامه s. T. empaquetage.

Boghčalamak بوغچه‌لامق T. empaqueter.

Boghdan بغدان n. p. T. la Moldavie.

Boghdanle بغدانلی a. T. Moldave, habitant de la Moldavie.

Boghday بغدای s. T. v. *boughday*.

Boghdourmak بوغدرمق T. faire étrangler.

Boghma بوغمه s. T. étranglement, strangulation.

Boghmağa بوغمه‌جه s. T. toux suffoquante.

Boghmak بوغمق T. étrangler, stranguler; étouffer; suffoquer; noyer; ennuyer.

Boghou بوغو s. T. espace d'un roseau compris entre deux nœuds; articulation des doigts.

Boghouğou بوغیجی a. T. étouffant, suffocant.

Boghouk بوغوق a. T. suffoqué; sourd, souterrain.

Boghoulma بوغلمه s. T. étouffement; suffocation; action d'être noyé; étranglement.

Boghoulmak بوغلمق T. suffoquer, s'étouffer, se noyer; être étranglé.

Boghoulmouch بوغلمش p. p. T. suffoqué, asphyxié, étouffé, étranglé, noyé.

Boghoulouch بوغلش s. T. suffocation, strangulation, étranglement, asphyxie.

Boghoum بوغوم بوغم s.T. nœud, nodosité; articulation.

Boghoumak بوغمق T. suffoquer; s'ennuyer.

Boghountou بوغنتی s. T. suffocation, étouffement.

Boghourtlak بوغرتلاق s. T. larynx.

Boği بوجی s. T. v. *boğa*.

Boği èt. بوجی اتمك T. transporter, déplacer.

Bok بوق s. T., *tèrs*, excréments; fiente.

Bokaghe بوقاغو بوقاغی s. T. fers, chaîne, entraves.

Bokaghelamak بوقاغیلامق T. mettre aux fers, enchaîner, entraver.

Bokaghelek بوقاغیلق s. T. jarret des pieds de derrière du cheval.

Bol بول a. T. abondant, ample, vaste; large.

Bol bol بول بول ad. T., *bolğa*, abondamment, largement; amplement.

Bol èt. بول اتمك T. élargir, dilater.

Bolğa بولجه ad. T. largement, un peu plus large ou ample.

Bollachmak بوللاشمق T. s'élargir, devenir ample, abondant.

Bollanmak بوللانمق T. étre élargi, s'élargir ; abonder.

Bollatmak بوللاتمق T. élargir, dilater, rendre ample, abondant.

Bolloük بوللق s. T. abondance, affluence, largeur, ampleur.

Bono بونو s. de l'I. bon.

Bor بور s. T. terre inégale et marécageuse.

Bora بورا s. du G., *fourtouna*, orage, ouragan, tempête, bourrasque ; *kèskin bora*, violent orage.

Borale بورالى a. T., *fourtounale*, orageux ; *borale rouzgiar*, vent orageux.

Borčen بورچين s. T. la femelle du cerf, biche.

Borg بورج s. T. dette, obligation, argent emprunté ; emprunt ; devoir ; *borg cudèmèk*, payer, acquitter une dette ; *borgoum dour*, c'est mon devoir, je le dois, je dois le faire ; *borgou dour*, c'est son devoir.

Borg èt. بورج ايتمك T. s'endetter, contracter une dette.

Borglanmak بورجلنمق T. s'endetter ; contracter des dettes.

Borglou بورجلو بورجلى a. T. débiteur, redevable, obligé, obéré, engagé, endetté.

Borglou èt. بورجلى ايتمك T. endetter, obérer.

Borglou ol. بورجلى اولمق T. devoir, être obligé, s'obérer, s'endetter.

Borou بورو بورى s. T. tube, tuyau, conduit ; trompette, cor ; trompe, clairon, cornet ; douleur aiguë des entrailles ; fig. faux, insignifiant.

Borouzèn بوريزن s. P. (*borazan*, T. vulg.), trompette ; *borazan bache*, trompette major.

Borsa بورسه s. de l'I. bourse.

Bos بوص s. T. taille, ne s'emploie qu'avec son synonyme *boy* (taille).

Boslou بوصلو بوصلى a. T. de haute taille, ne s'emploie qu'avec son synonyme *boylou* ; *boylou boslou*, de haute taille.

Bosna بوسنه n. p. T. Bosnie, contrée de la Turquie d'Europe.

Bosnalè بوسنه لى a. T. bosniaque.

Bosna-sèray بوسنه سراى n. p. T. ville commerçante de la Turquie d'Europe, cap. de la Bosnie, à 904 kil. N.-O. de Constantinople; 70,000 h.

Bosnèvi بوسنوى a. A. Bosniaque.

Bostan بستان s. A. au pl. *bèssatin*, jardin potager.

Bostan بوستان s. P. jardin potager.

Bostangé بوستانجى s. T. jardinier; ancien corps de garde du palais.

Bostangèlek بوستانجيلق s. T. jardinage, art du jardinier.

Bou بو a. pron. démons. T. ce, cet, cette, ces; celui-ci, ceci, celle-ci; *bou adam*, cet homme; *bou kalèm*, cette plume; *bou kitab*, ce livre; *bou karelar*, ces femmes; *bounou bana vèr*, donnez-moi ceci; *bounouñ adé nè dir*, quel est le nom de ceci? comment cela s'appelle-t-il? *bouña nè dèrlèr*, comment appelle-t-on cela?

Bou بو s. P. (*bouy*), odeur; parfum; en T. us. *kokou*; entre dans la formation de certains adjectifs composés; *kèyssouyi hoch-bou*, chevelure parfumée, qui est d'une odeur agréable.

Boučouk بوچق s. T. moitié, demie; demi; *bir boučouk sa'at*, une heure et demie; *yarem sa'at*, demi-heure; *iki boučouk*, deux et demi.

Bou'd بعد s. A. au pl. *èb'ad*, distance.

Boudağek بوداجق s. T. petite branche, rameau frêle; dim. de *boudak*.

Boudak بوداق s. T. branche, rameau; nœud d'arbre ou d'une planche.

Boudaklanmak بوداقلانمق T. pousser des branches, se ramifier.

Boudaklé بوداقلى a. T. branchu, rameux, noueux, plein de nœuds, raboteux.

Boudaksez بوداقسز a. T. qui n'a ni branches, ni rameaux; sans nœuds.

Boudala بوداله a. T., *ahmak*, sot, imbécile, idiot, nigaud, niais; simple.

Boudalağa بوداله جه ad. T. stupidement, sottement, niaisement; a. un peu imbécile.

Boudalalek بوداله‌لق s. T. imbécillité, bêtise, sottise, nigauderie, idiotisme, niaiserie.

Boudalalek èt. بوداله‌لق اتمك T. nigauder.

Boudamak بودامق T. couper les branches, émonder un arbre, ébrancher.

Boudanmak بودانمق T. s'attacher sérieusement au travail.

Boudante بودانتی s. T. rameaux de vigne coupés.

Boudatmak بوداتمق T. faire ébrancher, émonder.

Boudayeġe بودایجی s. T. émondeur.

Boudin بودین n. p. T. Bude, cap. de la Hongrie; 55,000 h.

Bouġak بوجاق s. T. coin, angle (v. angle Dict F.-T.).

Bouġakle بوجاقلی a. T. anguleux.

Bougha بوغا s. T. taureau, mâle de la vache.

Boughača بوغاچه s. T. (mieux *boghača*), pâté gras.

Boughdan بغدان s. du Polonais, Moldavie; 1,800,000 h.

Boughdanle بغدانلی a. T. Moldave.

Boughday بغدای s. T. (*boghday*, p. u.), froment, grain, blé; *messer boughdaye*, blé de Turquie; maïs, m. à m. froment d'Égypte; *boughday tarlasse*, champ de blé.

Boughou بوغو s. T. (*bouhar*, A.), exhalaison, vapeur; *boughou čekmak*, s'évaporer, s'exhaler.

Boughoulanma بوغولنمه s. T. évaporation.

Boughoulanmak بوغولنمق بوغولانمق T. s'évaporer, s'exhaler.

Boughoulou بوغولو a. T. vaporeux, qui exhale des vapeurs.

Boughyan بغیان s. A. rébellion.

Bouhar بخار s. A. vapeur, exhalaison.

Bouhl بخل s. A. avarice.

Bouhour بخور s. P. parfum; encens.

Bouhourdan بخوردان s. P. (*bouhourdanlek*, T.), encensoir.

Bouhourdanlek بخوردانلق s. T. v. le précédent.

التدرلق T. être procuré, trouvé.

Boulounma بولغمه s. T. v. *boulounouch*.

Boulounmak بولنمق T. être trouvé, présent, inventé; se trouver, exister.

Boulounmamak بولنمامق T. manquer, n'être pas trouvable, ne pouvoir se trouver.

Boulounmaz بولنمز a. T. introuvable.

Boulounmouch بولنمش p. p. T. trouvé.

Boulounouch بولنش s. T. (*boulounma*), action de se trouver, d'exister.

Boulout بولوط s. T. nuage, nue, nuée.

Bouloutlanmak بولوطلنمق T. se couvrir de nuages; devenir nuageux.

Bouloutlou بولوطلى a. T. nuageux; nébuleux.

Boum بوم s. P., *baykouch*, T. hibou.

Boum بوم s. P. pays, contrée.

Boumbar بومبار s. T. andouille.

Boumbargé بومبارجى s.

T. celui qui fait ou vend des andouilles.

Bouñak بوكاق s. a. T. idiot; décrépit.

Bouñaklek بوكاقلق s. T. idiotisme, état d'un vieillard tombé en enfance.

Bouñalmak بوكالمق T. être ennuyé, fatigué; être suffoqué par la fumée.

Bouñaltmak بوكالتمق T. ennuyer, fatiguer, suffoquer par la fumée.

Bouñamak بوكامق T. tomber en enfance, devenir idiot.

Bouñamaklek بوكاماقلق s. T., *ma'touhlouk*, décrépitude.

Bouñamech بوكامش p. p. a. T. décrépit; radoteur.

Bouñar بوكار s. T. source; fontaine; puits.

Boundan بوندن ad. T. d'ici, de ceci; *boundan soñra*, après cela, dorénavant; *boundan évvèl*, il y a quelque temps; *boundan beuylè*, ultérieurement.

Boura بورا s. T. endroit, lieu rapproché; *bourasse*, cet endroit-ci; *bouralare*, ces lieux-ci; *bourada der*, il est ici; *bouraya*, ici;

gèl bouraya, venez îci, à cet endroit-ci.

Bouradan بورادن ad. T. d'ici, par ici.

Bouranğa بورانجه s. T. buglosse, bourrache (plante).

Bourayadèk بورايدك ad. T. jusqu'ici ; c. de *boura* et de *dèk*, jusque.

Bourčak بورچاق a. T. frisé.

Bourčak بورچاق s. T. orobe, vesce.

Bourdourmak بوردرمق T. faire châtrer.

Bourğ برج s. A. au pl. *burouğ*, rempart, boulevard, tour d'un château, bastion ; signe du zodiaque ; constellation.

Bourghač بورغاچ a. T. p. u. tors, tortu, tortillé.

Bourghačlanmak بورغاچلانمق T. se tordre, se tortiller.

Bourghou بورغو s. T. vrille, perçoir, tarière.

Bourma بورمه s. T. vis ; torsion ; douleur lancinante.

Bourmak بورمق T. tordre, entortiller, faire une torsion ; châtrer ; *kol bourmak*, démettre un bras ; *koulak bourmak*, avertir.

Bournaz بورناز a. s. T. personne à grand nez.

Bournous بورنس s. T. v. le suivant.

Bournouz بورنوز s. T. manteau de laine blanche que portent les Arabes ; burnous.

Bourouchma بورشمه و برشمه s. T. action d'être ridé ; froncement.

Bourouchmak بورشمق بر وشمق T. être ridé, froncé, se rider, être plissé.

Bourouchmouch بورشمش برو شمش p.p. T. ridé, froncé ; plié ; chiffonné.

Bourouchouk بورشق برو شق a. T. ridé, froncé, frisé.

Bourouchouklouk بور شقلق بروشقلق s. T. ride, pli ; froissure ; froncement.

Bourouchtourmak بروشدرمق T. rider, froncer ; froisser ; chiffonner, bouchonner ; *aghez bourouchtourmak*, plisser la bouche, faire la moue ; *yuzunu bourouchtourmak*, froncer le visage.

Bouroudèt بروْدت s. A. froid, froidure ; fig. froideur; refroidissement dans l'amitié.

Bourouk بوروق s. T. douleur causée par une torsion.

Bouroulma بورلمه s. T. action de se tordre.

Bouroulmak بورلمق T. se tordre, être tordu.

Bouroun برون s. T. nez ; bec ; cap, promontoire ; museau ; fig. fierté, arrogance ; *bouroun dèliklèri*, narines ; *bouroun surtmèk*, s'avilir ; solliciter avec une insistance avilissante ; *moumoun bournounou almak*, moucher la chandelle ; *umid bournou*, cap de Bonne-Espérance ; *bouroundan scuylèmèk*, nasiller.

Bouroundouk بوروندوق s. T. muselière, caveçon.

Bouroundourouk بوروندوروق s. T. v. le précédent.

Bourounlou برونلی a. T. qui a un nez, un bec, une pointe, un promontoire.

Bourounlouk برونلق s. T. muselière.

Bourounmak بورنمق T. éprouver une douleur lancinante.

Bouroun otou برون اوتی s. T., *ènfiyè*, tabac à priser.

Bourounsalek برونسالق s. T. muserolle, muselière ; caveçon.

Bourounsouz برونسز a. T. sans nez.

Bourountou بورندی s. T. douleur aiguë dans les entrailles.

Boursa بورسه n. p. T. Brousse.

Bous بوس s. P., *cupuch*, T. baiser ; action de baiser, d'embrasser ; embrassement ; *bous ètmèk*, *cupmèk*, baiser ; *dèsti bous ètmèk*, baiser les mains.

Boussè بوسه s. P. baiser.

Boussi بوسی s. P. action de baiser, d'embrasser.

Bout بت s. P. (*pout*), idole.

Bout بوت s. T. cuisse ; *koyoun boudou*, gigot.

Bouy بوی s. P. (*bou*), *kokou*, T. odeur ; senteur.

Bouynouz بوينوز s. T. (*boyounouz*), corne ; cor ; *bouynouz ilè vourmak*, donner un coup de corne; *gèyik bouynouzou*, corne-de-cerf (herbe); *kèči bouynouzou*, caroube.

Bouynouzlou بويْنوزلی a. T. cornu.

Bouynouz-otou بويْنوز اوتی s. T. ellébore.

Bouyourdou بيوردی s.T.v. *bouyourouldou*.

Bouyourmak بيورمَق T. ordonner, commander, décréter, dominer, gouverner; faire; *bouyouroun*, plaît-il? *bouyourouñouz*, servez-vous.

Bouyourouğou بيوريجی s. T. qui ordonne; commandant.

Bouyourouk بيوروق s.T. commandement, ordre; ordonnance; *bouyourouk toutmak*, observer l'ordre, le précepte.

Bouyourouldou بيورلدی s. T. décret, ordre, écrit d'un pacha ou d'un vizir. Le mot *fèrman*, P. est réservé pour les ordres de la Porte.

Bouyouroulma بيورلمه s. T. v. *bouyouroulouch*.

Bouyouroulmak بيورلمَق T. être ordonné, décrété; fait.

Bouyouroulmouch بيورلمش p. p. T. ordonné, décrété.

Bouyouroulouch بيورلش s. T. action d'être ordonné, fait.

Bouyouroultmak بيورلتمَق T. faire ordonner, faire décréter.

Bouyouroultou بيورلدی s. T. v. *bouyourouldou*.

Bouyourtmak بيورتمَق T. faire décréter, faire ordonner; noter sur une pétition ou sur une lettre officielle.

Bouz بوز s. T. glace, gelée, eau gelée; congélation; a. très froid, glacial; *bouz èrimèk*, dégeler; *bouz èrimèssi*, dégel.

Bouzaghe بوزاغو بوزاغی s. T. veau.

Bouzaghelamak بوزاغيلا مَق T. vêler, mettre bas (vache).

Bouzak بزاق بوزاق s. T. veau, génisse; *bouzaghe èti*, du veau, viande de veau.

Bouzlanmak بوزلانمَق T. se glacer, être glacé, gelé; être couvert de glace, de rosée (verres, miroirs).

Bouzlou بوزلی a. T. glacé, gelé ; à la glace.

Bouzlouk بوزلاق s.T. glacière.

Boy بوی s. T. stature, taille; grandeur; longueur; *ouzoun boy*, d'une grande stature (v. taille Dic. F.-T.) ; *orta boy*, de taille moyenne ; *boy vèrmèk*, croître, grandir ; *boy bos*, taille.

Boy بوی s. T. espèce d'araignée venimeuse.

Boya بویا s. T. couleur, teinture ; *koundoura boyassè*, cirage ; *kara boya*, vitriol ; *boya otou*, garance (plante); *boya èzmèk*, broyer les couleurs.

Boyadelmak بویادلق T. être teint.

Boyağe بویاجی s. T. teinturier, marchand de couleurs.

Boyağelek بویاجیلق s. T. teinturerie; métier du teinturier.

Boyalamak بویالامق T. colorier, teindre, teinter ; couvrir d'une teinture.

Boyale بویالی a. T. colorié, peint ; teint.

Boyama بویامه s. T. teinture, chose coloriée ; chose falsifiée.

Boyamak بویامق T. colorier, teindre ; *gœuz boyamak*, jeter de la poudre aux yeux.

Boyan بویان s. T. réglisse ; *boyan keuku*, bois de réglisse.

Boyanmak بویانمق T. être teint ; *kana boyanmak*, être souillé de sang.

Boyanmaklek بویانمقلق s. T. action d'être teint.

Boyanmech بویانمش p. p. T. teint, colorié, peint.

Boya-otou بویا اوتی s. T. garance (plante).

Boyassez بویاسز a. T. sans teinture, non teint.

Boyatmak بویاتمق T. faire teindre, faire peindre une maison.

Boylamak بویلامق T. mesurer selon la taille ordinaire de l'homme ; marcher le long de...

Boylatmak بویلاتمق T. allonger.

Boylou بویلو بویلی a. T. grand de taille ; *orta boylou*, de taille moyenne ; *alčak boylou*, de petite taille.

Boyoun بویون بوین بویون

s. T. col, cou; fig. charge, responsabilité; *boyoun vermèk*, se soumettre; *boyoun baghe*, cravate; *boyoun vourmak*, décapiter.

Boyoundourouk بویوندروق s. T. joug que l'on met au cou des bœufs.

Boyounlouk بویونلق s. T. collier de cheval.

Boyounouz بویونوز s. T. v. *bouyounouz* avec ses dérivés.

Boyssouz بویسز a. T. de basse taille; courtaud.

Boz بوز a. T. gris, de couleur brune, brun.

Boza بوزه بوزا s. T. liqueur tirée du millet fermenté.

Bozan بوزان p. pr. T. qui gâte, qui corrompt; qui détruit.

Bozarmak بوزارمق T. brunir, se brunir.

Bozarmech بوزارمش p.p. T. qui a éprouvé un changement de couleur au visage.

Bozdourmak بوزدرمق T. faire rayer, faire gâter; faire abattre, faire détruire; faire changer une monnaie.

Bozdourmaklek بوزدرمقلق s. T. action de faire rayer, etc.

Bozğa بوزجه s. T. terre inculte, lande.

Bozghoun بوزغون s. T. défaite, déroute, destruction; a. détruit, défait; mis en déroute.

Bozghounlouk بوزغونلق s. T. défaite, déroute, destruction.

Bozma بوزمه s. T. action de gâter, de corrompre, de rayer, etc.; annulation.

Bozmağe بوزمه‌جی s. T. marchand de bric-à-brac.

Bozmak بوزمق T. gâter, abîmer, corrompre, pervertir, détruire, défaire, vaincre, mettre en déroute, rayer, biffer, anéantir, annuler; *bagh bozmak*, vendanger; *akčè bozmak*, changer de la monnaie; *orouğ bozmak*, rompre le jeûne.

Bozouchma بوزشمه s. T. rupture, division; action de se brouiller.

Bozouchmak بوزشمق T. se brouiller, quereller.

Bozouchouk بوزشوق a. T. brouillé, qui n'est pas en bons termes.

Bozouchouklouk بوزشقلق بوزشوقلق s. T. rupture, division, brouillerie, querelle.

Bozouchtourmak بوزشد يرمق T. faire quereller, brouiller.

Bozouğou بوريجى s. a. T. destructeur, corrupteur.

Bozouk بوزق بوزوق a. T. gâté, décomposé, corrompu, défait, détruit; menue monnaie; *bache bozouk*, troupe irrégulière; *bozouk dil*, jargon.

Bozouklouk بوز بوزوقلق قلق s. T. corruption, décomposition, destruction, désordre; défaite; menue monnaie.

Bozoulma بوزلمه s. T. *(bozoulouch)*, corruption, défaite, déroute; action d'être gâté, etc.

Bozoulmak بوزلق T. dégénérer, être corrompu; se corrompre, se décomposer, se pervertir; être cassé, abîmé, battu; être mis en déroute; annulé, anéanti, détruit.

Bozoulmama بوزلامه s. T. incorruptibilité.

Bozoulmamazlek بوزلا مزلق s. T. incorruptibilité, inviolabilité.

Bozoulmaz بوزلمز a. T. incorruptible, inviolable, inaltérable.

Bozoulmouch بوزلمش p. p. T. gâté, corrompu, dépravé; brisé, cassé, abîmé, défait.

Bozoulouch بوزلش s. T. v. *bozoulma*.

Bezoum بوزوم بوزم s. T. corruption, destruction.

Bozountou بوزندى s. T. débris.

Bradova برادوه s. T. espèce de hache de tonnelier.

Brakelmak براقلق T. être abandonné, laissé, jeté, oublié.

Brakelmech براقلمش p. p. T. abandonné, jeté, oublié.

Brakente براقندى s. T. chose abandonnée, jetée; épave.

Brakmak براقمق T. abandonner, laisser, cesser, omettre, quitter, jeter, lancer, rejeter, permettre; *dèmir brakmak*, jeter l'ancre.

Braktermak براقديرمق T.

faire abandonner, laisser, jeter, oublier.

Buber بوبر s. T. v. *bibèr* avec ses dérivés.

Bubrèk بوبرك s. T. rognon.

Budğè بودجه s. du F. budget; *'oumoum budğè*, budget général.

Buhtan بهتان s. A. fausse accusation, calomnie.

Buhtanğe بهتانجى s. T. calomniateur.

Buiri بوكرى a. T. courbé, plié, incliné; ne s'emploie qu'avec le mot *èyri*; *èyri buiri*, tors.

Bukdurmèk بوكدرمك T. faire tordre, faire courber, plier, fléchir.

Buklum بوكلوم s. T. repli, pli, torsion, nœud; anneau.

Bukmè بوكمه s. T. action de tordre, de filer, de courber.

Bukmèk بوكمك T. tordre, fléchir, plier, courber, tresser une corde; couder; filer.

Bukuch بوكش s. T, manière de tordre, de filer; filage.

Bukulmè بوكلمه s. T. torsion, distorsion, entortillement.

Bukulmèk بوكلمك T. se fléchir, se courber, se plier, se tordre; être courbé, tordu, plié; *bèli bukulmèk*, être accablé.

Bukulmèmèzlik بوكلمهمزلك s. T. inflexibilité.

Bukulmèz بوكلمز a. T. inflexible.

Bukulu بوكولى a. T. plié, tordu, filé, courbé, fléchi.

Bukuluch بوكلش s. T. manière dont une chose est tordue, filée.

Bukum بوكوم s. T. torsion; filage.

Bukunmèk بوكنمك T. éprouver une douleur aiguë dans les entrailles; se ramasser (eau).

Bukuntu بوكندى s. T. état de ce qui est tordu, filé; débris de lin, etc.

Bulbul بلبل s. P. rossignol; philomèle; *bulbul eutuchu*, le chant du rossignol.

Buldan بلدان s. A. pl. de *bèlèd*, villes, contrées, pays.

Bulègha بلغا s. A. pl. de *bèligh*, hommes éloquents.

Bulough بلوغ s. A. puberté.

Bulonghiyét بلوغیت s.A. v. le précedent.

Buniyè بنیه s. A. physique (constitution).

Burčuk بورجوك a. T. frisé.

Burhan برهان s. A. au pl. *bèrahin*, argument, document, preuve évidente.

Burmèk بورمك T. tortiller, entortiller.

Buroudèt برودت s. A. v. *bouroudèt*.

Burong روج s. A. pl. de *bourğ*, remparts, etc.

Burum بوروم s. T. pli, chose pliée.

Burumèk بورومك T. couvrir, envelopper.

Burunğuk بورونجك بور نجك s. T. crêpe, voile, gaze.

Burunmèk بورونمك بور نمك T. s'envelopper, se couvrir, se voiler.

Bus-butun بسبتون ad.T., *tèmamèn*, tout à fait, pleinement, entièrement; a. tont; entier.

Butèyn بطین s. A. ventricule.

Butlan بطلان s. A. fausseté; erreur; vanité.

Butoun بطون s. A. pl. de *batn*, ventres.

Butun بتون a. T., *ğumlè*, A. tout, entier, complet; *butun butunè*, radicalement, entièrement, complètement.

Butunlèmèk بتونلمك T. compléter.

Buyèlèk بوكلك s. T. taon (mouche).

Buyout بیوت s. A. pl. de *bèyt*, maisons.

Buyru بوكرى a. T. tortu, tortueux, courbé; ne s'emploie qu'avec le mot *èyri*.

Buyu بوكو s. A., *sihir*, A. magie, sorcellerie, charme, incantation, enchantement.

Buyuğu بوكوجى s. T., *sihir-baz*, P. sorcier, magicien, enchanteur.

Buyuğuluk بوكوجیلك s. T. sortilège, magie, sorcellerie; profession de magicien.

Buyuk بیوك a. T. v. *beuyuk* avec ses dérivés.

Buyulèmèk بوكولمك T. charmer, fasciner, enchanter.

Buyur بوكور s. T. hypocondre.

Buyurtlèn بوكورتلن s. T. framboisier.

Buyutmèk بوتمك T. v. *beuyutmèk*.

Buzmèk بوزمك T. serrer, contracter, crisper, rétrécir.

Buzuk بوزوك s. T. chose ridée et rétrécie.

Buzulmè بوزله s. T. v. *buzuluch*.

Buzulmèk بوزلمك T. se crisper, se blottir, se rider, se contracter.

Buzuluch بوزلش s. T. contraction, rétrécissement; raccourcissement.

Buzurgian بزركان s. P. pl. de *buzurk*, les grands, les nobles.

Buzurgianè بزركانه ad. P. noblement, magnifiquement, à la manière des grands personnages.

Buzurguvar بزركوار a. P. grand, glorieux; qui a une position élevée.

Buzurguvari بزركوارى s. T. grandeur, magnanimité, gloire.

Buzurk بزرك a. P. p. u. grand, noble, de condition élevée.

C

Čabalama چابالامه چابالا s. T. (*čabalayech*), efforts, agitation.

Čabalamak چابالامق چابالا T. s'efforcer, s'agiter, se démener, tâcher, se débattre, faire tous ses efforts.

Čabalanmak چابا- چابالانمق لنمق T. se débattre, s'agiter violemment.

Čabalayech چابالا چابالايش يش s. T. v. *čabalama*.

Čabouğak چابوجق ad. T. très vite.

Čabouk چابوق ad. T. (*čabuk*, P.), vite, promptement, diligemment; a. expéditif, agile, léger, prompt; *čabouk èt*, faites vite; *čabouk git*, allez vite; *čabouk gèl*, venez promptement.

Čabouklatmak چابوقلاتمق T. accélérer, activer, presser.

Čabouklouk چابوقلق s. T. vitesse, hâte, accélération, promptitude, légèreté, agilité.

Čabuk چابك a. P. v. *čabouk*.

Čachni چاشنی s. P. (*čèchni*, T. vulg.), goût.

Čachout چاشوت s. T. vulg. (*gassous*, A.), espion; mouchard.

Čachoutlouk چاشوتلق s. T. espionnage; *čachoutlouk ètmèk*, espionner, épier.

Čader چادر s. P. tente, pavillon; *čader kourmak*, dresser une tente.

Čaghanos چاغنوس s. T. crabe.

Čaghel چاغل s. T. murmure de l'eau qui coule.

Čagheldamak چاغلدامق T. v. *čaghlamak*.

Čaghelte چاغلدی s. T., *sou čagheltesse*, murmure de l'eau qui coule.

Čagherech چاغرش s. T. exclamation, cri; action ou manière de crier, de chanter.

Čagherechmak چاغرشمق T. crier ensemble, faire du bruit.

Čagherege چاغریجی s. T. crieur.

Čagherelmak چاغرلمق T. crier, chanter.

Čagherma چاغرمه s. T. (*čagherech*), appel, cri, appellation, invitation, exclamation; action de chanter, de crier.

Čaghermak چاغرمق T. appeler, crier, inviter; chanter; *turku čaghermak*, chanter; *hezmètkiare čagher*, appelez le domestique; *mèydana čaghermak*, défier, provoquer.

Čaghertmak چاغرتمق T. faire appeler.

Čaghla چاغلا s. T. amande verte avec l'écorce; amande non écalée.

Čaghlaghan چاغلاغان s. T. cascade, chute d'eau, eau qui coule en murmurant.

Čaghlama چاغلامه s. T. murmure de l'eau qui coule.

Čaghlamak چاغلامق T. (*čagheldamak*), faire du bruit, murmurer (en parlant de l'eau).

Čaghlayan چاغلایان s. T. v. *čaghlaghan*.

Čaghlayech چاغلایش s. T. v. *čaghlama*.

Čaghlo چاغلو چاغلی a. T. bien portant, gros, gras.

Čah چاه s. P. puits; prison, cachot.

Čak چاق ad. T. jusqu'à.

Čak چاك s. P. fissure, crevasse, déchirure; a. fendu, déchiré.

Čakal چقال s. T. chacal, espèce de chien sauvage et féroce.

Čakcher چاقشیر s. T. caleçon, culotte de dessous en toile fine.

Čakcherle چاقشیرلی a. T. qui porte une culotte.

Čake چاق s. T. petit couteau de poche à ressort, canif.

Čakech چاقش s. T. action de clouer, de battre le briquet ou de faire des éclairs; de se griser.

Čakechmak چاقشمق T. s'accrocher, s'unir; s'attacher avec force.

Čakechtermak چاقشدیرمق T. boire du vin, s'enivrer.

Čakeğe چاقیجی s. T. marchand de canifs.

Čakel چاقل s. T. caillou; gravier.

Čakeldak چاقلداق s. T. traquet d'un moulin.

Čakeldamak چاقلدامق T. cliqueter, faire un bruit semblable à celui des cailloux.

Čakellek چاقلاق s.T. lieu semé de cailloux, cour pavée de cailloux.

Čakelmak چاقلمق T. être attaché à un poteau (animal).

Čakem چاقم s. T. éclair.

Čaker چاقیر s. T. (čaker kouchou), épervier, émerillon; a. qui est en pointe de gaîté, qui a une petite pointe de vin.

Čakèr چاكر s. P. esclave, serviteur; *čakèri kèminèlèri*, votre humble serviteur.

Čakèranè چاكرانه a. P. qui appartient à un esclave, servile; ad. humblement, servilement; s'emploie par modestie.

Čakerğe چاقربجی s.T. fauconnier.

Čakèri چاكری a. P. qui appartient à un esclave, humble.

Čakma چاقمه s. T. v. *čakech*.

Čakmak چاقمق s. T. bri-

9

quet, batterie de fusil, de pistolet.

Čakmak چاقمق T. clouer, battre le briquet, enfoncer en frappant; lier un animal à un poteau; se griser; vn. luire, apparaître (éclair).

Čakmakğe چاقمقجی s. T. ouvrier qui fabrique des batteries de fusils, de pistolets.

Čakmakle چاقملی a. T. à batterie (fusil, pistolet).

Čaktermak چاقدرمق T. clouer, griser; fig. faire comprendre une chose involontairement.

Čal چال impér. T. de *čalmak*, frappe, vole.

Čala چاله ad. T. en frappant.

Čalak چالاك a.P. prompt, agile.

Čalan چالان p. pr. décl. T. de *čalmak*, frappant, qui frappe; qui vole.

Čaldermak چالدرمق T. laisser voler, prendre, faire sonner, jouer (instrument).

Čale چالی s. T. buisson, ronce, hallier, broussailles.

Čalechan چالشان p. pr. T. qui travaille.

Čalechdermak چالشدرمق T. faire travailler.

Čalechelmak چالشلق T. travailler.

Čalechkan چالشقان a. T. travailleur, laborieux, assidu, studieux; soigneux.

Čalechma چالشمه s.T. effort, travail; application à l'étude.

Čalechmak چالشمق T. travailler, tâcher, s'efforcer; s'occuper; étudier, s'appliquer.

Čalechtermak چالشدرمق T. faire travailler, employer des ouvriers.

Čalek چالیق a. T. fendu, coupé; inclinant, tortu.

Čalelamak چالیلامق T. entourer de broussailles; d. de *čale*.

Čalele چالیلی a. T. buissonneux.

Čalelek چالیلق s.T. buisson, hallier; lieu couvert de ronces.

Čalem چالیم s. T. côté tranchant d'une épée; air, ton.

Čalenmak چالنمق T. être frappé, joué; être volé; sonner.

Čalenmech چالنمش p.p.T. frappé; dérobé; sonné.

Čalghe چالغى s. T. instrument de musique; musique.

Čalgheğe چالغيجى s. T., *muzikaÿe*, musicien.

Čalgheğelek چالغيجيلق s. T. profession de musicien.

Čalkalanmak چالقالنمق T. être secoué, agité; ballotter, flotter; se secouer, se remuer.

Čalkama چالقامه s. T. remuement, action de laver un vase.

Čalkamak چالقامق T. agiter, remuer, ballotter, secouer, rincer; laver un vase.

Čalkanan چالقانان p.pr.T. qui s'agite; a. fluctueux.

Čalkanmak چالقانمق T. s'agiter, être agité, secoué; ballotter, flotter, se remuer; se gâter (œuf).

Čalkante چالقاندى s. T. remuement, secousse.

Čalkar چالقار s. T. toute sorte de mauvais aliments.

Čalkatmak چالقاتمق T. remuer, secouer.

Čalkayech چالقايش s.T.v. *čalkama*.

Čalma چالمه s. T. soustraction, enlèvement; battement; action de frapper, de sonner, etc.

Čalmak چالمق T. frapper, terrasser, renverser, battre; jouer un instrument, sonner, tinter; flouer, soustraire, dérober, voler; enlever; vn. tirer (couleur); *kèman čalmak*, jouer du violon; *davoul čalmak*, battre le tambour; *čañ čalmak*, sonner la cloche; *yuruyuch trampètasse čalmak*, sonner la charge.

Čalpara چالپاره s. T. castagnettes, cliquette; d. du P. *čarparè*.

Čam چام s. T., *čam aghağe*, sapin, pin; *čam festeghe*, pomme de pin, pignon; *čam sakeze*, résine.

Čamacher چاشیر s. T. linge.

Čamacherğe چاشیرجی s. T. blanchisseur; *čamacherğe kaden*, blanchisseuse.

Čamacherğelek چاشیرجیلق s. T. profession de blanchisseur.

Čamacher-hanè چاشیرخانه s. T. blanchisserie; lavoir; buanderie; *čamacher odasse*, lingerie.

Čamčak چامچاق s. T. écope ou escope; jale; écuelle en bois.

Čam-festeghe چام فستغی s. T., *festek*, pignon doux, pistache; pomme de pin.

Čamlek چاملق s. T. savane, forêt d'arbres résineux; forêt de pins, de sapins.

Čamour چامور s. T. boue, fange.

Čamourlamak چامورلامق چامورلق T. couvrir de boue, salir, crotter.

Čamourlou چامورلی a. T. boueux, fangeux; *čamourlou yèr*, lieu fangeux, boueux.

Čamourlouk چامورلق s.T. lieu rempli de fange; guêtre.

Čam-sakeze چام ساقزی s. T. résine.

Čañ چاك s. T. cloche; *čañ čalmak*, sonner la cloche; *čañ koulèssi*, clocher; *čañ*, dans ses composés se change en *čen*; *čengherak*, clochette.

Čan چان s. T. bavardage, jaserie; *čan čan ètmèk*, babiller, caqueter.

Čanak چاناق s. T. jatte, cuvette, plat, écuelle en terre cuite; *čanak kalèssi*, Dardanelles.

Čanaklek چاناقلق s. T. hune (mar.).

Čangherdamak چانغرداماق T. faire du cliquetis.

Čangherte چانغردی s. T. cliquetis.

Čañ-koulèssi چاك قله سی s. T. clocher.

Čanta چانطه s. T. petite valise; sac de cuir, havresac; besace; *avğe čantasse*, gibecière.

Čaouch چاوش s. T. (*čavouch*), huissier, appariteur; sergent d'infanterie; *čaouch uzumu*, sorte de raisin blanc d'un goût exquis; *čaouch bache*, chef des huissiers de la cour ottomane; il reçoit hors de Constantinople les Ambassadeurs et les présente au Sultan.

Čaouchlouk چاوشلق s. T. grade de sergent d'infanterie.

Čap چاپ s. T. calibre, module, grandeur, ouverture d'une arme à feu; grosseur d'un projectile; *iri čap*, gros calibre.

Čapa چاپه s. de l'I. pioche, houe, hoyau.

Čapağe چاپه‌جی s. T. piocheur.

Čapak چاپاق چپاق s. T. chassie, humeur qui s'amasse sur le bord des paupières.

Čapak چاپاق a.T. prompt, courant.

Čapaklanmak چپاقلنمق T. devenir chassieux.

Čapakle چپاقلو چپاقلی a. T. chassieux, qui a de la chassie aux yeux.

Čapalamak چاپه‌لامق T. houer, piocher.

Čaparez چاپارز چپارز s. T. embarras, obstacle; a. embarrassant.

Čaparezlek چپارزلق s.T. embarras, obstacle, difficulté.

Čapeğe چاپیجی s. T. celui qui fait des incursions.

Čapken چاپقین a.T. (*čapghen*), qui va vite, qui court bien, qui marche beaucoup (cheval, homme); pétulant, malin, vagabond, débauché; s. gamin, vaurien, faquin, bandit.

Čapkenlek چاپقینلق s. T. vitesse, amble; marche rapide, course; gaminerie, coquinerie, pétulance, vagabondage, malignité, débauche.

Čaple چاپلی a. T. qui a tel ou tel calibre.

Čapmak چاپمق T. courir, faire une incursion.

Čapoul چاپول s. T. incursion, excursion; butin; pillage, razzia.

Čapoulğou چاپولجی s. T. pilleur.

Čapoullamak چاپوللامق T. piller.

Čar چار a. num. P. (*ğihar*), quatre; en T. us. *deurt*.

Čar چار s. T., *moskof krale*, Czar, Tzar.

Čar چار ad. T. de bon gré; usité de la manière suivante; *čar na-čar*, bon gré, mal gré.

Čarčaf چارشف s.T. (*čarchèb*, P.), drap de lit; linceul; couverture, nappe.

Čarchanba چارشنبه s. T. (*čiharchènbè*, P.), mercredi.

Čarche چارشو چارشی s. T.

(*čarsou*, P.), marché public stable; marché couvert.

Čarchèb چارشب s. P. v. *čarčaf*.

Čardak چارداق s.T. (*čartak*, P.) berceau; baldaquin (archit.); terrasse ou pavillon.

Čarè چاره s. P. moyen, remède, expédient, ressource; *nè čarè*, quoi faire! *soñ čarè*, dernière ressource; *čarè boulmak*, remédier, réparer.

Čarek چاریق s.T. chaussure de paysans sans couture en cuir cru; sandale.

Čarekğe چاریقجی s. T. fabricant ou marchand de sandales.

Čarèssiz چاره‌سز a.T. irréparable, sans remède, irrémédiable; indispensable, urgent; ad. indispensablement.

Čarèssizlik چاره‌سزلك s. T. manque de remèdes, de moyens; nécessité, urgence.

Čarh چرخ s.P. (*čark*, T. vulg.), rouage, roue d'une machine; meule pour aiguiser; sphère; firmament; ciel.

Čarhğe چرخجی s. T. (*čarkğe*, vulg.),tourneur, remouleur, mécanicien d'un bateau à vapeur.

Čarhifèlèk چرخ فلك s. P. fleur de la passion.

Čarhle چرخلی a.T. (*čarkle*, vulg.), à roue, tournante; à machine.

Čark چارق s. T. v. *čarh* avec ses dérivés.

Čarka چارقه s.T. course, incursion.

Čarkağe چارقه‌جی s. T. escarmoucheur, avant-garde, éclaireur.

Čarkağelek چارقه‌جیلق s. T. escarmouche; *čarkağelek ètmèk*, escarmoucher.

Čarkalachmak چارقه‌لاشمق T. escarmoucher.

Čarkğe چارقجی s. T. v. *čarhğe*.

Čark-gèmissi چارق گمیسی s. T., *vapor*, de l'I. bateau à vapeur.

Čarkifèlèk چرخ فلك s.T. v. *čarhifèlèk*.

Čarmeh چارمیخ s.P. (*čarmek*, T. vulg.), *hač*, Arm.

croix, tout ce qui est étendu et attaché par quatre clous.

Čarmek چارميق s. T. v. le précédent.

Čarparè چارپاره s. P. v. čalpara.

Čarpechma چارپشمه s. T. combat, conflit; action de s'entre-choquer.

Čarpechmak چارپشمق T. s'entre-choquer, s'entre-heurter.

Čarpechtermak چارپشدرمق T. entre-choquer, entre-heurter; *tokat čarpechtermak*, souffleter.

Čarpek چارپق a. T. tortu.

Čarpeklek چارپقلق s. T. distorsion.

Čarpelma چارپله s. T. action de devenir ou d'être tortu; d'être possédé.

Čarpelmak چارپلمق T. se heurter; devenir tortu; être possédé par le démon.

Čarpenmak چارپنمق T. se débattre.

Čarpente چارپندی s. T. palpitation.

Čarpmak چارپمق T. heurter, terrasser; voler; piller.

Čarptermak چارپدرمق T. faire heurter, choquer; laisser piller, perdre.

Čarsou چارسو s. P. v. čarche.

Čartak چارطاق s. P. v. čardak.

Čar-yèk چاریك s.P. (*čèryèk* ou *čèyrèk*, T. vulg.), un quart, quart d'heure, quart d'un *mèǧidiyè*.

Čatal چاتال s.T. fourchette, fourche à deux dents; a. fourchu; équivoque; *čatal lakerdè*, parole équivoque.

Čatalǧek چاتالجق s. T. petite fourchette; dim. de *čatal*.

Čatallandermak چاتاللاندرمق T. rendre fourchu; fig. rendre ambigu.

Čatallanma چاتاللانمه s. T. bifurcation.

Čatallanmak چاتاللانمق T. se diviser en deux, se bifurquer, devenir fourchu; fig. devenir ambigu, équivoque.

Čate چاتی s. T. toit; faîtage.

Čatechma چاتشمه s. T. choc, collision.

Čatechmak چاتشمق T. se choquer, se heurter, s'entre-choquer ; s'unir ensemble, se lier ; d. de *čatmak*.

Čatek چاتىق a. T. engrené, joint l'un à l'autre, froncé.

Čater چاتر partic. T. imite le bruit d'un corps qui se brise.

Čaterdama چاتر دامه s. T. crépitation, pétillement.

Čaterdamak چاتر دامق T. craqueter, crépiter ; pétiller ; craquer ; se briser avec fracas.

Čaterdatmak چاتر داتمق T. faire craquer, grincer les dents ; briser avec fracas.

Čaterdayan چاتر دايان p. pr. T. crépitant, pétillant.

Čaterde چاتردى s.T. crépitation, pétillement ; craquement, bruit, fracas.

Čatken چاتقين a. T. attaché, lié d'amitié ; favori, protégé ; *oña pèk čatken der*, il est très lié avec lui.

Čatlak چاتلاق s. a. T. fente, crevasse, fissure, fêlure ; fendu, crevassé ; fêlé.

Čatlama چاتلامه s.T. action de claquer, de se fendre, etc.

Čatlamak چاتلامق T. crever, craquer, se crevasser ; se fêler, se lézarder ; se rompre, se fendre ; se briser (en parlant des flots) ; éclater ; fig. souffrir d'envie.

Čatlamech چاتلامش p. p. T. crevé, rompu, fêlé, lézardé.

Čatlatmak چاتلاتمق T. faire claquer, faire crever ; fig. faire souffrir d'envie, de colère.

Čatlayan چاتلايان p. pr. T. qui claque, qui se brise, etc.

Čatlayech چاتلايش s. T. v. *čatlama*.

Čatma چاتمه s. T. emboîtement, assemblage de planches et de charpentes clouées ; faufilure.

Čatmak چاتمق T. se heurter, se choquer ; échouer (vaisseau), s'approcher, dresser, faufiler ; fig. gagner la faveur de quelqu'un.

Čatra-patra چاتره پاتره

ad. T. parler une langue tant bien que mal.

Čattermak چاتدیرمق‌چاتد‌رمق T. faire choquer; faire échouer.

Čav چاو s. T. renommée, divulgation, bruit public.

Čav čav چاوچاو s. T. gazouillement.

Čavdar چاودار s. T. seigle.

Čav ėt. چاواِتمَك T. célébrer, divulguer, rendre public et notoire; *čav ėtmė*, divulgation, célébration.

Čavouch چاوش s. T. v. *čaouch*.

Čay چای s. T. fleuve, rivière; *čay aghze*, embouchure d'un fleuve; *čay kenare*, bord d'une rivière, quai.

Čay چای s. P. thé; *čay ičmėk*, boire ou prendre du thé.

Čayer چایر s. T. pré, prairie, gazon; herbe fraîche; *čayer kouchou*, alouette; *čayer pėyniri*, espèce de fromage frais.

Čayer-kouchou چایرقوشی s. T. alouette, mauviette, m. à m. oiseau de prairie.

Čayerlek چایرلق s. T. prairie, pré; pâturage.

Čaylak چایلاق s. T. milan (oiseau).

Čė چه partic. P. ajoutée aux noms forme les diminutifs persans; *hėmyančė*, une petite bourse; *divančė*, un petit recueil de poésies.

Čeban چیبان s. T. furoncle, clou, bouton, abcès pustule, bube; ulcère; il ne faut pas le confondre avec *čoban*, pâtre, berger.

Čebanle چبانلی a. T. pustuleux.

Čeblak چبلاق s. T. nu, dépourvu d'habits.

Čeblaklek چبلاقلق s. T. nudité.

Čebouk چبوق s. T. v. *čoubouk*.

Čėchit چشیت s. T. nuance, forme, façon.

Čėchitlėmėk چشیتلمك T. nuancer.

Čėchm چشم s. P. œil; en T. us. *geuz*.

Čėchmė چشمه s. P. fontaine, source; trou d'une aiguille.

Čėchni چشنی s. T. (*čachni*, P.), goût.

Čèchnilènmèk چشنیلنمك T. acquérir du goût.

Čèdik چدیك s. T. bottines en maroquin jaune que portent les femmes turques.

Čèghanè چغانه s. T. espèce de petit tambour.

Čeghara چغاره s. de l'I. (*sighara*), cigare, cigarette.

Čegharalek چغارهلق s. T. petite pipe pour fumer la cigarette.

Čegheldamak چغلدامق T. gringotter.

Čeghelte چغلدی s. T. cris simultanés d'animaux.

Čegher چغر s. T. chemin pratiqué dans la neige ; méthode ; *čegher ačmak*, inventer une nouvelle méthode.

Čegherechmak چغرشمق T. s'appeler l'un l'autre, crier ensemble.

Čegherelmak چغرلمق T. être appelé, invité.

Čegherghan چغرغان s. T. espèce de corbeau.

Čeghermak چغرمق T. appeler, crier, inviter.

Čeghertma چغرتمه s. T. fifre, flageolet.

Čeghertmak چغرتمق T. appeler, inviter, faire crier.

Čèh چه s. P. puits.

Čèh چه n. p. T., *čèh mèmlèkèti*, Bohême, royaume qui fait partie de l'Empire d'Autriche, 5,140,000 h. ; cap. Prague.

Čèhli چهلی a. T. Bohémien.

Čèhrè چهره s. P., *yuz*, T. visage, mine, face, forme, air ; grimace ; mauvaise mine ; *čèhrè ètmèk*, faire mauvaise mine ; bouder.

Čèhrèli چهرهلی a. T. qui a un visage ; *eulu čèhrèli*, qui a le visage d'un mort.

Čèk چك impér. T. de *čèkmèk*, tire ; rame.

Čèk چك s. T. lettre de change, chèque.

Čekağak چكهجق a. futur de *čekmak*; qui doit sortir ; *čekağak kan damarda dourmaz*, une chose qui doit se faire, se fera infailliblement (prov.), m. à m. le sang qui doit sortir (couler) ne peut rester dans les veines.

Čèkan چیقان p. pr. a. T. sortant, émergent.

Čekar چقار s.T. compte, intérêt ; a. possible.

Čekarelmak چیقارلمق T. être extrait, arraché, ôté.

Čekarelmech چیقارلمش p. p. T. extrait, arraché, exclu.

Čekarma چیقارمه s. T. émission; arrachement, extraction.

Čekarmak چیقارمق T. extraire, arracher, ôter, soustraire, retirer, faire sortir, tirer, déplanter, faire monter, élever, chasser, expulser, excepter; inventer, publier; conclure, présumer, lire, déchiffrer; *bach čekarmak*, élever la téte; *dil čekarmak*, sortir la langue (se moquer).

Čekartmak چیقارتمق T. faire arracher, faire sortir; faire ôter.

Čekdirmè چكدیرمه s. T. grand caïque à voile et à rames pour transporter du bois et du charbon.

Čekdirmèk چكدیرمك T. faire arracher, faire tirer; faire ramer; faire souffrir, faire supporter.

Čekech چیقش s. T. montée, ascension, sortie; issue, apparition; bravade, menace, réprimande; *čekech ètmèk*, menacer, faire des bravades.

Čekechmak چیقشمق T. entreprendre une affaire supérieure à ses forces.

Čekechtermak چیقشدرمق T. faire atteindre, procurer.

Čekek چیقیق a. T. sorti, qui est dehors; disloqué; s. dislocation.

Čekekğe چیقیقجی s. T. chirurgien qui raccommode les dislocations.

Čèkèn چكن p. pr. T. tirant, qui tire; d. de *čèkmèk*.

Čeken چیقین s. T. paquet, group.

Čekente چیقنتی s. T. prééminence, élévation, saillie; protubérance; correction faite hors de la ligne.

Čekentele چیقنتیلی a. T. prééminent, protubérant; qui a des saillies.

Čekerdamak چیقردامق T. cliqueter.

Čèki چكی s. T. poids de 220 kilog. ou 180 ocques qui sert particulièrement à peser de bois; fig. convenance.

Čèkich چكش s. T. tirage, attraction; d. de *čèk-mèk*.

Čèkichmè چكشمه s. T. taquinerie, dispute, querelle.

Čèkichmèk چكشمك T. débattre, disputer, se quereller, lutter corps à corps; chamailler, taquiner; *ǧan čèkichmèk*, être à l'agonie.

Čèkichtirich چكشديرش s. T. v. le suivant.

Čèkichtirmè چكشدرمه s. T. tiraillement; médisance, critique.

Čèkichtirmèk چكشديرمك T. tirailler; médire, critiquer.

Čèkiǧ چكچ s. T. marteau.

Čèkiǧǧi چكيجچى s. T. qui fait ou vend des marteaux; d. du précédent.

Čèkiǧi چكيجى s. a. T. tireur, qui tire, peseur de bois; attractif, attrayant; d. de *čèkmèk*.

Čèkiǧlèmèk چكيجلمك T. marteler, battre à coups de marteau.

Čèkiǧlènir چكيجلنور چكيجلنير a. T. malléable.

Čèkilich چكش s.T. contraction, tension.

Čèkilir چكيلير a. T. supportable.

Čèkilmè چكيلمه s. T. rétraction, tension, retirement, contraction, retraite; action de se retirer.

Čèkilmèk چكيلمك T. être traîné, être tiré, être tendu; être supporté; se blottir, se confiner, se contracter, s'arracher; se tendre; se retirer.

Čèkilmèz چكيلمز a. T. insupportable, intolérable; qui ne se tend pas.

Čèkilmich چكيلمش p.p. T. retiré, contracté, qui est retiré.

Čèkinmèk چكينمك T. se gêner, ne pas oser.

Čèkirdèk چكردك s. T. noyau, pépin; *čèftali čèkirdèyi*, noyau d'une pêche; *zèytin čèkirdèyi*, noyau d'une olive; *èlma čèkirdèyi*, pépin d'une pomme; *kavoun čèkirdèyi*, pépin d'un melon.

Čèkirdèkli چكردكلى a.T. qui a un noyau, des pépins.

Čèkirdèksiz چكردكسز a. T. sans noyau, sans pépins; *čèkirdèksiz uzum*, espèce de raisin sans pépins.

Čèkirgè چكرگه s. T. sauterelle.

Čekma چقمه s. T. soustraction, émanation, émission, dégagement, ascension, saillie; sortie, invention, montée.

Čekmak چقمق T. sortir, émaner, monter, poindre, paraître, aboutir, coûter, résulter, s'élever, se publier, se présenter, se dégager, être ôté; augmenter (prix), être possible; émerger; *čekalem*, sortons; *yoldan čekmak*, s'égarer, sortir du chemin; *čok paradan čekde*, cela lui a coûté beaucoup d'argent; *houzouri chahanèyè čekmak*, être reçu en audience par S. M. I. le Sultan.

Čekmale چقملی a. T. saillant.

Čekmaz چقمز a. T. qui ne sort pas, qui n'aboutit pas, qui n'a pas d'issue; *čekmaz sokak*, impasse.

Čèkmè چكمه s. T. chose tirée, allongée; tiroir; action de tirer.

Čekmech چقمش p. p. T. dégagé, délivré; issue, sorti.

Čèkmègè چكمجه s. T. tiroir, boîte à tiroirs; petite écritoire; pont-levis.

Čèkmègègi چكمجه جى s. T. fabricant ou marchand de boîtes à tiroirs.

Čèkmèk چكمك T. tirer, attirer, retirer; étendre, allonger, éprouver, produire, ôter, arracher, supporter, souffrir, subir, endurer; puiser; *sou čèkmèk*, puiser de l'eau; *soouk čèkmèk*, souffrir du froid; *kurèk čèkmèk*, ramer; *keleğ čèkmèk*, tirer le sabre; *èl čèkmèk*, abandonner; *tasvir čèkmèk*, faire des portraits.

Čekrek چقريق s. T. dévidoir, rouet; tour.

Čekrekğc چقريقجى s. T. tourneur, qui fait des ouvrages au tour.

Čèktirmèk چكدرمك T. v. *čèkdirmèk*.

Čelber جلبر s. T. sorte de mets aux oignons frits dans du beurre et aux œufs.

Čeldermak چيلدير مق T. devenir fou furieux; s'irriter.

Čeldertmak چيلدير تق T. rendre fou furieux; irriter.

Čèlèbi چلبي s. T. maître, seigneur; gentilhomme; a. noble, civil, poli, honnête, galant, courtois; *bèn čèlèbi sèn čèlèbi ate kim kacher*, je suis maître, et si tu es maître, qui est-ce qui étrillera le cheval? (prov.). Le mot *čèlèbi*, n'est employé aujourd'hui que pour les Européens, et pour des familles chrétiennes d'Alep qui occupent une certaine position dans le service du gouvernement. Les Ottomans se réservent généralement le titre d'*èfèndi* (v. *èfèndi*).

Čèlèbilik چلبيلك s. T. politesse, civilité, urbanité, courtoisie, honnêteté; seigneurie.

Čèlèbilik ilè چلبيلك ايله ad. T. poliment, avec courtoisie.

Čèlènk چلنك s. T. ancienne décoration militaire enrichie de diamants et ayant la forme d'une plume.

Čelghen چلغين a. T., *koudourmouch*, forcené, frénétique; fou furieux.

Celghenlek چلغينلق s. T. frénésie; folie, furie.

Čèlik چليك s. T. acier; bouture; a. en acier.

Čèliklèmèk چليكلمك T. aciérer.

Čèlipa چليپا s. P., *hač*, Arm. croix, crucifix.

Čèlmèk چلمك T. frapper, abattre, trancher; ravir; donner un croc-en-jambe.

Čèmbèr چنبر s. T. v. *čènbèr*.

Čèmèn چمن s. P. (*čimèn*, T. vulg.), gazon, pré, pelouse; verdure; espèce de plante aromatique qui croît en Asie et dont on assaisonne la viande fumée.

Čèmènlik چمنلك s T. lieu couvert de verdure; gazon.

Čèmènto چمنتو s. de l'I. ciment.

Čèmèn-zar چمنزار s. P. lieu couvert de pré, prairie.

Čemkarmak چقرمق T. salir, fienter (en parlant des animaux et surtout des oiseaux.)

Čèmmèk چمك T. plonger, se laver dans l'eau.

Čemranmak چمرنمق T. retrousser le pantalon pour entrer dans l'eau; fig. entreprendre une affaire sérieusement.

Čenar چنار s. P. *(čenar aghaǧe,* T*.)*, platane.

Čènbèr چنبر s. P. *(čèmbèr,* T. vulg.*)*, cercle de tonneau ; cerceau ; cercle de fer autour d'une roue, etc. ; voile.

Čènbèrlèmèk چنبرلمك T. cercler, garnir de cercles.

Čènbèrli چنبرلی a. T. *(čèmbèrli)*, garni de cercles, serré avec des cercles.

Čèñè چكه s. T. *(čèñè kèmiyi)*, mâchoire ; menton ; fig. bavardage ; *čèñè čalmak*, bavarder sans cesse.

Čèngè چكه s. T. chant pour la nouvelle mariée.

Čèngèl چنكل s. P. croc, agrafe, crochet ; a. crochu ; *čèngèl ilè toutmak*, saisir avec un croc.

Čèngèllèmèk چنكللمك T. accrocher, suspendre à un croc.

Čèngèllènmèk چنكللنمك T. s'accrocher, être accroché.

Čèngèlli چنكلی a. T. crochu ; qui a un croc.

Čengherak چنغراق s. T. v. le suivant.

Čengherdak چینغرداق چنغرداق s. T. sonnaille, sonnette.

Čengherdamak چینغردامق چنغرداقمق T. sonner, rendre un son.

Čèngi چنكی s. P. chanteur et danseur public.

Čènk چنك s. P. harpon ; griffe ; serre.

Čenlama چنلامه s. T. *(činlèmè)*, tintement (pris du son de la cloche), son.

Čenlamak چنلامق T. *(činlèmèk)*, tinter, sonner.

Čèntik چنتیك s. T. petite brèche.

Čèntiklèmèk چنتیكلمك T. pratiquer une petite brèche.

Čèntilmèk چنتلمك T. être ébréché, entaillé.

Čèntmèk چنتمك T. ébrécher, entailler.

Čer چر partic. augmentative T., *čer čeblak*, tout nu.

Čera چرا s. T. *(čira)*, bois résineux dont on se sert pour allumer le feu ; pin, sapin.

Cèragh چراغ s. P. flambeau, lumière; a. protégé, favori.

Cèraghan چراغان s. P. flambeaux, illumination; čèraghan saraye, nom d'un magnifique palais sur le Bosphore (côte d'Europe), à une petite distance de Constantinople.

Cerak چراق s. T. apprenti, élève.

Cèrakissè چراكسه s. A. pl. de čèrkis, Circassiens.

Ceraklek چراقلق s. T. apprentissage.

Cèrčèvè چرچوه s. T. châssis, croisée.

Cèrčèvèli چرچوهلی a.T. à châssis, qui a des bords.

Cèrčī چرچی s. T. mercerie, regratterie; petits objets de commerce.

Cèrčīgī چرچجی s. T. mercier, regrattier.

Cèrčīgīllīk چرچجیلك s.T. profession de mercier.

Cèrčīvè چرچوه s. T. châssis, cadre, encadrement, passe-partout.

Cèrčīvègī چرچوهجی s. T. encadreur.

Cèrčīvèlèmè چرچوهلمه s. T. encadrement.

Cèrčīvèlèmèk چرچوهلمك T. encadrer.

Cèrèk چارك s. P. v. čèrièk.

Cèrèz چرز s. T. dessert.

Cèrèzlènmèk چرزلنمك T. manger peu de chose, du pain, du fromage, des fruits ou de la confiture.

Cèrgè چرگه s. T. tente légère à deux poteaux.

Cèrḫ چرخ s. P. v. čarḫ.

Cèri چری s. T. p. u. milice, troupe; yèñi-čèri, nouvelle milice, janissaire.

Cèrièk چاریك s. T. (čaryèk, P.), quart; bir sa'at bir čèrièk, une heure et quart; bir čèrièk, un quart (d'heure, etc.).

Cèrièklīk چاریكلك a. T. qui vaut un quart de mèǧidiyè.

Cèrkès چركس s. A. au pl. čèrakissè, Circassien.

Cèrkèsǧè چركسجه a. T. Circassien; s. langue circassienne; ad. en langue circassienne.

Cèrkèssistan چركسستان n.p.P., čèrkès vilayèti, T. Circassie, contrée de la Russie entre la mer Noire et la mer Caspienne.

Černèk چرنق s.T. traille; sorte de petite barque.

Čerpe چرپ s. T. branches coupées des arbres, broussailles; niveau de charpentier.

Čerpechmak چرپشمق T. agiter les ailes.

Čerpechtermak چرپشدرمق T. frapper légèrement avec une baguette; écrire à la hâte.

Čerpeğe چرپجی s.T. foulon; celui qui époussette des tapis, etc. et les lave dans une rivière ou un lac.

Čerpelmak چرپلمق T. être coupé par les coins, être marqué; épousseté.

Čerpenmak چرپنمق T. se mouvoir, palpiter.

Čerpente چرپندی s. T. mouvement, agitation, palpitation, tressaillement.

Čerpmak چرپمق T. couper les coins de; marquer.

Čertlak چرتلاق s. T. p. u. geai.

Čèrvich چروش s. T. graisse de certains animaux; suif fondu.

Čèryèk چاریك s. T. v. čar-yèk.

Čètè چته s. T., *čapoul*, irruption, excursion, incursion maraude; butin.

Čètèği چته‌جی s. T. batteur d'estrade, maraudeur, qui fait une irruption.

Čètèlè چتله s. T. taille de vendeur et d'acheteur; coche.

Čètin چتین a. T. ardu, difficile; dur, âpre; rude, raboteux; entêté; *čètin ichlèr*, affaires difficiles.

Čètinlèchmèk چتینلشمك T. s'endurcir, devenir dur, âpre, difficile; s'entêter.

Čètinlik چتینلك s. T. difficulté, dureté, âpreté, âcreté; entêtement.

Četlak چتلاق s.T. loquet de porte.

Čètlènbik چتلنبك s. T. fruit du térébinthe.

Čètrèfil چترەفیل a.T. langue turque mal parlée.

Čeukmè چوكمه s. T. éboulement, action de tomber, etc.; *diz čeukmè*, génuflexion.

Čeukmèk چوكمك T. tomber, s'abattre, s'enfoncer, tomber à genoux; tomber sur, écraser; former du sédiment; *diz čeukmèk*, s'agenouiller.

Čeukturmèk چوكدرمك T. v. *čeukurtmèk*.

Čeukuch چوكش s. T. génuflexion, action de s'agenouiller, etc.

Čeukuchmèk چوكشمك T. tomber, s'affaisser.

Čeukuk چوكوك a. T. enfoncé, abattu.

Čeukunmèk چوكنمك T. descendre au fond et former un sédiment; s'agenouiller.

Čeukuntu چوكندى s. T. féculence, sédiment.

Čeukurmèk چوكرمك T. (*čeukturmèk*), v. *čeukurtmèk*.

Čeukurtmèk چوكرتمك T. (*čeukturmèk*), faire affaisser, faire crouler; faire agenouiller, enfoncer.

Čeukutmèk چوكتمك T. ébouler; faire crouler, affaisser; faire plier les genoux.

Čeul چول s. T., *sahra*, A. désert, plaine aride.

Čeulluk چوللك s.T. pays plein de déserts.

Čeumèlmèk چوملمك T. se blottir, croupir, s'accroupir.

Čeumèlmèklik چوملكلك s. T. accroupissement.

Čeumlèk چوملك s.T. pot, vase; marmite de terre.

Čeumlèkği چوملكجى s. T. potier, vendeur de pots, de vases, de marmites de terre.

Čeumlèkğilik چوملكجيلك s. T. poterie (art).

Čennki چنكه conj. P. puisque, car.

Čeup چوپ s.P. brin; balayures; verge, petit morceau de bois, de paille, etc.

Čeupğu چوپجى s.T. celui qui ramasse les balayures.

Čeuplèmè چوپلمه s. T. ellébore; *ak čeuplèmè*, ellébore blanc.

Čeuplènmèk چوپلنمك T. se suffire avec peu de chose.

Čeupluk چوپلك s.T. endroit où l'on jette les balayures, les ordures; dépotoir.

Čeupur چوپور s. T. v. *čopour*.

Čeur چور s. T. broussailles, morceau de bois;

s'emploie généralement avec čeup; čeur čeup, balayures; épluchure.

Čeurèk چورك s. T. gâteau fait avec du sucre, du beurre et des œufs; brioche; gâteau.

Čeurluk چورلك s. T. lieu plein d'épines, de chardons, de ronces.

Čeuzdurmèk چوزدیرمك T. faire dénouer, délier.

Čeuzgu چوزكو s. T. espèce de toile pour faire des draps de lit.

Čeuzgun چوزكون a. T. fondu (neige, etc.).

Čeuzmè چوزمه s. T. action de délier; analyse; dissolution.

Čeuzmèk چوزمك T. dénouer, délier, détacher, résoudre, décomposer, débrouiller, défaire, déboutonner; *duyum čeuzmèk*, défaire un nœud.

Čeuzuk چوزوك a. T., *čeuzulmuch*, délié, détaché, décomposé; dénoué, fondu.

Čeuzulmè چوزلمه s. T. (*čeuzuluch*), dissolution, action de se fondre; de se liquéfier; de se dénouer; d'être fondu.

Čeuzulmèk چوزلمك T. être délié, se défaire, se dénouer, se délier, se dissoudre, se fondre, se débrouiller, se dégeler; fondre, être fondu; *bouz čeuzulmèssi*, le dégel.

Čeuzulmèz چوزلمز a. T. insoluble, indissoluble, qui ne peut se fondre, se dégeler, se dénouer, etc.

Čeuzulmuch چوزلمش p. p. T. délié, défait, débrouillé, fondu.

Čeuzuluch چوزلش s. T. v. *čeuzulmè*.

Cenzulur چوزیلور چوزیلیر a. T. dissoluble.

Čèvik چویك a. T. vif, agile, léger, prompt, dispos, leste; souple.

Čèviklik چویكلك s. T. agilité, légèreté, prestesse, souplesse.

Čèvirich چویرش s. T. action de tourner, de renverser, etc.

Čèvirilmèk چویرلمك T. être tourné, retourné, entouré.

Čèvirinmèk چویرنمك T. courir çà et là.

Cèvirmè چويرمه s. T. action de tourner, chose retournée; *cèvirmè tatlessè*, espèce de confiture à la vanille ou à la bergamote.

Cèvirmèk چويرمك T. tourner, détourner, renverser, revirer, rouler, retourner, environner, entourer, changer, convertir, ramener.

Cèvirtmèk چويرتمك T. entourer, ceindre, retourner; faire tourner.

Cèvrè چوره s. T. circonférence, périmètre, tour, contour; enceinte, circuit; *cèvrè cèkmèk*, contourner.

Cèvrinti چويرندی s. T. tourbillon d'eau; mélange de différents grains.

Cèyrèk چيرك s. T. v. *caryèk*.

Cèzè چيزی s. T. ligne, raie.

Cèzek چيزك s. T. incision, taillade; barre (trait de plume); rature.

Cèzghè چيزکی s.T. (*cizi*), ligne, raie.

Cèzghele چيزکيلی a. T. rayé, tracé.

Cèzma چيزمه s. T. radiation; action de tracer des lignes, etc.

Cèzmak چيزمك T. régler, tirer des lignes, biffer, raturer, tracer.

Chab شاب s. P. alun.

Cha'ban شعبان s. A. huitième mois lunaire arabe.

Chabb شاب a.s.A. jeune, jeune homme.

Chabka شابقه s. T. v. *chapka*.

Cha'cha'a شعشعه s. A. éclat, splendeur, pompe.

Cha'cha'alandermak شعشعه لندرمق T. donner de l'éclat, de la splendeur; rendre pompeux par des charlatanismes.

Cha'cha'alè شعشعه لی a. T. éclatant, splendide, pompeux.

Chachalamak شاشالامق T. être étourdi, ébahi, stupéfait.

Chache شاشی a. T. louche; *chache bakmak*, loucher.

Chachelamak شاشيلامق T. regarder en louchant.

Chachelek شاشيلق s. T. regard louche.

Chacherdan شاشردان p. pr. T. qui stupéfie.

Chachermak شاشرمق T. se déconcerter, se troubler, être troublé ; être ahuri ; être embarrassé; *yolou chachermak,* s'égarer du chemin ; *poussoulaye chachermak,* perdre la boussole.

Chachertma شاشرتمه s. T. tout ce qui trouble (l'esprit).

Chachertmak شاشرتمق T. étourdir, déconcerter; troubler.

Chachken شاشقين a. T. stupide, étourdi, troublé, badaud, ébahi.

Chachkenlek شاشقينلق s. T. stupidité, étourderie, nigauderie, badauderie ; trouble.

Chachkenlekilè شاشقينلقيله ad. T. étourdiment, stupidement.

Chachma شاشمه s. T. surprise, stupéfaction, stupeur, étonnement.

Chachmak شاشمق T. s'étonner, s'ébahir, être stupéfait, étonné.

Chachmaklek شاشمقلق s. T. étonnement, stupéfaction.

Chachmayarak شاشميه رق ad. T. sans s'étonner.

Chachmaz شاشماز a. T. qui ne s'étonne pas.

Chachmech شاشمش p. p. T. étonné, stupéfait ; frappé.

Chachoud شاشود s. T. espion, émissaire.

Chad شاد a. P. *(chadan),* gai, joyeux ; heureux.

Chadan شادان s. T. v. le précédent.

Chadervau شادروان s. T. v. *chad-rèvan.*

Chadi شادى s. P. v. *chadmani.*

Chadman شادمان a. P. heureux, gai, satisfait.

Chadmani شادمانى s. T. *(chadi),* joie, gaîté, allégresse, bonheur, félicité.

Chad-rèvan شادروان s. P. jet d'eau.

Chafak شفق s. T. aurore ; d. de *chèfak,* A.; *chèfak seukmèk,* poindre (aurore).

Chafi شافى p. pr. A. qui guérit ; d. de *chifa.*

Chafk شوق s. T. v. *chavk.*

Chagird شاكرد s. P., če-

rak, élève, apprenti ; collégien ; étudiant ; le pl. persan *chagirdan*, est aussi fort en usage en turc.

Chagirdlik شاكردلك s. T. état d'élève, d'étudiant ; apprentissage.

Chah شاه s. P. prince, roi, monarque ; empereur, et proprement le roi de Perse ; le Chah.

Chaḫ شاخ s. P., *filis*, T. rejeton, surgeon, verge, branche ; corne ; *chaḫ kalkmak*, se cabrer (cheval).

Chahad شاهد s. T. v. *chahid*.

Chahadèt شهادت s. A.v. *chèhadèt*.

Chahadèt èt شهادت اتمك T. certifier, témoigner ; attester.

Chahadèt-namè شهادتنامه s. P. attestation, certificat, diplôme.

Chahanè شاهانه a. P. royal, impérial ; fig. splendide, magnifique ; ad. souverainement, royalement ; fig. splendidement, magnifiquement ; *gunoudi zafèr noumoudi chahanè*, les armées victorieuses et impériales.

Chah-bèndèr شاهبندر s. P. v. *chèh-bèndèr*.

Chah-damar شاه طمار s. T. artère.

Chahi شاهى a. P. royal, impérial ; s. royauté, souveraineté.

Chahid شاهد p. pr. A. (*chahad*, T. vulg.), au pl. *chuhoud*, qui témoigne ; s. témoin ; *chahid toutmak*, prendre à témoin ; d. de *chèhadèt*.

Chahid شاهد s. A. personne aimée ; belle femme.

Chahidlik شاهدلك s. T. témoignage.

Chahin شاهين s. P. épervier, émerillon ; faucon.

Chahinchah شاهنشاه s. P. rois des rois.

Chahlek شاهلق s. T. royaume, royauté, dignité royale ; règne.

Chah-namè شاهنامه s.P. livre ou histoire des rois ; nom d'un remarquable ouvrage persan.

Chah-nichin شاهنشين s. P. (*chanichir*, T. vulg.), balcon couvert ; c. de *chah* et de *nichin*, impér. de *nichèstèn*, assieds-toi, et partic. en compos. qui s'assied, qui siège.

Chahnichir شاهنشین s. T. v. le précédent.

Chah-rah شاهراه s. P. grand'route.

Chahs شخص s. A. au pl. èchkhas, personne, individu, personnage ; personnification ; en T. us. kichi.

Chahsèn شخصاً ad. A. individuellement, personnellement.

Chahsi شخصی a. A., zati, individuel, personnel.

Chahsiyat شخصیات s. A. pl. de chahsiyèt, personnalités.

Chahsiyèt شخصیت s. A. au pl. chahsiyat, personnalité, individualité ; identité.

Chah-zadè شاهزاده s. P. (chèhzadè, T.), fils de monarque, prince royal ou impérial, c. de chah et de zadè, fils.

Chaka شقا شاقا s. T. plaisanterie, badinage, badinerie ; chaka ičun dèyip, pour plaisanter.

Chaka èt شقا اتمك T. badiner, plaisanter.

Chakage شقاجی s. T. badin, facétieux ; plaisant.

Chakat شاقت s. T. murène (poisson).

Chakayik شقایق s. A. pivoine (bot.).

Chakayik شقائق s. A. pl. de chakika, fentes, fissures.

Chakerdamak شاقرداماق T. claquer, chanter comme un rossignol.

Chakerdatmak شاقرداتماق T. faire claquer.

Chakerte شاقردی s. T. claquement ; bruit d'une averse.

Chaki شقی s. a. A. au pl. èchkiya, méchant, scélérat, brigand ; d. de chèkavèt.

Chakik شقیق a. A. fendu ; d. de chakk.

Chakika شقیقه s. A. au pl. chakayik, fente, fissure.

Chakir شاكر p. pr. A. qui remercie ; a. reconnaissant ; d. de chukr.

Chakk شق s. A. fente, fissure ; action de fendre.

Chaklaban شاقلابان s. T. charlatan ; personne peu honnête et légère.

Chaklabanlek شاقلابانلق

s. T. charlatanisme; légèreté.

Chaklatmak شاقلاتمق T. faire claquer.

Chakoul شاقول s. T. fil à plomb pour les maçons.

Chakoullamak شاقوللامق T. mesurer, niveler.

Chal شال s. P. châle, étoffe de laine de Barbarie et de l'Inde.

Chalaki شالاکی s. T. étoffe de laine fine.

Chalgham شلغم s.T. (*chalgam*, vulg.), navet.

Chali شالی s. T. sorte de camelot magnifique fabriqué surtout à Angora.

Chalvar شالوار شلوار s. P. pantalon très large.

Cham شام n. p. T. Damas, ville de Syrie, cap. du pachalik de Damas; 150,000 h.

Cham شام s. P. soir; en T. us. *akcham*.

Cham'a شمعة s. T. v. *chèm'a*.

Cham'ale شمعه لو a. T. de cire, en cire; *cham'ale kibrit*, allumette chimique.

Chamandoura شماندوره s. T. bouée.

Chamandra شماندره s. T. v. le précédent.

Chamar شمار s.T., *tokat*, soufflet; *chamar atmak*, donner des soufflets.

Chamata شماته s.T. bruit, rumeur, tapage, vacarme; *chamata etmèk*, faire du tapage, faire du bruit.

Chamatage شماته جی s. T. tapageur, qui fait du bruit, du vacarme; querelleur.

Cham'dan شمعدان s. T. (*chèm'dan*, P.), chandelier, candélabre.

Chamil شامل p. pr. a. A. qui contient, comprend; universel; d. de *chumoul*.

Chamle شاملی a. s. T. habitant de Damas.

Chan شان s. A. état, qualité, dignité, rang, célébrité, réputation, honneur, magnanimité, gloire.

Chan ilè شان ايلـه ad. T. glorieusement.

Chanle شانلی a. T, *cheurètli*, illustre, célèbre; glorieux; remarquable; digne, honorable.

Chapka شابقه s. T. chapeau ; *chapka ačmak*, ôter son chapeau, se découvrir ; *chapka komak*, mettre le chapeau.

Chapkağe شاپقه‌جی s. T. chapelier.

Chapkale شاپقه‌لی a. T. qui porte un chapeau ; européen.

Cha'r شعر s. A. poil ; en T. us. *kèl*.

Charab شراب s. T. (*chèrab*, A.), vin ; boisson ; *safi charab*, vin naturel ; *hilèli charab*, vin falsifié ; *miskèt charabe*, vin muscat ; *kebrez charabe*, vin de Chypre ; *bordo charabe*, vin de Bordeaux ; *charab rouhou*, esprit de vin ; *charab ičmèk*, boire du vin ; *charab tortoussou*, tartre, lie de vin.

Charabğe شرابجی s. T. marchand de vin.

Charab-hane شراب‌خانه s. T. foudre, grand tonneau de vin.

Charanpol شرانپول s. T. palissade.

Chareldamak شارلدامق T. couler avec bruit (eau).

Charelte شارلدی s. T. bruit de l'eau qui coule en abondance.

Chari' شارع p. pr. s. A. qui donne, qui fait des lois ; législateur ; surnom du législateur suprême (Dieu) ; d. de *chèr'*.

Charih شارح p. pr. s. A. qui commente ; commentateur d'un livre ; d. de *chèhr*.

Charik شارق p. pr. s. A. le soleil qui se lève et brille ; d. de *chark*.

Chark شرق s. A., *gun doghoussou*, T. Orient, Est, Levant ; *chark vè gharb*, l'Orient et l'Occident.

Charkada شرقاده s. T. personne lourde et stupide.

Charkan شرقًا ad. A. vers l'Orient.

Charki شرقی s. T., *turku*, chant ; chanson.

Charki شرقی a. A. oriental ; d. de *chark* ; *charkiyoun*, les Orientaux.

Chart شرط s. A. au pl. *churout*, pacte, stipulation, condition ; convention, loi, clause ; article (partie d'un écrit).

Charti شرطی s. A. conventionnel ; conditionnel.

Chartlachmak شرطلشمق

Chay شرطلاشمق T. stipuler, contracter.

Chartïe شرطی a. T. conditionnel, qui a fait un serment solennel.

Chartïè شرطه ad. T. conventionnellement, conditionnellement.

Chart-namè شرطنامه s. P. contrat.

Chat شط n. p. A. Tigre (fleuve); *chat ul-'arab*, le Tigre et l'Euphrate.

Chataf شطف s. T. flatterie.

Chatrañg شطرنج s. A. v. *satrañg*.

Chavk شوق s. T. rayon, lumière; bougie, chandelle; *chavk vèrmèk*, illuminer, éclairer, répandre de la lumière.

Chay'a شايعه s. A. au pl. *chay'at*, rumeur publique.

Chayan شايان a. P. qui mérite, digne.

Chay'at شايعات s. A. pl. de *chay'a*, rumeurs publiques.

Chaybè شايبه s. A. au pl. *chèvayib*, ordure, tache; défaut, vice.

Chayèstè شايسته a. P. digne, convenable.

Chayèstègi شايستكی s. P. convenance.

Cha'yir شاعر s. A. au pl. *chou'ara*, poète, en T. aussi musicien chanteur; au fém. *cha'yriè*, femme poète.

Cha'yir شعير s. A. orge; en T. us. *arpa*.

Cha'yiranè شاعرانه ad. P. poétiquement.

Chayird شاكرد s. T. v. *chagird*.

Cha'yirè شاعره s. A. fém. de *cha'yir*, femme poète.

Cha'yirlik شاعرلك s. T. état de poète; de musicien chanteur.

Chèb شب s. P., *lèyl*, A., *gèğè*, T. nuit.

Chèb'a شبعه s. A. pitance, portion.

Chèbab شباب s. A. jeunesse, adolescence.

Chèbabi شبابی a. A. relatif à la jeunesse.

Chèb'an شبعان a. A., *tok*, T. rassasié.

Chèbanè شبانه a. P. nocturne, de nuit.

Chèbboy شبوی s. T. giroflée, violier.

Chèbèk شبك s. T. marmot, babouin.

Chèbèkò شبكه s. A. grille; filet.

Chèch ش a. num. P., *alte*, T. six; *duchèch*, double six.

Chèch-hanè ششخانه s. P. carabine à tube sexangulaire, rayé.

Chèch-hanègi ششخانه‌جی s. T. carabinier (soldat); fabricant de carabines rayées.

Chèch-hanèli ششخانه‌لی a. T. à tube sexangulaire, rayé; s. carabinier (soldat); *chèch-kanèli tufènk*, fusil rayé.

Chèdid شديد a. A. violent, impétueux, fort, vif, rigoureux, intense, sévère, dur; d. de *chiddèt*.

Chèdidèn شديداً ad. A. impétueusement, violemment; rigoureusement.

Chèfa'at شفاعت s. A. intercession, médiation; *chèfa'at èdiği*, intercesseur; *chèfa'at ètmèk*, intercéder.

Chèfa'atgè شفاعت‌جی s. T. intercesseur; médiateur.

Chèfak شفق s. A. au pl. *èchfak*, crépuscule du soir.

Chèfè شفه s. A. lèvre; en T. us. *doudak*.

Chèfèkat شفقت s. A. (*chèfkat*), au pl. *èchfak*, pitié, compassion, affection, attendrissement, tendresse; *chèfkat nichanè*, décoration pour dames créée par le Sultan régnant Abd ul-Hamid II; *chèfèkat ètmèk*, avoir pitié, de l'attendrissement.

Chèfèkatle شفقتلو a. T. (*chèfkatle*), humain, compatissant, plein de compassion, de tendresse, d'affection, de pitié.

Chèfèkatsez شفقتسز a. T. (*chèfkatsez*), sans compassion; inhumain; sans pitié; dur.

Chèfèkatsezlek شفقتسزلق s. T. inhumanité, manque de compassion.

Chèfèkatsezlek ilè شفقتسزلق ایله ad. T. inhumainement.

Chèfèvi شفوی a. A. labial.

Chèffaf شفاف a. A. transparent; diaphane.

Chèffafiyèt شفافيت s. A. transparence, diaphanéité.

Chèffaflek شفافلق s. T. v. le précédent.

Chèfik شفيق a. A. compatissant; d. de *chèfèkat*.

Chèfkat شفقت s. A. v. *chèfèkat* avec ses dérivés.

Chèfkatle شفقتلو شفقتلى a. T. plein de compassion.

Chèfkèt شوكت s. A. v. *chèvkèt*.

Chèftali شفتالى s. T. pêche (fruit).

Chèftalou شفتالو s. P. v. le précédent.

Chèğa'at شجاعت s. A., *iyitlik*, T. vaillance, prouesse, bravoure, valeur, courage.

Chèğa'at ilè شجاعت ايله ad. T. vaillamment; avec courage, etc.

Chèğa'atle شجاعتلى a. T. vaillant, valeureux, brave, courageux.

Chèğèr شجر s. A. au pl. *èchğar*, arbre; *chèğèri bèlsèm*, (*pèlèssènk aghağe*, T.), baumier.

Chèği' شجيع a. A. au pl. *chuğè'a*, *chuğ'an*, vaillant, valeureux, courageux; d. de *chèğa'at*.

Chèhab شهاب s. P. bolide.

Chèhadèt شهادت s. A. témoignage, attestation; martyre; *chèhadèt ètmèk*, témoigner, attester.

Chèhadèt-namè شهادتنامه s. P. attestation.

Chèhamèt شهامت s. A. valeur, bravoure, courage, perspicacité.

Chèhamètlu شهامتلو a. T. titre qu'on donne au chah de Perse.

Chèh-bèndèr شهبندر s. P. consul; agent commercial.

Chèh-bèndèr-hanè شهبندر خانه s. P. consulat; résidence d'un consul; d'un agent commercial.

Chèh-bèndèrlik شهبندرلك s. T. consulat, office de consul, d'agent commercial.

Chèhd شهد s. P. miel; en T. us. *bal*.

Chèh-danè شهدانه s. P. graine de chanvre; grosse perle.

Chèhid شهيد s. a. A. au pl. *chuhèda*, martyr; d. de *chèhadèt*; *chèhid ètmèk*, martyriser; *chèhid olmak*, devenir ou être martyr.

Chèhinchah شهنشاه s. P.

empereur ; monarque puissant.

Chèhir شهر s. P. *(chèhr)*, ville, cité ; *bach chèhir*, ville principale, capitale d'un royaume.

Chèhir شهير a. A. fameux, célèbre, renommé ; d. de *chuhrèt*.

Chèhirgik شهرجك s. T. petite ville ; dim. de *chèhir*.

Chèhirli شهرلى a. s. T. bourgeois, citoyen, citadin, urbain.

Chèhirlilèr شهرليلر s. T. pl. de *chèhirli*, bourgeoisie ; les citoyens ; les bourgeois.

Chèhr شهر s. A. au pl. *chuhour*, mois.

Chèhr شهر s. P.v. *chèhir*.

Chèhri شهرى a. P. citadin, habitant d'une ville.

Chèhri شهرى a. A. mensuel ; ad. (comme mot T.), par mois.

Chèhvan شهوان a. A. v. le suivant.

Chèhvani شهوانى a. A., *nèfsani*, concupiscible ; sensuel ; d. de *chèhvèt*.

Chèhvèt شهوت s.A. concupiscence, sensualité, libertinage, lasciveté, luxure.

Chèhvètlè شهوتلك ad. T. sensuellement.

Chèhvètli شهوتلى a.T. sensuel, libertin, lascif, luxurieux.

Chèhvèt-pèrèst شهوت پرست a. P. sensuel ; attaché aux plaisirs des sens.

Chèh-zadè شهزاده s. P.v. *chah-zadè*.

Chèkavèt شقاوت s. A. impudence, insolence ; malheur, misère ; brigandage.

Chèkèr شكر s. P. *(chèkkèr)*, sucre ; *nèbèt chèkèri*, sucre candi ; *chèkèr kameche*, canne à sucre ; *toz chèkèr*, sucre en poudre ; *ham chèkèr*, sucre brut ; *pañgar chèkèri*, sucre de betterave ; *chèkèr èkmèk*, sucrer.

Chèkèrdan شكردان s. P., *chèkèr kabe*, T. sucrier.

Chèkèrgi شكرجى s. T. confiturier, confiseur, vendeur de sucreries ou de bonbons (en général).

Chèkèrgilik شكرجيلك s. T. confiserie ; métier du confiseur.

Chèkèrlèmè شكرلمه s. T. fruits glacés.

Chèkèrlènmèk شكرلنمك T. se couvrir d'une couche de sucre cristallisé (en parlant de confiture); fig. sommeiller après le repas.

Chèkèrlènmich شكرلنمش p. p. T. couvert d'une couche de sucre cristallisé.

Chèkèrli شكرلى a. T. sucré.

Chèkib شكيب s. P., *sabr*, A. patience; a. patient.

Chèkil شكل s. A. (*chèkl*), figure, sorte, forme, manière; *nè chèkil*, de quelle manière? comment?

Chèkk شك s. A. soupçon, doute, incertitude; en T. us. *chubhè*.

Chèkl شكل s. A. au pl. *èchkial*; v. *chèkil*.

Chèkli شكلى a. A. relatif à la figure, à la forme.

Chèkva شكوى s. A. plainte.

Chèm' شمع s. A. bougie, chandelle, cire.

Chèma' شمعه s. A. (*chama*, T. vulg.), mèche induite de cire.

Chemarmak شمارمق T. devenir fier, orgueilleux.

Chemartmak شمارتمق T. rendre fier, orgueilleux.

Chèmayil شمائل s. A. pl. de *chimal*, mœurs, caractères; vertus, talents.

Chèm'dan شمعدان s. P. (*cham'dan*, T. vulg.), chandelier, candélabre.

Chèmim شميم a. A. odoriférant, parfumé; d. de *chèmmè*.

Chèmm شم s. A. action de flairer.

Chèmmas شماس s. A. tonsure.

Chèmmè شمه s. A. atome; parcelle; odeur.

Chèms شمس s. A. (*gunèch*, T.), au pl. *chumous*, soleil.

Chèmsi شمسى a. A. solaire, qui a rapport au soleil; d. de *chèms*.

Chèmsiyè شمسيه s. A. (*chèmchiyè*, T. vulg.), parasol, ombrelle; parapluie; fém. de *chèmsi*.

Chèn شن a. T. gai, allègre, jovial, joyeux; cultivé, peuplé, habité; *chèn olalem*, soyons gais.

Chèna'at شناعت s. A. action mauvaise et blâmable; laideur.

Chènbih شنبه s. P. p. u. samedi; en T. uŝ. ğouma èrtèssi.

Chèni' شنيع a. A. vilain, mauvais; d. de *chèna'at*.

Chènlèndirmèk شنلندیرمك T. v. *chènlètmèk*.

Chènlènmèk شنلنمك T. se peupler, devenir habité; être cultivé; devenir gai et riant.

Chènlètmèk شنلتمك T. (*chènlèndirmèk*), peupler, cultiver; rendre gai, causer de la gaîté.

Chènlik شنلك s. T. allégresse, joie, gaîté, jovialité, réjouissance; fête publique; *chènlik ètmèk*, faire fête, faire une réjouissance publique.

Chènliklè شنلكله ad. T. gaiement, joyeusement; avec allégresse.

Chènliyilè شنلك ایله ad. T. v. le précédent.

Chèn ol. شن اولمق T. être gai, joyeux, jovial.

Chèr شر partic. T. ajoutée aux adjectifs numéraux les rend distributifs; *iki*, deux; *iki-chèr*, deux à deux; *èlli*, cinquante; *èlli-chèr*, cinquante à cinquante.

Chèr' شرع s. A. loi; *'ilmi chèr'*, jurisprudence; *èhli chèr'*, homme de justice, de loi, jurisconsulte; *chèr'i chèrif*, la loi sacrée.

Chèrab شراب s.A. au pl. *èchribè*, vin; boisson; v. *charab*.

Chèrafèt شرافت s.A. noblesse, grandeur, élévation; dignité des descendants de Mahomet.

Chèrafèt-mèab شرافت‌مآب a. A. éminentissime; très noble.

Chèr'an شرعاً ad. A. juridiquement, judiciairement, d'après la loi; légalement.

Chèrarè شرار s. A. au pl. *chirar*, étincelle.

Chèrarè شرارة s.A. scélératesse, malice, méchanceté.

Chèrayi' شرائع s. A. pl. de *chèri'at*, lois; législations; religions.

Chèrayif شرائف s. A. pl. de *chèrifè*, femmes nobles, illustres.

Chèrbèt شربت s. A. potion, boisson, breuvage, sorbet, purgatif; *chèrbèt almak*, se purger.

Chèrbètği شربتجى s. T. celui qui fait ou vend des limonades, des sorbets.

Chèrbètlik شربتلك s. T. pourboire.

Chèrdèn شردن شيردان s. T. vulg. (*chirdan*, P.), caillette.

Chèrèf شرف s. A. titre, gloire; noblesse, dignité, élévation; grandeur, honneur, estime.

Chèrèfè شرفه s. T. vulg. (*churfè*, A.), petite galerie à l'extérieur des minarets du haut de laquelle le muezzin annonce l'heure de la prière.

Chèrèf ilè شرف ايله ad. T. avec estime; avec honneur.

Chèrèfli شرفلى a. T. honorable, digne, noble; sérénissime; honoré, estimé.

Chèrè'n شرعاً ad. A. v. *chèr'an*.

Chèrh شرح s. A. commentaire, explication, exposé, glose; *chèrh ètmèk*, commenter, expliquer, gloser.

Chèr'i شرعى a. A. légal, juridique, judiciaire; législatif, légitime, conforme à la loi; à la justice.

Chèri'at شريعت s. A. au pl. *chèrayi'*; loi, législation.

Chèri'atği شريعتجى s. T. secrétaire du tribunal présidé par un *kazi-'askèr*.

Chèrid شريت s. T. (*chèrit*), galon, ruban, cordon; aiguillette; passement.

Chèridlèmèk شريتلامك شريدلامك T. passementer; orner de galons.

Chèridli شريتلى شريدلى a. T. orné de galons.

Chèrif شريف a. s. A. au pl. *churèfa* ou *èchraf*, noble de naissance, noble, honorable, illustre, éminent; sacré, saint; descendant de Mahomet; le grand Chérif de la Mecque.

Chèrifè شريفه a. A. au pl. *chèrayif*, femme noble, illustre; fém. de *chèrif*.

Chèrik شريك s. A. au pl. *churèkiya*, collègue, compagnon, associé; condisciple; d. de *chirkèt*; *chèrik ètmèk*, associer; *chèrik olmak*, s'associer, être associé.

Chèriklik شريكلك s. T. société, association.

Chèrir شرير a. A. au pl. *chirar* ou *èchrar*, malfaisant, malicieux, scélérat.

Chèrit شريت s. T. v. *chèrid*.

Cherlaghan شرلاغان s.T. huile de sésame.

Chèrli شرلی a. T. méchant, malicieux ; d. de *chèrr*. Les mots arabes terminés par une double consonne en s'unissant à une particule turque perdent la dernière consonne.

Chèrr شرّ s. A. au pl. *churour* ou *èchrar*, méchanceté, malice ; mal.

Chervani شروانی s. T. chambre au-dessous du toit, au-dessus d'une boutique.

Chètarèt شطارت s. A. gaîté, allégresse ; agilité, gaillardise.

Chètarètli شطارتلی a. T. gai, allègre ; gaillard.

Chètit شتيت a. A. au pl. *chètta*, divers, différent ; dispersé ; d. de *chètt*.

Chètm شتم s. A. injure, insulte, offense ; *chètm ètmèk*, injurier, insulter, offenser.

Chètmamiz شتم آميز a. P. injurieux, offensant.

Chètt شتّ s. A. séparation ; diversité ; dispersion.

Chètta شتّی s. A. pl. de *chètit*, divers, etc.

Chèttam شتّام p.pr.A. qui offense, qui outrage beaucoup ; a. injurieux ; d. de *chètm*.

Cheuhrèt شهرت s. A., *nam*, P. renommée, renom, éclat, réputation, illustration, gloire ; *cheuhrèt boulmak*, s'illustrer, acquérir de la renommée, de la gloire, du renom.

Cheuhrètlè شهرتلك ad. T. (*cheuhrèt ilè*), glorieusement.

Cheuhrètli شهرتلی a. T. (*cheuhrètlu*), *namdar*, P. illustre, glorieux, renommé ; auguste, célèbre.

Cheu'lè شعله s. A. v. *chu'lè*.

Cheuylè شويله ad.T. ainsi, de cette manière, comme ça ; *cheuylè olsa*, si cela est ainsi ; *cheuylè dir*, c'est ainsi ; *cheuylè ki*, de sorte que ; *cheuylè beuylè*, comme ci, comme ça.

Cheuylèlik شويله لك s.T. telle façon.

Chèvayib شوائب s. A. pl. de *chaybè*, ordures, taches.

Chèvk شوق s. A. au pl. *èchvak*, inclination; désir, plaisir, zèle; gaieté, réjouissance.

Chèvkèt شوكت s. A. *(chèfkèt)*, puissance, pompe, majesté; grandeur; magnificence.

Chèvkètlè شوكتله ad. T. majestueusement, avec grandeur.

Chèvkètli شوكتلو شوكتلی a. T. *(chèvkètlu)*, puissant, magnifique, majestueux, auguste; un des titres qu'on donne aux Sultans Ottomans; *chèvkètlu 'azamètlu padichahèmez èfèndimiz 'abd ul-hamid han hazrètlèri*, Sa Majesté le Sultan Abd ul Hamid Han, notre auguste et puissant souverain.

Chèvkli شوقلی a. T. désireux, zélé.

Chèvval شوال s. A. dixième mois lunaire arabe.

Chèy شی s. A. au pl. *èchiya*, chose, objet, affaire; *bir chèy istèr mi*, veut-il quelque chose?

Chèyatin شیاطین s. A. pl. de *chèytan*, démons.

Chèyda شیدا a. P. insensé, fou.

Chèydayi شیدائی s. P. état d'un insensé.

Chèyẖ شیخ s. A. au pl. *mèchayiẖ* ou *chuyouẖ*, personne âgée et vénérable; chef d'une communauté ou d'une tribu; chef d'un couvent musulman; *chèyẖ ul-islam* ou *chèyẖ islam*, le chef de l'Islamisme, titre d'un *mufti*.

Chèyn شین s. A. honte, faute; vice, défaut.

Chèytan شیطان s. A. au pl. *chèyatin*, diable, démon, Satan.

Chèytanèt شیطنت s. A. diablerie, malice diabolique.

Chèytanḡa شیطانجه ad. T. diaboliquement.

Chèytani شیطانی a. A. diabolique, satanique.

Chèytaniyèt شیطانیت s. A. v. *chèytanèt*.

Chèytanlek شیطانلق s. T. diablerie, œuvre diabolique; malice, finesse, ruse.

Chi'a شیعه s. A. hérésie, secte hérétique, secte des Chiites partisans d'Ali.

Chi'a' شعاع s. A. pl. de *chou'a'*, rayons.

Chiba' شبع s. A. satiété.

Chibh شبه a. A. ressemblant, semblable.

Chich شيش s. T. tumeur, enflure, gonflement ; a. enflé, gonflé, boursouflé.

Chich شيش s. T. épée mince et pointue ; broche, brochette.

Chichboghaz شيشبوغاز a. T. glouton, goulu, gourmand ; vorace.

Chichboghazlek شيشبو غازلق s. T. gloutonnerie ; voracité.

Chichè شيشه s. P. bouteille ; fiole ; verre.

Chichègi شيشهجى s. T. marchand de bouteilles ; verrier.

Chichègik شيشهجك s. T. petite bouteille, flacon ; dim. de *chichè*.

Chichirmèk شيشرمك T. enfler, gonfler ; bouffir, boursoufler.

Chichirtmèk شيشرتمك T. enfler, boursoufler.

Chichkin شيشكين a. T. bouffi, enflé ; gonflé, boursouflé.

Chichkinlik شيشكينلك s. T. enflure, gonflement, etc.

Chichlèmèk شيشلهمك T. embrocher ; percer avec une épée pointue.

Chichlik شيشلك s. T. enflure, gonflement.

Chichman شيشمان a. T. gros, gras, corpulent.

Chichmanlek شيشمانلق s. T. corpulence, embonpoint.

Chichmè شيشمه s. T. enflure, bouffissure, boursouflure ; renflement.

Chichmèk شيشمك T. s'enfler, se gonfler ; renfler ; être enflé, boursouflé ; gonflé ; devenir gros et gras.

Chichmich شيشمش p. p. T. enflé, gonflé, bouffi.

Chiddèt شدت s. A. vigueur, force, véhémence, violence, rigueur, intensité, énergie, sévérité, dureté ; affliction.

Chiddèt ilè شدت ايله ad. T. vigoureusement, fortement, énergiquement, durement, rigoureusement.

Chiddètlèndirmèk شدتلندرمك T. rendre fort, violent, dur.

Chiddètlènmèk شدتلنمك

T. devenir fort, violent, dur.

Chiddètli شدتلی a. T. fort, vigoureux, rigoureux, véhément, violent, énergique, dur, sévère.

Chifa شفا s. A. guérison, cure, rétablissement; *chifa boulmak*, se guérir, être guéri; recouvrer la santé; *chifa vèrmèk*, guérir, rendre la santé; *allah chifa vèrsin*, que Dieu vous rende la santé.

Chifa-bahch شفابخش a. P. salubre, curatif; salutaire; en T. us. *chifa vèriği*.

Chifalc شفالی a. T. curatif; sain, hygiénique.

Chifassez شفاسز a. T. incurable; inguérissable.

Chifra شیفره s. de l'I. chiffre.

Chifralc شیفرهلی a. T. chiffré.

Chikak شقاق s. A. opposition, hostilité, discorde, dissension, division.

Chikèm شکم s. P. ventre, estomac.

Chikèn شکن a. P. qui rompt, casse, brise, détruit.

Chikèst شکست s. P. rupture, chose brisée.

Chikèstè شکسته p.p.P. brisé, cassé; affligé; s. espèce d'écriture persane.

Chikiaf شکاف s. P., *yarek*, T. fente, crevasse; a. qui fend; *chikiaf ètmèk, oymak*, graver.

Chikiaflamak شکافلامق T. graver.

Chikial شکال s. P., *kcustèk*, T. entraves.

Chikiar شکار s. P. gibier; chasse, proie; butin; *chikiar-giah*, lieu de chasse.

Chikiayèt شکایت s. A. plainte, accusation, doléance; *chikiayèt ètmèk*, accuser, se plaindre.

Chikiayètği شکایتجی s. T. accusateur; plaignant.

Chikiayèt-namè شکایتنامه s. P. réquisitoire.

Chikka شقه s. A. partie d'un corps fendu en deux; billet.

Chiltè شلته s. T. matelas rempli ordinairement de coton.

Chimal شمال s. A. au pl. *chèmayil*, caractère, mœurs.

Chimal شمال s. A. Nord,

CHIM 165 **CHIR**

Septentrion; côté gauche; *badi chimal*, vent du Nord.

Chimalèn شمالاً ad. A. du côté du Nord, au Nord.

Chimali شمال a. A. septentrional; *koutbi chimali*, pôle arctique.

Chimchad شمشاد s. P. v. *chimchir*, T.

Chimchèk شمشك s. T., *bèrk*, A. éclair, foudre; *chimchèk čakmak*, faire des éclairs.

Chimchir شمشير s. P. sabre, épée, cimeterre.

Chimchir شمشير s.T. (*chimchad*, P.), buis.

Chimchirlik شمشيرلك s. T. lieu planté de buis.

Chimdèn شمدن ad. T. d'à présent; ne s'emploie qu'avec le mot *soñra* (après); *chimdèn soñra*, dorénavant.

Chimdi شمدى ad. T. (*chindi*, vulg.), maintenant, à présent, actuellement; *chimdi bilè*, même à présent; *chimdiyèdèk*, jusqu'à présent.

Chimdiğik شمدجك ad. T. dans ce moment-ci.

Chimdiki شمدكى a. T. actuel, présent; moderne; de ce temps-ci; *chimdiki halda*, dans l'état actuel des choses.

Chimdilik شمديلك ad. T. pour le moment.

Chin ش seizième lettre de l'alphabet turc, se prononce comme *ch* français.

Chinas شناس a.P., *biliği*, T. connaisseur, qui connaît, qui comprend; qui sait; *hater-chinas*, complaisant.

Chinaslek شناسلق s. T. connaissance, savoir; s'emploie en composition; *hater-chinaslek*, complaisance.

Chindi شندى ad. T. v. *chimdi*.

Chir شير s. P. lion; en T. us. *aslan (arslan)*.

Chir شير s.P., *sud*, T. lait; *chir daden*, allaiter.

Chi'r شعر s. A. au pl. *èch'ar*, poésie, poème, vers.

Chira شيره s. T. v. *chirè*.

Chira شرا s. A. vente, achat; *bèy'ou chira*, vente et achat; en T. us. *alem, satem*.

Chirانè شيرانه ad. P. bravement, courageusement; a. digne d'un lion.

Chirar شرار s. a.A.pl. de

chèrarè, étincelles ; et pl. de *chèrir*, malicieux.

Chirdan شیردان s. P. caillette.

Chirdèn شیردان s. T. v. le précédent.

Chirè شیره s. P. (*chira*), suc exprimé d'une chose quelconque, et proprement suc de raisin.

Chirèt شرت s. A. v. *chirrèt*.

Chi'ri شعری a. A. poétique : d. de *chi'r*.

Chiri شیری a. P. de lion, relatif au lion ; s. courage, bravoure ; d. de *chir*.

Chirian شریان s. A. artère.

Chiriani شریانی a. A. artériel.

Chirin شیرین a. P. doux ; agréable, mignon, mignard ; comme mot turc, aimable, sympathique ; *chirin seuzlu*, qui a la parole douce, agréable.

Chiringa شرینغه s. du G. seringue.

Chirinlik شیرینلك s. T. douceur, mignardise, délicatesse, amabilité.

Chiripèncè شیرپنجه s. P. anthrax, charbon (méd.).

Chirk شرك s. A. au pl. *èchrak*, polythéisme ; *èhli chirk*, polythéiste.

Chirkèt شركت s. A., *ortaklek*, T. association, société.

Chir-mèrd شیرمرد s. P. homme brave, belliqueux, vaillant ; derviche qui ne s'occupe que de Dieu ; c. de *chir*, lion, et de *mèrd*, homme.

Chir-mourcè شیرمورچه s. P. fourmi-lion ; c. de *chir*, lion, et de *mourcè*, P. fourmi.

Chirob شروب s. de l'I. (*chouroub*), sirop ; en T. us. *chèrbèt*.

Chirrèt شرت s. A. malice, méchanceté.

Chita شتا s. A. hiver ; en T. us. *kech*.

Chitab شتاب s. P. hâte, empressement.

Chitaban شتابان a. P. qui se hâte ; ad. à la hâte.

Chitayi شتائی a. P. hivernal.

Chiv شیو s. T. pente.

Chivè شیوه s. P. mignardise, appas, grâce, attraits; charmes, manière; air, ton.

Chivè-kiar شیوه‌کار a. P. gracieux, coquet.

Chivèkiarlek شیوه‌کارلق s. T. minauderie.

Chivèlèndirmèk شیوه‌لندرمک T. rendre gracieux.

Chivèli شیوه‌لی a. T. mignard, caressant; qui fait des gestes amoureux.

Chi'yi شیعی a. A. appartenant à la secte des partisans d'Ali, chiite.

Chou شو a. pron. T. ce, cet; cette. Le pron. ou l'adj. *chou*, indique une personne ou une chose un peu plus éloignée que le pron. ou l'adj. *bou*.

Chou'a' شعاع s. A. au pl. *chi'a* ou *èchi'a*, rayon.

Chou'ara شعرا s. A. pl. de *cha'yr*, poètes.

Choubat شباط s. A. février.

Chou'bè شعبه s. A. branche, rameau; bras, division; succursale.

Choura شورا s. T. endroit ou côté qui n'est ni si rapproché ni si éloigné.

Choura شوری s. A., *mèğ*-lis, séance, conseil; *choura rèyissi*, président du conseil.

Chouraya شورایه ad. T. décl. ici, là.

Chouroub شروب s. T. (*chèrbèt*), sirop; d. de l'A. *churb*; *portoukal chouroubou*, sirop d'orange.

Chubban شبان s. A. pl. de *chabb*, jeunes gens, jeunes hommes.

Chu'bè شعبه s. A. v. *chou'bè*.

Chubhè شبهه s. A. doute, soupçon, incertitude; *chubhè ètmèk*, douter, soupçonner.

Chubhè ilè شبهه ایله ad. T. avec incertitude; douteusement.

Chubhèlèndirmèk شبهه‌لندرمك T. faire soupçonner.

Chubhèlènmèk شبهه‌لنمك T. douter, soupçonner, avoir des soupçons.

Chubhèli شبهه‌لی a. T. douteux, incertain; soupçonneux.

Chubhèssiz شبهه‌سز a. T. certain; ad. certainement, sans doute.

Chuğ'an شجعان s. A. pl. de *chèği'*, hommes braves, courageux.

Chuğè'a شجعا s. A. pl. de *chèği*; v. le précédent.

Chughl شغل s. A. affaire, occupation; travail.

Chuhèda شهدا s. A. pl. de *chèhid*, martyrs.

Chuhoud شهود s. A. pl. de *chahid*, témoins.

Chuhour شهور s. A. pl. de *chèhr*, mois.

Chuhrèt شهرت s. A. célébrité, réputation, renommée.

Chukioufè شكوفه s. P. fleur; en T. us. *čičèk*.

Chukiouftè شكوفته a. P. épanoui, ouvert.

Chukr شكر s. A. (*chukur*), louange (à Dieu), remercîment, reconnaissance, action de grâce; interj. grâce à Dieu! *chukr ètmèk*, louer (Dieu), rendre grâce; remercier.

Chukran شكران s. A. reconnaissance, gratitude, remerciement.

Chukuftè شكفته a. P. v. *chukiouftè*.

Chukur شكر s. A. v. *chukr*.

Chu'lè شعله s.A. flamme; en T. us. *'alèv*.

Chu'lèlèndirmèk شعلهلندرمك T. enflammer; faire briller.

Chu'lèlènmèk شعلهلنمك T. s'enflammer, briller.

Chu'lèli شعلهلى a. T. enflammé; brillant.

Chumoul شمول s. A. action de contenir, d'embrasser, de comprendre.

Chumous شموس s. A. pl. de *chèms*, soleils.

Chu'our شعور s. A. esprit, intelligence.

Churb شرب s. A. boisson, action de boire.

Churèfa شرفا s. A. pl. de *chèrif*, nobles, descendants de Mahomet.

Churèfat شرفات s. A. pl. de *churfè*; v. *churfè*.

Churèkia شركا s. A. pl. de *chèrik*, associés.

Churfè شرفه s. A. au pl. *churèfat*; v. *chèrèfè*.

Churour شرور s. A. pl. de *chèrr*, méchancetés, malices.

Churout شروط s. A. pl. de *chart*, conditions, clauses.

Chuyouh شيوخ s. A. pl.

de *chèyh*, vieillards, chefs, etc.

Či چیك a. T. (*čiy*), cru, pas cuit ou pas mûr, vert.

Či چه pron. P. quoi? quelle? *či faydè*, quelle utilité? *či giounè*, de quelle manière; *hèr či bad a bad*, advienne que pourra.

Čibouk چوبوق s. T. v. *čoubouk*.

Čičèk چیچك s. T. fleur; petite vérole (maladie); fig. personne légère; *bir dèmèt čičèk*, un bouquet de fleurs; *afiyoun čičèyi*, pavot; *kadifè čičèyi*, amarante; *alten čičèyi*, chrysanthème; *borou čičèyi*, campanule; *gèlinğik čičèyi*, coquelicot; *čičèk tağ*, guirlande, couronne de fleurs; *čičèk achlamak*, inoculer la petite vérole; *čičèk čekarmak*, avoir la petite vérole.

Čičèkği چیچكجی s. T. fleuriste, marchand de fleurs.

Čičèklènmè چیچكلنمه s. T. fleuraison.

Čičèklènmèk چیچكلنمك T. fleurir.

Čičèklènmich چیچكلنمش p. p. T. fleuri.

Čičèkli چیچكلی a. T. qui a des fleurs.

Čičèklik چیچكلك s. T. parterre ou jardin de fleurs.

Čich چیش s. T. urine.

Čichik چیشیك s. T. levraut, petit du lièvre.

Čičilia چیچیلیا n. p. de l'I. *čičilia adasse*, T. Sicile, la plus grande île de la Méditerranée; 2,330,000 h., cap. Palerme.

Čičiliale چیچیلیالی a. T. Sicilien.

Čiflik چفتلك s. T. v. *čiftlik*.

Čift چفت s. a. P. paire, couple, pair; *bir čift*, une paire; *tèk mi čift mi*, pair ou impair? *bir čift tavouk*, une couple de poules; *bir čift čizmè*, une paire de bottes; *tèk mi čift oynamak*, jouer à pair ou impair.

Čift چفت s. T. champ; terre de labour; *čift surmèk*, labourer.

Čiftè چفته a. s. T. à deux, double; ruades; fusil à deux canons; *bir čiftè*, caïque à une paire de rames; *iki čiftè*, à deux paires de rames.

Čiftèli چفته‌لی a. T. qui donne des ruades; fig. rusé, intrigant.

Čiftġi چفتجی s. T. fermier, laboureur; agriculteur; censier.

Čiftġilik چفتجیلک s. T. agriculture, labourage; état ou profession de l'agriculteur.

Čiftlèchdirmè چفتلشدرمه s. T. action d'accoupler.

Čiftlèchdirmèk چفتلشدرمك T. accoupler.

Čiftlèchmè چفتلشمه s. T. accouplement.

Čiftlèchmèk چفتلشمك T. s'accoupler.

Čiftlik چفتلك s. T. ferme, cense.

Čigara چیغاره s. de l'I. (*sigara*), cigare; *čigara ičmèk*, fumer un cigare, m. à m. boire un cigare.

Čiharchènbè چهارشنبه s. P. mercredi; en T. us. *čarchanba*.

Čil چیل s. T. francolin, gélinotte de bois, perdrix grise; couleur grise; tache à la figure; a. gris; neuf, brillant, clair, pur; *čil akčè*, de la monnaie neuve.

Čilè چله s. T. écheveau.

Čilèk چلك s. T. fraise; capron; *čilèk fidanè*, fraisier; *čilèk tarlassè*, fraisière.

Čilik چكلك s.T.(*čiylik*), crudité; d. de *či*.

Čilingir چلینكیر s. T. serrurier; *čilingir ichi*, ouvrage de serrurier.

Čilingirlik چلینكیرلك s. T. serrurerie.

Čim چیم s. T. graine de gazon.

Čim چ septième lettre de l'alphabet turc, se prononce comme *c (tch)* italien devant *e, i*.

Čimchir چمشیر s. T. buis; a. de buis, en buis.

Čimdik چمدك s. T. pincée, pinçon (avec les doigts); sorte de couture sur la ouate; *bir čimdik*, une pincée.

Čimdiklèmè چمدكلمه s. T. action de pincer.

Čimdiklèmèk چمدكلمك T. pincer (avec les doigts); fig. faire signe.

Čimèn چمن s. T. (*čèmèn*, P.), *čayer*, gazon, verdure.

Čimènlik چمنلك s. T. lieu couvert de gazon.

Čin چين n. p. P. Chine, vaste empire d'Asie ; 360,000,000 h., cap. Pékin.

Čin چين s. P. pli ; ride sur la peau ; a. qui recueille, qui ramasse.

Čin چين a. T. vrai, fidèle ; *čin sabah*, de grand matin, de très bon matin.

Čin چن partic. T. imite le son d'un métal.

Činčin چن چن a. T. sonnant et bien compté ; *oña yuz ghourouch činčin vèrmich dir*, il lui donna cent piastres sonnantes et bien comptées.

Čingianè چنگانه s. T. Bohémien (par mépris) ; fig. éhonté ; très avare.

Čini چنى s. P. porcelaine ; faïence ; grande tasse ; carreau coloré.

Činko چينقو s. de l'I. zinc.

Činlèmè چنلمه s. T. (*čenlama*), tintement ; son.

Činlèmèk چنلمك T. (*čenlamak*), tinter, retentir, résonner, rendre un son métallique.

Činli چينلى a. T. Chinois.

Čira چرا s. T. v. *čera*.

Čirak چراق s.T., *chagird*, apprenti, élève.

Čirich چريش s. T. colle, colle-forte, espèce de pâte employée comme colle.

Čirichlèmèk چريشلمك T. coller, encoller.

Čirk چرك s. P. saleté, ordure ; pus, crasse.

Čirk-ab چركاب s.P. (*čirkèf*, T. vulg.), eau sale ; sali par les ordures ; lavure de vaisselle.

Čirkèf چركف s. T. v. le précédent.

Čirkin چركين a. P. laid, vilain, difforme ; ad. laidement ; *čirkin sourèt*, figure laide.

Čirkinğè چركينجه a. T. un peu laid ; ad. laidement.

Čirkinlèmèk چركينلمك T. rendre laid.

Čirkinlènmèk چركينلنمك T. enlaidir ; devenir laid.

Čirkinlètmèk چركينلتمك T. déformer, défigurer, rendre laid ; d. de *čirkin*.

Čirkinlik چركينلك s. T. laideur, difformité.

Čirkin ol. چركين اولق T. devenir laid, être laid, difforme.

Ĉiskin چیسكین s. T. rosée très fine.

Ĉissimèk چیكسیمك T. bruiner.

Ĉissinti چیسندی s. T. bruine.

Ĉit چیت s. T. haie, enclos, clôture, clayonnage.

Ĉitari چیتاری s. T. gade (poisson).

Ĉitichmèh چیتشمك T. s'entrelacer.

Ĉitilèmèk چیتیلمك T. (*ĉitmèk*), presser entre les mains, frotter.

Ĉitin چیتین a. T. v. *ĉètin*.

Ĉitmèk چیتمك a. T. v. *ĉitilèmèk*.

Ĉivi چیوی s. T. cheville, clou en bois et ordinairement aussi en fer.

Ĉivid چیویت چوید s. T. indigo (couleur).

Ĉivilèmèk چیویلەمك T. attacher avec des chevilles, des pieux; enclouer, clouer, cheviller.

Ĉivilènmèk چیویلنمك T. être cloué.

Ĉivilètmèk چیویلتمك T. faire clouer.

Ĉivit چیویت s. T. v. *ĉivid*.

Ĉiy چی s. T. rosée; a. cru, non mûr, vert.

Ĉiyan چیان s. T. millepieds (insecte).

Ĉiyangèk چیانجق s. T. serpentine (plante).

Ĉiylik چیلك s.T. (*ĉilik*), crudité.

Ĉiynèmè چیكنمه s.T. mastication; oppression.

Ĉiynèmèk چیكنمك T. mâcher, écraser, opprimer; fouler aux pieds.

Ĉiynèmik چیكنمك s. T. nourriture mâchée pour les petits enfants.

Ĉiynènilmèk چیكنیلمك T. être mâché, écrasé; foulé.

Ĉiynènmèk چیكننمك T. v. le précédent.

Ĉiynètmèk چیكنتمك T. faire fouler aux pieds; faire écraser, faire mâcher.

Ĉiynèyèn چیكنین p.pr.T. qui mâche, qui foule.

Ĉiynèyiği چیكنیجی s. T. fouleur, mâcheur.

Ĉizdirmèk چیزدیرمك T. faire rayer, faire tracer.

Čizgi چيزگی s.T. (čezghe, čeze); v. čizi.

Čizgilèmèk چيزکيلمك T. faire des lignes, des raies.

Čizi چيزی s. T. ligne, raie.

Čizik چيزك s. T. barre (trait de plume); rature.

Čizili چيزيلی a. T. rayé, tracé, effacé.

Čizilich چيزيلش s. T. action d'être rayé, effacé.

Čizilmè چيزيلمه s. T. v. le précédent.

Čizilmèk چيزيلملك T. être rayé, tracé, effacé.

Čizmè چيزمه s. T. botte (chaussure); *bir čift čizmè*, une paire de bottes.

Čizmègi چيزمه‌جی s. T. bottier.

Čizmèk چيزمك T. tirer ou tracer une ligne, rayer, barrer, radier; canceller, effacer.

Čizmèli چيزمه‌لی a. T. botte, qui porte des bottes.

Čoban چوبان s. P. pâtre, berger, pasteur.

Čobanlek چوبانلق s. T. profession du pâtre.

Čoghalmak چوغالمق T. s'augmenter, multiplier; surabonder, devenir nombreux; d. de *čok*.

Čoghaltmak چوغالتمق T. multiplier; augmenter.

Čoghou چوغی s. T. la plupart.

Čoğouk چوجق s. T. enfant; jeune animal; *koundakdaki čoğouk*, enfant en maillot; *brakelmech čoğouk*, enfant trouvé, abandonné.

Čoğoukğa چوجقه ad.T. comme un enfant; puérilement; a. puéril; enfantin.

Čoğoukğaghez چوجقغز s. T. petit enfant; dim. de *čoğouk*.

Čoğouklouk چوجقلق s. T. puérilité, enfantillage; enfance.

Čoha چوقه چوخه s. T. (*čouha, čoka*), drap.

Čohadar چوخه‌دار s. T. laquais.

Čohağč چوقه‌جی چوخه‌جی s. T. drapier; marchand ou fabricant de drap.

Čohağelek چوقه‌جيلق چوخه‌جيلق s. T. profession et commerce du drapier.

Čok چوق ad. a. T. beaucoup; trop; plusieurs, le plus grand nombre, nombreux; *čok yellara* (avec le datif), pour plusieurs années! vivat!; *čok yachle*, très âgé; *čok kèrrè*, souvent, plusieurs fois; *čok dour*, c'est trop; *čok olmak*, être trop; abonder; *čok chèy lazem der*, il s'en faut de beaucoup; *čok adam*, beaucoup de monde; *siz ondan čok bèuyuk sunuz*, vous êtes de beaucoup plus grand que lui; *čokdan*, longtemps.

Čoka چوقه s. T. v. *čoha*.

Čokadar چوقدار s. T. laquais, domestique du palais.

Čokağe چوقه‌جى s. T. drapier, marchand de drap.

Čokğa چوقجه ad. T. trop, assez, beaucoup trop.

Čoklouk چوقلق s. T. abondance, multiplicité, multitude, pluralité; foule; *nèrèdè čoklouk orada boklouk*, où il y a trop de monde il y a de la saleté (prov.).

Čokmar چوقّار s. T. v. *čomar*.

Čokolata چوقولاته s. de l'I. chocolat.

Čoksamak چوقسامق T. trouver superflu; épargner.

Čoksanmak چوقسانمق-چو قسنمق T. se passer de tout ce qui paraît superflu; se suffire avec peu.

Čolak چولاق s. T. manchot.

Čolaklek چولاقلق s. T. défaut du manchot.

Čolpa چولپا s. a. T. maladroit, gauche.

Čolpağa چولپاجه ad. T. maladroitement, gauchement.

Čolpalek چولپاقق s. T. maladresse, gaucherie.

Čomak چوماق s. P. gros bâton, massue; en T. us. *kalen sopa*, gros bâton.

Čomar چومار s. T. vulg. (*čokmar*), gros chien de berger; mâtin.

Čop چوپ s. P. morceau de bois, petit éclat de bois.

Čopour چوپور s. T. (*čeupur*), qui a des taches de rousseur sur le visage; marques de petite vérole.

Čopra چوپره s. T. arête de poisson; broussailles épaisses.

Čorab چوراب s. T. bas; maille; *čorab baghe*, jarretières; *čorab geuzu*, maille; *kessa čorab*, chaussette.

Čorabğe چورابجی s. T. qui fait ou vend des bas.

Čorak چوراق s. T. marais; *čorak yèr*, lieu marécageux.

Čorba چوربا s T. soupe, potage; bouillon; *èt souyouna čorba*, du potage gras; *yavan čorba*, du potage maigre, sans viande.

Čorbağe چورباجی s. T. notable d'un village; sieur, maître.

Čorbalek چورباباق s. T. propre au potage.

Čoual چوال s. P. v. *čouval*.

Čoubouk چوبوق چبوق s. T. (*čibouk*), tuyau de pipe; pipe; baguette; barre, raie.

Čoubouklamak چوبوقلا- مق T. épousseter un tapis, une pelisse, etc. en les battant avec une verge.

Čoubouklouk چوبوقلق- چبوقلق s. T. espèce d'armoire pour y mettre des pipes.

Čouha چوخه s.T. (*čoka*), drap.

Čouka چوقه s. T. espèce de gros poisson noir semblable à l'esturgeon.

Čoukal چوقال s. T. manteau, couverture; cuirasse, pot.

Čoukour چقور چوقور s. T. trou, creux, fosse, fossé; cavité; ravin, tombeau; .a. profond.

Čoukourlachmak چوقور- لاشمق T. v. le suivant.

Čoukourlanmak چوقور- لانق T. devenir profond.

Čoukourlatmak چوقور- لاتق T. creuser, rendre profond, approfondir.

Čoukourlouk چوقورلق s. T. lieu rempli de ravins, de trous, de fossés.

Čoul چول s. T. (*ǧul*, A.), couverture qu'on met sur le cheval, haillon; housse.

Čoulha چولها s. T. fabricant d'étoffe.

Čoullouk چوللق s.T. bécasse (oiseau).

Čoun چون ad. P. (*čun*), comment?; comme, lorsque, puisque.

Čouval چوال s. T. sac.

Čouvaldez چوالدوز s. T. (čouval-douz, P.), aiguille à coudre la grosse toile; alêne.

Čouval-douz چوالدوز sl. P. v. čouvaldez.

Čun چون ad. P. v. čoun.

Čunki چونکه conj. P., zira, parceque, puisque, car, attendu que.

Čurudulmèk چوریدلمك چورودلمك T. être gâté, carié; pourri; être réfuté.

Čuruk چوروك a. T. pourri, putride, gâté, carié, corrompu, putréfié; fig. réfuté.

Čurukluk چوروكلك s. T. pourriture, décomposition, putréfaction; fosse commune.

Čurumè چورومه s. T. pourriture, putréfaction, décomposition.

Čurumèk چورومك چورو T. pourrir, se pourrir, se gâter, se carier, se putréfier; se décomposer; fig. perdre la considération; être réfuté.

Čurumèmèzlik چورومامزلك s. T., bozoulmamazlek, incorruptibilité.

Čurumèmich چورومامش p. p. T. qui n'est pas corrompu, qui n'est pas décomposé, intact.

Čurumèz چورومز چوریمز a. T. incorruptible.

Čurumuch چورومش p. p. T. pourri, gâté, putréfié, corrompu; carié, décomposé.

Čurutmèk چوریتمك چورو تمك T. faire pourrir, putréfier, carier, gâter; fig. flétrir, diffamer; réfuter.

D

Da ده partic. T. dans; aussi; certainement. Elle est la marque du commoratif pour les mots durs, et dè pour les mots doux; oda da, dans la chambre; adada, dans l'île; istambolda, dans Constantinople; mèktèbdè, dans l'école; parizdè, dans Paris; guldè, dans la rose; bèch gun ičindè ou bèch gundè, dans cinq jours.

Dach داش partic. T. qui jointe aux noms leur donne le sens de participation, d'association; *kardach, (karen-dach),* frère; *yol-dach,* compagnon (compagnon de route); *ser-dach,* confident (confident d'un secret). Le mot persan *hèm,* placé avant les noms a la même signification que *dach; hèm-rah,* compagnon (compagnon de route); *hèm-chirè,* sœur (de même lait).

Dad ض dix-huitième lettre de l'alphabet turc.

Dad طات طاد s. T. *(tat, vulg.),* goût, saveur.

Dad داد s. P., *'adalèt,* justice, équité; don, impôt; interj. justice! grâce!

Dada دادا s. P. *(dade,* T.), gouvernante, bonne d'enfant.

Dadandermak طاداندرمق T. allécher par un appât; attirer par le plaisir.

Dadanma طادانمه s. T. action d'avoir du goût.

Dadanmak طادانمق T. avoir du goût, prendre goût; être alléché, s'accoutumer.

Dadar دادار s. P. la justice suprême (Dieu).

Dade دادی s. T. v. *dada.*

Dadèr دادر s. P. frère; ami sincère.

Dadèranè دادرانه a. P. fraternel, amical.

Dafi' دافع p. pr. a. A. expulsif; qui repousse; qui empêche; d. de *dèf'.*

Dagh طاغ s. T., *ğèbèl,* A., *kiouh,* P. mont, montagne; *daghèñ tèpèssi,* le sommet d'une montagne; *yuksèk dagh,* haute montagne; *kèchich daghe,* le mont Olympe; *dagh ačmak,* franchir une montagne; *dagh bournou,* promontoire.

Dagh داغ s. P. marque imprimée avec un fer chaud; brûlure; cautère; blessure.

Daghar طاغار طاغار s. T. sac de cuir, mesure pour les denrées.

Daghargek طاغارجق طاغارجق s. T. petit sac de cuir; dim. de *daghar.*

Daghdagha دغدغه s. A. trouble, confusion.

Daghedeğe طاغدیجی s. T. distributeur; celui qui disperse, dissout.

12

Daghedelmak طاغدلمق T. être dispersé, dissous; être distribué.

Daghelma طاغلمه s. T. dispersion, débandade; divulgation.

Daghelmak طاغلمق T. se disperser, se divulguer, se dissoudre, être dispersé, divulgué; se débander, se dissiper; se distribuer; être brisé, cassé, démoli.

Daghelmech طاغلمش p.p. T. épars, dispersé, dissipé.

Daghenek طاغنق a. T. éparpillé, dispersé.

Dagheneklek طاغنقلق s. T. état de ce qui est dispersé, épars.

Daghenmak طاغنمق T. se disperser; se briser, se morceler.

Daghergan طاعرجان s. T. gros-bec (oiseau).

Daghetma طاغتمه s. T. dispersion, éparpillement.

Daghetmak طاغتمق T. disperser, dissiper, gaspiller, disséminer, répandre; dissoudre, éparpiller, distribuer.

Daghğeghaz طاغچغز s. T. petite montagne, monticule; dim. de *dagh*, T.

Daghlaghe داغلاغو s. T. fer avec lequel on marque les chevaux.

Daghlamak داغلامق T. cautériser, marquer au fer chaud; stigmatiser; d. de *dagh*, P.

Daghlanmak داغلانمق T. être cautérisé.

Daghle طاغلو a. T. grossier, qui n'a pas d'éducation; s. montagnard.

Daghle داغلي a. T. cautérisé, marqué avec un fer chaud; d. de *dagh*, P.

Daghlek طاغلق s. T. pays montagneux; a. montagneux.

Daha دها ad. T. plus, davantage; encore; *bir daha*, encore une fois; *daha èyi*, meilleur. Il sert aussi à former des comparatifs; *daha bcuyuk*, plus grand; *daha zèngin*, plus riche; *daha foukara*, plus pauvre; *o daha čirkin*, cela est plus laid.

Dahi دخى ad. conj. T. aussi, encore, plus; et. Cet adverbe ne peut pas entrer dans la formation des comparatifs.

Dahil داخل p. pr. A. qui

entre, qui assiste à ; d. de *douhoul ; dahil ètmèk*, introduire, faire entrer.

Dahilèn داخلاً ad. A. intérieurement, en dedans.

Dahili داخلي a. A. intérieur, interne ; du pays, local.

Dahiliyè داخليه s. A. ou *dahiliyè nazarèti*, Ministère de l'Intérieur ; *dahiliyè nazere*, Ministre de l'Intérieur ; a. fém. du précédent.

Dak دك partic. T. v. *dèk*.

Dakik دقيق s. A. (*dèkik*), farine ; en T. us. *oun*.

Dakik دقيق a. A. (*dèkik*), *inğè*, T. subtil, mince, fin ; difficile à comprendre ; d. de *dikkat*.

Dakika دقيقه s. A. (*dakikè, takikè* T.), minute ; instant ; *bir dakikadan, bir dakikèdèn, bir takikèdèn*, dans une minute ; *bir dakika bèklè*, attends un instant ; *dakikè fèvt ètmèksizin*, sans perdre un instant.

Dakika دقيقه s. A. au pl. *dèkayik*, subtilité, finesse ; chose difficile à saisir.

Dakikèlik دقيقه‌لك s. T. instantanéité.

Dal د dixième lettre de l'alphabet turc, se prononce comme *d*.

Dal دال impér. T. de *dalmak*, plonge.

Dal دال s. T. branche, rameau ; *dal kèsmèk*, couper des branches, tailler un arbre en enlevant les branches inutiles ; émonder les arbres.

Dalak طالاق s. T. la rate, viscère situé dans l'hypocondre gauche ; *dalak olmak*, avoir la rate enflée.

Dalderma طالدرمه s. T. immersion ; bouture, marcotte ; provignage ; a. provigné ; *dalderma ètmèk*, bouturer, marcotter.

Daldermak طالدرمق T. immerger, plonger, tremper ; bouturer, marcotter ; provigner.

Dalga طالغه s. T. v. *dalgha* avec ses dérivés.

Dalgeghaz دالغز s. T. petite branche, branchette; dim. de *dal*.

Dalgha طالغه s. T. flot, vague ; onde ; *dèñiz dalghasse*, les flots de la mer ; *dalghalareñ gurultussu*, le bruit des vagues.

Dalghalanma طالغه‌لانمه s. T. ondulation, action d'ondoyer, de flotter.

Dalghalanmak طالغه‌لانمق T. flotter, ondoyer, onduler ; s'agiter ; être agité (se dit des vagues).

Dalghale طالغه‌لی a. T. onduleux, ondulé, agité, ondoyant.

Dalghech طالغیش s. T. nage sous l'eau.

Dalgheg طالغج s.T. plongeur.

Dalghen طالغین a. T. plongé, pensif ; étourdi, endormi (malade).

Dalghenlek طالغینلق s.T. état d'une personne préoccupée ou d'un malade endormi.

Dalian طالیان s. T. vivier ; place réservée pour la pêche dans la mer ou dans une rivière et plantée de poteaux à distance avec plate-forme.

Daliange طالیانجی s. T. pêcheur qui guette la pêche du sommet de cette plate-forme ou qui pêche dans un vivier.

Dalkaouk طالقاوق s. T. v. le suivant.

Dalkavouk طالقاوق. s. T. parasite ; bouffon ; flatteur.

Dalkavouklouk طالقاوقلغ s. T. parasitisme, bouffonnerie ; flatterie.

Dall دال p. pr. A. qui indique, qui marque ; d. de *dèlalèt*.

Dallandermak داللاندرمق T. faire pousser des branches ; fig. rendre difficile et compliqué.

Dallanma داللانمه s.T. ramification.

Dallanmak داللانمق T. se ramifier ; pousser des branches ; fig. devenir difficile et compliqué.

Dalle داللو a. T. branchu, rameux, qui a des branches.

Dalmak طالمق T. être plongé, se plonger ; devenir pensif, préoccupé ; rester endormi (malade) ; *oyoukouya dalmech*, plongé dans le sommeil.

Dalmech طالمش p. p. T. plongé ; ravi.

Dam طام s. T. toit ; terrasse ; étable ; maison.

Dam دام s. P., *agh*, T.

filet, piège ; fig. attrape, ruse, intrigue.

Dama دامه s. du F. jeu de dames ; *dama oynamak*, jouer aux dames.

Damad داماد s. T. gendre, beau-fils ; beau-frère.

Damak طاماق s. T. palais de la bouche.

Daman دامان s. P. v. *damèn*.

Damar طامار s. T. veine ; mine ; fig. humeur, caractère ; *chah damar*, artère ; *sou damare*, veine, source d'eau.

Damarle طمارلی a.T. veineux, veiné.

Damèn دامن s. P., *ètèk*, T. pan de la robe, de l'habit.

Damga دمغه s. T. v. le suivant.

Damgha طامغه s. T. timbre, marque, empreinte, estampille.

Damghalamak طمغالامق T. timbrer, empreindre, estampiller, poinçonner ; stigmatiser ; contrôler.

Damghale دمغلی a.T. timbré, marqué, poinçonné ; contrôlé ; *damghale èchèk*, se dit d'un homme très connu pour tel ou tel vice ou défaut, m. à m. âne marqué.

Damla طاملا s. T. goutte ; apoplexie ; *damla damla geul olour*, goutte à goutte se forme un lac (prov.).

Damlagek طاملهجق s. T. petite goutte, gouttelette ; dim. de *damla*.

Damlama طاملامه s. T. découlement.

Damlamak طاملامق T. dégoutter, découler ; tomber goutte à goutte.

Damlatma طاملاتمه s. T. instillation ; action de faire couler goutte à goutte.

Damlatmak طاملاتمق T. faire tomber goutte à goutte ; instiller, distiller.

Damlayan طاملایان p. pr. T. découlant ; qui découle.

Dan دن partic. T. de, par ; du, de la, des ; à cause de ; puisque. Elle est la marque de l'ablatif pour les mots durs, et *dèn* pour les mots doux ; *romadan* gèliyor, il vient de Romè ; parizdèn istanbola, de Paris à Constantinople ; gunduzdèn, de jour ; dèñizdèn vè karadan, par mer et par terre.

Dan دان partic. P. ajoutée aux noms signifie vase (en général), récipient ; étui ; chèkèr-dan, sucrier.

Dana طبل s. T. veau ; dana èti, du veau (chair de veau).

Dana دانا a. P., 'alim, A. sage, savant.

Danè دانه s. P. (tanè, T. vulg.), grain, graine, semence ; nombre, téte, pièce ; danèyè gèlmèk, monter en graine ; koum danèssi, grain de sable ; boughday danèssi, grain de blé ; barout danèssi ou tanèssi, grain de poudre.

Danechek طانشق s. T. consultation, conseil.

Danechma طانشمه s. T. consultation.

Danechmak طانشمق T. consulter, prendre conseil ; hèkimè danechmak, consulter le médecin.

Danèlèmèk دانه لمك T. granuler.

Danèlènmèk دانه لنمك T. (tanèlènmèk), être divisé en grains ; monter en graine.

Danèli دانه لی a. T. (tanèli), qui a des grains, grenu, granuleux.

Danich دانش s. P. savoir, connaissance.

Danich-mènd دانشمند a. s. P. savant, lettré.

Danich-pèzir دانش پذیر a.s. P. v. le précédent.

Danich-vèr دانشور a.s.P. savant, lettré.

Danich-vèri دانشوری s.P. état de l'homme savant.

Daoud داود n. p. A. David.

Daoul طاول s. T. tambour ; d. de l'A. tabl.

Daoulgou طاولجی s. T. celui qui bat du tambour ; tambour.

Daouloumbaz طاولمباز s. T. tambour de la roue d'un bateau à vapeur.

Dar دار s.A. au pl. diyar, maison, habitation, domicile.

Dar دار s. P., dar aghaği, T. gibet.

Dar طار a. T., sekc, étroit, serré, gêné ; court (temps) ; *dar yol*, sentier ou chemin étroit.

Dar دار impér. a. P. tiens ; qui tient, qui porte, qui possède, qui garde ; partic. en compos. ; *ab-dar*, aqueux, m. à m. qui contient de l'eau.

Dara دارا s. P. prince, monarque ; n. p. Darius, roi de Perse, fils d'Hystaspe.

Darağek طارهجق a. T. très étroit.

Dar-aghağc دار آغاجى s. T. gibet, potence.

Daralamak طاراماق T. devenir étroit; se serrer, se resserrer, se rétrécir.

Daraltmak طارالتمق T. rendre étroit, resserrer, rétrécir.

Darb ضرب s. A. v. *zarb*.

Dar-čin دارچين s. P. (*tarčin*, T. vulg.), cannelle.

Dardaghan طارطغان a. T. dispersé, épars.

Dare دارى s. T. mil, millet.

Darelmak طارلمق T. se fâcher, s'indigner, se courroucer ; s'irriter, se mettre en colère ; être fâché, indigné, courroucé.

Darelmech طارلمش p. p. T. indigné, courroucé ; fâché.

Dareltmak طارلتمق T. mettre en colère, irriter, fâcher, indigner ; dépiter.

Dar èt. طار ایتك T. serrer, resserrer.

Darğa طارجه ad. T. étroitement.

Darghen طارغين a.T. fâché, courroucé, irrité ; en colère.

Darghenlek طارغينلق s. T. indignation, dépit, colère, irritation, fâcherie.

Darlachmak طارلاشمق T. v. *darlanmak*.

Darlachtermak طارلاشدرمق T. v. *darlatmak*.

Darlanmak طارلانمق T. (*darlachmak*), se resserrer, se rétrécir ; devenir étroit; s'affliger ; d. de *dar*, T.

Darlatmak طارلاتمق T. (*darlachtermak*), resserrer, rétrécir ; rendre étroit.

Darlek طارلق s. T. lieu étroit, étroitesse ; détresse ; rétrécissement, gêne ; chagrin, angoisse.

Darlckla طارلقه ad. T. avec gêne.

Darmadaghen طارمه طغان a. T. dissipé, dispersé, disséminé, épars ; *darmadaghen ètmèk*, dissiper, disperser.

Darou دارو s. P. drogue, médicament.

Dassitan داستان s. P. (*dèstan*, T. vulg.), récit, histoire ; poésie populaire.

Dat طات s. T. goût, saveur.

Datle طاتلو طاتلى a.T. (ou *tatle*), doux, plein de saveur.

Datmak طاتمق T. goûter, savourer.

Datsez طاتسز a. T. (*tatsez*), insipide, fade, sans goût.

Datsezlck طاتسزلق s. T. fadeur, insipidité.

Dattcrmak طاتدرمق T. faire goûter ; causatif de *datmak*.

Da'va دعوى s. A. procès, plainte ; prétention ; *da'va vèkili*, avocat ; *da'va èdèn*, qui est plaidant ; *da'va ètmèk, murafa'a olmak*, plaider, intenter un procès ; actionner, prétendre.

Dav'age دعواجى s. T. plaideur, plaidant, plaignant.

Da'vagelek دعواجيلق s. T. action de plaider ; état de plaideur.

Da'vale دعوالى a. T. litigieux.

Da'vat دعوات s. A. pl. de *dou'a*, prières, vœux, souhaits.

Davèr داور s. P. prince, monarque équitable ; gouverneur, juge équitable.

Da'vèt دعوت s. A. invitation ; *da'vèt tèzkèrèssi*, billet d'invitation ; *da'vèt ètmèk*, inviter, convier ; fig. causer, occasionner.

Da'vètgi دعوتجى s. T. celui qui invite ; personne chargée d'inviter.

Da'vètli دعوتلى a. s. T. invité, convié ; convive.

Da'vèt-namè دعوتنامه s. P. billet d'invitation.

Davond داود n. p. A. (*daoud*), David.

Davoul طاول s.T. (*daoul*), tambour ; *davoul čalmak*, battre le tambour ; fig. publier, divulguer.

Davranech طورانش s. T.

Davranma طوراغه s. T. v. *davranech*.

Davranmak طورانمق T. se conduire, se mouvoir, s'efforcer, faire des efforts, résister ; se préparer à une action.

Dayak طاياق s. T. appui, soutien, étai, échalas ; bâton, bastonnade ; *dayak atmak*, donner la bastonnade.

Dayaklamak طايقلامق T. renforcer par des appuis, des étais, étayer.

Dayamak طايامق s. T. soutenir, appuyer, renforcer par des appuis.

Dayanek طايانق s. T. durée, résistance.

Dayanekle طايانقلى a. T. qui peut résister, durable ; fort.

Dayaneklek طايانقلق s. T. état de ce qui peut durer, résister.

Dayanelmaz طايانمز a. T. insupportable.

Dayaner طايانير a. T. durable.

Dayanghaĝ طايانغاج s.

T. bâton court pour s'appuyer.

Dayanma طايانمه s. T. action de s'appuyer, etc.

Dayanmak طايانمق T. s'appuyer, s'étayer, subsister, durer, persister, résister, persévérer, supporter, pousser avec le dos ; fig. se fier à ; *saña kim dayaner*, qui peut te résister ?

Dayatmak طاياتمق T. appuyer, étayer ; fig. s'opposer ; répondre négativement et définitivement.

Dayè دايه s. P. nourrice ; bonne d'enfant.

Daye دايى s. P. oncle maternel ; sieur ; *'amouĝa*, oncle paternel ; *kaba daye*, homme intrépide.

Dayim دائم p. pr. A. qui dure, qui continue ; a. éternel, durable, permanent ; d. de *dèvam*.

Dayima دائما ad. A. (*dayimèn*), éternellement, continuellement, perpétuellement, toujours ; *dayima yalan seuylèr*, il ment continuellement, toujours.

Dayimèn دائماً ad. A. v. le précédent.

Dayimi دائمى s. A., *èbèdi*,

perpétuel, continuel, durable, éternel.

Dayin دَائن p. pr. A. qui doit recevoir; en T. us. *alaǧakle*; s. créancier; d. de *dèyn*.

Dayir دَائر p. pr. A. qui entoure; a. relatif; prép. concernant, touchant; d. de *dèvèran*.

Dayirè دَائره s. A. au pl. *dèvayir*, cercle, enceinte, circonférence, tour, circuit, contour; section, département; *dayirèyi bèlèdiyè*, cercle municipal.

Dayirèn دَائراً ad. A. autour; *dayirèn madar*, tout au tour.

Dayirèvi دَائروى a. A. circulaire.

Dayir ol. دَائر اولمق T., *mènsoub ol.*, concerner, regarder.

Daz طاز s. T. (*taz*), calvitie, pelade.

Dazlak طازلاق a. T. chauve.

Dazlanmak طازلنمق T. commencer à devenir chauve.

Dè دى interj. T. voyons! allons! dépêchez-vous!

Dè ده partic. postp. T.

en, dans; lors, sur, à, aussi; *bèndè siziñ gibi yim*, moi aussi je suis comme vous (v. *da*).

Dèbbagh دباغ s. A. corroyeur, tanneur.

Dèbbagh-hanè دباغخانه s. P. (*tabak-hanè*, T. vulg.), corroierie; tannerie; manufacture de corroyeur.

Dèbdèbè دبده s. A. somptuosité, faste, pompe.

Dèbdèbè ilè دبدبايله ad. T. fastueusement, pompeusement.

Dèbdèbèli دبدبلى a. T. *saltanatle*, fastueux, pompeux.

Dèbè دبه a. T. qui a une hernie.

Dèbèlik دبلك s. T. hernie.

Dèbir دبير s. P. secrétaire, écrivain.

Decharda طيشارده ad. T., *dechare*, dehors; *decharda der*, il est dehors.

Dechardan طيشاردن ad. T. extérieurement.

Dechare طيشارى ad. T. dehors; *dechare če-*

karmak, exclure, faire sortir dehors.

Decharesse طيشاريسى طشا روسى s. T. l'extérieur, le dehors.

Decharki طيشاريكى a. T. extérieur.

Dèchik ديشيك a. T. qui a des brèches, s'emploie avec le mot *dèlik; dèlik dèchik*, troué en divers sens.

Dèdè دده s. T., *beuyuk ata*, grand-père; aïeul; derviche; *dèdèniñ babasse*, bisaïeul.

Dèdirmèk ديدرمك T. faire ou laisser dire.

Dèèb دأب s. A. usage, coutume, étiquette.

Dèf' دفع s. A. expulsion, répulsion; propulsion, éloignement.

Dèf'a دفعه s. A. au pl. *dèf'at*, fois; *ilk dèf'a*, première fois; *bir dèf'a*, une fois; *bou dèf'a*, cette fois; *baze dèf'a*, quelquefois; *kač dèf'a*, combien de fois?; *bir kač dèf'a*, plusieurs fois; *soñ dèf'a*, une fois pour toutes, la dernière fois.

Dèf'at دفعات s. A. pl. de *dèf'a*, fois.

Dèf'atèn دفعة ad. A. en une seule fois.

Dèfatir دفاتر s. A. pl. de *dèftèr*, registres, livres; catalogues, listes.

Dèf'atla دفعاتله ad. T. à plusieurs reprises, souvent.

Dèfayin دفائن s. A. pl. de *dèfinè*, trésors cachés.

Dèfè دفه s. T. (*tèfè*), couverture de selle à pans ronds.

Dèf' èt. دفع ايتمك T., *kovmak*, expulser, chasser.

Dèfin دفين a. A. enterré, inhumé, enseveli; enfoui.

Dèfinè دفينه s. A. au pl. *dèfayin*, trésor enterré, enfoui, caché sous terre.

Dèfn دفن s. A. ensevelissement, enterrement; *dèfn ètmèk*, ensevelir, enterrer, enfouir; cacher.

Dèfnè دفنه s. du G. (ou *tèfnè*), laurier.

Dèftèr دفتر s. A. (*tèftèr*, T. vulg.), au pl. *dèfatir*; cahier, livre, registre; catalogue; liste, inventaire; *masraf dèftèri*, cahier de dépenses.

Dèftèr-dar دفتردار s. P. (*tèftèrdar*, T.), teneur de livres, receveur général.

Dèftèrdarlek دفترداراق s. T. office et titre de receveur général.

Dèftèr-hanè دفترخانه s. P. les archives ; département ou ministère des archives de l'Etat.

Dèǧǧal دجال s. A. (*tèǧǧal*, T. vulg.), antechrist.

Dèhan دهان s. P. bouche ; en T. us. *aghez*.

Dèhchèt دهشت s. A. consternation, terreur, stupéfaction, épouvante.

Dèhèn دهن s. P. v. *dèhan*.

Dèhliz دهليز s. A. vestibule.

Dèhr دهر s. A. au pl. *duhour*, temps, siècle, âge, fortune, sort.

Dèk دك prép. T. (*dak*), jusque, jusqu'à..., (avec le datif) ; *chimdiyèdèk*, jusqu'à présent ; *eulunǧèyèdèk*, jusqu'à la mort ; *bou gunèdèk*, jusqu'à ce jour ; *nè zamandak*, jusques à quand ? ; *bourayadak*, jusqu'ici ; *yarenadak*, jusqu'à demain.

Dèkayik دقائق s. A. pl. de *dakika*, finesses, etc.

Dèkiakin دكاكين s. A. pl. de *dukkian*, boutiques, magasins.

Dèkik دقيق s. A. v. *dakik*.

Dèkik دقيق a. A. v. *dakik*.

Dèlalèt دلالت s. A. indication, signification ; action de conduire, de montrer le chemin ; *dèlalèt ètmèk*, indiquer, signifier ; conduire ; montrer le chemin.

Dèlayil دلائل s. A. pl. de *délil*, preuves, documents ; arguments.

Dèldirmèk دلدرمك T. faire trouer, percer.

Dèli دلي a. T., *divanè*, fou, insensé, aliéné ; fougueux.

Dèli èt. دلي ايتمك T. rendre fou, aliéné.

Dèliǧè دليجه ad. T. follement ; un peu follement ; a. folâtre.

Dèlik دليك s. T. trou, ouverture ; alvéole ; forure ; a. troué ; percé : *dèlik açmak*, trouer, faire une ouverture, percer ; *dèlik dèchik*, troué de tous les côtés ; *koulaghe dèlik*, qui est rompu aux affaires et comprend aisément ; *dèlik èt-*

mèk, trouer, percer, perforer.

Dèli-kanlc دليقانلو دليقا a.T. (qui a le sang fou); jeune homme, gaillard, brave, ardent et léger.

Dèli-kanlclek دليقانلولق s. T. jeunesse; adolescence; ardeur et légèreté de la jeunesse.

Dèlikli دايكلي a.T. troué, percé, poreux.

Dèlil دليل s. A. au pl. *èdillè* ou *dèlayil*, preuve, document, argument, signe, indice; guide.

Dèlilik دليلك s. T., *divanèlik*, folie, manie, sottise, aliénation mentale, extravagance; *dèlilik ètmèk*, faire des folies, des sottises.

Dèlinmèk دلنمك T. se trouer; se percer; être troué, percé.

Dèlinmich دلنمش p. p. T. foré, troué, percé.

Dèlirmèk دلورمك T.p.u. *dèli ol.*, être ou devenir fou, extravagant, passionné.

Dèlirtmèk دلورتمك T. rendre fou.

Dèlk دلك s. A. frottement, massage.

Dèllak دلاك s. A. (*tèllak*, T. vulg.), garçon de bain qui frotte et lave le baigneur; d. de *dèlk*.

Dèllal دلال s. A. (*tèllal*, T. vulg.), courtier, crieur public; d. de *dèlalèt*.

Dèllaliyè دلاليه s. A. courtage.

Dèllalek دلالق s. T. office de courtier; courtage.

Dèlmè دلمه s. T. perforation, percement; action de trouer, etc.

Dèlmèk دلمك T. trouer, percer, transpercer, poinçonner, perforer.

Dèm دم s. P. minute, moment, instant; souffle, respiration; *hèr dèm*, *hèr an*, à tout moment.

Dèm دم s. A. au pl. *dima*, sang; en T. us. *kan*.

Dèma دما s. A. v. le précédent.

Dèmadèm دمادم ad. P. v. le suivant.

Dèm-bè-dèm دم بدم ad.P. (ou *dèmadèm*), quelquefois, de temps en temps; c. de *dèm*, de *bè* partic. P. et de *dèm*.

Dèmbèstè دمبسته a.P. essouffié, muet ; troublé, étourdi.

Dèmèk دمك T. *(dimèk)*, dire, parler, causer ; nommer, appeler ; s'appeler ; *bouña nè dèrlèr* ou *niğè dèrlèr*, comment cela s'appelle-t-il ? ; *bou nè dèmèk*, qu'est-ce que cela signifie ? ; *yok dèmèk*, nier, m. à m. dire non ; *dèmèm bou dour ki*, c'est-à-dire, je veux dire que… ; *nè dèrsiñiz, nè dèyorsouñouz*, que dites vous ? *nè dèyorlar*, que dit-on ? *kalbiñ chahadèt èdèr issè*, si le cœur vous en dit ; *bouña turkğè nè dèrlèr*, comment dit-on cela en turc ? ; *dèmèk olour ki*, c'est-à-dire ; *o bèlli bir chèy dir*, cela va sans dire.

Dèmèt دست s. du G. botte (de foin), gerbe ; trousseau, bouquet ; *otlouk dèmèti*, botte de foin ; *dèmèt baghlamak*, lier en botte, botteler ; arranger en bouquet ; *dèmèt ètmèk*, lier en botte.

Dèmètlèmèk دمتله مك دمتلك T. faire fagot, lier en fagot ; gerber ; diviser en bouquet.

Dèmèvi دموى a. A. sanguin ; de sang.

Dèmin دمين ad. T. depuis peu, tantôt, tout à l'heure.

Dèmingik دمنجك ad. T. tout à l'heure.

Dèmir دمور دمير s. T. *(timour)*, fer, ferrure ; ancre ; *dèmir kapou*, porte en fer ; *dèmir alatè*, outils en fer ; *dèmir parmaklèk*, grille en fer ; *dèmir tèli*, fil de fer ; *dèmir ma'dèni*, mine de fer ; au fig. *dèmir bachlè*, tête de fer (opiniâtre) ; *dèmir atmak*, jeter l'ancre, ancrer ; *dèmir kaldermak*, lever l'ancre ; *dèmir atağak yèr*, lieu où l'on peut jeter l'ancre ; *dèmir atağak mahal*, ancrage ; *dèmir atmak parassè*, droit d'ancrage.

Dèmirği دميرجى s. T. forgeron, forgeur.

Dèmirğilik دميرجيلك s. T. métier de forgeron ; *dèmirğilik ètmèk*, forger.

Dèmir-ḫanè دميرخانه s. T. forge.

Dèmir-kalèm دميرقلم s. T. burin ; plume de fer (en acier).

Dèmirlèmèk دميرلمك

لنكا T. jeter l'ancre; ancrer.

Dèmirli تيمورلی دميرلی a. T. ancré.

Dèmir sandok تيمورصندق دميرصندق s. T. coffre-fort, m. à m. caisse en fer.

Dèmir yolou تيموريولی دميريولی s. T. chemin de fer.

Dèm-saz دمساز a. s. P. ami; confident, intime.

Dèñ دك s. T. sorte, espèce, degré, qualité, façon.

Dèn دن partic. postp. T. (dan), de, du, de la, par, des, depuis (v. dan).

Dènaèt دنائت s. A. abjection, ignominie, bassesse; lâcheté.

Dènaèt-kiar دنائتكار a. P. bas, lâche, vil.

Dènaèt-kiaranè دنائتكارانه ad. P. lâchement, avec bassesse; a. qui se fait avec bassesse.

Dènaètlè دنائتله ad. A. ignominieusement, ignoblement, bassement.

Dènanir دنانير s. A. pl. de dinar, anciennes monnaies d'or.

Dèñèmè دكمه s. T. tentative, épreuve, essai.

Dèñèmèk دكمك T. éprouver, faire l'expérience, tenter, essayer.

Dèñèyich دكيش s. T. tentative, épreuve.

Dèni دنی a. A., alčak, T. ignominieux, ignoble, vil, lâche, bas; d. de dènaèt.

Dènilmèk دنلمك T. être dit, être nommé, s'appeler, se dire; passif de dèmèk.

Dènilmèz دنلمز a. T. qui ne peut être dit.

Dèñiz دكز s. T., bahr, A., dèrya, P. mer; ak dèñiz, ič dèñiz, la Méditerranée; dich dèñiz, l'Océan, m. à m. mer extérieure; kara dèñiz, la mer Noire; kezel dèñiz, la mer Rouge; baltik dèñizi, la mer Baltique; azak dèñizi, la mer d'Azof; marmara dèñizi, la mer de Marmara; aček dèñiz, mer libre; dèñizdèn vè karadan, par mer et par terre; dèñiz achere, d'outremer; dalghale, fourtounale, dèñiz, mer agitée, orageuse; dèñizè čekmak, prendre la mer; dèñiz keyesse, le rivage de la mer; dèñiz mèlèyi, dèñiz anasse, sirène, être fabuleux ; *dèñiz artmasse*, flux (de la mer) ; *dèñiz èksilmèssi*, reflux.

Dèñizlik دكزلك s.T. planche de côté, propre à empêcher les flots de pénétrer dans le caïque.

Dènk دنك s. T. balle de marchandises, ballot; colis; fig. équilibre ; contrepoids ; a. pareil, équivalent ; *dènk ètmèk*, lier en ballot, contre-balancer, équilibrer.

Dènklèchmèk دنكلشمك T. s'équilibrer.

Dèñli دكلو دكلى a. T. de telle manière, à tel degré.

Dènmèk دنمك T. se dire, se nommer, s'appeler.

Dènmich دنمش p p. T. de *dènmèk*, dit.

Dèñsiz دكسز a. T. insignifiant, ordinaire ; insolent.

Dèñsizlènmèk دكسزلنمك T. agir d'une manière inconvenante.

Dèposito ديوزيتو s.de l'I., *èmanèt*, A. dépôt.

Dèprèchmèk دپرشمك T. (*tèprèchmèk*), se mouvoir, être agité, tâcher, s'efforcer.

Dèprèchtirmèk دپرشدیر مك T. (*tèprèchtirmèk*), causer de l'agitation, exciter ; mouvoir.

Dèprèmèk دپرومك T. (*tèprèmèk*), se mouvoir s'agiter.

Dèprènmèk دپرنمك T. (*tèprènmèk*), se mouvoir, s'agiter, faire tous ses efforts; fondre, s'élancer sur ... avec impétuosité.

Dèprètmèk دپرتمك T. (*tèprètmèk*), mouvoir, agiter ; exciter.

Dèr در partic. P., *dè, da*, T. en, dans ; *dèr 'akab*, tout de suite.

Dèr در s. P. porte ; chapitre d'un livre.

Dèrahim دراهم s. A. pl. de *dirhèm*, drachmes, monnaies d'argent.

Dèraki دراقى دراق s. T. brugnon, sorte de pêche qui a la peau mince et lisse.

Dèr-ban دربان s. P., *kapouğou*, T. portier; c. de *dèr* et de *ban*.

Dèr-bè-dèr دربدر s. a. P.

vagabond, rôdeur ; qui va de porte en porte ; mendiant, pauvre, gueux ; c. de *dèr*, de la partic. *bè* et de *dèr*.

Dèr-bè-dèrlik دربدرلك s. T. vagabondage ; *dèr-bè-dèrlik ètmèk*, vagabonder.

Dèr-bènd دربند s.P. (*dèrvènd*, T. vulg.), débouché, défilé ; détroit ; barrage (droit de—) ; c. de *dèr* et de *bènd*.

Dèrd درد s. P. douleur, peine, souffrance ; chagrin.

Dèrdlèchmèk دردلشمك T. se confier réciproquement ses peines, ses souffrances.

Dèrdlènmèk دردلنمك T. souffrir, être sujet à des souffrances.

Dèrdli دردلو دردلی a. T. (*dèrdmènd*, P.), chagriné, désolé, affligé ; souffrant, soucieux.

Dèrdmènd دردمند a. P. v. le précédent.

Dèrdmèndanè دردمندانه ad. P. avec peine ; avec affliction.

Dèrdsiz دردسز a.T. sans douleur, sans chagrin, sans peine, sans souci.

Dèrè دره s. T. vallée, vallon ; ravin ; ruisseau ; *bcuyuk dèrè*, grande vallée ; nom d'un village sur le Bosphore (côte d'Europe), à 4 lieues de Constantinople.

Dèrèğat درجات s. A. pl. de *dèrèğè*, grades, etc.

Dèrèğè درجه s. A. au pl. *dèrèğat*, grade, degré, gradin, échelle, rang, dignité ; *dèrèğè dèrèğè*, graduellement ; *dèrèğè dèrèğè ètmèk*, graduer.

Dèrèğèli درجه‌لی a. T. graduel, gradué.

Dèrèğik درجك s. T. petite vallée, vallon ; dim. de *dèrè*.

Dèrğ درج s. A. insertion ; *dèrğ ètmèk*, insérer.

Dèr-giah درگاه s.P. cour royale.

Dèrhal درحال ad. P. tout de suite, sur-le-champ, aussitôt.

Dèri دری s. T. peau ; cuir ; *adèmiñ dèrissi*, la peau de l'homme ; *bourouchouk dèri*, peau ridée.

Dèria دریا s. P. v. *dèrya*.

Dèričè دریچه s. P. petite porte.

Dèriğik دریجك s. T. membrane, petite peau; dim. de *dèri*.

Dèrin درين دریك s. a. T. (*dèriñ*), abîme, profondeur; profond; ad. profondément; *dèrin ètmèk*, approfondir.

Dèringè درینجه ad. T. profondément.

Dèrinlèchdirmè درینلشدرمه s. T. approfondissement, action d'approfondir.

Dèrinlèchdirmèk درینلشدیرمك T. approfondir, faire approfondir.

Dèrinlik درینلك درینكلك s. T. profondeur; vallée profonde.

Dèrk درك s. A. action de comprendre, de sentir.

Dèr-kènar دركنار ad. P. sur le bord; à la marge, en marge; s. note qu'un bureau écrit en bas ou sur la marge d'une pétition.

Dèrkos دركوس n. p. T. v. *Tèrkos*.

Derlanmak درلانمق T. parler beaucoup et d'une manière insupportable.

Dèrman درمان s. P. médicament, remède, moyen; ressource, forces.

Dèrmandè درمانده a. P. réduit à l'extrémité.

Dèrmansez درمانسز a. T. languissant, sans forces; abattu; sans moyens.

Dèrmansezlek درمانسزلق s. T. langueur, abattement; faiblesse.

Dèrmansezlekla درمانسزلكله ad. T. languissamment; faiblement.

Dèrmansez ol. درمانسز اولمق T. languir, être abattu, affaibli.

Dèrmè درمه s. T. amas, assemblage.

Dèrnèk درنك دیرنك s. T. assemblée, réunion; fêtes de mariage; sorte de bal très commun; lieu de réunion.

Dèroun درون s. P. intérieur; dedans, partie intérieure; cœur, conscience.

Dèrouni درونی a. P., *dahili*, interne, intérieur, qui est dedans; intime; cordial, sincère; *dèrouni dil-*

dèn, intimement, m. à m. par dedans du cœur.

Dèrs درس s. A. devoir d'un écolier, leçon ; étude ; enseignement ; *dèrs okoutmak*, enseigner ; *dèrs ètmèk*, faire le devoir, étudier, lire, apprendre.

Dèrs-hanè درسخانه s. P. grande salle où l'on donne des leçons, classe.

Dèrvènd درون s.T.vulg. (*dèr-bènd*, P.), débouché, défilé, etc.

Dèrvich درويش s.P. moine mahométan ; pauvre, derviche.

Dèrvichanè درويشانه ad. P. pauvrement ; comme un derviche ; a. qui est propre aux derviches. La terminaison *anè*, en persan, ajoutée aux substantifs ou aux adjectifs, exprime un rapport de ressemblance, d'analogie, et souvent elle marque les adverbes et les adjectifs persans fort en usage dans la langue littéraire turque ; *sitèmkiaranè*, injustement. Si le mot persan se termine en *è* la susdite terminaison se change en *gianè* ; *bèndè* serviteur ; *bèndègianè*, comme un serviteur.

Dèrvichlik درويشلك s. T. profession de derviche ; état de moine musulman ; pauvreté.

Dèrya دريا s.P., *bahr*, A., *dèñiz*, T. mer ; *dèrya kapoudanleghe*, amirauté.

Dèrzi درزى s. P. (*tèrzi*, T. vulg.), couturier ; tailleur ; *tèrzi kare*, couturière.

Dèssatir دساتير s. A. pl. de *dustour*, collections de lois ; formules (math.).

Dèst دست s. P. main ; en T. us. *èl* ; *dèst bous* ; *èl eupmè*, action de baiser les mains de quelqu'un par respect ; *ab-dèst*, ablution avant la prière musulmane, m. à m. lavement des mains.

Dèstan دستان s. T. v. *dassitan*.

Dèstar دستار s. P. turban ; *dèstar-bènd*, qui porte le turban.

Dèstarè دستاره s. P. v. *dèstèrè*.

Dèst-baz دستباز s. P. joueur adroit.

Dèstè دسته s. P. (*tèstè*, T. vulg.), paquet, bouquet

faisceau ; *gul dèstè*, bouquet de roses.

Dèstèk دستك s.T., *dayak*, appui, échalas.

Dèstèrè دسترۀ s. P. (*tèstèrè*, T. vulg.), scie.

Dèst-giah دستگاه s. P. (*tèzgiah*, T. vulg.), table d'artisan ; métier ; buffet.

Dèsti دستى s. P. (*tèsti*, T. vulg.), urne à deux anses ; cruche.

Dèstigik دستيجك s. T. cruchon, petite urne ; dim. de *dèsti*.

Dèstour دستور s.A.(mieux *dustour*), permission, protocole ; modèle ; règle ; plénipotentiaire, ministre, gouverneur général ; interj. est-il permis! gare! *dèstour vèrmèk*, accorder la permission ; *dèstour ul-'amèl*, qui est en vigueur (se dit d'une loi).

Deuchèk دوشك s.T. matelas ; lit ; *deuchèk yapmak*, faire le lit ; *poupla deuchèk*, lit de plumes ; *deuchèktè yatmak*, garder le lit.

Deuchèkli دوشكلى a. T. qui a un fond; stable, bien assis.

Deuchèmè دوشمه s. T. chose étendue par terre, pavé ; parquet, meuble, plancher.

Deuchèmèk دوشمك T. étendre par terre, meubler.

Deuchènmèk دوشنمك T. être meublé, s'étendre par terre, s'aliter, entrer dans des détails ; s'étendre.

Deuchètmèk دوشتمك T. étendre par terre ; paver ; meubler.

Deuchurmèk دوشورمك دوشرمك T. cueillir, ramasser, plier; moissonner, vendanger.

Deukdurmèk دوكدرمك T. faire répandre, verser ; faire fondre ; mouler.

Deukmè دوكمه s. T. coulage, jetée en moule ; action de fondre ; de verser ; a. fondu, moulé.

Deukmègi دوكمه‌جى s. T. fondeur.

Deukmègilik دوكمه‌جيلك s. T. fonderie ; métier du fondeur.

Deukmèk دوكمك T. fondre ; mouler ; verser, répandre, couler, épancher ; *kanèñ deukmèk*, verser son sang.

Deukmèklik دوککلك s. T. action de répandre.

Deukturmèk دوکدرمك T. v. *deukdurmèk*.

Deukulmè دوکلمه s. T. action de se répandre.

Deukulmèk دوکلمك T. se répandre; être fondu, moulé.

Deukuluch دوکلش s. T. v. *deukulmè*.

Deukum دوکوم s. T. action de fondre.

Deukum-hanè دوکومخانه s. T. fonderie.

Deukunmèk دوکنمك T. verser sur soi-même.

Deukuntu دوکنتی s. T. menues choses répandues; pierres jetées à la mer.

Deul دول s. T. fœtus; race, génération.

Deundurmè دوندرمه s. T. action de retourner, de détourner, etc.

Deundurmèk دوندرمك T. faire tourner, retourner, détourner; changer une chose; empêcher; séduire; rendre, restituer; *yuzunu deundurmèk*, détourner le visage; *geuzlèrini deundurmèk*, rouler les yeux.

Deundurulmuch دوندرلمش p. p. T. retourné.

Deunèk دونك a. T. changeant, inconstant; en T. us. aussi *kararsez*.

Deunèklik دونکلك s. T. inconstance.

Deunèn دونن p. pr. T. tournant; qui tourne.

Deunèr دونر a. T. tournant.

Deunmè دونمه s. T. action de tourner, de retourner; changement; renégat.

Deunmèk دونمك T. être de retour, se tourner, se convertir, retourner, revenir, se changer; virer, circuler, pirouetter, changer, apostasier; *bachem deuynèyor*, la tête me tourne.

Deunmuch دونمش p. p. T. tourné, retourné, changé, revenu.

Deunuch دونش دونش s. T. retour.

Deunuchturmèk دونشدرمك T. fouiller, rechercher.

Deunuchun دونوشین دو نشین ad. T. au retour, en retournant.

Deunulmèz دونلمز a. T.

qui ne peut pas être changé; irrévocable.

Deunum دونوم s. T. tour, fois, retour, changement.

Deunum دونم s. T. mesure de surface de 40 pics de côté; arpent.

Deurdèr دردر a. T. quatre à quatre; d. de *deurt*.

Deurdunğu دردنجى a. num. T. quatrième.

Deurpu تورپى دورپى s. T. (*teurpu*, vulg.), râpe; lime pour le bois; *èyè*, lime pour le fer.

Deurpulèmèk دورپيلمك T. (*teurpulèmèk*), râper, limer avec la râpe le bois.

Deurt درت a. num. T. quatre; *deurt ayakle*, quadrupède, m. à m. qui a quatre pieds (ou pattes); *deurt yanle*, quadrilatère.

Deurt-kat درتقات a. T. quadruple.

Deurt-keuchè درتكوشه a. T. carré; qui a quatre angles.

Deurt-keuchèli درتكوشهلى a. T. carré, quadrangulaire.

Deurt-na'l درتنعل s. T. galop; *deurt-na'l gitmèk*, galoper.

Deuvmèk دوكك T. v. *deuymèk* avec ses dérivés.

Deuydurmèk دوكدرمك T. faire battre, frapper, broyer.

Deuyèn دوكن s. T. fléau à battre le blé.

Deuymè دوكه s. T. (*deuvmè*), action de battre, de piler, de broyer; a. battu, fait au marteau.

Deuymèk دوكك T. (*deuvmèk*), battre, frapper, taper, piler, broyer, moudre; bombarder, concasser; *sovouk dèmir deuymè*, ne battez pas le fer froid (prov.).

Deuyuch دوكش s. T. (*deuvuch*), combat, mêlée, conflit, querelle.

Deuyuchmèk دوكشمك T. (*deuvuchmèk*), se battre, lutter, combattre.

Deuyuchturmèk دوكشدرمك T. (*deuvuchturmèk*); faire battre, faire lutter des animaux.

Deuyuğu دوكيجى s. T. frappeur; batteur.

Deuyulmè دوكلمه s. T. action d'être battu, etc.

Deuyulmèk دوكلك T. (*deuvulmèk*), être battu, frappé, pilé.

Deuyunmèk دوكنمك T. (*deuvunmèk*), se repentir.

Dèv ديو s. T. (*div*), ğin, fée, esprit, démon ; géant.

Dèva دوا s. A. au pl. *èdviyè*, médicament, remède.

Dèvam دوام s. A. persévérance, continuité, durée ; permanence, continuation, fréquentation ; assiduité ; application ; *dèvam ètmèk*, persévérer, continuer, fréquenter.

Dèvamle دواملى a. T. stable, persévérant, durable, assidu, appliqué.

Dèvamsez دوامسز a. T. inconstant, qui ne dure pas, sans persévérance ; non assidu.

Dèvamsezlek دوامسزلق s. T. manque de durée, de persévérance, de constance ; inconstance.

Dèvat دوات s. P. v. *divit*.

Dèvayir دواير s. A. pl. de *dayirè*, cercles, circonférences ; départements.

Dèvchirim دوشريم s. T. action de cueillir.

Dèvchirmè دوشرمه s. T. perception, quête ; entassement ; action de cueillir, de plier ; armée irrégulière.

Dèvchirmèk دوشرمك T. (*deuchurmèk*), ramasser, rassembler, récolter, cueillir, entasser ; faire la quête ; détaler.

Dèvchirtmèk دوشرتمك T. faire cueillir, faire plier, etc.

Dèvè دوه s. T., ğèmèl, A. chameau ; *dèvè kouchou*, autruche (oiseau).

Dèvèği دوهجى s. T. chamelier.

Dèvè-kouchou دوه‌قوشى s. T. autruche.

Dèvèran دوران s. A. rotation, mouvement circulaire, tour, révolution ; temps, époque.

Dèvèrani دورانى a. A. circulaire.

Dèvirmèk دويرمك T. renverser, culbuter, faire chavirer ; retourner ; rabattre.

Dèvirtmèk دويرتمك T. faire tourner, renverser.

Dèvlèt دولت s. A. au pl. *duvèl*, empire, royaume,

puissance, état, gouvernement; fortune, prospérité, bonheur; *dèvlèti 'osmaniyè*, l'Empire Ottoman; *dèvlèti 'aliyè*, l'empire sublime; l'Empire Ottoman; *fransa dèvlèti*, le Gouvernement Français.

Dèvlètgè دولنجه ad. T. officiellement, suivant l'usage de la cour, ministériellement.

Dèvlèt-hanè دولتخانه s. P. maison de félicité, de bonheur; terme de politesse pour dire votre maison.

Dèvlètli دولتلو a. T. (*dèvlètlu*), heureux, fortuné; puissant.

Dèvr دور s. A. circuit, rotation, période; siècle, cycle; transmission; *dèvr ètmèk*, circuler.

Dèvrèk دورك s. T. vase à bouche large.

Dèvri دورى a. A. rotatoire, relatif au tour, etc.

Dèvrik دوریك a. T. tourné vers le côté inférieur; rabattu.

Dèvr ilè دور ایله ad. T. circulairement.

Dèvrilmè دورلمه s. T. action d'être renversé; chavirement.

Dèvrilmèk دورلمك T. se renverser, chavirer.

Dèvvar دوار a. A. qui tourne; d. de *dèvr*.

Dèydirmèk دكدرمك T. faire toucher, faire parvenir; évaluer, faire valoir; causatif de *dèymèk*.

Dèyèr دكر s. T. valeur, prix, talent.

Dèyèr دكر a. T. équivalent, qui vaut.

Dèyèrsiz دكرسز a. T. qui ne vaut rien, de bas prix, d'aucune valeur.

Dèyi ديه conj. T. sous prétexte de; à cause de.

Dèyich دكش s. T. changement, échange.

Dèyichigi دكشیجی s. T. qui change.

Dèyichik دكشیك a. T. changé, altéré, échangé.

Dèyichiklik دكشیكلك s. T. changement, altération, variation.

Dèyichilir دكشیلیر a. T. variable, inconstant, changeant, transmuable.

Dèyichilmè دكشلمه s. T., *tèbèddul*, A. vicissitude,

changement, transmutation.

Dèyichilmèk دكشلك T. se changer, varier.

Dèyichilmèz دكشلمز a. T. invariable, immuable.

Dèyichilmich دكشلمش p. p. T. varié; altéré, changé.

Dèyichmè دكشمه s. T. changement, altération; échange, variation.

Dèyichmèk دكشمك T. changer.

Dèyichmèyèrèk دكشميرك ad. T. invariablement, immuablement.

Dèyichtirmèk دكشدرمك T. faire changer, changer, échanger.

Dèyil دكل ad. T., ḥayr, A. non, ne, nullement, non pas, non seulement; il est le négatif du verbe *im* (je suis); *bèn dèyil im*, ce n'est pas moi; *bèn dèyil mi yim*, n'est-ce pas moi?; *hasta dèyil im*, je ne suis pas malade; *okoumouch dèyil mi yim*, ne suis-je pas lettré?

Dèyin دكين prép. T. jusque.

Dèyin دين s. A. v. *dèyn*.

Dèyirmèn دكرمن s. T. moulin; *sou dèyirmèni*, moulin à eau; *yèl dèyirmèni*, moulin à vent; *èl dèyirmèni*, moulin à bras; *kahvè dèyirmèni*, moulin à café; *dèyirmèn tache*, meule; *sakalè dèyirmèndè aghartmak*, vieillir sans être expérimenté (prov.), m. à m. faire blanchir la barbe dans le moulin.

Dèyirmènği دكرمنجى s. T. meunier.

Dèyirmènğik دكرمنجك s. T. petit moulin; dim. de *dèyirmèn*.

Dèyirmènğilik دكرمنجيلك s. T. métier de meunier; meunerie.

Dèyirmi دكرمى a. T. rond, circulaire; sphérique.

Dèyirmi èt. دكرمى ايتمك T. arrondir.

Dèymè دكمه s. T. action de toucher, de frapper, etc.

Dèymèk دكمك T. toucher, frapper, arriver, parvenir, passer; coûter, valoir; *bou nè dèyèr*, combien coûte cela?; *on ghourouch dèyèr*, cela coûte dix piastres; *hič bir chèy dèymèz*, cela ne vaut rien.

Dèyn دين s. A. au pl. *duyoun*, dette, devoir.

Dèynèğik دكجك s. T. petite canne; dim. de *dèynèk*. Dans la formation des diminutifs si le mot se termine par *k* on supprime ordinairement cette lettre pour adoucir le son.

Dèynèk دكنك s. T. canne; bâton; bastonnade; *dèynèk čalmak*, donner des coups de canne.

Dèynèkli دكنكلى a.T. qui tient un bâton, une canne.

Dèyr دير s. A. couvent chrétien.

Dezman ديزمان a.T. grand, corpulent, énorme.

Dianèt ديانت s. A. dévotion, piété.

Dianètsiz ديانتسز a. T. indévot.

Dianètsizğè ديانتسزجه ad. T. indévotement.

Dianètsizlik ديانتسزلك s. T. indévotion.

Dib ديب partic. T. augmentative; *dib diri*, tout vif.

Dib ديب s. T. fond; fondement, pied ou le bas d'une montagne, d'un arbre, d'un mur; derrière, a-nus; *bir kavak dibindè*, au pied d'un peuplier.

Diba ديبا s. P. étoffe de soie.

Dibağè ديباجه s. A. préface, préambule, prologue.

Dibaghat دباغت s. A. art, métier de corroyeur; *dibaghat ètmèk*, tanner, corroyer.

Dibdèn ديبدن ad. T. de fond en comble, totalement, entièrement.

Dibèk ديبك s. T. large mortier de pierre ou de bois pour broyer le blé, le café, etc.

Dibğik ديبجيك s. T. partie qui termine le bois d'un fusil; crosse.

Dibsiz ديبسز a. T. sans fondement; inconstant.

Dich ديش s. T., *sinn*, A. dent: *čuruk dich*, dent gâtée; *eun̄ dichlèri*, dents incisives; *yan dichlèri*, dents mâchelières; *azé dichlèri*; dents canines et molaires; *sud dichlèri*, dents de lait; *bir čarheñ dichlèri*, dents d'une roue; *dich aghrèssè*, mal de dents; *dichim aghreyor*, j'ai mal aux dents; *dich èti*, gencive; *dich dich kèsmèk*, denteler.

Dich طیش a. T. extérieur, du dehors.; s. le dehors, apparence; *dich kapou*, porte extérieure; *dich dèñiz*, mer extérieure, l'Océan.

Dichare طیشاری طشارو ad. T. (*dechare*), dehors; s. le dehors; *dichare čekmak*, aller dehors; *dichare čekte*, il est dehors, il est sorti; *dichare ček*, allez dehors, sortez; *èviñ dicharesse*, le dehors de la maison; *dichare gitdi*, il est allé dehors, à l'étranger; *dichare kovmak*, chasser; *dicharda (decharda)*, au dehors; *dichardan*, de dehors; *dichare, dichare tarafdan*, en dehors.

Dich dich دیش دیش a. T., *dichli*, denté.

Dichè dayir دیشهدار a. T. dentaire.

Dichği دیشجی s. T. dentiste.

Dichğilik دیشجیلك s. T. profession de dentiste.

Dichi دیشی s. T., femelle; *èrkèk vè dichi*, le mâle et la femelle. La langue turque, à vrai dire, n'a pas de genre, elle reconnait cependant le masculin et le féminin de plusieurs mots arabes dont elle fait usage. Pour distinguer le sexe dans les êtres irraisonnables, elle se sert des mots *dichi*, (femelle), et *èrkèk* (mâle); *aslan*, lion; *dichi aslan*, la femelle du lion, la lionne; *èrkèk aslan*, le lion, le mâle de la lionne; *kaplan*, tigre; *dichi kaplan*, la tigresse; *èrkèk kaplan*, le tigre. En arabe la terminaison *è (èt)*, et *a*, marque le genre féminin; *valid*, père; *validè*, mère; *ma'chouk*, aimé; *ma'chouka*, aimée (v. gramm.).

Dichili دیشیلی a. T. qui a sa femelle.

Dichlèmèk دیشلهمك دیشلمك T., *essermak*, mordre; d. de *dich*, dent.

Dichli دیشلی a. T. muni de dents; *dichli kèsmèk*, denteler.

Dichsiz دیشسز a. T. édenté, sans dents.

Didar دیدار s. P. visage; entrevue.

Didè دیده s. P. œil; en T. us. *geuz*.

Didè دیده a. P. qui a vu; *didè-ban*, gardien, vedette.

Didichmèk ديدشمك T. s'entre-déchirer; se quereller.

Didinmèk ديدنمك T. s'agiter violemment, faire beaucoup d'efforts.

Digèr ديكر a. P. autre.

Dih ده s. P. village; en T. us. *keuy*; p. pr. qui accorde, qui donne.

Dihim ديهم s. P. couronne, diadème; en T. us. *taġ*.

Dik ديك s. P. pot, chaudière; marmite.

Dik دك a. T. escarpé, raide; rude; tout droit, haut, perpendiculaire; fig. inflexible; *dik yokare*, tout droit en haut; *dik bachle*, indocile.

Dik ديك impér. T. de *dikmèk*, couds, arbore, plante.

Dik ديك ad. T. fixement.

Dikdirmèk ديكديرمك ديكدرمك T. faire coudre, faire planter, faire arborer, fixer, hérisser; d. de *dikmèk*.

Dikèn ديكن s. T. épine; chardon, écharde; aiguillon; *balek dikèni*, arête; *dèvè dikèni*, chardon; *ak dikèn*, aubépine.

Dikènli ديكنلى a. T. épineux; qui a des épines.

Dikènlik ديكنلك s. T. lieu plein d'épines.

Dikich ديكش s. T. couture, suture.

Dikichġi ديكشجى s. T. couturier; *dikichġi kare*, couturière.

Dikik ديكك s. T. plant de vigne.

Dikili ديكلى a. T. cousu, qui se tient debout; planté; arboré, hérissé; *dikili tach*, obélisque.

Dikilmè ديكلمه s. T. implantation.

Dikilmèk ديكلمك T. être cousu; planté, hérissé, arboré, érigé; se hérisser; rester debout et immobile.

Dikilmich ديكلمش p.p.T. cousu; planté, hérissé, arboré.

Dikim ديكيم s.T. couture.

Dikim-hanè ديكمخانه s. T. maison ou atelier où l'on coud les vêtements des soldats.

Dikkat دقت s. A. attention, exactitude, ponctualité, soin, observation; subtilité; *dikkat ètmèk*, être attentif, s'appliquer, remarquer, faire attention, observer.

Dikkat ilè دقت ایله ad. T. attentivement, ponctuellement.

Dikkatle دقتلی a. T. attentif, appliqué, ponctuel, soigneux.

Dikkatsez دقتسز a. T. inattentif, inconsidéré, nonchalant.

Dikkatsezlek دقتسزلق s. T. inattention, inconsidération, nonchalance.

Dikkatsezlekla دقتسزلقله ad. T. nonchalamment; inconsidérément.

Diklik دیکلك s. T. raideur.

Dikmè دیکمه s. T. couture; plantage, implantation.

Dikmèk دیکمك T. coudre; arborer, fixer, planter, implanter, hérisser, ériger; *gœuz dikmèk*, fixer les yeux; *aghaǧ dikmèk*, planter des arbres; *bayraghe dikmèk*, arborer l'étendard; *bandèraye dikmèk*, arborer le pavillon.

Dikmèklik دیکمكلك s. T. action de coudre, de planter.

Diksinmèk دیکسینمك T. *(tiksinmèk)*, sentir de la répugnance, du dégoût.

Diktirmèk دیکدرمك T. v. *dikdirmèk*.

Dil دل s. P. cœur; en T. us. *yurèk*; *dil-ara*, qui embellit le cœur, qui plaît; objet d'amour; *dil-bèstè*, qui a le cœur affligé, amoureux; *dil-bèr*, ravissant, qui ravit le cœur; *dil-pèzir*, qui plaît au cœur, agréable; *dil-pèssènd*, agréable, ravissant; *dil-tènk*, affligé, qui a le cœur serré; *dil-ruba*, ravissant, qui arrache le cœur; *dil-rich*, très affligé, qui a le cœur blessé; *dil-souz*, tragique, qui brûle le cœur, ravissant; *dil-chad*, content, qui a le cœur gai, satisfait; *dil-chikiaf*, qui fend le cœur; *dil-chikèstè*, qui a le cœur brisé; *dil-gudaz*, qui touche le cœur.

Dil دیل s. T. langue (organe de la voie); idiome, langage; isthme; *seghèr dili*, langue de bœuf; *bèd dil*, mauvaise langue; *diliñ kèmiyi yok dour amma* kèmiyi kerar, la langue n'a pas d'os mais elle brise l'os (prov.); ana dili, langue maternelle; 'arab dili, langue arabe; 'ağèm dili, langue persane; dil bilmèz, qui ne connaît pas la langue du pays; dil čekarmak, se moquer; gèyik dili otou, langue-de-cerf (bot.); dil baleghe, sole (poisson); dil pèyniri, fromage frais; fait de lait de buffle.

Dil' ضلع s. A. au pl. adla', v. zil'.

Dilavèr دلاور s. a. P., nèriman, héros; valeureux; brave, courageux.

Dilavèri دلاورى s. P. v. le suivant.

Dilavèrlik دلاورلك s. T. courage, bravoure.

Dil-baleghe ديل بالغى s. T. sole (poisson).

Dil-bèr دلبر a. P., agréable, joli, gentil, aimable, mignon, qui ravit le cœur, ravissant, charmant, séduisant.

Dil-bèranè دلبرانه ad. P. d'une manière attrayante; a. ravissant.

Dilbèrlik دلبرلك s. T. amabilité, gentillesse.

Dilèk ديلك s. T. demande; prière, désir, postulation, souhait; dilèk ètmèk, demander, prier.

Dilèmè ديلمه s. T. demande, prière; souhait.

Dilèmèk ديلمك T. demander, postuler, désirer, vouloir, solliciter, réclamer; requérir.

Dilèndirmèk ديلندرمك T. réduire à l'état de mendicité.

Dilèngi ديلنجى s. T. mendiant, gueux; d. de dilènmèk.

Dilèngilik ديلنجيلك s. T. mendicité, gueuserie; dilèngilik ètmèk, mendier; kapoudan kapouya dilèngilik ètmèk, mendier de porte en porte.

Dilènmè ديلنمه s. T. action de mendier.

Dilènmèk ديلنمك T. mendier.

Dilènmich ديلنمش p. p. T. qui a mendié.

Dilğik ديلجك s. T. petite langue, languette; dim. de dil, T.

Dil-gir دلكير a. P. qui cause du chagrin, affligé;

fâché; *dil-gir olmak*, être affligé, fâché.

Dilim ديلم s. T. morceau, tranche; *kavoundan bir dilim kèsmèk*, couper une tranche de melon; *dilim dilim*, à morceaux, à tranches; *dilim dilim kèsmèk*, couper par tranches, couper en lèches, en morceaux.

Dilingè ديلنجه ad. T. selon la langue, selon l'idiome; *'arab dilingè dèmèk olour*, cela signifie en arabe…

Dilir دلير a. P. brave, courageux, vaillant.

Diliranè دليرانه ad. P. en brave, bravement, courageusement, héroïquement; a. fait avec courage, avec bravoure.

Diliri دليرى s. P. bravoure, courage, héroïsme.

Dilirlik دليرلك s. T. v. le précédent.

Dil-kèch دلكش a. P. attrayant.

Dilki دلكو s.T. (*tilki*), renard.

Dillèchmèk ديللشمك T. parler, entrer en conversation; parler en langue étrangère.

Dillènmèk ديللنمك T. faire parler mal de soi, avoir mauvaise réputation; parler beaucoup, jaser, dire des inconvenances; *bounou èdèrsèn dillènir sin*, si tu fais cela on parlera mal de toi.

Dillènmich ديللنمش p. p. T. décrié, diffamé.

Dilli ديللى a. T. qui a une langue; qui parle beaucoup; *tatle dilli*, affable, langue douce, mielleuse; *iki dilli*, à deux lames; *agher dilli*, qui parle lentement, qui bégaye en parlant.

Dilmèk ديلمك T. diviser, couper en tranches.

Dil-pèssènd دلپسند a. P. agréable, ravissant.

Dil-pèzir دلپذير a. P. qui plaît au cœur, agréable.

Dilsiz ديلسز a. T. sans langue, muet; silencieux; *dilsiz oyounou*, pantomime; *dilsiz olmak*, devenir ou être muet.

Dilsizlik ديلسزلك s. T. mutisme.

Dima دما s. A. pl. de *dèm* et de *dèma*, sangs.

Dimagh دماغ s. A. cerveau, cervelle, encéphale.

Dimaghi دماغی a. A. cérébral, encéphalique.

Dimèk دیمك T. v. *dèmèk*.

Dimiat دمياط n. p. T. Damiette, ville de la basse Egypte.

Din دين s. A. au pl. *èdian*, religion, foi; *din ou vatan*, la foi et la patrie; *dindè kavi*, ferme dans la foi; *dinim hakke ïčun*, ma foi! *din-pèrvèr*, protecteur de la religion.

Dinar دينار s. A. au pl. *dènanir*, ancienne monnaie d'or.

Din-chikèn دينشكن a. P. antireligieux.

Din-chikènanè دينشكانه ad. P. d'une manière antireligieuse; a. fait d'une manière antireligieuse.

Din-dach دينداش s. T. coreligionnaire.

Din-dar ديندار a.P., *ibadètkiar*, pieux, dévot; croyant.

Din-daranè ديندارانه ad. P. pieusement; a. pieux.

Din-dari ديندارى s. P., *dindarlek*, T. piété, dévotion.

Din-darlek ديندارلق s.T. v. le précédent.

Diñdirmèk ديكدرمك T., *rahatlandermak*, calmer, faire cesser, apaiser, arrêter, reposer; d. de *diñmèk*.

Diñ دیڭ a. T., *sagh*, sain, bien portant; vigoureux; vivace, robuste.

Dingil دنكل s. T. axe, essieu, pivot.

Diñĝlèmèk ديڭجلامك T. se refaire, reprendre des forces.

Diñĝlik ديڭجلك s. T. santé, vigueur, force; vivacité.

Dini دينى a. A. au fém. *diniyè*, qui appartient à la foi, à la religion; religieux; *ghayrèti diniyè*, zèle de la religion.

Diñlèmèk ديكلمك T. (*diynèmèk*, vulg.), écouter, entendre; obéir; suivre; *bèni diñlè*, écoutez-moi.

Diñlèndirmèk ديكلندرمك T. faire ou laisser reposer; soulager.

Diñlènmè ديكلنمه s.T. repos, calme, relâche.

Diñlènmèk ديكلنمك T. se reposer, cesser de travailler.

Diñlènmich ديكلنمش p. p. T. reposé.

Diñlèyèn ديكلەين p. pr. T. qui écoute, écoutant, auditeur; *diñlèyènlèr*, assemblée d'auditeurs; auditoire.

Diñlèyiği ديكلەيجى s. T. écouteur; auditeur, celui qui écoute.

Diñmèk ديكمك T. s'apaiser, se calmer, cesser; *rouzgiar diñdi*, le vent a cessé.

Diñmich ديكمش p. p. T. calmé, apaisé; *diñmich aghre*, douleur apaisée, calmée.

Din-pènah دينپناه s. P. protecteur de la religion.

Din-pèrvèr دينپرور s. P. défenseur ou protecteur de la foi, de la religion.

Dinsiz دينسز a. T. irréligieux, impie, sans foi ni religion; infidèle; athée; fig. cruel, atroce.

Dinsizlik دينسزلك s. T. incrédulité, impiété; irréligion, infidélité; fig. cruauté.

Diploma ديپلومه s. du G. diplôme, certificat.

Diplomat ديپلومات s. du G. diplomate.

Diraht درخت s. P. arbre; en T. us. *aghaǧ*.

Dirayèt درايت s. A. intelligence, capacité, adresse.

Dirayètli درايتلى a. T. intelligent, capable, adroit.

Dirayètsiz درايتسز a. T. incapable, maladroit.

Dirèk ديرك s. T. colonne, pilier; poutre; mât de navire.

Dirèkli ديركلى a. T. qui a des poutres ou des mâts, des colonnes.

Dirèm درم s. P. argent (monnaie).

Dirèmèk ديرمك T. raidir, résister fort.

Dirèn ديرن s. T. manche de charrue; grosse fourche, gros trident.

Dirhèm درهم s. A. au pl. *dèrahim*, drachme, quatrième centième partie d'une ocque; ancienne monnaie d'argent.

Diri ديرى a. T. vif, vivant; sain; raide, rude; *dib diri*, tout vivant; *diri toutmak*, prendre vivant.

Dirildiği ديرلديجى a. T. vivifiant.

Dirilik ديرلك s. T. vivacité; vie, vitalité; raideur, rudesse.

Dirilmè ديرلمه s. T. résurrection.

Dirilmèk ديرلمك T. ressusciter, revivre, revenir à la vie, se ranimer; être vivifié; acquérir de la vigueur.

Diriltmè ديرلتمه s. T. revivification.

Diriltmèk ديرلتمك T. vivifier, ranimer, faire revivre, ressusciter.

Dirim ديرم s. T. réunion, assemblée.

Dirin ديرن a. P. *(dirinè)*, vieux, ancien.

Dirinè ديرينه a. P. v. le précédent.

Dirlik ديرلك s. T. vie, âme, vitalité; moyens de vivre, pension viagère; concorde, bonne intelligence.

Dirlikli ديرلكلى a. T. qui reçoit une pension viagère, un appointement.

Dirliksiz ديرلكسز a. T. qui ne reçoit pas d'appointement, sans moyens de vivre; qui ne peut s'accorder.

Dirliksizlik ديرلكسزلك s. T. discorde.

Dirsèk ديرسك s. T. coude; *dirsèk ilè vourmak*, coudoyer.

Ditmèk ديتمك T. carder; déchirer, mordre.

Ditrèmèk ديتره‌مك T. *(titrèmèk)*, trembler, frémir; v. *titrèmèk* avec ses dérivés.

Div ديو s. P. diable, démon, génie; géant; ogre.

Divan ديوان s. P. cour ou tribunal supérieur; salle d'audience; audience, assemblée; conseil, chambre de conseil; recueil de poésies; œuvre de poésie; *divani humayoun*, le divan auguste, royal, chancellerie ottomane; *divan èfèndissi*, secrétaire en chef d'un département; chancelier de la cour; *divana čekarmak*, citer au tribunal; *divan ètmèk* ou *toutmak*, tenir conseil; *divan* *dourmak*, demeurer, rester debout devant quelqu'un pour l'honorer, le servir.

Divanċè ديواجه s. P. petit recueil de poésies.

Divanè ديوانه s. P., *dèli*, T. fou, sot, imbécile; idiot, furieux, frénétique; *divanè olmak*, devenir ou être fou.

Divanègè ديوانه جه ad. T., *dèligè*, follement.

Divanèlènmèk ديوانه لنمك T. faire des folies, devenir fou.

Divanèlik ديوانه لك s. T., *dèlilik*, folie; sottise; *divanèlik ètmèk*, faire des folies; des sottises.

Divan-hanè ديوانخانه s. P. salle d'audience, salle de réception, salon, salle, auditoire.

Divani ديواني a. A. appartenant à la cour, au barreau, au conseil, au ministère, à la chancellerie de l'Etat; s. écriture en usage dans la chancellerie de la Porte pour l'expédition des firmans, des passeports.

Divar ديوار s. P. (*douvar*, T.), mur, muraille.

Divit دويت s. T. d. du P. *dèvat*, encrier; écritoire.

Diyanèt ديانت s. A., *dindarlek*, T. piété, dévotion, religiosité; foi.

Diyanèt ilè ديانت ايله ad. T. pieusement, religieusement.

Diyanèt-kiar ديانتكار a. P. pieux, dévot, religieux.

Diyanèt-kiaranè ديانتكارانه ad. P. pieusement.

Diyanètli ديانتلي a. T. religieux, pieux, dévot.

Diyar ديار s. A. pl. de *dar*, maisons, habitations.

Diyar ديار s. A. contrée, pays; territoire; *diyar bèkir*, ville de la Mésopotamie; Diarbekir.

Diyèt ديت s. A. valeur; prix du sang.

Diynèmèk ديكمك T. écouter; entendre; *diynèyiñiz*, écoutez.

Diz ديز s. T. genou; *diz čeukmèk*, fléchir les genoux, s'agenouiller; *diz ustundè*, à genoux; *ateñ dizi*, le genou du cheval.

Diz دز s. P., *kalè*, T. château, forteresse, citadelle.

Diz-baghe دیزباغی s. T. jarretière.

Dizdar دزدار s. P. châtelain, qui garde le château ; commandant d'une forteresse ; c. de *diz* et de *dar*.

Dizdirmèk دیزدیرمك T. faire ranger ; faire composer (imprimerie).

Dizgè دیزكه s. T. jarretière.

Dizgin دیزكین s. T., *gèm*, bride ; fig. frein ; *dizgini čèkmèk*, tirer la bride ; *dolou dizgin ilè*, à bride abattue.

Dizi دیزی s. T. rangée, file ; *bir dizi inği*, une file de perles ; *dizi bache*, chef de file.

Dizili دیزیلی a. T. rangé, enfilé ; composé.

Dizilich دیزیلش s. T. action de se ranger, de s'enfiler.

Dizilmèk دیزلمك T. s'aligner, se mettre en file, en ordre ; se ranger.

Dizlik دیزلك s. T. genouillère ; caleçon.

Dizman دیزمان a. T. colossal, gigantesque.

Dizmè دیزمه s. T. action de ranger, d'enfiler ; composition typographique.

Dizmèk دیزمك T. (*duzmèk*), ranger, mettre en rang, en file, en série, enfiler, aligner ; composer (imprimerie).

Dobağ طوباج s. T. (*tobağ*), *fereldak*, toupie, sabot.

Dobro دوبرو n. p. T. (*dobro vènèdik*), Raguse, ville d'Autriche (en Dalmatie), sur l'Adriatique.

Doctor دوقتور s. du L. médecin.

Doghan طوغان s. T., *chahin* ou *baz*, P. faucon (oiseau).

Doghan طوغان p. pr. T. qui naît ; d. de *doghmak*.

Doghanğe طوغانجی s. T. fauconnier.

Doghma طوغمه a. T. né, issu, natif, originaire ; s. naissance.

Doghmak طوغمق T. naître, être mis au monde ; se lever (se dit du soleil) ; fig. se produire.

Doghmouch طوغمش p. p. T. né, issu.

Doghou طوغى s. T. lever du soleil.

Doghouch طوغوش s. T., *vèladèt*, A. naissance, nativité; lever du soleil.

Doghourma طوغرمه s. T. enfantement, accouchement.

Doghourmak طوغرمق T. enfanter, accoucher; engendrer, mettre au monde.

Doghourmaklek طوغرمقلق s. T. action d'accoucher.

Doghourouch طوغرش s. T. v. *doghourma*.

Doghourtmak طوغرتمق T. faire accoucher.

Doghram طوغرام s. T. découpure en petits morceaux.

Doghrama طوغرامه s. T. action de couper en petits morceaux, matière de charpenterie, charpente.

Doghramaǧe طوغرامه‌جى s. T. charpentier.

Doghramaǧelek طوغرامه‌جيلق s. T. charpenterie.

Doghramak طوغرامق T. découper, tailler en petits morceaux; morceler.

Doghratmak طوغراتمق T. faire couper en petits morceaux, morceler.

Doghrou طوغرى a. T. droit, direct, redressé, sincère, loyal, intègre, honnête, juste, correct; ad. directement, droitement; vraiment, loyalement, honnêtement; *doghrou adam*, homme droit, loyal; *doghrou yol*, chemin droit; *doghrou čezghe*, ligne droite; *doghrou boy*, taille droite; *dos doghrou*, tout droit; *doghroudan doghrouya*, directement.

Doghrou طوغرى prép. T. vers; s. le vrai; *oña doghrou*, vers lui; *baña doghrou*, vers moi; *èvè doghrou*, vers la maison (avec le datif); *doghrou doghrou*, directement; tout droit.

Doghrouǧa طوغريجه ad. T. directement, etc.

Doghroulamak طوغريلامق T. dire, avouer la vérité.

Doghroulmak طوغريلمق T. se dresser; devenir droit, s'élever.

Doghroulouk طوغريلق s. T. droiture, franchise,

direction, rectitude; loyauté, intégrité, exactitude.

Doghroultma طوغريلتمه s. T. rectification; correction.

Doghroultmak طوغريلتمق T. rectifier, rendre droit, redresser, corriger, dresser.

Dokouchmak طوقوشمق T. se toucher, se heurter, s'entre-heurter, se choquer, se battre, lutter.

Dokouchtourmak طوقوشدرمق T. faire heurter, choquer, battre.

Dokouma طوقومه s. T. tissu; sorte de toile grosse croisée qu'on fabrique en Turquie.

Dokoumak طوقومق T. tisser, tramer; ourdir; *bèz dokoumak*, tisser la toile.

Dokounan طوقونان p. pr. T. qui touche, qui heurte.

Dokoundourmak طوقوندرمق T. faire toucher; signifier indirectement.

Dokounma طوقونمه s. T. v. *dokounouch*.

Dokounmak طوقونمق T. être tissu; heurter; tâter, toucher, choquer, blesser, offenser, émouvoir; *baña dokounma*, ne me touchez pas; *saña zararem dokounmaz*, il ne t'arrivera de ma part aucun mal.

Dokounmouch طوقونمش p. p. T. tissé; touché.

Dokounouch طوقونوش s. T. action de toucher, de heurter; d'être tissé.

Dokourgoun طوقورجين s. T. amas de faisceaux de blé.

Dokoutmak طوقوتمق T. faire tisser.

Dokouyouch طوقويش s. T. action de tisser.

Dokouz طقوز a. num. T. neuf; *dokouz at*, neuf chevaux; *dokouz kitab*, neuf livres.

Dokouzlou طقوزلى s. T. le neuf (au jeu de cartes); a. composé de neuf parties.

Dokouzoungou طقوزنجى a. num. T. neuvième.

Doksan طقسان a. num. T. quatre-vingt-dix, nonante.

Doksanengè طقسانجى a. num. T. quatre-vingt-dixième; nonantième.

Doksanle طقسانلى a. T. composé de quatre-vingt-dix parties.

Doksanlek طقسانلق a. T. qui vaut quatre-vingt-dix piastres ou paras; âgé de quatre-vingt-dix ans; nonagénaire.

Dolab دولاب s. T. armoire; roue de puits; fig. ruse, piège, intrigue; administration, direction; *dolab ètmèk*, dresser des embûches.

Dolabğe طولابجى s. T. qui fait des armoires, des moulinets; a. trompeur, rusé.

Dolable طولابلو طولابلى a. T. trompeur, faux, rusé; *dolable seuzlèr*, paroles trompeuses.

Dolach طولاش s. T. obstacle, embarras; a. embarrassant.

Dolachdermak طولاشدرمق T. compliquer, détourner, entourer, entortiller.

Dolachek طولاشق a. T. indirect, tortueux, entortillé, qui va en zigzag, compliqué, sinueux; embrouillé, obscur (parole), qui n'est pas droit; *dolachek yol ilè*, par un chemin tortueux; *dolachek seuz*, périphrase.

Dolacheklek طولاشقلق s. T. détour, sinuosité, tours et détours; entortillement, embrouillement; obscurité.

Dolachma طولاشمه s. T. tournée, tour; promenade en allant et en revenant; voyage, tortillement.

Dolachmak طولاشمق T. faire une tournée, une promenade, un voyage; circuler, rôder, faire le tour, tourner, retourner; se tordre, se tortiller.

Dolachtermak طولاشدرمق T. v. *dolachdermak*.

Dolama طولامه s. T. enflure qui entoure les doigts.

Dolamak طولامق T., *sarmak*, envelopper, entortiller, ceindre, entourer; bander, serrer, enfermer.

Dolamek طولاميق s. T. sorte de filet de chasseur.

Dolanbağ طولانباج a. T. entortillé.

Dolandereğe طولاندريجى طولاندريجى s. a. T. trompeur, fourbe, escroqueur, fripon.

Dolanderegelek طولاندرجیلق s. T. tromperie, fourberie, escroquerie, friponnerie.

Dolandermak طولاندرمق T. tromper, duper, escroquer, frustrer; entourer.

Dolane طولانی s. T. chose entortillée, imbroglio.

Dolanmak طولانمق T. entourer, tourner, circuler; fuir furtivement, se sauver.

Dolanmech طولانمش p. p. T. environné, entouré.

Dolayan طولایان p. pr. T., *saran*, qui enveloppe, qui entoure.

Dolaye طولایی prép. T. touchant, concernant; à cause de.

Doldourma طولدرمه s.T. remplissage, comblement, terrassement, farcissure.

Doldourmak طولدرمق T. remplir, bourrer, combler, farcir, terrasser, charger (arme à feu); compléter le compte; *kadèhi sou ilè doldourmak*, remplir le verre d'eau.

Doldouroulmak طولدرولمق T. se remplir, se combler, se charger.

Dolghoun طولغون a. T. rempli, plein, comble; *dolghoun yurèk*, cœur affligé, plein d'affliction.

Dolghounlouk طولغونلق s. T. plénitude.

Dolma طولمه s. T. viande hâchée mêlée avec du riz; toute chose remplie, farcie; boulette; a. rempli, farci; terrassé; *patlĭğan dolmasse*, aubergine farcie de viande et de riz ou simplement de riz (à l'huile).

Dolmak طولمق T. se remplir, être rempli, plein, comble.

Dolmouch طولمش p. p. T. rempli, comblé, farci.

Dolou طولو a. T. rempli, plein; abondant; *dob dolou*, tout plein; *dolou dizgin*, à bride abattue; *dolou ay*, pleine lune.

Dolou طولو s. T. grêle; *dolou yaghar*, il grêle; *dolou yaghmak*, grêler; *yaghmourdan kačarikèn dolouya toutouldou*, pendant qu'il fuyait la pluie il a été surpris par la grêle (prov.), se dit d'une personne qui voulant éviter un danger tombe dans un autre plus grand.

Doloulouk طولولق s. T. plénitude, comble.

Domatès طوماتس s. du F. tomate, pomme d'amour.

Domino دومينو s. de l'I. domino (jeu).

Domouz طو ـ طوكوز طوكز موز s. T. (doñouz), ḫenzer, A. porc, cochon; *yaban domouzou*, porc sauvage; sanglier; *domouz êti*, du porc; *domouz boudou*, jambon; *domouz baleghe*, marsouin; *domouz yaghe*, lard; *domouz aḫere*, porcherie; *domouz čobane*, porcher; *domouz yavroussou*, cochon de lait; fig. *domouz*, homme sale; robuste, opiniâtre.

Domouzlouk طوكوزلق طوموزلق s. T. cochonnerie, saleté; opiniâtreté; scélératesse; atrocité.

Don طون s. T., *dizlik*, culotte, caleçon.

Doñ طوڭ s. T., *bouz*, gelée, glace; *doñ yaghe*, suif.

Donadelmak طوناطلق T. être orné, paré, illuminé, harnaché; fig. être réprimandé, blâmé.

Donadelmech طوناطلش p. p. T. garni, orné.

Donanma طونانمه دونما s. T. flotte, escadre; réjouissance publique, illumination; *'osmanle donanmasse*, la flotte ottomane; *fransez donanmasse*, la flotte française; *ingiliz donanmasse*, la flotte anglaise; *moskov donanmasse*, la flotte russe; *donanma kaptane*, l'amiral; *kandil donanmasse*, illumination (fête); *donanma kandili*, lampion.

Donanmak طونانمق T. être orné, garni, paré; être équipé, armé; s'orner, s'embellir; être illuminé, harnaché.

Donanmech طونانمش p. p. T. orné, paré, garni; gréé et armé.

Donatmak طوناتمق T. décorer, orner, embellir, garnir; illuminer, harnacher, armer, équiper; fig. réprimander, blâmer.

Donattermak طوناتدرمق T. faire orner, embellir, parer, faire illuminer, faire harnacher.

Doñdourma طوڭدرمه s. T. congélation, glace.

Doñdourmağé طوكدرمه‌جى s. T. glacier.

Doñdourmağelek طوكدرمه‌جيلق s. T. métier du glacier.

Doñdourmak طوكدرمق T. glacer, faire glacer, geler, congeler; cristalliser; laisser geler.

Doñdourougou طوكدرجى a. T. glacial.

Doñma طوكمه s. T. congélation.

Doñmak طوكمق T. se geler, être gelé, glacé, se glacer, se congeler; avoir froid; *sou doñar*, l'au gèle; *soghoukdan doñdoum*, je suis gelé de froid.

Doñmouch طوكمش p. p. T. gelé, glacé; cristallisé.

Doñouk طوكوق a. T. terne, terni, rembruni, mat; glacé; glacial.

Doñouklanma طوكوقلانمه s. T. action de se rembrunir.

Doñouklanmak طوكوقلانمق T. être rembruni, devenir terne.

Doñouklatmak طوكوقلاتمق T. matir, rembrunir.

Doñouklouk طوكوقلق s. T. ternissure, rembrunissement.

Doñouz طوكوز s. T. v. *domouz*,

Doñouzlan طوكوزلان s. T. escarbot.

Donsouz طونسز a.T. sans culotte.

Dorou طورى a. T. bai clair; *dorou at*, cheval bai.

Dos طوس (ou *tos*), partic. augmentative, T., *dos doghrou*, tout droit, tout à fait droit.

Dost دوست s. P. ami; *èski dost*, ancien ami; *'aziz dostoum*, mon ami bien cher; *sadek dostoumouz*, notre fidèle ami; *dostlar*, les amis, les alliés; *dost sèssi*, voix amie; *èyi gun dostou*, ami des beaux jours; *bènim pèk beuyuk dostoum dour*, il est de mes grands amis; *bèn saña bounou dost gibi seuylèrim*, je vous dis cela en ami; *èski dost duchman olmaz*, le vieil ami ne devient pas un ennemi (prov.).

Dostanè دوستانه ad. P., *dostğa*, T. amicalement, amiablement; a. amical.

Dostğa دوستجه ad. T. amicalement ; en ami.

Dosti دوستى s. P., *dostlouk*, T. amitié.

Dostlouk دوستلق s. T. amitié ; service d'ami ; *dostlouk ètmèk*, témoigner de l'amitié ; rendre un service d'ami.

Dou'a دعا s. A. au pl. *da'vat, èd'iyè*, prière à Dieu, invocation ; vœu, souhait ; bénédiction ; *hayr dou'a*, bénédiction ; *bèd dou'a*, malédiction, imprécation ; *dou'a ètmèk*, prier, faire oraison, bénir ; *allaha dou'a ètdiktèn soñra*, après avoir rendu grâce à Dieu.

Dou'ağe دعاجى s. T. qui prie, qui fait des vœux.

Doubara دوباره s.P. double deux au jeu de trictrac ; fig. ruse, intrigue, fourberie, friponnerie.

Doubarağe دوبارهجى a. T., *hilèbaz*, P. fripon ; rusé, intrigant.

Douch دوش s.P. épaule.

Douch دوش s. du F. douche.

Doud دود s. A. ver; *doud ul-harir*, ver à soie ; en T. us. *ipèk beuğèyi*.

Doudak دوداق s. T. lèvre ; *alt doudak*, lèvre inférieure ; *ust doudak*, lèvre supérieure.

Doudèman دودمان s. P. famille, maison, race.

Doudou دودو s. T. (*touti*, P.), perroquet.

Douhan دخان s.A., *tutun*, T. tabac à fumer ; fumée ; *inhissari douhani dèvlèti 'aliyèyi 'osmaniyè*, régie ottomane des tabacs.

Douhoul دخول s. A., *girich*, T. entrée ; *douhoul ètmèk*, entrer ; en T. us. *girmèk*.

Doul دول s. a. T. veuf ; *doul kare*, veuve.

Doullouk دوللق s.T. veuvage.

Douman دومان s. T. brouillard ; obscurité ; fumée ; *tozou doumana katmak*, se hâter.

Doumanlanmak دومانلانمق T. être obscurci, terni ; être couvert de fumée ; se troubler.

Doumanlatmak دومانلاتمق T.; *karartmak*, obscurcir, ternir.

Doumanle دومانلى a. T. obscur; couvert de brouillard.

Doumanlek دومانلق s. T. plein de fumée, de brouillard (atmosphère).

Dour دور a. P. éloigné; ad. loin; *doura-dour*, de temps en temps; *dour-èndich*, qui songe de loin, prévoyant; *dour-èndich-lik*, prévoyance.

Dour در (*der, dir, dur*), 3e pers. sing. du prés. de l'ind. du verbe *im* (il est); *èvdè dir*, il est dans la maison (il est chez soi); *sa'at uč dur*, il est trois heures; *bènim dir*, c'est à moi; *euylèn dir*, il est midi; *sa'at kač der*, quelle heure est-il? *beuylè dir*, cela est ainsi; *bou kadèh dolou dour*, ce verre est plein.

Dour طور impér. T. de *dourmak*, arrête-toi; *douraǧak yèr*, lieu de séjour; domicile, demeure.

Dourak طوراق s. T. logement; domicile, demeure; lieu où l'on s'arrête.

Douraklamak طوراقلامق T. s'interrompre.

Douran طوران p. pr. T. qui stationne.

Dour-bin دوربين s. P. (*durbun*, T. vulg.), télescope; a. prévoyant.

Dourdourmak طوردرمق T. arrêter, retarder, faire rester; stopper; retenir.

Dourghoun طورغون a.T. stagnant; las, fatigué; lent.

Dourghounlouk طورغونلق s. T. stagnation; lassitude, fatigue, repos.

Dourma طورمه s. T. permanence, stationnement; cessation.

Dourmak طورمق T. s'arrêter, rester, se tenir, demeurer, séjourner, stationner; attendre, durer, rester tranquille, cesser; être debout; *aǧ dourmak*, rester à jeun; *ayak uzrè dourmak*, rester debout.

Dourouch طوروش s. T. attitude, posture, tenue, maintien, air, ton.

Dourouchmak طورشمق T. se tenir vis-à-vis l'un de l'autre.

Dourouk طوروق s. T. cime, comble.

Dourouklamak طوروقلامق T. mesurer des denrées en remplissant la mesure comble.

Dourouksoumak طورو قسمق T. hésiter.

Douroulmak طورولمق T. rester; reposer (liquide); se clarifier; fig. se calmer, devenir moins fougueux avec l'âge; passif de *dourmak*.

Douroulour طوریلور a. T. tenable.

Douroultma طورولتمه s. T. clarification.

Douroultmak طورولتمق T. clarifier; rendre clair; éclaircir; laisser reposer.

Dourour طورر a. T. permanent, stable.

Dout دوت طوت s. T. (*tout*), mûre (fruit du mûrier); *dout-aghağe*, mûrier.

Douva دعا s. T. vulg. v. *dou'a* avec ses dérivés.

Douvak دواق طواق s. T. voile avec lequel on couvre le visage de l'épouse le jour du mariage.

Douvar دیوار s. T. mur, muraille.

Douvarğe دیوارجی s. T. maçon.

Douvarğelek دیوارجیلق s. T. métier de maçon; maçonnerie.

Douyar طویار a. T. sensitif.

Douyghou طویغو s. T. sensibilité; sentiment, rumeur, bruit, avis, connaissance.

Douyghoulou طویغولو a. T. sensible, sentimental, sensitif; avisé, qui a des connaissances.

Douyghoussouz طویغوسز a. T. insensible, apathique.

Douyghoussouzlouk طویغوسزلق s. T. insensibilité, apathie.

Douyma طویمه s. T. sentiment.

Douymadan طویمدن ad. T. insensiblement.

Douymak طویمق T. sentir, éprouver, ressentir; comprendre, entendre, apercevoir; apprendre.

Douymaz طویماز a. T. insensible, apathique.

Douyouch طویش s. T. sensation.

Douyoulmak طویولمق T. être senti; connu; entendu.

divulgué, promulgué; passif de *douymak*.

Douyoulmouch طویلمش p. p. T. senti; connu, entendu, divulgué.

Douyourma طویرمه s. T. manifestation, révélation, dénonciation.

Douyourmak طویرمق T. manifester, révéler, dénoncer, faire connaître, divulguer, promulguer.

Douz دوز impér. a. P. couds; qui coud; cousu.

Douzaḥ دوزخ s. P. enfer; en T. us. *ğèhènnèm*.

Douzaḥi دوزخی a. P. infernal.

Douzak طوزاق s. T. filet, lacet, attrape, attrapoire, piège, trébuchet, embûche; *douzak kourmak*, tendre des pièges.

Douzina دوزینه s. de l'I. douzaine.

Doyma طویمه s. T. action de se rassasier.

Doymak طویمق T. être rassasié, se rassasier, en avoir assez; *karnem doydou*, je suis rassasié.

Doymaz طویماز a. T. insatiable.

Doyouk طویوق a. T. v. *tok*.

Doyoulmak طویلمق T. être rassasié; se rassasier (avec le sujet indét.)

Doyoum طویوم s. T. rassasiement.

Doyoumlouk طویوملق s. T. quantité suffisante pour se rassasier; butin; pillage.

Doyounğa طویجه ad. T. jusqu'à la satiété.

Doyourmak طویرمق T. rassasier, assouvir.

Doyourougou طویریجی a. T. rassasiant.

Dubara دوباره s. P. v. *doubara*.

Dubb دب s. A. ours; en T. us. *aye*.

Dubèch دوبش s.T. quine.

Dubr دبر s. A. v. le suivant.

Dubur دبر s. A. derrière, dos.

Duch دوش s. T., *rouya*, A. songe, rêve; *duch geurdum*, j'ai eu un songe; *duch geurmèk*, rêver.

Duchèn دوشن p. pr. T. qui tombe, qui arrive; tombant.

Duchgun دوشكون a. T. déchu, caduc; tombé, abattu; épris.

Duchgunluk دوشكونلك s. T. état de celui qui est tombé, déchu, abattu; épris.

Duchman دشمن s.T. (*duchmèn*, P.), ennemi, adversaire.

Duchmanğa دشمنجه ad. T. hostilement.

Duchmanlek دشمنلك s. T. (*duchmènlik*), hostilité, inimitié; haine.

Duchmè دوشمه s.T. chute, déchéance; action de tomber, etc.

Duchmèk دوشمك T. tomber; s'abattre; s'abandonner à; se précipiter; convenir; déchoir; *hasta duchmèk*, tomber malade; *yèrè duchmèk*, tomber par terre; *duchmèniñ uzèrinè duchmèk*, attaquer, assaillir l'ennemi, tomber sur l'ennemi; *achagha duchmèk*, tomber en bas; *èfèndissiniñ èyilip ayaghena duchdu*, il tomba aux pieds de son seigneur; *kouma duchmèk*, enfoncer dans le sable; *i'tibardan duchmèk*, être discrédité; *èñsèssinè* ou *ardena* ou *ar-kassena duchmèk*, poursuivre; *kèndi duchèn aghlamaz*, celui qui tombe de soi-même (par sa faute) ne pleure pas (prov.), c.-à-d. celui qui fait une perte ou qui devient malheureux par sa propre faute ne doit pas s'en affliger.

Duchmèn دشمن s. P. v. *duchman*.

Duchmènlik دشمنلك s. T. v. *duchmanlck*.

Duchmuch دوشمش p. p. T. abattu, déchu, tombé.

Duchuch دوشش s. T. rencontre.

Duchuk دوشوك a.T. tombé; mal tourné (style).

Duchundurmèk دوشندرمك T. faire penser; causer des inquiétudes.

Duchunèn دوشنن p. pr. T. pensant, qui pense.

Duchunèrèk دوشنرك ad. T. considérément.

Duchungè دوشنجه s. T. pensée, réflexion, méditation.

Duchungèli دوشنجه لى a. T. pensif.

Duchunmè دوشنمه s. T.

action de penser, de réfléchir, réflexion.

Duchunmèk دوشنمك T. penser, réfléchir, rêver, méditer, considérer.

Duchunmèyèrèk دوشنمیه‌رك ad. T. inconsidérément.

Duchunmèz دوشنمز a. T. inconsidéré, inattentif.

Duchunuch دوشنش s. T. action de penser, réflexion.

Duchunulmuch دوشنلمش p. p. T. pensé, considéré, médité; raisonné.

Duchurmè دوشرمه s. T. action de faire tomber.

Duchurmèk دوشرمك T. faire tomber, avorter, abattre, jeter à bas, renverser; čogouk duchurmèk, avorter.

Duchurtmèk دوشرتمك T. laisser ou faire tomber, faire jeter à bas; faire avorter; renverser, abattre.

Duchurulmuch دوشرلمش p. p. T. jeté en bas, abattu, renversé.

Duchut دوشوت a. T. estropié.

Duduk دودوك s. T. flûte, fifre; sifflet; duduk čalmak, jouer de la flûte; duduk čaleğe, dudukğu, joueur de flûte.

Duhour دهور s. A. pl. de dèhr, siècles, âges.

Dukènmèk دوكنمك T. (mieux tukènmèk), finir, être fini, épuisé, expiré, consumé.

Dukènmich دوكنمش p.p. T. (tukènmich), fini, terminé, épuisé.

Dukètmèk دوكتمك T. (tukètmèk), finir, achever, consumer.

Dukian دكان s. T. vulg. v. le suivant.

Dukkian دكان s. A. (tukkian, T. vulg.), au pl. dèkiakin, magasin; boutique; kassab dukkiane, boutique d'un boucher; boucherie.

Dukkianğe دكانجى s. T. (tukkianğe), boutiquier.

Dukkianğelek دكانجيلك s. T. profession du boutiquier.

Dul-bènd دلبند s. P. (tulbènd, T. vulg.), mousseline, tulle; pièce de mousseline roulée autour de la tête.

Dulèngèğ دولنكج s. T. espèce de petit milan (oiseau).

Dulgèr دولكر s. T. ouvrier qui, dans une construction, taille, scie et ajuste la charpente pour la clouer.

Dulgèrlik دولكرلك s. T. métier de cet ouvrier.

Duman دومان s. T. *(douman)*, brouillard, nébulosité.

Dumanle دوماتلی a. T. nébuleux, terne.

Dumbèlèk دبلك s. T. v. *tumbèlèk*.

Dumdar دمدار s. P. arrière-garde (mil.).

Dumduz دومدوز ad. T. tout plat, tout égal; *dumduz ètmèk*, égaliser, niveler, lisser.

Dumèn دومن s. T. gouvernail.

Dumèngi دومنجی s. T. timonier.

Dumèngilik دومنجیلك s. T. timonerie.

Dun دون ad. T. hier; *dun sabah*, hier matin; *dun akcham*, hier soir; *dun dèyil o bir gun*, avant-hier.

Dunbal دنبال s. P. queue; en T. us. *kouyrouk*.

Dunbalè دنباله s. P. v. le précédent.

Dunbèlèk دبلك s. T. tambourin.

Dunki دونکی a. T. d'hier; récent, moderne.

Dunya دنیا s. A., *'alèm*, monde; terre; *yèñi dunya*, le nouveau monde, l'Amérique; *o bir dunya*, l'autre monde, l'autre vie; *dunya 'alèm*, tout le monde; *dunyaya gètirmèk*, mettre au monde; *dunyaya gèlmèk*, venir au monde; naître; *dunya-pèrèst*, ambitieux, mondain.

Dunyaǧa دنیاجه ad. T. selon le monde.

Dunyalek دنیالق s. T. les biens de ce monde; fortune, moyens de vivre.

Dunyavi دنیوی a. A. *(dunyèvi)*, mondain, séculier; qui appartient au monde; laïque; *dunyavi ètmèk*, séculariser.

Dunyavigè دنیویجه ad. T. mondainement.

Dunyavilik دنیویلك s. T. attachement aux biens et aux plaisirs de la vie présente.

Dunyèvi دنیوی a. A. v. *dunyavi*.

Dunyèviğè دنيوىجه ad. T. v. *dunyaviğè*.

Durbun دوربين s. T. vulg. (*dour-bin*, P.), longue-vue; télescope.

Durèr درر s. A. pl. de *durrè*, grosses perles.

Durlu درلو s. T. (*turlu*, vulg.), sorte, espèce, genre, divers; *yèdi durlu*, de sept espèces; *hèr durlu*, de toute espèce; *bachka durlu èdèmèm*, je ne puis faire autrement; *durlu durlu* (*turlu turlu*), diverses sortes, divers, de toutes sortes.

Durmè دورمه s. T. pliage.

Durmèk دورمك T. plier, mettre en plusieurs doubles.

Durr در s. A., *inği*, T. perle.

Durrè دره s. A. au pl. *durèr*, grosse perle.

Durtmè دورتمه s. T. poussée.

Durtmèk دورتمك T. pousser; piquer, aiguillonner; fig. exciter à, instiguer.

Durtuch دورتش s. T. action de pousser, de piquer; instigation, excitation.

Durtuchmèk دورتشمك T. se pousser, se choquer, se piquer mutuellement.

Durtuchturmèk دورتشدرمك T. pousser, choquer, ennuyer, piquer, inquiéter continuellement.

Durtuğu دورتيجى a. T. excitant, stimulant; fig. s. instigateur.

Duruchmèk دورشمك T. s'appliquer, s'occuper sérieusement.

Duruğu دوريجى s. T. plieur.

Durulmèk دورلمك T. être plié.

Durulur دوريلور a. T. qui se plie.

Durum دوروم s. T. pli; pliage; d. de *durmèk*.

Durust درست a. P. sain, sincère; entier.

Durusti درستى s. P. v. le suivant.

Durustluk درستلك s. T. ingénuité; en T. us. *safdèrounlouk*.

Dustour دستور s. A. au pl. *dèssatir*, collection de lois; code; formule (math.).

Dutmèk دوتمك T. (*tut-*

mèk), fumer, faire de la fumée ; *tutèr*, ça fume.

Duvèl دول s. A. pl. de *dèvlèt*, empires, royaumes, états, puissances, gouvernements ; *duvèli mou'azzama*, les grandes puissances ; *duvèli mutèhabè*, les états amis ; *duvèli muğavèrè*, les puissances voisines.

Duvèli دولی a. A. politique, diplomatique.

Duymè دوكمه s. T., *kopča*, bouton d'habit.

Duymèlèmèk دوكمه‌لمك T., *kopčalamak*, boutonner.

Duymèli دوكمه‌لی a. T. qui a des boutons.

Duyoun ديون s. A. pl. de *dèyn*, dettes ; *duyouni 'oumoumiyè*, dette générale.

Duyum دوكوم s. T. nœud.

Duyumlèmèk دوكوملمك دوكوملك T. nouer, faire un nœud.

Duyumlu دوكوملو a. T. noueux, plein de nœuds ; qui a des nœuds.

Duyun دوكون s. T. noce, mariage.

Duz دوز a. T. uni, égal, plat, lisse, aplati ; *duz yèr*, sol uni ; plaine ; *duz yol*, chemin égal ; *duz ètmèk*, aplanir, lisser ; *duz olmak*, s'aplanir, s'aplatir ; être uni, égal, nivelé.

Duzèdilmèk دوزدلمك T. être arrangé, etc. ; *duzèdilmich*, mis en ordre, ordonné, réglé.

Duzèldich دوزالدش s. T. aplanissement.

Duzèldiği دوزلديجی s. T. qui met en ordre, qui corrige, qui arrange ; correcteur, organisateur.

Duzèlir دوزلير a. T. corrigible, curable.

Duzèlmèk دوزلمك T. être aplani, réparé, mis en ordre, s'arranger, se corriger ; s'améliorer.

Duzèlmèz دوزلمز a. T. incorrigible, incurable.

Duzèltmè دوزلتمه s. T. lissure, correction.

Duzèltmèk دوزلتمك T. aplanir, lisser, réparer, accommoder, corriger, arranger ; ajuster, mettre en ordre.

Duzèn دوزن s. T. ordre, règle, accord ; harmonie ;

parure, toilette, ornement ; *ĝiği biği duzèn,* pompon ; *duzèn vèrmèk,* orner.

Duzènli دوزنلی a. T. arrangé, en bon ordre, ajusté ; harmonieux ; accordé.

Duzènsiz دوزنسز a. T. non arrangé, sans ordre ou sans harmonie.

Duzg̃è دوزجه a. T. simple, franc ; ad. simplement, ouvertement.

Duzgun دوزكون s. T. parure, ornements, fard ; a. en bon ordre, arrangé, corrigé.

Duzgung̃u دوزكوجی s. T. celui qui vend des fards ; femme qui farde la nouvelle mariée.

Duzgunluk دوزكونلك s. T. parure, ornement, fard.

Duzlèmè دوزله s.T. aplanissement.

Duzlèmèk دوزلهمك-دوز لك T. aplanir, égaliser, lisser ; niveler ; rendre égal.

Duzlènmèk دوزلنمك T. être aplani, égalisé, uni.

Duzlèyèn دوزلین p.pr.T. qui égalise ou aplanit ; qui nivelle.

Duzluk دوزلك s. T. égalité, superficie plane et unie ; niveau ; plaine.

Duzmè دوزمه a. T. artificiel, feint, fait, faux, falsifié, factice, contrefait.

Duzmèk دوزمك T. mettre en ordre, arranger, ranger ; faire pratiquer, fabriquer, former, raccommoder ; feindre, simuler.

E

È ه voyelle douce et terminaison des datifs. Les voyelles douces sont, *è, i, eu, u,* et les dures, *a, e, ou, o ;* elles suivent le son euphonique (v. gramm.).

È ای interj. T. eh ! hé ! eh bien !

È ه (*èt*), terminaison ordinaire des féminins arabes ; *valid,* père ; *validè,* mère ; *rahib,* religieux ; *rahibè,* religieuse.

È'ağim اعاجم s. A. pl. de *a'ğèm,* ceux qui ne sont pas arabes ; les Perses.

È'ali اعالى a. A. pl. de *a'la*, sublimes, excellents, élevés ; s. les plus haut placés ; la haute société.

È'azim اعاظم a. s. A. pl. de *a'zam*, les plus grands, les illustres.

È'azz اعز a. A. compar. de *'aziz*, plus ou le plus cher, précieux.

Èb اب s. A. au pl. *èba*, père ; en T. us. *baba, pèdèr*.

Èba ابا s. A. pl. du précédent.

Èb'ad ابعاد s. A. pl. de *bou'd*, distances.

Èbalis ابالیس s. A. pl. de *iblis*, démons, diables.

Èbdan ابدان s. A. pl. de *bèdèn*, corps.

Èbè ابه s. T. sage-femme, accoucheuse.

Èbèd ابد s. A. au pl. *abad*, éternité ; en T. us. *èbèdilik*.

Èbèdèn ابداً ad. A. éternellement, jamais, toujours ; en T. us. *dayma*.

Èbèdi ابدى a. A. éternel, perpétuel, immortel ; *èbèdi ètmèk*, éterniser, immortaliser, rendre immortel, éternel ; perpétuer ; *èbèdi*

olmak, se perpétuer, se rendre immortel, être immortel, perpétuel.

Èbèdilik ابدیلك s. T. éternité, perpétuité.

Èbèdiyèt ابدیت s. A. éternité, perpétuité.

Èbèd-oullah ابدالله n. p. A. le Père Éternel.

Èbè-gumèği ابه کومجى s. T. mauve.

Èbèlik ابه لك s. T. profession de sage-femme.

Èbèm-gumèği ابهم کومجى s. T. v. *èbè-gumèği*.

Èbèvèyn ابوین s. A. (duel de *èb*), le père et la mère, les parents ; en T. us. *ana baba*.

Èbhas ابحاث s. A. pl. de *bahs*, conversations, sujets, matières.

Èbiat ابیات s. A. pl. de *bèyt*, vers, distiques.

Èbiaz ابیض a. A. blanc; albuginé (anat.).

Èbkèm ابكم a. A. muet ; en T. us. *dilsiz*.

Èbkiar ابكار s. A. pl. de *bikr*, vierges.

Èblèh ابله a. A. stupide, imbécile ; en T. us. *bouda-*

la, *ahmak;* *èblèh-pèssènd,* qui ne plaît qu'aux stupides.

Èblèhi ابلهى s. P. v. *èblèhlik.*

Èblèhiyèt ابلهيت s. A. v. le suivant.

Èblèhlik ابلهلك s. T. *(èblèhiyèt,* A.), stupidité, idiotisme, imbécillité.

Eblek ابلق s. T. chapon.

Èbna ابنا s. A. pl. de *ibn,* fils, enfants, descendants.

Èbniyè ابنيه s. A. pl. de *bina,* édifices, constructions; bâtiments.

Èbrar ابرار s. a. A. pl. de *bèrr,* hommes justes, vertueux, de bien, pieux; les bienheureux.

Èbrèch ابرش s. A. *(abrach,* T. vulg.), cheval tacheté de blanc et de noir, gris pommelé.

Ebrek ابريق s. T. aiguière.

Èbrou ابرو s. P. sourcil; en T. us. *kach.*

Èbsar ابصار s. A. pl. de *bèssar,* les yeux; fig. sagacité, pénétration; prudence.

Èbvab ابواب s. A. pl. de *bab,* portes, chapitres.

Èch اش s. T. le pendant, le pareil; semblable.

Èch'ar اشعار s. A. pl. de *chi'r,* poésies, vers; poèmes.

Èchèk اشك s. T., *mèrkèb* ou *hemar,* A. âne; fig. personne stupide, sotte, ignorante; *dichi èchèk,* ânesse; *èchèk sinèyi,* taon.

Echek اشيق اشق s. T. lueur, lumière, clarté; jour; lampe; bougie; a. lumineux.

Èchèk-aresse اشك آريس s. T. frelon.

Èchèk-baleghe اشك بالغى s. T. merluche (poisson).

Èchèkġè اشكجه ad. T. *(èchèkġèssinè),* stupidement.

Èchèkġi اشكجى s. T. ânier.

Èchèkġik اشكجك s. T. petit âne; dim. de *èchèk*

Èchèkġilik اشكجيلك s. T. profession d'ânier.

Echekle ايشقلى a. T., *parlak,* luisant, lumineux.

Èchèklènmèk اشكلنمك T. monter à âne; faire des âneries, des sottises.

Èchèklik اشكلك s. T. â-nerie, sottise, stupidité.

Echelamak ایشیلامق T., *parlamak*, luire, briller.

Echelatmak ایشیلاتمق T. faire luire, briller.

Èchèlèmèk اشلملك T. farfouiller, fourgonner, chercher.

Èchfak اشفاق s. A. pl. de *chèfak*, crépuscules, lumières, lueurs.

Èchfak اشفاق s. A. pl. *chèfèkat*, compassions, commisérations.

Èchğar اشجار s. A. pl. de *chèğèr*, arbres.

Èchhas اشخاص s. A. pl. de *chahs*, personnes, individus.

Èchi'a اشعه s. A. pl. de *chou'a'*, rayons.

Èchik اشیك s. T. seuil; *ust èchik*, linteau.

Èchinmèk اشنمك T. creuser la terre (animal).

Èchiya اشیا s.A. (*èchya*), pl. de *chèy*, effets, objets, choses, meubles, bagages, colis, marchandises; il est aussi, en turc, employé au sing.; *bir èchiya*, un mobilier; *èchiya tèftèri*, inventaire.

Èchiya-ḫanè اشیاخانه s. P. garde-meuble.

Echk اشك s. P. larme; en T. us. *qeuz yache*; *èchk-bar*, qui verse des larmes.

Echkerek اشقریق s. T. (*enğkerek*), sanglot, hoquet.

Echkermak اشقرمق T. siffler, chanter d'une voix aiguë.

Èchkial اشكال s. A. pl. de *chèkl*, formes, manières, figures; vignettes.

Èchkin اشكین s. T. cheval au pas rapide, qui a un bon pas; amble.

Èchkiya اشقیا s. A. pl. de *chaki*, insurgés, révoltés, rebelles; brigands.

Èchkiyalek اشقیالق s. T. brigandage, scélératesse.

Èchmèk اشمك T. creuser, fouiller la terre avec ses pattes, ses ongles (animal); vagabonder; ambler.

Èchna' اشنع a. A. compar. de *chèni'*, plus ou le plus abominable, hideux.

Èchraf اشراف s. A. pl. de *chèrif*, éminents, nobles, notables.

Èchrak اشراك s.A. pl. de *chirk*, polythéismes (polythéisme), profanations; et pl. de *chèrik*, associés.

Èchrar اشرار s. A. pl. de *chèrir*, malfaiteurs, bandits, scélérats ; et pl. de *chèrr*, maux, méfaits, crimes.

Èchrèf اشرف a. A. compar. de *chèrif*, plus noble, plus illustre, le plus illustre ; *èchrèfi mahloukat*, la plus noble des créatures (l'homme).

Èchribè اشربه s. A. pl. de *chèrab*, boissons, liqueurs.

Èchsiz اشسز a. T. sans pareil, unique, incomparable.

Èchvak اشواق s. A. pl. de *chèvk*, inclinations, désirs, amours ; gaîtés ; plaisirs.

Èchya اشیا s. A. v. *èchiya*.

Èda ادا s. A., *eudèmè*, T. payement, solde, acquittement, remboursement; exécution ; accomplissement, élégance, grâce, air, manière, prétention ; *èda ètmèk*, *eudèmèk*, payer, acquitter.

Èdamè ادامه se trouve dans la construction des phrases arabes exprimant le souhait ; comme, *èdam allahou chèvkètihi*, que Dieu perpétue sa gloire (en parlant de Sa Majesté le Sultan).

Èdat ادات s. A. au pl. *èdèvat*, instrument ; ustensile, particule (gramm.).

Èda-tèzkèrèssi ادا تذکره‌سی s. T. un acquit ; *èda tèzkèrèssi vèrmèk*, acquitter, payer.

Èdèb ادب s. A. au pl. *adab*, modestie, pudeur, chasteté, pudicité, politesse, honnêteté, moralité ; civilité ; règle, loi ; *tèrki èdèb*, incivilité ; *'ilmi èdèb*, la morale ; *èdèb euyrètmèk*, enseigner la politesse, la civilité, les bonnes mœurs; corriger, civiliser ; *èdèbi bozmak*, démoraliser.

Èdèb-hanè ادبخانه s. P., *ayak yolou*, T. latrines, cabinet, lieu d'aisances.

Èdèbi ادبی a. A. moral, honnête, civil ; pudique, modeste.

Èdèbi ادبی a. A. littéraire ; au fém. *èdèbiyè*.

Èdèb ilè ادب ایله ad. T.

modestement, honnêtement, civilement, pudiquement.

Èdèbiyat اديات s. A. pl. de *èdèbiyè*, littératures, belles-lettres.

Èdèbiyè اديه a. A. fém. de *èdèbi*, littéraire; *assari èdèbiyè*, œuvres littéraires.

Èdèblènmèk ادبلنمك T. réformer ses mœurs, se moraliser; devenir chaste, pudique, modeste.

Èdèbli ادبلو ادبلى a. T. modeste, pudique, chaste, civil, poli, honnête, respectueux.

Èdèbsiz ادبسز a. T. immoral, impudique, immodeste, polisson, vilain, impoli, malhonnête; effronté, incivil.

Èdèbsizğè ادبسزجه ad. T. immodestement, immoralement, impudiquement, déshonnêtement, malhonnêtement, impoliment, vilainement.

Èdèbsizlik ادبسزلك s. T. immodestie, déshonnêteté, immoralité, malhonnêteté, impudicité, démoralisation; effronterie, impudence; cynisme.

Èdèbsizliklè ادبسزلكله ad. T. immodestement, etc.

Èdèn ايدن p. pr. T. faisant, qui fait.

Èdèvat ادوات s. A. pl. de *èdat*, instruments; particules.

Èdhèm ادهم s. A. cheval noir.

Èdian اديان s. A. pl. de *din*, religions, rites.

Èdib اديب a. s. A. au pl. *udèba*, poli, civil, honnête, bien élevé, modeste, moral, pudique, chaste; littérateur, écrivain.

Èdibanè اديبانه ad. P. modestement, moralement, décemment, poliment, courtoisement, civilement, pudiquement.

Èdich ايدش s. T. action de faire; façon.

Èdiği ايديجى s. T. celui qui fait; faiseur.

Èdilèğèk ايديله جك fut. T. à faire, qui doit se faire, qui se fera.

Èdilir ايديلور a. T. faisable, qui peut se faire.

Èdillè ادله s. A. pl. de *dèlil*, preuves, arguments.

Èdilmèk أيدلمك T. être fait, se faire.

Èdirnè ادرنه n. p. T. Andrinople, ville importante de la Turquie d'Europe, 140,000 h.

Èd'iyè ادعيه s. A. pl. de *dou'a*, prières, etc.

Èdna ادنى ادنا a.A. compar. de *dèni*, plus vil, plus bas, servile, infime; *èdna kichi*, personne vile, de basse condition, méprisable.

Èdviyè ادويه s. A. pl. de *dèva*, médicaments.

Èfahim افاخم s. A. pl. de *èfham*, les hommes les plus éminents.

Èf'al افعال s.A.pl. de *fi'il*, actions, verbes (gramm.), etc.

Èfazil افاضل s. A. pl. de *èfzal*, les hommes le plus vertueux et savants.

Èfchan افشان impér. a. P. *(fichan)*, répands; qui répand, qui sème.

Èfdal افضل a. A. v. *èfzal*.

Èfdaliyèt افضليت s. A. v. *èfzaliyèt*.

Èfèndi افندى s. du G. seigneur, sieur, monsieur, maître, patron; *èvvèt èfèndim*, oui monsieur; *hayr èfèndim*, non monsieur; *bènim èfèndiğiyim*, mon petit seigneur. On donne le titre d'*èfèndi* à l'héritier présomptif du trône, à tous les autres héritiers indirects, aux personnes haut placées ainsi qu'aux personnes civiles, aux ecclésiastiques, aux hommes de lettre ou de loi; *pacha èfèndimiz hazrètlèri*, notre seigneur son excellence le pacha; *chèvkètlu èfèndimiz*, notre majestueux seigneur (en parlant du Sultan).

Èfèndilik افندیلك s. T. seigneurie, patronage; titre d'*èfèndi*; fig. faveur bienfait.

Èfèndissiz افندیسز a. T. qui n'a pas de maître, de patron.

Èfham افخم a.A. compar. de *fèhim*, au pl. *èfahim*, excellent, éminent.

Èfidè افئده s. A. pl. de *fuad*, cœurs.

Èfiyal افیال s. A. pl. de *fil*, éléphants.

Èfkar افقر a. A. compar. de *fakir*, plus ou le plus pauvre.

Èfkiar افكار s. A. pl. de *fikr*, pensées, idées, opinions, esprits, sentiments, méditations ; comme sing. T. intention, tristesse.

Èflak افلاك s. A. pl. de *fèlèk*, cieux.

Èflak افلاق n. p. T. Valachie.

Èflakle افلاقلى a.s. T. Valaque.

Èflatoun افلاطون n. p. A. Platon ; *èflatouni ilahi*, le divin Platon.

Èfrach افراش s. A. pl. de *fèrch*, lits, etc.

Èfrad افراد s. A. pl. de *fèrd*, individus, personnes ; choses uniques.

Èfras افراس s. A. pl. de *fèrès*, chevaux ; juments.

Èfraz افراز impér. a. P. élève ; qui élève, qui tient haut.

Èfrazi افرازى s. P. action de tenir haut, d'élever.

Èfrèng افرنج s.A. (*frènk*), Français, Européen ; *èfrèng vilayèti*, *frèngistan*, l'Europe.

Èfrèngi افرنجى a. A. européen.

Èfrouz افروز impér. a.P. éclaire, qui éclaire, qui fait briller.

Èfsah افصح a.A. compar. de *fassih*, plus ou le plus éloquent.

Èfsanè افسانه s. P. (*fèssanè*), fable, conte ; *èfsanè-giou* ou *fèssanè-giou*, conteur de fables.

Èfsèr افسر s.P., *taḡ*, couronne.

Èfsoun افسون s. P. sorcellerie, incantation ; ruse, intrigue.

Èfsoungèr افسونكر a. s. P. v. *èfsoungou*.

Èfsoungèri افسونكرى s. P. v. *èfsoungoulouk*.

Èfsoungou افسونجى a. s. T. sorcier, qui fait des incantations ; rusé.

Èfsoungoulouk افسونجيلق s. T. sorcellerie, incantation, état ou métier du sorcier.

Èfzal افضل a.A. compar. de *fazil*, au pl. *èfazil*, supérieur.

Èfzaliyèt افضليت s. A. supériorité.

Èfzoun افزون a. P. abondant ; nombreux.

Èfzouni افزونى s. P. abondance, augmentation.

Èġanib اجانب s. A. pl. de *èġnèbi*, étrangers.

Èġbal اجبال s. A. (ou *ġibal*), pl. de *ġèbèl*, monts, montagnes.

Èġèl اجل s.A., *culum*, T. mort, trépas, terme de la vie; *èġèli ilè culdu*, il est mort de sa mort naturelle; *èġèli yètichmich*, il est arrivé le temps de mourir; *è-ġèl ma'loum dour*, il est évident qu'on doit mourir.

Èġèll اجل a. A. compar. de *ġèlil*, plus grand, plus éminent, plus ou le plus glorieux.

Èġèr اكر conj. T. si.

Èġèrči اكرچه conj. T. quoique.

Èghani اغانى s. A. pl. de *aghniyè*, chansons.

Eghreb ايغريب s. T. filet pour pêcher.

Èġil اجل s. A. v. *èġl*.

Èġin-dèvèssi هجين دوهسى s. T. vulg. (*hèġin-dèvèssi*), dromadaire.

Èġir اجر s. A. v. *èġr*.

Èġl اجل s.A. (*èġil*), cause, motif, considération; *èġildèn*, à cause de.

Èġmal اجمال s. A. pl. de *ġèmèl*, chameaux.

Èġnas اجناس s. A. pl. de *ġins*, genres, espèces, sortes; a. divers, mixtes; *èġnassi muḥtèlifè*, diverses espèces.

Èġnèbi اجنبى s. A. au pl. *èġanib*, étranger; a. exotique.

Èġnèbilik اجنبيلك s. T. v. le suivant.

Èġnèbiyèt اجنبيت s. A. état d'une personne étrangère.

Èġr اجر s. A. (*èġir*), au pl. *aġar* ou *uġour*, rémunération, récompense divine attachée à une œuvre de piété.

Èġrah اجراح s. A. pl. de *ġèrh*, blessures, plaies.

Èġram اجرام s. A. pl. de *ġirm*, corps; masses.

Èġsad اجساد s. A. pl. de *ġèssèd*, corps (humains).

Èġsam اجسام s.A. pl. de *ġism*, corps (en général).

Èġvar اجوار s. A. pl. de *ġar*, les voisins.

Èġvèf اجوف s. A. fossé,

fosse, creux ; en T. us. *čoukour*.

Ègvibè اجوبه s. A. pl. de *ǧevab*, réponses ; répliques.

Èġyal اجيال s. A. pl. de *ǧil*, peuples ; tribus.

Èġza اجزا s. A. pl. de *ǧuz*, parties, parcelles, drogues médicinales ; molécules, atomes ; feuilles typographiques.

Èġzaġe اجزاجى s. T. droguiste, apothicaire ; pharmacien.

Èġzaġelek اجزاجيلق s. T. art et profession de pharmacien ; pharmacie.

Èġza-hanè اجزاخانه s. P. pharmacie.

Èhali اهالى s. A. pl. de *èhl*, habitants d'un lieu, d'un pays ; les personnes d'une maison ; familles ; comme sing. la commune, population ; le public ; *èhalissi čok*, populeux.

Èhl اهل s. A. au pl. *èhali*, possesseur ; épouse ; a. habile, capable, propre à quelque chose ; *èhli bèyt*, famille, maison ; *èhli kèlam*, homme éloquent ; *èhli islam*, musulman ; *èhli ġènnèt*, les habitants du paradis ; *èhli ġèhènnèm*, les damnés ; *èhli 'ilm*, savant, homme de science ; *èhli hèyèt*, *èhli nuǧoum*, astronome ; *èhli rakam*, arithméticien ; *èhli ma'rifèt*, industrieux, habile ; *èhli dunya*, les gens mondains.

Ehlamour اخلامور s. A. (*flamour*, T. vulg.), tilleul.

Èhli اهلى a. A. apprivoisé ; privé, domestique.

Èhliyèt اهليت s. A idonéité, capacité, habileté, compétence.

Èhram اهرام s. A. pl. de *hèrèm*, pyramides.

Ehtapot اختاپود s. T. v. *ahtapod*.

È'izzè اعزه s. A. pl. de *'aziz*, personnages respectables.

Èjdèr اژدر s. P. dragon.

Èjdèr-ha اژدرها s. P. v. le précédent.

Èk اك s. T., *èk yèri*, emboîture, jointure ; liaison.

Èkalim اقاليم s. A. pl. de *iklim*, climats, pays, contrées, régions.

Èkbèr اكبر a. A. compar. de *kèbir*, au pl. *èkia-*

Èkda — **Èkil**

bir, plus ou le plus grand; plus âgé; au fém. *kubra.*

Èkchi اكشى a. T. aigre, acéteux, acide; fermenté; s. acidité, aigreur; *èkchi bukchi,* chose aigre.

Èkchidiği اكشیدیجى a. T. acidifiant.

Èkchigè اكشیجه a. T. un peu aigre; aigrelet.

Èkchilènmè اكشیلنمه s. T. acidification.

Èkchilènmèk اكشیلنمك T. devenir aigre, acide, s'aigrir; fermenter.

Èkchilik اكشیلك s. T. aigreur, acidité; acerbité.

Èkchimè اكشیمه s. T. action de s'aigrir; fermentation.

Èkchimèk اكشیمك T. v. *èkchilènmèk.*

Èkchimsi اكشیمسى a. T. v. *èkchigè.*

Èkchimtrèk اكشیمترك a. T. v. *èkchigè.*

Èkchitmèk اكشیتمك T. rendre aigre, acide, aigrir, acidifier, faire devenir aigre, faire fermenter.

Èkdar اكدار s. A. pl. de *kèdèr,* chagrins, afflictions, douleurs.

Èkdirmèk اكدرمك T. faire semer.

Èkenmak ايكنمق T. respirer avec difficulté; gémir.

Èkente ايكنتى s. T. respiration difficile; gémissement.

Èkiabir اكابر s. A. pl. de *èkbèr,* les plus puissants, les plus grands, les supérieurs, les personnages haut placés.

Èkiarim اكارم s. A. pl. de *èkrèm,* les plus généreux, les plus nobles.

Èkiassirè اكاسره s. A. pl. de *kisra,* les Cosroès, les anciens rois de Perse.

Èkiazib اكاذيب s. A. pl. de *èkzoubè,* mensonges, faussetés.

Èkid اكيد a. A. fort, ferme, sévère.

Èkidèn اكيدا ad. A. fortement, sévèrement, fermement.

Èkilèn اكيلن p. pr. T. de *èkilmèk,* étant ou qui a été semé.

Èkili اكيلى a. T. semé.

Èkilmèk اكلمك T. être semé, ensemencé; passif de *èkmèk.*

Èkilmich اكلمش p. p. T. semé, ensemencé.

Èkin اكين s. T. semence, semailles, céréales en herbe : *èkin bičmèk, (bičmèk)*, moissonner, faire la récolte des grains ; *èkin zamane*, temps de la moisson ; *èkin èkmèk*, semer (en général) ; *boughday èkmèk*, semer du blé.

Èkingi اكينجى s. T. semeur, cultivateur.

Èkingilik اكينجيلك s. T. métier d'agriculteur ; agriculture.

Èkinlik اكينلك s. T. champ ensemencé, terre où l'on sème.

Èkiz ايكيز s. T. *(ikiz)*, jumeau, jumelle.

Eklamak ايقلامق T. respirer avec effort ; sangloter, gémir.

Eklatmak ايقلاتمق T. forcer, violenter en menaçant.

Èklèmèk اكلمك T. allonger, rallonger ; ajouter un morceau ; d. de *èk*.

Èklènmèk اكلنمك T. être rallongé.

Èklètmèk اكلتمك T. faire ajouter un morceau ; faire rallonger.

Èkli اكلى a. T. rallongé.

Èkmè اكمه s. T. semailles.

Èkmèk اكمك s. T., *houbz*, A., *nan*, P. pain ; fig. nourriture ; *tazè èkmèk*, pain frais ; *bayat èkmèk*, pain rassis ; *bèyaz* ou *hass èkmèk*, pain blanc ; *èv èkmèyi*, pain de ménage ; *hamoursouz èkmèk*, pain azyme ; *hèr gun ki èkmèyimiz*, notre pain quotidien ; *ta'yin èkmèyi*, pain de munition ; *mubarèk èkmèk*, pain bénit ; *bir dilim èkmèk*, une tranche de pain ; *bir parča èkmèk*, un morceau de pain ; *èkmèk kaboughou*, croûte de pain ; *èkmèk iči*, mie de pain ; *èkmèk torbasse*, sac à pain ; *sejak èkmèk*, pain chaud.

Èkmèk اكمك T. semer, ensemencer ; *boughday èkmèk*, semer du blé ; *dare èkmèk*, semer du millet.

Èkmèkği اكمكجى s. T. boulanger, qui vend du pain.

Èkmèkğilik اكمكجيلك s. T. boulangerie, art de faire le pain ; profession de boulanger.

Èkmèl اكمل a. A. compar. de *kiamil*, plus ou le plus complet et parfait.

Èknaf اكناف s. A. pl. de *kènèf*, côtés, contours ; contrées.

Èkrad اكراد s. A. pl. de *kurd*, Kurdes, Mèdes.

Èkrèh اكره a. A. compar. de *kèrih*, plus ou le plus dégoûtant, abominable, désagréable.

Èkrèm اكرم a. A. compar. de *kèrim*, au pl. *èkiarim*, plus noble, plus illustre, plus grand ; plus ou le plus généreux.

Èkrèmi اكرمى a. A. qui appartient à une personne noble, généreuse.

Èksèr اكسر s. T. (*ènksèr*), clou ; *iri èksèr*, gros clou ; *oufak èksèr*, petit clou ; *èksèr kakmak*, clouer ; *èksèr tchekarmak*, déclouer.

Èksèr اكثر a. A. compar. de *kèssir*, plus nombreux, plus abondant.

Èksèrği اكسرجى s. T. fabricant ou vendeur de clous.

Èksèrğilik اكسرجلك s. T. clouterie.

Èksèri اكثرى ad. A. le plus souvent.

Èksèriya اكثريا ad. A. souvent, bien des fois ; ordinairement.

Èksèriyèt اكثريت s. A. *'oumoumiyèt*, généralité, majorité.

Èksèrlèmèk اكسرلمك اكسرلهمك T. clouer.

Èksik اكسيك ad. T. moins. L'adverbe *èksik* ne peut pas s'employer pour la formation des comparatifs turcs, car il exprime simplement un déficit sans aucun rapport ; comme, *bou hissab èksik dir*, ce compte n'est pas juste, c'est-à-dire, il manque quelque chose à ce compte ; *alenan okčè èksik dèyil*, il ne manque rien à la somme reçue, elle est juste ; *yuzdèn iki èksik*, cent moins deux ; *nè artek nè èksik olour*, ni plus ni moins ; *artek èksik* plus ou moins.

Èksik اكسيك s. a. T. manque, défaut, faute, lacune, imperfection, défectuosité, déficit, défectif, imparfait, moindre, incomplet ; absent ; *èksik olmayeñ*, ne manquez pas de vivre (terme de remerciement).

Èksiklèmèk اكسكله مك اكسيكلمك T. rendre défectueux.

Èksiklik اكسكلك s. T. imperfection, défaut, faute, manquement, manque, diminution; vice; *èksiklik ètmèk*, faillir; faire une faute.

Èksik olarak اكسيك اولرق ad. T. imparfaitement.

Èksik ol. اكسيك اولمق T. être diminué, se diminuer, manquer; être absent.

Èksiksiz اكسكسز a. T. complet, sans déficit.

Èksilèn اكسيلن p. pr. T. décroissant, manquant.

Èksilmè اكسلمه s. T. décroissance, décrue.

Èksilmèk اكسلمك T. se diminuer, diminuer, décroître, amoindrir.

Èksiltmè اكسيلتمه s.T. action d'amoindrir; de diminuer.

Èksiltmèk اكسيلتمك T. diminuer, amoindrir.

Èksimèk اكسيمك T. être diminué; vn. amoindrir.

Èksitmèk اكسيتمك T. v. *èksiltmèk*.

Èksu اكسو s. T. *(uksu)*, tison.

Èktirmèk اكدرمك T. faire semer.

Èkzoubè اكذوبه s. A. au pl. *èkiazib*, mensonge; d. de *kizb*.

Èl ال article arabe, le, la, les; il se place avant les mots, et il est toujours invariable; *èl-insan*, l'homme; *èl-'ibad*, les serviteurs; *èl-ǧèbr*, l'algèbre.

Èl ال s.T., *dèst*, P. main; manche, poignée; au fig. pouvoir, puissance; secours, protection; *sagh èl*, la main droite; *sol èl*, la main gauche; *èl arkasse*, *èl ustu*, le dessus de la main; *èl altèndan*, sous main, secrètement; *èldèn èlè*, de main en main; *èl yardèmè, yardèm*, main forte; *èlè gèlmèk*, tomber en main; *èldèn gèlmèk*, réussir, pouvoir faire; *èl vèrmèk*, suffire, être suffisant; *èl èlè vèrmèk*, se donner la main l'un à l'autre; *èl kavouchdourmak*, tenir les mains croisées sur la poitrine en signe de respect; *èl* *vourmak*, entreprendre; battre des mains; applaudir; *èl ouzatmak*, s'emparer de, usurper; *èl ilè yoklamak*, tâter, toucher avec la main; *èl bir ètmèk*, être d'accord; *èl čèkmèk*, abandonner, se retirer de; cesser; *èl surmèk*, se mêler de; *èli ačck*, prodigue, dilapidateur; *èli pèk*, avare; *èli boch*, désœuvré, sans affaire; qui ne possède rien; *èl čèkmèk*, abandonner; *èl čerpmak*, applaudir.

Èl ايل s. T. contrée, pays, province, région; tribu, peuple, le monde, les étrangers; les autres hommes, autrui; *roum èli*, la Turquie d'Europe; a. étranger, appartenant à un autre pays; *èl ichi*, objet étranger.

Èl-aman الامان interj. A. pardon! quartier! grâce!

Èl-an الآن ad. A. présentement, actuellement, à présent; encore.

Èl-'arabasse ال عربه سى s. T. brouette.

Èlastik الاستيق s. du F. élastique.

Èlbab الباب s. A. pl. de *lubb*, esprits, intelligences.

Èlbèt البت ad. T. (*èlbèttè*), assurément, certainement; sans doute, inévitablement; oui; nécessairement, immanquablement, décidément, à la fin.

Èlbèttè البته ad. A. v. le précédent.

Èlbissè البسه s. A. pl. de *libas*, habits, vêtements.

Èlči ايلچى s. T., *sèfir*, A. ambassadeur, ministre, envoyé; *bèuyuk èlči*, ambassadeur extraordinaire; *èlčilèr*, *sufèra*, les ambassadeurs; *èlči madamasse*, ambassadrice.

Èlčilik ايلچيلك s. T., *sèfarèt*, ambassade, légation; fonction d'ambassadeur.

Èldivèn الدوان الدون s. T. gant; *èldivèn gèymèk*, porter des gants; *èldivèn gèydirmèk*, ganter.

Èldivèngi الدونجى s. T. gantier.

Eleğak ايليجاق a. T. tiède; un peu tiède; *eleğak sou*, eau tiède; *eleğak olmak*, s'attiédir, devenir tiède.

Eleğè ايليجه s. T. bain chaud naturel, thermes.

Elek ايليق a. T. tiède.

Èlèk الّك s.T. tamis, blutoir ; *kèl èlèk*, sas, tamis.

Èlèkği الكجى s. T. celui qui fait ou vend des tamis, tamisier.

Èlèklèmèk الــكلهــك الكلك T. tamiser.

Èlèktrik الكتريق s. du F. électricité.

Èlèktrik-bin الكتريق بين s. P. électroscope.

Èlèktriki الكتريق a. A. électrique.

Èlèktrikiyèt الكتريقيت s. A. électrisation, électricité.

Èlèm الم s. A. au pl. *alam*, chagrin, peine, douleur, affliction ; souffrance ; *èlèm čèkmèk*, souffrir des douleurs, des peines ; s'affliger, avoir des chagrins.

Elemak ايلهق T. (*elenmak*), devenir tiède.

Èl-èman الامان interj. A. v. *èl-aman*.

Èlèmè الهه s. T. tamisage ; ce qui est choisi un à un.

Èlèmèk الهك T. tamiser ; dévider ; fig. choisir ; chercher le meilleur.

Èlèm-pèzir المنذر a. P. chagriné, affligé, peiné.

Èlèmya المه ميه s. T. dévidoir.

Elenmak ايلنهق T. v. *elemak*.

Eletmak ايلتهق T. rendre tiède, faire tiédir.

Èlètmèk التهك T. faire tamiser.

Èlf الف s. A. au pl. *alaf*, *ulouf*, mille.

Èlfaz الفاظ s. A. pl. de *lafz*, mots, paroles.

Èlfazle الفاظلى a. T. emphatique ; déclamatoire.

Èl-ğèbr الجبر s. A. algèbre.

Elghamak ايلغامق T. faire des courses libres (chevaux).

Elghar الغار ايلغار s. T. course de cheval à bride abattue ; assaut soudain ; razzia.

Elgharlamak ايلغارلامق T. faire des incursions, opérer des razzias.

Elghen ايلغين s. T. tamarin (tamarix).

Èlğimè الجمه s. A. pl. de *liğam*, brides, freins.

Èlhan الحان s. A. pl. de *lahn*, chants, mélodies.

Èli ه‌لی (*ale*), terminaison turque, ajoutée à l'impératif elle signifie depuis que ; *uč ay var biz gèl-èli*, il y a trois mois que nous sommes arrivés ; *vour-ale*, depuis qu'il a frappé.

Èlibba البا s. A. pl. de *lèbib*, les sages, les savants.

Èlif ا première lettre de l'alphabet arabe-persan-turc ; elle prend le son des voyelles *a, e, o, ou, è, i, u, eu* (euphonique).

Èlif الف a. s. A. ami, compagnon ; en T. us. *dost*, ami ; d. de *ulfèt*.

Èlif bè الفبا s. T. abc, abécé.

Èlim اليم a. A. douloureux, navrant ; d. de *èlèm*.

Èli pèk الى پك a.s.T., *hassis*, avare ; homme tenace.

Èlkab القاب s. A. pl. de *lakab*, surnoms ; titres, sobriquets.

Elke ايلكى s. T. cheval de troupeau non accoutumé au travail.

Èl-kessa القصه ad. A. enfin, bref, en un mot.

Èl-kimya الكيميا s. A. alchimie.

Èllèchmèk الشمك T. se donner la main, se battre ; en venir aux mains.

Èllèmè الله s. T. choisi avec la main un à un.

Èllèmèk اللهمك T. manier ; fig. congédier.

Èllènmèk اللنمك T. être touché avec la main, être manié.

Èlli اللى a. num. T. cinquante ; *èlli 'askèr*, cinquante soldats ; *èlli kourouch*, cinquante piastres.

Èlli اللو اللى a. T. qui a des mains, qui a un manche.

Èllichèr الليشر a. ad. T. par cinquantaines, cinquante à chacun.

Èlli kadar اللى قدر s. T. cinquantaine.

Èllilik الليلك a.s. T. quinquagénaire ; qui vaut cinquante.

Èllinği اللنجى a. num. T. cinquantième.

Èlma الما s. T. pomme ; *yèr èlmasse*, pomme de terre.

Èlma-aghaĝe الما آغاجی s. T. pommier.

Èlmaĝe الماجی s. T. vendeur de pommes.

Èlmas الماس s. T. diamant ; bijou.

Èlmassiyè الماسیه s.T. douceur gélatineuse transparente comme le cristal.

Èl-mèssih المسیح s. A. le Messie.

Èlmèyè المکه المیه s. T. dévidoir.

Èl-pèchkirî ال پیشکیری s.T. (*pèchkir*), essuie-main.

Èlsinè السنه s. A. pl. de *lissan*, langues, idiomes ; langages.

Èlvan الوان s. A. pl. de *lèvn*, couleurs.

Èlvèrèĝèk kadar الویره جك قدر ad. T. suffisamment.

Èlvèrich الویرش s. T. suffisance.

Èlvèrichli الویرشلو الویر شلی a. T. suffisant.

Èlvèrir الویر a. T. assez, suffisant, passable.

Èlvèrmè الویرمه s. T. suffisance.

Èlvèrmèk الویرمك T. (*èl vèrmèk*), suffire ; donner la main ; donner secours ; être assez, convenir, être convenable ; *èlvèrir* ou *yètèr*, cela suffit.

Èlvèrmèz الویرمز a. T. insuffisant, cela ne suffit pas.

Èlviyè الویه s. A. pl. de *liva*, drapeaux, étendards, etc.

Èl-yazesse ال یازیسی s. T. manuscrit.

Èlzèm الزم a. A. compar. de *lazem*, plus expédient, plus nécessaire, plus important, plus urgent ; indispensable.

Em م première pers. du verbe *olmak*, v. *im*.

Èmaĝid اماجد s. A. pl. de *èmĝèd*, les hommes les plus grands, les plus illustres.

Èmakin اماكن s. A. pl. de *mèkian*, lieux ; habitations ; maisons.

Èman امان s. A. sûreté.

Èmanat امانات s. A. pl. du suivant.

Èmanèt امانت s. A. au pl. *èmanat*, dépôt, objet confié, consignation; otage; hypothèque; nantissement; *chèhir èmanèti*, préfecture de la ville; *èmanèt ètmèk*, mettre en dépôt; *èmanèt komak*, déposer, confier, consigner, mettre en dépôt.

Èmanèt-dar امانتدار s. P. dépositaire, consignataire.

Èmanètèn امانةً ad. A. en dépôt.

Èmanètği امانتجى s. T. consignataire, dépositaire; employé à bord d'un bateau à qui on confie le transport de certains objets.

Èmanètğilik امانتجيلك s. T. état et métier de consignataire, etc.

Èmarè اماره s. A. signe, indice.

Èmarèt امارت s. A. principauté; autorité, commandement, pouvoir.

Èmdirmèk امديرمك ـ امدر مك T. faire sucer; causatif de *èmmèk*.

Èmèk امك s. T. fatigue, travail, peine, labeur; *èmèk čèkmèk*, se fatiguer, travailler.

Èmèk-dach امكداش s. T. compagnon de service, de travail.

Èmèk-dar امكدار s. a. T. vétéran émérite, vieux serviteur.

Èmèklèmèk امكله مك ـ امكلمك T. p. u. travailler.

Èmèkli امكلو ـ امكلى a. T. qui demande ou qui a coûté beaucoup de travail et de peine.

Èmèksiz امكسز a. T. obtenu sans travail, sans peine.

Èmèl امل s. A. au pl. *a-mal*, espoir, désir.

Èmğad امجاد s. A. pl. de *mèğid*, les glorieux, les gens illustres.

Èmğèd امجد a. A. compar. de *mèğid*, au pl. *èmağid*, plus glorieux, plus grand, plus illustre; le plus glorieux.

Èmğik امجك ـ امجيك s. T. papille; pointe d'une mamelle ou d'une chose pour sucer; trayon; mamelon.

Èmial اميال s. A. pl. de *mil*, milles (mesure de distance).

Èmich امش s. T., *èmmè*, succion, sucement.

Èmichmèk امشمك T. sucer les lèvres, teter avec empressement.

Èmiği اميجى a. s. T. absorbant, suceur ; d. de *èmmèk*.

Èmilmèk املك T. être sucé.

Èmin امين a. A. constant ; sûr, fidèle ; persuadé ; s. inspecteur, intendant ; fournisseur ; préfet ; *tèrsanè èmini*, inspecteur de l'arsenal maritime; *gumruk èmini*, inspecteur de la douane ; *chèhir èmini*, préfet de la ville ; *sandek èmini*, caissier ; *alay èmini*, intendant du régiment ; *èmin ètmèk*, assurer ; *èmin olmak*, s'assurer, être assuré.

Èminlik امينلك s. T. p. u. sûreté.

Èmin olmouch امين اولمش p. p. T. assuré, rassuré.

Èmir امير s. A. au pl. *umèra*, émir, prince, commandant, chef ; titre de dignité des descendants de Mahomet ; *èmir ul-ğuyouch*, *(sèr 'askèr pacha)*, commandant en chef de l'armée ; ministre de la guerre.

Èmir امر s. A. v. *èmr*.

Èmiranè اميرانه ad. P. en émir, en prince.

Èmir-namè امرنامه s. P. mandement.

Èmkinè امكنه s. A. pl. de *mèkian*, endroits, lieux ; demeures, habitations.

Èmlak املاك s. A. pl. de *mulk*, propriétés, biens immeubles, terres, possessions.

Èmma اما conj. A. *(amma*, T.)*, mais, et, si, donc ; *amma nè čarè*, mais que faire ! *amma sèn nassel adam sen*, mais quelle espèce d'homme es-tu donc ?

Èmmè امه s. T. succion, sucement, absorption.

Èmmèk امك T. absorber, sucer ; *sud èmmèk*, sucer du lait ; *èmdirmèk*, faire sucer.

Èmn امن s. A. sûreté ; *kèmali èmn* ou *istirahat ilè*, avec la plus parfaite sûreté et le plus grand repos.

Èmniyèt امنیت s. A. sécurité, sûreté, confiance ; *zate nèzakètsimate 'alinizè èmniyèti kiamilèmiz oloup*, ayant en votre gracieuse personne une pleine et entière confiance ; *èmniyèt ètmèk*, se fier, se confier.

Èmniyètli امنیتلی a. T. sûr.

Èmniyètsiz امنیتسز a. T. qui n'est pas sûr.

Èmniyètsizlik امنیتسزلك s. T. défiance, manque de sûreté ; de sécurité.

Èmr امر s. A. (*èmir*), au pl. *èvamir*, ordre, commandement, décret, édit ; ordonnance ; *allaheñ èmri uzrè*, comme Dieu ordonne ; *èmri hakk*, décret divin (la mort) ; *èmri 'ali*, ordre viziriel ; *èmriñizi iğraya isti'ğal ètdim*, je me suis empressé d'exécuter vos ordres ; *èmri mahsous*, ordre exprès ; *èmir èfèndimiñ dir*, l'ordre appartient à monseigneur (parole qui marque la soumission) ; *èmr ètmèk, bouyourmak*, ordonner, commander, imposer ; *hiç bir èmriñiz yok mou dour*, n'avez-vous rien à m'ordonner ? ; *èmr olmak*, être commandé, ordonné, imposé ; *èmr olounmouch*, ordonné, commandé, imposé.

Èmr امر s. A. au pl. *oumour*, chose, affaire, négoce, action ; *èmri zahir dir*, c'est une chose notoire, évidente.

Èmraz امراض s. A. pl. de *maraz*, maladies.

Èmsal امثال s. A. pl. de *mèssèl*, sentences, maximes ; pl. de *missal*, exemples, pareils, semblables ; et pl. de *misl*, pareils, égaux, quantités égales.

Èmsalsez امثالسز a. T. sans pareil, excellent.

Èmsar امصار s. A. pl. de *messer (mesr)*, grandes villes.

Èmsilè امثلة s. A. pl. de *missal*, exemples, modèles.

Èmtar امطار s. A. pl. de *mètar*, pluies.

Èmti'a امتعه s. A. pl. de *mèta'*, marchandises.

Èmval اموال s. A. pl. de *mal*, biens, possessions, propriétés.

Èmvat اموات s. A. pl. de *mèyt*, les morts.

Èmzik امزيك s. T. tuyau pour sucer, mamelon.

Èmzikli امزيكلو امزيكلى a. T. muni d'un mamelon.

Èmzirmèk امزيرمك ام زرد ملك T. allaiter, faire sucer du lait, donner à teter.

Èñ ال s. T. largeur, étendue ; čohančñ èñi, la largeur du drap.

Èñ ال partic. T. qui se met avant les adjectifs ou les adverbes pour former le superlatif ; èñ beuyuk, le plus grand ; èñ kučuk, le plus petit ; èñ olou, le plus grand, très grand ; èñ oloussou, le plus grand parmi eux ; èñ keutu, èñ keutussu, le plus méchant ou le plus mauvais de tous ; èñ èvvèl dirilèn vè èñ soñra eulèn, qui vit le premier et qui meurt le dernier.

Ènagil اناجيل s. A. pl. de ingil, les Évangiles.

Ènamil انامل s. A. pl. de ènmilè, extrémités des doigts.

Ènaniyèt انانيّت s. A. égoïsme ; arrogance ; en T. us. bènlik.

Ènar انار s. P. grenade (fruit) ; en T. us. nar ; nar, A. feu.

Ènaristan انارستان s. P., narlek, nar baghčèssi, T. jardin planté de grenadiers.

Èndaht انداخت s. P. action de jeter, de lancer ; projection, décharge d'une arme à feu.

Èndahtè انداخته p. p. P. jeté, lancé.

Èndam اندام s. P., boy, T. stature, taille, proportion ; symétrie, élégance.

Èndamle اندامل a. T. qui a telle ou telle stature ; de haute taille ; bien proportionné ; élégant.

Èndamsez اندامسز a. T. de basse taille ; sans proportion ou sans symétrie.

Èndamsezlek اندامسزلق s. T. basse taille ; mauvaise proportion.

Èndaz انداز impér. a. P. jette, qui jette, qui lance, qui tire.

Èndazè انداز٥ s. T. (èndèzè), espèce d'aune plus courte que l'archine.

Èndèk اندك ad. P., az, T.

peu ; un peu ; *èndèk èndèk*, peu à peu ; *èndèk muddèt ičindè*, en peu de temps.

Èndèr اندر prép. P. dans.

Èndèr اندر a. A. compar. de *nadir*, plus ou le plus rare.

Èndèroun اندرون s. P. le dedans, l'intérieur ; harem.

Èudèzè انداز s. T. v. *èndazè*.

Èndich انديش a. P. qui pense, qui songe ; qui médite ; *hayr èndich*, qui pense le bien ; d. de *èndichidèn*.

Èndichè انديشه s. P. pensée, sollicitude, souci ; inquiétude, anxiété ; chagrin ; *èndichè ètmèk*, penser, méditer, réfléchir, se soucier.

Èndichè ilè انديشه ايله ad. T. anxieusement, avec sollicitude.

Èndichèli انديشه لى a. T. pensif, anxieux, inquiet, soucieux.

Èndichènak انديشه ناك a. P. pensif ; triste, inquiet.

Èndichèssiz انديشه سز a. T. calme, tranquille, qui ne songe à rien ; insoucieux.

Èndichèssizlik انديشه سزلك s. T. quiétude, tranquillité, état de celui qui ne songe à rien.

Èndirilmèk اندرلمك T. être porté plus bas, être abaissé, amoindri ; *èndirilmich*, abaissé.

Èndirmè اندرمه s. T. abaissement.

Èndirmèk اندرمك T. abaisser, baisser, abattre, calmer, amoindrir ; faire descendre ; d. de *ènmèk* ; *yuk èndirmèk*, décharger ; *paha èndirmèk*, baisser le prix.

Èndouh اندوه s. P. tristesse, chagrin, affliction.

Ènèmè اننمه s. T. castration (des animaux).

Ènèmèk اننمك T. châtrer (cheval).

Ènèn اينن p. pr. T. descendant, celui qui descend ; d. de *ènmèk*.

Ènènmèk اننمك T. être châtré ; *ènènmich*, châtré.

Èñ-èvvèl اك اول ad. T. premièrement.

Eñez كز (*ouñouz, iñiz*, uñuz), pron. affixe T. votre (v. gramm.).

Ènf انف s. A. au pl. *anaf* ou *unouf*, nez; en T. us. *bouroun*.

Ènfas انفاس s. A. pl. de *nèfès*, souffles, respirations; mots, paroles.

Ènfi انفي a. A. nasal, qui appartient au nez.

Ènfiyè انفيه s. T.; *bouroun otou*, tabac à priser; *ènfiyè koutoussou*, tabatière; *bir čèkim ènfiyè vèr baña*, donnez-moi une prise de tabac; *ènfiyè čèkmèk*, priser du tabac.

Ènfiyègi انفيه‌جي s. T. marchand de tabac à priser.

Èngam انجام s. P. terme, fin.

Èngè نجى partic. T. v. *ingi*.

Èngèl انكل s. T. embarras, entraves, achoppement, obstacle; accroc; *èngèl olmak*, embarrasser, empêcher, être obstacle.

Èngèrèk انكرك s. T. vipère; couleuvre; *èngèrèk yavroussou*, vipereau.

Èngin انكين اككين a. T. vaste, large; s. largue; haute mer; *èngin ovalar*, des plaines vastes.

Ènginar انكنار s. du G. artichaut.

Ènginarlek انكنارلق s. T. lieu plein d'artichauts.

Èngkerek اينجقريق s. T. sanglot, hoquet.

Èngkermak اينجقرمق T. sangloter, hoqueter.

Èngum انجم s. A. pl. de *nèğm*, étoiles.

Èngumèn انجمن s. P. assemblée, conseil, cercle, banquet; *èngumèni danich*, académie.

Ènguru انقره n. p. T. v. *ènkarè*.

Ènhar انهار s. A. pl. de *nèhr*, fleuve, rivière.

Ènich اينيش s. T. pente, descente; penchant d'une montagne; d. de *ènmèk*.

Ènigi اينيجى s. T. descendant; qui descend.

Ènik اينيك انيك s. T., *yavrou*, petit des animaux; *keupèk ènigi* ou *yavroussou*, le petit de la chienne; *kourd ènyi* ou *yavroussou*, louveteau.

Èniklèmèk انیکلمك اینیكلـ
ـدك T. faire des petits, mettre bas (chienne, chatte...); d. de ènik; keupèk èniklèdi, la chienne a fait des petits.

Ènilmèk اینلمك T. descendre.

Ènin انین s. A., ah, T. soupir; gémissement.

Ènkarè انقره n.p. T. Angora, ville de la Turquie d'Asie dans l'Anatolie.

Ènkarèli انقره‌لی a. T. d'Angora.

Ènksèr اكسر s. T. clou.

Ènksèrği اكسرجی s. T. marchand de clous.

Èñlèchmèk اكلشمك T. s'élargir, devenir large.

Èñlèñmèk اكلنمك T. devenir large.

Èñlètmèk اكلتمك T. élargir, rendre large.

Èñli اكلو اكلی a. T., gènich, large, ample; èñli ètmèk, élargir, étendre.

Èñligè اكلیجه ad. T. un peu large, assez large.

Èñlilik اكلولك اكلیلك s. T., gènichlik, largeur.

Ènmè اِنمَه s. T. déclin, descente, dépression, apoplexie; action de descendre.

Ènmèk اِنمَك T. descendre, se baisser, décliner; s'abaisser, devenir moindre (prix); se calmer; ènmich, descendu, abaissé, déprimé.

Ènmilè انملة s. A. au pl. ènamil, extrémité du doigt.

Ènsab انساب s. A. pl. de nèssèb, parents, races, lignées, origines; 'ilm ul-ènsab, généalogie.

Ènsaf انصاف s. A. pl. de ncsf, moitiés.

Ènsal انسال s. A. pl. de nèsl, postérités, races; lignées, origines.

Èñsè اكسه s. T. nuque, occiput; chignon.

Èñsiz اكسز a. T. étroit, qui n'est pas large; d. de èñ.

Èñsizğè اكسزجه a. T. qui n'est pas assez large.

Èñsizlik اكسزلك s. T. état d'une étoffe qui n'a pas la largeur voulue.

Ènva' انواع s. A. pl. de

nèv', sortes, espèces, variétés ; *ènva'yi lèzzèt uč dur*, trois sont les espèces des goûts ; *ènva'yi rènkdèn*, de différentes couleurs.

Ènvar انوار s. A. pl. de *nour*, lumières.

Ènvèr انور a. A. compar. de *nèyyir*, plus lumineux, plus éclatant ; le plus brillant.

Èp اپ partic. augmentative T. ; *èp èyi*, passable, assez, assez bien ; *èp èyiğè*, passablement.

Èr ار s. T. homme, mari, mâle ; *èr gibi*, en homme, virilement, comme un homme ; *keleğ èri*, homme d'épée, spadassin ; *kalèm èri*, homme de plume, savant ; *èrè varmak*, prendre un mari, se marier (femme) ; *èrè vèrmèk*, marier (une fille) ; *seuzunuñ èri olmale*, il faut être homme de parole.

Èr ار ad. T. pour *èrkèn*, de bonne heure, de grand matin.

Èrağif اراجيف s. A. pl. de *èrğoufè*, fausses nouvelles ; faux bruits..

Èramil ارامل s. A. pl. de *èrmilè*, veuves.

Èraminè ارامنه s. a. A. pl. de *èrmèni*, Arméniens.

Èrayik ارايك s. A. pl. de *èrikè*, sièges, lits de repos ; trônes.

Èrazi اراضي s. A. pl. de *èrz*, terres fermes, terrains.

Èrazil اراذل s. A. pl. de *èrzèl*, gens de rien, de basse condition ; hommes vils, méprisables.

Èrba'a اربع a. num. A. quatre.

Èrbab ارباب s. A. pl. de *rabb*, seigneurs, possesseurs, maîtres ; doués de ; a. (comme mot T.), habile, digne.

Èrba'yin اربعين a. num. A. quarante ; les quarante jours d'hiver depuis le 21 déc. jusqu'au 29 janvier.

Èrbè'a اربع a. num. A. v. *èrba'a*.

Èrbè'yin اربعين a. num. A. v. *èrba'yin*.

Èrdèl اردل n.p.T. Transylvanie, grand gouvernement de l'Empire d'Autriche ; 2,600,000 h.

Èrdèn اردن n. p. A. (*ardèn*, T. vulg.), Jourdain (fleuve).

Èrdirich ایردیرش s. T. action de faire parvenir, de faire atteindre.

Èrdirmè ایردیرمه s. T. v. le précédent.

Èrdirmèk ایردیرمك ـ ایردرمك T. faire parvenir, faire atteindre.

Èrèn ارن s. T. homme sage et vertueux, saint; brave homme; homme comme il faut; *èrènlèrdè seuz bir olour*, les braves gens n'ont qu'une seule parole (prov.), c'est-à-dire, ils sont des hommes de parole.

Èrfa' ارفع a. A. compar. de *rèfi'*, plus haut, plus élevé.

Èrgèmènd ارجمند a. P. distingué, illustre.

Èrgèn ارکن s. T. célibataire; communément *bèkiar*.

Èrgènlik ارکنلك s. T. célibat.

Erghad ارغاد s. T. v. le suivant.

Erghat ارغات ـ ارغاد s. du G. (*erghad*), ouvrier; *erghat bache*, chef des ouvriers dans une construction.

Èrğoufè ارجوفه s. A. au pl. *èrağif*, fausse nouvelle.

Èrham ارحام s. A. pl. de *rahm*, ventres, utérus, matrices; parents.

Èrham ارحم a. A. compar. de *rahim*, plus miséricordieux, plus compatissant.

Èrichmè ارشمه s. T. action de parvenir, d'atteindre.

Èrichmèk ارشمك T. parvenir, atteindre, arriver; mûrir.

Èrichtè ارشته s. T. (*richtè*), vermicelle (pâte).

Èrichtirmèk ارشدیرمك ـ ارشدرمك T. faire parvenir, atteindre, communiquer une nouvelle secrètement.

Èridiği اریدیجی a. T. dissolvant; d. de *èritmèk*.

Èrik اریك s. T. prune; *èrik kouroussou*, pruneau.

Èrik-aghağe اریك آغاجی s. T. prunier.

Èrikè اریكه s. A. au pl. *èrayik*, trône; *èrikè-pira*, qui embellit le trône (prince).

Èriklik اريكلك s. T. prunelaie.

Èrimè اريمه s. T. dissolution, liquéfaction ; dépérissement ; action de se fondre.

Èrimèk اريمك T. se dissoudre, se fondre, fondre ; se liquéfier ; dépérir ; amaigrir, être usé et déchiré (habit) ; *bouz èrimèk*, dégeler.

Èrimich اريمش p. p. T. fondu, liquéfié.

Èrinmèk ارينمك T. se lasser, devenir inactif, paresseux.

Èrir ارير a. T. dissoluble.

Èritmèk اريتمك T. fondre, dissoudre, liquéfier, rendre liquide ; amaigrir.

Èrkam ارقام s. A. pl. de *rakam*, chiffres, caractères arithmétiques.

Èrkèg اركج s. T. p. u., *èrkèk kèci*, bouc, le mâle de la chèvre.

Èrkèk اركك s. a. T. mâle ; homme ; viril ; *dichi èrkèk*, le mâle et la femelle ; *èrkèk aslan*, le lion ; *èrkèk kèdi*, le chat ; *èrkèk fil*, l'éléphant ; *èrkèk kourd*, le loup ; *èrkèk aye*, l'ours ; *èrkèk yaban domouzou*, le sanglier ; *èrkèk pèlènk*, le tigre.

Èrkèkgè اركككه ad. T. virilement, en homme ; courageusement.

Èrkèkli ارككلى a. T. qui a son mâle.

Èrkèklik اركككلك s. T. virilité ; valeur ; bravoure ; *èrkèklik ètmèk*, se montrer homme.

Èrkèksiz اركككسز s. a. T. femme qui n'a ni mari, ni père, ni frère ; veuve.

Èrkèn اركن ايركن ad. T. de bonne heure, de grand matin.

Èrkèngè اركنجه ad. T. d'un peu bonne heure.

Èrkèngi اركنجى ايركنجى a. T. matineux.

Èrkian اركان s. A. pl. de *rukn*, colonnes, pilastres, soutiens ; règles principales ; bases ; personnages principaux d'un corps ; *èrkiani dèvlèt*, les ministres ; *èrkiani harb*, officiers supérieurs, état-major ; comme mot turc au sing., civilité, politesse, courtoisie,

ÈRMÈ   256   **ÈRZÈ**

bienséance, ordre, observance; *bou adam èyi yol èrkian bilir*, cet homme connait bien les règles de la civilité.

Èrkianle اركانلی a. T. courtois, civil, bien élevé.

Èrkiansez اركانسز a. T. incivil, impoli.

Erlamak ایرلامق T. fredonner.

Erlayech ایرلایش s. T. fredonnement.

Èrmaghan ارمغان s. P. don, présent.

Ermak ایرمق s. T. rivière; ruisseau; fleuve.

Èrmèk ارمك T. parvenir, atteindre; arriver, mûnir.

Èrmèni ارمنی s. a. A. au pl. *èraminè*, Arménien, de l'Arménie.

Èrmènistan ارمنستان s. P., *èrmèni vilayèti*, T. Arménie, grande contrée de l'Asie divisée en Arménie turque, cap. Erzeroum, et en Arménie russe, cap. Erivan; *èrmènistani kèbir*, Arménie-majeure; *èrmènistani saghir*, Arménie-mineure.

Èrmilè ارمله s. A. au pl. *èramil*, veuve.

Èrtè ارته s. T. lendemain; *èrtèssi gun*, le jour suivant; le lendemain; *pazar èrtèssi*, lundi; *ǧoum'a èrtèssi*, samedi.

Èrtèlèmèk ارتهلهمك T. rester jusqu'au lendemain.

Èrvah ارواح s. A. pl. de *rouh*, esprits, âmes; *eululèriñ èrvahc*, les âmes des morts.

Èrz ارض s. A. *(arz)*, au pl. *èrazi* ou *arazi*, terre, sol; *kurèy èrz*, le globe de la terre; *èrzi ḥali*, champ qui n'est pas cultivé.

'Èrz عرض s.A. honneur, pudeur; *'èrz èhli*, honnête.

Èrzak ارزاق s. A. pl. de *rizk*, approvisionnements, provisions, vivres.

Èrzan ارزان a. P. digne, convenable.

Èrzani ارزانی s. P. dignité, convenance.

Èrzè ارزه s. T. cèdre.

Èrzèl ارذل a.A. compar. de *rèzil*, au pl. *èrazil*, plus vil, plus ou le plus méprisable.

Èrzi ارضی a. A. qui appartient à la terre ; terrestre.

Èrzurum ارضروم n. p. T. Erzeroum, ville de la Turquie d'Asie dans l'Arménie ; 50,000 h.

Èsb اسب s. P. cheval ; en T. us. *at*.

Èsbab اسباب s. A. pl. de *sèbèb*, motifs, causes, raisons, moyens ; instruments; *èsbabi harb*, les provisions nécessaires pour la guerre.

Èsbab اثواب s. T. vulg. habit, robe, vêtement.

Èsbak اسبق a. A. compar. de *sabek*, plus ancien.

Èsbat اسباط s. A. pl. de *sibt*, familles, tribus.

Èsfar اسفار s. A. pl. de *sifr*, livres, volumes.

Èsfar اسفار s. A. pl. de *sèfer*, expéditions, voyages.

Èsfèl اسفل a. A. compar. de *sèfil*, au féminin *sufla*, au pl. *èssafil*, plus bas, plus abject ; le plus abject.

Eskara اسقره s. T. gril.

Èski اسكى a. T. ancien, vieux, râpé, usé, suranné, chronique; doyen ; *èski zamanda*, anciennement ; *èski adamlar*, les anciens ; *èski dost*, vieil ami ; *èski puski*, vieillerie, loque, chiffons.

Èski اسكى s. T. l'ancien, le vieux, l'antique.

Èskigè اسكيجه ad. T. un peu vieux, un peu ancien.

Èskigi اسكيجى s. T. savetier, chiffonnier, fripier, marchand de vieilleries, de bric-à-brac.

Èski-hissar اسكيحصار s. T. Eskihissar (Laodicée), ville dans l'Asie Mineure.

Èskilènmèk اسكيلنمك T. devenir vieux, être usé, ancien.

Èskilik اسكيلك s. T., *kadimlik*, ancienneté, antiquité, vieillesse.

Èskimèk اسكيمك T. vieillir, devenir vieux, usé ; s'invétérer ; être râpé, usé; *èskimich*, vieilli, vieux, usé, invétéré, chronique.

Èskitmèk اسكتمك T. user, rendre vieux, vieillir (habit, etc).

Eskonto اسقونطو s. de

17

l'I., escompte; réduction; *eskonto ètmèk,* escompter.

Eskoumrou اسقومرى s. du G. maquereau (poisson).

Esladech اصلادش s. T. mouillage; fig. bastonnade.

Èslaf اسلاف s. A. pl. de *sèlèf,* prédécesseurs, ancêtres.

Eslak اصلاق a. T., *yach,* mouillé, humide, trempé.

Eslakġa اصلاقجه ad. T. un peu mouillé.

Eslaklek اصلاقلق s. T. mouillure, humidité.

Eslanma اصلانمه s. T. mouillure.

Eslanmak اصلانمق T. se mouiller, être mouillé; s'imbiber.

Eslatma اصلاتمه s. T. mouillage, trempage, imbibition.

Eslatmak اصلاتمق T. mouiller, imbiber, humecter, tremper; fig. bâtonner vigoureusement; battre.

Eslek اصليق s. T. sifflet; sifflement; *eslek čalan,* siffleur; *eslek čalma,* action de siffler; *eslek čalmak,* siffler.

Èslèm اسلم a. A. compar. de *sèlim,* plus sûr, plus certain.

Èsliha اسلحه s. A. pl. de *silah,* armes.

Èsma اسما s. A. pl. de *ism,* noms; *èsmayi allah,* les noms ou les attributs de Dieu.

Èsman اثمان s. A. pl. de *sèmèn,* prix des choses.

Esmarlama اصمارلامه s. T. (*smarlama,* vulg.), recommandation, commande, commission; ordre; a. très propice.

Esmarlamak اصمارلامق T. (*smarlamak,* vulg.), recommander, donner une commission; commander; *allaha esmarladek,* adieu!

Esmarlanmak اصمارلانمق T. être recommandé, confié.

Esmarlayech اصمارلايش s. T. recommandation, commission, commande.

Esmarlayeġe اصمارلايجى s. T. celui qui fait des commandes.

Èsmè اسمه s. T. souffle du vent; action de souffler.

Èsmèk اسمك T. souffler; faire du vent; *yèl èssèr*, le vent souffle.

Èsmèr اسمر a. A. brun, rembruni, basané.

Èsmèrġè اسمرجه a. T. un peu brun; un petit peu brun; brunâtre.

Èsmèrlènmè اسمرلنمه s. T. rembrunissement.

Èsmèrlènmèk اسمرلنمك T. se brunir, se rembrunir, être bruni.

Èsmèrlètmèk اسمرلتمك T. brunir, rembrunir.

Èsmèrlik اسمرلك s. T. couleur brune; brun.

Èsna اثنا s. A. milieu, intervalle; *lakerde èsnassenda*, pendant le discours; *bou èsnada*, dans cet intervalle.

Èsnadè اثنادهprép. T. durant, pendant.

Èsnaf اصناف s. A. pl. de *senf (senef)*, espèces, sortes; classes; comme mot T. artisan, boutiquier, marchand; corporation.

Èsnaflek اصنافلق s. T. état de l'artisan, etc.

Èsnan اسنان s. A. pl. de *sinn*, dents; âges.

Èsnèk اسنك a. T. élastique, à ressort; s. bâillement.

Èsnèmè اسنمه اسنه مه s. T., *èsnèyich*, bâillement.

Èsnèmèk اسنه مك اسنمك T. bâiller, avoir du ressort; plier sous la pression.

Èsnètmèk اسنتمك T. tendre, allonger; importuner.

Èsnèyich اسنه يش s. T. bâillement.

Èsniyè اثنيه s. A. pl. de *sèna*, louanges, éloges,

Èsrar اسرار s. A. pl. de *sirr* (ou *serr*), secrets, mystères; *èsrari houda*, les mystères divins.

Èsrar اسرار s. T. pilules narcotiques.

Èsrè اسره s. T. accent voyelle qui a le son de l'*i* avec les lettres douces et celui de l'*e* (muet) avec les lettres dures.

Èsrimèk اسرمك T. s'enivrer, s'exalter.

Èssafil اسافيل s. A. pl. de *èsfèl*, ceux qui sont de basse condition, le bas peuple.

Èssalèt اصالت s. A. action de se présenter en personne; noblesse.

Èssalètèn اصالة ad. A. en personne.

Èssalètli اصالتلو اصالتلى a. T. noble, titre qu'on donne aux ambassadeurs.

Èssalib اساليب s. A. pl. de *usloub*, méthodes, manières, façons.

Èssami اسامى s. A. pl. de *ism*, noms.

Èssarèt اسارت s. A. esclavage, captivité.

Èssas اساس s. A. base, fondement, vérité, principe.

Èssaslandermak اساسلاندرمق اساسلندرمق T. fonder, jeter les fondements, assurer, rendre certain, vérifier.

Èssasle اساسلى a. T. qui est basé sur des fondements, sur la vérité; certain, vrai, véritable, principal.

Èssaslega اساسليجه a. T. qui a une certaine base.

Èssassèn اساسًا ad. A. fondamentalement, principalement.

Èssassez اساسسز a. T. sans fondement, sans base, faux.

Èssassezlek اساسسزلق s. T. état de ce qui n'a pas de fondement, de base; fausseté.

Èssassi اساسى a. A. fondamental.

Èssèd اسد s. A. au pl. *assad*, lion; en T. us. *aslan*.

Èssèf اسف s. A. regret, chagrin.

Essegak اصيجاق اصجاق s. T. chaleur; a. chaud.

Essendermak اصيندرمق اصندرمق T. chauffer, échauffer.

Essenmak اصينمق اصنمق T. se chauffer, s'échauffer, être chaud; fig. s'accoutumer, commencer à avoir de la sympathie, à aimer.

Èssèr اثر s. A. au pl. *assar*, marque, signe, piste,

trace, effet, impression; vestige, monument, ouvrage; action; *èssèr mouhabbèt*, démonstration.

Esserech اصيرش ايصرش s. T. morsure; d. de *essermak*.

Essereğe اصيريجى ايصريجى s. T. celui qui mord, mordant.

Esserghan اصيرغان ايصرغان a. T. mordant, piquant.

Esserghan-otou اصيرغان اوتى s. T. ortie (herbe).

Esserma اصيرمه ايصرمه s. T. morsure.

Essermak اصيرمق ايصرمق T. mordre; fig. médire; *parmak essermak*, se mordre les doigts de dépit; s'étonner.

Essertmak اصيرتمق ايصرتمق T. faire mordre.

Essetma اصيتمه ايصيتمه s. T. chauffage, échauffement.

Essetma اصيتمه ايسيتمه s. T. v. *setma* avec ses dérivés.

Essetmak اصيتمق ايصيتمق T. chauffer, échauffer, réchauffer; fig. accoutumer.

Essil اصيل a. A. ferme, solide; s. soir.

Essir اسير s. A. (*yèssir*, T. vulg.), au pl. *ussèra*, esclave, captif, prisonnier de guerre; *èssir ètmèk*, faire prisonnier; captiver; *èssir almağa*, jeu de barres; *èssir almağa oynamak*, jouer aux barres.

Essir اثير s. A. éther.

Essirgèmèk اسيركمك اسيركك T. épargner, ménager, protéger, compatir.

Essirgènmèk اسيركنمك T. être épargné, se ménager.

Essirği اسيرجى s. T. marchand d'esclaves.

Essiri اثيرى a. A. éthéré.

Essirlik اسيرلك a. T. (*yèssirlik*), esclavage, captivité.

Establ اصطبل s. A., *aher*, T. écurie.

Estakos استاقوس s. du G. (ou *istakos*), homard, grosse écrevisse de mer.

Estavrit استاوريت s. T. v. *istavrit*.

Estrydia اُسْتِرِيدِيه s. T. (*istridia*), huître.

Èsvab اَثْوَاب s. A. (*èsbab*, T. vulg.), pl. de *sèvb*, habits, vêtements; robes; en turc il est employé aussi au singulier.

Èsvab-hanè اَثْوَابْخَانَه s. P. garde-robe.

Èsvablek اَثْوَابْلِق s.T. qui peut servir à faire des habits; étoffe.

Èsvak اَسْوَاق s. A. pl. de *souk*, rues; marchés.

Èsvèd اَسْوَد a. A. noir; au fém. *sèvda*.

Èt اَتْ s. T. viande, chair; muscle, charnure; *tazè èt*, viande fraîche; *lèziz bir èt*, viande délicate (au goût); *dana èti*, du veau, viande de veau; *segher èti*, viande de bœuf; *koyoun èti*, viande de mouton; *av èti*, gibier; *segher èti kulbastesse*, du bifteck (beefsteak); *èt-souyou*, bouillon; *èt kèsmèk*, couper de la viande ou de la chair.

Èt اَيت impér. T. de *ètmèk*, fais.

Èt-bèzi اَتْ بَزِى s.T. glande, partie spongieuse qui sert à la sécrétion des humeurs; petite tumeur accidentelle.

Ètdirmèk اَتْدِرْمَكْ T. v. *èttirmèk*. Dans la formation du verbe causatif lorsque le radical du verbe se termine par un *t*, la particule *dir* qui est la marque du causatif peut aussi se prononcer *tir* (v. gramm.).

Ètèk اَتَكْ s. T. bord, pli; le bas de la robe, pan d'un habit; *dagh ètèyi*, pente d'une montagne.

Ètèklèmèk اَتَكْلَمَكْ T. baiser le pan de l'habit d'un grand seigneur.

Ètèkli اَتَكْلِى a. T. ample, dont les plis sont très larges; qui a de larges pans.

Ètèklik اَتَكْلِكْ s. T. étoffe pour faire les pans d'un habit; partie inférieure d'un vêtement; espèce de jupon.

Ètèl اَيَل n. p. T. Le Volga, un des plus grands fleuves de la Russie.

'Eter عَطْر s. A. au pl. *'eteriyat*, odeur, parfum, arome; géranium (fleur).

'**Eteriyat** عطريات s. A. pl. de '*eter*, aromates, parfums.

'**Etk** عتق s. A. affranchissement d'un esclave.

Èt-kèssimi ات كسيمي s. T. carnaval.

'**Etk-namè** عتقنامه s. P. certificat d'affranchissement.

Ètli اتلو اتلي a. T. charnu, corpulent ; qui a de l'embonpoint.

Ètmè اتمه s. T. action de faire.

Ètmèk اتمك T. faire, rendre ; fabriquer, façonner. Dans le sens de produire, on emploie en turc le verbe *yapmak*, et dans celui d'opérer, *ichlèmèk*, ; *nè yapağhghez*, que ferons-nous ? *ichini ichlèmèk*, faire sa besogne. Les verbes *ètmèk*, *èylèmèk*, *kelmak*, *bouyourmak* ; faire, rendre, sont regardés comme auxiliaires. En turc le verbe actif se forme souvent d'un nom ou d'un adjectif arabe ou persan et de l'infinitif turc *ètmèk*; *tèrk ètmèk*, abandonner, laisser ; *tèslim ètmèk*, faire la consigne, consigner, livrer ; remettre, confier ; '*itibar ètmèk*, faire cas ; *dil-chad ètmèk*, réjouir. On forme de même le verbe passif en faisant suivre le nom, l'adjectif ou le participe de l'auxiliaire *olmak*, (être) ; *tèkmil olmak*, être achevé ; *fèrhoundè olmak*, être heureux ; *mèstour olmak*, être écrit. Les verbes dont les radicaux se termine par un *t* dans la rencontre d'une voyelle change cette lettre en *d* ; *ètmèk*, faire ; *gitmèk*, aller, font *èdèrim*, *gidèrim*, au lieu de *ètèrim*, *gitèrim*.

Ètraf اطراف s. A. pl. de *taraf*, environs, alentours, périmètres ; contrées ; côtés, parties.

Ètrafenda اطرافنده prép. T. autour, alentour ; *chèhiriñ ètrafenda*, autour de la ville ; *èviñ ètrafenda*, autour de la maison (elle demande le génitif).

Ètrafle اطرافلي a. T. minutieux, en détail.

Ètraflegha اطرافلیجه ad. T. minutieusement, en détail.

Ètrak اتراك s. A. pl. de *turk*, Turcs.

'Etri عطری a. A. aromatique.

Èt-souyou ات صوی s. T. bouillon, m. à m. jus de viande.

Èttirmèk ایتدرمك T. (ou *ètdirmèk*), faire faire, laisser faire ; causatif de *ètmèk*.

Eud اود s. T., *safra*, fiel, bile; fig. courage, hardiesse.

'Eud-aghağe اود آغاجی s. T. aloès, plante originaire de l'Afrique dont on tire une résine amère très purgative.

Eudèchmèk اودشمك T. payer l'un à l'autre, s'indemniser mutuellement.

Eudèk اودك s. T. payement ; indemnité.

Eudèmè اودمه s. T. payement; action d'indemniser.

Eudèmèk اودمك T. payer, débourser, rembourser, indemniser, faire un payement ; satisfaire ; *borğounou eudèmèk*, payer sa dette ; *borğounou eudè*, paie ta dette ; *zararlare eudèmèk*, indemniser, dédommager.

Eudènèğèk اودنه جك fut. a. T. payable.

Eudènmè اودنمه s. T. action d'être payé, indemnisé.

Eudènmèk اودنمك T. être payé, indemnisé.

Eudènmèz اودنمز a. T. impayable.

Eudètmèk اودتمك T. faire payer ; indemniser.

Eudèyèn اودیان p. pr. T. payant, qui paie; payeur.

Eudèyich اودیش s. T., *eudèmè*, payement.

Euduñğ اودوڭ s. T. emprunt, prêt ; *cuduñğ alan*, emprunteur; *cuduñğ almak*, emprunter ; *cuduñğ vèrèn*, prêteur ; *cuduñğ vèrmèk*, prêter, donner en emprunt.

Eufkè اوفكه s. T. v. *cukkè* avec ses dérivés.

Eufkèği اوفكه جی a. T. colérique, qui s'emporte.

Euğ اوج s. T. revanche, vengeance ; pari ; *euğunu aldè*, il est vengé ; *euğ alèğe*, vengeur ; *euğ almak*, se venger, tirer vengeance.

Euğè اوكه a. T. v. *euyè*.

Eugèyik اوكیك s. T. p. u. tourterelle sauvage.

Eugimèk اوكیمك T. gémir (pigeon, tourterelle).

Eugu اوكو s. T. (*euygu*), hibou mâle.

Eugut اوكوت s. T. v. *euyut*.

Eugutlèmèk اوكوتلهمك اوكوتلهمك T. v. *euyutlèmèk* avec ses dérivés.

Eukèè اوكچه s. T. talon.

Eukkè اوككه s. T. colère, rage, emportement, exaspération.

Eukkèlèndirmèk اوككه لندرمك T. mettre en colère, irriter.

Eukkèlènmèk اوككه لنمك T. se mettre en colère, s'irriter.

Euksè اوكسه s. T. glu.

Euksurduğu اوكسردیجی a. T. qui cause la toux.

Euksurèn اوكسرن p. pr. s. T. toussant ; tousseur.

Euksurmèk اوكسرمك T. tousser.

Euksurtmèk اوكسرتمك T. faire tousser, causer la toux.

Euksuruk اوكسروك s. T. toux.

Euksuruklu اوكسروكلی a. s. T. tousseur.

Euksuz اوكسز a. s. T., *yètim*, orphelin, orpheline.

Euksuzluk اوكسزلك s. T., *yètimlik*, orphelinage, état d'un orphelin.

Eukuz اوكوز s. T. bœuf (châtré) ; fig. personne simple et stupide.

Eukuzluk اوكوزلك s. T. simplicité, sottise, stupidité.

Eulēdurmèk اولچدرمك T. faire mesurer.

Eulēèk اولچك s. T. mesure pour les céréales.

Eulēèr اولچر s. T. barre de fer pour attiser le feu.

Eulēèrmèk اولچرمك T. attiser le feu ; fig. provoquer une insurrection.

Eulēi اولچی s. T. mesure ; fig. modération.

Eulēissiz اولچیسز a. T. démesuré.

Eulẽmè اولچمه s. T. mesurage, action de mesurer.

Eulẽmèk اولچمك T. mesurer; fig. conjecturer.

Eulẽu اولچی s. T. v. *eulči*.

Eulẽulmèk اولچلمك T. être mesuré.

Eulẽulmèz اولچلمز a. T. qui ne peut être mesuré.

Eulẽulur اولچلور a. T. mesurable, qui peut se mesurer.

Eulẽum اولچوم s. T. ton, manière, convenance.

Eulẽumlèmèk اولچوملمك T. mesurer, conjecturer.

Eulẽunmèk اولچنمك T. faire des conjectures.

Eulẽurmèk اولچرمك T. faire mesurer des étoffes.

Eulẽussuz اولچسز a. T. sans mesure, incommensurable; immense.

Euldurègèk اولدرهجك fut. a. T. qui doit tuer, destiné à tuer; mortel.

Euldurèn اولدرن p. pr. T. tuant, qui tue.

Euldurmè اولدرمه s. T. action de faire mourir; exécution.

Euldurmèk اولدرمك T. faire mourir, tuer, assassiner, exécuter; *allaheñ culdurmèdiyini kimsè culdurèmèz*, personne ne peut tuer celui que Dieu conserve (prov.).

Eulduruğu-اولدیرجی اولدر يجى s. T. assassin; tueur.

ʼEulèfè علوفه s. T. v. *ʼouloufè*, A.

ʼEulèfèli علوفه لى a. T. v. *ʼouloufèli*.

Eulègèk اولهجك fut. a T. qui doit mourir; moribond.

Eulèn اولن p. pr. T. mourant, qui meurt; d. de *eulmèk*.

Eulèssiyè اوله سى يه ad. T. mortellement.

Eulèt اولت s. T. contagion, épidémie, mortalité; maladie contagieuse et mortelle.

Eulkè اولكه s. T. (*ulkia*), territoire, royaume.

Eulkèr اولكر s. T. duvet du velours ou de la pêche.

Eulku اولكو s. T. balance.

Eulmèk اولمك T. mourir, décéder; être fané, flétri; éprouver une forte douleur; *sanĝedan euluyoroum*, je meurs de la colique.

Eulmèklik اولمكلك s. T. action de mourir.

Eulmèmèzlik اولمامزلك s. T. immortalité.

Eulmèz اولمز a. T. immortel; impérissable; durable; *eulmuch*, mort, décédé.

Eulu اولو s. T. mort, défunt, cadavre, corps mort; *eulu 'arabasse*, corbillard; *eulu geummè*, enterrement.

Euluğu اولوجى s. a. T. moribond; mourant.

Euluk اولوك a. T. fané, flétri.

Eulum اولوم s. T., *vèfat, èĵèl*, A. la mort, le trépas.

Eulumğil اولومجيل s. T. maladie mortelle.

Eulumlu اولوملو a. T. mortel, périssable; accompagné de mort.

'Eumr عمر s. A. (*'eumur*), au pl. *a'mar*, vie; existence; *'eumrum oldoukĝa*, durant ma vie; *'eumrumdè*, de la vie; *'cumruñuz čok ola*, Dieu vous accorde longue vie!

'Eumur عمر s. A. v. le précédent.

Euñ اوڭ s. T. le devant, front; a. qui est au devant; *cuñ kapou*, la porte de devant; *cuñunu almak* ou *èvvèl davranmak*, prendre le devant, prévenir; *kapounouñ cuñundè*, devant la porte; *cuñumdè*, devant moi; *cuñdè*, par devant.

Euñdèğ اوكدج s. T. celui qui va en avant pour annoncer l'arrivée.

Euñdul اوكدول s. T. avantage; otage, gage.

Euñğè اوكجه ad. T. devant, un peu avant.

Eungi اونكى s. T. colère; entêtement.

Eungichmèk اونكيشمك T. s'entêter.

Eunugu اونكو s. T. v. *cungi*.

Eungul اونكول a. T. entêté; obstiné.

Eunguluk اونكولك s. T. obstination, entêtement.

Eungur اونكور ad. T. v. *heungur*.

Eupmèk اوپمك T., *bous èt.*, baiser ; embrasser ; *yèr eupmèk*, baiser la terre ; faire une profonde révérence ; *èl eupmèk*, baiser la main.

Eupuch اوپوش s.T., *bous, P.* baiser ; embrassement.

Eupuchmèk اوپشمك T. s'embrasser ; faire la paix.

Eupuchturmèk اوپشدرمك T. amener deux ou plusieurs personnes à s'embrasser, à se réconcilier.

Eupulmèk اوپلمك T. être baisé, embrassé.

Eur اور s. T. p. u. fosse, rempart.

Eur اور s. T. cloison, séparation ; diaphragme.

Eur اور impér. T. de *eurmèk* ; tresse, natte.

Eurdèk اوردك s. T. canard ; *dichi eurdèk*, cane ; *eurdèk palaze*, petit canard, caneton.

Eurdurmèk اوردرمك T. faire tresser.

Eurèkè اوريكه اوركه s.T. quenouille.

Eurèlèmèk اورەلمك T. repriser, tresser grossièrement pour un temps provisoire ; parer, orner.

Eurèlèmèk اورەلمك T. v. *eurgulèmèk*.

Eurèlènmèk اورەلنمك T. p. u. être reprisé, orné.

Eurgu اوركو s.T. (*euru*), tissure, tresse, tricot, natte, parure.

Eurguğ اوركوج s. T. bosse du chameau ; gibbosité.

Eurguğlènmèk اوركو-جلنمك T. devenir bossu ; gonfler.

Eurguğlu اوركوجلو a. T. bossu ; gonflé.

Eurgulèmèk اوركولمك T. tresser, natter.

Eurmè اورمه s. T. tresse, tissu ; natte ; action de tresser ; a. tressé.

Eurmèk اورمك T. tisser, tresser, tricoter, natter, entrelacer, brocher ; murer ; *saċ eurmèk*, tresser des cheveux.

Eurnèk اورنك s. T. échantillon, modèle, exemple, exemplaire, spécimen ; pareil, semblable ; *eurnèk ičun*, pour modèle ; *eurnè-yinè geurè*, selon le modèle.

Eurnèklik اورنكلك s. T. échantillon d'une marchandise.

Eurs اورس s. T. enclume.

Eursèlèmèk اورسهلك T. chiffonner, friper, user ; maltraiter, tracasser, tourmenter ; affaiblir, abattre.

Eursèlènmèk اورسهلنمك T. être chiffonné, fripé, usé ; abattu, affaibli.

Eurtmè اورتمه s. T. couverture ; hangar.

Eurtmèk اورتمك T. couvrir, voiler, cacher ; vêtir, fermer, offusquer, pallier ; excuser une faute.

Eurtturmèk اورتدرمك T. faire couvrir, faire cacher, etc.

Eurtu اورتی اورتو s. T. couverture, enveloppe, voile ; tout ce que sert à couvrir.

Eurtuğu اورتیجی اورتوجی s. T. celui qui fait des couvertures ; qui couvre.

Eurtulmèk اورتلك T. être couvert, fermé, caché, voilé ; *eurtulmuch*, couvert, fermé, enveloppé.

Eurtulu اورتیلی اورتولو a. T. couvert, fermé, voilé, caché, enveloppé.

Eurtunmèk اورتنمك T. se couvrir, se voiler, s'envelopper.

Eurtussuz اورتوسز-اور تيسز a. T. découvert, dévoilé, nu.

Euru اورو s. T. v. *eurgu*.

Euru اورو s. T. enclos, cloison.

Euruğu اوریجی اوروجی s. T. tricoteur, tresseur, raccommodeur de châles.

Eurulmè اورلمه s. T. action d'être tressé, natté.

Eurulmèk اورلمك T. être tressé, natté.

Eurulu اوریلی اورولو a.T. tressé, natté ; *eurulu sač*, cheveux tressés ou tresse de cheveux.

Eurumgèk اورو-اورمجك s. T. araignée ; toile d'araignée ; *eurumgèk aghe*, toile d'araignée.

Eurumğèklènmèk اورو مجكلنك T. être plein de toiles d'araignées.

Eutè اوته s. T. ce qui est au delà; l'autre côté; a. autre; *eutè gun*, l'autre jour; *eutè yaka*, l'autre côté de la mer ou du fleuve, plus particulièrement du Bosphore pour indiquer la côte d'Asie; *eutè yakale*, qui habite l'autre côté, c.-à-d. la côte asiatique; ad. outre, au delà; *bahri sèfiddèn eutèyè*, au delà de la Méditerranée; *eutèyè gèčmèk*, passer outre, traverser; *eutèdè bèklèmèk*, attendre par là; *eutèdè bèridè*, çà et là; *eutèdèn bèridèn èpèyi adam gèldi*, il est arrivé assez de monde deçà et delà; *eutèdèn bèri*, depuis longtemps.

Eutèki اوته كى a. pron. T. l'autre, celui-là; *eutèki kitab*, l'autre livre; *eutèki bèrikindèn ustun dur*, celui-là est supérieur à celui-ci.

Eutèn اوتن p. pr. T. sonnant, résonnant; chantant; d. de *eutmèk*.

Eutèr اوتّر a. T. sonnant, sonore.

Eutlègèn اوتلهكن s. T. espèce d'étourneau petit et noir.

Eutmè اوتمه s. T. tintement, résonnement, son, sonorité, retentissement; chant des oiseaux.

Eutmèk اوتمك T. (*utmèk*), passer outre, dépasser; gagner au jeu.

Eutmèk اوتمك T. tinter, résonner, retentir; chanter (en parlant des oiseaux); fig. jaser.

Eutturmèk اوتدرمك T. (pour *eutdurmèk*), faire tinter, faire résonner, faire retentir; faire chanter (un oiseau).

Eutuch اوتوش s. T. action de chanter, de résonner, son; le chant des oiseaux; résonnement.

Eutuchmèk اوتشمك T. chanter ensemble (oiseaux).

Eutulmèk اوتلك T. être vaincu au jeu.

Euturu اوتورى ad. T. à cause de, pour; *ondan euturu*, à cause de cela, pour cela.

Euturu اوتورى s. T. le signe (').

Euyè اوكى او كى a.T. qui n'est pas propre, ou à soi, bâtard, illégitime ; étranger ; *euyè ana*, marâtre ; *euyè baba*, parâtre ; *euyè oghoul*, fils de l'un des deux époux, né de la première couche.

Euyèndèrè اوكندره s.T. (*euyèndèrèk*), aiguillon pour les bœufs.

Euyèndèrèk اوكندرك s. T. v. le précédent.

Euygu اويكو s.T. v. *eugu*.

Euylè اويله ad. T. (*euylèğè*), ainsi, tellement, de cette manière-là, de même, pareillement ; autant ; *euylè mi*, en est-il ainsi ? est-ce vrai ? ; *euylèki*, tellement que... ; *euylè dir*, précisément.

Euylè اوكله s. T. midi.

Euylèğè اويله جه ad. T. ainsi.

Euylèlik اويله لك s.T. telle manière.

Euylèn اويلن s. T. midi ; *euylèn vakte*, l'heure du midi ; *euylènden soñra*, après-midi ; *euylèn ta'ame ètmèk*, dîner ; *euylèn yèmèyi*, le dîner, le repas du midi ; *euy-lèyin*, à midi juste, milieu du jour ; *euylènden èvvèl*, avant midi.

Euylèssi اويله سى a. T. tel.

Euylèyin اويله ين ad. T. à midi, vers midi.

Euymèk اوكمك T. louer, exalter, vanter, faire l'éloge de.

Euyrèdich اوكردش s. T., *ta'lim*, A. enseignement

Euyrèdiği اوكرديجى s. T. qui apprend, enseigne ; maître, professeur.

Euyrèdilmèk اوكردلمك T. être enseigné.

Euyrènich اوكرنش s. T. action d'apprendre, de s'instruire ; *euyrènichinè baghle*, cela dépend de la manière dont il apprend.

Euyrènilich اوكرنلش s. T. v. le suivant.

Euyrènilmè اوكرنلمه s. T. action d'être appris.

Euyrènilmèk اوكرنلمك T. être appris.

Euyrènilmich اوكرنلمش p. p. T. appris.

Euyrènmè اوكرنمه s. T. action d'apprendre, de s'instruire.

Euyrènmèk اوكرنمك T. étudier, apprendre, s'instruire; s'accoutumer, s'habituer.

Euyrètmè اوكرتمه s. T. enseignement.

Euyrètmèk اوكرتمك T. enseigner, apprendre, instruire; exercer.

Euyrèttirmèk اوكرتدیرمك T. faire apprendre, faire enseigner.

Euyuch اوكوش اوكش s. T. éloge, louange.

Euyuğu اوكوجی s. T. celui qui loue; d. de *euymèk*.

Euyuk اویوك s. T. v. *ouyouk*.

Euyunmè اوكنمه s. T. jactance, vanterie, fanfaronnade.

Euyunmèk اوكنمك T. se vanter, se louer.

Euyunuch اوكنش s. T. vanterie, fanfaronnade; jactance.

Euyurmè اوكرمه s. T. voix sortie de la poitrine; mugissement.

Euyurmèk اوكرمك T. faire entendre une voix; mugir.

Euyut اوكوت s. T. exhortation, conseil, avertissement, avis.

Euyutğu اوكوتجی s. T. conseiller.

Euyutlèmèk اوكوتلهمك اوكوتلك T. conseiller, avertir, exhorter.

Euyutmèk اوكوتمك T. moudre; fig. manger ou parler beaucoup.

Euyutturmèk اوكوتدرمك T. faire moudre; causatif de *euyutmèk*.

Euz اوز s. T. suc, eau, sève, la substance d'une chose, la crème, essence, quintessence; moelle; a. propre, germain; *euz karendacheñ*, ton propre frère; pron. soi-même; *cuzum*, moi-même; *cuzuñ*, toi-même, etc.; ce mot comme pron. est peu usité.

Euzdèk اوزدك s.T. tronc d'arbre; tige de plante; moelle de certains arbres.

Euzèk اوزك s. T. pépin, noyau.

Euzèngi اوزنكی s. T. v. *uzèngi*.

Euzènich اوزنش s.T. (*euzènmè*), travail accompagné de beaucoup de peine, d'attention, de souci et d'assiduité.

Euzènmè اوزنه s. T. v. le précédent.

Euzènmèk اوزنمك T. travailler avec grand soin ; se soucier, prendre beaucoup de peine.

Euzlèchmèk اوزلشمك T. se coaguler.

Euzlèmè اوزله اوزلهمه s. T. désir de revoir sa patrie ou un ami, etc.

Euzlèmèk اوزلهمك اوزلمك T. désirer revoir, soupirer après quelque chose.

Euzlènmè اوزلنمه s. T. coagulation.

Euzlènmèk اوزلنمك T. se coaguler, se cailler (lait).

Euzlèyich اوزلهیش s. T. v. *cuzlèmè*.

Euzlu اوزلی a. T. substantiel, juteux, succulent.

'Euzr عذر s. A. (*'euzur*, T. vulg.), au pl. *'azar*, excuse, prétexte, défaut ; *'euzur bèyan ètmèk*, s'excuser.

'Euzr-ḫah عذر خواه a. P. qui s'excuse.

'Euzur عذر s. T. v. *'euzr*.

'Euzurlu عذرلی a. T. qui a des défauts ; défectueux.

Èv او s. T., *bèyt*, A., *ḫanè*, P. maison ; habitation ; *èvḡiyèz*, maisonnette ; *èv èchiyasse*, meubles ; *èv ičï*, l'intérieur de la maison ; *èv ḫalke*, les gens de la maison ; *èv sahibi*, le maître de la maison ; *èv bark*, le ménage, la famille ; *èv donatmak*, orner la maison (de meubles).

Èvamir اوامر s. A. pl. de *èmr*, ordres.

Èvayil اوائل s. A. pl. de *èvvèl*, commencements ; les premiers jours d'un mois, d'une période.

Èvayildè اوائلده ad. T. anciennement, primitivement.

Èvèl اول ad. T. v. *èvvèl* avec ses dérivés.

Èvèt اوت ad. T., *bèli*, A. oui, sans doute ; *èvèt èfèndim*, oui monsieur.

Èvğ اوج s. A. sommet, apogée.

Èvğa' اوجاع s. A. pl. de *vèğa'*, douleurs.

Èvğiyèz اوجكز s. T. maisonnette, petite maison; dim. de *èv*.

Èvkaf اوقاف s. A. pl. de *vakf* ou *vakef*, legs pieux, fondations pieuses, vakouf; biens inaliénables; propriétés dont le fond appartient aux fondations pieuses (v. *vakf*).

Èvkat اوقات s. A. pl. de *vakt*, temps; époques, *hasri èvkat ètmèk*, assigner, consacrer un temps.

Èvla اولى a. A. compar. de *vèli*, meilleur, plus digne, plus convenable, préférable.

Èvlad اولاد s. A. pl. de *vèlèd*, enfants, fils, filles; en turc il est employé aussi au singulier; *ilk èvlad*, l'aîné; *ğan èvlade*, fils adoptif; *bir èvlade var*, il a un enfant; *ah èvladem*, oh! mon fils.

Èvladlek اولادلق s. T. état d'enfant.

Èvladlek اولادلق s. T. fils adoptif; fille adoptive.

Èvladsez اولادسز a. T. qui n'a point d'enfants.

Èvladsezlek اولادسزلق s. T. état de celui ou de celle qui n'a point d'enfants.

Èvlèk اولك s. T., *iz*, sillon; rayon; *èvlèk ačmak*, sillonner, ouvrir des sillons.

Èvlèndirmèk اولندرمك T. marier.

Èvlènèğèk اولنه‌جك fut. a. T. qui est en état de se marier.

Èvlènmè اولنمه s. T. mariage.

Èvlènmèk اولنمك T. se marier, épouser.

Èvlènmèmich اولنمامش p. p. a. T. qui n'est pas marié, célibataire.

Èvlènmich اولنمش p. p. T., *èvli*, marié.

Èvli اولى a. T., *èvlènmich*, marié, qui a une famille.

Èvlia اوليا s. A. pl. de *vèli*, saints, amis de Dieu; maîtres, proches, parents; en turc il est employé aussi au singulier; *bou adam evlia der*, c'est un saint, un homme de Dieu.

Èvlilik اوليلك s. T. état conjugal.

Èvrad اوراد s. A. pl. de *vird*, v. vird.

Èvrak اوراق s. A. pl. de *vèrak*, feuilles d'arbre ou de papier.

Èvram اورام s. A. pl. de *vèrèm*, tumeurs, enflures.

Èvrènk اورنك s.P. trône; siège.

Èvropa اوروپا n. p. de l'I. Europe, une des cinq parties du monde la plus civilisée; 300,000,000 h.

Èvropale اوروپالی a. s.T. Européen.

Èvsaf اوصاف s. A. pl. de *vasf*, qualités, attributs; titres; éloges; *èvsafi ğèmilè*, belles qualités.

Èvsat اوساط s. A. pl. de *vèssat*, milieux, centres.

Èvsat اوسط a. A. compar. de *vèssit*, plus au centre; au fém. *vusta*.

Èvtan اوطان s. A. pl. de *vatan*, patries.

Èvvèl اول a. num. A. (*èvèl*, T. vulg.), premier; au fém. *oula*; ad. avant; plus tôt; comme s. au pl. *èvayil*, commencement, état primitif; *èvvèl èmirdè*, d'abord; *èñ èvvèl*, avant tout; *min èvvèlihi ila aherihi*, du commencement jusqu'à la fin, minutieusement; *èvvèl* ou *ilk bèhar*, printemps; *èvvèl zamanda*, autrefois, anciennement; *èvvèl ta'am soñra kèlam*, d'abord on mange et puis on parle. Le mot *èvvèl* est aussi préposition, mais qu'il soit adverbe ou préposition, il régit le nominatif quand il se trouve placé après les mots qui indiquent l'heure ou la date et sont précédés d'un adjectif numéral; *bir sa'at* ou *an èvvèl*, une heure ou un moment plus tôt; le plus tôt possible; *iki sa'at èvvèl*, deux heures avant; *deurt sènè èvvèl*, quatre ans avant, il y a quatre ans; dans tout autre cas le mot *èvvèl*, gouverne l'ablatif quand il suit le nom, etc.; *ta'amdan èvvèl*, avant le repas; *sizdèn èvvèl*, avant vous; *gitmèzdèn èvvèl bèni geuruñ*, venez me voir avant de partir.

Èvvèla اولاً ad. A. premièrement, primo; d'abord, au commencement.

Èvvèl bè-èvvèl اول باول ad. P. en premier lieu, préalablement.

Èvvèldèn اولدن ad. T. déjà, d'avance; *èvvèldèn douyma*, pressentiment; *èvvèldèn douymak*, pressentir; *èvvèldèn geurmè*, prévoyance; *èvvèldèn geurmèk*, prévoir.

Èvvèlgè اولجه ad. T. précédemment, préliminairement; un peu avant, un peu plus tôt.

Èvvèli اولی a. A. premier, antérieur, initial; primitif, primaire.

Èvvèlindèn اولندن ad. T. (*èvvèldèn*), primitivement, avant tout, préalablement.

Èvvèliyat اولیات s. A. les premiers faits d'un événement.

Èvvèlki اولکی a. T., *ilk*, premier, primitif, précédent; ancien; *èvvèlki gun*, le jour précédent; *èvvèlki hissab daha tamam der*, l'ancien compte est plus juste.

Èvza' اوضاع s. A. pl. de *vaz'*, positions, attitudes, manières.

Èvzan اوزان s. A. pl. de *vèzn*, poids; mesures de vers.

Èvzar اوزار s. A. pl. de *vizr*, fardeaux, charges; péchés.

Èyadi ایادی s. A. pl. de *yèd*, mains; *èyadiyi nasdè*, entre les mains du public.

Èyalat ایالات s. A. pl. de *èyalèt*, provinces.

Èyalèt ایالت s. A. au pl. *èyalat*, province, département, principauté, domaine, partie d'un royaume; *bèlghrad èyalèti*, la province ou le gouvernement de Servie; *aydin èyalèti* ou *sangaghe*, la province de Aïdin. Le territoire ottoman se divise en *èyalèt* ou *vilayèt*, en *liva* (provinces), et en *kaza* (districts). Le *èyalet*, est gouverné par un *vali*; le *liva*, par un *kaymmakam*; le *kaza*, par un *mudir*; le *nahiyè* (district, village), par un *mouḥtar* ou *koğa bache*, administrateur ou maire.

Èyalètli ایالتلی a. T. provincial, départemental.

Èyam ايام s. A. pl. de *yèvm*, jours, temps, époque; durée d'un gouvernement; *èyami bahour*, jours caniculaires; a. (comme mot T.) au sing. favorable; propice; *sèyahat için havalar èyam gidèyor*, le temps est favorable pour le voyage.

Èydirmèk ايدرمك T. faire courber, plier, pencher, incliner; causatif de *èymèk*.

Èyè ايكه s. T. lime, proprement pour les métaux; *tcurpu*, râpe, lime pour les bois.

Èyègi ايكه جى s. T. limeur.

Èyèlèmèk ايكه لمك T. limer; *tcurpulèmèk*, râper.

Èyènti ايكه نتى s. T. limaille, sciure.

Èyèr ايكر s. T. selle de cheval; *èyèr kache*, arçon.

Èyèr اكر conj. T. si.

Èyèrgi اكرجى s. T. sellier.

Èyèrki اكركى ad. T. si jamais.

Èyèrlèmèk ايكرله مك T., *èyèr takmak*, seller, mettre la selle.

Èyèrlènmèk ايكرلنمك T. être sellé.

Èyèrli ايكرلى a. T. sellé.

Èyèrsiz ايكرسز a. T. sans selle; *èyèrsiz at*, cheval sans selle.

Èyi ايو a. T. bon, beau, convenable; agréable; ad. bien; *èyi adamlar*, les hommes bons; *èyi tabi'atle*, de bon naturel.; *èyi hava*, beau temps; *pèk èyi*, très bien, c'est bien; *èyi dir*, il est bon; il se porte bien; *èp èyi*, assez bien; *èyi keutu*, bon ou mauvais; bien ou mal; comme il arrive; *èyi ètmèk*, guérir; *èyi olmak*, se guérir; *èñ èyissi*, le meilleur; s. le bien; *èyiyi fènadan fark ètmèli*, il faut distinguer le bien du mal.

Èyigè ايوجه ad. T. mieux, un peu mieux; *hasta èyiyè dir*, le malade se porte un peu mieux.

Èyilèchdirmèk ايولشديرمك T. rendre bon ou meilleur, améliorer.

Èyilèchmèk ايولشمك T. devenir bon ou meilleur; s'améliorer; se rétablir.

Èyilènmèk ايولنمك T. s'améliorer; se perfectionner.

Èyilich اكلش s. T. action de se courber, penchement, pliage.

Èyilik ايلك ايولك s. T. bien, bonté, bénignité, faveur, bienveillance, bienfait, bienfaisance, bonification, amélioration; *èyilik bilmèz* ou *tanemaz*, ingrat; *dayma saghlekda vè èyilikdè olassèñez*, jouissez toujours d'une bonne santé et de tous les biens; *èyilik ilè olour zor ilè olmaz*, cela peut se faire avec la douceur et non pas par contrainte; *èyilik bilèn*, reconnaissant; *èyilik bilmèz*, ingrat; *èyilik bilmèk*, être reconnaissant; *èyilik ètmèk*, faire du bien (avec le datif); *èyilik èdiği*, bienfaiteur.

Èyilir اكلير اكاور a. T. flexible, pliable.

Èyilmè اكلمه s. T. inflexion, fléchissement.

Èyilmèk اكلمك T. se courber, se plier, se baisser, fléchir; s'incliner; passif de *èymèk*.

Èyilmèmèzlik اكلمامزلك s. T. inflexibilité.

Èyilmèz اكلمز a. T. inflexible.

Èyilmich اكلمش p. p. T. courbé, plié, fléchi; *yèrè èyilmich*, courbé jusqu'à terre.

Èyimmè ائمه s. A. pl. de *imam*, v. *imam*.

Èyin اكين s. T. échine.

Èyioub ايوب n. p. A. Job.

Èyirich اكرش s. T. filage.

Èyiriği اكريجى s. T. fileur.

Èyirmè اكرمه s. T., *èyirich*, filage.

Èyirmèk اكرمك T. filer; *iy ilè èyirmèk*, filer au fuseau.

Èyirtmèk اكرتمك T. faire filer la laine.

Èylè ايله impér. T. de *èylèmèk*, fais.

Èylèchmèk ايلشمك T. retarder.

Èylèmè ايلمه s. T. action de faire.

Èylèmèk ايلمك T. faire.

Eylèndiriği اكلندريجى a. T. amusant, agréable, récréatif.

Èylèndirmèk اكلندرمك

T. amuser, récréer; divertir; retarder.

Èylèngè اكلنكه s. T. plaisir, divertissement, récréation; passe-temps, plaisance, amusement; jouet, cause de raillerie.

Èylèngèli اكلنكلی a. T. amusant, divertissant.

Èylènilmèk اكلنلمك T. s'amuser.

Èylènmè اكلنمه s. T. retard, station, amusement.

Èylènmèk اكلنمك T. s'amuser, se divertir; retarder, s'arrêter, séjourner, tarder; se moquer, railler; rire.

Èylik ايولك s. T. v. *èyilik* avec ses dérivés.

Èyloul ايلول s. T. mois Syrien, il correspond au mois de septembre; septembre.

Èyman ايمان s. A. pl. de *yèmin*, serments.

Èymè اكمه s. T. fléchissement; inclination; flexion.

Èymèk اكمك T. fléchir, plier, courber, incliner, pencher, baisser; rendre flexible, cambrer; fausser; contourner; assujétir.

Èyoub ايوب s. A. (*èyioub*), Job; faubourg de Constantinople.

Èyrè اكره s. T. espèce de feutre.

Èyrèk اكرك s. T. petit égout; drain.

Èyrèti اكرتی a. T. postiche; emprunté.

Èyri اكرى a. T. courbé, plié, transversal, transverse, tors, oblique, tortu; s. tortuosité; ad. obliquement, tortueusement; *èyri bakmak*, regarder de travers, regarder avec dédain; *doghrou scuylè èyri otour* (prov.), m. à m. parlez droit et asseyez-vous courbé, c'est-à-dire asseyez-vous à votre aise mais dites la vérité.

Èyribos اعريبوس n. p. T. Négrepont, île de la Grèce dans l'Archipel; 68,000 h.

Èyrigè اكركجه ad. a. T. obliquement, un peu tortu.

Èyrilik اكرىلك s. T. courbure, obliquité, travers, inclinaison, tortuosité; sinuosité.

Èyrilmèk اكریلمك T. se courber, se plier, se tordre, devenir tortueux.

Èyriltmèk اكریلتمك T. courber, tordre ; faire plier.

Èyrim ایریم s.T. (*iyrim*), morceau de bois enveloppé de feutre qu'on met sous le bât ; petit tourbillon d'eau.

Èytam ایتام s. A. pl. de *yètim*, orphelins.

Èyvallah ایواللە interj. A. merci ! adieu ! au revoir ! oui ! soit !

Èyvan ایوان s. P. palais, pavillon.

Èyzan ایضاً ad. A. aussi, idem.

Èza اذا s. A. vexation, torture.

Èzağe اجزاجى s. T. vulg. (*èğzağe*), droguiste, pharmacien ; *èzağe dukkiane*, pharmacie.

Èzağelek اجزاجیلق s. T. art et profession de pharmacien ; pharmacie.

Èzan اذان s. A. appel, invitation faite à la prière musulmane par le *muèzzin* ; *èzan okoundoumou*, a-t-on crié à la prière ? ; *èzan okoumak*, crier à la prière du haut des minarets.

Ezbandout ازباندیت s. de l'I. v. *izbandit*.

Èzbèr ازبر ad. P. (*èzbèrdèn*), par cœur ; *èzbèrdèn okoumak*, réciter par cœur.

Èzbèrdèn ازبردن ad. T. v. le précédent.

Èzbèrği ازبرجى a. T. qui apprend facilement par cœur.

Èzbèrlèmèk ازبرلمك T. apprendre par cœur, retenir par cœur ; *dèrsini èzbèrlèmèk*, retenir sa leçon.

Èzbèrlènmèk ازبرلنمك T. être appris par cœur.

Èzbèrlètmèk ازبرلتمك T. faire apprendre par cœur.

Èzdirmèk ازدیرمك ازدرمك T. faire fouler, broyer, écraser ; fig. faire opprimer.

Èzèl ازل s. A., *èbèdilik*, T. éternité.

Èzèli ازلى a. A. éternel.

Èzèliyèt ازلیت s. A. éternité.

Èzèll اذل a. A. compar. de *zèlil*, plus vil.

Èziği ازیجی a. T. qui écrase ; d. de *èzmèk*.

Èzik ازیك s. T. meurtrissure ; foulure ; contusion ; chose écrasée.

Èzilir ازیلیر ازیلور a. T. friable.

Èzillè اذله s. A. pl. de *zèlil*, les gens vils, méprisables.

Èzilmè ازلمه s. T. contusion.

Èzilmèk ازلمك T. être contusionné, foulé, broyé, écrasé.

Èzinmèk ازنمك T. défaillir, s'évanouir.

Èzinti ازندی s. T. défaillance, évanouissement (provenant de l'estomac).

Èziyèt اذیت s. A. vexation, peine, torture, oppression, tracasserie ; injustice, tort, tourment, souffrance, gêne ; *èziyèt ètmèk*, vexer, opprimer, tracasser, tourmenter, faire du tort, causer de la peine ; *èziyèt vèrmèk*, même signification ; *èziyèt čèkmèk*, souffrir.

Èzkiar اذكار s. A. pl. de *zikr*, mentions, oraisons ; prières, louanges.

Èzman ازمان s. A. pl. de *zèman*, temps, époques.

Èzmavla ازماولا s. T. framboise.

Èzmavoula ازماوولا s. T. v. le précédent.

Èzmè ازمه s. T. écrasement, broiement ; *badèm èzmèssi*, bonbon fait avec de l'amande broyée.

Èzmèk ازمك T. écraser, broyer, concasser, triturer, contusionner, meurtrir ; déprimer ; piler ; *boyalarè èzmèk*, broyer les couleurs.

Èzminè ازمنه s. A. pl. de *zèman*, temps, époques ; *èzminèyi kadimè*, les temps anciens ; *èzminèyi atiyè*, les temps à venir.

Èzvağ ازواج s. A. pl. de *zèvğ*, couples, paires, époux, maris, épouses.

F

Fabrika فابرقه s. de l'I., *kiar-ḫanè*, P. fabrique, manufacture.

Fabrikağé فابرقه‌جى s. T. fabricateur, fabricant.

Fadl فضل s. A. v. *fazl*.

Faghfouri فغفورى s. P. (*farfouri*, T. vulg.), porcelaine.

Fağiʼ فاجع p. pr. A. navrant; a. navrant, tragique; d. de *fèği'a*.

Fağiʼa فاجعه s. A. événement douloureux, navrant; drame.

Fağiʼalé فاجعلى a. T. dramatique; navrant.

Faḫ فخ s. A. v. *fak*.

Fahich فاحش a. A. libertin, malhonnête, impudent; immoral, indécent; usuraire; excessif, qui passe les bornes, la mesure; d. de *fahch*; *fahich fiyat*, prix exorbitant.

Fahichè فاحشه s.A. (*faychè*, T. vulg.), libertine, courtisane; fém. de *fahich*.

Fahichèlik فاحشه‌لك s. T. libertinage, prostitution.

Faḫir فاخر p. pr. a. A. qui tire vanité de; glorieux, honorifique: excellent; d. de *faḫr*.

Faḫr فخر s. A. gloire, honneur; orgueil.

Faḫri فخرى a. A. glorieux, honorifique.

Faʼil فاعل p. pr. s. A. qui fait, qui opère, qui agit; en terme de gramm. sujet d'un verbe actif; *ismi faʼil*, nom d'agent; participe présent d'un verbe actif; d. de *fiʼl*.

Faʼili فاعلى a. A. qui a rapport à l'agent.

Fak فاق s. T. d. de l'A. *faḫ*, piège.

Faka فاقه s. A. (*fakr*), pauvreté, indigence; en T. us. *fakirlik*.

Fakat فقط conj. A. pourtant.

Faker فقير a. A. v. *fakir*.

Fakih فقه s. A. au pl. *foukaha*, jurisconsulte.

Fakir فقير a. s. A. *(faker)*, au pl. *foukara*, pauvre, indigent ; le pauvre, l'humble ; *fakir ètmèk*, appauvrir, rendre pauvre, misérable.

Fakiranè فقيرانه ad. P. pauvrement, misérablement ; humblement ; a. propre aux pauvres.

Fakirlik فقيرلك s.T. *(fakr* ou *faka)*, pauvreté, indigence, misère.

Fakr فقر s. A. au pl. *foukour*, pauvreté, indigence ; *fakri kulli* ou *chiddèti faka*, grande pauvreté.

Fal فال s.A. augure, présage ; pronostic ; *fal ačmak*, dire la bonne aventure ; pronostiquer.

Falan فلان s. T. v. *filan*.

Falğe فالجى s. T. *(fal ačğe)*, celui qui dit la bonne aventure.

Falğelek فالجيلق s.T. profession de celui qui dit la bonne aventure ; *falğelek ètmèk*, pronostiquer ; exercer l'astrologie.

Falia فاليه s. de l'I. lumière d'arme à feu ; *falia dèliyi*, la lumière ou le trou du bassinet ; *falia vèrmèk*, se manifester.

Falyonos فاليونوس s. T. baleine.

Fam فام s. P. couleur ; *mina-fam*, azuré.

Fanèla فانله s. de l'I. flanelle ; a. de flanelle.

Fani فانى a. A. périssable, caduc, mortel, temporel, transitoire, décrépit (vieillard) ; d. de *fèna ; bou fani dunya*, ce monde périssable.

Fanos فانوس s. du G. fanal, lanterne, phare.

Farach فراش s. T. large pelle en bois ou en fer-blanc pour recevoir les balayures.

Faraza فرضا ad. A. supposé que..., par supposition ; hypothétiquement.

Farè فاره s. A., *sečan*, T. souris ; rat.

Farfara فارفاره a. T. *(fèrfèrè, A.)*, babillard, bavard, charlatan ; fanfaron ; futile ; léger, frivole.

Farfaralek فارفارهلق s. T. verbiage, jactance, charlatanisme, fanfaronnade, bavardage ; légèreté, frivolité.

Farfouri فغفوری s. T. vulg. porcelaine.

Farigh فارغ p.. pr. a. A. qui se désiste, qui a fini son ouvrage, qui est en vacances ; exempt de soucis et de travail ; vide, vidé, évacué ; d. de *firagh ; farigh olmak*, être libre et débarrassé de quelque ouvrage ; cesser, discontinuer ; *farigh ul-bal vè murèffèh ul-hal olmak*, jouir d'un état tranquille et du repos de l'esprit.

Faris فارس s. A. (*atle*, T.), au pl. *fursan*, cavalier ; d. de *fèrès*.

Farissi فارسی a. A. v. *farsi*.

Fark فرق s. A. différence, distinction ; *bila fark*, sans différence, indifféremment ; *fark ètmèk*, établir une différence entre ; distinguer ; *farkena varmak*, remarquer, comprendre ; *farkenda olmak*, s'apercevoir.

Farkle فرقلی a. T. différent, dissemblable ; *farkle olmak*, varier, différer, être différent ou dissemblable.

Farksez فرقسز a. T. qui ne diffère point ; sans différence.

Fars فارس s. P., '*aǧèm rilayèti* ou '*aǧèmistan*, la Perse, l'Iran ; vaste contrée de l'Asie, 10,000,000 h. ; cap. Téhéran.

Farsi فارسی a. A. Persan, qui appartient à la Perse ; s. langue persane ; ad. en persan ; *zèbani farsi* ou *farsiǧè*, la langue persane.

Farsiǧè فارسجه s. ad. T. la langue persane ; en persan.

Fart فرط s. A. excès, grande quantité ; *farti mèhabbèt*, amour excessif.

Farz فرض s. A. devoir, obligation sous peine de péché mortel, devoir absolu ; précepte divin ; *farze ayin olan*, ce qui est d'obligation.

Farz فرض s. A., *zann*, supposition, hypothèse ; présomption ; *farz ètmèk*, supposer ; *farz èdèlim ki*, supposons que ; *farz èdèrim*, je suppose.

Farzi فرضى a. A. hypothétique

Fasl فصل s. A. (fassel), au pl. fussoul, article, chapitre d'un livre, division, paragraphe, séparation, section, distinction; subdivision; décision; partie de musique; médisance; saison; sènè deurt fasldan 'ibarèt dir, l'année se compose de quatre saisons; issimlèridè bounlar der, elles se nomment; fasli rèbi', printemps; fasli sayf, été; fasli harif, automne; fasli chita, hiver; en T. us. ilk bahar, printemps; yaz, été; soñ bahar ou guz, automne; kech, hiver; fasl ètmèk, séparer, diviser, résoudre, trancher; médire; aslè faslè yok dour, c'est dénué de tout fondement.

Fassel فصل s. A. v. le précédent.

Fassel فاصل p. pr. A. v. fassil.

Fassid فاسد a. A. pervers, vicieux, corrompu, dépravé; gâté, mauvais, faux; d. de fèssad; fikri fassid ul-mèal, mauvaise pensée, mauvais conseil.

Fassih فاسخ p. pr. A. qui abolit, qui annule; d. de fèsh.

Fassih فصيح a. A. au pl. fussaha, éloquent; d. de fèssahat.

Fassihanè فصيحانه a. P. éloquent; ad. avec éloquence.

Fassik فاسق p. pr. a. A. qui pèche, méchant, scélérat, libertin, impie; d. de fisk.

Fassil فاصل p. pr. A. qui sépare; d. de fasl.

Fassilè فاصله s. A. relâche, discontinuation, interruption, séparation, intervalle, distance.

Fassilèli فاصلهلى a. T. interrompu, entrecoupé.

Fassoulia فصوليه s. de l'I. haricot.

Fatih فاتح p. pr. s. A. qui ouvre, conquérant, vainqueur; d. de fèth; fatihi istambol soultan mèhèmmèd han sani, le conquérant de Constantinople Sultan Mahomet II.

Fatiha فاتحه s. A. au pl. fèvatih, commencement, exorde. Le premier chapitre ou le premier surate du Coran.

Fayda فائده s. T. vulg. v. le suivant.

Faydè فائده s.A. (fayda), au pl. fèvayid, utilité, profit, gain, avantage, lucre ; conséquence (arith.) ; faydèssi dokounmak, profiter, servir, être utile ; faydèdèn ḥali dèyil dir, ce n'est pas sans utilité ; sèndèn baña nè faydè dokoundou, quel profit ai-je retiré de toi ? ; soñ pèchimanlek faydè vèrmèz, le dernier repentir ne servira de rien ; nè faydè, quel profit ? faydè ilè, avec profit ; bènim saña nè faydèm olour, en quelle chose pourrais-je vous être utile ? faydè ètmèk, profiter, être utile à.

Faydè-baḥch فائده بخش a. P. v. faydèli.

Faydè ilè فائده ايله ad. T. utilement, avantageusement.

Faydèlènmèk فائده لنمك T. profiter, gagner.

Faydèli فائده لى a.T. (faydálé), utile, salutaire, profitable, lucratif, avantageux.

Faydèssiz فائده سز a. T. inutile, vain, sans profit, sans utilité ; frivole.

Faydèssizlik فائده سزلك s. T. inutilité.

Fayichè فاحشه s.T. vulg. v. fahichè.

Fayik فائق p. pr. a. A. qui surpasse les autres ; supérieur, excellent ; haut, distingué ; an fém. fayika ; d. de fèvk.

Fayiz فائز p. pr. A. qui remporte un succès, qui obtient l'objet de ses désirs ; d. de fèvz.

Fayiz فائض p. pr. a. A. qui excelle, qui surpasse ; abondant, surabondant ; s. intérêt ; d. de fèyiz ; fayiza vèrmèk, placer ou donner une somme à intérêt, à profit.

Fazil فاضل p. pr. a. A. au pl. fuzala, et au fém. fazilè, qui excelle dans les sciences et la vertu ; savant, vertueux ; d. de fazl.

Fazilanè فاضلانه ad. P. vertueusement.

Fazilèt فضيلت s. A. au pl. fèzayil, vertu, science,

supériorité; mérite, talent; transcendance.

Fazilèt ilè فضيلت ايله ad. T. vertueusement.

Fazilètli فضيلتلو فضيلتلى a. T. *(fazil, A.)*, vertueux, excellent, homme de mérite, très vertueux; titre qu'on donne aux hommes savants, aux *'ulèmas*, aux grands *kadis*.

Fazl فضل s. A. *(fadl)*, au pl. *fuzoul*, vertu, excellence, mérite, talent, qualité, science, transcendance; abondance, différence, superflu; bonté, bienfait; *èh-li fazl* ou *ma'rifèt*, homme remarquable par ses qualités et par ses connaissances.

Fazla فضله s. A. excédent, restant, superflu; en T. prép. hors, excepté; ad. plus.

Fè ف treizième lettre de l'alphabet turc, se prononce comme *f* français.

Fečè فوچى s.T. tonneau, baril, futaille, tine.

Fečègè فوچجى s. T. tonnelier.

Fecheldamak فشلدامق T. faire frou-frou.

Fechelte فشلدى s.T. frou-frou.

Fecherdamak فشردامق T. murmurer (eau).

Fecherte فشردى s. T. murmure de l'eau.

Fechke فشق s.T. fumier.

Fechkelek فشقيلق s. T. lieu où l'on jette le fumier.

Fechken فشقين s. T. rejeton.

Fechkeran فشقران p. pr. T. jaillissant, rejaillissant.

Fechkerek فشقريق s. T. tout appareil qui fait jaillir l'eau.

Fechkermak فشقرمق T. jaillir, rejaillir, saillir.

Fechkertmak فشقرتمق T. faire rejaillir, jaillir.

Fèda فضا s. A. espace (étendue).

Fèda فدا s. A. *(fida)*, sacrifice, victime; rançon; offrande; holocauste; *fèda ètmèk*, sacrifier, immoler; *kèndini fèda ètmèk*, se sacrifier, s'immoler, se dévouer; *padichah oughourounda ğanene fèda ètmèk*, exposer sa vie pour le Sultan; *fèda olsoun saña bach* *ilè ǧanem*, j'expose pour ton amour ma tête et mon âme.

Fèdahat فضاحت s. A. opprobre, ignominie.

Fèda-kiar فداكار a. P. qui se sacrifie; généreux, libéral.

Fèda-kiarlek فداكارلق s. T. sacrifice, générosité, libéralité.

Fèdayi فدائى a. A. résolue à se sacrifier.

Fèdayilik فدائيلك s. T. sacrifice de soi-même.

Fèǧi'a فجيعه s. A. malheur, calamité.

Fèǧr فجر s. A., *agharma*, T. aurore, pointe du jour; aube.

Fèḫamèt فخامت s. A. grandeur, rang élevé.

Fèḫamètli فخامتلو a. T. grand, illustre, etc.; titre d'honneur donné au grand vizir.

Fèharis فهارس s. A. pl. de *fihris*, index.

Fèhim فخيم a. A. grand, supérieur, d'un grade élevé; d. de *fèḫamèt*.

Fèhim فهيم a. A. intelligent; d. de *fèhm*.

Fèhm فهم s. A. au pl. *fuhoum*, compréhension.

Fèkahèt فقاهت s. A. connaissance de la loi divine.

Fèkahètli فقاهتلو a. T. titre d'honneur donné aux *muftis* et à d'autres personnes versées dans la loi divine.

Fekerdamak فقردامق T. frémir; murmurer en bouillant.

Fèkk فك s. A. action de détacher, de dégager; *fèkki rèhn ètmèk*, dégager un dépôt, un gage.

Fèlah فلاح s. A. prospérité, fortune, félicité, succès; sûreté, salut, délivrance.

Fèlahat فلاحت s. A., *zira'at*, agriculture.

Fèlakèt فلاكت s. A. désastre, malheur, adversité; catastrophe.

Fèlakèt ilè فلاكت ايله ad. T. désastreusement.

Fèlakètli فلاكتلى a. T. désastreux, malheureux, funeste.

Fèlassèfè فلاسفه s. A. pl. de *fèylèssof*, philosophes.

Fèlèk فلك s. A. au pl. *èflak*, ciel; rotation du ciel, sphère céleste; fig. sort, fortune; *fèlèki kamèr*, l'orbite de la lune; *fèlèk ul-èflak*, le ciel le plus élevé, le plus pur; l'empirée.

Fèlèki فلكى a. A. céleste.

Fèlèk-zèdè فلك‌زده a. P. infortuné, malheureux.

Fèlèmènk فلمنك n. p. T. Hollande, 4,321,000 h.; cap. La Haye; *fèlèmènki jèdid*, Nouvelle-Hollande.

Fèlèmènkġè فلمنكجه a. T. Hollandais; s. langue hollandaise; ad. en Hollandais, en langue hollandaise.

Fèlèmènkli فلمنكلى a. s. T. Hollandais.

Fèlġ فلج s. A. paralysie.

Fèllah فلاح s. A. agriculteur, laboureur, paysan; d. de *fèlahat*.

Felorya فلوريه s. du G. verdier (oiseau).

Fèls فلس s. A. au pl. *fulous*, pièce de monnaie, obole; écaille de poisson.

Fèna فنا s. A. néant, anéantissement; *dari fèna*, le monde périssable, par opposition à *dari bèka*, le monde éternel.

Fèna فنا a. ad. T. méchant, mauvais, détestable; mal; d. du mot A. précédent; *fèna kokou*, mauvaise odeur; *fèna kokmak*, avoir mauvaise odeur, sentir mauvais; *pèk fèna*, très mauvais; *bounouñ soñou fènaya varağak*, la fin de ceci sera mauvaise; ceci finira mal; *fèna 'adèt*, mauvaise habitude; *fèna fikir ilè*, malicieusement, avec ruse ou finesse; *fèna haldè*, en mauvais état; *fèna 'ibrèt*, mauvais exemple, scandale; *fèna 'ibrèt vèriği*, qui donne du scandale; *fèna 'ibrèt vèrmèk*, scandaliser; *fènaya koullanmak*, abuser.

Fènalachmak فنالاشمق T. devenir mauvais, méchant; être gâté; s'aggraver (maladie).

Fènalachtèrmak فنالاشدرمق T. rendre mauvais, gâter.

Fènalek فنالق s. T. perversité, méchanceté, mal,

dommage, malaise, indisposition; dépravation; gêne.

Fènd فند s. P. ruse, artifice, dextérité, stratagème, finesse; art, science.

Fendek فندق s. du G. noisette, aveline; *fendek-aghağe*, noisetier.

Fendekğe فندقچی s. T. marchand de noisettes; a. rusé, qui est habile à dépouiller.

Fendekğelek فندقچیلق s. T. ruse, habileté dans l'art de dépouiller.

Fendekle فندقلی n. p. T. nom d'un village sur le Bosphore de Thrace qui touche *top-ḫanè*.

Fèndi فندی a. P. rusé.

Fènèr فنر فنار s. du G. fanal, lanterne, phare. Nom d'un faubourg de Constantinople.

Fènèrği فنارجی s. T. qui fait ou vend des lanternes; domestique qui porte la lanterne.

Fènn فن s. A. au pl. *funoun*, art, science; espèce, manière; classe, catégorie; artifice, ruse, finesse, stratagème; *hèzar fènn*, homme universel, qui réunit tous les arts, toutes les sciences; *fènn ilè*, avec ruse; *bir fènnim daha var der*, j'ai encore un tour, une ruse en réserve; *fènni mi'mari*, architecture.

Fènnèn فنًا ad. A. scientifiquement; artificieusement; avec ruse.

Fènni فنی a. A. scientifique, technique.

Fèr فر s. P. splendeur, magnificence, pompe; ornement; éclat; beauté; *fèr u chèvkèt birlè*, avec pompe et magnificence.

Fer فر partic. T. v. *ferel*.

Fèr' فرع s. A. au pl. *furou'* ou *furou'at*, rameau, branche; personne noble et distinguée dans une tribu; *fèr'i fi'l*, dérivé (gramm.).

Fèrachèt فراشت s. A. charge de ceux qui nettoient le temple de la Mecque.

Fèrağè فراجه s. T. vêtement de dessus avec des manches larges que portent les dames turques.

Fèragh فراغ s. A. v. *firagh*.

Fèraghat فراغت s. A. v. *fraghat*; *fèraghat ètmèk*, achever un travail, abandonner une affaire, un projet; se reposer.

Fèrah فرح s. A. joie, allégresse, gaieté; a. réjoui, gai.

Fèrah فراخ a. P. large, ample; abondant; *sali fèrah*, année d'abondance; *fèrah dèst*, riche, libéral, magnifique; *fèrah dèsti*, opulence, magnificence, libéralité; *fèrah rouzi*, abondance de biens, de richesses.

Fèrahan فرحاً ad. A. gaiement, joyeusement; avec réjouissance; en T. us. *fèrah ilè*.

Fèrahi فراخى s. P. largeur, latitude; abondance.

Fèrahi فراحى s. T. plaque de cuivre jaune ronde que portaient autrefois sur leurs calottes les soldats réguliers ottomans.

Fèrahlandermak فرحلاندرمق T. v. *fèrahlatmak*.

Fèrahlanmak فرحلانمق T. se réjouir, devenir gai; se rasséréner; s'ouvrir; respirer librement.

Fèrahlatmak فرحلاتمق T. réjouir, rasséréner.

Fèrahlek فرحلق s. T. allégresse, gaîté, joie; soulagement, respiration.

Fèrahnak فرحناك a. P. gai, content, réjoui.

Fèra'inè فراعنه n. p. A. pl. de *fira'oun*, Les Pharaons.

Fèramouch فراموش s. P. oubli; *fèramouch ètmèk*, oublier.

Fèrassèt فراست s. A. (ou *furoussèt*), art, action de monter à cheval; équitation.

Fèrassih فراسخ s. A. pl. de *fèrsah*, parasanges.

Fèrayid فرائد s. A. pl. de *fèridè*, ceux qui sont uniques; pierres précieuses.

Fèrayiz فرائض s. A. pl. de *fèrizè*, préceptes religieux.

Fercā فورچه s. T.

de l'I. brosse; vergette; pinceau.

Ferčage فرچه‌جی s. T. brossier.

Fèrčalamak فرچه‌لامق T. brosser; nettoyer, frotter avec une brosse.

Fèrčalanmak فرچه‌لانمق T. se brosser, être brossé.

Fèrčalatmak فرچه‌لاتمق T. faire brosser.

Fèrch فرش s. A. au pl. *furouch*, *èfrach*, action d'étendre; tapis, lit.

Fèrd فرد s. A. au pl. *èfrad*, chose unique, unité, nombre impair; individu, personne.

Fèrda فردا ad. P. p. u. demain; *fèrdasse gun*, le lendemain; *fèrdaya salmak*, négliger; retarder une affaire en la remettant au lendemain.

Fèrdalamak فردالامق T. rester jusqu'au matin.

Ferel فریل partic. T. (*fer*), exprime la rapidité du mouvement rotatoire; *ferel ferel* ou *fer fer deunuyor*, il tourne avec rapidité.

Fereldak فریلداق s. T. sorte de jouet qui tourne sur un pivot; pirouette; fig. intrigue, ruse; *fereldaghe čèvirmèk*, atteindre au but par des intrigues.

Fereldanmak فریلدانمق T. tourner avec vitesse.

Fereldatmak فریلداتمق T. faire tourner avec vitesse.

Fèrès فرس s. A. au pl. *èfras* ou *furous*, cheval; jument.

Fèrfèrè فرفره a. A. v. *farfara*.

Fèrhan فرحان a. A. gai, réjoui.

Fèrhènk فرهنك s. P. science, art, habileté dans les arts, talent.

Fèr'ī فرعی a. A. qui dérive d'une source ou d'une racine.

Fèriad فریاد s. P. plainte, lamentation, gémissement; appel au secours; *kimè fèriad èylèssin*, à qui faut-il qu'il se plaigne?; *fèriad ètmèk*, se plaindre, se lamenter, gémir.

Fèriadge فریادجی s. T. qui se lamente, qui se plaint.

Fèriad-ḥan فریادخوان a. P. qui appelle au secours.

Fèriad-rès فریادرس a. P. qui vole au secours.

Fèrid فرید a. A. seul, unique; singulier; s. pierre précieuse; *fèrid ud-dèhr*, unique, sans pareil dans son siècle.

Fèridè فریده s. A. au pl. *fèrayid*, v. le précédent.

Fèrik فریك s. T. blé vert rôti au four.

Fèrik فریق s. A. général de division; lieutenant-général; division (mil.).

Fèriklik فریقلك s. T. grade de général de division.

Fèrizè فریضه s. A. au pl. *fèrayiz*, précepte religieux.

Fèrk فرق s. A. sommet de la tête.

Ferka فرقه s. A. au pl. *furouk*, partie; secte; troupe d'hommes.

Ferkatin فرقتین s. de l'I. v. le suivant.

Ferkaton فرقتون s. de l'I. (*ferkatin*), frégate (navire de guerre).

Ferlak فرلاق s. T. jeu de toupie; partie cassée d'un vase.

Ferlamak فرلامق T. s'élancer; se jeter; s'envoler.

Ferlatmak فرلاتمق T. élancer, jeter en l'air, faire voler.

Ferlayech فرلایش s. T. élancement; action de se jeter avec force.

Fèrma فرما impér. a. P. ordonne; qui ordonne; *fèrman-fèrma*, qui ordonne; monarque, souverain.

Fèrman فرمان s. P. ordre, ordonnance, commandement; brevet, décret, édit émané du Sultan; firman; *èmr ou fèrman hazrèti mèn lèhul èmriñ dir*, l'ordre appartient à celui qui a le droit de donner des ordres (à vous); formule qui termine les requêtes.

Fèrman-bèr فرمانبر a. P. obéissant, soumis.

Fèrman-bèrdar فرمانبردار a. P. v. le précédent.

Fèrman-bèrdari فرمانبرداری s. P. v. le suivant.

Fèrman-bèri فرمانبری s. P. obéissance, soumission.

Fèrman-dih فرمانده a. s. P. qui ordonne ; roi, monarque.

Fèrman-dihi فرماندهى s. P. autorité royale, souveraineté.

Fèrman-fèrma فرمانفرما a. s. P. qui ordonne, qui règne ; monarque.

Fèrman-fèrmayi فرمانفرمانى s. P. v. *fèrman-dihi.*

Fèrmanle فرمانلى a. T. muni d'un firman.

Fèrmayich فرمايش s. P. action d'ordonner ; commandement.

Fèrmèna فرمنه s. T. *(fèrmènè),* gilet court orné avec de la soutache ; habit soutaché.

Fèrmènağe فرمنهجى s. T. tailleur qui fait des habits soutachés.

Fèrmènè فرمنه s. T. v. *fèrmèna.*

Fèrsah فرسح s. A. au pl. *fèrassih,* parasange, mesure itinéraire des anciens Perses, qui valait environ 5,000 mètres soit 7,500 pics.

Fersant فرصت s. T. vulg. v. *fursat.*

Fèrsènk فرسنك s. P. v. *fèrsah.*

Fèrsoudè فرسوده a. P. usé, râpé.

Fèrt فرط s. A. v. *fart.*

Fèrz فرز s. P. *(firzan),* la reine, pièce du jeu d'échecs.

Fèrzanè فرزانه a. P. savant, docte, érudit ; remarquable, distingué.

Fèrzènd فرزند s. P. fils.

Fèrzin فرزين s. P. pion du jeu d'échecs.

Fès فاس n. p. T. Fez, cap. de la province de ce nom dans l'empire du Maroc.

Fès فس s. T. calotte, bonnet rouge que portent les Osmanlis ; ce mot tire son nom de la ville de Fez où l'on fabriquait originellement ces bonnets.

Fèsfèssè وسوسه s. T. vulg. *(vèsvèssè,* A.), doute, soupçon, inquiétude.

Fèsfèssèği وسوسهجى a. T. *(vèsvèssèği),* soupçonneux, inquiet.

Fèsġi فسجی s. T. boutiquier qui vend des bonnets rouges, des fez.

Fèsh فسخ s. A. abolition, annulation, rupture ; résiliation ; suppression ; *fèsh ètmèk*, rompre ; résilier ; abolir.

Fèsl فسل s. A. homme vil, bas, abject.

Feslamak فصلامق T. chuchoter, parler bas.

Feslayech فصلایش s. T. chuchotement.

Fèsliyèn فسلکن s. T. basilic (plante odoriférante).

Fèsr فسر s. A. action d'expliquer, d'interpréter.

Fèssad فساد s. A. au pl. *fèssadat*, méchanceté, corruption, vice, perversité, dépravation ; désordre, trouble, rébellion, révolte, scélératesse ; émeute, sédition ; *èhli fèssad* ou *èrbabi fèssad*, les séditieux, les émeutiers ; *fèssad tchkarmak*, causer des émeutes, des troubles.

Fèssad-ayin فساد آیین a. P. de mauvaises mœurs.

Fèssadġe فسادجی a. T. qui cause du trouble ; s. révolutionnaire.

Fèssahat فصاحت s. A. éloquence, grâce dans le discours ; *fèssahat pèrdaz*, éloquent.

Fèssan فسان s. P. v. le suivant.

Fèssanè فسانه s. P. fable, conte.

Fesseldachmak فصلداشمق T. s'entretenir en chuchotant.

Fesseldamak فصلدامق T. parler tout bas, chuchoter.

Fesselte فصلدی s. T. chuchotement.

Fèssih فسح a. A. vaste, spacieux, ample ; d. de *fushat*.

Festek فستق s. T. pistache, pignon, amande de la pomme du pin ; *cham festeghe*, pistache de Damas.

Festek-aghaġe فستق آغاجی s. T. pistachier ; pin.

Festeke فستقی a. T. de couleur de pistache ; vert, olivâtre.

Festeklek فستقلق s. T. forêt de pistachiers.

Fèta فتى s. A. au pl. *fityan*, adolescent, jeune garçon ; a. (p. u.) libéral, magnifique.

Fètanèt فطانت s. A. intelligence, sagacité.

Fètanètli فطانتلى a. T. intelligent.

Fètava فتاوى s. A. *(fètavi)*, pl. de *fètva*, sentences, etc.

Fètavi فتاوى s. A. v. le précédent.

Fètayil فتائل s. A. pl. de *fètil*, sétons, etc.

Fètèk فتك s. A. action de guetter une occasion pour surprendre et tuer.

Fèth فتح s. A. au pl. *futouh* ou *futouhat*, action d'ouvrir ; ouverture, commencement ; conquête, victoire, triomphe ; *fèth ètmèk*, ouvrir, conquérir, prendre une ville, triompher ; *kal'a-ye fèth èdip*, ayant pris la forteresse ; *fèthi kèlam ètmèk*, commencer à parler ; *fèthi bab ètmèk*, ouvrir la porte.

Fètha فتحة s. A. ouverture, fissure ; le signe *ustun* (—).

Fèthi فتحى a. A. triomphal, victorieux.

Fètil فتيل s. A. au pl. *fètayil*, v. *fitil*.

Fètilè فتيلة s. A. v. le précédent.

Fètin فطين a. A. intelligent, doué de sagacité ; d. de *fètanèt*.

Fètk فتق s. A. action de découdre, de fendre ; rupture ; hernie.

Fètrèt فترت s. A. interrègne.

Fèttah فتاح a. A. qui ouvre (un des attributs de Dieu).

Fèttan فتان a. A. séducteur, tentateur ; malicieux, factieux ; d. de *fitnè*.

Fètva فتوى s. A. au pl. *fètava*, *fètavi*, réponse ou décision juridique donnée par un *mufti* ou par le *chèyh ul-islam* ; *fètva vèrmèk*, rendre un *fètva*, donner une décision légale.

Fèvatih فواتح s. A. pl. de *fatiha*, commencements, etc.

Fèvayid فوائد s. A. pl. de

fáydè, utilités, avantages, profits.

Fèvk فوق s. A. le dessus.

Fèvka فوق prép. A. sur; au-dessus ; *fèvk-èl'adè*, extraordinaire.

Fèvkani فوقانى a. A. supérieur, qui est au-dessus.

Fèvz فوز s. A. victoire, félicité ; action de remporter une victoire ; refuge, salut.

Fèyd فيد s. A. avantage, profit.

Fèyèzan فيضان s. A. débordement, inondation.

Fèylèssof فيلسوف s. A. au pl. *fèlassèfè*, philosophe; d. du G.

Fèylèssofanè فيلسوفانه ad. P. philosophiquement, en philosophe.

Fèylèssofi فيلسوفى a. A. philosophique.

Fèylèssoflouk فيلسوفلق s. T. philosophie.

Fèyssal فيصل s. A. décision, sentence, jugement, arrêt, conclusion d'un procès, arrangement ; *fèyssal* *ètmèk*, terminer un procès, une question ; donner une conclusion définitive et juridique.

Fèyyaz فياض a. A. très libéral, prodigue (attribut de Dieu); d. de *fèyz*; *fèyyazi moutlak*, le suprême distributeur des grâces(Dieu).

Fèyz فيض s. A. abondance, profusion ; promotion.

Fèza فزا impér. a. P. augmente ; qui augmente.

Fèzayil فضائل s. A. pl. de *fazilèt*, vertus, talents, mérites.

Fi فى s. A. au pl. *fiat*, prix.

Fi فى prép. A. en, dans, sur ; *fil-gumlè*, en somme, au total; *fil-hal*, sur-le-champ, aussitôt ; *fi nèfs il-èmr*, en soi-même, au fond.

Fi فى s. A. butin de la guerre.

Fi'al فعال s. A. pl. de *fi'l*, actions, œuvres ; verbes (gramm.).

Fiat فيئات s. A. pl. de *fi*, prix, s'emploie souvent comme sing.

Fiat فئات s. A. pl. de *fiè*, troupes.

Fichan فشان impér. a. P. v. *èfchan*.

Fichènk فشنك s. T. cartouche, fusée ; charge d'une arme à feu, feu d'artifice ; *fichènk atmak*. jeter des fusées ; fig. *dèli fichènk*, homme téméraire.

Fichènkği فشنكجى s. T. qui fait et vend des cartouches, des fusées ; artificier.

Fichènk-hanè فشنكخانه s. T. fabrique ou dépôt de cartouches, de fusées.

Fichènklik فشنكلك s. T. giberne.

Fichnè وشنه s. T. (*vichnè*), griotte ; elle sert à faire de la confiture et du sirop.

Fichnè-aghağe وشنه آغاجى s. T. griottier.

Fida فدا s. A. v. *fèda*.

Fidan فدان s. T. scion, rejeton d'un arbre ; plante, plant, arbuste ; jeune arbre ; *achlama fidan*, ente, greffe.

Fidanlek فدانلق s. T. pépinière.

Fidda فضه s. A. argent (métal).

Fidè فيده s. T. jeune plant préparé pour être repiqué.

Fidèlèmèk فيدهلمك T. repiquer de jeunes plants.

Fidiyè فديه s. A., *yèssir bèhassè*, T. rançon.

Fiè فئه s. A. au pl. *fiat*, troupe, réunion d'hommes.

Fighan فغان s. P. plainte, doléance, gémissement, pleurs, cri de détresse, lamentation ; *fighan ètmèk*, se lamenter, gémir.

Fighan ilè فغان ايله ad. T. dolemment.

Fihris فهرس s. A. au pl. *fèharis*, table des matières ; index.

Fihrist فهرست s. A. v. le précédent.

Fi'il فعل s. A. v. *fi'l*.

Fikir فكر s. A. v. *fikr*.

Fikir èt. فكر ايتمك T. v. *fikr èt*.

Fikirli فكرلى a. T. qui réfléchit, qui a des idées ; réfléchi, intelligent ; *ğin fikirli*, très intelligent.

Fikirsiz فكرسز a. T. inconsidéré, qui ne pense à rien, irréfléchi; stupide, insensé; sans idée, sans intelligence.

Fikirsizlik فكر سزلك s. T. absence de pensées, de réflexion; inconsidération; stupidité; manque d'idées, d'intelligence.

Fikr فكر s. A. *(fikir)*, au pl. *èfkiar*, action de penser; pensée, idée, opinion, mémoire, esprit; réflexion, méditation : *bir fikirè varmak*, pencher vers une idée; *fikri daghenek*, distrait; *fikir daghenekleghe*, distraction.

Fikrè فكره s. A. pensée, réflexion; fém. de *fikr*.

Fikr èt. فكر اتمك T. penser, réfléchir, méditer; *soñounou fikr èylèmèk*, penser à la fin, aux conséquences.

Fikri فكرى a. A. idéal, relatif à l'idée, à la pensée.

Fi'l فعل s. A. *(fi'il)*, au pl. *fi'al* ou *èf'al*, action, acte, œuvre, réalité, actualité; verbe (gramm.); *fi'li mujèrrèd*, verbe simple primitif; *fi'li mèzidun fihi*, verbe dérivé de la 1ʳᵉ forme primitive; *fi'li salim*, verbe sain, c.-à-d. qui n'a aucune des lettres *èlif, vav, yè*, appelées infirmes; *fi'li mutè-'addi*, verbe transitif; *fi'li lazem*, verbe intransitif; *fi'li ma'loum*, verbe actif; *fi'li mèghoul*, verbe passif; *fi'li mutava'at*, verbe réfléchi; *fi'li mucharèkèt*, verbe réciproque; *fi'li nèfi*, verbe négatif; *fi'li istifham*, verbe interrogatif; *fi'li keyassi*, verbe régulier; *fi'li ghayri keyassi*, verbe irrégulier; *fi'li sulassi*, verbe trilitère; *fi'h rouba'yi*, verbe quadrilitère.

Fil فيل s. A. au pl. *fuyoul, èfiyal*, éléphant; *fil dichi*, ivoire; *fil hortoumou*, trompe d'éléphant; proboscide; *fil dichi tarak*, peigne d'ivoire.

Filan فلان s. A. *(falan, T. vulg.)*, un tel, un certain; *filan festek*, ceci et cela.

Filandra فلاندره s. T. bannière longue et étroite; flamme.

Filèmènk فلمنك n. p. T. Hollande.

Fi'lèn فعلا ad. A. en action, réellement.

Filènta فلنطه s. T. fusil de chasse.

Filfil فلفل s. A., *bibèr*. T. poivre.

Filğan فلجان s. T. v. *finğan*.

Fil-hal في الحال ad. A. aussitôt, sur-le-champ ; c. de *fi*, de l'article arabe *èl* (contracté en *l*) et de *hal*.

Fi'li فعلي a. A. verbal, de verbe ; qui appartient à une action ; réel.

Filibè فلبه n. p. T. Philippopoli, ville de la Turquie d'Europe, capitale de la Roumélie-Orientale.

Filistin فلسطين n. p. A., *arze filistin*, Palestine, contrée de la Syrie ; province de Jérusalem.

Filiz فيلز s. T. rejeton, surgeon.

Filizlèmèk فيلزلمك T. couper les rejetons de la vigne.

Filizlènmèk فيلزلنمك T., *filiz surmèk*, pousser ou produire des rejetons, germer.

Filo فيلو s. T. flottille, petite flotte.

Finğan فنجان s. T. (*filğan*, vulg.), petite tasse à café.

Finğanğe فنجانجى s. T. (*filğanğe*, vulg.), marchand ou fabricant de petites tasses à café.

Firach فراش s. A. lit, tapis ; femme, épouse.

Firagh فراغ s.A. (*firaghât*), vacance, repos, retraite, cessation de travail ; renonciation ; rétrocession de son droit, abandon d'une affaire ; *firagh ètmèk*, *firaghat ètmèk*, rétrocéder ; abandonner une affaire commencée ; *firaghi bal*, tranquillité.

Firaghat فراغت s. A. v le précédent.

Firak فراق s. A. séparation, éloignement ; départ ; douleur, tristesse, chagrin ; *dèrd u firak ilè*, avec peine et douleur de l'absence.

Fira'oun فرعون n. p. A. au pl. *fèra'inè*, Pharaon, nom des anciens rois d'Egypte avant Psamménit ; fig. tyran ; personne arrogante.

Firar فرار s. A. désertion, fuite ; évasion ; *firar etmèk*, fuir ; déserter.

Firari فرارى a. s. A., *kačken*, déserteur, fuyard ; fugitif.

Firassèt فراست s. A. sagacité, pénétration ; aptitude ; *'ilmi firassèt*, physiognomonie ; *sahibi firassèt*, homme doué de sagacité, de pénétration.

Firassètli فراستلى a. T. perspicace, pénétrant, habile, apte, ingénieux.

Firavan فراوان a. P. abondant, nombreux.

Firaz فراز s. A. action d'être détaché, séparé.

Firaz فراز impér. a. P. élève ; qui élève, qui tient haut ; *sèr-firaz* ou *sèr-èfrazi zèman*, l'homme remarquable de l'époque, m.à m. qui tient la tête haute.

Firazèndè فرازنده p. pr. P. p. u. qui élève.

Firazi فرازى s. P. élévation, hauteur.

Firènk فرنك s. T. v. *frènk*.

Firib فريب impér. a. P. trompe ; qui trompe ; les impératifs persans servent en général à former des adjectifs composés ; comme, *dil-firib*, qui trompe le cœur, charmant.

Firichtè فرشته s. P. ange.

Firistadè فرستاده p. p. P. envoyé, expédié.

Firouz فيروز a. P. heureux, fortuné, glorieux, victorieux.

Firouzè فيروزه s. P. turquoise.

Firzan فرزان s. P. v. *fèrz*.

Fisk فسق s. A. péché, prévarication.

Fiskè فسكه s. T. chiquenaude ; *fiskè vourmak*, donner une chiquenaude, une nasarde ; *fiskè dokoundourmamak*, ne pas maltraiter.

Fiskiyè فسقيه s. T. jet d'eau.

Fistan فستان s. du G. jupon, robe de femme.

Fit فيت s. T. compensation du gain avec la perte (dans le jeu) ; *fit olmak*, être quitte.

Fit فيت s. T. provocation, sollicitation, suggestion ; tentation ; action de pousser à la révolte, d'exciter ; *fit vèrmèk*, provoquer, pousser à la discorde, à la révolte ; *fit vèriği*, provocateur ; séditieux.

Fitèn فتن s. A. pl. de *fitnè*, discordes ; séditions, intrigues, etc.

Fitil فتيل s. T. vulg. (*fètil*, A.), mèche d'une chandelle, d'une lampe ; étoupille, séton ; mèche (en général).

Fitlèmèk فتلمك T. pousser à la révolte, à la discorde ; exciter.

Fitnè فتنة s. A. au pl. *fitèn*, discorde, sédition ; séduction, intrigue, ruse, trouble, émeute, révolution ; a. (comme mot T.), séducteur, intrigant ; *fitnè koparmak*, exciter des troubles ; *fitnè-èngiz*, qui excite des troubles ; séditieux ; *fitnè olmak*, être intrigant.

Fitnèği فتنه‌جى a. T. séditieux, provocateur, intrigant.

Fitnè-ğou فتنه‌جو a. P. qui cherche à semer la discorde, à exciter des troubles.

Fitnèlik فتنه‌لك s. T. sédition, fourberie, mutinerie ; intrigue.

Fitnèt فطنت s. A. intelligence, sagacité.

Fitrèt فطرت s. A. création, nature ; naturel.

Fitri فطرى a. A. naturel, inné.

Fityan فتيان s. A. pl. de *fèta*, adolescents, jeunes garçons ; a. (p. u.) magnifique.

Fiyat فيأت s. A. prix ; taux, taxe ; *fiyat komak*, taxer ; fixer le prix.

Fizika فيزيقه s. du G., *'ilmi tabayi*, A. physique.

Flamour فلامور s. T. v. *chlamour*.

Florya فلوريه s. du G., *florya kouchou*, loriot ; verdier (oiseau).

Fodoul فضول a.T., *maghrour*, A. orgueilleux, fier, impertinent.

Fodoullouk فضوللق s. T. orgueil, fierté ; arrogance, impertinence.

Fogha فوغه interj. de l'I. feu ! commandement

pour avertir le canonnier de tirer.

Fol فول s. T. œuf à couver.

Follouk فولاق s. T. le panier où pondent les poules.

Fosfor فوسفور s. du G. phosphore.

Fotoghraf فوطوغراف s. du G. photographe.

Fotoghraf-ḫanè فوطوغرافخانه s. T. atelier de photographie.

Fotoghrafi فوطوغرافى s. du G. photographe.

Foukaha فقها s. A. pl. de *fakih*, jurisconsultes.

Foukara فقرا s. A. pl. de *fakir*, pauvres, misérables ; indigents ; en turc il est aussi employé au singulier.

Foukaralek فقرالق s. T. pauvreté, misère, indigence.

Foul فول s. A. fève ; en T. us. *bakla*.

Foulouka فلوقه s. T. mot ital. d. de l'A. *fuluk*, felouque.

Founda فونده s. T. broussailles ; bruyères.

Fourča فورچه s. T. v. *ferča*.

Fouroun فورون s. T. four, fourneau ; *fouroun kèbabe*, viande rôtie au four.

Fouroungou فورونجى s. T. constructeur de fours ; boulanger.

Fouroungoulouk فورونجىلق s. T. art, commerce de boulanger ; boulangerie.

Fourounlatmak فورونلاتمق T. cuire dans le four.

Fourtouna فورطنه s. de l'I. tempête, orage en mer.

Fourtounale فورطنهلى a. T. orageux, tempétueux.

Franğèla فرانجله s. de l'I. pain mollet ; sorte de petit pain blanc ; pain de première qualité.

Frank فرانق s. du F. franc (monnaie française).

Fransa فرانسه n. p. T., *fransa mèmlèkèti*, France, 36,905,788 h.; cap. Paris.

Fransalè فرانسهلى a. s. T. français.

Fransèvi فرانسوى a. A. français.

Franscz فرانسز a. s. T. français; *franscz lirasse* ou *franscz*, livre française; pièce de 20 francs; *franscz čohasse*, drap français; *franscz lissane*, la langue française; *franscz dèvlèti*, le gouvernement français.

Fransczğa فرانسزجه ad. T. en français; s. langue française; a. français; *fransczğa seuylèrmissin*, parlez-vous français?; *èvèt èfèndim*, oui monsieur.

Frèngistan فرنكستان s.P. pays des Francs, des Européens, Europe.

Frènk فرنك s. T. *(firènk)*, Franc, habitant de l'Europe; Européen (en général); *frènk gcumlèyi*, chemise à col; *frènk maghdanossou*, cerfeuil; *frènk patliğane*, pomme d'amour, tomate; en T. us. *tomatès*; *frènk tourpou*, radis; *frènk uzumu*, groseille.

Frènkğè فرنكجه ad. T. à la manière des Francs, des Européens; à la Française; a. européen; s. langue européenne.

Fuad فؤاد s. A. au pl. *èfidè*, cœur.

Fuğour فجور s. A. débauche, dépravation des mœurs; *fisk ou fuğour*, méchanceté, libertinage, conduite déréglée; *fuğour ul-karabè*, inceste.

Fuhoum فهوم s.A. pl. de *fèhm*, compréhensions.

Fulous فلوس s. A. pl. de *fèls*, pièces de monnaie, etc.

Fuluk فلك s. A. v. *foulouka*.

Funoun فنون s. A. pl. de *fènn*, sciences, arts, ruses.

Furas فرص s. A. pl. de *fursat*, occasions, opportunités.

Furat فرات n.p. A. L'Euphrate, fleuve de la Turquie d'Asie.

Furğè فرجه s. A. ouverture, fissure, fente.

Furou' فروع s. A. (et *furou'at*), pl. de *fèr'*, subdivisions, dérivés, etc.

Furou'at فروعات s. A. v. le précédent.

Furouch فروش s. A. pl. de *fèrch*, lits, tapis, nattes.

Furouch فروش impér. a.

P. vends, qui vend ; *gèndum-numayi vè ğev-furouch*, qui montre du blé et vend de l'orge (prov. persan qui s'applique à un homme menteur, fourbe).

Furough فروغ s. P. éclat, splendeur.

Farouht فروخت s.P. vente ; *furouht ètmèk*, vendre.

Furouk فرق s. A. pl. de *ferka*, troupes d'hommes, etc.

Furou-mayè فرومايه a. P. vil, abject, ignoble, de basse condition.

Furous فروس s. A. pl. de *fèrès*, chevaux.

Furoussèt فروست s. A. v. *fèrassèt*.

Furouz فروز impér. a. P. (*èfrouz*), illumine ; qui illumine, qui enflamme ; qui réjouit ; *dil-furouz*, qui réjouit le cœur.

Furouzan فروزان a. P. brillant, lumineux, éclatant.

Furouzèndè فروزنده p. pr. a. P. (p.n.), qui illumine.

Fursan فرسان s. A. pl. de *faris*, cavaliers.

Fursat فرصت s. A. (*fersant*, T. vulg.), au pl. *furas*, occasion, opportunité, conjoncture ; *fursat-ğou*, qui cherche l'occasion ; *fursat-yab*, qui a trouvé l'occasion ; *fursate fèvt ètmèk*, laisser échapper l'occasion ; *fursat ghanimèt dir*, il faut profiter de l'occasion ; *fersant boulmak*, trouver l'occasion ; *fersant vèrmèk*, donner l'occasion de ; laisser faire ; *fersant geuzlèmèk*, guetter l'occasion.

Fushat فسحت s. A. espace vaste, plaine, étendue.

Fussaha فصحا s. A. pl. de *fassih*, les hommes éloquents.

Fussouk فسوق s. A. transgression des préceptes divins ; prévarication.

Fussoul فصول s. A. pl. de *fasl*, parties, chapitres, actes d'une pièce ; saisons ; *fussouli èrba'a*, les quatre saisons.

Futouh فتوح s. A. pl. de *fèth*, victoires, conquêtes.

Futouhat فتوحات s. A. pl. de *fèth*, même signification que le précédent.

20

Futour فتور s. A. découragement; langueur, faiblesse, lassitude, ennui; abattement; *futour gètirmèk*, languir, être las.

Futuvvèt فتوت s. A. générosité, magnanimité.

Futuvvètli فتوتلى فتوتلو a. T. généreux, magnanime; titre d'honneur.

Fuyoul فيول s. A. pl. de *fil*, éléphants.

Fuzala فضلا s. A. pl. de *fazil*, les hommes savants et vertueux.

Fuzoul فضول s. A. pl. de *fazl*, mérites, talents, qualités, sciences, vertus; excès, violences; abondance; superflu.

Fuzouli فضولى a. A. vexatoire, qui se fait par force; ad. par force.

G

Ğa جه (*ğè*), partic. T. en, selon, suivant, quant à; *franseczğa*, en français; ajoutée aux noms elle forme tantôt des adjectifs, tantôt des adverbes; *'arabğa lissan*, la langue arabe; *čoğoukğa*, d'une manière enfantine; ajoutée aux adjectifs elle signifie un peu, assez, ou forme des adverbes; *hafifğè*, un peu, assez léger, légèrement; *agherğa*, gravement. Cette particule se prononce *ğa* ou *ğè* selon que le mot auquel elle est jointe est dur ou doux.

Ğaba جابه s. T. don, cadeau; ad. gratis, pour rien.

Ğabi جابى p. pr. s. A. percepteur des revenus des mosquées et d'autres œuvres pieuses; d. de *ğibayèt*.

Ğabilik جابيلك s. T. office de percepteur des revenus des œuvres pieuses.

Ğadalos جادالوس a. T. qui est d'un caractère rude et sauvage.

Ğadaloslouk جادالوسلق s. T. état de celui ou de celle qui est d'un caractère rude et sauvage.

Ğaddè جاده s. A. au pl.

Ǧevvad, grand' rue, grande route.

Ǧade جادى s.T.d. du Pers. ǧadou, spectre, vampire; sorcier, magicien; ǧade ou ǧade kare, vieille femme laide et criarde.

Ǧadelek جاديلق s. T., sihirbazlek, sorcellerie, magie.

Ǧadou جادو s. P. (ǧazou), sorcier, magicien.

Ǧadougèr جادوگر s. P. sorcier, sorcière; enchanteur.

Ǧadougèri جادوگرى s.P. sorcellerie, magie, enchantement.

Ǧaf-ǧaf جاف جاف s. T. (ǧaf-ǧouf), paroles pompeuses et prétentieuses.

Ǧaf-ǧafle جاف جافلى a. T. qui parle d'une manière pompeuse et prétentieuse.

Ǧaf-ǧouf جاف جوف s.T. v. ǧaf-ǧaf.

Gaga غاغا s. T. vulg. v. ghagha.

Ǧagir جاكير a. P. qui prend place, qui se fixe.

Ǧah جاه s. P. dignité, rang.

Ǧahil جاهل p. pr. a. A. au pl. ǧehèlè, ǧuhèla ou ǧuhhal, qui ignore, ignorant; insensé; comme mot T. jeune, inexpérimenté; d. de ǧèhl.

Ǧahili جاهلى a. A. qui se fait avec ignorance.

Ǧahiliyèt جاهليت s. T. ignorance; paganisme.

Ǧahillik جاهللك s. T. jeunesse; ignorance.

Ǧaht جهد s. T. v. ǧèhd.

Ǧalib جالب p. pr. a. A. attirant, qui attire; attractif; d. de ǧèlb.

Ǧalif جالف p. pr. A. qui enlève la peau, qui pèle; d. de ǧèlf.

Ǧalis جالس p. pr. a. A. qui s'assied, qui siège; qui est assis; d. de ǧulous.

Ǧam جام s. T. verre, corps transparent et fragile; vitre; carreau; a. en verre.

Ǧam جام s.P. verre; coupe.

Ǧambaz جانباز s. T. v. ǧan-baz.

Ǧamè جامه s. P. habit, vêtement.

Ğamè-chouy جامه شوى s. P. p. u. *(ǧamacherǧe, T.)*, blanchisseur.

Ğamèdan جامه دان s. P. coffre ou armoire propre à serrer les vêtements.

Ğamèkian جامكان s. T. armoire, vitrine.

Ğamǧe جامجى s. T. verrier, vitrier.

Ğamǧelek جامجيلق s. T. vitrerie.

Ğami' جامع p. pr. s. A. au pl. *ǧèvami'*, qui réunit, qui assemble, qui comprend, qui contient; lieu de réunion, mosquée; d. de *ǧèm'*; *ǧami' ul-kèmalat*, qui réunit toutes les perfections, parfait.

Ğamid جامد a. A. au pl. *ǧèvamid*, ferme, solide, concret, inorganique; s. nom primitif (gramm.); corps inorganique; d. de *ǧumoud*.

Ğami'yèt جامعيت s. A. capacité de réunir, de contenir plusieurs choses.

Ğamle جاملى a. T. vitré.

Ğamous جاموس s. A. au pl. *ǧèvamis*, buffle; en T. us. *manda* ou *sou seghere*.

Ğan جان s. P. âme; vie; fig. force, vigueur; *ǧanem*, mon âme; mon cher!; *ǧan tatle der*, l'âme est douce, la vie est chère; *ǧandan*, sincèrement; *ǧan ou dildèn*, de cœur et d'âme; *ǧan aǧesse*, douleur, chagrin; *ǧan aǧetmak*, causer de la douleur; *ǧan almak*, tuer; *ǧan atmak*, désirer vivement; se réfugier; se sauver; *ǧan čekmak*, mourir, expirer; *ǧan čekichmèk*, agoniser; *ǧan sekmak*, importuner, causer de l'ennui; *ǧan sekelmak*, s'ennuyer, être fâché; *ǧan sekentesse*, ennui; *ǧan rouba*, qui s'empare de l'âme, ravissant.

Ğanan جانان s. P. bien-aimée, amante.

Ğanavar جاناوار s. T. monstre, bête féroce; cochon, porc, sanglier.

Ğan-avèr جاناور a. P., *ǧanle*, T. animé, doué d'une âme; s. animal, quadrupède.

Ğan-baḥch جانبخش a. P. réjouissant, qui revivifie.

Ğan-baz جانباز s. P. acrobate, danseur de corde;

marchand de chevaux; proprement qui joue son âme, sa vie; fig. personne rusée; c. de ǧan et de baz; ip ǧan-baze, danseur de corde, bateleur.

Ǧanbazlek جانبازلق s. T. profession de danseur de corde; fig. ruse, finesse.

Ǧan-fèrsa جانفرسا a. P. fâcheux, douloureux.

Ǧanfès جانفس s. T. taffetas.

Ǧan-fèza جانفزا a. P. qui charme l'âme, délicieux.

Ǧan-giah جانكاه a. P. douloureux.

Ǧan-gudaz جانكداز a. P. douloureux; qui fait fondre l'âme, le cœur.

Ǧan-guza جانكزا a. P. pernicieux, mortel.

Ǧan-guzar جانكذار a. P. qui pénètre l'âme, le cœur.

Ǧani جانى a. P. qui est tendrement aimé; cher.

Ǧani جانى p. pr. s. A. qui commet un crime; criminel; forçat; d. de ǧinayèt.

Ǧanib جانب s. A. au pl. ǧèvanib, côte; parage; partie, part, flanc.

Ǧanibi جانبي a. A. latéral, collatéral.

Ǧa-nichin جانشين a. s. P. qui siège; lieutenant, substitut; c. de ǧa et de nichin.

Ǧanlandermak جانلاندرمق T. animer, raviver, vivifier, ranimer.

Ǧanlanmak جانلانمق T. se ranimer, revenir à la vie; être animé, vivifié.

Ǧanle جانلو a. T. vivant, animé; fort, vigoureux.

Ǧansez جانسز a. T. inanimé; mort; fig. très faible.

Ǧan-sipar جانسپار a. P. qui n'épargne pas son âme; dévoué.

Ǧan-siparanè جانسپارانه ad. P. avec grand zèle et dévouement.

Ǧan-sitan جانستان a. P. qui arrache la vie; mortel.

Ǧan-souz جانسوز a. P. qui brûle l'âme, le cœur; douloureux.

Ğanvar جانوار s. P. (*ğanvèr*), animal.

Ğanvèr جانور s. P. v. le précédent.

Ğar جار s. A. au pl. *èğvar* ou *ğiran*, voisin; en T. us. *komchou*.

Ğar جار partic. T. imite la voix, le cri; s. voix du crieur public.

Ğar-ğar جار جار a. T. criard, bavard, jaseur.

Ğarğe جارجی s. T. crieur public.

Ğari جاری p. pr. a. A. qui coule, qui court, courant, qui est en usage; d. de *ğèrèyan*; *mayi ğari*, eau courante; *ğari olmak*, couler; être en usage, avoir cours.

Ğariyè جاریه s. A. au pl. *ğèvari*, esclave; servante; jeune fille, odalisque.

Ğarlamak جارلامق T. bavarder, jaser.

Ğarr جار p. pr. A. qui tire, qui traîne; s. préposition (gramm.); d. de *ğèrr*.

Ğassous جاسوس s. A. (*chachout*, T. vulg.), au pl. *ğèvassis*, espion; mouchard.

Ğassouslouk جاسوسلق s. T. espionnage; *ğassouslouk ètmèk*, espionner, faire l'espion, épier.

Ğassoussi جاسوس s. P. espionnage.

Ğav ğav جاو جاو s. T. café falsifié fait avec du marc de café.

Ğavid جاود a. P. éternel, perpétuel.

Ğavidan جاودان a. P. (*ğavidani*), v. le précédent.

Ğavidani جاودانی a. P. v. *ğavid*.

Ğavlak جاولاق a. T. nu, chauve, sans poils ou plumes; *ğas ğavlak*, complètement chauve.

Ğay جای s. P. lieu, endroit, place; *ğayi istighrab*, chose étonnante; *ğayi dikkat*, chose à remarquer.

Ğaydermak جایدرمق T. faire renoncer, faire changer d'avis.

Ğayer جایر partic. T. (*čayer*), qui se répète pour exprimer la combustion ou le déchirement avec éclat; *ğayer ğayer* ou *čayer čayer yanmak*, brûler avec éclat, avec bruit ; *ǧayer ǧayer yertmak*, déchirer avec bruit.

Ǧayerdamak جایر دامق T. brûler ou se déchirer avec éclat.

Ǧaygiah جایگاه s. P. lieu, demeure, séjour.

Ǧay-gir جایگیر a. P. qui prend place, qui se fixe.

Ǧayiz جائز a. A. permis, légitime, autorisé, possible, admissible ; d. de *ǧevaz* ; *ǧayiz dir*, il est permis ; *ǧayiz dèyil*, il n'est pas permis ; *ǧayiz dir ki*, il convient que.

Ǧaymak جایمق T. renoncer, changer d'idée.

Ǧay-nichin جای نشین a.s. P. v. *ǧa-nichin*.

Ǧazib جاذب p. pr. a. A. qui attire; attrayant, séduisant ; attractif ; au fém. *ǧazibè* ; d. de *ǧèzb*.

Ǧazibè جاذبه s. A. au pl. *ǧèvazib*, attraction ; attrait; grâce, beauté ; *kouvvèyi ǧazibè*, force d'attraction.

Ǧazibèli جاذبه‌لی a. T. attrayant, séduisant, charmant, sympathique, gracieux ; qui a des attraits, des charmes.

Ǧazim جازم p. pr. A. qui décide, qui prend une résolution ; qui coupe, qui tranche ; d. de *ǧèzm*.

Ǧazou جاذو s. P. v. *ǧadou*.

Ǧè جه partic. T. v. *ǧa*.

Ǧe جی partic. T. v. *ǧi*.

Ǧèb جیب s. T. vulg. v. *ǧèyb*.

Ǧèbabirè جباره s. A. pl. de *ǧèbbar*, usurpateurs du pouvoir, oppresseurs, tyrans.

Ǧèb'ali جبعلی n. p. T. v. *ǧibali*.

Ǧèbanèt جبانت s. A. timidité, pusillanimité, lâcheté ; poltronnerie.

Ǧèbbar جبار s. a. A. au pl. *ǧèbabirè*, usurpateur, oppresseur, tyran, injuste ; puissant ; orgueilleux ; d. de *ǧèbr*.

Ǧèbè جبه s. P. cuirasse ; armure de fer.

Ǧèbè كبه a. T. enceinte, grosse (femme).

Ǧèbèǧi جبه‌جی s. T. cuirassier (soldat) ; ğèbèği bache, commandant des cuirassiers.

Ğèbè-hanè جبه خانه s. P. (ğèbḫanè, T. vulg.), arsenal militaire ; magasin à poudre, poudrière.

Ğèbèl جبل s. A. au pl. ğibal ou èğbal, mont, montagne ; en T. us. dagh ; ğèbèl ut-tarik, montagne de Tarik, Gibraltar ; ğèbèl ul-kamèr, montagne de la lune ; ğèbèli lubnan, mont Liban.

Ğèbèlik كبه لك s.T. grossesse.

Ğèbè-pouch جبه پوش a. s. P. cuirassé ; cuirassier.

Ğèbèrè كبره s. T. câpre.

Ğèbèrmèk كبرمك T. crever, mourir (animal).

Ğèbèrout جبروت s. A. majesté, grandeur, orgueil; 'alèmi ğèbèrout, royaume céleste.

Ğèbèrtmèk كبرتمك T. faire crever, faire mourir (animal).

Ğèbhanè جبخانه s.T.vulg. (ğèbè-ḫanè, P.), arsenal militaire ; poudrière ; poudre, cartouche et tout ce qui est nécessaire pour les armes à feu ; ğèbḫanè sandeghe, caisson militaire.

Ğèbhè جبهه s. A. au pl. ğibah, front.

Ğèbhè-sa جبهه سا a. P. (ğèbhè-say), qui se prosterne, m. à m. qui frotte le front.

Ğèbhè-say جبهه ساى a. P. v. le précédent.

Ğèbin جبين s. A. front.

Ğèbin جبين a.A. poltron, lâche, pusillanime ; d. de ğèbanèt.

Ğèbr جبر s. A. (èl-ğèbr), algèbre.

Ğèbr جبر s. A. action de forcer, de contraindre ; rétablissement ; violence, tyrannie, oppression ; contrainte.

Ğèbr كبر s. P. adorateur du feu ; qui suit la religion de Zoroastre, guèbre.

Ğèbrayıl جبرائيل s.A. Gabriel Archange.

Ğèbrè كبره s. T. sachet de serge pour frotter les chevaux.

Gèbrèn جبرا ad. A. par force; tyranniquement.

Gèbr èt. جبر ایتمك T. forcer, contraindre; remettre les os démis.

Gèbri جبری a. A. qui se fait par force.

Gèbr ilè جبر ایله ad. T., *zor ilè*, par force, avec violence.

Gèč گچ impér. T. de *gèčmèk*, passe.

Gèčèn گچن p. pr. T. passant, qui passe; s. le passé; *gèčèn gèčdi*, il ne faut plus parler du passé, m. à m. le passé est passé (prov.); a. passé, écoulé; *gèčèn sènè*, l'année passée; *gèlèn gèčèn* (on dit en A. *marrin vè 'abirin*), les passants; *gèčènlèrdè*, dernièrement.

Gèčèndè گچنده ad. T. dernièrement.

Gèčèr گچر a. T. qui a du débit, qui passe; *gèčèr akčè* monnaie courante.

Gèčichtirmèk گچشدرمك T. faire, laisser passer; *sukut ilè gèčichtirmèk*, passer sous silence, ne pas répondre.

Gèčid گچید s. T. passage, passe, sentier, gorge de montagne, défilé, détroit, gué; migration des oiseaux; *rèsmi gèčid*, revue des troupes; *kerk gèčid*, rivière dont le cours est sinueux; *gèčid vèrmèk*, pouvoir être traversé à gué; être guéable (rivière).

Gèčigi گچیجی s. T. passant.

Gèčilmèk گچلمك T. passer, traverser (sujet indét.); *hèmchèri bou sokakdan gèčilmèz*, compatriote (monsieur) l'on ne peut passer par cette rue.

Gèčim گچم s. T. débit; grande cuirasse.

Gèčindirmèk گچندرمك T. faire subsister, faire vivre; procurer à quelqu'un les moyens d'existence.

Gèčinèğèk گچنه جك s. T. subsistance, moyens de vivre; de quoi vivre.

Gèčinmè گچنمه s. T. action de subsister, de vivre, d'avoir les moyens de vivre.

Gèčinmèk گچنمك T. vivre, subsister; avoir les moyens de vivre; *bèy gibi* *gĕčinmèk*, vivre comme un prince ; *hèr kès ilè hoch gĕčinmèk*, vivre en bonne intelligence avec tout le monde.

Gĕčirmèk گچیرمك T. passer, faire passer, franchir, faire abandonner ; faire cesser ; écouler ; transpercer ; causatif de *gĕčmèk* ; *gcuzdèn gĕčirmèk*, donner un coup d'œil, examiner superficiellement ; *čĕrčivè gĕčirmèk*, encadrer ; *hissaba gĕčirmèk*, passer au compte ; *keleÿdan gĕčirmèk*, passer au fil de l'épée.

Gĕčirtmèk گچیرتمك T. faire passer, cesser, etc.

Gĕčkin گچكین a. T. passé, âgé ; très mûr.

Gĕčmè گچمه s. T. action de passer ; a. qui passe dans un châssis.

Gĕčmèk گچمك T. passer, franchir, traverser ; percer, pénétrer, cesser, avancer ; avoir du débit, de l'influence ; pardonner ; blâmer ; dénoncer ; *bacha gĕčmèk*, se mettre à la place d'honneur ; *bir birinè gĕčmèk*, se tourmenter, s'inquiéter ; être confus et embarrassé ; *èlè gĕčmèk*, être pris, saisi (se dit aussi d'une chose précieuse qu'on acquiert par hasard) ; *geuñuldèn gĕčmèk*, désirer, souhaiter ; *haterdan* ou *fikirdèn gĕčmèk*, venir à l'esprit ; *ich ichdèn gĕčmèk*, être trop tard, s'en être fait ; *kèndindèn gĕčmèk*, avoir des défaillances ; s'évanouir ; *ma'acha gĕčmèk*, cesser d'être surnuméraire ; être admis au nombre des commis en titre ; *seuzu gĕčmèk*, avoir la parole influente ; être écouté ; *tavan bacha gĕčmèk*, être épouvanté, terrifié ; *vaz gĕčmèk*, renoncer ; *yèrè* ou *yèriñ dibinè gĕčmèk*, éprouver une grande honte.

Gĕčmèz گچمز a. T. sans débit (marchandise) ; fausse (monnaie).

Gĕčmich گچمش p. p. T. passé, écoulé ; s. souvenir d'hostilité entre deux ou plusieurs individus qui se sont querellés autrefois ; *gĕčmich ola*, formule de compliment qu'on adresse à un malade qui se porte mieux ou à une personne qui a évité un danger, un malheur.

Gĕdavil جداول s. A. pl. de *ğĕdvèl*, tables de calcul ; ruisseaux, rigoles.

Ğĕddè جدة s. A. grand'mère.

Ğĕdèl جدل s. A. dispute, altercation, querelle, débat.

Gĕdichmèk كدشمك T. démanger.

Gĕdid جديد a. A. nouveau, moderne.

Gĕdik كديك s. T. brèche, fente, crevasse ; manque, défaut ; patente ; espèce de contrat d'arrentement perpétuel d'une maison, d'une boutique, d'un magasin ou de tout autre immeuble, moyennant lequel contrat, celui qui a arrenté le dit bien, et payé une fois le prix du contrat, ne peut plus être dépossédé, ni lui ni ses héritiers, et n'est tenu qu'à acquitter chaque année une certaine redevance fixée par le même contrat ; il peut même céder son droit de jouissance en faisant passer cet acte sur le nouvel acquéreur avec l'assentiment du propriétaire du bien ; a. brèche-dent.

Gĕdilmèk كدلمك T. être creusé, coupé, ébréché ; vn. démanger.

Gĕdmèk كدمك T. ébrécher.

Ğĕdvèl جدول s. A. au pl. *ğĕdavil*, table de calcul ; règle (pour tracer) ; ruisseau, rigole.

Ğĕfa جفا s. A. vexation, douleur ; tourment ; *ğèfa čĕkmèk*, être molesté ; souffrir ; endurer des peines ; *ğèfa ètmèk*, vexer, molester.

Ğèfakèch جفاكش a. P. qui endure des peines, des tourments.

Ğèfakiar جفاكار s. a. P. tyran ; injuste, impitoyable.

Gĕğ گچ ad. T. tard, tardivement ; a. tardif ; *gèğ vaket*, vers le tard ; *gèğ kalmak*, tarder ; *rabbim gèğinděn vèrsin*, que Dieu retarde la mort ; qu'il accorde une longue vie (souhait) ; *gèğ olsoun guğ olmassen*, mieux vaut tard que jamais (difficilement) (prov.).

Gèğè كچه s. T., *lèyl*, A., *chèb*. P. nuit ; ad. à minuit ; *gèğè gunduz*, nuit et jour ; *gèğèlèyin*, de nuit, nuitamment ; *gėğė gunduz bir*, équinoxe ; *gėğė yaresse*, minuit ; *gėğė-kouchou*, chauve-souris, chouette ; fig. personne qui ne dort pas la nuit.

Gėğèlèmèk كجه المك T. passer la nuit ; loger pendant la nuit ; se faire nuit.

Gėğèlèyin كجه لين ad. T. pendant la nuit.

Gėğèli كجه لى a. T. de nuit, s'emploie avec le mot *gunduzlu*, de jour ; *gėğèli gunduzlu chagird*, élève interne, pensionnaire ; *gėğèli gunduzlu mèktèb*, pensionnat.

Gėğèlik كجه لك s.T. l'espace d'une nuit ; propre à la nuit ; bonnet de nuit, robe de nuit ; *gėğèlik èntari*, robe de chambre.

Gėğè ol. كجه اولمق T. se faire nuit, se faire ou être tard.

Gėğè-sèfa كجه صفا s. T. belle-de-nuit (fleur).

Gėğik كجك s. T. chatouillement.

Gėğikmè كجكمه s. T. action de tarder.

Gėğikmèk كجكمك T. re-tarder, tarder, être en retard ; s'attarder.

Gėğiktirmè كجكدرمه s. T. temporisation.

Gėğiktirmèk كجكدرمك T. retarder, attarder, surseoir, temporiser ; causatif de *gėğikmèk*.

Gèhalèt جهالت s.A. ignorance.

Gèhd جهد s. A. (*ğaht*, T. vulg.), effort ; *ğèhd ètmèk*, s'efforcer, tâcher.

Gèhd ilè جهد ايله ad. T. avec effort.

Gèhèlè جهله s. A. pl. de *ğahil*, les ignorants.

Gèhènnèm جهنم s. A. enfer ; puits très profond ; a. (comme mot T.), très chaud ; *ğèhènnèm kutuyu*, homme impie, maudit, exécrable, digne de l'enfer, m. à m. bûche de l'enfer ; *kara-ğèhènnèm*, ancien nom d'un quartier de Péra lequel s'appelle à présent *tarla-bache* ; *haydè ğèhènnèm ol*, va-t-en.

Gèhènnèmi جهنمى a. A. infernal.

Gèhènnèmlik جهنملك s.T.

foyer d'un bain turc ; a. infernal ; qui mérite l'enfer.

Ġèhènnèmlik ol. جهنملك اولق T. mériter l'enfer.

Ġèhèz جهاز جهبز s. T. vulg. v. *ǧihaz*.

Ġèhèzlèmèk جهبزلمك T. doter.

Ġèhl جهل s. A., *nadani*, P. ignorance.

Ġèhr جهر s. A. notoriété, publicité; action de parler haut et clair.

Ġèhrè جهره s. A. publicité, notoriété.

Ġèhrèn جهرا ad. A., *achikiarè*, P. notoirement, publiquement, clairement, ouvertement ; en public ; *sèrrèn vè ġèhrèn*, en secret et en public.

Ġèhrètèn جهرةً ad. A. en public, publiquement, ouvertement, clairement.

Ġek جك (*ǧik*), partic. T. qui se place à la fin des mots pour en faire des diminutifs ; *ana-ǧek*, petite mère ; *èl-ǧik*, petite main.

Ġèladèt جلادت s. A. bravoure, intrépidité.

Ġèlal جلال s. A. (*ǧèlalèt*), grandeur, majesté, gloire.

Ġèlalèt جلالت a. A. v. le précédent.

Ġèlali جلالى s. T. rebelle, bandit.

Ġèlassin جلاسين s. T. personne grosse, énorme et brave ; héros.

Ġèlb جلب s. A. action d'attirer, de faire venir, de faire comparaître en justice, de procurer ; attraction, acquisition ; *ǧèlb ètmèk*, attirer, faire venir, faire comparaître en justice ; procurer, gagner ; *tarafèyni ǧèlb ètmèk*, faire comparaître les parties ; *kouloubi 'ammèyi ǧèlb ètmèk*, gagner les cœurs, l'amitié générale.

Ġelbour جلبور s. T. courroie de la bride.

Ġèlè كله ad. T. s'emploie répété ou accompagné d'un autre mot ; *gèlè gèlè*, peu à peu ; *gèlè gèlè bourayadak gèldik*, peu à peu nous sommes arrivés jusqu'ici ; *rast gèlè*, par hasard.

Ġèlèb جلب s. T. conducteur de troupeaux de moutons.

Gèlèğèk كلجك s. T. avenir; a. futur, prochain; il est proprement le futur de *gèlmèk*; *gèlèğèk hafta*, la semaine prochaine.

Gelek جلق a. T. gâté (œuf); fig. qui ne réussit pas, qui avorte; *ğelek čekmak*, avorter.

Gèlèn كلن p. pr. T. de *gèlmèk*, qui vient, qui arrive.

Gèlf جلف s. A. action de peler.

Gèli جلى a. A. clair, évident.

Gèlibolou كليبولى n. p. T. Gallipoli, ville de la Turquie sur la rive européenne de l'Hellespont.

Gèlich كش s. T. venue, arrivée, avènement; allure, circonstance, hasard; *gèlichi guzèl*, négligemment, au hasard. On forme quelquefois le pluriel de ce mot par l'addition de la particule *at*, qui est la marque caractéristique du féminin pluriel régulier arabe, et l'on dit *gèlichat*, circonstances, indices, dispositions. On ajoute également la même particule au singulier T. *čiftlik* (ferme) pour désigner tout particulièrement les fermes de Sa M. le Sultan; *čiftlikiati humayoun*, les fermes impériales. C'est une faute grammaticale consacrée par l'usage.

Gèlichmèk كشمك T. s'améliorer; grandir; s'engraisser.

Gèlid جليد a. A. dur, ferme; brave, courageux; d. de *ğèladèt*.

Gèliği كجى s. T. celui qui vient ou arrive.

Gèlil جليل a. A. grand; glorieux, illustre; superbe, sublime; *ğèlil ul-kadr*, d'un rang élevé; d. de *ğèlalèt*.

Gèlin كلين s. T. épouse, nouvelle-mariée; belle-fille; bru; *gèlin guvèyi*, les époux.

Gèlinğè كنجه gérondif T. de *gèlmèk*, dès qu'il vient; ad. quant à; *bou maddèyè gèlinğè*, quant à cette affaire; quant à cet article.

Gèlinğik كنجك s. T. belette; *gèlinǵik čičèyi*, coquelicot, pavot rouge (fleur).

Gèlinlik كلنلك s. T. état de nouvelle-mariée; *gèlinlik kez*, vierge nubile.

Gèlinmèk كلنمك T. passif de *gèlmèk*, venir, arriver, revenir (sujet indét.); *bir čèryèkdè gidilip gèlinir*, en un quart d'heure on peut aller et revenir.

Gèlir كلر s. T. rente, revenu; 3ᵉ pers. du sing. du prés. de l'ind. de *gèlmèk*, il vient.

Gèlis جليس s. a. A. compagnon, camarade; qui s'assied; d. de *ǵulous*.

Gèllad جلّاد s. A. bourreau, exécuteur.

Gèlladlek جلّادلق s.T. métier de bourreau.

Gèlmè كلمه s. T. action de venir, d'arriver; la venue, l'arrivée; a. venu, arrivé, parvenu; *hezmètkiarlekdan gèlmè*, un domestique parvenu.

Gèlmèk كلمك T. venir, arriver; revenir, retourner; convenir; *hoch gèlmèk*, être agréable; être le bienvenu; *hoch gèldiñ* ou *safa gèldiñ*, soyez le bienvenu; *rast gèlmèk*, rencontrer; *èldèn gèlmèk*, être possible, pouvoir se faire; *èlè gèlmèk*, tomber en main, se présenter (l'occasion); *yakèn gèlmèk*, s'approcher; *karche gèlmèk*, résister, s'opposer, faire face; *chimdi gèlir*, il va venir; *chimdi gèldi*, il vient d'arriver; *vapor gèldimi*, le vapeur est-il arrivé? *èliñdèn gèlir*, il est en ton pouvoir, tu peux le faire; *ichè gèlmèk*, être bon à quelque chose; *hakkendan gèlmèk*, punir; dompter.

Gèlmiǵ كلمج s. T. arête de grand poisson.

Gèm كم s. T. rêne, frein, bride; mors; *gèm vourmak*, mettre le frein à un cheval; *gèm almaz*, indomptable.

Ǵèm جم n.p.P. nom d'un très ancien roi de Perse.

Ǵèm' جمع s. A. au pl. *ǵumou'*, pluriel (gramm); action de réunir, de ramasser; addition; *ǵèm'i sahih* ou *salim*, pluriel régulier; *ǵèm'i mukèssèr*, pluriel irrégulier; *ǵèm' ètmèk*, rassembler, réunir, assembler, convoquer ; compiler, additionner ; *mal ǧèm' ètmèk*, amasser des richesses ; *'askèr ǧèm' ètmèk*, rassembler des soldats ; *ǧèm' olmak*, être rassemblé, réuni ; se rassembler.

Ǧèma'at جاعت s.A. réunion ; assemblée, communauté, foule, multitude.

Ǧèmad جاد s. A. au pl. *ǧèmadat*, corps fossile; tout être inanimé et appartenant au troisième règne de la nature.

Ǧèmahir جاهير s. A. pl. de *ǧumhour*, républiques ; états républicains.

Ǧèmal جال s. A. beauté, grâce ; en T. us. *guzèllik*, beauté.

Ǧèman جم ad. A. totalement ; en tout.

Ǧèmazi ul-aḫer جاذى الاخر sixième mois lunaire arabe.

Ǧèmazi ul-èvvèl جاذى الاول cinquième mois lunaire arabe.

Ǧembez جبز s. T. pincettes pour arracher le poil; *macha*, pincettes pour arranger le feu.

Ǧèmèl جمل s. A. au pl. *èǧmal*, chameau ; en T. us. *dèvè*.

Ǧèmi' جمع a. A. tout, tous ; *ǧèmi'i zèmanda*, en tout temps.

Ǧèmi گمی s. T. vaisseau, navire ; *ǧènk gèmissi*, vaisseau de guerre ; *tuǧǧar gèmissi*, navire marchand ; *yèlkèn gèmissi*, voile, navire à voile ; *gèmi dirèyi*, mât ; *gèminiñ kèčè*, la poupe ; *gèminiñ bach tarafe*, la proue, l'avant du navire ; *gèmi oñourghasse*, la quille ; *gèmi dè top mazghale*, le sabord ; *gèminiñ sagh tarafe, poǧa*, le tribord ; *gèminiñ sol tarafe, orsa*, le bâbord ; *gèmi halatlare vè iplèri*, les câbles et les cordages ; *gèmi yuku*, la cargaison ; *gèmiyè yuklètmè*, l'embarquement ; *gèmidèn čekarma*, le débarquement ; *čark gèmissi*, vapor, bateau à vapeur ; *gèminiñ rèyisi*, le capitaine du vaisseau ; *gèmiyè girmèk* ou *binmèk*, s'embarquer ; *gèmiyi yuklètmèk*, charger le vaisseau ; *gèmiyè yuklètmèk*, embarquer ; *gèmi paralanmak*, faire naufrage ;

ǧèmi 'askèri, soldats de marine ; ǧèmi salentesse, roulis.

Ǧèmiǧi كمیجی s. T. marin, matelot.

Ǧèmiǧilik كمیجیلك s. T. marine ; navigation ; art de la navigation ; état et condition de marin ; ǧèmiǧiliyè dayir, nautique.

Ǧèmil جمیل a. A. beau, joli ; au fém. ǧèmilè ; d. de ǧèmal ; èvsafi ǧèmilè, belles qualités de l'âme.

Ǧèmiriǧi كمیریجی s.T. rongeur.

Ǧèmirmèk كمرمك T. ronger.

Ǧèmi'yèt جمعیت s.A. réunion, assemblée ; société ; fête, noces ; 'askèr ǧèmi'yèti, réunion de troupes.

Ǧèmi'yèt-giah جمعیت گاه s. P. lieu de réunion ; c. de ǧèmi'yèt et de giah.

Ǧèmi-yuku كمی یوكی s.T., houmoulè, A. cargaison.

Ǧèmlèmèk كملمك T. (ǧèm vourmak), brider, mettre la bride ; d. de ǧèm.

Ǧèm'lèndirmèk جمعلندرمك T. former le pluriel, rendre pluriel (gramm.).

Ǧèm'lènmèk جمعلنمك T. devenir pluriel (gramm.).

Ǧèmm جم s. A. multitude.

Ǧèmrinmèk كرنمك T. être rongé ; passif de ǧèmirmèk ; vn. mordre le mors.

Ǧènab جناب s. A. cour, station, poste, habitation ; rang, dignité ; titre d'honneur ; ǧènabi hakk, Dieu ; 'ali ǧènab, magnanime.

Ǧènan جنان s. A. cœur, âme, esprit ; en T. us. yurèk, cœur ; ǧan, âme ; rouh, esprit.

Ǧènanè جنانه s. P. cœur.

Ǧènazè جنازه s. A. cadavre ; restes mortels ; ǧènazè alaye, obsèques, funérailles ; convoi.

Ǧenbez جنبز s. T. pincette pour arracher les poils.

Ǧèndèrè جندره s. du G. pressoir, presse ; défilé très étroit.

Ǧèndi كندی pron. T. v. kèndi.

Ǧèndum كندم s. P., henta, A., boughday, T. blé.

Ǧènè كنه s. T. (kènè), ti-

21

que, insecte qui s'attache aux chiens.

Gèněviz جنوير s. a. T. (ǵiniviz), Génois.

Gèng̑ کنج s. a. T., ǵivan, P., chabb, A. jeune homme ; jeune, frais ; gèng̑ kez, jeune fille.

Gèng̑ گنج s. P. trésor ; richesses enfouies sous terre.

Gèng جنك s. P. (g̑enk, T. vulg.), harb, A. guerre, combat.

Gèng-azmoudè جنك ازموده a. s. P. aguerri ; vieux soldat.

Gèngi جنكى s. P. homme de guerre, guerrier ; il ne faut pas le confondre avec čèngi, P. danseur, baladin.

Gèngiavèr جنكاور s. a. P. guerrier ; brave.

Gènglèchmèk جنكشمك T. se battre, se disputer, se quereller ; combattre.

Gèng̑lèmèk کنجلمك T. devenir jeune, rajeunir.

Gèng̑lik کنجلك s. T., chèbabèt, A. jeunesse.

Gèng̑vèr کنجور s.P.(p.u.), hazinèdar, trésorier.

Geñich گنيش a. T. (gènich), ample, large, vaste, spacieux, aisé.

Geñichlèmèk گنيشلمك T. v. gèñichlènmèk.

Geñichlènmè گنيشلنمه s. T. action de s'élargir.

Geñichlènmèk گنيشلنمك T. s'élargir, se dilater ; être élargi, dilaté ; devenir large, plus aisé.

Geñichlètmèk گنيشلتمك T. élargir, dilater ; rendre ample, large.

Geñichlik گنيشلك s. T. largeur, ampleur, étendue, espace ; aise, aisance.

Gènin جنين s. A. embryon, fœtus.

Gènk جنك s. T. (g̑èng, P.), guerre, combat ; g̑ènk ètmèk, faire la guerre, combattre, guerroyer.

Gènkg̑i جنكجى s.T. guerrier, combattant.

Gènklèchmèk جنكلشمك T. se battre, combattre, se disputer, se quereller.

Gènnat جنات s. A. pl. de g̑ènnèt, paradis ; jardins.

Gènnèt جنت s. A. au pl.

ǧĕnnat ou ǧinan, jardin, jardin du paradis ; paradis ; ǧĕnnèt mèkian, qui a le paradis pour demeure ; il ne faut pas le confondre avec ǧinnèt, folie, démence.

Ǧĕnnèti 'adèn جنت عدن s. A. paradis terrestre ; Eden.

Ǧĕnnètlik جنتلك s. T. pieux, digne du Paradis.

Ǧĕnoub جنوب s. A. sud.

Ǧĕnoubi جنوبي s. A. du sud, austral, méridional, du midi.

Ǧĕraèt جرأت s. A. courage, hardiesse, audace ; ǧĕraèt ètmèk, oser, se permettre.

Ǧĕrahat جراحت s. A. plaie, blessure ; pus.

Ǧĕrayèt جرايت s. A. jeunesse, fraîcheur de la jeunesse ; beauté féminine ; charge de procureur.

Ǧĕrayid جرائد s. A. pl. de ǧĕridè, livres, volumes, catalogues ; journaux.

Ǧĕrayim جرائم s. A. pl. de ǧĕrimè, fautes, délits, péchés; amendes.

Ǧĕrayir جرائر s. A. pl. de ǧĕrirè, péchés, délits, crimes.

Ǧĕrb جرب s. A. gale.

Ǧĕrb جرب a. P. gras.

Ǧĕrbèzè جربزه s. A. ruse ; faculté de tromper et de parler avec éloquence.

Ǧĕrbèzèli جربزلی a. T. qui a la faculté de persuader, de tromper par son éloquence.

Ǧĕrčĕk کرچك s. T. vérité, le vrai ; ad. véritablement, en vérité ; vraiment; a. vrai, véritable, véridique ; ǧĕrčĕk sin, tu as raison ; ǧĕrčĕk sĕuylèmèk, dire ou confesser la vérité ; ǧĕrčĕk čekmak, se vérifier; ǧĕrčĕkdèn, vrai, en vérité ; ǧĕrčĕk mi, est-il vrai ?

Ǧĕrčĕkdèn کرچكدن ad. T. en effet, réellement, véritablement.

Ǧĕrčĕklènmèk کرچكلنمك T. se vérifier, s'affermir.

Ǧĕrči کرچه conj. P. quoique.

Ǧĕrdan کردان a. P. tournant ou qui fait tourner.

Ǧĕrdan کردان s. T. (ǧĕrdèn, P.), cou.

Gèrdanlek كردانلق s. T. collier.

Gèrdèl كردل s. T. espèce de seau large et bas.

Gèrdèn كردن s. P. (gèrdan, vulg.), cou ; gèrdèn-bènd, collier ; gèrdèn-firaz, a. qui dresse le cou ; fier.

Gèrdèn-firaz كردنفراز a. P. qui élève le cou ; fier, hautain.

Gèrdèn-kèch كردنكش a. P. orgueilleux, désobéissant, rebelle.

Gèrdirmèk كردیرمك T. faire tendre.

Gèrdoun كردون s. P. ciel, sphère céleste.

Gèrdounè كردونه s. P. char, chariot.

Gèrdoun-iktidar كردون اقتدار a. P. qui a une très haute puissance.

Gèrèk كرك a. T. urgent, nécessaire ; s. besoin, nécessité ; verbe impers. il faut ; *insan ich bachenda gèrèk dir*, il faut que l'homme se trouve à la tête d'une affaire ; *bizè nè gèrèk*, que nous importe ? *nèmè gèrèk*, que m'importe ? *gè-rèyi gibi*, comme il faut, comme il est nécessaire ; conj. soit ; *gèrèk biri gèrèk obiri*, soit l'un soit l'autre ; *gèrèk maddi gèrèk ma'nèvi*, soit matériel soit spirituel.

Gèrèkmèk كركمك T. impers. falloir.

Gèrèmè جریمه s. T. vulg. (*gèrimè*, A.), amende.

Gèrèyan جریان s. A. action de couler, de courir ; cours, écoulement ; *gèrèyan ètmèk*, couler.

Gèrgèf كركف s. T. d. de *kiar-giah*, P. métier à broder.

Gerğer جرجر s. T. bourdonnement ; fig. jaserie.

Gerğer-beuğèyi جرجر بوجكى s. T. grillon.

Gèrgin كركين a. T. tendu.

Gèrginlik كركينلك s. T. tension.

Gèrh جرح s. A. [au pl. *eğrah*, action de blesser ; blessure, plaie ; réfutation ; *gèrh ètmèk*, blesser, réfuter.

Gèri كرو ad. prép. T. derrière, en arrière, après ; s. arrière, derrière ; a. arriéré ; *gèridèn*, par derrière ; *gèri gèri*, à reculons ; *chimdèn gèri*, désormais ; *gèri deunmèk*, retourner ; *gèri kalmak*, rester en arrière ; *gèri atmak*, repousser ; *gèri gitmèk*, reculer ; *gèri gèri gitmèk*, aller à reculons ; *gèri vèrmèk*, rendre ; *gèrissini almak*, achever, terminer ; *gèri deunmèz*, irrévocable.

Gèri جرى a. A. (p. u.), hardi, courageux ; d. de *gèraèt*.

Gèrid جريد s. A. v. *jirid*.

Gèridè جريده s. A. au pl. *gèrayid*, journal, livre, catalogue, archives.

Gèrilèmèk كريلمك T. reculer, rétrograder.

Gèrilètmèk كريلتمك T. faire reculer, repousser.

Gèrilmè كرلمه s. T. tension.

Gèrilmèk كرلمك T. se tendre, être tendu.

Gèrilmich كرلمش p. p. T. tendu, tiré.

Gèrim جرم a. A. pécheur, coupable ; d. de *jurm*.

Gèrmè جرمه s. A. au pl. *gèrayim*, délit, faute, crime, péché ; amende.

Gèrinmèk كرنمك T. avoir des convulsions par l'effet du spasme.

Gèrirè جريره s. A. au pl. *gèrayir*, péché, crime, délit.

Gèrissin-gèri كيرو سين كيرو ad. T. à reculons.

Gèriz كريز s. T. vulg. (*kiariz*, P.), égout.

Gèrmabè كرمابه s. P. bain chaud ; en T. us. *hamam*.

Gèrmèk كرمك T. tendre, tirer.

Gèrmichik كرمشيك s. T. cornouiller sauvage.

Gèrr جر s. A. traction, action de tirer ; génitif ou datif (gramm. A.) ; *gèrri miah*, hydrostatique.

Gèrrah جراح s. A. chirurgien.

Gèrrahi جراحى a. A. chirurgical.

Gèrrahlek جراحلق s. T. chirurgie, profession de chirurgien.

Gèrrar جرار p. pr. s. A. qui traîne, qui tire à soi ou avec soi ; mendiant ;

d. de ğèrr; ğèrrari keuğè bazar, mendiant des rues et des marchés.

Ğèrrarlek جراراق s. T. mendicité.

Ğertlak جرتلاق s. a. T. fanfaron.

Ğèssamèt جسامت s. A. corpulence; importance.

Ğèssamètli جسامتلى a. T. corpulent, important.

Ğèssarèt جسارت s. A. hardiesse, audace, courage; valeur; ğèssarèt ètmèk, oser, montrer de la hardiesse, de l'audace.

Ğèssarèt ilè جسارت ايله ad. T. hardiment, audacieusement, courageusement; avec hardiesse.

Ğèssarètli جسارتلى a. T. hardi, audacieux, courageux.

Ğèssèd جسد s. A. au pl. èğsad, corps (humain ou animal).

Ğèssèdi جسدى a. A. corporel.

Ğèssim جسم a. A. grand, gros, volumineux, considérable, important; d. de ğism.

Ğèssour جسور a. A. hardi, audacieux, courageux, vaillant, valeureux; d. de ğèssarèt.

Ğèssourlouk جسورلق s. T. courage, valeur, hardiesse, bravoure.

Ğèstè جسته s. P. partie, portion; ğèstè ğèstè, peu à peu, à différentes reprises.

Gètirich كتيرش s. T. action de porter, d'apporter.

Gètirilmèk كتورلمك T. être apporté, amené; passif dè gètirmèk.

Gètirilmich كتورلمش p. p. T. apporté, amené, porté.

Gètirmè كتورمه s. T. action d'apporter.

Gètirmèk كتورمك T. porter, apporter, amener; èlè gètirmèk, se rendre maître, obtenir; imana gètirmèk, convertir à la foi.

Gètirtmèk كتورتمك T. faire apporter, faire amener; faire venir.

Geubèk كوبك s. T. nombril, ombilic; cœur d'un fruit, centre, milieu.

Geuŭ كوچ s. T. déménagement, délogement, transmigration; changement de logement, de demeure, de maison; décampement; *geuŭ ĕlmĕk*, déménager, déloger, décamper.

Geuŭèbè كوچه به s. T. nomade, tribu nomade.

Geuŭèn كوچن s. T. v. *geuŭgèn*.

Geuŭèr كوچر a. T. ambulant.

Geuŭgèn كوچكن s. T. (*geuŭèn*), petit de lièvre; sorte de fouine.

Geuŭmè كوچمه s. T. émigration, délogement, déménagement.

Geuŭmèk كوچمك T. déménager, déloger, décamper.

Geudèn كودن s. T. saucisson; côlon (gros intestin).

Geugdè كوكده s. T. (*geuvdè*), *tèn*, P., *vuĝoud*, A. corps, tronc du corps; *geugdèyè atmak*, avaler.

Geugdèli كوكدلى او كودلى a. T. (*geuvdèli*), *mulèhham*, A. corpulent, gras et gros.

Geugus كوكس s. T. (*geuyus*), *sinè*, P., *sadr*, A. poitrine; sein, poitrail; *tavouk geugsu*, sorte de douceur faite de lait et de filaments de la chair de poule.

Geuk كوك s.T., *sèma*, A., *assuman*, P. ciel; *geuk mavi*, bleu de ciel, azur, bleu-azuré; *geukĝè aghaĝ*, saule (arbre); *geum geuk*, tout azur; *geuyè ŭekxrmak*, faire monter au ciel, c.-à-d. louer trop; *geuk gurlèmèk*, tonner; *geuk gurlèmèssi*, tonnerre; *geuydè ararkèn yèrdè boulmak*, avoir la chance d'obtenir une chose désirée sans peine au moment où l'on s'y attend le moins.

Geuk-yakout كوك ياقوت s. T. saphir (pierre précieuse).

Geul كول s. T. étang; mare.

Geulgè كولكه s. T. (*keulgè*), ombre, ombrage; *bou aghaĝlar guzèl geulgè vèriyorlar*, ces arbres font une belle ombre.

Geulgè èt. كولكه اتك T. (*geulgèlèndirmèk*), ombrager, faire de l'ombre ; donner de l'ombre.

Geulgèlèndirmèk كولگه لندرمك T. v. *geulgè èt*.

Geulgèlènmèk كولگه لنمك T. jouir de l'ombre, être assis à l'ombre ; se reposer sous l'ombre.

Geulgèli كولگه لى a. T. ombragé, ombreux, couvert d'ombre.

Geulgèlik كولگه لك s. T. ombrage, lieu ombragé.

Geumèrd جومرد a. T. v. *ǧumèrd*.

Geumlèk كوملك s. T. chemise.

Geummè كومه s. T. inhumation, enterrement ; ensevelissement.

Geummèk كومك T. inhumer, enterrer, ensevelir.

Geumruk كومروك s. T. (*gumruk*), douane ; *geumruk èmini*, *geumrukǧu bache*, intendant de la douane ; *geumruk rèsmi*, droit de douane ; *geumruk rèsmini vèrmèk*, payer la douane ; *geumrukdèn mal kačeran*, contrebandier ; *geumrukdèn mal kačerma*, contrebande.

Geumrukǧu- كومروكجى s. T. douanier.

Geumuǧu كوميجى s. T. celui qui enterre.

Geumulmèk كوملمك T. s'ensevelir ; s'enfoncer ; être enseveli, inhumé, enterré ; passif de *geummèk*; *geumulmuch*, enterré, enseveli, inhumé.

Geun كون s. T. cuir, peau tannée.

Geundèriǧi كوندريجى s. T. expéditionnaire.

Geundèrilmèk كوندرلمك T. être envoyé, expédié.

Geundèrilmicch كوندرلمش p. p. T. envoyé, expédié.

Geundèrmè كوندرمه s. T. envoi, action d'envoyer, d'expédier.

Geundèrmèk كوندرمك T. envoyer, expédier.

Geuñul كوكل s. T. cœur ; fig. courage, volonté, affection, amour, attachement ; fierté; consentement ; *geuñlu olmak*, consentir ; *geuñlunu ètmèk*, contenter, persuader ; faire consentir ; *geuñul yapmak*, consoler ;

geuñlunu hoch ou *razi ètmèk*, contenter, satisfaire ; *geuñul kermak*, fâcher ; blesser, briser le cœur ; contrarier ; *geuñul kerelmak* ou *kalmak*, se fâcher ; *geuñul almak*, se concilier le cœur ; *geuñul vèrmèk*, aimer, s'attacher à ; *geuñuldèn vèrmèk*, donner de tout son cœur ; *geuñuldèn kopmak*, donner volontairement ; *kèndi geuñluwidèn guvèyi olmak*, se faire illusion, m. à m. devenir époux de son propre gré ; *geuñul ačelmak*, se réjouir ; *geuñul darleghe*, serrement de cœur ; *geuñul ačekleghe* ou *fèrahleghe*, réjouissance, gaieté, belle-humeur ; *geuñul hochloughou*, consentement ; *geuñul èylèngèssi*, plaisir ; *gan* ou *geuñuldèn*, cordialement.

Geuñuldèn كوكلدن ad. T., *mèmnounèn*, A. volontiers ; de bon cœur.

Geuñullu كوكللى a. T. doué de courage, de volonté ; *geuñullu 'askèr*, volontaire (soldat).

Geuñulsuz كوكلسز a. T. qui se fait à contre cœur ; facile, accessible ; modeste, humble.

Geuñulsuzluk كوكلسزلك s. T. manque de courage, de volonté, d'énergie, de fierté ; modestie.

Geurdurmèk كوردرمك T. faire voir ; faire exécuter.

Geurè كوره T. 3e pers. du sing. du subjonctif présent de *geurmèk*, qu'il voie ; *geuz geurè*, ouvertement ; devant les yeux.

Geurè كوره prép. T. selon, suivant, à proportion de ; d'après, quant à ; ad. conformément ; *iktizassena geurè*, selon l'exigence du cas ; *baña geurè hava hoch*, pour moi cela m'est égal ; *sizè geurè vèsvèssè èdèğèk nè var*, quant à vous, vous n'avez pas lieu de vous en inquiéter.

Geurèk كورك s. T. vue, aspect.

Geurènèk كورنك s. T. usage, coutume ; expérience.

Geurgu كورکو s. T., *azmayich*, P., *tèğribè*, A. expérience.

Geurgussuz كورکوسز a. T. inexpérimenté, sans expérience.

Geurmè كورمه s. T. vue, action de voir ; a. qui a vu ; *bou adam soñradan geurmè dir*, cet homme est un parvenu.

Geurmègè كورمه‌جه ad. T. à condition de voir (en parlant d'une vente, d'un achat).

Geurmèk كورمك T. voir, s'apercevoir, éprouver, rencontrer, découvrir, trouver, subir, juger, visiter ; *čok geurmèk*, envier ; *duch* ou *rouya geurmèk*, voir en songe ; rêver ; *èyilik geurmèk*, recevoir des bienfaits ; *kèmlik geurmèk*, recevoir du mal ; *gun geurmèk*, recevoir de la lumière, fig. passer la vie dans l'opulence ; *gun geurmuch adam*, homme qui a été autrefois riche et heureux ; déchu ; *hasta geurmèk*, visiter le malade ; *hoch geurmèk*, laisser faire ; *ich geurmèk*, faire des affaires, travailler ; *geurèyim sèni*, je te verrai (sous-entendu) si tu accomplis ce que tu promets (formule d'encouragement).

Geurmèklik كورمكلك s. T. action de voir.

Geurmèmèzlik كورمامزلك s. T. v. *geurmèzlik*.

Geurmèz كورمز a. T. qui ne voit pas ; aveugle ; *gun geurmèz*, sombre.

Geurmèzlik كورمزلك s. T. (*geurmèmèzlik*), action de faire semblant de ne pas voir ; *geurmèzlikdèn gèlmèk*, faire semblant de ne pas voir.

Geuruch كورش s. T. vue ; vision ; action de voir ; *bir geuruchdè*, dans une œillade.

Geuruchmè كورشمه s. T., *mulakat*, A. entrevue ; rencontre, pourparler, entretien.

Geuruchmèk كورشمك T. se voir, se revoir ; se rencontrer, s'entretenir ; faire connaissance ; *yinè geuruchuruz*, nous nous verrons de nouveau.

Geuruchturmèk كورشدرمك T. intervenir entre deux personnes pour qu'elles se voient ou se parlent ; faire faire la connaissance de ; présenter.

Geuruğu كوريجى a.s.T., *bina*, P. qui voit, observateur ; voyant.

Geurulmèk كورلمك T. être vu, exécuté (en parlant d'une affaire).

Geurum كوروم s. T. action de voir ; *yuz geurumu*, cadeau du mari à la nouvelle-mariée le jour des noces.

Geurumgè كورومجه s. T. belle-sœur, sœur du mari.

Geurumluk كوروملك s. T. v. *yuz geurumu*, dans *geurum*.

Geurunèn كورينان p. pr. T. qui se fait voir ; a. visible, apparent, manifeste ; qui est vu ; *geurunèn keuyè kelavouz istèmèz*, pour aller dans un village qu'on voit, il n'est pas nécessaire de guide (prov.), signifie : une chose manifeste n'a pas besoin de preuve.

Geurunmè كورنمه s. T. apparition.

Geurunmèk كورنمك T. se montrer, être vu ; se voir, être visible ; se présenter, apparaître ; sembler.

Geurunmèksizin كورنمكسزن ad. T. invisiblement.

Geurunmèz كورنمز a. T. invisible, qui échappe à la vue ; *geurunmèz olmak*, devenir invisible, ne se faire plus voir.

Geurunuch كورنش s. T. vue, aspect ; apparence.

Geurunuchdè كورنشده ad. T. en apparence.

Geurunur كورينور a. T. visible, apparent.

Geustèrich كوسترش s. T. action de montrer ; apparence, air, manifestation ; faste, ostentation, feinte ; extérieur.

Geustèrichli كوسترشلی a. T. de belle vue, beau à voir, de belle apparence.

Geustèrichsiz كوسترشسز a. T. sans apparence, sans faste ou éclat.

Geustèrilmèk كوستریلمك T. être montré ; passif de *geustèrmèk*.

Geustèrmèk كوسترمك T. montrer, faire voir, indiquer, démontrer, déclarer ; *parmak ilè geustèrmèk*, montrer au doigt ; *yuz geustèrmèk*, se montrer.

Geustèrtmèk كوسترتمك T. faire voir, faire montrer.

Geuturmè كوتورمه كوتورمه s. T. portage.

Geuturmèk كوتورمك - كوتورمك T. porter, emporter, mener, transporter, ramener.

Geuturu كوتورى ad. T. en bloc, en gros, tout à la fois, à forfait; *geuturu almak*, prendre à forfait; *geuturu vèrmèk*, donner à forfait; *geuturu bazarlek*, forfait.

Geuturulur كوتوريلور a. T. portatif, portable, transportable.

Geuvdè كوده s. T. v. *geugdè*.

Geuvdèli كودلى a. T. v. *geugdèli*.

Geuyus كويس s.T. (*geugus*), poitrine; sein, poitrail; *geuyus gèrmèk*, résister; *geuyus 'illèti*, maladie d'un poitrinaire.

Geuyuslèmèk كويسلمك T. résister.

Geuyusluk كويسلك s. T. bavette, armure qui protège la poitrine; poitrail.

Geuz كوز s. T., *'ayn*, A., *didè*, P. œil; source; plateau d'une balance; fig. vigilance, attention, vue; *geuz bèbèyi*, prunelle; *geuz kapaghe*, paupière; *geuz akc*, le blanc de l'œil; *geuz aghressè*, ophtalmie; *aček geuz*, vigilant; vif, diligent; actif; *ač geuzuñu*, prenez garde; faites attention; *geuz ètmèk*, avertir avec les yeux; *iki geuz arassenda*, en un clin d'œil; *geuz dikmèk*, convoiter; *geuz baghegè*, magicien; *geuz ačeklèghe*, vigilance, activité; *geuzu deunmèk*, entrer en fureur; *geuz doymak*, être rassasié, content; *geuz nourou*, lumière des yeux; travail pénible qui fatigue les yeux; *geuz ayden, geuzuñ ayden*, qu'il soit accordé de la lumière à tes yeux (formule de félicitation); *geuzdèn duchmèk* ou *čekmak*, tomber en disgrâce; *geuzè girmèk*, gagner la faveur.

Geuzèdilmèk كوزدلمك T. être vu, observé; gardé.

Geuzèmèk كوزهمك T. broder en double.

Geuzètlèmèk كوزتلمك T. v. le suivant.

Geuzètmèk كوزتمك T. observer, attendre, garder,

surveiller ; avoir soin de ; respecter, avoir des égards pour.

Geuzèttirmèk كوزتدرمك T. faire observer, garder ; faire avoir soin de ; faire surveiller.

Geuz geurè كوز كوره ad. T. visiblement, etc.

Geuzğu كوزجى s. T. observateur, gardien, surveillant, sentinelle ; espion.

Geuz-hèkimi كوز هكيمى s. T., *kèhhal*, A. oculiste.

Geuzlèmè كوزلمه s. T. sorte de pâté.

Geuzlèmèği كوزلمه جى s. T. pâtissier qui fait et vend le pâté (dit *geuzlèmè*).

Geuzlèmèk كوزلمك T. observer, attendre, guetter ; épier.

Geuzlu كوزلى a. T. qui a des yeux, des tiroirs, des compartiments ; *aǧ geuzlu*, qui a les yeux affamés, c.-à-d. avide, gourmand ; *tok geuzlu*, qui n'est pas avide.

Geuzluk كوزلك s. T. lunettes ; *tèk geuzluk*, lorgnon.

Geuzlukğu كوزلكجى s.T. opticien ; celui qui fait ou vend des lunettes.

Geuz-pèrdèssi كوز پرده سى s. T. cataracte (maladie des yeux).

Geuzsuz كوزسز s. T., *keur*, aveugle, sans yeux.

Geuzsuzluk كوزسزلك s. T. cécité ; aveuglement.

Geuzukmèk كوزيكمك T. apparaître, se voir, se faire voir ; se montrer.

Geuzukmèz كوزيكمز a. T. invisible, qui ne se voit pas.

Geuz-yache كوز ياشى s. T. larmes, pleurs.

Gèv جو s. P., *cha'yir*, A., *arpa*, T. orge.

Gèvab جواب s. A. au pl. *èǧvibè*, réponse ; réplique ; *ǧèvabi kat'i*, réponse catégorique ; *ǧèvab vèrmèk*, répondre ; *ǧèvab almak*, recevoir une réponse ; *ǧèvab ètmèk*, répondre, répliquer ; donner une réponse.

Gèvab-namè جوابنامه s. P. lettre de réponse, réponse.

Gèvad جواد a. A. au pl. *ǧuvud* ou *ǧuvèda*, généreux,

libéral ; d. de جود ; en T. us. جومرد.

Gèvahir جواهر s. A. pl. de جوهر, diamants, pierreries, bijoux.

Gèvahirği جواهرجى s. T. bijoutier, joaillier.

Gèvahirğilik جواهرجيلك s. T. bijouterie, joaillerie ; art, commerce de joaillier.

Gèvami' جوامع s. A. pl. de جامع, mosquées.

Gèvamid جوامد s. A. pl. de جامد, corps inorganiques.

Gèvamis جواميس s. A. pl. de جاموس, buffles.

Gèvanib جوانب s. A. pl. de جانب, côtés, parages.

Gèvari جوارى s. A. pl. de جاريه, jeunes filles ; esclaves ; servantes.

Gèvassis جواسيس s. A. pl. de جاسوس, espions.

Gèvaz جواز s. A. état de ce qui est permis et licite ; permission.

Gèvazib جواذب s. A. pl. de جاذبه, attractions, etc.

Gèvchèdilmèk كوشدلمك T. être relâché, ramolli.

Gèvchèk كوشك a.T. mou, mollasse ; relâché ; ramolli, faible, inactif, inerte.

Gèvchèkğè كوشكجه ad. T. mollement, lâchement.

Gèvchèklik كوشكلك s. T. mollesse ; relâchement ; faiblesse ; inactivité ; inertie.

Gèvchèmè كوشمه s.T. relâchement.

Gèvchèmèk كوشمك T. se ramollir, se relâcher, s'affaiblir ; devenir inerte.

Gèvchèn جوشن s. P. espèce de cuirasse.

Gèvchètmèk كوشتمك T. mollifier, relâcher, lâcher, affaiblir, ramollir.

Gèvdèt جودت s. A. pureté, excellence.

Geveldamak جولدامق T. v. ğivildèmèk.

Gèvèzè كوزه a. T., lafazan, babillard, jaseur ; verbeux, bavard.

Gèvèzèlènmèk كوزهلنمك T. verbiager, jaser, babiller, jaboter, bavarder.

Gèvèzèlik كوزهلك s. T., lafazanlek, bavardage, babillage, verbosité ; jaserie ; gèvèzèlik ètmèk, bavarder, jaboter, babiller.

Gèvhèr جوهر s. A. au pl. ǧèvahir, diamant, bijou, pierre précieuse, joyau ; substance, essence, nature.

Gèvhèrè جوهره s. A. gros diamant.

Gèvhèri جوهرى s. A. bijoutier, joaillier ; a. essentiel, substantiel ; qui concerne les joyaux.

Gèvich كويش s. T. (gèvmè), rumination ; d. de gèvmèk.

Gèviz جوز s. T. (ǧèvz, A.), noix ; ǧèviz aghaǧè, noyer : hindistan ǧèvizi, noix muscade ; ǧèviz kaboughou, coquille de noix.

Gèvmè كومه s. T. rumination, action de ruminer.

Gèvmèk كومك s. T. ruminer, ronger, remâcher.

Gèvr جور s. A. injustice, oppression, tyrannie, vexation.

Gèvrèk كيورك s. T. biscuit ; a. fragile.

Gèvv جو s. A. espace entre le ciel et la terre ; ǧèvvi hava, atmosphère.

Gèvvad جواد s. A. pl. de ǧaddè, grandes routes.

Gèvz جوز s. A. (ǧèviz, T. vulg.), noix.

Gèvza جوزا s. A. les Gémeaux (signe du zodiaque).

Gèyb جيب s. A. (ǧèb, T. vulg.), au pl. ǧuyoub, poche ; ǧèybi humayoun, cassette particulière de S. M. le Sultan.

Gèych جيش s. A. au pl. ǧuyouch, armée.

Gèydirmèk كيدرمك T. (giydirmèk), vêtir, revêtir, habiller.

Gèyik كيك s. T. cerf ; ala-gèyik, biche ; gèyik-dili, scolopendre (bot.).

Gèyinmèk كينمك T. (giyinmèk), se vêtir, s'habiller.

Gèyirmè كگرمه s. T. rot.

Gèyirmèk كگرمك T. roter.

Gèylan جيلان s. T. v. ǧèyran.

Gèymèk كيمك T. (giymèk), porter, mettre un habit, etc.

Gèyran جيران s. T. *(ğèylan)*, gazelle.

Gèyrèk كيرك s. T. fausse-côte.

Gèza جزا s. A. punition, châtiment ; *ğèza vèrmèk*, punir, châtier ; *rouzi ğèza*, jour du châtiment, jour du jugement dernier ; *ğèza kanoun-namèssi*, code pénal.

Gèza' جزع s. A. impatience, lamentation ; tristesse, affliction.

Gèzalandermak جزالاندرمق T. châtier, punir.

Gèzalanmak جزالانمق T. être châtié, puni.

Gèzalèt جزالت s. A. intégrité ; grandeur, sagacité.

Gèzayir جزاير s. A. pl. de *ğèzirè*, îles ; n. p. Alger ; 72,000 h. ; *gèzayiri bahri sèfid*, les îles de l'Archipel.

Gèzayirli جزايرلى s. a. T. Algérien.

Gèzb جذب s. A. attraction, action d'attirer ; aspiration ; *ğèzb ou dèf'*, attraction et répulsion ; *ğèzb ètmèk*, attirer, aspirer ; *chèms bouhare ğèzb èdèr*, le soleil attire les vapeurs.

Gèzbat جذبات s. A. pl. de *ğèzbè*, attractions.

Gèzbè جذبه s. A. attraction.

Gezdan جزدان s. T. vulg. v. *ğuzdan*.

Gèzdirmèk كزديرمك T. faire marcher, promener, faire courir, parcourir ; faire voir une place ; causatif de *gèzmèk* ; *gœuz gèzdirmèk*, parcourir des yeux ; *gèzègèk yèr*, lieu ou place pour se promener.

Gezerdamak جزردامق T. faire un bruissement vif en brûlant ; crépiter.

Gèzèrèk كزرك géron. T. en se promenant.

Gèzgin كزكين a. T. *(yèzginği)*, qui a beaucoup voyagé ; qui se trouve partout.

Gèzginği كزكينجى a. T. v. le précédent.

Gèziği كزيجى s. T. celui qui se promène, promeneur ; rôdeur, vagabond.

Gèzil جزيل a. A. nombreux, abondant.

Gèzinmè كزنمه s. T. action de se promener.

Gèzinmèk كزنمك T. se promener.

Gèzinti كزندى s. T. place pour se promener ; corridor.

Gèzirè جزيره s. A. au pl. ğèzayir, île ; presqu'île ; ğèzirèt ul-'arèb, l'Arabie ou la presqu'île de l'Arabie ; en T. us. ada, île.

Gèzm جزم s. A. action de couper, de trancher ; conclusion ; décision définitive ; signe ْ appelé aussi *soukioun*, qui se met, en arabe, au-dessus d'une consonne qui doit être prononcée sans voyelle (v.gramm.); *ğèzm ètmèk*, couper, trancher, décider définitivement.

Gèzmè كزمه s. T. promenade ; action de se promener.

Gèzmèk كزمك T. se promener, marcher, rôder ; voyager, courir ; va. visiter, parcourir ; *chèhiri gèzmèk*, parcourir la ville ; *boch gèzmèk*, ne rien faire, être sans occupation ; *èl ustundè gèzmèk*, être très estimé ; *boch gèzèniñ bach kalfassè*, fainéant de premier ordre.

Gèzr جذر s. A. (p. u.), au pl. *ğuzour*, racine, origine.

Gèzr جزر s. A. reflux de la mer ; *ğèzr u-mèdd*, le flux et le reflux de la mer.

Gèzvè جزوه s. T., *kahvè èbrèghè*, cafetière ; petite aiguière.

Ghabavèt غباوت s. A. imbécillité, stupidité.

Ghabya غابيه s. de l'I. (ou *gabya*), voile de perroquet.

Ghachiyè غاشيه s. A. (*hacha*, T.), housse.

Ghaddar غدار a. A. perfide, traître ; cruel, atroce, tyran ; d. de *ghadr*.

Ghaddarè غداره s. T. sorte d'épée à deux tranchants vers le bout.

Ghaddarlek غدارلق s.T. perfidie, tyrannie ; cruauté, atrocité.

Ghadr غدر s. A. perfidie, trahison ; tyrannie ; dommage, tort ; cruauté, atrocité, injustice ; *ghadr ètmèk*, faire une injustice ; faire subir des dommages, des peines.

Ghaffar غفار p. pr. a. A.

(ghafour), qui pardonne; clément, miséricordieux; l'un des 90 attributs de Dieu dans le *tèsbih ;* d. de *ghoufran, maghfèrèt.*

Ghafil غافل p. pr. a. A. qui agit avec inadvertance; imprudent, inattentif, imprévoyant; d. de *ghaflèt.*

Ghafilanè غافلانه ad. P. imprudemment, avec inadvertance.

Ghafir غافر p. pr. A. qui pardonne (Dieu); d. de *ghoufran, maghfèrèt.*

Ghafir غفير a. A. plusieurs, nombreux; *ǧèmm ul-ghafir,* grande foule.

Ghaflèt غفلت s. A. inadvertance, inattention; *'ala ghaflètin* ou *'alèl ghaflè,* à l'improviste; *ghaflèt ètmèk,* être inattentif.

Ghaflètèn غفلةً ad. A. par mégarde, par inadvertance.

Ghafour غفور a. A. v. *ghaffar.*

Ghagha غاغا s.T. (*gaga*), bec d'oiseau; a. aquilin; *gaga bouroun,* nez aquilin.

Ghaghalamak غاغالامق T. becqueter, donner des coups de bec.

Ghala غلا s. A. cherté; *kaht* ou *ghala,* disette, famine, pénurie.

Ghalat غلط s. A. faute, erreur; *ghalati mèchhour,* barbarisme; *ghalat ètmèk,* parler ou écrire mal une langue; faire des fautes.

Ghalèbè غلبه s. A. victoire, triomphe, trophée, supériorité, prédominance, prépondérance; *ghalèbè čalmak,* remporter la victoire; *ghalèbè ètmèk,* vaincre, surpasser, triompher; prédominer, prévaloir.

Ghalèbèlik غلبه لك s. T. (*kalabalek,* vulg.), multitude, foule; *kalabalek ètmèk,* embarrasser, obstruer.

Ghalèyan غليان s. A. ébullition; *ghalèyani èfkiar,* l'effervescence des esprits.

Ghalib غالب p. pr. a. A. qui vainc; qui surpasse; vainqueur, victorieux; plus fort; d. de *ghalèbè; ghalib olmak,* vaincre, être supérieur.

Ghaliba غالبا ad. A. probablement.

Ghalibanè غالبانه ad. P. en vainqueur.

Ghalibiyèt غالبيت s. A. victoire.

Ghaliyè غاليه s. P. cirette.

Ghaliz غليظ a. A. gros, gras ; grossier, compact (phys.) ; d. de *ghilzat*.

Ghamiz غامض a. A. au pl. *ghavamiz*, obscur, inintelligible.

Ghamm غم s. A. au pl. *ghoumoum*, affliction, chagrin, tristesse; *dèf'i ghamm ètmèk*, se distraire.

Ghammaz غماز s. a. A. délateur, dénonciateur; espion ; médisant ; calomniateur ; d. de *ghamz*.

Ghammazlamak غمازلامق T. dénoncer.

Ghammazlek غمازلق s. T. délation, dénonciation, calomnie, détraction, médisance.

Ghamm-didè غم‌ديده a. P. éprouvé.

Ghamm-har غم‌خوار a. P. affligé, triste.

Ghamm-kin غم‌كين a. P. v. le précédent.

Ghamm-kussar غم‌كسار a. s. P. qui chasse les chagrins ; consolateur ; ami.

Ghamm-nak غم‌ناك a. P. v. *ghamm-har*.

Ghamm-zèdè غم‌زده a. P. chagriné.

Ghamz غمز s. A. dénonciation, accusation; clignotement.

Ghamz غمض s. A. indulgence, tolérance.

Ghamzè غمزه s. A. signe d'intelligence fait avec l'œil ; regard doux et gracieux lancé obliquement.

Ghana غنا s. A. suffisance; richesse.

Ghanayim غنايم s. A. pl. de *ghanimèt*, dépouilles, butin.

Ghanèm غنم s. A. au pl. *aghnam*, mouton; en T. us. *koyoun*.

Ghani غنى a. A. au pl. *aghniya*, riche, opulent ; qui pourvoit à ses besoins sans le secours des autres ; qui se suffit ; comme mot T., abondant ; *ghani ghani*, abondamment ; d. de *ghana*.

Ghanimèt غنيمت s. A. au pl. *ghanayim*, dépouille, butin ; fig. profit inespéré ; aubaine.

Ghar غار s. A. caverne, antre, grotte.

Gharabèt غرابت s. A. originalité, étrangeté.

Gharam غرام s. A. désir, passion.

Gharamè غرامه s.A.(p.u.), dette, obligation, engagement.

Gharayib غرائب s. A. pl. de *gharibè*, choses étranges ; merveilles ; *gharayibi sèb'a*, les 7 merveilles du monde.

Gharaz غرض s. A. (*garèz*, T. vulg.), au pl. *aghraz*, but, intention ; arrière-pensée ; haine, rancune ; malveillance ; *bi-gharaz*, bienveillant ; désintéressé.

Gharazan غرضًا ad. A. avec haine, par malveillance.

Gharazanè غرضانه ad.P. avec haine, avec rancune.

Gharaz ilè غرض ايله ad. T. (*gharazan*, A.), avec haine ; à dessein, de propos délibéré.

Gharaz-kiar غرضكار a.P. rancunier, haineux, vindicatif, qui a des arrière-pensées.

Gharazkiaranè غرضكارانه ad. P. avec haine, avec rancune.

Gharazkiarlek غرضكارلق s. T. haine, rancune ; malveillance.

Gharazsez غرضسز a. T. sans rancune, sans haine, sans passion ; impartial ; ad. impartialement ; avec désintéressement.

Gharb غرب s. A. occident, ouest, couchant ; contrées, pays occidentaux : l'Europe ; *gharb taraboulous*, Tripoli de Barbarie.

Gharbèn غربًا ad. A. de l'ouest, du côté occidental.

Gharbi غربى a. A., *maghrebi*, occidental.

Gharbiyoun غربيون s.A. pl. de *gharbi*, les Occidentaux, les Européens.

Gharèt غارت s. A. excursion, invasion, pillage, dévastation ; *gharèt ètmèk*, piller, dévaster.

Gharèz غرض s. T. v. *gharaz*.

Gharghara غَرْغَرَه s. T. gargarisme ; *gharghara ètmèk*, faire des gargarismes ; se gargariser.

Gharib غريب s. a. A. au pl. *ghourèba*, étranger ; voyageur ; étrange ; merveilleux, surprenant, prodigieux ; excentrique ; curieux ; pauvre ; d. de *ghourbèt*.

Gharibè غريبه s. A. au pl. *gharayib*, prodige, merveille, curiosité.

Ghariblik غريبلك s. T. le séjour en pays étranger ; état d'un étranger, d'un pauvre qui n'a aucun ami.

Gharik غريق a. A. noyé, submergé ; d. de *ghark*.

Gharim غريم s. A. au pl. *ghourèma*, débiteur et créancier ; d. de *gharamè*.

Gharis غارس p. pr. s. A. qui plante ; planteur ; d. de *ghars*.

Gharistan غارستان s. P. endroit caverneux, plein de cavernes ; c. de *ghar* et de *istan*.

Gharizè غريزه s. A. naturel, nature, caractère.

Gharizi غريزى a. A. naturel, inné ; *hararèti ghariziyè*, chaleur naturelle.

Ghark غرق s. A. submersion, naufrage ; *ghark ètmèk*, submerger, noyer, plonger ; couvrir, combler ; *ghark olmak*, faire naufrage, être submergé, noyé ; se noyer ; être comblé de.

Ghark-ab غرقاب s. P. gouffre, abîme.

Gharra غرا a. A. blanc ; brillant, resplendissant ; *toughrayi gharrayi 'osmani*, le brillant chiffre ou monogramme ottoman.

Ghars غرس s. A. plantation.

Ghasb غصب s. A. usurpation, violence ; *ghasb ou gharèt*, pillage ; *ghasb ètmèk*, arracher par force ; usurper.

Ghassib غاصب p. pr. A. qui usurpe ; s. envahisseur, usurpateur ; d. de *ghasb*.

Ghavamiz غوامض s. A. pl. de *ghamiz*, questions confuses, inintelligibles.

Ghavayè غوايه s. A. égarement.

Ghavayib غوائب s. A.

pl. de *ghayibè*, mystères, secrets.

Ghavayil غوائل s. A. pl. de *ghaylè*, malheurs, soucis, maux ; calamités ; embarras.

Ghavgha غوغا s. P. *(kavgha*, T. vulg.*)*, dispute, rixe, querelle; guerre, combat ; *ghavgha ètmèk*, (faire des disputes), se quereller ; faire la guerre, combattre.

Ghavghağe غوغاجی a. T. *(kavghağe, kavgağe*, vulg.*)*, querelleur, qui fait des disputes, des rixes.

Ghavghale غوغالی a. T. *(kavghale*, vulg.*)*, fâché ; qui a rompu ses relations avec quelqu'un.

Ghavi غاوی p. pr. A. qui erre, qui s'égare ; a. corrompu, dépravé ; d. de *ghay*.

Ghavi غوی a. A. égaré.

Ghavir غاور p. pr. A. qui pense profondément ; d. de *ghavr*.

Ghavr غور s. A. profondeur, le fond d'une chose ; réflexion, méditation, pensée.

Ghayat غایات s. A. pl. de *ghayèt*, fins, buts, extrémités.

Ghayb غیب s. A. au pl. *ghouyoub*, absence, invisibilité ; tout ce qui est caché; monde invisible; mystères ; *ghaybdan habèr vèrmèk*, pronostiquer, prédire les choses futures ; *'alèmi ghayb*, le monde invisible.

Ghaybè غیبه s. A. absence, disparition.

Ghaybi غیبی a. A. qui a rapport à l'invisible ; d. de *ghayb*.

Ghayboubèt غیبوبت s. A. absence, disparition ; *ghayboubèt ètmèk*, s'absenter.

Ghayda غایده s. T. cornemuse, biniou.

Ghayèt غایت s. A. *(ghayè)*, au pl. *ghayat*, but, extrémité, fin, borne, terme ; ad. très, fort, excessivement ; beaucoup ; *bi-ghayèt*, extrêmement ; *ghayèt bol*, profusément ; *ghayèt dikkat ilè*, avec grande attention ; *ghayèt fèna*, très mauvais, horrible.

Ghayètsiz غایتسز a. T. sans fin, sans bornes ; ad. infiniment.

Ghayib غَائِب a. A. (kayb, T. vulg.), absent, invisible, caché; troisième personne (gramm.); d. de ghayb; ghayib ètmèk (kayb ètmèk, vulg.), perdre; kèndini ghayib ètmèk, perdre le sens; ghayib olmak, être perdu, disparaître; se perdre, périr.

Ghayibanè غَائِبَانَه ad. P. sans être présent; sans se faire connaître.

Ghayibè غَائِبَه s. A. au pl. ghavayib, mystère, secret.

Ghaylè غَائِلَه s. A. au pl. ghavayil, malheur, souci, embarras; gêne.

Ghayn غ vingt-deuxième lettre de l'alphabet turc, se prononce comme g guttural ou comme l'r grasseyé.

Ghayour غَيُور a. A. très zélé, infatigable; d. de ghayrèt.

Ghayouranè غَيُورَانَه ad. P. avec zèle, avec effort.

Ghayr غَيْر a. A. au pl. aghyar, autre, divers, différent; ghayri kimsè, une autre personne.

Ghayr غَيْر partic. nég. A. sans; ghayri mouktèdir, incapable; ghayri musmir, infructueux, stérile; ghayri mufid, inutile; min ghayri haddin, sans prétention (terme de modestie).

Ghayran غَيْرَان a. A. zélé, jaloux.

Ghayrèt غَيْرَت s. A. zèle, effort, ardeur, émulation; jalousie; courage; ghayrèt vèrmèk, exciter, encourager; ghayrètè gèlmèk, prendre courage; commencer à montrer du zèle; ghayrètdèn duchmèk, se décourager; ghayrèt ètmèk, tâcher, faire des efforts.

Ghayrèt ilè غَيْرَت ايله ad. T. (ghayrètlè), courageusement; avec zèle.

Ghayrèt-kèch غَيْرَت كَش a. P. zélé, assidu.

Ghayrètlènmèk غَيْرَتْلَنْمَك T. commencer à faire des efforts, à montrer du zèle.

Ghayrètli غَيْرَتْلِى a. T. zélé, ardent; assidu, zélateur.

Ghayrètsiz غَيْرَتْسِز a. T. sans courage, pusillanime; sans zèle.

Ghayrètsizlik غَيْرَتْسِزْلِك

s. T. manque de zèle; pusillanimité.

Ghayri غيرى a. T. (d. de l'A. *ghayr*), autre; ad. plus, enfin; outre; *ghayri turlu*, d'une autre manière; *ghayri yèrdè*, ailleurs; *ghayri yuzdèn*, autrement; *boundan ghayri*, en outre de ceci.

Ghays غيث s. A., *mètar; baran*, P. pluie; en T. us. *yaghmour*.

Ghaytan غيطان s. T. cordonnet; cordon.

Ghayz غيظ s. A. colère.

Ghaz غاز s. du F. gaz; *sou ghaze*, pétrole.

Ghaza غزا s. A. au pl. *ghazèvat*, combat, bataille, exploit militaire; expédition.

Ghazab غضب s. A. (*ghazèb*, T. vulg.), colère, courroux, indignation; *ghazab oullah*, la colère divine; *ghazèbè gèlmèk*, se mettre en colère, s'irriter.

Ghazab-aloud غضب آلود a. P. fâché, courroucé; qui est en colère.

Ghazablanmak غضبلانمق s. T. se mettre en colère; s'irriter.

Ghazab-nak غضبناك a. P. irrité, courroucé.

Ghazal غزال s. A. au pl. *ghizlan*, gazelle.

Ghazalè غزاله s. A. gazelle (femelle); fém. du précédent.

Ghazban غضبان a. A. qui est en colère.

Ghazèb غضب s. T. v. *ghazab*.

Ghazèl غزل s. A. sonnet, ode; poésie lyrique, érotique.

Ghazèliyat غزليات s. A. pl. de *ghazèl*, poèmes lyriques, érotiques; recueil d'odes.

Ghazèta غزته s. de l'I., *rouz-namè*, P. journal, gazette.

Ghazètagè غزته‌جى s. T. journaliste, gazetier; vendeur de journaux.

Ghazètagèlek غزته‌جيلق s. T. journalisme.

Ghazèvat غزوات s. T. pl. de *ghaza*, exploits, combats.

Ghazi غازى p. pr. s. A. au pl. *ghouzzat*, qui combat; vainqueur, victorieux, guerrier; d. de *ghaza*.

Ghazl غزل s. A. filage.

Ghazle غازى a. T. gazeux; d. de *ghaz*.

Ghazzè غزه s. P. Gaza, ville de la Syrie, de la Palestine.

Ghebta غبطه s. A. émulation, envie; *ghebta ètmèk*, envier.

Gheda غدا s. A. (*gheza*), au pl. *aghdiyè*, aliment, nourriture, portion.

Ghedek غيديق s. T. gloussement.

Ghedeklamak غيديقلامق T. glousser.

Gheğek غيجيق s. T. chatouillement.

Gheğeklamak غيجيقلامق T. (*keğeklamak*), chatouiller.

Gheğeklanma غيجيقلانمه s. T. chatouillement.

Gheğeklanmak غيجيقلانمق T. être chatouillé.

Gheğelamak غيجيلامق T. menacer, attaquer en grinçant les dents.

Gherghach غرغاش s. T. (*ghervach*), peigne de tisserand.

Gher-gher غرغر partic. T. imite le bruit continuel d'un jaseur; *gher-gher souylèmèk*, jaser continuellement.

Ghergherechmak غرغرشمق T. se quereller, se disputer.

Ghertlak غرتلاق s. T. gorge, gosier.

Ghervach غرواش s. T. v. *gherghach*.

Gheza غذا s. A. v. *gheda*.

Ghichavè غشاوه s. A. voile, enveloppe.

Ghilaf غلاف s. A. (*kelef*, T.), fourreau, gaîne, enveloppe.

Ghilzat غلظت s. A. épaisseur, grosseur.

Ghirbal غربال s. A. crible; en T. us. *kalbour*, *èlèk*.

Ghiybèt غيبت s. A. médisance.

Ghizlan غزلان s. A. pl. de *ghazal*, gazelles.

Ghoghouk غوغوق s. T. coucou (oiseau).

Ghoğouk غوجوق s. du Bulgare, pelisse grossière de peau de mouton.

Ghonc̆ĕ غنچه s. P. *(konc̆ĕ,* T. vulg.), bouton, calice de rose ou d'autres fleurs ; *gul ghonc̆ĕssi,* bouton de rose.

Ghoubar غبار s. A., *toz,* T. poussière.

Ghoubar-aloud غبار آلود a. P. couvert de poussière.

Ghoufran غفران s. A. pardon des péchés, miséricorde.

Ghoul غول s. A. au pl. *aghval,* démon qui, croit-on, parcourt les déserts et égare les hommes ; loup-garou.

Ghoumèna غومنه s. de l'I. câble ou chaîne de l'ancre.

Ghoumoum غموم s. A. pl. de *ghamm,* chagrins, afflictions.

Ghourab غراب s. A. corbeau ; en T. us. *kargha.*

Ghourabiyĕ غرابيه s. T. *(kourabiyĕ),* petit gâteau au lait, aux amandes, etc.

Ghourbèt غربت s. A. pérégrination, voyage ou séjour dans un pays étranger ; état d'un étranger hors de sa patrie ; exil ; pays étranger par rapport à la patrie, éloignement du pays natal ; *ghourbèt c̆ĕkmèk,* souffrir de l'éloignement de son pays natal.

Ghourèba غربا s. A. pl. de *gharib,* étrangers, voyageurs ; pauvres, indigents ; d. de *ghourbèt.*

Ghourèma غرما s. A. pl. de *gharim,* débiteurs et créanciers.

Ghourghour غورغور s. T. *(karen ghourouldama),* borborygme.

Ghourlamak غورلامق T. v. *ghourouldamak.*

Ghouroub غروب s. A. coucher du soleil ou des astres ; *ghouroubi chèms,* le coucher du soleil.

Ghourouch غروش s. T. *(kourouch,* vulg.), piastre turque ; quarante paras font une piastre qui représente 20, 21 centimes de la monnaie française.

Ghourouldamak غورلدامق T. *(kourouldamak),* rendre un bruit (en parlant du ventre).

Ghouroultou غورلدی s. T. v. *ghourghour*.

Ghourour غرور s. A. vanité, orgueil.

Ghourrè غره s. A. le premier jour d'un mois lunaire dont le dernier jour est désigné par le mot *sèlḫ*.

Ghousl غسل s. A. lavage, ablution, lotion.

Ghouyoub غیوب s. A. pl. de *ghayb*, absences, etc.

Ghouzzat غزات s. A. pl. de *ghazi*, vainqueurs, triomphateurs.

Gi جی (ğè, ğu, ğou), partic. T. euphonique qui ajoutée à la fin des substantifs indique le métier, le fabricant ou le vendeur d'une chose ; *ipèkği*, marchand de soie ; *čorabğe*, celui ou celle qui fait ou vend des bas ; *uzunğu*, marchand de raisin ; *kapouğou*, portier, concierge.

Giah گاه s. P. temps, moment ; ad. quelquefois, parfois, tantôt ; en T. vulg. *kiah*, tantôt ; *kiah èyi kiah fèna*, tantôt bien tantôt mal ; *giah bou giah o*, tantôt celui-ci, tantôt celui-là ; *giah vè na-giah* ou *giah bi-giah*, en temps opportun ou inopportun.

Giah گاه partic. P. indique le lieu, la place, le siège et forme des mots composés ; *sèyran-giah*, lieu de promenade ; *'ibadèt-giah*, lieu consacré à la prière, temple ; *taḫt-giah*, capitale, résidence d'un monarque.

Giav گاو s. P. bœuf ; en T. us. *eukuz, segher*.

Gibah جباه s. A. pl. de *ğèbhè*, fronts.

Gibal جبال s. A. pl. de *ğèbèl*, monts, montagnes.

Gibali جبالی n. p. T. (*ğèb'ali*), un des faubourgs de Constantinople habité principalement par les Israélites.

Gibayèt جبایت s. A. perception des revenus relatifs à l'*èvkaf* (œuvres pieuses).

Gibi گی ad. T. comme ; il régit le nominatif quand il est précédé d'un nom ; *aslan gibi*, comme un lion ; mais précédé d'un pronom personnel il gouverne le génitif : *bènim gibi*, comme moi ; *siziñ gibi*, comme vous. Il est conj. lorsqu'il se trouve accompagné d'un verbe : *ichi bitdiyi gibi*, aussitôt que son affaire sera terminée.

Ğibillèt جبلت s. A. nature, naturel ; qualité innée.

Ğibilli جبلى a. A. naturel, inné.

Ğibin جبين s. T. moustique.

Ğibinlik جبينلك s. T. moustiquaire.

Ğidar جدار s. A. au pl. *ǧudur* et *ǧuduran*, mur, muraille.

Ğidd جد s. A. effort, application, assiduité.

Ğiddèn جداً ad. A. réellement, sérieusement.

Ğiddi جدى a. A. réel, sérieux.

Ğidèn كيدن p. pr. T. partant, allant, qui va ; *gidèn gèlèn*, allants et venants.

Gidèrmèk كيدرمك T. faire partir ; éloigner, effacer, abolir, supprimer.

Gidich كيدش s. T. dé-part, démarche, allure, manière.

Gidichmèk كيدشمك T. se faire des visites réciproques.

Gidiği كيديجى a. T. allant ; moribond.

Gidilmèk كيدلمك T. aller (sujet indét).

Ğigèr جكر s. P. (*ǧiyèr*, T.), foie, poumon ; *kara ǧiyèr*, foie ; *ak ǧiyèr*, poumon ; *ǧan ǧiyèr*, amis sincères.

Ğigèr-kcuchè جكر كوشه a. P. cher (terme de caresse).

Ğigèr-parè جكر باره a. P. même signification que le précédent.

Ğigèr-souz جكر سوز a. P. qui brûle le foie ; douloureux, affligeant.

Ğiği جيكى s. T. joujou ; a. joli, brillant (en langue des petits enfants) ; *ǧiǧili biǧili*, orné brillamment ; *ǧiǧi biǧi*, pompon.

Ğiğichmèk جيكشمك T. éprouver une démangeaison ; démanger.

Ğiğik جيكك s. T. démangeaison ; gale.

Ğihad جهاد s. A. guerre pour la religion.

Ğihan جهان s. P. monde ; en T. us. *dunya* ; *ğihan-ara*, qui orne et embellit le monde, ornement du monde ; *ğihan-afèrin*, créateur du monde (Dieu) ; *ğihan-pènah*, l'asile du monde (monarque).

Ğihan-ban جهانبان s. P. gardien du monde, maître du monde (monarque).

Ğihan-bani جهانبانى a. P. impérial, royal.

Ğihan-dar جهاندار s. P. maître du monde (monarque).

Ğihan-dari جهاندارى a. P. impérial, royal.

Ğihan-didè جهانديده a. P. qui a vu le monde ; qui a beaucoup voyagé ; expérimenté ; *gurki ğihan-didè*, homme très expérimenté, m. à m. loup qui a vu le monde.

Ğihan-gir جهانگير s. P. grand conquérant ; on donne aussi ce nom à un quartier turc à une petite distance du Taxim (Péra).

Ğihan-girlik جهانگيرلك s. T. conquête du monde.

Ğihan-nouma جهاننما s. P. carte géographique, m.à m. qui fait voir le monde.

Ğihan-tab جهانتاب a. P. qui échauffe et éclaire le monde ; *afitabi ğihan-tab*, le soleil qui illumine le monde.

Ğihanyan جهانيان s. P. pl. les habitants du monde, les hommes.

Ğihar جهار a. num. P. v. *čar*, P.

Ğihat جهات s. A. pl. de *ğihèt*, côtés, faces, directions.

Ğihaz جهاز s. A. (*ğèhèz*, T. vulg.), dot de la mariée ; trousseau que la femme apporte à son mari.

Ğihèt جهت s. A. au pl. *ğihat*, côté, face, direction ; *èz hèr ğihèt*, de toutes les façons.

Ğik جك partic. T. v. *ğek*.

Ğil جيل s. A. au pl. *èğyal*, peuple, tribu ; peuplade.

Gil گل s.P.(*kil*, T. vulg.), argile employée comme savon.

Ğila جلا s. A. polissage,

lustre, poli ; ğila vèrmèk ou ètmèk, polir, lustrer, donner de l'éclat, du lustre.

Ğilağe جلاجى s. T. polisseur.

Ğilale جلالى a. T. poli, lustré.

Ğilassez جلاسز a. T. terne.

Ğilbè جلبه s. T. havre-sac de chasseur.

Ğild جلد s. A. peau ; volume, tome ; couverture d'un livre, reliure ; ğildi èvvèl, premier volume ; ğildi sani, second volume.

Ğildi جلدى a. A. cutané ; au fém. ğildiyè ; èmrazi ğildiyè, maladies cutanées.

Ğildlèmèk جلدلمك T. relier un livre.

Ğildlètmèk جلدلتمك T. faire relier (un livre).

Ğilvè جلوه s. A. grâces, charmes ; apparition en pleine beauté; action d'avoir lieu ; ğilvè-gèri mounassayi houssoul olmak, se manifester, apparaître dans tout son éclat.

Ğilvè-gèr جلوه‌گر a. P. qui se manifeste, qui apparaît dans tout son éclat.

Ğilvè-giah جلوه‌گاه s. P. lieu où une chose a lieu ; la chambre de la nouvelle-mariée.

Ğilvè-nouma جلوه‌نما a. P. v. ğilvè-gèr.

Ğim ج sixième lettre de l'alphabet turc, se prononce comme dj, g italien avant e, i, ou g anglais.

Ğimnastik جمناستيق s. du G. gymnastique.

Ğin جن s. A. v. ğinn.

Ğinan جنان s. A. pl. de ğènnèt, jardins, paradis.

Ğinas جناس s. A. analogie, rapport ; calembour.

Ğinayèt جنايت s. A. crime, délit.

Ğinayèt-kiar جنايتكار a. P. criminel.

Ğiniviz جوريز s. a. T. v. ğènèviz.

Ğinn جن s. A. (ğin), génie, esprit, démon ; içindè ğinlèr top oynayor, les démons jouent à la balle dedans, c.-à-d. c'est un lieu abandonné, désert, il n'y a pas une âme vivante.

Ginnèt جنت s. A. folie, démence, aliénation.

Gins جنس s. A. au pl. *ğnas*, genre, sorte, espèce, race, sexe ; a. (comme mot T.) de race ; *ğins at*, cheval de race ; *hèr ğins èchiya*, toutes sortes de marchandises ; *ismi ğins*, nom générique (gramm.).

Ginsi جنسى a. A. générique, qui caractérise le sexe ; sexuel.

Ginsiyèt جنسيت s. A. race, nationalité.

Giou كو impér. a. P. (*giouy*), parle, qui parle ; partic. en compos. ; *rast-giou*, qui dit la vérité ; s. parole ; *guft ou giou*, propos.

Giouch كوش s. P. oreille ; en T. us. *koulak*.

Gioucht كوشت s.P., *lahm*, A. viande ; en T. us. *èt*.

Giour كور s. P., *kabr*, A. tombe, tombeau ; en T. us. *mèzar*.

Giouy كوى impér. a. P. v. *giou*.

Gir كر impér. a. P. tiens, qui tient, saisit, prend ; et partic. en compos. ; *ğihan-gir*, qui tient le monde, conquérant ; *karar-gir*, arrêté, décidé, conclu ; *dar ou gir*, guerre.

Giran جيران s. A. pl. de *ğar*, voisins.

Giran كران a. P. lourd, pesant ; *bari-giran*, fardeau lourd.

Giran-bèha كرانبها a. P. cher, précieux ; en T. us. *keymètli*.

Giran-sèr كرانسر a. P. orgueilleux, arrogant.

Girdab كرداب s. P. abîme, gouffre, précipice ; tournoiement d'eau.

Girdar كردار s. P. œuvre, action, coutume, habitude ; caractère ; *bèd-girdar*, de mauvais caractère.

Gird-bad كرد باد s.P. tourbillon ; trombe.

Girdich كردش s.P. tour ; action de tourner.

Girdigiar كردكار s. P. le Créateur, Dieu.

Girgin كركين a. T. qui entre partout, qui sait l'art de se faire aimer ; de gagner ses supérieurs.

Girginlik كيرگينلك s. T. qualité de celui qui entre partout, etc.

Girian كريان a. P. qui pleure ; en T. us. *aghlayeǧè* ; *girian olmak*, pleurer.

Giriban كريبان s. P. collet.

Girich كيرش s. T. entrée ; action ou manière d'entrer.

Girichmèk كيرشمك T. s'ingérer, se mêler ; entreprendre.

Girid كريد n. p. T. Crète, l'île de Candie.

Girid جريد s. T. vulg. (*ǧèrid*, A.), javelot pour des exercices militaires de cavalerie ; *ǧirid oynamak*, faire des exercices de javelot ; fig. courir librement.

Giridli كريدلى a. s. T. Crétois.

Girilmèk كيرلمك T. entrer (sujet indét.).

Girilmèz كيرلمز a. T. impénétrable.

Giriz كريز a. P. qui fuit ; fuyard ; s. fuite.

Girizan كريزان a. P. fuyant.

Girm جرم s. A. au pl. *èǧram*, volume ; corps (humain).

Girmè كيرمه s. T. action d'entrer, entrée ; gond.

Girmèk كيرمك T. entrer, pénétrer, s'introduire ; *èlè girmèk*, être possédé ; obtenu par hasard ; être pris, attrapé ; *gèmiyè girmèk*, s'embarquer ; *araya girmèk*, intervenir, s'interposer ; *gunaha girmèk*, commettre un péché ; *gunahena girmèk*, soupçonner, accuser injustement.

Girmèli كيرمه لى a. T. s'emploie avec le mot *čekmale* ; *girmèli čekmale bina*, maison qui a plusieurs entrées, dont les chambres communiquent de différents côtés.

Giro جيرو s. de l'I., *zahriyè*, A. endossement ; *ǧiro ètmèk*, endosser.

Gism جسم s. A. au pl. *èǧsam*, corps ; *ǧismi soulb*, corps solide ; *ǧismi mayi*, corps liquide, fluide.

Gismani جسمانى a. A. corporel, temporel, opposé à *rouhani*, spirituel.

Git كيت impér. de *gitmèk*, va, pars ; loin d'ici.

Gitmèk كيتمك T. partir, aller, s'en aller, passer, périr ; être dépensé ; *yayan gitmèk*, aller à pied ; *èldèn gitmèk*, échapper, être perdu ; *hocha gitmèk*, plaire ; *yañlech yola gitmèk*, s'égarer, dévier du droit chemin ; *gidèlim*, allons ; *git git* ou *gidè gidè*, de jour en jour ; graduellement ; *haydè git*, allez-vous en ! va-t-en !

Giva جيوه s. T. (*jiva*, P.), vif-argent ; mercure.

Givale جيولى a. T. mercuriel.

Givan جوان s. T. (*juvan*, P.), jeune homme.

Givar جوار s. A. voisinage, proximité ; banlieue, alentours ; a. (comme mot T.), voisin ; *ğivarenda*, aux environs de.

Givèlèk جيوهلك s. T. personne ou animal jeune et vigoureux.

Giv-ğiv جيو جيو s. T. poussin; gazouillement des petits oiseaux.

Givildèmèk جيولدهمك T. (*ğeveldamak*), piauler, gazouiller, ramager (poussins et petits oiseaux).

Givilti جيولدى s. T. gazouillis, gazouillement, ramage des petits oiseaux.

Giydirmèk كيدربمك T. habiller, vêtir, revêtir.

Giyèr جكر s. T. (*ğigèr*, P.), foie.

Giyèrği جكرجى s. T. qui vend des foies et des cœurs (de moutons).

Giyim كيم s. T. vêtement, habit.

Giyimli كيملى a. T. vêtu, habillé.

Giyinmèk كيينمك T. s'habiller, se vêtir.

Giyinti كيينتى s. T. tout ce qu'on porte ; vêtement.

Giymè كيمه s. T. action de se vêtir, de s'habiller.

Giymèk كيمك T. se vêtir, porter, mettre un habit ; s'habiller.

Giz' جزع s. A. sorte de pierre précieuse.

Giziè جزيه s. A. tribut.

Gizlèmèk كزلمك T., *sak-*

lamak, cacher, dérober; tenir secret.

Gizlènmèk كیزلنمك T. être caché, se cacher, se dérober.

Gizlènmich كیزلنمش p. p. T. caché; dérobé.

Gizlètmèk كیزلتمك T. v. *gizlèmèk*.

Gizli كیزلی a. T. occulte, dérobé, énigmatique; clandestin, secret, furtif; s. secret; ad. en secret; en cachette.

Gizligè كیزلیجه ad. T. en cachette, à la dérobée, secrètement, furtivement; clandestinement.

Gochkoun جوشقون a. T. exalté, enthousiasmé.

Gochkounlouk جوشقونلق s. T. exaltation, enthousiasme.

Gochmak جوشمق T. s'exalter, s'enthousiasmer; déborder.

Gou جو impér. a. P. cherche, qui cherche; partic. en compos.; *mèrhamèt-gou*, qui implore la miséricorde.

Gou' جوع s. A. faim; en T. us. *aĝlek*; *dèf'i gou' ètmèk*, apaiser la faim.

Gou جی partic. T. v. *ĝi*.

Gouch جوش s. P. ébullition; fig. agitation, effervescence, enthousiasme.

Gouchich جوشش s. P. action de bouillir; effervescence.

Goud جود s. A. générosité, libéralité.

Goum'a جمعه s. A. vendredi; *goum'a èrtèssi*, samedi.

Goumba جومبه s. T. balcon, saillie.

Gounbadak جونبه داق ad. T. tombé ou plongé soudainement dans un liquide en faisant du bruit.

Gounbalak جونبه لاق s. T. culbute; *gounbalaghe atmak*, mourir.

Gounboul جونبول partic. T. imite le mouvement et le bruit d'un liquide dans une cavité.

Gounbouldamak جونبولدامق T. se dit d'un liquide qui se meut avec bruit.

Gounbour جونبور partic.

T. imite la chute d'un corps dans un liquide; ǧanbour ǧounbour, avec bruit et tumulte ; sans égard ; ǧounbour ǧèma'at ou ǧumhour ǧèm'iyèt, en foule.

Ǧounbourdamak جونبوردامق T. se mouvoir avec bruit dans un baril, etc. (liquide).

Ǧouyibar جويبار s. P. fleuve, rivière, eau courante.

Ǧu جي partic. T. v. ǧi.

Ǧubbè جبه s. T. toge, robe longue que portent les orientaux.

Ǧubrè كوبره s. T. fumier, engrais ; fiente.

Ǧubrèlèmèk كوبره‌لمك T. épandre du fumier sur une terre ; fumer.

Ǧuèlè كوجله s. T. noix vomique.

Ǧudèri كودري s. T. parchemin.

Ǧuduǧu كوديجي a. s. T. qui mène paître ; pasteur, berger ; communément čoban, berger.

Ǧuduk كودوك a. T. difforme, mal bâti ; sans symétrie.

Ǧudur جدر s. A. pl. de ǧidar, murs.

Ǧuduran جدران s. A. v. le précédent.

Ǧuǧ كوج s. T. force, violence ; pouvoir ; sollicitude, souci, difficulté ; a. difficile, pénible ; ad. difficilement, avec peine ; guǧunè gitmèk, fâcher, faire de la peine ; guǧ gèlmèk, devenir difficile ; guǧu yètmèk, pouvoir ; ich guǧ, travail, occupation ; guǧ bèla, avec grande difficulté ; guǧlè, par violence, avec difficulté ; guǧ ètmèk, user de la violence, forcer.

Ǧuǧè كوجه s. A. froment concassé dont on fait une sorte de soupe.

Ǧuǧè كوجه s. T. nain ; pygmée ; nabot.

Ǧugèǧ كوجك s. T. v. guvèǧ.

Ǧuǧèn كوجن s. T. sorte de milan à dos vert et à ventre blanc.

Ǧuǧèndirmèk كوجندیرمك T. fâcher.

Ǧuǧènmèk كوجنمك T. se fâcher ; se formaliser.

Gugèrtè كوكرته s. T. (*guvèrtè*), tillac.

Guğ ilè ايله كوج ad. T. par violence, par force; avec difficulté, avec peine.

Guğlèchmèk كوجلشمك T. devenir difficile, pénible.

Guğlèchtirmèk كوجلشدرمك T. rendre difficile, pénible.

Guğlènmèk كوجلنمك T. v. *guğlèchmèk*.

Guğlu كوجلو a. T. fort, violent, robuste.

Guğluk كوجلك s. T. difficulté.

Guğsimèk كوجسيمك T. susciter des difficultés.

Guğsinmèk كوجسينمك T. devenir difficile.

Guğsuz كوجسز a. T. sans force, faible; *ichsiz guğsuz*, sans occupation, désœuvré.

Guğsuzluk كوجسزلك s. T. manque de force; faiblesse.

Gugum كوكم s. T. sorte de prune sauvage bleue; prunelle.

Guğun كوجين ad. T. avec difficulté; à peine.

Guhèla جهلا s. A. pl. de *ğahil*, les ignorants.

Guhèrčilè كوهر چله كبرـ چه s. T. nitre, salpêtre.

Guhèrčilèli كوهر چلهلى a. T. nitrique.

Guhhal جهال s. A. pl. de *ğahil*, les ignorants.

Gul جل s. A. (*čoul*, T. vulg.), housse.

Gul كل s. P. rose; *gul-aghağe*, rosier; *gul-dèstè*, bouquet de roses; *katmèr gul*, rose double; *gulbè-chèkèr*, conserve de roses; *gul-rouh*, qui a les joues roses; *gul-rouy*, qui a le visage beau et frais comme la rose; *gul rènk*, de couleur de rose; *gul-souyou*, eau de rose; *gul yaghe*, huile, essence de rose; *gul chouroubou*, sirop de rose.

Gul كول impér. T. de *gulmèk*, ris.

Gulab جلاب s. A. julep, purgatif.

Gul-ab كلاب s. P. eau de rose; en T. us. *gul-souyou*.

Gul-abdan كلابدان s. P.

vase propre à contenir de l'eau de rose.

Gulağ كلاج s. P. sorte de douceurs.

Gul-aghağè كل آغاجى s. T. rosier.

Gulbèğè كوليجه s.T. vulg. v. *kèlèbèè*.

Gul-chèn كلشن s. P. jardin de roses ; *gul-chèn sèray*, palais au milieu d'un jardin de roses.

Guldurmèk كولدرمك T. faire rire, égayer.

Gulèch كولش s. T. (*gurèch*), lutte ; *gulèch yèri*, lieu où l'on s'exerce à la lutte.

Gulèchmè كولشمه s. T. action de lutter ; lutte.

Gulèchmèk كولشمك T. lutter.

Gulèğ كولج a. T. riant ; *gulèğ yuzlu*, qui a le visage riant.

Gulèğèk كوله‌جك a. T. risible ; *gulèğèk chèy*, chose ridicule, risible, qui fait rire ; il est proprement la 3e pers. sing. du futur de *gulmèk*.

Gulèng̃ كولنج a. T. qui cause le rire, comique, drôle ; *halka gulèng̃ olmak*, être la risée publique.

Gulèr كولر a. T. riant.

Gul-fam كلفام a. P. de couleur de rose.

Gulgèn كولكن s. T. v. *gurgèn*.

Gul-ghončè كلغنچه s. P. bouton de rose.

Gul-gioun كلكون a. P. v. le suivant.

Gul-giounè كلكونه a. P. de couleur de rose, vermeil ; *ènamili gul-giounè noumayi chèfak èbvabi mutallayi charkiyèyi kuchad èylèdikdè*, lorsque l'aurore aux doigts de rose entr'ouvrit les portes dorées de l'orient.

Gul-istan كلستان s.P. parterre de roses, jardin de roses ; nom d'un remarquable ouvrage poétique composé par Sadi (célèbre poète persan).

Gul-'izar كلعذار a. P. qui a les joues roses.

Gullè كولله s.T.(*gurlè*, vulg.), boulet de canon.

Gulluk كلّك s. T. lieu planté de rosiers.

Gulmè كولمه s. T. rire; *gulmèmi toutamadem*, je ne pus m'empêcher de rire.

Gulmèk كولمك T. rire; se réjouir; railler; *pèk gulmèk* ou *kahkaha ilè gulmèk*, rire aux éclats; *yuzè gulmèk*, flatter; *sakala gulmèk*, rire au nez, se moquer.

Gul-nar كلنار s. P. fleur de grenadier.

Gulou كولو s. P. gorge, gosier; *ta bè gulou*, jusqu'à la gorge.

Ğulous جلوس s. A. avènement au trône; *ğuloussi mèyamin mèènoussi humayoun*, l'heureux avènement au trône de S. M. I. le Sultan.

Gul-panayere كلپانايرى s. T. fête-Dieu.

Guluch كولش s. T. rire; action et manière de rire.

Guluchmèk كولشمك T. railler, plaisanter.

Guluğu كولىچى a. T. rieur; *sakala guluğu*, ricaneur, moqueur.

Gulumsèmèk كولمسه مك T. v. le suivant.

Gulumsimèk كولمسيمك T. sourire.

Gulunmèk كولنمك T. rire; se moquer (sujet indét.).

Gul-zar كلزار s. P. lieu planté de rosiers; jardin de roses.

Gumbur كومبور partic. T. imite un bruit tonnant.

Gumburdèmèk كومبورده مك T. rendre un bruit tonnant; tonner.

Gumburtu كومبوردى s.T. bruit tonnant.

Gumèğ كومج s. T. rayon de miel.

Ğumèl جمل s. A. pl. de *ğumlè*, propositions, phrases.

Ğumèrd جومرد a. T. généreux, libéral.

Ğumèrdlik جومردلك s.T. générosité, libéralité.

Ğumhour جمهور s. A. au pl. *ğèmahir*, public, commun; république; *umouri ğumhour*, affaires publiques; *kadim roma ğum-*

hourou, l'ancienne république romaine ; *fransa ğumhourou rèyissi*, le Président de la république française.

Gumhouri جمهوری a. A. républicain ; *hukioumèti ğumhouriyè*, gouvernement républicain.

Gumhouriyèt جمهوریت s. A. république.

Gumlè جمله s. A. au pl. *ğumèl*, totalité, collection, proposition, phrase ; a. (comme mot T.), tout, toute, tous ; *ğumlè 'alèm*, tout le monde ; *ğumlè adamlar*, tous les hommes ; *bil ğumlè* ou *fil ğumlè*, en somme, en un mot ; *bou ğumlè ilè*, avec tout cela, néanmoins ; *èz ğumlè* ou *èz an ğumlè*, entre autres ; *ğumlèssi*, tous, toutes.

Gumlètèn جملةً ad. A. en somme, totalement ; entièrement, en tout.

Gumou' جموع s. A. pl. de *ğèm'*, pluriels.

Gumoud جمود s. A. action de geler ; congélation.

Gumrèn كومرن s.T. (*gumrèn*), oignon sauvage.

Gumruk كومروك s. du G. (*geumruk*), douane ; *gumruk èmini*, intendant de la douane ; *gumruk rèsmi*, droit de douane ; *kara gumruyu*, douane de terre ; *sahil gumruyu*, douane du littoral.

Gumrukğu كومروكجى s. T. douanier.

Gumuch كوموش s. T., *fidda*, A., *sim*, P. argent (métal) ; a. d'argent, en argent ; *gumuch ma'dèni*, minière d'argent ; *gumuch geuz*, avide de monnaie, cupide ; *gumuch baleghe*, athérine (poisson).

Gumuchlu كوموشلى a. T. orné d'argent ; *gumuchdèn*, d'argent.

Gumurdèmèk كومردمك T. v. le suivant.

Gumurdènmèk كومردنمك T. crier ; rugir (lion, chameau).

Gumurèn كومورن s. T. v. *gumrèn*.

Gumurtu كومردى s. T. cri, rugissement (du lion ou du chameau).

Gun كون s. T., *yèvm*, A., *rouz*, P. jour, journée ; époque ; temps ; fig. soleil ;

yortou (ou *bayram*) *gunu*, jour de fête ; *ich gunu*, jour ouvrable ; *èvèlki gun* ou *eutèki gun*, avant-hier ; *yaren dèyil o bir gun*, après-demain ; *gunu gununè*, le jour fixé, sans retard ; *kara gun*, jour de deuil ; *gun bè gun*, de jour en jour ; *'arèfè gunu*, veille d'une fête ; *èrtèssi gun*, le lendemain ; *gun doghoussou poyraz*, est, nord-est ; *gun doghoussou kèchichlèmè*, est, sud-est ; *gun batesse*, ouest, occident ; coucher du soleil ; vent d'ouest ; *gun doghoussou* ou *doghroussou*, est, orient ; *gun doghouchou*, lever du soleil ; *gun toutoulmasse*, éclipse de soleil ; *gun deunumu*, équinoxe ; *gun geurmèz*, obscur, qui ne reçoit pas la lumière du soleil ; *gun geurmèk* ou *gèčirmèk*, avoir vécu dans l'aisance.

Gunah كناه s. P. péché ; *gunah ètmèk* ou *ichlèmèk* ou *gunaha girmèk*, commettre un péché, pécher.

Gunah-kiar كناهكار s. a. P. pécheur.

Gunah-kiarlek كناهكارلق s. T. état d'un pécheur.

Gunahle كناهلى a. T. qui cause ou contient le péché.

Gunahsez كناهسز a. T., *bi-gunah*, P. sans péché, innocent.

Gunahsezlek كناهسزلق s. T. innocence.

Gun-batesse كون باتيسى s. T., *maghreb*, A. coucher du soleil, ouest, occident ; couchant.

Gund جند s. A. au pl. *ğunoud*, armée.

Gundèlik كوندهلك s. T. salaire d'un jour, ce qu'on gagne pendant la journée ; journée d'ouvrier.

Gundèlikği كوندهلكجى s. T. journalier.

Gun-doghoussou كون طوغيسى s. T., *chark*, A. orient, est, levant.

Gunduz كوندوز s. T., *nèhar*, A. jour, journée, opposé à nuit ; *gèğè gunduz*, jour et nuit ; *gunduz mèktèbi*, externat (école).

Gunduzlu كوندوزلى a. T. de jour, qui se fait pendant le jour.

Gunduzluk كوندوزلك s.

T. propre au jour (vêtement, etc.).

Gunduzun كوندوزين ad. T. pendant le jour.

Gunèch كونش s. T., *chèms*, A., *aftab*, *hourchid* ou *mihr*, P. soleil; *gunèchiñ ziyasse*, rayon solaire; *gunèchiñ hararèti*, l'ardeur du soleil; *gunèch vourmak* ou *zarpmak*, avoir un coup de soleil.

Gunèchlètmèk كونشلتمك T. exposer au soleil.

Gungiuè كنجيه s. P. trésor; cave, magasin.

Guniè كونيه s. du G. équerre.

Gunluk كونلك a. T. de jour; *bir gunluk*, d'un jour; *uç gunluk*, âgé de trois jours, qui date de trois jours; *bèch gunluk yol*, chemin de cinq jours, cinq jours de chemin.

Gunluk كونلك s. T. (*kunluk*), encens.

Gunoud جنود s. A. pl. de *jund*, armées, troupes.

Gur كر partic. T. imite la vitesse, l'abondance ou le fracas d'un éboulement;

gur gur ichlèmèk, travailler vite et continuellement; *gurul gurul akmak*, couler avec rapidité et abondance (eau); *har gur*, bruit, vacarme.

Gur كور a. T. abondant, plein; *gur sès*, une voix forte et pleine.

Gurèch كورش s. T. (*gulèch*), lutte d'athlètes, de béliers, de taureaux.

Gurèchgi كورشجى s. T., *pèhlivan*, P. lutteur; athlète.

Gurèchmè كورشمه s. T. (*gulèchmè*), lutte, action de lutter.

Gurèchmèk كورشمك T. (*gulèchmèk*), lutter.

Gurgèn كوركن s. T. charme (arbre); a. en bois de charme.

Gurgi كرجى s. a. T. Géorgien.

Gurgigè كرجيجه a. T. Géorgien; s. langue géorgienne; ad. en langue géorgienne.

Gurgistan كرجستان n. p. P. (*gurgi-sitan*), Géorgie, province de la Russie Asiatique, dans la région caucasienne ; 240,000 h. ; cap. Tiflis.

Gurlè كورله s. T. v. *gullè*.

Gurlèmè كورله s. T. action de tonner ; *geuk gurlèmèssi*, tonnerre.

Gurlèmèk كورله‌مك s. T. tonner ; faire un bruit assourdissant ; *geuk gurlèmèk*, tonner ; *top yolouna gurlèmèk*, mourir, périr injustement, inutilement.

Gurm جرم s. A., *souç*, T. péché, délit ; faute ; crime ; *bènim gurmum nè dir*, quelle est ma faute ? qu'ai-je fait de mal ?

Gurouh كروه s. P. bande, groupe, troupe d'hommes, cohorte.

Guruk كوروك s. T. couveuse.

Gurukmèk كوروكمك T. couver.

Gurnldèmèk كورلده‌مك T. tonner, faire un grand bruit ; mugir.

Gurultu كورلدى s. T. bruit, fracas, tumulte, tapage ; confusion ; *geuk gurultussu*, tonnerre.

Gurultuğu كورلديجى s. T. tapageur.

Gurultulu كورلديلى a. T. tonnant, tumultueux.

Gurultussuz كورلديسز a. ad. T. sans bruit, sans tumulte.

Guvan جوان s. P. (*ğivan*, T.), jeune homme ; *nèv-ğuvan*, homme tout jeune.

Guvan-baht جوانبخت a. P. heureux, fortuné, chanceux.

Guvani جوانى s. P. (p. u), jeunesse ; en T. us. *gènğlik*.

Guvan-mèrd جوانمرد s. P. homme généreux, libéral.

Guvan-mèrdi جوانمردى s. P. (*ğivan-mèrdlik*, T.), générosité, libéralité.

Guvar كوار s. P., *hazm*, A. digestion.

Guvè كوه s. T. mite, teigne qui ronge les habits.

Guvèda جودا s. A. pl. de *ğèvad*, ceux qui sont généreux.

Guvèğ كوج s. T. casserole plate en terre cuite.

Guvèlènmèk كوكلنمك T. être rongé par les mites, par la teigne.

Guvènèn كوكنان p. pr. T. qui a confiance ; qui se fie ; a. confiant.

Guvènich كوكنش s. T. v. *guvènmè*.

Guvènilmèk كوكنلمك T. se vanter, se fier (avec le sujet indét.).

Guvènmè كوكنمه s. T. action de se glorifier, de se vanter ; de se fier.

Guvènmèk كوكنمك T. se vanter, se glorifier ; se fier, avoir confiance ; *kèndissinè guvènmèk*, compter sur sa force, sur sa capacité.

Guvèrğin كوكرجين s. T. colombe, pigeon.

Guvèrğinlik كوكرجينلك s. T. colombier, pigeonnier.

Guvèrtè كوكرته s. T. v. *gugèrtè*.

Guvèyi كوييكو كوييكى s. T. nouveau marié ; gendre ; *gèlin guvèyi*, les deux époux.

Guvèyilik كوييكلك s. T. état de nouveau marié ; de gendre ; a. propre au nouveau marié.

Guvèz كوز a. T. de couleur rouge foncé.

Ğuvad جود s. A. (*ğuvèda*), pl. de *ğèvad*, ceux qui sont généreux.

Ğuyoub جيوب s. A. pl. de *ğèyb*, poches.

Ğuyouch جيوش s. A. pl. de *ğèych*, armées ; *ğuyouchi ahèn pouch*, armées de soldats revêtus d'armures de fer.

Ğuz جزو جز s. A. au pl. *èğza*, partie, portion, parcelle ; drogue médicinale ; livraison d'un livre.

Guz كوز s. T., *ḫarif*, A., *ḫazan*, P. automne ; en T. us. *soñ bahar*.

Guzaf كذاف s. P. parole vaine ; *laf ou guzaf*, vains propos pour passer le temps.

Ğuzam جذام s. A. lèpre ; en T. us. *miskin 'illèti*.

Guzar كذار impér. P. passe, traverse, accomplis, exécute ; a. qui passe, etc., sert à former des mots composés ; *èvkat-guzar*, qui passe le temps ; *haraǧ-gu-*

zar, qui paie le tribut, tributaire ; *kiar-guzar*, qui exécute, fait des affaires ; *maslahat - guzar*, chargé d'affaires ; s. action de passer, passage ; *kècht ou guzar*, promenade, tour.

Guzarèndè کذارنده p. pr. P. qui passe, qui s'écoule (temps).

Ğuzdan جزدان s. P. (*ĝezdan*, T. vulg.), portefeuille.

Guzècht کذشت s. P. action de passer ; a. passé ; sert à former des mots composés ; *sèr-guzècht*, ce qui est passé par la tête ; aventures.

Guzèchtè کذشته s. P., *fayiz*, A. intérêt ; a. passé, écoulé.

Guzèl کوزل a. T., *hassèn*, A., *houb*, P. beau, joli ; bon, excellent, agréable ; s. personne belle ; ad. bien, joliment ; *pèk guzèl*, très joli, fort beau ; très bien ; *nè guzèl*, oh! que c'est bien ! que c'est beau ! ; *daha guzèl*, plus joli.

Guzèlğè کوزلجه ad. T. joliment, gentiment, assez bien ; passablement ; un peu ou assez joli, assez beau.

Guzèllèchmèk کوزللشمك T. devenir beau, joli, s'embellir.

Guzèllèchtirmèk کوزللشدرمك T. rendre beau, joli, embellir.

Guzèllènmèk کوزللنمك T. v. *guzèllèchmèk*.

Guzèllik کوزللك s. T., *husn, ĝèmal*, A., *houbi*, P. beauté ; en turc il signifie aussi bonté, douceur, aménité ; *tabi'at guzèlliyi*, bonté de caractère.

Guzènd کزند s. P., *zarar*, A. dommage.

Guzèr کذر s. P. action de passer, passage.

Guzèran کذران s. P. action de passer, de s'écouler (temps) ; *guzèran èdèn mah*, le mois écoulé.

Guzèr-giah کذرکاه s. P. lieu par où l'on passe, passage, chemin, route, défilé.

Ğuzi جزئی a. A. partiel, exigu, petit, insignifiant ; ad. un peu, peu ; d. de *ğuz*.

Ğuziğè جزیجه ad. T. peu, très peu.

Ğuziyat جزيات s. A. pl. de ǧuzi, affaires insignifiantes.

Ğuzour جذور s. A. pl. de ǧèzr, racines, origines.

H

Ha ح huitième lettre de l'alphabet turc, elle est propre aux mots arabes, se prononce moins fortement aspirée que le ḥe, et tient le milieu entre cette dernière lettre et le hè qui se prononce très légèrement aspiré. Nous représentons le ha par un simple h, et le ḥe par ḥ ; havadis, nouvelle ; ḥabèr, nouvelle, avis.

Ha ها terminaison des pluriels persans pour les êtres inanimés, et an (yan) pour les êtres animés.

Ha ها s. A. nom arabe de la lettre hè.

Ha ها pron. affixe A. fém. de hou.

Ha ها interj. T. sert à attirer l'attention ; saken ha, faites attention, prenez garde ! ha bakalem, allons donc ! ha brè, allons ! vite ! ha dèyinǧè yola čekmale, aussitôt l'occasion présentée il faut se mettre en route ; elle sert aussi à interroger ; gèldi ha, est-il donc arrivé ?

Ḥab خواب s.P. sommeil; en T. us. ouykou ; ḥab-giah, lit, chambre à coucher ; dortoir.

Ḥabab حباب s. A. bulle d'eau, gouttelette.

Ḥabassèt خبائت s. A. impureté ; méchanceté, scélératesse ; vice.

Ḥabayis خبائث s. A. pl. de ḥabissè, impuretés, turpitudes ; vices, méfaits, actes mauvais ; umm ul-ḥabayis, la mère des vices (le vin).

Ḥabb حب s. A. au pl. houboub, pilule ; grain, graine ; habe youtmak (fig.), être perdu, m. à m. avaler la pilule.

Ḥabbat حبات s. A. pl. du suivant, grains, céréales ; oboles.

Ḥabbè حبة s. A. au pl.

habbat, grain, graine ; obole ; *habbèyi vahidè*, absolument rien ; *habbèyi koubbè ètmèk*, exagérer, m. à m. faire d'un grain une coupole.

Habèch حبش n. p. A. Abyssinie, Éthiopie; grande contrée de l'Afrique orientale, sur la mer Rouge ; 4,000,000 h.

Habèchi حبشى a. s. A. Abyssin, Éthiopien.

Habèr خبر s. A. au pl. *ahbar*, nouvelle, avis, avertissement ; connaissance ; attribut d'un sujet (gramm.); *fèna habèr*, mauvaise nouvelle ; *èyi* ou *hayerle habèr*, bonne nouvelle ; *kara habèr*, triste nouvelle (d'un mort ou d'un malheur); *nè habèr var*, quelle nouvelle y a-t-il ? *'ilm* ou *habèr*, reçu, acte par lequel on informe l'autorité d'un fait ; *habèr ètmèk* ou *vèrmèk* ou *geundèrmèk*, avertir, informer; *habèr almak*, être averti, informé ; apprendre, recevoir la nouvelle ; *habèrimiz var*, nous savons, on nous a informés ; *habèrimiz yok*, nous ne savons rien ; *habèrimiz olmade*, nous ne nous sommes pas aperçus de.

Habèr-dar خبردار a. P. averti, informé ; qui connaît (avec l'ablatif) ; *habèr-dar ètmèk*, faire savoir, faire connaître ; avertir ; *habèr-dar olmak*, être averti, informé ; connaître, savoir.

Habèrği خبرجى s. T. porteur d'une nouvelle.

Habèrlèchmèk خبرلشمك T. s'avertir réciproquement, se tenir au courant des nouvelles par correspondance ; être d'intelligence avec quelqu'un.

Hab-giah خوابكاه s. P. chambre à coucher ; dortoir, lit.

Habib حبيب s. a. A. au pl. *ahbab* ou *ahibba*, ami, favori ; aimé, bien-aimé.

Habil. هابيل n. p. A. Abel.

Habir خبير a. A. qui a connaissance d'une chose, instruit, averti, informé ; d. de *habèr*.

Habis خبيث a. A. au pl. *houbèssa*, impur ; infâme ; vilain, méchant, scélérat ; d. de *habassèt*.

Habissè خبيثه s. A. au

pl. ḫabayis, impureté; vice, acte mauvais; a. fém. de ḫabis.

Habit هابط p. pr. A. qui descend; d. de hubout.

Habl حبل s. A. corde; câble, grosse corde.

Hab-nak خواپناك a. P. endormi, somnolent; d. de ḥab.

Hab-nouch خوابنوش a. P. qui dort, endormi.

Habs حبس s. A. (hapes, T. vulg.), emprisonnement, détention, incarcération; (comme mot T.) prison; a. emprisonné; habs ètmèk ou habsa atmak ou komak, incarcérer, mettre en prison, aux cachots; habs olmak, être emprisonné.

Habs-ḫanè حسخانه s. P., zendan, prison; cachot.

Hač خاچ s. de l'Arm., čèlipa, P. croix, crucifix; hač čekarmak, faire le signe de la croix.

Hačan هاچان ad. T. (kačan), vakta-ki, P. quand; lorsque.

Hacha هاشا interj. A. Dieu garde! à Dieu ne plaise! non! jamais! sauf; hacha houzourouñouzdan, sauf votre respect.

Hacha خاشه s. T. housse; d. de l'A. ghachiyè.

Hachach حشاش s. T. narcotique; d. de l'A. hachich.

Hachḥach خشخاش s. T. pavot; œillette.

Hachich حشيش s. A. herbe, foin; narcotique.

Hachin خشين a. A. dur, rude, âpre; d. de ḫouchounèt.

Hachiyè حاشيه s. A. au pl. havachi, bord; note marginale.

Hachiyèt خشيت s. A. peur, crainte.

Hachlama خاشلامه s. T. bouilli, pot au feu.

Hachlamak خاشلامق T. faire bouillir; fig. réprimander; faire faire des dépenses considérables; ruiner.

Hachlanmak خاشلانمق T. bouillir; être brûlé vif par l'eau bouillante.

Hachmèt حشمت s. A. majesté (titre royal).

Hachmètli حشمتلو

a. T. (*hachmètlu*), majestueux, magnifique; titre royal qu'on donne aux souverains des États d'Europe.

Hadassèt حداثت s. A. nouveauté, fraîcheur, jeunesse.

Hadd حد s. A. au pl. *houdoud*, borne, limite, terme; point, dignité; *haddini bilmèk*, connaître sa dignité, son rang; être modeste; *haddini tèğavouz ètmèk*, dépasser les limites de la convenance; être impertinent; *haddèn ziyadè*, excessivement; *haddi zatenda*, naturellement; *haddini bildirmèk*, punir, réprimander; *haddim olmayarak*, sans que ce soit de mon droit (terme de modestie); *nè haddi var*, oserait-il ?

Hadèb حدب s. A. (p. u.), bosse, gibbosité.

Hadèbè حدبه s. A. bosse, protubérance (anat.).

Hadèm خدم s. A. pl. de *hadim*, serviteurs, domestiques.

Hadem خادم s. T. vulg. eunuque; *hadem ètmèk*, châtrer.

Hadèmè خدمه s. A. (ou *houddam*), pl. de *hadim*, serviteurs, domestiques.

Hadi هادى p. pr. A. qui conduit dans le vrai chemin; s. guide; d. de *hidayèt*.

Hadid حديد a. A. violent, impétueux; *hadid ul-mizağ*, irritable; d. de *hiddèt*.

Hadid حديد s. A., *ahèn*, P., *dèmir*, T. fer.

Hadim هادم p. pr. a. A. qui détruit, qui renverse; destructif; d. de *hèdm*.

Hadim خادم p. pr. s. A. au pl. *hadèm*, *hadèmè* ou *houddam*, qui sert; serviteur, domestique; d. de *hedmèt*; *hadim ul-harèmèyn ul-muhtèrèmèyn*, le serviteur des deux villes de Mecque et de Médine (titre donné au Sultan).

Hadis حادث p. pr. a. A. qui survient, qui arrive par hasard; nouveau, récent; d. de *houdous*.

Hadis حديث a. A. nouveau, récent, jeune, frais; d. de *hadassèt*.

Hadissè حادثة s. A. au

pl. *havadis*, nouvelle, événement; d. de *houdous*.

Hadsez حدسز a. T. sans limites, illimité, sans confins, immense, excessif; d. de *hadd*.

Hafa خفا s. A. chose secrète, mystère, état de ce qui est caché.

Hafaya خفايا s. A. pl. de *hafiyè*, secrets, mystères.

Hafez حافظ p. pr. s. A. qui garde, qui observe; conservateur, gardien; celui qui sait réciter le Coran par cœur; d. de *hefz*; au fém. *hafeza*; *kouvvèyi hafeza*, faculté de retenir; de se souvenir; mémoire; *hafeze kutub*, bibliothécaire.

Hafeza حافظة s. A. fém. du précédent, gardienne; mémoire; d. de *hefz*.

Haffaf خفاف s. A. *(kavaf,* T. *vulg.)*, vendeur de bottes; de bottines, etc.

Hafi خفي a. A., *gizli*, T. secret, caché; latent; d. de *hafa*.

Hafid حفيد s. A. au pl. *ahfad*, petit-fils.

Hafif خفيف a. A. léger (poids), léger, agile, leste, prompt; d. de *hiffèt*; *hafif tabi'atle*, d'un naturel léger, volage; *hafif ul-'akl*, léger d'esprit, étourdi.

Hafifgè خفيفجه ad. T. légèrement.

Hafiflènmèk خفيفلنمك T. se rendre léger, se soulager.

Hafiflètmèk خفيفلتمك T. alléger, soulager.

Hafiflik خفيفلك s. T. légèreté, manque de gravité.

Hafikan خافقان s. A. (duel), l'orient et l'occident.

Hafikèyn خافقين s. A. (duel), v. le précédent.

Hafiyè خفيه s. A. au pl. *hafaya*, chose secrète; police secrète; *hafiyè mèèmourou* ou *hafiyè*, agent de la police secrète; a. fém. de *hafi*.

Hafiyèn خفيا ad. A. en secret, en cachette; secrètement.

Hafr حفر s. A. action de creuser, de fouiller; *hafr ètmèk*, fouiller, fouir, creuser la terre.

Hafta هفته s. T. vulg.

24

(hèftè, P.), semaine ; gèlè-ǧèk hafta, la semaine prochaine ; gèčèn hafta, la semaine passée.

Haftalek هفته‌لق a. T. qui se fait par semaine, hebdomadaire ; s. salaire hebdomadaire ; semaine.

Haftan خفتان s. A. (kaftan, T. vulg.), vêtement de dessus, manteau ou vêtement d'honneur que les princes orientaux avaient coutume de donner aux envoyés étrangers comme marque de distinction.

Haǧalèt حجالت s. A. honte, confusion.

Haǧamat حجامت s. A. v. haǧamèt.

Haǧamatǧe حجامتجی s.T. chirurgien ou barbier qui pose les ventouses ou fait des scarifications.

Haǧamèt حجامت s. A. (haǧamat), ventouse, scarification faite au corps ; en T. us. bouynouz, ventouse ou corne ; haǧamat ètmèk, poser les ventouses ; scarifier le corps.

Haǧat حاجات s. A. pl. de haǧèt, choses nécessaires, besoins.

Haǧayivat حاجایواط s.T. arlequin.

Haǧè حاجه s. A. nécessité, besoin ; 'indèl haǧè, en cas de besoin.

Haǧè خواجه s. P. maître, sieur ; maître d'école, professeur ; négociant, marchand ; en T. us. hoǧa, maître d'école.

Haǧègi خواجگی s. P. seigneurie, état de maître, professorat ; titre qu'on donnait aux marchands patentés.

Haǧègian خواجگان s. P. pl. de haǧè, maîtres, sieurs ; maîtres d'école, professeurs.

Haǧèlè حجله s. A. (p. u.), chambre nuptiale ; en T. us. gèlin odasse.

Haǧèr حجر s. A. au pl. ahǧar ou hiǧar, pierre ; en T. us. tach ; haǧèri sèmavi, bolide.

Haǧèt حاجت s. A. au pl. haǧat, nécessité, besoin ; haǧèt yok, il n'y a pas besoin ; nè haǧèt, à quoi bon ? dèf'i haǧèt ètmèk, faire ses besoins.

Haǧètmènd حاجتمند a. s. P. nécessiteux, pauvre.

Hağğ حَجّ p. pr. s. A. au pl. *huğğağ*, qui fait le pèlerinage de la Mecque ; pèlerin ; on dit aussi *èl hağğ*.

Hağğ حَجّ s. A. pèlerinage à la Mecque ; *hağğè gitmèk*, faire le pèlerinage.

Hağğam حَجَّام p. pr. A. qui scarifie ; s. chirurgien ou barbier qui pose les ventouses ou fait des scarifications ; d. de *hağamèt*.

Hağğè حَاجَّة s. A. fém. de *hağğ*, femme qui a fait le pèlerinage de la Mecque; en T. us. *hağğè hanem*.

Hağï حَاجِي s. T. pour *hağğ*, pèlerin.

Hağim حَاجِم p. pr. A. qui scarifie ; s. chirurgien ou barbier qui pose les ventouses ou fait des scarifications ; d. de *hağamèt*.

Hağm حَجْم s. A. volume, corps.

Hağr حَجْر s. A. v. le suivant.

Hağz حَجْز s. A. séquestre ; *tahti hağzè almak*, séquestrer.

Hah خَواه impér. a. P. veux, désire ; qui veut, qui désire, qui aime ; sert à former des mots composés ; *hayr-hah*, bienveillant ; *bèd-hah*, malveillant ; *tarakkè-hah*, progressiste.

Hah خَواه s. P. vœu, désir, volonté ; *dil hah* ou *hater hah*, le désir du cœur.

Haham خَاخَام s. T. rabbin, prêtre juif ; *haham bache*, le grand rabbin.

Hahamlek خَاخَاملِق s. T. rabbinat.

Hahèr خَواهَر s. P., *hèmchirè*, sœur.

Hahèr-zadè خَواهَر زَاده s. P. fils ou fille de la sœur, neveu, nièce.

Hahich خَواهِش s. P. volonté, désir.

Hahich-gèr خَواهِشكَر a. P. qui veut, qui désire ; désireux.

Hah-na-hah خَواه نَاخَواه ad. P., *tav'an ou kèrhèn*, A. bon gré, mal gré ; en T. us. *istèr istèmèz*.

Hak خَاك s. P., *turab*, A., *toprak*, T. terre, poussière ; terre d'un tombeau ; *hak-bèrabèr*, très humble, m. à m. qui arrive jusqu'à terre ; *čakèri hak-bèrabèrlèri*, votre très humble serviteur (terme de modestie); *ḣak ilè yeksan ètmèk*, ruiner, détruire de fond en comble.

Ḣakan خاقان s. A. au pl. *ḣavakin*, empereur, monarque, souverain ; d. du chinois *houhank* ; *ḣakani čin*, empereur de la Chine. Les princes mongols et tartares portaient ce titre au temps de leur indépendance ; il est donné également aux Sultans Ottomans.

Ḣakani خاقانى a. A. impérial, royal ; *dèftèri ḣakani*, ministère des archives de l'État.

Ḣakarèt حقارت s. A. mépris, dédain, insulte, mauvais traitement ; *ḣakarèt ètmèk*, mépriser, témoigner du dédain, du mépris; maltraiter.

Ḣakayik حقائق s. A. pl. de *ḣakikat*, vérités.

Ḣakdan خاكدان s. P. terre, monde, le globe terrestre.

Ḣakèm حكم s. A. arbitre.

Ḣakğa حقّه ad. T. légitimement, raisonnablement.

Ḣaki حاكى p. p. s. A. qui raconte ; narrateur ; d. de *hikiayè*.

Ḣakik حقيق a. A. juste, vrai ; qui a raison.

Ḣakika حقيقة s. A. v. le suivant ; *fil ḣakika*, réellement, en effet.

Ḣakikat حقيقت s. A. au pl. *ḣakayik*, vérité, réalité, droiture, sincérité, fidélité; affection ; *ḣakikate haldè*, en réalité ; *ḣakikat chinas*, qui connaît la vérité.

Ḣakikatèn حقيقةً ad. A. en vérité, vraiment, réellement, en effet.

Ḣakikatle حقيقتلو a. T. vrai, sincère, fidèle, réel ; droit ; affectionné.

Ḣakiki حقيقى a. A. vrai, réel ; objectif.

Ḣakim حكيم s. A. au pl. *ḣukèma*, sage, savant, docte ; philosophe ; d. de *ḣikmèt*.

Ḣakim حاكم p. pr. s. A. au pl. *ḣukkiam*, qui commande, qui domine, qui gouverne ; juge, magistrat, commandant, gouverneur, supérieur, administrateur; prince, monarque ; d. de *hukm*; *hakimi moutlak*, Dieu.

Hakimanè حاكمانه ad. P. magistralement; d'un ton imposant; a. magistral, imposant.

Hakimanè حكيمانه ad. P. sagement, prudemment; philosophiquement; a. sage, prudent, etc.

Hakimlik حاكملك s. T. judicature; office et profession de juge.

Hakim ol. حاكم اولمق T. être juge, commander, exercer l'autorité; dominer (en parlant d'une place).

Haki-pay خاكپای s. P. terre qu'on foule avec les pieds; poussière des pieds; présence; on dit par extension *hakipayiñiz*, pour (vous, votre seigneurie).

Hakir حقير a. A. vil, méprisable, abject, mesquin, chétif; humble, modeste; d. de *hakarèt*.

Hakiranè حقيرانه ad. P. humblement, modestement.

Hakistèr خاكستر s. P. (p. u.), cendre; en T. us. *kul*.

Hakk حق s. A. au pl. *houkouk*, vérité; justice, droit, raison; somme due; devoirs que l'on a envers quelqu'un; a. vrai, juste; *hakk tè'ala*, le Très-Haut (Dieu); *ğènabe hakk*, Dieu; *hakk der*, c'est vrai, c'est juste; *hakk uzrè*, selon le droit, la justice; *allah hakke ičun*, pour l'amour de Dieu; *ana baba hakke*, devoirs envers ses parents; *hakkenda*, à propos de, sur le compte de, à son égard, en sa faveur; *hakkeñezda*, sur votre compte, en votre faveur; *hakk ètmèk*, mériter (par le travail); *hakke olmak*, avoir raison; *hakk vèrmèk*, rendre justice; *hakkene yèmèk*, ne pas payer à quelqu'un ce qui lui est dû; *hakkendan gèlmèk*, châtier, punir; soumettre, vaincre; *hakke var*, il a raison; *hakke yok*, il a tort.

Hakka حقا ad. A. véritablement, vraiment, en vérité, en effet.

Hakkani حقانى a. A. vrai, véritable; divin.

Hakkaniyèt حقانيت s. A. justice, équité.

Hakkaniyètlè حقانيتله ad. T. (*hakkaniyèt ilè*), justement, équitablement; avec justice.

Hakkaniyètli حقّانيتلی a. T. juste, équitable.

Hakkaniyètsiz حقّانيتسز a. T. injuste.

Hakkaniyètsizlik حقّانيتسزلك s. T. injustice.

Hakk-chinas حقشناس a. P. qui connaît la justice et la vérité.

Hakki حكّ s. A. action de gratter, de racler; d'effacer; de graver; gravure; *hakki ètmèk*, graver (en T. us. *kazemak, oymak*); *piring uzèrinè hakki ètmèk*, graver sur le bronze.

Hakkiak حكّاك s. A. graveur.

Haklachmak حقلاشمق T. régler ses comptes avec quelqu'un, être quitte envers quelqu'un en lui rendant service pour service.

Haklamak حقلامق T. venir à bout de; dompter; regarder comme dû; s'arroger.

Hakle حقلی a. T. qui a raison, qui a droit; d. de *hakk*.

Haksar خاكسار a. P. déchu, ruiné; humble, modeste.

Haksez حقسز a. T. qui n'a pas raison ou droit; injuste, inique; ad. injustement; d. de *hakk*; *haksez yèrè*, sans aucune raison.

Haksezlek حقسزلق s. T. injustice, iniquité.

Hal حال s. A. au pl. *ahval*, état, position, situation, condition, cas; présent (gramm.); comme mot turc, pouvoir, moyens pécuniaires; *halim yok*, je n'ai pas le pouvoir, la force; *hèr nè hal issè*, quoiqu'il en soit; *hal bou ki*, tandis que; *hèr haldè*, en tout cas; *'ala kulli halin*, de quelque manière que ce soit; *fil hal*, sur-le-champ, tout de suite; *bèhèmè hal*, inévitablement, à coup sûr; *kèndi halindè olmak*, être dans son état naturel; *'arzi-hal* (*'arzouhal*), placet, pétition, requête; *'arzouhal ètmèk*, exposer l'affaire; *haldèn añlamak*, compatir et remédier aux maux d'autrui; *hal sormak*, s'informer de l'état ou de la santé de.

Hal حال a. A. présent, actuel; *chèhri ou mahi hal*, le mois courant.

Hal خال s. A. orgueil, arrogance; en T. us. *kibr*.

Hal خال s. P. mouche dans la figure; tache naturelle sur la peau, grain de beauté; en T. us. *bèñ*.

Hala خاله s. T. tante paternelle, sœur du père.

Hala خلا s. A. le vague, le vide; solitude; latrines.

Hala حالا ad. A. maintenant, actuellement, à présent, présentement; encore.

Halal حلال s. A. *(hèlal,* T. vulg.), chose licite, permise; époux, épouse; a. permis, légitime; qui n'est pas prohibé; *hèlal ètmèk,* reconnaître une chose légitime; pardonner à l'usurpateur en renonçant à la chose usurpée; pardonner; *hèlallegha almak,* épouser.

Halallachmak حلال لاشمق T. *(hèlallachmak),* se pardonner mutuellement, demander pardon à ceux qu'on va quitter en partant ou en mourant; régler ses comptes avec quelqu'un.

Halal-zadè حلال زاده a. s. P. *(hèlal-zadè,* vulg.), fils légitime qui a des mœurs chastes.

Halas خلاص s. A. *(hèlas,* T. vulg.). salut, délivrance, rédemption; *hèlas olmak* ou *boulmak,* être délivré; *hèlas ètmèk,* sauver, délivrer.

Halat حالات s. A. pl. de *halèt,* cas, circonstances.

Halat خلاط s. T. câble, cordage; grosse corde.

Halavèt حلاوت s. A. douceur, suavité, grâce, charme.

Halavèt-bahch حلاو تبخش a. P. qui adoucit; gracieux, charmant.

Halayek خلايق s. T. (employé comme sing.) signifie servante, esclave; d. de l'A. *halayik.*

Halayik خلايق s. A. pl. de *halika,* créatures, natures.

Haldè حالده conj. T. si, en cas que; *gèldiyi haldè,* en cas qu'il vienne.

Hale خالی s. T. *(kali),* tapis.

Halè خاله s. A. tante maternelle; *'ammè*, tante paternelle; tandis que le mot turc *hala*, qui dérive du mot présent *halè*, signifie sœur du père.

Halè هاله s. A. cercle autour de la lune; halo.

Halèf خلف s. A. au pl. *ahlaf*, successeur, postérité; *halèf olmak*, succéder à quelqu'un; *hayr ul-halèf*, fils digne de son père.

Haleğ حاج s. T. azerole (fruit); *haleğ aghağe*, azerolier.

Halèğan خلجان s. A. agitation, tremblement; anxiété; *halèğani kalb*, battement, palpitation de cœur.

Haleğe خالیجی s. T. tapissier, qui fait ou vend des tapis; d. de *hale*.

Halèl خلل s. A. détriment, préjudice, dommage; défaut, vice, dérangement, désordre; altération; *halèl vèrmèk* ou *gètirmèk* ou *iras ètmèk*, endommager, déranger, troubler, altérer, porter atteinte; *halèl gèlmèk*, être endommagé, dérangé, altéré.

Halèt حالت s. A. au pl. *halat*, cas, circonstance.

Halèzon حلزون s. T. colimaçon, limace, escargot.

Halèzoni حلزونی a. A. (mot barbare), spiral (anat.).

Half خلف s. A. dos, derrière; en T. us. *art, arka*.

Half حلف s. A. serment; action de prêter serment.

Hali خالی a. A., *tèhi*, P., *boch*, T. vide, désert; isolé, exempt, libre; d. de *hala*; *hali vaket*, loisir; *hali yèr*, désert, lande.

Hali حالی p. pr. A. qui porte une parure; qui s'orne.

Hali حالی a. A. présent, actuel; au fém. *haliè*; *sènèyi haliè*, année courante.

Halid خالد a. A. éternel; d. de *hould*.

Haliè حالیه a. A. fém. de *hali*, qui s'orne (femme).

Halif خالف p. pr. A. qui vient après, qui reste en arrière; d. de *half*.

Halifè خلیفه s. A. au pl.

HALI 377 **HALK**

houlèfa, successeur, lieutenant ; calife, successeur de Mahomet ; monarque ; secrétaire attaché à un bureau de la Sublime Porte ; d. de *ḫilafèt*.

Haliġ خليج s. A. golfe étroit ; *haliġi kostantiniyè*, Corne d'or, canal.

Halik هالك p. pr. A. qui périt ; d. de *hèlak*.

Halik خالق p. pr. A. qui crée ; s. le Créateur (Dieu) ; d. de *ḫalk* ; *ahsèn ul-ḫalikin*, le plus beau des créateurs (Dieu).

Halika خليقة s. A. au pl. *ḫalayik*, créature ; nature, caractère.

Halil حليل s. A. époux, mari ; d. de *halal*.

Halil خليل s. A. au pl. *houllan*, ami vrai, sincère, intime ; d. de *ḫoullèt* ; *ḫalil oullah*, l'ami intime de Dieu (Abraham).

Halilè حليلة s. A. fém. de *halil*, épouse, femme légitime.

Halilè خليلة s. A. fém. de *ḫalil*, amie vraie, sincère, intime ; épouse.

Halim حليم a. A. affable, doux, d'un caractère calme, paisible ; d. de *hilm*.

Hali ol. خالى اولمق T. être désœuvré, sans affaires ; cesser de.

Halis خالص a. A. pur, sans mélange, non falsifié, vierge ; vrai, sincère ; d. de *ḫoulous* ; *ḫalis charab*, vin pur.

Halissè خالصه a. A. fém. de *ḫalis*, pure, etc.

Haliya حاليا ad. A. actuellement, présentement.

Haliyèt حالية s. A. fém. de *hali*, femme qui s'orne, qui se pare.

Halk خلق s. A. au pl. *aḫlak*, création ; créatures ; peuple, population ; public ; gens ; multitude ; populace ; *bayaghe ḫalk*, le vulgaire, le bas peuple ; *ḫalk 'alèm*, tout le monde ; *ḫalkeñ dilinè duchmèk*, être l'objet de la critique ou du blâme public.

Halka حلقة s. A. boucle, anneau, cercle ; milieu ; *halka halka*, annelé ; *halka olmak*, se replier comme un serpent.

Halka-bè-giouch حلقه‌به‌

Halkouch بكوش; a. P. qui a un anneau à l'oreille (marque des esclaves), esclave pour toute la vie.

Halkale حلقهلی a. T. qui a des anneaux, annelé.

Hall حل s. A. action de dénouer, de dissoudre, de résoudre; dénoûment, arrangement; résolution; explication d'une énigme, etc.; analyse (chim.); *hall ou'akdi oumour*, la direction des affaires; *hall ètmèk*, dénouer, délier, résoudre; arranger; expliquer; fondre, analyser chimiquement.

Hallak خلاق p. pr. s. A. qui crée, créateur, Dieu; d. de *halk*; en T. us. *yaradège*.

Hallal حلال p. pr. A. celui qui délie, qui dénoue, qui résout une difficulté; d. de *hall*.

Halli حلی a. A. analytique.

Halt خلط s. A. action de mélanger, de mêler; mélange; radotage; *halt èdèyorsoun*, vous ne savez pas ce que vous dites (expression offensante).

Halta خالطه s. T. collier de chien.

Halva حلوا s. A. (*hèlva*, T. vulg.), au pl. *halviyat*, pâte douce, douceurs faites avec du sucre ou du miel, du beurre et de la farine roussie; *hèlva pichirmèk*, faire cuir le halva; *koudrèt hèlvasse*, manne, m. à m. mets doux de la Providence; *koz hèlvasse*, pâte faite de noix et de sucre ou de sapa; *kètèn hèlvasse*, pâte faite de sucre, de beurre et de farine, très blanche et fine comme le fil de lin; *tahin hèlvasse*, pâte faite de miel, de sapa ou de sucre, de farine et d'huile de sésame.

Halvèt خلوت s. A. solitude, retraite; chambre particulière; petit cabinet dans un bain turc; *halvèt ètmèk*, se retirer, rester seul; donner une audience en tête à tête.

Halvèt-giah خلوتگاه s. P. retraite, solitude.

Halvèt-guzin خلوتگزین a. P. qui choisit la vie solitaire et retirée.

Halvèt-hanè خلوتخانه s.

Halvèt-nichin خلوتنشين a. P. solitaire, ermite.

Halvèt-sèray خلوسرای s. P. palais, résidence solitaire du Sultan.

Halviyat حلويات s. A. pl. de *halva*, pâtes douces, douceurs ; v. *halva*.

Ham حام n. p. A. Cham, deuxième fils de Noé ; ses descendants peuplèrent l'Afrique.

Ham خم a. P. plié, courbé ; crépu ; s. boucles de cheveux.

Ham خام a. P. cru, qui n'est pas cuit ou mûr ; tout ce qui n'est pas travaillé, brut ; inculte, grossier ; ignorant, inexpérimenté ; *ham toprak*, terrain inculte ; *ham chèkèr*, sucre brut, moscouade ; *ham èlmas*, diamant brut ; *ham mèyvè*, fruit vert.

Hamakat حماقت s. A. stupidité, sottise.

Hamal حمال s. T. v. *hammal*, A.

Hamam حمام s. T. v. *hammam*, A.

Hamamğe حمامجی s. T. maître du bain (celui qui tient un bain public) ; baigneur.

Hamarat حارت a. T., *čalechkan*, appliqué, soigneux.

Hamayil حمايل s. A. scapulaire ; amulette ; baudrier.

Hambar هامبار s. T. v. *anbar*.

Hamd حمد s. A. louange ; gloire, grâce ; *lil-lahil-hamd* ou *lèh oul-hamd*, gloire à Dieu ; *èl hamdou lil-lah* ou *hamd olsoun*, grâce à Dieu.

Hamdèlè حمدله s. A. prononciation abrégée de la phrase *èl hamdou lil-lah*, grâce à Dieu.

Hamè خامه s. P. plume, roseau à écrire.

Hami حامی p. pr. s. A. au pl. *houmat*, qui protège ; protecteur, défenseur, patron ; d. de *himayè*.

Hami خامی s. P. crudité, état de ce qui n'est pas cuit ou mûr.

Hamid حميد a. A. loué,

louable, digne de louange ; une des épithètes de Dieu ; *'abd ul-hamid*, le serviteur de Dieu ; nom de S. M. I. le Sultan régnant.

Hamid حامد p. pr. A.(p.u.), qui loue, qui glorifie Dieu, qui rend grâce ; d. de *hamd*.

Hamil حامل p. pr. A. qui porte, qui tient, qui possède ; s. porteur, détenteur ; a. muni ; d. de *haml* ; *hamili varaka*, le porteur de la présente ; *tavsiyè-namèyi hamil olarak*, étant muni de la lettre de recommandation.

Hamilè حامله s. A. fém. de *hamil*, enceinte, grosse (femme) ; en T. us. *gèbè* ; *hamilè olmak* ou *kalmak*, devenir enceinte.

Hamilèn حاملاً ad. A. en portant sur lui.

Hamir خمير s. A. pâte ; levain.

Hamis خامس a. num. A., *bèchinĝi*, T. cinquième.

Hamissèn خامساً ad. A. cinquièmement, quinto.

Hamiyèt حميت s. A. zèle, ardeur, amour-propre ; patriotisme.

Hamiyètli حميتلو a. T. zélé, ardent ; qui a des sentiments patriotiques.

Hamiyèt-mènd حميتمند a. P. zélé, patriote ; le pl. persan *hamiyètmèndan*, est aussi usité en turc.

Hamiz حامض a. A. acide ; s. acide ; d. de *houmouza*.

Hamiziyèt حامضيت s. A. acidité.

Haml حمل s. A. au pl. *houmoul*, charge, fardeau, accusation, imputation ; patience ; fig. fruit du ventre (d'une femme ou d'une femelle) ; *haml ètmèk*, charger d'un fardeau ; accuser, attribuer ; *vaz'i haml ètmèk*, accoucher, enfanter.

Hamla حمله s. T. v. *hamlè*.

Hamlaĝi حملهجى s.T. chef des rameurs d'un caïque, d'une barque ou d'une galère.

Hamlamak خاملامق T. ne pouvoir point travailler ni résister à la fatigue par suite de l'inaction et de la mollesse.

Hamlè حمله s. A. (hamla, T. vulg.), effort, attaque, charge.

Hamlek خاملق s. T. crudité, ce qui n'est pas mûr; inexpérience; ignorance; d. de ḫam.

Hammal حمّال s. A. (hamal, T. vulg.), portefaix; serek hamale, portefaix à barre.

Hammallek حمّاللق s. T. (hamallek), métier de portefaix; fig. travail grossier et pénible.

Hammam حمّام s. A. (hamam, T. vulg.), bain; établissement de bains; hamam beuğèyi, espèce de scarabée qui se trouve dans les bains chauds; koudrèt hamame, source naturelle d'eau chaude; dèñiz hamame, bain de mer.

Hammamè حمامه s. A. pigeon, colombe; en T. us. guvèrğin.

Hammami حمامى s. A. v. hamamğe.

Hammè هامه s. A. au pl. hèvvam, insecte, reptile.

Hamouch خاموش a. P. silencieux.

Hamoun هامون s. P. plaine.

Hamour خمور s. T. pâte, levain; pâte pétrie; d. de l'A. ḫamir; ḫamour toutmak, faire de la pâte; bir ḫamour ètmèk, mêler tout ensemble; ḫamour ichi, pâtisserie; ḫamour ichinè karechmak, se mêler d'affaires qui sont au-dessus de ses forces; a. (fig.) mou, qui n'est pas bien cuit; ḫamour èkmèk, pain qui n'est pas bien cuit.

Hamourğou خورجى s. T. pâtissier, ouvrier qui pétrit le pain dans un four.

Hamourlamak خورلامق T. couvrir de pâte.

Hamoursouz خورسز a. T. sans levain (pain); ḫamoursouz bayrame, azyme (fête des Israélites).

Hampa هامپا s. T. compagnon dans le vice, complice; d. du P. hèm-pa.

Hamr خمر s. A., badè, mèy, P. vin; en T. us. charab.

Hamra حمرا a. A. fém. de ahmèr, rouge; èl-hamra, (dont les Européens ont fait Alhambra), nom d'un superbe palais, situé sur le sommet du coteau escarpé qui domine la ville de Grenade (Espagne). Ce monument magnifique qui remplissait la double destination de palais et de forteresse, fut construit par Abou-Abdalla-Bennasser, prince maure qui régna à Grenade depuis l'an 1231 jusqu'en 1273.

Ḥamri خمرى a. A. vineux.

Ḥamsè خمسة a. num. A., *pènğ*, P., *bèch*, T. cinq.

Ḥamsi خمسى s. T. anchois (poisson).

Ḥamsin خمسين a. num. A., *pènğah*, P., *èlli*, T. cinquante; s. les 50 jours de l'hiver qui suivent l'*èrba'yin* (*èrbè'yin*), v. ce mot.

Ḥamyaz خامياز s. P. baîllement; en T. us. *èsnèmè*.

Ḥamyazè خامیازه s. P. v. le précédent.

Ḥan خوان s. P. repas; plateau; table.

Ḥan خان s. P. prince, souverain, monarque, empereur, grand seigneur; les Sultans Ottomans prennent le titre de *han*; *soultan 'abd ul-hamid han sani*, l'Empereur Abd ul-Hamid II; *soultan sèlim han*, le Sultan Sélim.

Ḥan خان s. P. hôtel, hôtellerie, station des caravanes des voyageurs; demeure de diverses classes de négociants ou de corps de métier; grand édifice pour marchandises.

Ḥan خوان impér. a. P. lis, récite; qui lit, etc.; d. du verbe *handèn*; *ghazèl-han*, qui récite des poésies lyriques.

Ḥanadik خنادق s. A. pl. de *handak*, fossés.

Ḥanazir خنازير s. A. pl. de *henzir*, cochons, porcs.

Ḥan-balek خان بالق n. p. nom tartare de la ville de Pékin.

Ḥančèr خنجر s. P. (*hanğèr*), poignard long.

Ḥandak خندق s. A. (*hèndèk*, T. vulg.), au pl. *hanadik*, fossé; tranchée; *kalèniñ hèndèklèri*, les fossés d'une place forte; *hèndèk kazmak*, faire un fossé, creuser un fossé ; se retrancher.

Ḥandan خَنْدَان a. P. riant, gai.

Ḥandè خنده s. P. rire, sourire ; raillerie, moquerie.

Ḥanè خانه s. P. maison, habitation, logement; étui; place réservée à chacun des ordres de chiffres, aux unités, aux dizaines, etc. ; chacune des divisions d'une table. Le mot *ḥanè* sert à former des noms composés : *kutub-ḥanè*, bibliothèque ; *hasta-ḥanè*, hôpital ; *ḥanè-bèr-douch*, qui porte sa maison sur ses épaules, nomade ; *ḥanè-pèrvèr*, grandi dans la maison ; *ḥanè-harab*, ruiné, dont la maison est ruinée. Quelquefois il se joint même à des mots turcs ; *timar-ḥanè*, hôpital des fous ; *barout-ḥanè*, poudrière, etc.

Ḥanèdan خاندان s. P. famille, maison d'un prince ou d'un seigneur.

Ḥanèdanlek خاندانلق s. T. hospitalité.

Ḥanègi خانگی a P. qui a rapport à la maison ; domestique.

Ḥanem خانم s. T. dame, madame, titre qu'on donne aux femmes de grande distinction, on dit aussi *ḥanem èfèndi* ; *ḥanem-kez*, demoiselle, mademoiselle ; *ḥanem beuğèyi*, libellule (insecte) ; *ḥanem èli*, digitale (plante).

Ḥaneman خانمان s. P. famille, maison.

Ḥanèndè خواننده s. P. chanteur.

Hange هانكی pronon. T. quel, lequel, laquelle ; *hange kitabe istèrsin*, quel livre veux-tu ? *hangesseñ istèrsèñ vèr*, donne lequel tu voudras ; *hangemez*, qui de nous ? *hangeñez*, qui de vous ? *hangelare* qui d'eux ? *hangesse oloursa olsoun*, n'importe qui.

Ḥanğèr خجر s. P. v. *hančèr*.

Ḥani خانی a. P. appartenant à un *ḥan*, à un souverain ou à un prince.

Ḥanik خانق p. pr. a. A. qui étrangle, qui étouffe ; suffocant, étouffant ; d. de *ḥank*.

Ḥank خنق s. A. étranglement.

Hanlek خانلق s. T. titre et dignité de *ḫan*.

Hannas خناس s. A. diable, démon, Satan ; en T. us. *chèytan*.

Hanout حاووت s. A. d. de l'Arm. *ḥanout*, au pl. *havanit*, magasin, boutique.

Hantal حنطل a. T. gros, énorme, disproportionné.

Hanya خانيه n. p. T. La Canée ; ville et port de l'île de Candie.

Haouḡ هاوج s. T. (*havouḡ*), carotte, on dit aussi *kichir*, mais *haouḡ* est plus usité.

Hapes حبس s. T. v. *habs*.

Har خوار a. P. méprisable, vil ; avili, ignoble ; le mot *ḫor*, P. est plus usité en turc.

Har خار s. P. épine ; pierre dure.

Har خوار impér. a. P. mange, dévore, bois ; qui mange, etc. (pour *ḫor*, vrai impér. du verbe *ḫordèn*, manger); sert à former des mots composés ; *mèrdum-ḫar*, anthropophage ; *kiah-ḫar*, herbivore ; *gioucht-ḫar*, carnivore ; *chèrab-ḫar*, buveur de vin.

Hara خارا s. P. (p. u.), *mèrmèr*, T. marbre.

Harab خراب s. A. dévastation, destruction, désolation, ruine, désert, ravage; a. dévasté, détruit, ruiné, ravagé, dépeuplé ; *ḫarab èdiği*, destructeur, ravageur.

Harabat خرابات s. A. pl. de *ḫarabè*, ruines ; comme sing. taverne, cabaret.

Harabati خراباتی a. P. qui passe son temps dans les tavernes ; ivrogne ; qui s'habille d'une manière très négligée et sale, et mène une vie irrégulière.

Harabatilik خراباتیلك s. T. état d'un homme qui passe son temps dans les tavernes, etc.

Harabè خرابه s. A. au pl. *ḫarabat*, ruine, débris.

Harabè-nichin خرابه نشین a. P. qui demeure dans les ruines.

Harab èt. خراب اتمك T. ravager, détruire, dévaster, désoler, ruiner, dépeupler.

Ḫarabè-zar خرابه‌زار s. P. lieu couvert de ruines.

Ḫarabiyèt خرابيت s. A. ruine, destruction complète.

Ḫarab ol. خراب اولمق T. tomber en ruine; être détruit, ruiné.

Ḫaraġ خراج s. A. ancien tribut que payaient annuellement les sujets chrétiens du Gouvernement Ottoman.

Ḫaraġġe خراججى s. T. percepteur du tribut dit *ḫaraġ*.

Ḫaraġ-guzar خراج‌گذار a. P. tributaire.

Ḫaram حرام s. A. chose illicite, défendue, prohibée; a. illicite, défendu; prohibé par Dieu; *ḫaram yèmèk*, voler, se corrompre, accepter de l'argent illicitement; *ḫaram ètmèk*, ne pas laisser jouir de quelque chose; *yèmèyimi ḫaram ètdilèr*, on ne m'a pas laissé manger tranquillement; *yèdiyi èkmèk oña ḫaram der*, il ne mérite pas le pain qu'il mange.

Ḫarami حرامى s. A. voleur, brigand.

Ḫaramilik حراميلك s. T. vol; brigandage.

Ḫaram-zadè حرامزاده s. P. enfant illégitime, naturel, bâtard; fig. coquin.

Ḫaram-zadèlik حرامزاده‌لك s. T. naissance illégitime; bâtardise; fig. fourberie, friponnerie, malice.

Ḫarar خرار s. T. grand sac fait de crin.

Ḫararèt حرارت s. A. chaleur; soif ardente; fièvre.

Ḫarassèt حراثت s. A. labour; agriculture.

Ḫarb حرب s. A. au pl. *houroub*, guerre, combat, bataille; *alati ḫarb*, armes offensives, machines de guerre, engin; *divani ḫarb*; cour martiale; *èrkiani ḫarb*, état-major; *fènni ḫarb*, art militaire; *'ilani ḫarb*, déclaration de guerre; *mèydani ḫarb*, champ de bataille; *ḫarba tèchèbbus ètmèk*, entreprendre la guerre; *ich'ali nayirèyi ḫarb ou kital ètmèk*, allumer la guerre; *ḫarb hèngiamenda* ou *èsnayi ḫarbdè*, en temps de guerre.

Ḫarba حربا s. P. image

du soleil réfléchi dans une nuée ; parhélie.

Harbè حربة s. A. hallebarde.

Harbèği حربجى s. T. hallebardier.

Harbèn حرباً ad. A. à main armée, par la force ; en faisant la guerre.

Harb èt. حرب اتمك T. militer, guerroyer, combattre, faire la guerre.

Harb-giah حربكاه s. P., *mèydani harb*, champ de bataille.

Harbi حربى a. A. guerrier, de guerre, militaire, appartenant à la guerre ; ennemi.

Harbi حربى s. T. baguette de fer propre à charger les fusils et les pistolets d'ancien système.

Harbiğè حربجه ad. T. à la guerre comme à la guerre.

Harbiyè حربيه a. A. fém. de *harbi*, militaire ; *oumouri harbiyè*, affaires militaires, affaires de guerre ; *oussoul vè kava'yidi harbiyè*, lois de la guerre ; *houd-*

'ayi harbiyè, ruse de guerre ; *tèdabiri harbiyè*, raison de guerre ; *mèktèbi harbiyè*, école militaire ; *harbiyè nèzarèti*, ministère de la guerre ; *harbiyè nazerè* ou *sèr-'askèr*, ministre de la guerre.

Harch خرش s. A. égratignure ; action d'égratigner, de gratter ; d'irriter.

Hardal خردل s. T. (*hardèl*, A.), moutarde.

Hardèl خردل s. A. v. le précédent.

Hareb خروب s. T. v. *harroub*.

Harèkè حركة s. A. dénomination des trois signes *ustun* (´), *èsrè* (¸), *euturu* (') posés au-dessus et au-dessous des lettres, et qui tiennent lieu de voyelle ; ils servent à faciliter la lecture ; chacun de ces signes mêmes.

Harèkèli حركلى a. T. qui est marqué des signes précédents.

Harèkèt حركت s. A. au pl. *harèkiat*, mouvement, motion, manière d'agir ; action, geste, impulsion, excitation ; conduite ; départ; exercice ; *harèkèti arz*, tremblement de terre ; *harèkèti tèdafou'iyè*, mouvement défensif; *harèkèti tè'arrouziyè*, mouvement offensif (mil.) ; *harèkèti izafiyè*, mouvement relatif ; *harèkèti dèvèraniyè*, mouvement de rotation ; *harèkèti mustèviyè*, mouvement uniforme ; *harèkèti mutèhavvilèyi mountazama*, mouvement varié ; *harèkèti raksiyè*, mouvement d'oscillation ; *harèkèti mutèradifè*, mouvement alternatif ; *harèkèti ihtizaziyè*, mouvement de balancement ; *harèkèti ihtiari*, mouvement spontané ; *kurèyi arzeñ harèkèti yèvmiyèssi*, mouvement diurne ; *harèkèti sènèviyè*, mouvement annuel; *harèkèt ètmèk*, agir, faire du mouvement, se mouvoir; s'agiter ; gesticuler ; partir ; *ada vaporou kaèda harèkèt èdèyor*, à quelle heure part le bateau de Prinkipo? *dokouzda*, à neuf heures.

Harèkètsiz حركتسز a. T. immobile.

Harèkiat حركات s. A. pl. de *harèkè* et de *harèkèt*, signes, mouvements, etc.

Harel خارل partic. T. qui répétée, imite le bruit de l'écoulement continu et abondant de l'eau ; *harel harel akmak*, couler continuellement et en abondance ; on dit aussi *harel harel scuylèmèk*, parler sans interruption.

Harelte خارلدى s. T. bruit, tapage, vacarme, tumulte ; querelle, dispute.

Harèm حرم s. A. au pl. *ahram*, partie intérieure d'une mosquée ; appartement des femmes musulmanes ; gynécée ; femme, épouse ; partie privée du temple de la Mecque.

Harèman حرمان s. A. duel de *harèm*, les deux villes de la Mecque et de Médine.

Harèmèyn حرمين s. A. également duel de *harèm*, même signification que le précédent.

Harèmlik حرملك s. T. lieu où se trouve le *harèm*, lieu réservé aux femmes musulmanes ; son opposé est *sèlamlek*, qui est la partie de la maison réservée aux hommes.

Haren هارين a. T. fatigué, las ; le mot *yorghoun* (fatigué) est plus usité.

Harenlamak هارنلامق T. se fatiguer ; être fatigué, las ; *yoroulmak*, (se fatiguer) est plus usité.

Harf حرف s. A. au pl. *houroûf* et *houroufat*, lettre de l'alphabet, caractère; particule (gramm.) ; bord, extrémité d'une chose ; fig. mot piquant et provocant ; *harf bè harf*, mot à mot ; littéralement ; *harfi salim*, consonne ; *harf atmak*, lancer des mots piquants pour irriter quelqu'un.

Harf-èndaz حرف انداز a. P. qui lance des mots provocants contre quelqu'un, qui dit des paroles piquantes.

Harf-èndazi حرف اندازى s. P. v. le suivant.

Harf-èndazlek حرف اند... ازلق s. T. action de lancer des mots provocants pour irriter quelqu'un ; paroles piquantes ; provocation.

Harf-gir حرفگیر a. P. qui critique et relève les défauts des autres.

Harf-giri حرفگیرى s. P. critique ; médisance ; action de relever les défauts des autres.

Harğ خرج s. A. dépense, frais ; mortier employé dans la construction ; soutache ; *harğe čok*, il dépense beaucoup ; *harğe dèyil*, il ne peut pas faire ; c'est hors de son pouvoir, de sa capacité ; *harğ ètmèk*, dépenser ; *harğ olmak*, être dépensé, consommé ; *vèkil harğ*, procureur, intendant d'une maison ; *harği rah*, frais de route.

Harğanmak خرجانمق T. faire des dépenses.

Har-gèlè خرگله s.P. (*hèr-gèlè*, T. vulg.), troupeau de chevaux, de mulets, d'ânes non dressés ; cheval, mulet ou âne non habitué à la selle, au bât ; fig. personne dépourvue de toute éducation ; rustre.

Harğ èt. خرج اتمك T., *masraf èt.*, dépenser, faire les frais.

Harğiyè خارجيه a. A. v. *hariğiyè*.

Harğle خرجلى a. T. construit avec du mortier (mur, bâtiment en pierre) ;

orné avec des tresses de galons, soutaché (habit) ; coûteux.

Ḫarḡlek خرجلق s. T. argent pour faire des dépenses ; ǧèb ḫarḡleghe, argent nécessaire à chacun pour ses menus plaisirs, menues dépenses, m. à m. argent de poche.

Ḥarib حريب a. A. dépouillé, saccagé, pillé.

Ḥarib هارب p. pr. a. A. qui fuit ; fugitif ; d. de ḥèrb.

Ḫarif خريف s. A., ḫazan, P. automne ; en T. us. soñ bahar.

Ḥarif حريف s. A. (hèrif, T. vulg.), ami, compagnon, camarade ; personne du même métier ; individu ; bonhomme ; terme de mépris en T. ; nè 'aǧayib hèrif, quel individu excentrique.

Ḥarifanè حريفانه ad. P. en bons compagnons.

Ḫariǧ خارج p. pr. a. A. qui est hors de ; qui ne fait pas partie de ; exclu ; s. le dehors, la partie extérieure ; d. de houroug ; ḫariǧi èz dayirèyi imkian, impossible, m. à m. hors du cercle de la possibilité ; dostloukdan ḫariǧ dir, c'est hors de l'amitié, contraire à l'amitié.

Ḫariǧèn خارجاً ad. A. extérieurement, au dehors, à l'extérieur, opposé à daḫilèn.

Ḫariǧi خارجى a. s. A. au pl. ḥavariǧ, extérieur, externe, étranger, extrinsèque ; rebelle.

Ḫariginde خارجنده ad. T. hors, dehors, exclusivement ; ghalataneñ ḫariǧindè, hors de Galata.

Ḫariǧiyè خارجيه a. A. fém. de ḫariǧi, extérieure ; ḫariǧiyè nèzarèti, ministère des affaires étrangères ; ḫariǧiyè nazere, ministre des affaires étrangères ; oumouri ḫariǧiyè, affaires étrangères.

Harik حريق s. A. incendie ; d. de hark ; en T. us. yanghen.

Harim حرم s. A. au pl. ahram, chose défendue, prohibèe ; ami, compagnon, confident ; vêtement que revêtent les pèlerins de la Mecque.

Harimè حرمة s. A. bien

dont le propriétaire peut disposer à son gré.

Haris حريص a. A. avide, rapace, cupide, ambitieux ; d. de *hirs*.

Haris حارس p. pr. s. A. au pl. *hourras*, qui garde, qui protège ; garde, gardien ; d. de *hirassèt*,

Haris حارث p. pr. s. A. qui cultive la terre ; agriculteur ; d. de *harassèt*.

Harita خريطه s. A. du G. carte géographique ; *haritayi mahsoussa*, carte particulière ; *haritayi 'oumoumiyè*, carte générale ; *haritayi mèvzi'iyè*, carte locale ; *istikchafat haritasse*, levé de reconnaissance ; *haritayi muğèssèmè*, carte en relief ; *haritayi mussattaha*, mappemonde ; *haritayi 'askèriyè*, carte militaire ; *haritayi milkiyè*, carte administrative ; *bou haritada yoghoudou*, on ne pouvait prévoir ceci, m. à m. ceci n'existait pas dans la carte (expression).

Hark حرق s. A. (p. u.), action de brûler ; v. *ihrak*.

Harlamak خارلامق T. a-boyer en s'attaquant (en parlant des chiens).

Harman خرمان s. T. aire, battage ; récolte ; toutes feuilles en général entassées pour être mises en ordre ; *harman savourmak*, battre le blé sur l'aire.

Harman خرمن s. A. v. le précédent.

Harman èt. خرمان اتّك T. mêler différents objets pour les arranger à nouveau ; *tutunu harman ètmèk* ou *harmanlamak*, entasser et préparer les feuilles de tabac pour les mettre en ordre.

Harmanğe خرمانجى s. T. celui qui bat les grains sur l'aire.

Harmanlamak خرمانلامق T. v. *harman èt.*

Haroun هارون n. p. A. Aaron ; *haroun ur-rèchid*, célèbre calife abbasside (765-809), fut l'allié de Charlemagne.

Harr حار a. A. chaud, torride ; d. de *hararèt*; *mintakayi harrè*, zone torride ; *èkalimi harrè*, climats chauds.

Harr حرّ s. A. chaleur; T. us. *siğaklek (seğaklek)*.

Harras حراث p. pr. s. A. qui laboure; laboureur, agriculteur; d. de *harassèt*.

Harroub خروب s. A. caroube ou carouge.

Hars حرث s. A. action de labourer la terre; labour.

Harta خرطه s. T. prononciation vulgaire de *harita*, v. ce mot.

Hartouğ خرتوج s. du F. cartouche.

Has خس s. P. balayure, copeau, sciure; en T. us. *čeur čeup*, balayure; *yongha*, copeau; *talach*, sciure.

Has خاص a. T. vulg. v. *hass*.

Hasbè حسب prép. A. selon, d'après, à cause de, par; *hasbèl luzoum* ou *bi hassèbi*, par nécessité; *hasbèl kadèr*, selon la destinée; *hasbètèn li-llah*, pour l'amour de Dieu; par charité, gratuitement, gratis; en T. us. *allah 'achke ičin*, pour l'amour de Dieu.

Hasbi-hal حسبىالحال s. P. action de se confier mutuellement ses peines et ses souffrances; consultation; *hasbi-hal ètmèk*, consulter, prendre conseil.

Has-keuy خاصكوى n. p. T. village près de Constantinople.

Haslèt خصلت s. A. au pl. *hassayil* et *hissal*, caractère; coutume, habitude.

Hasm خصم s. A. au pl. *houssoum*, adversaire, ennemi.

Hasna حسنا s. A. belle femme.

Hasr حصر s. A. action de cerner, de serrer, d'assiéger, de restreindre, de limiter, de borner; d'approprier, d'assigner; de consacrer; *hasr ètmèk*, cerner, etc.; *hasri èvkat ètmèk*, consacrer le temps.

Hasrèt حسرت s. A. regret et chagrin causés par la perte d'un objet, ou par la séparation de personnes tendrement aimées; désir de les revoir; *hasrèt čèkmèk*, regretter, vivre séparé des personnes aimées; désirer les revoir; *hasrèt kalmak*, être privé d'une chose ardemment désirée.

Hasrèt-kèch حسرتكش a. P. qui souffre d'une perte ou d'une séparation.

Hass خاص p. pr. a. A. (*has*, T. vulg.), qui appartient à la personne du souverain, aux classes distinguées; propre, particulier, spécial, privé; impérial, royal; pur, sans mélange, non falsifié; vrai; d. de *houssous*; *mèğlissi hass*, conseil des ministres; *hass aher*, écuries du palais impérial; *has kètèn*, du lin pur, fin; *has èkmèk*, pain blanc; *has gumuch*, de l'argent pur; *has-keuy*, nom d'un village près de Constantinople.

Hass خاص s. A. au pl. *havass*, personne distinguée; ami intime, confident; d. de *houssous*.

Hassa خاصه s. A. (*hassè*, T. vulg.), espèce de madapolam ou de calicot; *čiftè hassa*, calicot large et double; *humayoun*, calicot de première qualité.

Hassa خاصه a. A. fém. de *hass*, propre, particulière, etc.; *hazinèyi hassa*, trésor impérial, liste civile; *'assakiri hassa*, garde impériale.

Hassad حصاد s. A. moisson; en T. us. *èkin bičmè*.

Hassad حصاد p. pr. A. qui moissonne; s. moissonneur.

Hassafèt حصافت s. A. idées mûres et solides.

Hassan حسن n. p. T. d'homme.

Hassanèt حصانت s. A. chasteté.

Hassar خسار s. A. dommage, perte, avarie.

Hassarèt خسارت s. A. v. le précédent.

Hassas حساس p. pr. a. A. qui sent beaucoup; très sensible; d. de *hiss*.

Hassayil خصائل s. A. pl. de *haslèt*, mœurs, caractères.

Hassayis خصائص s. A. pl. de *hassiyèt*, propriétés; vertus naturelles.

Hassè خاصه s. A. au pl. *havass*, propriété, vertu, qualité.

Hassè خاصه s. T. v. *hassa*.

Hassè طاسه s. A. au pl.

havass, sens, sentiment, sensation.

Hassèb حسب s. A. l'honneur, la valeur personnelle et la dignité qui nous viennent de nos aïeux.

Hassèbilè حسبيله prép. T. à cause de.

Hassèd حسد s. A. jalousie, envie; *hassèd ètmèk*, jalouser, porter envie à, envier.

Hassèdè حسده s. A. pl. de *hassoud*, les envieux, les jaloux.

Hassèdği حسدجى a. s. T. jaloux, envieux.

Hassèki خاصكى s. T. ancien corps de gardes du palais impérial.

Hassel حاصل p. pr. a. A. au pl. *hasselat*, qui provient, qui résulte de; produit; au fém. *hasselè*; d. de *houssoul*; *èsmane hasselè*, produit de la vente d'une maison, etc.; s. produit, profit, avantage; récolte; *hassele darb* ou *zarb*, produit (arith.); *hassele masdar*, nom verbal; comme, *alech vèrich*, action de prendre et de donner; commerce; *hasselè* ou *hassele kèlam* ou *èl hassel* ou *vèl hassel*, bref, enfin, en somme, en un mot; *hassel* (comme mot T.), orge verte fauchée pour servir de pâturage; *hassel ètmèk*, produire, obtenir, recueillir; *hassel olmak*, provenir, résulter, se produire, s'accomplir; *boundan hassel olan*, ce qui en résulte; *muradeñez hassel oldou*, tes vœux se sont accomplis.

Hasselat حاصلات s. A. pl. du précédent, produits, recettes; *hasselate safiyè*, produits nets.

Hasselatle حاصلاتلى a. T. productif.

Hassellanmak قاصللانمق T. s'élever, grandir (en parlant des blés et des enfants).

Hasselsez حاصلسز a. T. stérile, infertile, infructueux; vain, inutile.

Hassèn حسن a. A. *guzèl*, T. beau; au fém. *hassènè*; d. de *husn*; *èf'alè hassènè*, belles actions.

Hassènat حسنات s. A. pl. du suivant, bonnes œuvres, bienfaits.

Hassènè حَسَنَة s. A. au pl. *hassènat*, bonne œuvre, bonne action, belle chose ; bienfait ; comme adjectif il est féminin de *hassèn*.

Hasser حصير s. A. natte ; *hasser supurgèssi*, balai de sorgho.

Hasserǧe حصيرجي s. T. celui qui fait ou vend des nattes ; nattier.

Hassètèn خاصة ad. A. *bil hassa*, notamment, particulièrement, spécialement.

Hassid حاسد p. pr. a. A. qui envie ; envieux ; d. de *hassèd*.

Hassim خصيم s. A. au pl. *houssèma* ou *housman*, adversaire ; ennemi ; d. de *houssoumèt* ; en T. us. *duchman*.

Hassin حصين a. A. fort, fortifié.

Hassir حاسر p. pr. a. A. qui soupire, qui souffre d'une séparation ; privé, dépourvu, dénué ; d. de *hasrèt*.

Hassis خسيس a. A. avare, sordide, mesquin ; avide, vil, ignoble, d'un naturel bas ; d. de *hissèt*.

Hassislik خسيسلك s. T. avarice, sordidité ; avidité, mesquinerie, bassesse.

Hassiyèt خاصيت s. A. au pl. *hassayis*, propriété ; vertu naturelle ; attribut.

Hassoud حسود a. s. A. au pl. *hassèdè*, envieux, jaloux ; d. de *hassèd*.

Hasta خسته a. T. (*hastè*, P.), malade, souffrant, indisposé ; s. le malade ; *hasta duchmèk*, tomber malade ; *hastalare gidip gueurmèli vè tèssèlli ètmèli*, il faut visiter les malades et les consoler.

Hasta-hanè خستهخانه s. P. hôpital ; infirmerie ; *ordou hasta-hanèssi*, hôpital militaire ; *sèyyar hasta-hanè*, ambulance.

Hastalanmak خستهلنمق T. devenir, tomber malade.

Hastalek خستهلق s. T., *maraz*, A. maladie ; *siñir hastaleghe*, maladie de nerfs ; *salghen* ou *boulachek hastalek*, maladie contagieuse ; *hastalek sènèssi*, année où une maladie contagieuse sévit ; *allah ḫastalekdan saklassen*, que Dieu préserve de maladie.

Ḫastalekle خسته‌لقلی a. T. maladif.

Ḫasta-mizağ خسته مزاج a. P. (mieux *ḫastè-mizağ*), *marazle*, T. maladif, valétudinaire.

Ḫasta ol. خسته اولق T. être malade, se porter mal ; devenir malade.

Ḫastè خسته a. P. v. *ḫasta*.

Ḫastègi خستگی s. P. v. *ḫastalek*.

Ḫastè-mizağ خسته مزاج a. P. v. *ḫasta-mizağ*.

Ḫata خطا s. A. au pl. *ḫataya*, faute, erreur, péché.

Ḫata-baḫch خطابخش a. P. qui pardonne aux fautes des autres.

Ḫata èt. خطا اتمك T. errer, pécher, commettre une faute ; tomber dans l'erreur.

Ḫata ilè خطا ایله ad. T. par erreur, par inadvertance.

Ḫatalc خطالی a. T. erroné, incorrect, où il y a des fautes.

Ḫata-pouch خطاپوش a. P. qui cache les fautes des autres ; indulgent.

Ḫatar خطر s. A. au pl. *ḫitar*, crise, péril, danger ; *ḫatari'azim*, grand danger ; *pur ḫatar*, plein de dangers, de périls ; dangereux, périlleux.

Ḫatar-nak خطرناك a. P. dangereux, périlleux ; en T. us. *mouḫatarale, tèhlikèli*.

Ḫataya خطایا s. A. pl. de *ḫata*, fautes, erreurs.

Ḫatel خطل s. T. planche qu'on met à intervalle dans un mur.

Ḫatèm خاتم s. A., *muhur*, cachet, sceau ; *ḫatèm čičèyi*, rose-trémière.

Ḫater خاطر s. A. esprit, pensée ; mémoire, souvenir ; disposition d'esprit ; santé ; égards, considération ; plaisir ; *ḫateremda der*, je m'en souviens ; *ḫaterema gèlmèyor* ou *ḫateremda dèyil*, je ne m'en souviens pas ; *ḫatereñez kalmassen*, ne soyez pas fâché ; ḫater kalmak, se fâcher ; ḫater yekmak ou kermak, fâcher, faire de la peine ; ne pas satisfaire ; ḫater yapmak, faire plaisir, satisfaire ; ḫatera gèlmèk, se rappeler ; ḫaterdan čekarmak, oublier ; ḫaterdan čekmak, être oublié ; ḫater sormak, s'informer de la santé ou des dispositions de quelqu'un ; bènim ḫatrem ičun, par considération pour moi ; ḫaterda olmak, se souvenir.

Ḫater-chinas خاطر شناس a. P. complaisant, déférant.

Ḫater-chinaslek خاطر شناسلق s. T. complaisance, déférance, obligeance.

Ḫaterè خاطره s. A. pensée, idée.

Ḫaterlamak خاطرلامق T. se souvenir.

Ḫaterlatmak خاطر لاتمق T. rappeler, rappeler à la mémoire de.

Ḫater-mandè خاطر مانده a. P. fâché, indigné.

Ḫater-nichan خاطر نشان a. P. qui reste gravé dans l'esprit ; qui ne s'oublie point.

Ḫater-nuvaz خاطر نواز a. P. complaisant, déférant, obligeant.

Ḫater-nuvazi خاطر نوازى s. P. complaisance, déférance, obligeance.

Ḫater-nuvazlek خاطر نوازلق s. T. v. le précédent.

Ḫatib خاطب p. pr. A. qui adresse la parole, qui prononce un discours ; s. orateur, déclamateur ; d. de ḫitab.

Ḫatib خطيب s. A. au pl. ḫoutèba, prédicateur ; les ḫatib sont ceux qui lisent la prière le vendredi, appelée ḫoutbè.

Ḫatif هاتف p. pr. A. qui crie, qui fait entendre des paroles mystérieuses ; s. oracle ; d. de hètf.

Ḫatim خاتم p. pr. A. qui termine ; qui achève ; qui cachette, qui scelle ; d. de ḫatm.

Ḫatimè خاتمه s. A. épilogue ; conclusion, fin.

Ḫatm ختم s. A. conclusion, achèvement ; action

de cacheter; *ḫatm ètmèk*, conclure, achever; cacheter; *ḫatmi kèlam ètmèk*, terminer le discours, achever de parler.

Ḫatoun خاتون s. A. (*kaden*, T.), au pl. *ḫavatin*, dame, grande dame, dame de grande distinction.

Ḫatoungouk خاتونجق s. T. petite dame; dim. de *ḫatoun*.

Ḫatt خط s. A. au pl. *ḫoutout*, ligne, écriture, raie; lettre; firman; édit, ordre; *ḫatti dèst* ou *ḫatti yèd*, autographe; *ḫatti chèrif*, autographe du Sultan; édit impérial; *ḫatti humayoun sè'adèt makroun*, autographe auguste et fortuné de S. M. le Sultan; *husnu ḫatt*, calligraphie; *ḫatti harèkèt*, ligne de conduite; *ḫatti mustakim*, ligne droite (géom.); *ḫatti 'amoudi*, ligne perpendiculaire, verticale; *ḫatti mutèvazi*, ligne parallèle; *ḫatti mustèdir*, ligne circulaire; *ḫatti mumass*, tangente; *ḫatti munkèssir*, ligne brisée; *ḫatti iğtima'i miyah*, thalvveg (topogr.); *ḫatti taksimi miyah*, ligne de partage des eaux; *ḫatti istiva*, équateur (astr.); *ḫatti nesf un-nèhar*, méridien; *ḫatti riğ'at*, ligne de retraite (mil.); *ḫatti mudafa'a*, ligne de défense; *ḫatti munhani*, ligne courbe (géom.); *ḫatti vassil*, ligne de jonction; *ḫoutouti mutèkaribè*, lignes convergentes (géom.); *nichan ḫatte*, ligne de mire; *atèch ḫatte*, ligne de feu (fort.); *ḫoutouti munfassilè* ou *munfèridè*, lignes à intervalles (fort.); *tabya ḫatlare*, lignes à bastion; *ok tabyalardan mutèchèkkil ḫoutout*, lignes à redans; *ḫoutouti muttassilè*, lignes continues.

Ḫatt خط s. A. action de descendre ou de faire descendre.

Ḫatta حتى ad. A. tellement que, ainsi que, de telle sorte que, même.

Ḫattat خطاط s. A. calligraphe, professeur de calligraphie; d. de *ḫatt*.

Ḫattatlèk خطاطلق s. T. profession de calligraphe.

Ḫatvé خطوه s. A., *adem*, T. pas.

Ḫav خاو s. T. poil fin, duvet.

Hava حوا n. p. A. Ève.

Hava هوا s. A. *(hèva)*, air, atmosphère, éther; temps; air musical; *ab ou hava*, climat; m. à m. eau et air; *aček hava*, temps clair; *guzèl hava*, beau temps; *fèna hava*, mauvais temps; *pous hava*, temps brumeux; *tatlè hava*, temps doux; *sèrin hava*, temps frais; *soghouk hava*, temps froid; *seǧak hava*, temps chaud; *nèm hava*, temps humide; *havayi nèssimi*, atmosphère; *hava almak*, prendre de l'air, respirer; *mart havassè*, temps du mois de mars; fig. inconstant, variable; *hava hoch*, n'importe; *bana geurè hava hoch*, pour moi cela m'est égal.

Havachi حواشى s. A. pl. de *hachiyè*, bords, notes marginales.

Hava-dar هوادار a. P. aéré, bien aéré.

Havadis حوادث s. A. pl. de *hadissè*, nouvelles; événements; malheurs, calamités.

Havakin خواقين s. A. pl. de *hakan*, empereurs, monarques.

Haval حوال s. A. changement.

Haval خوال s. T. forme pour les bottes.

Havalandermak - هوالاندرمق T. aérer, exposer à l'air.

Havalanmak هوالانمق T. s'élever en l'air, être aéré, voler, flotter; prendre de l'air.

Havalè حواله s. A. transfert, transmission; action de remettre, de confier, de référer, de renvoyer, de recommander; ordre de payement, commission; renvoi d'une pétition, etc. aux bureaux compétents; éminence; ce qui empêche la vue; éclampsie, affection convulsive aiguë qui attaque les nouveaux-nés; *havalè ètmèk*, remettre, confier, charger, donner une commission, référer, renvoyer, recommander, transférer un droit, une créance à un autre.

Havalè-namè حواله نامه s. P. lettre par laquelle on charge quelqu'un de...

Havali حوالى s. A. pl. de *havl*, contours, alentours, environs.

Havan هاون s. P. *(havèn),*

mortier pour piler ; bouche à feu (mortier) pour lancer des bombes; appareil pour hacher le tabac ; *havan èli*, pilon.

Havanit خوانیت s. A. pl. de *hanout*, magasins, boutiques.

Havari حوارى s. A. pl. de *houri*, nymphes ; vierges angéliques.

Havari حوارى s. A. au pl. *havariyoun*, disciple ou apôtre de Jésus-Christ (p. u. au singulier).

Havariǧ خوارج s. A. pl. de *hariǧi*, les rebelles, les schismatiques ; les étrangers.

Havariyoun حواريون s. A. pl. de *havari*, les disciples ou les apôtres de Jésus-Christ.

Havass خواص s. A. pl. de *hass*, les personnes distinguées, l'élite d'un peuple ; amis intimes, confidents.

Havass خواص s. A. pl. de *hassè*, propriétés, qualités particulières.

Havass حواس s. A. pl. de *hassè*, sens ; *havassi hamsè*, les cinq sens.

Havatin خواتين s. A. pl. de *hatoun*, dames.

Havayi هواى a. A. aérien, aériforme ; azuré ; *havayi fichènk*, fusée.

Havèn هاون s. P. v. *havan*.

Havènè خونه s. A. pl. de *hayin*, perfides, traîtres.

Havèr خاور s. P. Orient.

Havès هوس s. T. (*hèvès*, A.), diligence, application, zèle.

Havèsli هوسلى a. T. zélé, désireux.

Havf خوف s. A. peur, crainte, frayeur, terreur ; en T. us. *korkou ; sizdèn zèrrè kadar havflèri yok dour*, ils n'ont pas le moins du monde peur de vous ; *havf olounour*, on craint (sujet indét.).

Havi حاوى p. pr. A. qui contient, qui comprend ; *havi olmak*, contenir.

Haviar خاويار s. T. caviar, œufs d'esturgeon salés.

Haviyè حاویه s. T. outil pour souder.

Havl حول s. A. au pl. *havali*, force, puissance; changement; contour, circuit.

Havlamak خولامق T. hurler, aboyer, japper.

Havlè حولی s. T. pour *avle*, vestibule, cour.

Havlou خاولو خاولی s. T. essuie-mains en coton ou en lin velu.

Havoug̃ هاوج s. T. v. *haoug̃*.

Havouz حوض s. T. vulg. (*havz*, A.), bassin, abreuvoir; réservoir.

Havra خاورا s. T. v. le suivant.

Havra هاوره s. T. synagogue.

Havroz هاوروز s. T. pot de chambre.

Havsalè حوصله s. A. gésier; fig. capacité, disposition.

Havz حوز s. A. action de posséder, de réunir en soi.

Havzè خوزه s. A. circuit, contour.

Hay حى a. A. vif, vivant; d. de *hayat*.

Hay هاى interj. T. ah! oh! *hay hay*, sans doute.

Haya حيا s. A. honte, pudeur.

Hayadid حياديد s. A. pl. ds *haydoud*, (mot barbare), brigands.

Hayal خيال s. A. au pl. *hayalat*, spectre, fantôme; illusion, fantaisie, imagination, chimère; ombre, vision; ombres chinoises; *hayal mayal geurmèk*, voir confusément.

Hayalat خيالات s. A. pl. du précédent, spectres, imaginations, chimères.

Hayalg̃e خيالجى s. T. joueur d'ombres chinoises.

Hayali خيالى a. A. fantastique, idéal, imaginaire, chimérique.

Hayali-zill خيال ظل s.A. (*hayazil*, T. vulg.), marionnette; ombres chinoises.

Hayassez حياسز a. T. effronté.

Hayassezlek حياسزلق s. T. effronterie.

Hayat حيات s. A. vie, vitalité ; *abi hayat*, fontaine de Jouvence ; *hayatda olmak*, être en vie.

Hayati حياتى a. A. vital.

Hayazil خيازل s. T. v. *hayali-zill*.

Haybèt خيبت s. A. désappointement.

Haydamak هايدامق T. piller, ravager, faire des excursions.

Haydamak هايداماق s. T. pillard, ravageur ; brigand.

Haydè هايدى interj. T. allons ! voyons ! en avant ! en route ! marche ! ; *haydè git*, partez donc ! on dit *haydèyin* en s'adressant à plusieurs personnes ; *haydèyin gidèlim*, en avant ! marchons !

Haydoud حيدود s. T. du Hongrois, brigand ; le pl. barbare arabe *hayadid* est aussi usité en turc.

Haydoudlouk حيدودلق s. T. brigandage.

Hayef حيف s. A. tort, dommage ; injustice ; interj. hélas !

Hayèlan خيلان s. A. action de s'imaginer, de croire ; imagination.

Hayen خان a. A. v. *hayin*.

Hayenğa خائنجه ad. T. perfidement, traîtreusement.

Hayenlek خائنلق s. T. perfidie, trahison.

Hayer خير s. A. v. *hayr*.

Hayerle خيرلى a. T. heureux, bon, de bon augure ; profitable, salutaire, utile.

Hayersez خيرسز a. T. sans utilité, bon à rien ; vaurien, fainéant.

Hayersezlek خيرسزلق s. T. état d'un individu qui n'est bon à rien, etc.

Hayfa حيفا interj. A. hélas !

Hayib خائب p. pr. a. A. qui désespère ; désappointé ; d. de *haybèt*.

Hayif خائف p. pr. A. qui a peur ; d. de *havf*.

Hayil هائل a. A. terri-

26

ble, effrayant ; en T. us. *korkoulou* ; d. de *hèvl*.

Hayil حائل p. pr. A. qui s'interpose entre deux objets et empêche leur communication ; d. de *hayloulèt* ; *hayil olmak*, s'interposer, empêcher la vue, etc.

Hayilè هائلة s. A. tragédie.

Hayim هائم a. A. étonné, ébahi, étourdi.

Hayin خائن p. pr. s. a. A. au pl. *havènè*, qui trahit ; perfide, traître ; d. de *heyanèt*.

Hayir حائر a. A. étonné, stupéfait, tombé en extase ; d. de *hayrèt*.

Hayiz حائز p. pr. A. qui possède, qui jouit ; d. de *havz*.

Haykerma هايقرمه s. T. action de crier ; cri.

Haykermak هايقرمق T. crier.

Hayl خيل s. A. au pl. *houyoul*, cheval; escadron ; en T. us. *at*, cheval.

Haylamak هايلامق T. atteler.

Haylamamak هايلامامق T. ne pas faire cas, ne pas se soucier.

Haylaz حيلاز خايلاز a. T. fainéant, paresseux.

Haylazlanmak خيلازلانمق حايلازلانمق T. fainéanter, faire le paresseux, le fainéant.

Haylazlek خيلازلق خايلازلق s. T. fainéantise, paresse.

Hayli خيلى a. A. hippique.

Hayli خيلى ad. T. assez, beaucoup, trop.

Hayloulèt حيلولت s. A. interposition ; *hayloulèt etmèk*, s'interposer.

Haymè خيمه s. A. au pl. *heyam*, tente, pavillon ; en T. us. *čader* ; *haymè-nichin*, nomade ; qui habite la tente.

Hayr خير ad. T. non ; ce mot est plus poli que *yok* (non) ; *hayr èfèndim*, non, monsieur.

Hayr خير s. A. (*hayer*), au pl. *houyour*, bien, bonté, augure, utilité, profit ; a. bon, heureux, de bon augure, utile, profitable ; *ha-*

yer ètmèk, faire du bien, servir, être utile, efficace ; *hayer yok* ou *kalmadè*, c'en est fait, il n'y a rien à espérer ; *kimsèyè hayre olmak* ou *dokounmak*, faire du bien, être utile à quelqu'un ; *hayrene geur*, faites en bon usage (formule de compliment que le vendeur adresse à l'acheteur pour exprimer son contentement du prix qu'il a reçu) ; *hayrene geurmèk*, recueillir les profits, les avantages de ; *sabah hayr* ou *sabah chèriflèriñiz hayr ola*, bonjour ; *akcham hayr* ou *akcham chèriflèriñiz hayr ola*, bonsoir ; *hayr-dou'a*, bénédiction, opposé à *bèd-dou'a*, malédiction.

Hayran حيران a. A. émerveillé, étonné, stupéfait, ébahi ; d. de *hayrèt* ; *hayran olmak* ou *hayran kalmak*, rester interdit, stupéfait ; être émerveillé ; s'étonner.

Hayrat خيرات s. A. pl. de *hayrè*, bonnes œuvres, bonnes actions ; fondations pieuses ; s'emploie aussi comme sing.

Hayrè خيره s. A. au pl. *hayrat*, bonne action, utilité ; fondation pieuse ; institution publique.

Hayrèt حيرت s. A. stupéfaction, étonnement ; extase ; *hayrètdè brakmak*, étonner, jeter dans l'admiration ; *hayrètdè kalmak*, s'étonner, être stupéfait ; *hayrètè dalmak*, s'extasier.

Hayr-hah خير خواه a. P. bienveillant ; serviable.

Hayr-hahanè خير خواهانه a. P. bienveillant ; ad. avec bienveillance.

Hayr-hahi خير خواهى s. P. bienveillance.

Hayr-hahlek خير خواهلق s. T. bienveillance.

Hayri خيرى a. A. heureux, qui porte augure, bonheur ; au fém. *hayriyè* ; *chirkèti hayriyè*, nom d'une compagnie de bateaux à vapeur, qui dessert les échelles des villages du Bosphore.

Haysiyèt حيثيت s. A. égard ; considération ; dignité.

Haysiyètli حيثيتلى a. T. considéré.

Hayta هايطه s. T. brigand ; rebelle.

Hayvan حیوان s. A. au pl. *hayvanat,* animal, créature animée, brute, bête ; fig. personne stupide ; *hayvani natek,* animal raisonnable, homme ; *deurt ayakle hayvan,* animal à quatre pieds, quadrupède ; *vahchi hayvan,* bête fauve, sauvage ; *yerteğc hayvan,* bête féroce.

Hayvanat حیوانات s. A. pl. du précédent, animaux, bêtes.

Hayvan-hanè حیوانخانه s. P. ménagerie.

Hayvani حیوانی a. A. animal, brutal, bestial ; appartenant aux animaux, aux brutes ; fig. sensuel, bestial, brutal.

Hayvaniyèt حیوانیت s. A. nature d'animal ; animalité.

Hayvanlek حیوانلق s. T. nature de brute ; bestialité, brutalité ; fig. stupidité, bêtise.

Hayyat خیاط s. A. (p.u.), tailleur ; en T. us. *tèrzi ;* d. de *heyata.*

Hayz خیز s. A. place, cour.

Hazan خزان s. P. automne ; en T. us. *soñ bahar.*

Hazar حضر s. A. temps de paix, repos, tranquillité.

Hazayin خزاین s. A. pl. de *hazinè,* trésors.

Hazèmèt حزمت s.A. prudence ; vigilance.

Hazèr حذر s. A. précaution, circonspection ; *hazèr uzrè olmak,* être sur ses gardes ; *hazèr ètmèk,* prendre garde.

Hazer حاضر p. pr. a. A. qui est présent ; prêt, préparé ; d. de *houzour ; hazer ètmèk, hazerlamak,* préparer, tenir prêt ; disposer, apprêter ; *hazera konmak,* trouver une chose toute préparée, sans peine ; devenir riche par héritage ; *hazer ğèvab,* qui a la présence d'esprit de répondre tout de suite ; s. assistant, au pl. *houzzar* ou *hazerin ; èmri hazer,* impératif (gramm.) ; *hazere bilmèğlis,* présent à l'assemblée ; *hazer ol,* attention ! (terme de commandement militaire) ; *hazer olmak,* être présent, se tenir prêt, être prêt, disposé ; se préparer ; ad. à propos.

Hazerğa حاضرجه conj. T. puisque ; *hazerğa hava guzèl ikèn bou gundèn yola čekalem*, puisqu'il fait beau temps mettons-nous en route dès aujourd'hui.

Hazerğe حاضرجی s. T. celui qui vend des habillements tout faits.

Hazerin حاضرين s. A. pl. de *hazer*, assistants.

Hazerlama حاضرلامه s. T. action de préparer.

Hazerlamak حاضرلامق T. préparer, tenir prêt.

Hazerlanmak حاضرلانمق T. se préparer, se disposer, se tenir prêt.

Hazerlanmech حاضرلانمش p. p. T. préparé, apprêté, disposé ; prêt.

Hazerlatmak حاضرلاتمق T. faire préparer, etc.

Hazerlek حاضرلق s. T., *tèdaruk*, A. apprêt, préparation, préparatifs.

Hazim حزيم a. A. prévoyant, vigilant, sage, prudent, discret, modeste ; ferme, résolu ; d. de *hazm*.

Hazim هازم p. pr. A. qui met en déroute, qui défait ; d. de *hèzm*.

Hazim هاضم p. pr. a. A. qui digère ; digestif ; d. de *hazm*.

Hazimèt هازمت s. A. infortune, calamité.

Hazin حزين a. A. affligé, triste, mélancolique ; d. de *huzn* ; *hazin hazin aghlamak*, pleurer tristement.

Hazinè خزينه s. A. (*hazna* ou *haznè*, T. vulg.), au pl. *hazayin*, trésor, trésorerie ; dépôt ; caisse d'un département ; *sou haznèssi*, réservoir d'eau ; *hazinèyi maliyè ou ğèlilè*, le trésor public ; ministère des finances ; *nizamiyè hazinèssi*, caisse du département de la guerre ; *hazinèyi hassa*, trésor impérial, liste civile.

Hazinè-dar خزينه دار s. P. (*haznadar*, T. vulg.), trésorier.

Haziran حزيران s. A. juin (mois).

Hazm حزم s. A. prudence, vigilance.

Hazm هضم s. A. digestion, action de digérer ;

fig. action de supporter avec patience ; *hazm ètmèk,* digérer.

Hazmi هضمي a. A. digestif ; *hazmi kabil,* qui se digère ; supportable.

Hazna خزنه s. T. vulg. v. *hazinè*.

Haznadar خزینه‌دار s. T. v. *hazinè-dar*.

Haznadarlek خزینه‌دارلق s. T. office de trésorier.

Haznè خزنه s. T. vulg. v. *hazinè*.

Hazrat حضرات s. A. pl. de *hazrèt,* majestés, hautesses, excellences.

Hazrèt حضرت s. A. au pl. *hazrat,* titre de respect, de vénération et d'honneur ; majesté, hautesse, altesse, excellence ; sainteté. Quand ce mot est au singulier, il précède le nom ; il le suit au contraire quand il prend l'affixe possessif de la troisième personne plurielle ; *hazrèti hakk,* Dieu ; *hazrèti 'issa,* Jésus-Christ ; *hazrèti mèryèm,* la Ste Vierge Marie ; *hazrèti adèm,* Adam ; *hakk tè'ala hazrètlèri,* Sa Majesté le Très-Haut (Dieu); *soultan 'abd ul-hamid èfèndimiz hazrètlèri,* Sa Majesté le Sultan Hamid notre maître ; *pacha hazrètlèri,* son excellence le pacha. D'après le dictionnaire turc (*Loughati Osmaniyè*) la vraie signification du mot *hazrèt* est présence.

Hazz حظ s. A. au pl. *houzouz,* plaisir, joie; goût; *hazz ètmèk,* avoir plaisir, se complaire, trouver du goût; aimer (avec l'ablatif) ; *balekdan hazz ètmèm,* je ne goûte pas le poisson ; *fakat ètdèn čok hazz èdèrim,* mais j'aime beaucoup la viande ; *hazz ètmèmèk,* ne pas aimer ; *moubalaghadan hazz ètmèm,* je n'aime pas l'exagération ; *hazz olounmamak,* déplaire ; *bou čoǧouk hazz olounmaz,* cet enfant déplaît.

Hè ه trente-troisième lettre de l'alphabet turc, elle prend le son de *h, a, è*.

He ح neuvième lettre de l'alphabet turc, elle se prononce fortement aspirée, comme *ch* allemand ou χ grec (*kh*), nous la représentons toujours par *h*.

Hè هه interj. T. hé!

Hèba هبا s. A. poussière fine; chose futile; a. vain; ad. en vain; hèba mènsour, peine perdue.

Hechemlanmak خشملانمق T. entrer en colère, s'irriter.

Hecherdamak خشرداماق T. rendre un bruit sec (feuilles).

Hecherdatmak خشرداتمق T. faire rendre un bruit sec.

Hechm خشم s. P. colère, courroux.

Hechmnak خشمناك a. P. en colère, courroucé, irrité.

Hèdaya هدايا s. A. pl. de hèdiyè, présents, cadeaux.

Hèdèf هدف s. A. but des flèches; cible.

Hèdiv خدیو s. P. (hidiv), seigneur, maître; prince; roi; vizir; titre du vice-roi ou pacha d'Egypte; khédive.

Hèdivi خدیوی a. P. appartenant au maître, au seigneur, au prince; princier; royal; viziriel; propre au vice-roi d'Egypte.

Hèdiyè هدیه s. A. au pl. hèdaya, cadeau, don, présent; en T. us. pèchkèch.

Hèdm هدم s. A. destruction, renversement, démolition; hèdm ètmèk, détruire, démolir, renverser.

Hèdmèt خدمت s. A. ou hidmèt (hezmèt, T. vulg.), service, charge; mission, fonction, emploi; ouvrage; hezmèt geurmèk, rendre des services; hedmètindè, boulounmak, être employé au service de; être domestique de; hedmètindè koullanmak, employer, prendre à son service; daha hezmètim bitmèdi, je n'ai pas encore fini mon ouvrage; hedmèt ètmèk, servir, rendre service; èfèndissinè sadekanè hedmèt ètmèk, servir fidèlement son maître.

Hèdmètği خدمتجی s. T. (hezmètği, vulg.), serviteur, domestique.

Hèdmètkiar خدمتكار s. P. (hezmètkiar, T. vulg.), serviteur, domestique, employé, commis; hedmètkiar kez, servante.

Hedmètkiarlek خدمتكارلق s. T. (hezmètkiarlek, vulg.),

profession de serviteur, d'employé ou de commis.

Hèftè هفته s. P. v. *hafta*.

Hefz حفظ s. A. mémoire, faculté de conserver, de préserver, d'apprendre par cœur ; *hefz ètmèk*, retenir dans la mémoire ; conserver, garder.

Hèğa هجاء s. A. *(hèğè,* T. vulg.), syllabe, épellation ; *houroufi hèğa*, lettres de l'alphabet ; *houroufi hèğa tèrtibi*, ordre alphabétique.

Hèğè هجه s.T.*(hèğa, A.)*, syllabe, etc.

Hèğèlèmèk هجه لمك T. syllaber, épeler.

Hèğèli هجه لو ,هجه لى a. T. qui a tant de syllabes ; *bir hèğèli*, monosyllabique ; *čok hèğèli*, polysyllabique.

Hèğin هجين s. A. homme né d'un père libre et d'une mère esclave ; cheval né d'un cheval arabe pur sang et d'une jument appartenant à une autre race ; *hèğin dèvèssi*, dromadaire.

Hèğr هجر s. A. séparation, éloignement de sa patrie, des siens, de l'objet aimé.

Hèkim حكيم ,حكم s. T., *tabib*, A. médecin ; *gueuz hèkimi*, oculiste ; *dich hèkimi*, dentiste.

Hèkimlik حكيملك s. T. médecine (art).

Hèlak هلاك s. A. action de périr ; perte, mort ; fatigue extrême ; *hèlak olmak*, périr, mourir ; être épuisé de fatigue.

Hèlal حلال s. T. vulg. v. *halal*.

Hèlallachmak حلاللاشمق T. v. *halallachmak*.

Hèlal-zadè حلال زاده a. s. P. v. *halal-zadè*.

Hèlas خلاص s. T. vulg. v. *halas*.

Hèlè هله ad. T. quant à, surtout, enfin, après tout ; voilà ; interj. holà ! hé ! voyons !

Hèlilè هليله s. T. myrobolan.

Hèlva حلوا s. T. vulg. v. *halva*.

Hèlvağè حلواجى s. T. marchand de *hèlva*.

Hèlva-ḣanè خلواخانه s. T. grande marmite à fond rond dans laquelle on prépare le *hèlva*, ou l'on fait des confitures.

Hèm هم s. P. compagnon ; partic. qui placée devant les noms persans ou arabes les transforme en adjectifs signifiant ensemble, avec, de même ; *hèm-aghouch*, qui se tient embrassé avec un autre ; *hèm-ǧins*, qui est de même genre, congénère ; *hèm-chirè*, sœur, m. à m. de même lait ; *hèm-ǧivar*, voisin, m. à m. de même voisinage.

Hèm هم ad. P. et, aussi, et puis ; en T. us. on dit aussi *hèmdè* ; *hèm bèn hèm sèn hèmdè o*, et moi et toi et lui aussi.

Hèm-ahènk هم آهنك a. P. qui fait un concert ; une harmonie, une symphonie.

Hèman همان ad. P. (*hèmèn*, T. vulg.), aussitôt, sur-le-champ, à peu près, presque ; seulement ; continuellement.

Hèmana همانا ad. P. aussitôt, sur-le-champ.

Hèmandèm هماندم ad. P. immédiatement ; alors.

Hèmangiah همانكاه ad. P. v. le précédent.

Hèmanki همانكه ad. P. aussitôt que.

Hemar حمار s. A. (prononciation vulg.), v. *himar*.

Hèm-'asr همعصر a. P. contemporain.

Hèm-avaz هم آواز a. P. qui crie ensemble.

Hèm-baha همبها a. P. équivalent.

Hèm-charab همشراب s. P. compagnon de bouteille (de vin).

Hèm-chèhri همشهری s. P. compatriote, de la même ville, concitoyen ; c. de *hèm* et de *chèhr*, ville.

Hèm-chirè همشیر s. P., *kez-kardach*, T. sœur ; *hèm-chirè zadè*, neveu, nièce ; fils, fille de la sœur.

Hèmdè همده ad. T. et, aussi.

Hèm-dèm همدم s. a. P. compagnon, camarade, ami intime, qui respire avec un autre le même air ; c. de *hèm* et de *dèm*, souffle.

Hèm-dil همدل s. a. P. ami intime ; unanime, d'accord.

Hèm-divar همديوار a. P. voisin, contigu ; c. de *hèm* et de *divar*, mur.

Hèmèn همان ad. T. vulg. v. *hèman*.

Hèm-ǧins همجنس a. P. congénère ; c. de *hèm* et de *ǧins*, genre, espèce.

Hèm-ǧivar همجوار a. P. voisin, qui habite un pays avoisinant ; c. de *hèm* et de *ǧivar*, voisinage, alentours.

Hèm-hal همحال s. a. P. compagnon d'état, de position ; qui se trouve dans la même situation qu'un autre ; c. de *hèm* et de *hal*, état.

Hèm-hanè همخانه s. a. P. compagnon d'habitation, qui habite dans la même maison ; c. de *hèm* et de *hanè*, maison.

Hemhem خمخم a. s. T. nasillard, nasilleur ; *hemhem ilè bourounsouz ikissidè biri birindèn oughoursouz*, l'un nasillard, l'autre sans nez, l'un plus misérable que l'autre (prov.) ; *hemhem seuylèmèk*, nasiller.

Hemhemlamak خمخملامق T. nasiller, parler du nez.

Hemhemlek خمخملق s. T. manière de parler du nez.

Hem-houdoud همحدود a. P. limitrophe ; c. de *hèm* et de *houdoud*, limites.

Hèmichè هميشه ad. P. continuellement, toujours.

Hèmil همل s. T., *sare sarmachek*, houblon (plante grimpante).

Hèmk همك s. A. action de presser ; de faire agir avec diligence.

Hèmm هم s. A. au pl. *humoum*, souci, inquiétude, chagrin, affliction ; sollicitude ; peine.

Hèm-ma'na همعنا a. P. synonyme, m. à m. de la même signification ; c. de *hèm* et de *ma'na*, signification.

Hèm-matlèb همطلب s. a.P. concurrent ; qui fait la même demande ou a le même désir ; c. de *hèm* et de *matlèb*, demande, désir.

Hèm-mèchrèb هممشرب a. P. qui a le même caractère qu'un autre.

Hèm-mèzhèb همذهب a. P. coreligionnaire; c. de *hèm* et de *mèzhèb*, religion.

Hèm-nam هنام a. P., *a-dach*, T. homonyme; c. de *hèm* et de *nam*, nom.

Hèm-nichin هنشين a. s. P. qui s'assied ensemble; camarade; c. de *hèm* et de *nichin*, qui s'assied.

Hèm-pa هپا s. a. P., *a-yak-dach*, T. compagnon de voyage; qui marche du même pas; c. de *hèm* et de *pa* (ou *pay*), pied.

Hèm-rah هراه s. P., *yol-dach*, T. compagnon de voyage; c. de *hèm* et de *rah*, route, chemin, voie.

Hèm-raz هراز s. P., *ser-dach*, T. confident; ami intime; c. de *hèm* et de *raz*, secret, mystère.

Hèm-sal همسال a. P. qui a le même âge qu'un autre; c. de *hèm* et de *sal*, an.

Hèm-sayè همسايه a. s. P., *komchou*, T. voisin; c. de *hèm* et de *sayè*, ombre.

Hèm-saz همساز a. P. d'accord, concordant; c. de *hèm* et de *saz*, harmonie, accord.

Hèm-sèr همسر a. s. P. associé, collègue, compagnon; époux, épouse; c. de *hèm* et de *sèr*, tête.

Hèm-souhbèt همصحبت s. P. interlocuteur, qui converse avec un autre; c. de *hèm* et de *souhbèt*, conversation.

Hèm-sin همسن a. P. v. *hèm-sal*; c. de *hèm* et de *sin*, âge.

Hèmta همتا a. P. pareil, égal.

Hèm-var هموار a. P. aplani, uni, égal.

Hèm-varè همواره ad. P. toujours.

Hèmzè همزه s. A. signe orthographique arabe; la lettre *èlif* même (v. gramm.). Le *hèmzè* est rendu dans notre prononciation figurée par un double *èè* lorsqu'il se trouve dans la première syllabe du mot en *è*; *mèè-moul*, espoir; *mèèmour*, fonctionnaire, préposé.

Hena هنا s. A. v. *kena*.

Hèndèk هندك s. T. vulg. (*handak*, A.), fossé, fosse, tranchée.

Hèndèssè هَنْدَسَة s. A., *'ilmi hèndèssè*, géométrie; profession d'ingénieur; génie.

Hèndèssè-hanè هَنْدَسَة خانَه s. P. école de géométrie, de mathématiques, de génie.

Hèndèssi هَنْدَسِي a. A. au fém. *hèndèssiyè*, géométrique.

Hèngiam هَنْكَام s. A. temps, époque, saison.

Hèngiamè هَنْكَامَه s. P. réunion; champ de bataille; querelle, dispute.

Henta حِنْطَة s. A., *gèndum*, P., *boughday*, T. froment, blé.

Hento هَنْطُو s. du Hongrois, sorte de voiture.

Hènuz هَنُوز ad. P. à peine; juste à ce moment, tout à l'heure.

Henzer خَنْزَر s. T. vulg. v. *henzir*.

Henzerlek خَنْزَرلِق s. T. atrocité, perfidie, méchanceté.

Henzir خَنْزِير s. A. au pl. *hanazir*, porc, cochon, pourceau; sanglier; fig. atroce, perfide, méchant; en T. us. *domouz*.

Henzirè خَنْزِرَه s. A. fém. de *henzir*, truie; en T. us. *dichi domouz*.

Hèp هَپ a. pron. T. tout, tous; *hèp insanlar*, tous les hommes; *hèpiñiz*, vous tous; *hèpsindèn ziadè*, surtout.

Hèpsi هَپْسِى s. T. la totalité, le tout, tout.

Hèr هَر a. P. chaque; *hèr bir*, chaque; *hèr biri*, chacun; *hèr bar* (en T. us. *hèr dèf'a* ou *kèrrè*), chaque fois; *hèr gun*, chaque jour, tous les jours; *hèr ğins*, *hèr turlu*, de tous genres, de toutes espèces; *hèr zaman*, en tous temps; toujours; *hèr kim*, quiconque, qui que ce soit; *hèr kès*, chacun; *hèr nè*, quel qu'il soit; *hèr nèkadar*, quoique, autant que ce puisse être; *hèr čènd*, quoique; *hèr či badabad* (*hèr nè oloursa olsoun*, T.) advienne que pourra; *hèr dèm*, toujours; *hèr nasselsa*, n'importe comment; *hèr dèm tazè*, sorte de plante, *hèr ğayi bènèfchè* ou *mènèkchè*, pensée (fleur).

Hèrarèt حرارت s. A. (prononciation vulg.), v. *hararèt*.

Hèrb هرب s. A. fuite; en T. us. *kačma*.

Herčen خرچين a. T. d'un naturel difficile, peu traitable, revêche.

Herčenlek خرچينلق s. T. naturel âpre, revêche, difficile.

Hèrèk هرك s. T., *dèstèk*, pieu, échalas de vigne; *hèrèk dikmèk*, échalasser.

Hèrèklèmèk هركلمك T. échalasser, mettre des pieux, des échalas.

Hereldachmak خريلداشمق T. v. *herlachmak*.

Hereldamak خريلدامق T. v. *herlamak*.

Herelte خرلدى s. T. ronflement, râle; querelle, dispute.

Hereltèǧe خرلديجى s. T. querelleur.

Hèrèm هرم s. A. au pl. *èhram*, pyramide d'Egypte.

Hèrèm هرم s. A. action de vieillir; âge très avancé, caducité.

Hèrèmi هرمى a. A. pyramidal.

Hèr-ǧayi هرجايى a.P. qui n'a aucune occupation ni aucune demeure fixe; qui se trouve partout.

Hèrgèlè هركله s.T. vulg. étalon, v. *har-gèlè*.

Hèrif حريف s. T. v. *harif*.

Hèrim هرم a. A. caduc, décrépit.

Herka خرقه s. A. habit rapiéceté, froc; robe courte et ouatée qu'on porte dans la maison; *herkayi chèrif*, manteau de Mahomet.

Hèr-kim هركيم pron. T. quiconque.

Herlachmak خرلاشمق T. se quereller comme les chiens.

Herlamak خرلامق T. ronfler; râler.

Hers حرص s. T. fougue, colère, emportement, impétuosité; *hersa čekmak*, *herslanmak*, s'emporter, se mettre en colère, s'irriter.

Hèrsèk هرسك n. p. T. Herzégovine.

Hersez خرسز s. a. T. voleur, brigand, larron ; dèñiz herseze, pirate ; hersez yataghe, personne qui reçoit chez elle des voleurs ; repaire.

Hersezlama خرسزلامه ad. T. en voleur, furtivement.

Hersezlek خرسزلق s. T. vol, brigandage, larcin ; métier de voleur ; hersezlek etmèk, voler, dérober, commettre des vols.

Herslandermak حرصلانديرمق T. irriter, mettre en colère.

Herslanmak حرصلانمق T. s'emporter, se fâcher, se mettre en colère, s'irriter.

Hersle حرصلى حرصلو a. T. fougueux, irascible.

Hertlak خرتلاق s. T. larynx.

Hèrzè هرزه s. P. parole vaine, frivole, inutile ; fadaise, frivolité ; hèrzè seuylèmèk, dire des niaiseries ; hèrzè-giou, qui dit des bêtises.

Hessem خصم s. T., akraba, A. parent.

Hessemlek خصملق s. T., akrabalek ; karabèt, A. parenté.

Hèsti هستى s. P. existence.

Hètf هتف s. A. action de crier, d'appeler, de faire entendre des paroles mystérieuses.

Hetta خطه s. A. au pl. hitat, région, contrée, pays.

Heuduk هودوك a. T. grossier, rustre ; imbécile.

Heuggèt حجت s. A. (prononciation vulg.), v. huÿgèt.

Heungur هونكور ad. T. (eungur), avec des sanglots, s'emploie répété ; heungur heungur aghlamak, sangloter.

Hèva هوا s. A. v. hava.

Hèva هوى s. A. désir, passion, concupiscence ; amour, ambition, inclination, envie ; vanité ; hèva vou hèvès, débauche, plaisir.

Hèva-dar هوادار a. s. P. passionné, épris d'amour, amoureux, désireux ; partisan.

Hèva-pèrèst هوا پرست a. P. vain ; adonné aux plaisirs, à la débauche et à la vanité de ce monde.

Hèvayi هوائى a. P. adonné aux plaisirs ; qui obéit à ses désirs, à ses passions; vaniteux, débauché.

Hèvènk هونك s. T. grappe de fruits suspendus pour être conservés ; *ayva hèvèngi*, grappe de coings.

Hèvès هوس s. A. (*havès*, T. vulg.), désir, inclination ; zèle ; *hèvès ètmèk*, désirer, aspirer ardemment à quelque chose.

Hèvèsli هوسلى a. T. désireux, zélé ; qui a de l'inclination, du penchant pour quelque chose.

Hèvèsnak هوسناك a. P. v. le précédent.

Hèvl هول s. A. crainte, peur, terreur, frayeur ; en T. us. *korkou*.

Hèvlnak هولناك a. P. terrible, effrayant ; en T. us. *korkoulou*.

Hèvn هون s. A. chose vile, d'aucune valeur.

Hèvvam هوام s. A. pl. de *hammè*, insectes ; reptiles.

Hèyakil هياكل s. A. pl. de *hèykèl*, colosses ; statues.

Ḫeyam خيام s. A. pl. de *ḫaymè*, tentes.

Hèya-mola هياموله interj. T. allons tire ! ; s. cri poussé par les matelots lorsqu'ils dirigent le navire, etc. vers la côte, ou par les ouvriers lorsqu'ils tirent ou soulèvent une pierre lourde ou autre chose.

Ḫeyanèt خيانت s. A., *ḫayenlek*, T. perfidie, cruauté, trahison, prévarication; a. (comme mot T.), perfide, cruel.

Ḫeyanètlik خيانتلك s. T. v. le précédent.

Ḫeyanètlik èt. خيانتلك ايتك T. trahir, faire le traitre, frauder ; prévariquer.

Ḫeyar خيار s. T. concombre.

Ḫeyata خياطة s. A. art du tailleur ; couture.

Hèybè هكبه s.T. besace; petite besace pour la selle du cheval ; valise ; gibecière.

Hèybèli هكبەلى a. T. qui porte une besace; *hèybèli ada*, ou simplement *hèybèli* (comme s.) l'île de Halki à une petite distance de Prinkipo. Les Turcs ont donné le nom de *hèybèli* (qui porte une besace) à l'île de Halki parce qu'elle en a la forme.

Hèybèt هيبت s. A. aspect qui inspire la crainte et le respect; air majestueux et imposant.

Hèybètli هيبتلى a. T. d'un aspect qui inspire la crainte et le respect; d'un air majestueux et imposant.

Hèyèt هيئت s. A. forme, aspect, configuration; corps; union; *hèyèti vukèla*, le corps des ministres, le cabinet (d'un État).

Hèykèl هيكل s. A. au pl. *hèyakil*, colosse; statue.

Hèykèl-tirach هيكلتراش s. P. statuaire; c. de *hèykèl* et de *tirach*, qui taille.

Hèyoula هيولا s. A. corps considéré comme le principe de toute matière; atome; fig. personne faible.

Hèyoulani هيولانى a. A. relatif au principe des corps.

Hez خير s. T. véhémence, élan, vitesse, promptitude; force; *hezene almak*, s'apaiser; *hezene alamamak*, ne pouvoir pas s'apaiser, se contenir.

Hèz هزء s. A. raillerie.

Hèzalèt هزالت s. A. plaisanterie, badinage.

Hezar هزار s. T. espèce de grande scie.

Hèzar هزار a. num. P. mille; en T. us. *biñ*; le mot *hèzar* dérive du mot arménien *hazar*, qui signifie également mille.

Hèzaran هزاران s. P. pl. du précédent, des milliers.

Hèzarèn هزارن s. T. dauphinelle (fleur).

Hèzar-fènn هزار فن a. P. qui connaît plusieurs sciences, plusieurs arts.

Hèzar-pa هزارپا s. P. scolopendre, mille-pieds (insecte).

Hèzèyan هذيان s. A. paroles vaines, frivoles; *hèzèyan etmèk*, dire des paroles vaines.

Hèzimèt هزيمت s. A. défaite, déroute.

Hèzl هزل s. A. plaisanterie, badinage; conte ou poème comique.

Hèzlé خيرلى a. T. impétueux, véhément, vite, prompt; fort, vigoureux.

Hèzl-giou هزلكو a. P. qui dit des plaisanteries; qui raconte des contes comiques.

Hèzliyat هزليات s. A. pl. plaisanteries, badinages; contes ou poèmes comiques, plaisants.

Hèzm هزم s. A. action de détruire, de mettre en fuite, d'abattre; *hèzm ètmèk*, mettre en fuite, défaire l'ennemi.

Hezmèt خذمت s. T. vulg. (*hedmèt*, A.), service, fonction (v. *hedmèt*); *hezmèt ètmèk*, servir; *dèvlètè hezmèt ètmèk*, servir le gouvernement.

Hezmètgi خذمجى s. T. servant, domestique, serviteur.

Hezmètkiar خذمتكار s.T. serviteur, domestique; *hezmètkiar karé*, servante, domestique; *hezmètkiar gibi*, comme un domestique.

Hezmètkiarlek خذمتكارلق s. T. profession, état de serviteur, de commis ou d'employé; domesticité.

Hi ٥ (*hu, hou*), pron. affixe A. pour le sing. masculin de la troisième personne; se trouve dans des phrases arabes; au fém. *ha*; duel *hima* ou *huma*; pl. masc. *him* ou *hum*; *rahmèt oul-lah alèy-hi, alèy-ha, alèy-hima, alèy-him*, que la miséricorde de Dieu soit sur lui, sur elle, sur eux ou sur elles deux, sur eux (plusieurs).

Hibat هبات s. A. pl. de *hibè*, dons, présents.

Hibè هبه s. A. au pl. *hibat*, don, présent.

Hibrèt خبرت s. A. connaissances approfondies.

Hič هيچ ad. P. rien, rien du tout, aucunement, jamais; a. aucun; s. nullité, rien; *hič biri*, personne, aucun; *hič bir kimsè*, aucune personne; *hič bir chèy*, rien, aucune chose; *hičè saymak*, ne pas faire cas

27

de ; *hič bir chèy seuylèmèm,* je ne dis rien ; *hič bir yèrdè,* dans aucun lieu ; *hič olmazsa,* au moins ; *hič bir vaket,* jamais.

Hichavènd خویشاوند s. P. parent ; en T. us. *hessem.*

Hicht خشت s. P. brique ; en T. us. *toughla.*

Hicht خشت s. T. espèce de javelot court et gros.

Hidayèt هدایت s. A. action de trouver et d'indiquer le vrai chemin, la vraie voie.

Hiddèt حدت s. A. fougue, emportement ; âcreté, irritation ; impétuosité ; véhémence.

Hiddètlènmèk حدتلنمك T. s'irriter, s'emporter.

Hiddètli حدتلی a. T. fougueux, emporté, irascible.

Hidèmat خدمات s. A. pl. de *hidmèt,* services, fonctions, emplois.

Hidiv خدیو s. P. v. *hediv.*

Hidmèt خدمت s. A. (*hedmèt*), au pl. *hidèmat,* service, fonction, charge, mission ; *hidmèti 'askèriyè,* le service militaire.

Hiffèt خفت s. A. légèreté.

Higab حجاب s. A. pudeur, honte, modestie ; voile.

Higable حجابلی a. T. pudique, modeste.

Higar حجار s. A. pl. de *hağèr,* pierres.

Higaz حجاز n. p. A. Arabie Pétrée.

Higran هجران s. A. v. *hèğr.*

Higrèt هجرت s. A. hégire ; transmigration, fuite ; *sènèyi hiğriyè,* l'an de l'hégire.

Higv هجو s. A. satire ; *hiğv ètmèk,* satiriser.

Higvi هجوی a. A. satirique.

Higviyè هجویه a. A. fém. du précédent ; s. poème satirique.

Hikèm حكم s. A. pl. de *hikmèt,* sciences, maximes, sentences, etc.

Hikiayat حكایات s. A. pl. du suivant et de *hikiayèt.*

Hikiayè حكایه s. A. au

pl. *hikiayat*, narration, récit, historiette, conte; anecdote, roman; *hikiayè etmèk*, narrer, raconter; particulariser.

Hikiayèği حكايه‌جى s. T. narrateur de contes.

Hikiayèt حكايت s. A. au pl. *hikiayat*, v. *hikiayè*.

Hikmèt حكمت s. A. au pl. *hikèm*, sagesse, savoir, science; maxime, sentence, mystère, merveille; prophétie, prodige, miracle; philosophie; *'ilmi hikmèt*, philosophie; *hikmèti tabi'iyè*, physique; *hikmèti ilahiyè*, la sagesse divine; *bounda bir hikmèt var der*, il y a un mystère là-dedans; interj. c'est étrange! c'est un mystère!

Hikmètli حكمتلى a. T. prodigieux, mystérieux, miraculeux, merveilleux; providentiel.

Hikmèt-pènah حكمتپناه a. s. P. sage; philosophe.

Hilaf خلاف s. A. opposition, contradiction; contraire, fausseté, mensonge; *hilaf seuylèmèk*, mentir; *bounoun hilafena*, contrairement à cela.

Hilafena خلافنه ad. T. contrairement à...

Hilafèt خلافت s. A. lieutenance, califat; dignité de calife.

Hilafèt-pènah خلافتپناه a. s. P. qui soutient le califat; calife; sultan.

Hilafèt-pènahi خلافتپناهى a. P. relatif au calife; royal, impérial.

Hilaf-gir خلافگير a. s. P. opposé, contraire; adversaire.

Hilal خلال s. A. milieu, intervalle, temps; cure-dent, cure-oreille.

Hilal هلال s. A. nouvelle lune; croissant; en T. us. *yèñi ay*, croissant.

Hilali هلالى a. A. relatif ou pareil à la nouvelle lune.

Hilali-ahmèr هلال‌احمر s. A. le croissant rouge.

Hilè حيله s. A. (*hiylè*, T. vulg.), au pl. *hiyèl*, ruse, fraude, finesse, tromperie, fourberie, artifice, astuce, falsification; *hilè etmèk*, tromper, user d'astuce, de fourberie.

Hilè-baz حیله باز a. P., *doubarağe*, T. rusé, trompeur, fraudeur, fourbe, intrigant.

Hilèbazlek حیله بازلق s. T., *doubara*, P. fourberie, tromperie, friponnerie, tricherie.

Hilè-kiar حیله کار a. s. P. trompeur, tricheur, fourbe, rusé, fin.

Hilèkiarlek حیله کارلق s. T. ruse, fourberie, tricherie, tromperie ; *hilèkiarlek ètmèk*, tricher, tromper, employer de la ruse.

Hilèli حیله لی a. T. falsifié, mêlé de ruse ; fin.

Hilèlissiz حیله سز a. T. pur, sans mélange, vrai, non falsifié.

Hilkat خلقت s. A. création ; naturel, caractère.

Hilm حلم s. A. douceur de caractère ; aménité.

Him هم (*hum*), pron. affixe A. pour le pl. masculin.

Hima هما (*huma*), pron. affixe A. pour le duel.

Himar حمار s. A. (*hemar*, prononciation vulg.), âne ; en T. us. *èchèk*.

Himari حماری a. A. appartenant à l'âne, d'âne.

Himayè حمایه s. A. protection, défense, tutelle, auspices, patronage, protectorat, sauvegarde ; *ziri himayèssindè*, sous sa protection ; *himayè ètmèk*, protéger, défendre, sauvegarder.

Himayèt حمایت s. A. v. le précédent.

Himèm همم s. A. pl. du suivant.

Himmèt همت s. A. au pl. *himèm*, bienveillance, faveur ; intention ; visée ; soins, sollicitude, efforts ; *himmèt ètmèk*, donner ses soins, faire des efforts ; avoir la bonté de ; *himmètiñiz ilè*, grâce à votre bonté, à vos efforts.

Hind هند n. p. A. Inde, les Indes ; *hindi čini*, Indo-Chine ; *hind tavoughou*, dinde ; *hind koumache*, étoffe de l'Inde ; fig. chose précieuse, introuvable.

Hindi هندی a. A. Indien ; *dèmir hindi*, tamarin.

Hindi هندى s. T. dinde; *baba hindi*, dindon.

Hindiba هندبا s. A. chicorée; endive.

Hindistan هندستان n. p. P. Indoustan ou Hindoustan; Inde; 200,000,000 h.; *hindistan ǧèvizi*, noix muscade; noix de coco.

Hindli هندلى a. T. Indien.

Hindou هندو s. P. Hindou; habitant de l'Hindoustan.

Hirach خراش impér. a. P. gratte, égratigne, tourmente, tracasse; qui gratte, etc.; *ǧan-hirach*, qui affecte, qui tourmente l'âme, douloureux.

Hiram خرام s. P. balancement en marchant; démarche légère, élégante, gracieuse, coquette et fière.

Hiraman خرامان a. P. qui marche en se balançant légèrement et avec grâce, coquetterie et fierté; *hiraman olmak*, marcher en se balançant et avec grâce, etc.

Hiras هراس s. P., *havf*, A. peur, frayeur, terreur; en T. us. *korkou*.

Hirassan هراسان a. P. timide, peureux, qui craint; effrayé; *hirassan olmak*, avoir peur, s'épouvanter; *at dèvèdèn hirassan olour*, le cheval a peur du chameau (prov.).

Hirassèt حراست s. A. garde, conservation.

Hirè خيره a. P. trouble, troublé; sombre; étonné, ébloui.

Hirèd خرد s. P. esprit, intelligence.

Hirèd-mènd خردمند a. P. intelligent, sage.

Hirèdmèndan خردمندان a. s. P. pl. du précédent, est aussi usité en turc.

Hirèdmèndanè خردمندانه ad. P. sagement.

Hirèf حرف s. A. pl. du suivant.

Hirfèt حرفت s. A. au pl. *hirèf*, art, métier; *èhli hirfèt*, les artisans.

Hirid خريد s. P. (p. u.), achat; *hirid u furouht*, P., *bèy' ou chira*, A., *alech vèrich*, T. achat et vente.

Hiridar خريدار s. P. acheteur; amateur.

Ḫiridè خَرِيدَه p. p. P. acheté ; employé seulement dans la phrase suivante ; *bèndèyi dirèm ḫiridèlèri*, votre très humble esclave ou serviteur, m. à m. votre esclave acheté avec de l'argent.

Hirman حرمان s. A. privation, dénuement.

Ḫirmèn خرمن s. P. v. *ḫarman*.

Ḫirs خرس s. P. ours ; en T. us. *ayé*.

Hirs حرص s. A. avidité, cupidité.

Hirz حرز s. A. lieu de refuge et de défense.

Hisn حصن s. A. forteresse, fort ; *hisni hassin*, forteresse solide.

Hiss حس s. A. sensation, sentiment, sens ; *hiss ètmèk*, sentir, percevoir.

Hissab حساب s. A. compte, calcul ; *'ilmi hissab*, arithmétique ; *hissaba gèčirmèk*, porter en compte ; *hissabe kapamak*, solder un compte ; *hissab toutmak*, tenir le compte ; *hissaba gèlmèz*, innombrable ; *hissaba gèlmèk*, convenir ; *hissab geurmèk*, voir ou régler un compte ; *hissab kitab*, résultat d'un compte ; tout compte fait ; *hissab ètmèk*, compter, faire un compte.

Hissabi حسابى a. A. qui veille bien à ses intérêts ; économe.

Hissablachmak حسابلا شمق T. compter ensemble, faire les comptes ensemble ; régler les comptes.

Hissable حسابلى a. T. compté, mesuré.

Hissabsez حسابسز a. T. innombrable, incalculable.

Hissal خصال s. A. pl. de *haslèt*, mœurs ; caractères.

Hissar حصار s. A. forteresse, fort, place forte, fortification, château fort, citadelle ; action d'assiéger (dans ce sens v. *mouhassèrè*) ; *roumèli hissare (roumèli hissar)*, nom d'un village sur le Bosphore où est bâti un château (côte d'Europe) ; *anadolou hissare (anatoli hissar)*, nom d'un village sur le même canal où est bâti également un château (côte d'Asie) ; *hissar bèdèni*, créneau des murailles.

Hissè حصّه s. A. portion, part, action, participation; *kessadan hissè*, la morale d'une histoire, d'un récit, d'une fable.

Hissè-dar حصّه دار a. P. participant, qui a une part; s. associé, actionnaire; le pl. P. *hissè-daran*, est aussi usité en turc; *hissè-dar ètmèk*, faire participer; *hissè-dar olmak*, participer, prendre part à quelque chose.

Hissèdarlek حصّه دارلق s. T. participation.

Hissè-gir حصّه گیر a. P. qui a une part.

Hissè-mènd حصّه مند a. P. qui participe; *hissè-mènd olmak*, prendre part, partager; *èlèminizè hissè-mènd olouroum*, je partage votre douleur.

Hissèt خسّت s. A. avarice; bassesse.

Hissi حسّی a. A. sensitif.

Hitab خطاب s. A. action d'adresser la parole; allocution, discours; *hitab ètmèk*, adresser la parole à...

Hitabèn خطاباً ad. A. en adressant la parole.

Hitabèt خطابت s. A. prédication, profession de prédicateur; *'ilmi hitabèt*, rhétorique.

Hitam ختام s. A. fin; *hitam vèrmèk*, achever, terminer; *hitam boulmak*, finir, être terminé, achevé; *husnu hitam*, fin heureuse; *rèssidèyi husnu hitam olmak*, finir, arriver à bonne fin.

Hitam-pèzir ختام پذیر a. P. fini, terminé, achevé; *hitam-pèzir olmak*, finir, être terminé, achevé.

Hitan ختان s. A. circoncision.

Hitar خطار s. A. pl. de *hatar*, dangers, périls.

Hitat خطط s. A. pl. de *hetta*, régions, contrées, pays.

Hivayèt حوایت s. A. action de comprendre, de contenir.

Hiyèl حیل s. A. pl. de *hilè*, ruses, fraudes.

Hiylè حیله s. T. vulg. v. *hilè*.

Hiz خیز a. P. qui s'élève, qui se lève, qui s'élance ; *sèhar-ḫiz*, qui se lève de bon matin ; matineux.

Ḫiz-ab خيزاب s. P., *mèvǧ*, A. vague, flot, onde ; en T. us. *dalgha*.

Ḫob خوب a. P. v. *ḫoub* avec ses dérivés.

Ḫoch خوش a. P. beau, joli ; bon, agréable, délicieux ; étrange ; ad. agréablement, bien ; *na-ḫoch*, désagréable ; *ḫoch geurmèk*, laisser faire, ne pas s'opposer ; *ḫatrene ḫoch ètmèk*, satisfaire ; *ḫoch dil*, qui a le cœur content.

Ḫochab خوشاب s. P. (*ḫochaf*, T. vulg.), fruits secs bouillis dans de l'eau sucrée.

Ḫochaf خوشاف s. T. v. le précédent.

Ḫoch-amèd خوش آمد s. P. compliment qu'on fait à une personne qui vient d'arriver ; bienvenue.

Ḫoch-amèdgiou خوش آمدكو s. P. celui qui souhaite la bienvenue.

Ḫoch-amèdi خوش آمدى s. P. les formalités de la bienvenue.

Ḫoch-bou خوشبو a. P. d'une odeur agréable.

Ḫoch-bouy خوشبوى a. P. v. le précédent.

Ḫochè خوشه s. P., *bachak*, T. épi.

Ḫochè-čin خوشه چين s. P. glaneur ; fig. celui qui vit du surplus des autres.

Ḫochǧa خوشجه ad. T. bien ; *ḫochǧa kalèñ*, portez-vous bien ; adieu.

Ḫoch-guvar خوشكوار a. P. d'un goût agréable ; savoureux.

Ḫochlachmak خوشلاشمق T. s'améliorer, être content.

Ḫochlandermak خوشلاندرمق T. contenter, satisfaire, faire plaisir.

Ḫochlanmak خوشلانمق T. se plaire, se réjouir, être content.

Ḫochlouk خوشلق s. T. bonté, bon état ; bonne santé ; bien.

Ḫochloukla خوشلقله ad. T. de gré, sans être forcé.

Ḫoch-nèva خوشنوا a. P. qui a une belle voix.

Hochnoud خشنود a. P. content, satisfait; *hochnoud ètmèk*, contenter, satisfaire; *hochnoud olmak*, être content, satisfait.

Hochnoudi خشنودى s. P. satisfaction, contentement.

Hochnoudlouk خشنودلق s. T. v. le précédent.

Hoch-nouma خوشنما a. P. qui est d'un bel aspect.

Hoch-seuhbèt خوش صحبت a. P. qui a une conversation agréable.

Hoch-tab' خوشطبع a. P. d'un naturel bon.

Hod خود pron. pers. P. lui-même, elle-même, soi-même; *hod bè hod*, de soi-même; *rèyi hodi ilè*, de son propre gré et consentement.

Hod-bin خودبين a. P. égoïste; arrogant, fier, orgueilleux.

Hod-binlik خودبينلك s. T. égoïsme, présomption, orgueil.

Hod-pèrèst خودپرست a. P. suffisant, présomptueux.

Hod-pèssènd خودپسند a. P. satisfait de soi-même; arrogant, fier.

Hoğa خواجه s. T. (*hağè*, P.), précepteur, maître de langue, d'école; instituteur; docteur, savant, maître, sieur; *'akel hoğasse*, maître de sagesse, celui qui donne des conseils sages; on donne aussi le nom de *hoğa*, à une personne religieuse qui porte le turban; *hoğaya vèrmèk*, envoyer chez un instituteur.

Hoğalek خواجه‌لق s. T. professorat, état de maître, de professeur; *hoğalek ètmèk*, faire le maître d'école ou le professeur; exercer la profession de *hoğa*.

Hokka حقه s. A. petite boîte; encrier; gobelet; vase à l'usage des pharmacies.

Hokka-baz حقه‌باز s. P. prestidigitateur, escamoteur, joueur de tours de gobelets; fig. fripon; c. de *hokka* et de *baz*, qui joue.

Hokka-bazlek حقه‌بازلق s. T. tour ou coup de passe-passe; prestidigitation, le métier d'escamoteur;

fig. friponnerie; *hokka-baz-lek ètmèk*, escamoter.

Hokna حقنه s. T. vulg. (*houkna*, A.), clystère, lavement; *hokna ètmèk*, donner un lavement, administrer un clystère.

Hon خون s. P. sang; en T. us. *kan*.

Hon-ab خوناب s. P. sang mêlé d'eau; fig. larme (poét.).

Hon-abè خونابه s. P. v. le précédent.

Hon-aloud خون آلود a. P. ensanglanté.

Hou-bar خونبار a. P. saignant.

Hon-bèha خونبها s. P. amende payée par le meurtrier aux parents du mort.

Hon-èfchan خونافشان a. P. qui répand du sang.

Hon-har خونخوار a. P. buveur de sang; sanguinaire, cruel.

Honin خونين a. P. sanguin, sanguinolent.

Hon-riz خونریز a. P. qui répand, verse du sang;

sanguinaire, cruel, atroce, féroce.

Hoplamak خوپلامق T. bondir, tressaillir.

Hoppa خوپبا a. T. folâtre, qui est d'un naturel léger.

Hoppala خوپبالا s. T. cri qui sert à faire danser les petits enfants.

Hor خور partic. T. s'emploie répétée; v. *harel*.

Hor خور impér. a. P. mange; qui mange; d. de *horden*, manger; *miras-hor*, (*mèras-hor*, vulg.), héritier.

Hor خور a. P. (*har*), *alčak*, T. vil, bas, abject, méprisable, ignoble, avili; de qualité inférieure; *hor bakmak*, mépriser.

Hora خورا خوره s. du G., *raks*, A. danse, bal; *hora tèpèn*, T., *rakkas*, A. dansant, danseur; *hora tèpmèk*, danser.

Horassan خراسان s. T. sorte de ciment.

Horata خواته خوراطه s. du G. badinage, plaisanterie, farce; *horata ètmèk*, badiner, plaisanter.

Horatagè خوراته جی خور

Ḫort اطه‌بی a. T. plaisant, badin, facétieux, farceur.

Ḫorlamak خورلامق T. mépriser, avilir, humilier; vn. ronfler.

Ḫorlouk خورلق s. T. qualité inférieure, défaut, mépris, avilissement.

Ḫoros خروس s. P. (*horoz* T. vulg.), coq ; chien d'une arme à feu d'ancien système ; d. du G.

Ḫoroslanmak خروسلانمق T. se pavaner, tirer vanité, faire ostentation ; marcher avec fierté ; s'enorgueillir ; se dresser comme le coq.

Ḫorospina خروسپینه s.T. marsouin (poisson).

Ḫoroz خروس s. T. v. *horos*.

Ḫortlak خورتلاق s. T. vampire, revenant, mânes.

Ḫortlamak خورتلامق T. crier, rugir (en parlant des animaux sauvages) ; fig. subir dans la tombe le châtiment des damnés.

Ḫortoum خرطوم s. A. trompe de l'éléphant ou tuyau de pompe.

Ḫoryat خوریات s. du G. (ou *hoyrat*), homme grossier, rustre, impoli.

Ḫoryatǧa خوریاتجه ad. T. rustiquement, impoliment, grossièrement.

Ḫoryatlek خوریاتلق s. T. (*hoyratlek*), rusticité, grossiereté.

Hou ه pron. affixe A. v. *hi*.

Hou خو s. P. v. *houy*.

Houb خوب a. P. (*hob*), beau, joli, bon ; ad. bien, joliment ; *houb avazlé*, doué d'une belle voix.

Houban خوبان s. P. pl. du précédent, les belles personnes, les beautés.

Houbb حب s. A. affection, amour ; *houbbi vatan*, amour de la patrie ; patriotisme.

Houbèssa خبثا s. A. pl. de *habis*, les méchants, les infâmes, etc.

Houbi حوبی s. P. beauté ; en T. us. *guzèllik*.

Houboub حبوب s. A. pl. de *habb*, grains, céréales ; pilules.

Houboub هوبوب s. A. v. *huboub*.

Houboubat حبوبات s. A. pl. de *houboub*, grains, etc.

Houbour حبور s.A., *chadmani*, P. joie; en T. us. *sèving*.

Houb-rou خوبرو s. P. personne de belle figure.

Houb-rouyan خوبرويان s. P. pl. du précédent.

Houbs خبث s. A. mauvaise nature; vilenie; impureté.

Houb-tèr خوبتر a. compar. P. plus beau.

Houb-tèrin خوبترين a. supér. P. le plus beau.

Houbz خبز s. A. (p. u.), *nan*, P. pain; en T. us. *ekmèk*.

Houch هوش s. P. esprit, intelligence; *bi-houch*, qui a perdu l'esprit, ébahi, évanoui.

Houchènk هوشنك s. P. intelligence, entendement.

Houchiar هوشيار a. P. intelligent.

Houchiari هوشيارى s. P. intelligence.

Houchmènd هوشمند a. P. intelligent.

Houchou' خشوع s. A. humilité, modestie.

Houchounèt خشونت s.A. dureté, rudesse, âpreté.

Houda خدا s. P. (*huda*), allah, A., tañre, T. Dieu; seigneur, maître; *houda-han*, qui invoque Dieu; *na-houda*, sans Dieu, athée.

Houd'a خدعه s. A. (*hud'a*), ruse, tromperie, stratagème.

Houda-dad خداداد a. P. donné par Dieu; naturel, inné.

Houdara خدارا interj.P. pour l'amour de Dieu! en T. us. *allah 'achke için*.

Houdavènd خداوند s. P. maître, seigneur; *gènabe houdavèndi kadir*, Dieu, maître et tout-puissant.

Houdavèndigiar خداوندكار s. P. (*hudavèndigiar*), monarque, souverain; Dieu; surnom d'Amurat 1er troisième Sultan ottoman; de là *hunkiar*, v. ce mot. Désignation moderne de la province dont Brousse est le chef-lieu.

Houdaya خدايا interj. P. grand Dieu! ô Dieu saint et puissant!

Houdayi خدايى a. P. divin; naturel; *houdayi nabit*, qui croît naturellement (plante).

Houddam خدام s. A. pl. de *hadim*, serviteurs, domestiques; en T. us. *hezmètkiarlar*.

Houdoud حدود s. A. pl. de *hadd*, limites, bornes; frontières, confins; lois pénales; *houdoud komak* ou *ta'yin ètmèk*, délimiter; s'emploie souvent comme sing.

Houdous حدوث s. A. apparition (naissance) d'une chose.

Houfèr حفر s. A. pl. du suivant.

Houfrè حفره s. A. au pl. *houfèr*, fosse, fossé, creux.

Houkna حقنة s. A. v. *hokna*.

Houkouk حقوق s. A. pl. de *hakk*, droits, obligations; relations amicales; droit (il est aussi usité au sing.); *houkouk maddèssi*, point de droit; *houkouk mèssèlèssi*, question de droit; *houkoukğa*, en droit; *houkouki muktèssèbè*, droits acquis; *houkouki milliyè*, droit public; *houkouki sinn* ou *houkouki èkbèriyèt*, droit d'aînesse; *houkouki milèl*, droit des gens; *houkouk kanounnamèssi*, droit civil; *houkouk* ou *houkouki 'adiyè*, droits civils; *houkouk nizamatè*, droit judiciaire.

Houkouki حقوقى a. A. civil.

Houkoukiyè حقوقيه a. A. fém. du précédent, civile; *nizamatè houkoukiyè*, lois civiles.

Houlassa خلاصه s. A. (*hulassa*), extrait, quintessence, résumé, conclusion; *houlassa ètmèk*, résumer, conclure; *houlassayè kèlam*, en résumé, en somme.

Hould خلد s. A. éternité paradis.

Houlèfa خلفا s. A. (*hulèfa*), pl. de *halifè*, successeurs, lieutenants; califes; secrétaires d'un bureau de la S. Porte.

Houlk خلق s. A. au pl. *ahlak*, caractère, naturel.

Houlkoum حلقوم s. A. gosier.

Houllan خلان s. A. (p.u.), pl. de *halil*, amis intimes, etc.

Houilèt خلت s. A. amitié, affection.

Houloud خلود s. A. éternité; *yèvmi houloud*, jour de la résurrection; en T. us. *keyamèt gunu*.

Houloul حلول s. A. action de mettre pied à terre, d'arriver dans un lieu; entrée, arrivée, approche; incarnation; *houloul ètmèk*, arriver, s'arrêter dans un lieu; approcher.

Houlous خلوص s. A. sincérité, dévotion.

Houlous-kiar خلوصكار a. P. sincère, dévoué.

Houlous-kiaranè خلوصكارانه a. ad. P. sincère; sincèrement.

Houlous-kiarlek خلوصكارلق s. T. sincérité, dévouement; flatterie; parasitisme.

Houlya خوليا s. P. (*hulya*, A.), mélancolie; imagination, illusion; d. du G.

Houma هما s. P. v. *huma*.

Houmar خمار s. A. pesanteur de tête causée par l'ivresse.

Houmat حمات s. A. pl. de *hami*, protecteurs, défenseurs, patrons.

Houmbara خمبره s. A. (*koumbara*, T. vulg.), bombe.

Houmbaragè خمبره‌جى s. T. (*koumbaragè*), bombardier.

Houmbara-hanè خمبره‌خانه s. P. v. *koumbara-hana*.

Houmma حمى s. A. fièvre; en T. us. *setma*; *hoummayi mutèkatti'a*, fièvre intermittente; *hoummayi muhrika*, fièvre ardente; causus.

Hoummaz حماض a. A. oxalique (chim.).

Houmoul حمول s. A. pl. de *haml*, charges, fardeaux

Houmoulè حموله s. A. charge d'une bête de somme ou d'un vaisseau; cargaison.

Houmouza حموضه s. A.

âcreté; *muvèllid ul-houmouza*, oxygène.

Houms خمس s. A. cinquième partie, un cinquième; en T. us. *bèchdè bir*.

Houmz حمض s. A. oxyde; *houmzi ahmèri hadid*, oxyde rouge de fer (chim.).

Houni خونى s. T. entonnoir.

Hourchid خورشيد s. P., *aftab*; *chèms*, A., *gunèch*, T. soleil.

Hourd خرد a. P. petit, mince, fin; *hourd sal*, en bas âge.

Hourdè خرده a. s. P. au pl. *hourdèvat*, petit, menu; parcelle, fraction.

Hourdè-bin خرده بين s. P. microscope; a. qui voit, examine et vérifie les choses minutieusement; c. de *hourdè* et de *bin*, qui voit.

Hourdègi خرده جى s. T. celui qui vend des ustensiles petits ou vieux.

Hourdèlènmèk خرده لنمك T. se briser en mille pièces.

Hourdèvat خردوات s. A. (mot barbare), pl. de *hourdè*, ustensiles petits ou vieux; quincaillerie, quincaille.

Hourdèvatgè خردواتجى s. T. quincaillier; celui qui vend de vieux ustensiles.

Hourg خوريج s. T. grande besace de cuir.

Houri حورى s. A. au pl. *havari*, houri, nymphe.

Hourma خرما s. P. datte (fruit du palmier); *hourma aghagè*, palmier, dattier.

Houroub حروب s. A. pl. de *harb*, guerres, combats.

Hourouch خروش s. P. mouvement violent; effervescence, agitation; cri.

Hourouchan خروشان a. P. agité, qui est en effervescence; bruyant.

Hourouf حروف s. A. pl. de *harf*, particules (gramm.); lettres de l'alphabet; caractères; *houroufi chèmsiyè*, lettres solaires (v.gramm.).

Houroufat حروفات s. A. pl. de *hourouf*, caractères typographiques; *houroufat basmasse*, typographie.

Hourong خروج s. A. action de sortir, sortie; révolte, insurrection.

Hourras حراس s. A. pl. de *haris*, gardiens.

Housman خصمان s. A. pl. de *hassim*, adversaires; ennemis.

Houssèma خصما s. A. pl. de *hassim*, adversaires; ennemis.

Houssouf خسوف s. A. éclipse de lune; en T. us. *ay toutoulmasse*.

Houssoul حصول s. A. action de provenir, de résulter, de prendre existence; réalisation; *houssoula gèlmèk*, résulter, se réaliser.

Houssoum خصوم s. A. pl. de *hasm*, adversaires; ennemis.

Houssoumat خصومات s. A. pl. du suivant.

Houssoumèt خصومت s. A. au pl. *houssoumat*, antagonisme, hostilité; inimitié.

Houssous خصوص s. A. au pl. *houssoussat*, affaire; chose, particularité, spécialité; fait; *bou houssousda*, dans cette affaire; *'alèl houssous, ba houssous, houssoussilè*, particulièrement, surtout.

Houssoussa خصوصا ad. A. surtout, particulièrement, principalement, spécialement.

Houssoussat خصوصات s. A. pl. de *houssous*, affaires, faits, etc.

Houssoussèn خصوصاً ad. A. v. *houssoussa*.

Houssoussi خصوصى a. A. particulier, spécifique; spécialiste, spécial, privé; personnel.

Houssoussiyèt خصوصيت s. A. particularité, spécialité; intimité, amitié; dévotion, affection.

Houtbè خطبه s. A. prière du vendredi lue par des *hatib*.

Houtèba خطبا s. A. pl. de *hatib*, prédicateurs; v. *hatib*.

Houtn ختن s. A. circoncision.

Houtnèt ختنة s. A. v. le précédent.

Houtour خطور s. A. action de se présenter à l'esprit.

Houtout حطوط s. A. action de descendre; descente.

Houtout خطوط s. A. pl. de *ḫatt*, écritures; lignes.

Houvèyda هويدا a. P. v. *huvèyda*.

Houy خوى s. P. (ou *hou*), habitude, coutume; défaut; vice; naturel; *kourd tuynuu dèyichtirir houyounou dèyichtirmèz*, le loup change de poil, mais il ne changera pas sa nature (prov.).

Houylanmak خويلانق T. contracter une mauvaise habitude; s'irriter, devenir revêche (cheval).

Houylou خويلى a. T. qui a une mauvaise habitude, un vice; vicieux (homme ou animal).

Houyoul خيول s. A. pl. de *hayl*, chevaux; escadrons.

Houyour خيور s. A. pl. de *hayr*, bonnes œuvres, bonnes actions.

Houysouz خويسز a. T. de mauvais naturel ou caractère.

Houysouzlanmak خويسز لانمق T. commencer à avoir un mauvais caractère.

Houysouzlouk خويسزلق s. T. mauvais caractère.

Houzou' خضوع s. A. humilité, modestie.

Houzour حضور s. A. repos, tranquillité; présence, bien-être; *houzourouñouzda*, en votre présence, devant vous; *houzoura čekmak*, se présenter devant le Sultan, avoir une audience.

Houzouz حظوظ s. A. pl. de *hazz*, plaisirs, jouissances.

Houzzar حضار s. A. pl. de *hazer*, les assistants.

Hovarda خوارده a. T. vagabond, débauché, galant.

Hovardalek خواردهلق s. T. vagabondage; débauche, galanterie; *hovardalek ètmèk*, vagabonder; se débaucher; *hovardalekda gèzmèk*, mener une vie de vagabond, de débauché.

Hoyrat خويرات s. T. v. *horyat*.

Hoyratlek خويراتلق s. T. v. *horyatlek*.

Hristian خرستيان s. du G. v. *kristian*.

Hu • pron. affixe A. v. *hi*.

Huboub هبوب s. A. (*houboub*), action de souffler (en parlant du vent).

Hubout هبوط s. A. descente.

Hud'a خدعة s. A. v. *houd'a*.

Huda خدا s. P. v. *houda* avec ses dérivés.

Hudhud هدهد s. A. huppe (oiseau).

Huğeğ حجج s. A. pl. de *huğğèt*, documents, preuves.

Huğèrat حجرات s. A. pl. de *huğrè*, cellules.

Huğğağ حجاج s. A. pl. de *hağğ*, pèlerins de la Mecque.

Huğğèt حجت s. A. (*heuğğèt*), au pl. *huğèğ*, document, preuve, argument; titre de propriété.

Huğoum هجوم s. A. attaque inattendue; assaut; charge (mil.); action de s'élancer, de fondre sur; *huğoum ètmèk*, assaillir, attaquer, s'élancer, fondre sur; *huğoum ilè almak*, prendre d'assaut.

Huğrè حجر s. A. (*huğurè*, T. vulg.), au pl. *huğèrat*, cellule, petite chambre; cabinet d'étude; niche.

Huğurè حجر s. T. v. le précédent.

Hukèma حكما s. A. pl. de *hakim*, savants, doctes, sages; philosophes.

Hukioumat حكومات s. A. pl. du suivant.

Hukioumèt حكومت s. A. au pl. *hukioumat*, état, empire, gouvernement, pouvoir, autorité, puissance, domination, souveraineté; pouvoir administratif, juridiction; *hukioumèti sèniyè*, le gouvernement impérial de S. M. le Sultan; *hukioumèti munfèridè*, gouvernement monarchique; *hukioumèti moutlaka*, gouvernement absolu; *hukioumèti mustèkillè*, gouvernement indépendant; *hukioumèti mustèbiddè*, gouvernement despotique; *hukioumèti mèchrouta*, gouvernement constitutionnel; *hukioumèti ğumhouriyè*, gouvernement républicain; *hukioumèti 'avam*, gouvernement démocratique; *hu-*

HUKM

kioumèti muġtèmi'a, gouvernement fédéral; *hukioumèti intiḫabiyè*, gouvernement électif; *hukioumèti zadègian*, gouvernement aristocratique; *hukioumèti mouvakkata*, gouvernement provisoire; *hukioumèti mèrkèziyè*, gouvernement central; *hukioumèti mèhalliyè*, autorité locale; *hukioumèt konaghe*, hôtel du gouvernement; *hukioumèt ètmèk*, gouverner, régner; dans ce sens on dit aussi *iǧrayi hukioumèt ètmèk*.

Hukioumèt-giah حكومتكاه s. P. résidence du souverain, du gouverneur.

Hukkiam حكّام s. A. pl. de *hakim*, juges, magistrats.

Hukm حكم s. A. (*hukum*), au pl. *ahkiam*, pouvoir, autorité; influence, ordre; commandement, gouvernement, règne; sentence, arrêt, décision juridique, décret, importance, vigueur; *hukmi din*, dogme; *hukum surmèk*, régner; *hukm ètmèk*, gouverner, ordonner, commander, décréter, décider juridiquement, rendre une sentence.

HUMA

Hukum حكم s. A. v. le précédent.

Hukum-dar حكمدار s. P., *padichah*, roi, monarque, souverain.

Hukum-daranè حكمدارانه ad. P. souverainement; royalement; a. monarchique, royal.

Hukum-dari حكمداري s. P. v. le suivant.

Hukum-darlek حكمدارلق s. T. souveraineté, règne, domination.

Hukum-ran حكمران a. s. P. qui règne; prince régnant.

Hukum-rani حكمراني a. P. royal, souverain; s. souveraineté.

Ḫulassa خلاصه s. A. v. *ḫoulassa*.

Ḫulèfa خلفا s. A. v. *ḫoulèfa*.

Ḫuluv خلو s. A. le vide; v. plutôt *ḫala*.

Ḫulya خليا s. A. v. *ḫoulya*.

Hum هم pron. A. v. *him*.

Huma هما pron. affixe A. v. *hima*.

Huma هما s. P. *(houma)*, oiseau de paradis; phénix; oiseau de bonne augure.

Humayoun همايون s. T. calicot de première qualité.

Humayoun همايون a. P. royal, impérial, auguste; heureux; *namèyi humayoun*, lettre impériale; *hatti humayoun, hatti chèrif*, écrit de la main du Grand Seigneur; ordre du Sultan.

Humoum هموم s. A. pl. de *hèmm*, chagrins, afflictions, etc.

Hunèr هنر s. P. mérite, talent, habileté, art; science, savoir.

Hunèrli هنرلی a. T., *ma'rifètli*, habile, ingénieux, industrieux; fait avec art.

Hunèr-mènd هنرمند a. s. P. ingénieux, personne douée de talents.

Hunèr-mèndan هنرمندان s. P. pl. du précédent, est aussi usité en turc.

Hunèr-pèrvèr هنرپرور a. P. qui favorise le talent.

Hunèr-vèr هنرور a. s. P. v. *hunèr-mènd*.

Hunkiar خنکار s. T. roi, monarque, empereur; titre des Empereurs ottomans; d. du P. *hudavèndigiar*.

Hunnak خناق s. A. croup, angine, esquinancie.

Hunoud هنود s. A. pl. Hindous, Indiens, habitants des Indes.

Hunsa خنثی s. a. A. hermaphrodite.

Hurmèt حرمت s. A. respect, révérence, vénération, estime, déférence, honneur; *hurmèt ètmèk*, respecter, vénérer, honorer; *hurmèt ilè*, respectueusement, avec égard.

Hurmètèn حرمةً ad. A. par respect.

Hurmètli حرمتلی حرمتلو a. T. respectable, vénérable, digne de respect; fig. important, grand.

Hurmètsizlik حرمتسزلك s. T. irrévérence; sacrilège.

Husn حسن s. A. *(hussun)*, beauté, élégance, grâce; *husnu ahlak*, bonnes mœurs; *husnu atvar*, bonnes manières; *husnu mou'amèlè*, bon traitement; *husnu ka-*

boul, bon accueil; *husnu ẖatt*, belle écriture, calligraphie; *husnu nazar*, bienveillance.

Husna حسنى a. compar. A. fém. de *ahsèn*, plus belle; très belle.

Husniyat حسنيات s. A. pl. mérites, bonnes qualités.

Husrèv خسرو s. P. roi, monarque, prince, empereur.

Husrèvanè خسروانه ad. P. royalement; a. royal, impérial.

Hussun حسن s. A. v *husn*.

Hussunlu حسنلى a. T., *guzèl*, beau, élégant, gracieux.

Huvèyda هويدا a. P. (*houvèyda*), évident, clair, manifeste; en T. us. *bèlli, achikiar*.

Huzn حزن s. A. (*huzun*), au pl. *ahzan*, tristesse, affliction, chagrin; en T. us. *kèdèr*.

Huzun حزن s. A. v. le précédent.

I

I'achè اعاشه s. T. action de nourrir, de procurer les moyens de vivre; d. de *'ich*.

I'adè اعاده s. T. action de retourner, de ramener, de rétablir; d. de *'avdèt*; *i'adèyi vizita ètmèk*, rendre visite; *i'adèyi soulh vè assayich ètmèk*, rétablir la paix et la tranquillité.

I'anè اعانه s. A. assistance, aide, secours; d. de *'avn*; *i'anè toplamak*, recueillir des secours; *i'anè dèftèri kuchad ètmèk*, ouvrir une souscription.

I'azè اعاذه s. A. (p. u.), action de se réfugier; d. de *'iyaz*.

'Ibad عباد s. A. pl. de *'abd*, serviteurs; créatures humaines; *'ibad oul-lah*, interj. accourez, ô serviteurs de Dieu! c'est bon marché! c'est pour rien! (cri des vendeurs de fruits, etc.).

Ib'ad ابعاد s. A. éloignement.

'Ibadèt عبادت s. A. adoration, culte; *'ibadèt ètmèk*, adorer Dieu, servir Dieu.

'Ibadèt-giah عبادتگاه s. P., *'ibadèt yèri*, T. temple, lieu d'adoration; c. de *'ibadèt* et de *giah*, lieu.

'Ibadèt-hanè عبادتخانه s. P. maison d'adoration, temple.

'Ibadèt-kiar عبادتکار a. P., *dindar*, dévot, pieux.

'Ibarat عبارات s. A. pl. du suivant.

'Ibarè عباره s. A. (*'ibarèt*), au pl. *'ibarat*, explication, expression, phrase; style; *'ibarèt olmak*, consister en (avec l'ablatif).

'Ibarèt عبارت s. A. v. le précédent.

Ibda ابداء s. A. manifestation; invention, découverte; d. de l'arabe *bèd*.

Ibda' ابداع s. A. invention, innovation; production; d. de *bid'at*; *ibda' ètmèk*, inventer, produire, créer; en T. us. *iğad ètmèk*, inventer.

Ibdal ابدال s. A. action de changer, changement, échange; d. de *bèdèl*.

'Ibèr عبر s. A. pl. de *'ibrèt*, exemples, etc.

Ibğal اجلال s. A. action de respecter, d'honorer; respect, honneur.

Ibham ابهام s. A. action de rendre obscur; douteux.

Ibik ابیك s. T. crête; *horos ibiyi*, crête-de-coq (fleur).

Ibka ابقا s. A. action de maintenir une personne dans l'état où elle se trouve; maintien; d. de *bèka*; *ibka ètmèk*, maintenir un employé, un ministre dans ses fonctions.

Iblagh ابلاغ s. A. action de porter une somme à; *ma'achène iki biñ ghouroucha iblagh èttilèr*, on a porté ses appointements à 2,000 piastres.

Iblis ابلیس s. A. au pl. *èbalis*, démon, diable; en T. us. *chèytan*.

Ibn ابن s. A. au pl. *èbna*, fils; en T. us. *oghoul*; *ibn oul-lah*, Fils de Dieu, le

Verbe Éternel ; *ibn ul-vahid (tèk oghoul,* T.*),* fils unique.

Ibra ابرا s. A. décharge, exonération, acquittement, acquit d'une somme ; *ibra kiaghedc,* quittance.

Ibrahim ابراهيم n. p. A. Abraham.

Ibrak ابراق s. A. (p. u.), action de faire briller ; coruscation des éclairs ; éclat de lumière ; d. de *bèrk.*

Ibram ابرام s. A. sollicitation, insistance, instance ; importunité ; urgence ; *ibram ètmèk,* solliciter, importuner, presser.

'Ibrani عبراني a. A. hébraïque ; *lissani 'ibrani,* langue hébraïque, l'hébreu.

'Ibranigè عبرانجه a. T. hébraïque ; s. l'hébreu ; ad. en hébreu.

Ibrayil ابرايل n. p. T. Braïla, ville et port de commerce sur le Danube.

Ibraz ابراز s. A. manifestation, production ; action de produire, de montrer ; d. de *burouz ; ibraz ètmèk,* manifester, exposer,
produire des documents ; présenter.

'Ibrèt عبرت s. A. au. pl. *'ibèr,* exemple à imiter ; punition, châtiment pour servir d'exemple aux autres ; *fèna 'ibrèt,* mauvais exemple ; *èyi 'ibrèt,* bon exemple ; *'ibrèt olmak,* servir d'exemple.

Ibrichim ابريشيم s. P. soie torse, soie filée.

Ibrichimği ابريشيمجى s. T. marchand de fil de soie.

Ibriz ابريز s. A. or pur.

Ibtal ابطال s. A. neutralisation, résiliation, annulation, suppression, abolition ; d. de *butlan ; ibtal ètmèk,* neutraliser, résilier ; annuler, abolir.

Ibtida ابتدا s. A. *(iptida,* T. *vulg.),* commencement, principe ; ad. premièrement, d'abord, primo ; d. de l'arabe *bèd ; ibtida ètmèk,* commencer, donner principe ou commencement à une chose.

Ibtida' ابتداع s. A. innovation, invention ; d. de *bid'at.*

Ibtidar ابتدار s. A. action d'entreprendre ; entreprise ; empressement.

Ibtidayi ابتدائي a. A. primordial ; initiale (lettre), primitif, préparatoire ; *mèktèbi ibtidayi*, école primaire.

Ibtihag̃ ابتهاج s. A. joie, allégresse, gaieté.

Ibtihal ابتهال s. A. prière, supplication.

Ibtila ابتلا s. A. action de se livrer ou de s'adonner à une chose passionnément, comme au vin, au jeu, etc.

Ibtina ابتنا s. A. action de se baser sur ; d. de *bina*.

Ibtinaèn ابتناء ad. A., *binaèn, à cause de* ; par conséquent.

Ibtissam ابتسام s. A. sourire, rire ; *ibtissam ètmèk* (p. u.), rire, sourire ; on dit plutôt *tèbèssum ètmèk*.

Ibtiya' ابتياع s. A. (p. u.), achat ; d. de *bèy'*.

Ibtizal ابتذال s. A. prostitution.

Ič̆ ايچ a. T. interne, intérieur ; s. l'intérieur, le dedans, intestins, estomac, cœur, conscience ; *ič̆ kal'a*, forteresse intérieure ; *ič̆ aghasse*, domestique qui entre au harem, eunuque ; *ič̆ yaghe*, suif ; *ič̆ aghresse*, mal de ventre, diarrhée ; *ič̆ donou*, caleçon ; *ič̆ yuz*, côté intérieur ; fig. le vrai but ; *ič̆ sekelmak*, s'ennuyer ; *ič̆ bayelmak*, défaillir (par la faim).

Ič̆èg̃èk ايچه‌جك s. T. boisson ; d. de *ič̆mèk*.

Ič̆èrdè ايچريده ad. T. dans, dedans.

Ič̆èrdèki ايچريده‌كي a. T. celui de dedans, ce qui est dedans ; *ič̆èrdèn*, par ou de dedans.

Ič̆èri ايچرى ايچرو ad. T. dedans, au dedans, à l'intérieur ; *ič̆èri girmèk*, entrer dedans.

Ič̆èrissi ايچريسى s. T., *ič̆i*, l'intérieur, le dedans.

Ich ايش s. T., *'amèl*, A. ouvrage, travail ; occupation, affaire, acte, besogne, service, action, fait ; *ousta ichi*, ouvrage de maître, chef-d'œuvre ; *ich èri* ou *ich adame*, homme d'affaires ; *ich gunu*, jour ouvrable; *ichinè geurè*, selon le travail; *ich guğ*, occupation exclusive; *ich guğ èdinmèk*, s'occuper exclusivement de; *ich geurmèk*, arranger une affaire.

'**Ich** عيش s. A. vie de plaisir, jouissance; *'ich ou 'ichrèt* ou *'ich ou nouch*, plaisirs et festins.

Ich'a' اشعاع s. A. radiation, rayonnement; d. de *chou'a'*.

Icha'a اشاعة s. A. publication, divulgation; d. de *chuyou'*; *icha'a ètmèk*, propager, divulguer, publier, répandre.

Ich'al اشعال s. A. action d'allumer, de brûler; d. de *chu'lè*.

Ich'ar اشعار s. A. avertissement par écrit, notification; d. de *chi'r*.

Icharèt اشارت s. A. signe, indice, signal, signalement, indication, marque; *ismi icharèt*, pronoms ou adjectifs démonstratifs; *icharèt ètmèk*, signaler, faire signe, indiquer.

Ichba' اشباع s. A. satiété, rassasiement; saturation (chim.); d. de *chiba'*; *ichba' ètmèk*, rassasier, saturer.

Ichbou اشبو pron. dém. T. celui-ci, celle-ci; a. présent, actuel.

Ichèmèk ايشدمك T., *sou deukmèk*, uriner, pisser.

Ichètmèk ايشتمك T. faire pisser; fig. faire peur, épouvanter.

Ichfa اشفا s. A. action de guérir; guérison, rétablissement; d. de *chifa*.

Ichghal اشغال s. A. action de donner des occupations, de préoccuper; d'entretenir; d. de *chughl*; *ichghal ètmèk*, préoccuper, occuper; entretenir.

Ichği ايشجی s. T. ouvrier, travailleur; *ichği kare*, ouvrière.

Ichğilik ايشجیلك s. T. façon, main-d'œuvre; labeur; état et métier d'ouvrier.

Ichgüzar ايشكذار a. T. actif, expéditif; mot barbare, attendu que les particules ou les impératifs persans ne peuvent s'unir aux mots turcs pour en former des mots composés; *ich* est turc, et *guzar* est persan.

Ichidèn ايشيدن p. pr. T. qui écoute ; s. auditeur.

Ichîdilmèk ايشيديلمك T. être entendu, écouté ; *ichidilmich*, ouï, entendu ; *ichidilmèmich*, inouï.

Ichitmèk ايشيتمك T., *diñlènmèk*, entendre, ouïr ; écouter ; exaucer ; *lakerde ichitmèk*, être réprimandé.

Ichitmèmèk ايشيتمامك T. ne pas entendre ; faire semblant de ne pas ouïr, dans ce sens on dit aussi *aldermamak* ou *sagherlegha vourmak*.

Ichitmèz ايشيتمز a. T. qui n'entend pas, qui n'écoute pas ; *ichitmèzdèn gèlmèk*, faire la sourde oreille.

Ichitmèzlènmèk ايشيتمزلنمك T. faire semblant de ne pas ouïr ; devenir sourd ; faire la sourde oreille, faire le sourd.

Ichitmèzlik ايشيتمزلك s. T. défaut de celui qui n'entend ou n'écoute pas ; surdité feinte.

Ichittirmèk ايشيتديرمك T. faire entendre ; communiquer.

Ichkèmbè اشكمبه s. T. tripe, gras-double ; *ichkèmbè čorbasse*, soupe au gras-double ; d. du P. *ichkènbè*.

Ichkèmbèǧi اشكمبه‌جى s. T. tripier, vendeur de tripes.

Ichkènbè اشكنبه s. P. v. *ichkèmbè*.

Ichkènǧè اشكنجه s. P. torture, la question ; *ichkènǧè čèkmèk*, endurer des tortures ; être tourmenté.

Ichkènǧèlèmèk اشكنجه‌لمك T. tourmenter, appliquer à la torture.

Ichkil اشكيل s. T. doute, soupçon.

Ichkillènmèk اشكيللنمك T. soupçonner, douter ; avoir des soupçons.

Ichlèk ايشلك a. T. fréquenté, battu (chemin) ; *ichlèk yol*, chemin fréquenté, battu ; *ichlèk dukkian*, boutique achalandée.

Ichlèmè ايشلمه s. T. travail, ouvrage travaillé à la main ; broderie ;

ornement en gravure ou en sculpture; *ichlèmèssi gudj*, difficile à travailler, à broder.

Ichlèmèk ايشلهمك T. travailler, opérer, agir, pratiquer, faire; pénétrer; être fréquenté (chemin, boutique, etc.); être en état de purulence (plaie); faire des ornements en gravure ou en sculpture; d. de *ich*; *ich ichlèmèk*, faire un ouvrage; *nakch ichlèmèk*, broder.

Ichlèmèmèk ايشلهمامك T. ne pas travailler, chômer.

Ichlènich ايشلنش s. T. (*ichlènmè*), action ou manière d'être travaillé.

Ichlènmè ايشلنمه s. T. v. le précédent.

Ichlènmèk ايشلنمك T. se faire, se travailler; être travaillé; *ichlènmich*, travaillé, poli; *ichlènmèmich*, brut, qui n'est pas travaillé; inculte.

Ichlèr ايشلر a. T. qui travaille.

Ichlètmè ايشلتمه s. T. exploitation.

Ichlètmèk ايشلتمك T. faire exploiter, faire travailler; introduire; faire pénétrer; entretenir des ouvriers; entretenir une plaie en état de purulence.

Ichlèyich ايشليش s. T. action ou manière de travailler; travail.

Ichrab اشراب s. A. action de faire boire; fig. action de faire comprendre; d. de *churb*.

Ichrak اشراق s. A. action d'éclairer, de briller; éclat, splendeur; d. de *chark*.

Ichrak اشراك s. A. action d'admettre la pluralité des dieux; croyance au polythéisme; d. de *chirk*.

'Ichrèt عشرت s. A. action de boire du vin et d'autres liqueurs spiritueuses; festins, réjouissances; *'ichrèt ètmèk*, prendre de l'eau-de-vie, etc.

'Ichrèt-hanè عشرتخانه s. P. lieu où l'on s'amuse, où l'on boit des liqueurs spiritueuses.

Ichsiz ايشسز a. T. inoccupé, sans travail, oisif,

désœuvré ; fainéant ; *ichsiz kalmak*, rester sans travail, sans affaires.

Ichsizlik ايشسزلك s. T. oisiveté, manque de travail ou d'affaires ; fainéantise.

Ichtah اشتها s. T. appétit ; *ichtah ačeğe*, appétissant.

Ichtahle اشتهالى a. T. qui a de l'appétit, désireux.

Ichtahsez اشتهاسز a. T. sans appétit, qui n'a pas d'appétit.

Ichtahsezlek اشتهاسزلق s. T. manque d'appétit.

Ichtè ايشته اشته ad. T. voici, voilà.

Ichti'al اشتعال s. A. inflammation ; fig. ardeur ; d. de *chu'lè*.

Ichtibah اشتباه s. A. doute ; d. de *chubhè* ; *bi-ichtibah*, sans doute.

Ichtidad اشتداد s. A. renforcement ; action de devenir plus fort, plus violent, de s'aggraver ; d. de *chiddèt*.

Ichtighal اشتغال s. A. occupation, application ; d. de *chughl* ; *ichtighal ètmèk*, s'occuper.

Ichtiha اشتها s. A. (*ichtah*, T. vulg.), appétit, appétence, inclination, plaisir, envie, désir ; *ichtah ačmak*, ouvrir l'appétit.

Ichtihar اشتهار s. A. célébrité, renom, notoriété.

Ichtikak اشتقاق s. A. dérivation d'un mot ; *'ilmi ichtikak*, étymologie ; d. de *chikk*.

Ichtikaki اشتقاقى a. A. qui appartient à la dérivation des mots ; étymologique.

Ichtikia اشتكا s. A. plainte ; d. de *chikiayèt* ; *ichtikia ètmèk*, se plaindre.

Ichtimal اشتمال s. A. action de comprendre, de renfermer, de contenir, d'embrasser ; d. de *chumoul* ; *hali zarourèt ichtimal*, état misérable.

Ichtimam اشتمام s. A. action de flairer ; flair ; d. de *chèmm* ; *ichtimam ètmèk*, flairer.

Ichtira اشترا s. A., *saten alma*, T. achat ; d. de *chi-*

ra ; ichtira ètmèk, saten almak. acheter, acquérir.

Ichtirak اشتراك s. A. association ; participation ; d. de *chirkèt* ; *ichtirak ètmèk*, faire association, s'associer, participer à, partager.

Ichtirat اشتراط s. A. action de faire des conditions ; d. de *chart* ; *ichtirat ètmèk*, être soumis à des conditions, observer des clauses.

Ichtiyak اشتياق s. A. désir de revoir un parent ou un ami absent ; d. de *chèvk*.

Ičich ايچش s. T. action et manière de boire.

Ičilir ايچيلور ايچيلير a. T. potable ; qui peut se boire ; d. de *ičmèk*.

Ičim ايچم s. T. action et manière de boire ; gorgée, trait ; goût d'une boisson ou du tabac.

Ičimli ايچملي a. T. qui a tel ou tel goût (boissons).

Ičin ايچون prép. postp. T. (*ičun*), pour ; régit le génitif avec le pron. pers., et le nominatif avec le nom et les autres pronoms ; *bènim ičin*, pour moi ; *siziñ ičin*, pour vous ; *onouñ ičin*, pour lui ; *allah ičin*, pour Dieu, pour l'amour de Dieu ; *bènimki ičin*, pour le mien ; signifie aussi à cause de, parce que ; *èylènmèk ičin*, pour s'amuser ; *nè ičin* ou *ničin*, pourquoi.

Ičindè ايچنده ad. T. dedans, en dedans ; *ičindèn*, par dedans.

Ičirmèk ايچيرمك ايچورمك T. abreuver, faire boire, donner à boire ; griser.

Ički ايچكى s. T. boisson, liqueur.

Ičkiği ايچكيجى s. T. buveur ; ivrogne, soulard.

Ičli ايچلو ايچلى a. T. qui est plein, charnu (fruit).

Ičmèk ايچمك T. boire ; sucer ; *sou ičmèk*, boire de l'eau ; *charab ičmèk*, boire du vin ; *'achkena ičmèk*, boire à la santé ; *tutun ičmèk*, fumer.

Ičrè ايچره prép. T. (p.u.), dans, dedans, en, parmi, entre.

Iċun اچون prép. postp. T. v. *iċin*.

I'dad اعداد s. A. préparation ; disposition ; d. de *'adèd*.

I'dadi اعدادى a. A. préparatoire ; au fém. *i'dadiyè* ; *mèktèb i'dadi*, école préparatoire.

I'dam اعدام s. A. anéantissement ; action de faire mourir ; d. de *'adèm* ; *i'dam ètmèk*, anéantir ; tuer, exécuter.

Idamè ادامه s. A. action de faire durer, de prolonger ; d. de *dèvam*.

Idanè ادانه s. A. prêt, emprunt ; d. de *dèyn*.

Idarè اداره s. A. action de faire tourner, de faire circuler ; administration, direction, intendance ; épargne, économie ; d. de *dèvr* ; *fènèr idarèssi*, l'administration des phares ; *idarè fitili*, mèche de veilleuse ; *idarè ètmèk*, faire tourner, administrer, diriger ; économiser, épargner, suffire ; *oumouri mèmlèkèti idarè ètmèk*, administrer les affaires du pays.

Idarèği اداره‌جى a. T. économe, ménager ; avare.

Idarèli اداره‌لى a. T. économe, économique.

Idbar ادبار s. A. adversité, disgrâce ; opposé à *ikbal* ; d. de *dubr*.

Idda'a ادعا s. A. (prononciation vulg.) v. le suivant.

Iddi'a ادعا s. A. prétention ; d. de *da'va* ; *iddi'a (idda'a) ètmèk*, prétendre.

Iddi'ağe ادعاجى a. T. (*idda'ağe*), prétentieux ; obstiné.

Iddi'ağelek ادعاجيلق s. T. (*idda'ağelek*), obstination, opiniâtreté.

Idhal ادخال s. A. au pl. *idhalat*, action d'introduire ; introduction, intromission ; d. de *douḫoul* ; *idhal ètmèk*, introduire.

Idhalat ادخالات s. A. pl. de *idhal*, importations ; opposé à *iḫrağat*, exportations.

Idman ادمان s. A. habileté acquise par l'expérience.

Idrak ادراك s. A. intelligence, compréhension, entendement, bon sens ; d. de *dèrk* ; *idrak ètmèk*, entendre, comprendre.

Idris ادریس n. p. A. Enoch le prophète.

Ifa ایفا s. A. observance de la parole donnée, action de remplir un engagement ; exécution, accomplissement ; d. de *vèfa* ; *ifa ètmèk*, remplir (son engagement) ; observer (sa parole) ; payer (une dette).

Ifadè افاده s. A. renseignement, information, exposition, explication, signification, expression ; d. de *fèyd* ; *ifadè ètmèk*, exprimer, expliquer, signifier, exposer.

Ifakat افاقت s. A. convalescence ; guérison ; *ifakat boulmak* ou *kèsbi ifakat ètmèk*, guérir, se rétablir, se remettre.

Ifaza افاضه s. A. action de répandre abondamment, de verser dans un vase jusqu'aux bords ; action de rendre plein et abondant ; d. de *fèyz*.

Ifcha افشا s. A. divulgation, révélation ; *ifcha ètmèk*, divulguer, révéler.

'Iffèt عفت s. A. abstinence ; chasteté, continence ; loyauté ; *èhli 'iffèt*, chaste, pudique, vertueuse (femme).

'Iffètli عفتلو a. T. continent, pudique, pur ; loyal, honnête ; chaste, vertueuse (femme) ; titre donné aux dames (style épist.).

Iflah افلاح s. A. salut, bonheur ; amélioration ; d. de *fèlah* ; *iflah olmak*, trouver le salut, être amélioré, corrigé.

Iflas افلاس s. A. banqueroute, faillite ; d. de *fèls* ; *izhari iflas ètmèk*, faire faillite, se déclarer en faillite, faire banqueroute.

Ifna افنا s. A. anéantissement, dissipation ; action de perdre, de faire périr ; d. de *fèna* ; *ifna ètmèk*, détruire, perdre, dissiper, faire périr.

Ifrad افراد s. A. action d'isoler ; séparation ; mission ; d. de *fèrd* ; *ifrad ètmèk*, séparer, isoler ; envoyer un ambassadeur.

Ifragh افراغ s. A. fusion, fonte, moulage ; fig.

mise en ordre, arrangement ; d. de *firagh* ; *ifragh êtmèk*, fondre, mouler, jeter en moule ; fig. mettre en ordre, arranger.

Ifrat افراط s. A. action de dépasser les bornes, la mesure ; excès ; au fém. *ifratiyè* ; d. de *fart* ; *sefati ifratiyè* ; adjectif superlatif (gramm.).

Ifratlè افراطله ad. T. excessivement ; à l'excès, outre mesure ; ou *ifrat dèrèǵèdè*.

Ifraz افراز s. A. séparation, division ; d. de *firaz*, A. ; *ifraz êtmèk*, séparer, diviser.

'Ifrit عفريت s. A. au pl. *'afarit*, démon, génie malfaisant ; homme méchant ; a. furieux ; *'ifrit kèssilmèk*, devenir furieux.

Ifsad افساد s. A. perversion, pervertissement ; action de corrompre, d'exciter à la révolte ; d. de *fèssad* ; *ifsad êtmèk*, dépraver, pervertir, corrompre, gâter, exciter à la révolte.

Ifsah افصاح s. A. action de parler avec éloquence ; d. de *fèssahat*.

Ifta افتا s. A. réponse juridique ; action de répondre officiellement à une question de droit ; action de donner le *fètva* sur une question ; d. de *fètva* ; en T. us. *fètva vèrmèk*.

Iftar افطار s. A. action de rompre le jeûne, repas qu'on fait au coucher du soleil pendant le ramazan ; d. de *fitr* ; *iftar êtmèk*, rompre le jeûne.

Iftihar افتخار s. A. action de se vanter, de se glorifier ; honneur, gloire ; d. de *fahr* ; *iftihar êtmèk*, être fier, se vanter, se faire honneur de quelque chose.

Iftikar افتقار s. A. appauvrissement ; humiliation ; d. de *fakr*.

Iftira افترا s. A. calomnie ; *iftira êtmèk*, calomnier.

Iftiraǵe افتراجى s. T. calomniateur.

Iftiraǵelek افتراجيلق s. T. état et action du calomniateur.

Iftirak افتراق s. A. séparation ; d. de *firak*.

Iftitah افتتاح s. A. ouverture, commencement ; d. de *fèth*.

Ifzal افضال s. A. supériorité, prééminence ; d. de *fazl*.

Iğab ايجاب s. A. nécessité, exigence, besoin, urgence ; d. de *vuğoub*.

Iğab اعجاب s. A. action d'étonner, d'enorgueillir ; d. de *'ağèb*.

Iğabèt اجابت s. A. action d'agréer, d'exaucer ; acceptation ; *iğabèt ètmèk*, exaucer (une prière), accepter (une invitation).

Iğab èt. ايجاب اتمك T. nécessiter, rendre nécessaire ; vn. devenir nécessaire, falloir.

Iğad ايجاد s. A. invention, création ; d. de *vuğoud* ; *iğad ètmèk*, inventer, créer, trouver.

Iğalè اجاله s. A. action de faire tourner, de faire circuler ; d. de *ğèvèlan*.

Iğar ايجار s. A. louage ; d. de *uğrèt* ; *iğar ètmèk*, louer.

Iğarè اجاره s. A. location, loyer ; *iğarèyi mou'ağ-* *ğèlè*, location payable à l'avance ; *iğarèyi mouèğğèlè*, location payable à termes.

Iğaz ايجاز s. A. abréviation ; d. de *vèğz* ; *'ala tarik il-iğaz* ou *iğaz tarikilè*, brièvement, en résumé ; *iğaz ètmèk*, résumer, abréger.

Iğazèt اجازت s. A. permission, permis, autorisation, certificat, diplôme, doctorat ; d. de *ğèvaz*.

Iğazèt-namè اجازتنامه s. P. certificat ou diplôme pour enseigner une science.

Iğbar اجبار s. A. contrainte ; action de forcer, de faire faire une chose par force et à contre cœur ; d. de *ğèbr* ; *iğbar ètmèk*, contraindre, forcer.

Ighbar اغبار s. A. action de soulever de la poussière ; d. de *ghoubar*.

Ighbirar اغبرار s. A. action de couvrir de poussière ; fig. action de se fâcher, de s'irriter ; indignation ; d. de *ghoubar*.

Ighmaz اغماز s. A. médisance, diffamation ; action de dire contre quelqu'un des médisances d'un ton méprisant ; d. de *ghamz*.

Ighmaz اغماض s. A. clignement des yeux ; connivence ; action de fermer les yeux sur... ; de faire semblant de ne pas voir, de laisser faire ; d. de *ghamz* ; *ighmaze 'ayn ètmèk*, fermer les yeux sur... ; laisser faire.

Ighna اغنا s. A. action d'enrichir, de contenter ; d. de *ghana* ; *ighna ètmèk*, enrichir, rendre content.

Ighra اغرا s. A. excitation.

Ighrak اغراق s. A. submersion ; action de noyer, de submerger ; d. de *ghark* ; *ighrak ètmèk*, noyer, submerger.

Ightimam اغتمام s. A. tristesse, affliction ; d. de *ghamm* ; *ightimam ètmèk*, s'affliger.

Ightimaz اغتماز s. A. action de blâmer ; blâme ; d. de *ghamz*.

Ightimaz اغتماض s. A. clignement ; d. de *ghamz*.

Ightinam اغتنام s. A. action de faire du butin ; d. de *ghanimèt*.

Ightirab اغتراب s. A. (p. u.), émigration, expatriation ; d. de *ghourbèt*.

Ightissab اغتصاب s. A. action d'arracher ou d'enlever une chose par force ; rapt ; d. de *ghasb* ; *ightissab ètmèk*, enlever par force ; s'approprier une chose injustement.

Ightissal اغتسال s. A. (p. u.), action de se laver, de faire ses ablutions ; d. de *ghousl*.

Ighva اغوا s. A. séduction, suggestion, tentation ; d. de *ghavayè* ; *ighva ètmèk*, tenter, séduire, pousser au mal, égarer.

Ighzab اغضاب s. A. action de mettre en colère, d'irriter ; d. de *ghazab*.

Iği یگی (*yiği*), partic. euphonique T. qui, ajoutée au radical d'un verbe, forme des noms d'agent ou des adjectifs ; *sèv-iği*, amateur ; *gul-uğu*, rieur ; *sat-èğe*, vendeur ; *doyour-ou-ğou*, qui rassasie. Cette particule est précédée d'un *y* lorsque le radical se termine par une voyelle ; *bilè-yiği*, aiguiseur ; *aghlayeğe*, pleureur ; *okou-youğou*, lecteur.

Iğla اجلا s. A. action de bannir, bannissement, exil; *iğla ètmèk*, bannir, exiler ; en T. us. *surgun ètmèk, surmèk*.

Iğlal اجلال s. A. grandeur, majesté ; gloire, honneur.

Iğlas اجلاس s. A. action de faire asseoir ; action de mettre un prince sur le trône ; intronisation ; d. de *ğoulous ; iğlas ètmèk*, faire asseoir, introniser, mettre sur le trône.

Iğma' اجماع s. A. réunion, convocation, unanimité ; d. de *ğèm'*.

Iğmal اجمال s. A. résumé, abrégé, abréviation, sommaire, récapitulation ; d. de *ğumlè*.

Iğmalèn اجمالاً ad. A. sommairement, en résumé, en abrégé, brièvement.

Iğra اجرا s. A. exécution, réalisation, opération, accomplissement ; d. de *ğèrèyan ; iğra mèèmou-rou*, exécuteur (qui exécute les décisions d'un tribunal) ; *iğra mahkèmèssi*, tribunal exécutif ; *iğra ètmèk*, exécuter, réaliser, accomplir, opérer ; *iğra olmak*, se réaliser, s'accomplir.

Iğrassez اجراسز a. T. inexécuté, sans exécution ; sans effet ; *iğrassez kalmak*, rester sans exécution, n'être pas exécuté.

Iğrayi اجرائی a. A. exécutif.

Iğtihad اجتهاد s. A. effort, assiduité, application ; d. de *ğèhd*.

Iğtima' اجتماع s. A. réunion, rassemblement, accumulation, agglomération ; d. de *ğèm'*.

Iğtinab اجتناب s. A. abstention ; action d'éviter ; d. de *ğènb ; iğtinab ètmèk*, s'abstenir, éviter.

Iğtira اجترا s. A. audace, hardiesse ; courage ; d. de *ğurat*.

Iğtissar اجتسار s. A. action d'oser ; d. de *ğèssarèt ; iğtissar ètmèk*, oser, avoir le courage de...

Iġtivar اجتوار s. A. action d'avoisiner ; d. de *ǧivar*.

Iḫafè اخافه s. A. action de faire peur ; menace ; d. de *ḫavf* ; *iḫafè ètmèk*, menacer.

Ihalè احاله s. A. action de charger quelqu'un d'une affaire, de remettre, de renvoyer, de référer ; d. de *havalè* ; *ihalè ètmèk*, donner à charge ; confier, remettre, renvoyer, référer, charger de...

Iham ایهام s. A. amphibologie ; d. de *vèhm*.

Ihanèt اهانت s. A. dédain, mépris ; action de ne pas donner d'importance à ; d. de *hèvn*.

Ihata احاطه s. A. action d'entourer, d'environner ; de comprendre, de renfermer ; *ihata ètmèk*, entourer, environner, cerner, comprendre, renfermer.

Iḫbar اخبار s. A. action d'informer, de communiquer, d'avertir ; information, avertissement ; notification ; d. de *ḫabèr* ; *iḫbar ètmèk*, notifier, signifier, communiquer, avertir, informer.

Iḫbariyè اخباریه s. A. somme payée à un individu qui dénonce à l'autorité une contrebande ou autre chose.

Ihda اهدا s. A. action de donner un présent ; d. de *hèdiyè* ; *ihda ètmèk*, envoyer, offrir un présent.

Ihdas احداث s. A. production, création, invention, innovation ; d. de *houdous* ; *ihdas ètmèk*, produire, créer, inventer, innover.

Iḫfa اخفا s. A. action de cacher, de dissimuler ; d. de *ḫafa* ; *iḫfa ètmèk*, cacher, dissimuler.

Iḫla اخلا s. A. action de vider ; d. de *ḫuluv*.

Ihlal اهلال s. A. action de découvrir la nouvelle lune ; apparition de la nouvelle lune ; d. de *hilal*.

Iḫlal اخلال s. A. action de corrompre, de gâter, de déranger ; préjudice ; d. de *ḫalèl* ; *iḫlal ètmèk*, corrompre, gâter, déranger ; préjudicier.

Ihlas احلاص s. A. sincérité, candeur ; dévotion, probité ; d. de *houlous*.

Ihlas-mènd اخلاصمند a. P. sincère, dévoué.

Ihmal احمال s. A. (p. u.), action de charger ; d. de *haml*.

Ihmal اهمال s. A. négligence, abandon, omission ; *ihmal ètmèk*, négliger, abandonner ; proroger.

Ihmalğe اهمالجى a. T. négligent, indolent.

Ihmalğelek اهمالجيلق s. T. négligence, indolence ; omission.

Ihrağ اخراج s. A. au pl. *ihrağat*, expulsion ; action de faire sortir, d'extraire ; extraction, exportation ; d. de *hourouğ* ; *ihrağ ètmèk*, faire sortir, extraire, exporter.

Ihrağat اخراجات s. A. pl. de *ihrağ*, exportations, opposé à *idhalat*, importations.

Ihrak احراق s. A. action de brûler, d'incendier ; combustion ; d. de *hark* ; *ihrak ètmèk*, brûler, incendier.

Ihraz احراز s. A. action d'obtenir, de gagner ; *ihraz ètmèk*, obtenir, gagner.

Ihsan احسان s. A. bienfait, octroi ; don, présent ; d. de *husn* ; *ihsan ètmèk*, faire du bien à quelqu'un, octroyer, faire présent de ; *ihsan èylè*, de grâce, faites-moi la grâce.

Ihsas احساس s. A. (p. u.), action de sentir, de comprendre, d. de *hiss*.

Ihtar اخطار s. A. au pl. *ihtarat*, action de rappeler à la mémoire de ; monition, avertissement ; d. de *houtour* ; *ihtar ètmèk*, rappeler à la mémoire, faire souvenir.

Ihtarat اخطارات s. A. pl. du précédent.

Ihtibas احتباس s. A. détention ; fig. action de contenir ses passions ; d. de *habs*.

Ihticha' احتشاع s. A. action de s'abaisser, de daigner ; d. de *houchou'*.

Ihticham احتشام s. A. pompe, magnificence ; suite nombreuse ; d. de *hachmèt*.

Ihtida اهتدا s. A. action de suivre le vrai, le droit chemin ; d. de *hidayèt*.

Ihtifa اختفا s. A. action de se cacher ; d. de *hafa*.

Ihtigag احتجاج s. A. action de plaider, de discuter, de disputer ; de produire des documents, des épreuves ; d. de *huğğèt*.

Ihtikan احتقان s. A. clystère, lavement ; *ihtikan ètmèk*, donner un lavement.

Ihtikiar احتكار s. A. accaparement ; *ihtikiar ètmèk*, accaparer.

Ihtikiargé احتكارجى s. T. accapareur.

Ihtilaf اختلاف s. A. discorde, diversité, différence, variation, divergence ; d. de *hilaf*.

Ihtilag اختلاج s. A. convulsion ; d. de *halèğan*.

Ihtilagi اختلاجى a. A. convulsif.

Ihtilal اختلال s. A. perturbation, dérangement, altération, révolution, confusion, révolte, insurrection, trouble ; d. de *halèl*.

Ihtilas اختلاس s. A. action de prendre, de dérober.

Ihtilat اختلاط s. A. mélange ; fréquentation, relation ; d. de *halt* ; *ihtilat ètmèk*, se mêler ; avoir des relations.

Ihtimal احتمال s. A. probabilité, possibilité ; a. probable, possible ; d. de *haml*.

Ihtimalki احتمالكه ad. T., *ghaliba*, A. probablement, peut-être.

Ihtimam اهتمام s. A. zèle ; diligence, effort, assiduité, soin ; d. de *himmèt* ; *ihtimami tamm ilè*, avec le plus grand soin ; *ihtimam ètmèk*, user de diligence, faire des efforts, avoir soin.

Ihtinak اختناق s. A. suffocation, étouffement, étranglement ; d. de *hank*.

Ihtira' اختراع s. A. invention, découverte ; *ihtira' ètmèk*, inventer, découvrir, trouver.

Ihtiram احترام s. A. au pl. *ihtiramat*, respect, honneur, vénération ; d. de *hurmèt* ; *ihtiram ètmèk*, vénérer, respecter, honorer.

Ihtiramat احترامات s. A. pl. du précédent, considération (s'emploie au sing. dans le style épist.); *ihtiramate kiamilè*, parfaite considération; *ihtiramate fayika*, haute considération.

Ihtiraz احتراز s. A. réserve, retenue, précaution ; d. de *hirz* ; *ihtiraz ètmèk*, prendre des précautions.

Ihtissab احتساب s. A. ancien droit qu'on payait sur les objets de consommation, accise; fonctions de *mouhtèssib* ou commissaire de police ; office du percepteur du droit d'accise; hôtel où se percevait ce droit; d. de *hissab* ; *ihtissab aghasse*, ancien chef de la police à Constantinople.

Ihtissabiyè احتسابيه s. A. droit d'accise.

Ihtissam اختصام s. A. inimitié ; d. de *houssoumèt*.

Ihtissar اختصار s. A. abréviation ; d. de *hasr* ; *ihtissar tarikilè*, par abréviation ; *ihtissar ètmèk*, abréger.

Ihtissas اختصاص s. A. spécialité, état de celui qui est particulièrement dévoué à ; d. de *houssous*.

Ihtiva احتوا s. A. action de comprendre, de contenir ; d. de *hivayèt*; *mèkiarim ihtiva*, qui contient des libéralités, c.-à-d. généreux.

Ihtiyağ احتياج s. A. au pl. *ihtiyağat*, besoin, nécessité, urgence; indigence; d. de *hağèt*; *ihtiyağe olmak*, avoir besoin de ; *hiç bir chèyè ihtiyağe olmamak*, n'avoir besoin de rien.

Ihtiyağat احتياجات s. A. pl. du précédent, les choses nécessaires à la vie.

Ihtiyal احتيال s. A. action d'user de ruse ; fourberie ; d. de *hilè*.

Ihtiyar اختيار a. s. T. vieux, vieillard, (en parlant des personnes); *ihtiyar adam*, vieil homme, vieux ; *ihtiyar karè*, vieille femme, vieille ; *ihtiyar olmak*, être, devenir ou se faire vieux, vieillir.

Ihtiyar اختيار s. A. choix, option, libre arbitre; *ihtiyar ètmèk*, choisir ; *ihtiyar èldè olmak*, être le maître de ses actions.

Ihtiyari اختیاری a. A. facultatif, arbitraire, volontaire.

Ihtiyarlamak اختیارلامق T., koğamak, vieillir, devenir vieux.

Ihtiyarlatmak اختیارلاتمق T. faire vieillir, rendre vieux ; fig. fatiguer.

Ihtiyarlek اختیارلق s. T., chèyẖouẖat, A. vieillesse.

Ihtiyat احتياط s. A. précaution, circonspection, prévoyance, réserve (mil.); *ihtiyat 'askèri*, armée de réserve ; *ihtiyatlè*, sous réserve.

Ihtiyatan احتياطاً ad. A. par précaution.

Ihtiyati احتياطى a. A. qui concerne la précaution, la prévoyance ; qui appartient à la réserve (mil.).

Ihtiyatle احتياطلى a. T. prévoyant, circonspect, plein de précautions, réservé, qui se tient sur ses gardes.

Ihtiyatsez احتياطسز a. T. sans prévoyance, qui n'a pas de précaution.

Ihtiyatsezlek احتياطسزلق s. T. manque de prévoyance, de précaution ; imprévoyance.

Ihtizar احتضار s. A. action de se présenter ; d. de *houzour*.

Ihtizaz احتظاظ s. A. joie, gaieté, plaisir ; d. de *hazz*.

Ihtizaz اهتزاز s. A. agitation, vibration ; gaieté.

Ihvan اخوان s. A. pl. de *aẖ*, frères.

Ihya احيا s. A. vivification, action de faire vivre, de ressusciter, de rappeler à la vie ; de ranimer ; de rendre florissant, vigoureux ; action d'obliger, de combler de bienfaits ; d. de *hayat* ; *ihya ètmèk*, ressusciter, vivifier ; rendre florissant; combler de bienfaits.

Ika' ايقاع s. A. action de faire arriver, de susciter ; d. de *voukou'*.

Ikad ايقاد s. A. action de brûler, d'allumer ; d. de *voukoud* ; *ikadi kandil*, illumination.

Ik'ad اقعاد s. A. action

de faire asseoir ; intronisation ; d. de *kou'oud*.

Ikamè اقامه s. A. action de soulever, de susciter, d'installer ; d. de *keyam* ; *ikamèyi da'va ètmèk*, intenter un procès, poursuivre en justice.

Ikamèt اقامت s. A. demeure, résidence, séjour, habitation ; d. de *keyam* ; *ikamèt ètmèk*, demeurer, résider, séjourner, habiter.

Ikamèt-giah اقامتكاه s. P. demeure, résidence, habitation.

Ikan ايقان s. A. certitude ; d. de *yèkin*.

Ikaz ايقاظ s. A. action d'éveiller ; avertissement ; d. de *yakaz*.

Ikbal اقبال s. A., *baht*, fortune, prospérité, chance, félicité, succès ; comme mot turc, femme du Sultan qui n'est pas encore mère,

Ikballe اقباللى a. T. dont le sort est favorable, qui est en faveur ; heureux, chanceux, fortuné.

Ikbal-mènd اقبالمند a. P. v. le précédent.

Ikbalsez اقبالسز a. T. dont le sort n'est pas favorable, qui n'a pas de chance ; qui n'est pas en faveur, qui est en disgrâce.

Ikbalsezlek اقبالسزلق s. T. sort défavorable ; disgrâce.

Ikdam اقدام s. A. au pl. *ikdamat*, effort, persévérance ; d. de *kadèm*.

Ikdamat اقدامات s. A. pl. du précédent.

Ikèn ايكن partic. T. pendant. Cette particule signifie aussi étant, tandis qu'on est, et joue le rôle de la préposition française *en* ; *hasta ikèn*, étant ou tandis qu'on est malade ; *gidèr ikèn*, en allant ; *gèlir ikèn*, en venant. Par abréviation on peut dire *kèn* au lieu de *ikèn*, avec l'indicatif et le passé narratif ; *yazar kèn*, en écrivant ; *sèvmich kèn*, tandis qu'on avait aimé.

Iki ايكى a. num. T. deux ; *iki dèf'a*, deux fois ; *iki uč*, deux ou trois ; *iki bachle*, à deux têtes ; *iki yuzlu*, à deux faces ; hypocrite, faux ; *iki yuzluluk*, hypocrisie ; *ikissidè*, tous les deux ; *ikissiniñ biri*, l'un des deux ; *iki fikirli*, irrésolu ; *iki aghezle*, tranchant des deux côtés.

Ikichèr ايكيشر a. distributif T. deux à deux, deux à chacun ou par chacun ; *hèr birinè ikichèr ghourouch vèrdim*, j'ai donné à chacun deux piastres.

Ikilèmèk ايكيلمك T. rendre une chose double en se procurant la pareille.

Ikili ايكيلي a. T. qui est composé de deux ; s. le deux (au jeu de cartes).

Ikilik ايكيلك a. T. qui vaut deux piastres ; s. monnaie de deux piastres.

Ikindi ايكندى s. T. le temps entre le midi et le coucher du soleil, l'après-midi ; prière musulmane qu'on fait à cette heure-là.

Ikindiyin ايكندين ad. T. pendant l'heure de la prière de l'après-midi ; dans l'après-midi.

Ikinği ايكنجى a. num. T., *sani*, A. second, deuxième ; ad. deuxièmement, secondement ; *ikinği kat*, le second étage.

Ikiz ايكيز s. T. (*èkiz*, vulg.), *tèvèm*, A. jumeau, jumelle.

Ikizlèmè ايكيزلمه a. T. double ; qui représente un couple ou des jumeaux.

Ikizli ايكيزلى ايكيزلو a. T. double ; composé.

Ikla' اقلاع s. A. destitution ; action d'arracher de sa place ; d. de *kal'* ; *ikla' ètmèk*, arracher, destituer.

Iklal اقلال s. A. diminution, amoindrissement ; d. de *kellèt*.

Iklim اقليم s. A. au pl. *èkalim*, climat ; région, pays, zone.

Ikmal اكمال s. A. au pl. *ikmalat*, achèvement, accomplissement ; perfectionnement ; d. de *kèmal* ; *ikmal ètmèk*, achever, compléter ; perfectionner.

Ikmalat اكمالات s. A. pl. du précédent.

Ikna' اقناع s. A. contentement ; action de contenter, de satisfaire ; persuasion ; d. de *kana'at* ; *ikna' ètmèk*, contenter, rendre satisfait, persuader ;

ikna' olounmak, être persuadé.

Ikrah اكراه s. A. aversion, horreur, abomination, détestation, exécration, répugnance, dégoût ; d. de kèrh ; ikrah ètmèk, avoir de la répugnance, de l'aversion, détester, abhorrer.

Ikram اكرام s. A. honneur, prévenance, bon accueil ; d. de kèrèm ; ikram ètmèk, honorer, rendre les honneurs à ; recevoir bien (avec le datif).

Ikrar اقرار s. A. affirmation, aveu, promesse, protestation ; d. de karar ; ikrar ètmèk, affirmer, avouer, confesser ; hayvan youlardan insan ikrardan toutoulour, l'animal est lié par son licou, et l'homme par sa parole.

Ikraz اقراض s. A. prêt ; d. de karz ; ikraz ètmèk, prêter.

Iksar اكثار s. A. action d'augmenter, de multiplier, tèksir est plus usité ; d. de kèsrèt.

Iktab اكتاب s.A. action d'écrire un livre ; d. de kitabèt.

Iktibas اقتباس s. A. emprunt de la science, de la connaissance d'autrui ; iktibas ètmèk, emprunter des connaissances à quelqu'un, profiter de la science d'autrui.

Ibtibaz اقتباض s. A. action de prendre, de tenir ; d. de kabz.

Iktida اقتداء s. A. imitation, action de suivre quelqu'un comme exemple ; d. de kidvè ; iktida ètmèk, suivre, imiter.

Iktidar اقتدار s.A. puissance, pouvoir, capacité ; d. de koudrèt ; sahibi iktidar, puissant, capable ; 'adèmi iktidar, impuissance, incapacité ; 'adim ul-iktidar, impuissant, incapable.

Iktifa اكتفا s. A. suffisance ; action de se suffire, de se contenter, de se borner à... ; d. de kifayèt ; iktifa ètmèk, se suffire, se contenter, avoir assez de ; se borner à...

Iktinah اكتناه s. A. approfondissement; action de chercher à approfondir ou à connaître une chose à fond ; d. de *kunh*.

Iktira اكترا s. A. action de prendre à loyer ; location, *istikra* est plus usité ; d. de *kira*.

Iktirab اقتراب s. A. action de s'approcher ; approche ; d. de *kourb*.

Iktiran اقتران s. A. action d'approcher, de se rencontrer ; conjonction des planètes. Ce mot sert à former quelques adjectifs composés ; *ḥakani mèhabèt iktiran*, le souverain qui est majestueux.

Iktissa اكتسا s. A. action de s'habiller ; d. de *kisvè*.

Iktissab اكتساب s. A. gain, acquisition ; d. de *kèsb*.

Iktissam اقتسام s. A. (p. u.), partage, division ; d. de *kesm* ; v. *moukassèmè*.

Iktissar اقتصار s. A. action de devenir court ; raccourcissement ; action de se suffire avec peu, de se contenter de peu ; d. de *kasr* ; *iktissar ètmèk*, devenir, rester court ; se suffire avec peu.

Iktita' اقتطاع s. A. action de couper ; d. de *kat'*.

Iktitaf اقتطاف s. A. action de cueillir des fruits ; fig. recueillir le fruit d'un travail ; d. de *katf* ; *iktitaf ètmèk*, cueillir des fruits.

Iktital اقتتال s. A. carnage ; combat ; d. de *katl*.

Iktitam اكتتام s. A. dissimulation ; d. de *kètm*.

Iktiza اقتضاء s. A. exigence, nécessité, urgence, besoin ; d. de *kaza* ; *iktiza ètmèk*, être nécessaire ; y avoir besoin ; *iktizasse olmak*, avoir besoin ; *iktizassena geurè*, selon le cas, selon la nécessité ; *iktiza èdèrsè*, s'il le faut.

Iktizale اقتضالى a. T., *la zemle*, nécessaire, indispensable, urgent.

Iktizassez اقتضاسز a. T. qui n'est pas nécessaire, superflu.

Ila الى prép. A. à, jusqu'à ; *min èvvèlihi ila aḥerihi*, du commencement jusqu'à la fin.

I'la اعلا s. A. élévation ; d. de *'uluvv*.

'Ilağ علاج s. A. médicament, remède, médecine, traitement; *'ilağ ètmèk*, soigner, traiter un malade; *'ilağ boulmak*, trouver un remède, remédier (avec le datif).

'Ilağsez علاجسز a. T. incurable, irrémédiable, sans remède.

Ilah الله s. A. pour *allah*, Dieu.

Ilahè الٰهه s. A. déesse, idole; *ilahèlèr*, les déesses; *ilahlar*, les faux dieux.

Ilahi الٰهى a. A. divin, appartenant à Dieu; au fém. *ilahiyè*; *'ilmi ilahi*, théologie; *ahkiami ilahiyè*, lois divines.

Ilahi الٰهى interj. A. ô mon Dieu !

Ilahiyat الٰهيّات s. A. pl. partie de la philosophie qui traite de la divinité, de Dieu; théologie.

Ilahiyèt الٰهيّة s. A. divinité.

I'lal اعلال s. A. action de rendre malade; contraction; synérèse (gramm.); d. de *'illèt*.

I'lam اعلام s. A. avis, information; action de faire connaître; procès-verbal d'enquête; rapport officiel d'un conseil, d'un bureau; sentence juridique; d. de *'ilm*; *tèhdidli bir i'lam*, sentence comminatoire.

I'lan اعلان s. A. au pl. *i'lanat*, publication, promulgation, déclaration, proclamation, manifestation, communication, annonce; *i'lani harb*, déclaration de guerre; *i'lan ètmèk*, déclarer, publier, proclamer, manifester, divulguer, annoncer.

I'lanat اعلانات s. A. pl. du précédent.

'Ilavè علاوه s. A. addition, supplément, appendice, chose ajoutée, supplément d'un journal; *'ilavè ètmèk*, suppléer, ajouter.

'Ilavèli علاوه‌لى a. T. muni d'un supplément, d'un appendice; d'une addition.

'Ilavètèn علاوةً ad. A. en sus, en ajoutant.

Ilbas الباس s. A. action de vêtir, de revêtir, d'habiller, de rendre confus, indistinct (cette dernière signification est peu usité) ; d. de *lèbs*.

Ilè ایله (*lè, la*), prép. T. avec, à, en ; régit le nominatif avec les substantifs, et le génitif avec les pronoms, excepté les pronoms possessifs *bèninki*, le mien, etc. et le pron. pers. *onlar*, eux ; *kalèmim ilè* (ou *kalèmimlè*), avec ma plume ; *ayagheñ ilè* (ou *ayagheñla*), avec votre pied. La préposition *ilè* devient aussi adverbe et conjonction ; *chamata ilè*, bruyamment ; *pèdèrim ilè validèm*, mon père et ma mère ; *ilè bèrabèr*, signifie aussitôt que ; *mèktoubou almasse ilè bèrabèr*, aussitôt qu'il reçut la lettre.

'Ilèl علل s. A. pl. de *'illèt*, maladies ; motifs, causes.

Ilènğ ایلنج s. T. malédiction.

Ilènmèk ایلنمك T. maudire, lancer des malédictions.

Ilèri ایلرو ایلری ad. T. avant, en avant ; a. qui est ou qui va en avant ; avancé ; s. l'avant, partie avancée ; *sèndèn ilèri*, avant toi ; *ilèrdè*, en avant, à l'avenir ; *ilèri gitmèk*, progresser, avancer ; *ilèri gèlènlèr*, les Notables.

Ilèrlèmè ایلرولمه s. T. promotion, avancement, progression.

Ilèrlèmèk ایلرولمك ایلرلمك T. progresser, avancer, être promu.

Ilèrlètmèk ایلرولتمك ایلرلتمك T. faire avancer, promouvoir, faire progresser.

Ilğa الجا s. A. contrainte.

Ilğam الجام s. A. action de mettre la bride, le mors ; d. de *liğam*.

Ilgha الغا s. A. abolition, annulation ; d. de *laghv* ; *ilgha ètmèk*, abolir, annuler ; *ilghayi dèyn*, amortissement d'une dette.

Ilghar الغار s. T. marche prompte, hâte.

Ilhah الحاح s. A. insistance, instance, sollicitation ; *ilhah ètmèk*, insister, presser, solliciter.

Ilhak الحاق s. A. an-

Ilik 463 **Illa**

nexion, adjonction, addition, jonction ; d. de *lihak* ; *ilhak ètmèk*, joindre, annexer, ajouter ; *ilhak olounmak*, être annexé, ajouté.

Ilham الهام s. A. inspiration, révélation ; *ilhami rèbbani*, inspiration divine ; *ilham ètmèk*, inspirer, révéler ; *ilham olounmak*, être inspiré, révélé.

Ilichik ايلشيك s. T. relation, affinité ; anicroche, embarras, difficulté.

Ilichiksiz ايلشيكسز a. T. qui n'est attaché à rien ; libre, qui ne se soucie de rien.

Ilichmèk ايلشمك T. s'arrêter, s'attacher, s'accrocher, toucher ; *gœuz ilichmèk*, voir du coin de l'œil et sans intention.

Ilichtirilmèk ايلشديرلمك T. être attaché, accroché.

Ilichtirmèk ايلشديرمك T. attacher, accrocher.

Ilik ايليك s. T. boutonnière ; moelle des os ; *iliyè ichlèmèk* ou *gèĉmèk*, pénétrer jusqu'à la moelle.

Iliklèmèk ايليكلمك T. boutonner.

Iliklènmèk ايليكلنمك T. se boutonner ; être boutonné.

Ilikli ايليكلى a. T. boutonné ; moelleux.

'Ilim علم s. A. v. *'ilm*.

Iliman ليمان s. du G. v. *liman*.

'Ilim-dar علمدار s. a. P. docte, savant, sage ; en T. us. *okoumouch*.

Ilinti ايلندى s. T. faufilure.

Iliyas الياس n. p. A. le prophète Élie.

Ilk ايلك a. num. T., *biriñĝi*, premier, initial.

Ilka القا s. A. action de mettre, de poser, de jeter ; fig. inspiration, suggestion ; *ilka ètmèk*, mettre, jeter ; inspirer.

Ilkin ايلكين ad. T. d'abord.

Ilklik ايلكلك s. T., *biriñĝilik*, priorité.

Illa الا conj. A. si ce n'est, excepté, si non, que ; *la-ilahè illallah*, il n'y a point de dieu, si ce n'est Dieu.

'Illèt علت s. A. au pl. *'ilèl*, maladie, infirmité; vice, défaut; cause, but; *'illèti ğildiyè*, dermatose; *'illèti muzminè*, maladie chronique; *houroufi 'illèt*, les lettres *èlif, vav, yè*, qui subissent des transformations dans la conjugaison (gramm. A.).

'Illètli علتلی a. T. maladif, malade, infirme; défectueux.

'Ilm علم s. A. (*'ilim*), au pl. *'ouloum*, science, savoir, connaissance; lettres, littérature; *'ilmi kèlam*, théologie; *'ilmi loughat*, lexicographie; *'ilmi mantck* ou *mantck*, logique; *'ilmi rakam* ou *rakam*, arithmétique; *'ilmi nuğoum*, astrologie, astronomie; *'ilmi kimia*, chimie, alchimie; *'ilmi ilahi*, théologie; *'ilmi fekeh*, jurisprudence; *'ilm ul-èmraz*, pathologie; *'ilm ul-hèyèt ul-'alèm*, cosmographie.

Ilmèk ایلمك s. T. lien, lacet, nœud.

Ilmèk ایلمك T. faufiler, manier, coudre; arranger.

Ilmèklèmèk ایلمكلمك T. nouer.

Ilmèkli ایلمكلی a. T. noué, à nœud.

'Ilmi علمی a. A. scientifique, qui appartient à la science; littéraire; théorique, opposé à *'amèli*, pratique.

Houl ایلول s. T. v. *èyloul*.

Ilsak الصاق s. A. action de joindre, de coller; d'attacher; d. de *lussouk*; *ilsak ètmèk*, joindre, coller, attacher.

Iltibas التباس s. A. confusion; d. de *lèbs*.

Iltifat التفات s. A. bon accueil, bienveillance, prévenance, salutation; action de tourner le visage vers; *iltifat ètmèk*, faire bon accueil, saluer; tourner le visage vers.

Iltiğa التجا s. A. action de chercher un asile; de se réfugier; recours; d. de *mèlğè*; *iltiğa ètmèk*, se réfugier, chercher un asile, recourir.

Iltihab التهاب s. A. inflammation; phlogose, phlegmasie (méd.); d. de *lèhèb*.

Iltihabî اَلتّهابى a. A. phlogistique, inflammatoire.

Iltihak اَلتّحاق s. A. action de se joindre, de s'attacher ; d. de *lihak* ; *iltihak ètmèk*, être adjoint, annexé, se joindre, s'attacher.

Iltiham اَلتّحام s. A. cicatrisation ; acharnement ; d. de *lahm*.

Iltika اَلتّقاء s. A. entrevue, rencontre.

Iltikam اَلتّقام s. A. (p.u.), déglutition ; d. de *lokma*.

Iltima' اَلتّماع s. A. action de briller ; d. de *lèmè'an*.

Iltimas اَلتّماس s. A. demande ; prière, recommandation, protection ; *iltimas ètmèk*, demander, prier, recommander, protéger, demander une faveur pour.

Iltissak اَلتّصاق s. A. jonction, contiguïté ; d. de *lussouk*.

Iltiyam اَلتّئام s. A. cicatrisation, guérison d'une plaie ; *kabili iltiyam*, cicatrisable.

Iltiyam اَلتّآم s. A. action d'être blâmé ; d. de *lèvm*.

Iltiyam-pèzir اَلتّئام پذير a. P. cicatrisé, guéri (plaie).

Iltizam اَلتّزام s. A. action de se charger de quelque chose, de prendre à sa charge ; de protéger ; achat de revenus publics, ferme, affermage ; d. de *luzoum* ; *iltizam ètmèk*, se charger de quelque chose ; protéger ; acheter les revenus publics.

Iltizamğe اَلتّزامجى s. T. celui qui achète, à titre de ferme, des revenus publics ; fermier.

Ilzam اَلزام s. A. action de convaincre quelqu'un ; action d'imposer silence par la force des arguments ; d. de *luzoum* ; *ilzam ètmèk*, convaincre, imposer silence par des arguments, par des raisonnements.

Im م (*em, oum, um*), première personne du verbe auxiliaire *olmak* (être) ; *kiatib-im*, je suis écrivain ; *agher-em*, je suis grave ; *koul-oum*, je suis esclave ; *buyuk-um*, je suis grand. On place un *y* devant *im* lorsque le mot précédent est terminé par une voyelle ; comme, *ğènkği-yim*, je suis guerrier; *'akelle-yem*, je suis intelligent; *ouslou-youm*, je suis sage; *euksu-ruklu-yum*, je suis tousseur. *Im* (euphonique) est aussi adjectif possessif affixe, mon, ma; *pèdèr-im*, mon père; *kitab-em*, mon livre; *kol-oum*, mon bras; *gul-um*, ma rose (v. gramm.).

Ima اما s. A. action de signaler; de faire comprendre par un signe; *ima ètmèk*, signaler.

I'mal اعال s. A. au pl. *i'malat*, action de fabriquer, de faire, de travailler; préparation; d. de *'a-mèl*; *i'mal ètmèk*, fabriquer, faire, travailler, préparer.

I'malat اعالات s. A. pl. du précédent, confections, travaux, constructions, fabrications, produits industriels manufacturés.

Imalè امالة s. A. action de faire incliner, plier; d. de *mèyl*.

Imam امام s. A. au pl. *èyimmè*, imam, ministre ou curé mahométan, celui qui est chargé de guider le peuple dans la prière.

'Imamè عامه s. A. au pl. *'amayim*, turban de juge ou de docteur.

Imamè امامه s. T. embouchure d'une pipe faite d'ambre jaune; gros grain de chapelet.

Imamèt امامت s. A. v. le suivant.

Imamlèk اماملق s. T. fonctions d'imam, profession de curé mahométan; cure, paroisse; *imamlek èt-mèk*, exercer l'office d'imam.

Iman ایمان s. A. foi, religion, croyance religieuse; action de croire; d. de *èmn*; *iman gètirmèk*, croire, prêter foi.

Imansèz ایمانسز a. T., *din-siz*, sans foi, infidèle, mécréant, incrédule, athée; fig. cruel, atroce.

Imansèzğa ایمانسزجه ad. T. cruellement, impitoyablement.

Imansèzlèk ایمانسزلق s. T. incrédulité, mécréance, infidélité; fig. cruauté, atrocité.

I'mar اعار s. A. action de peupler, de cultiver, de

rendre florissant; d. de *umran*.

'Imarèt عارت s. A. sorte d'établissement de charité où les indigents et les enfants des écoles attenantes aux mosquées vont prendre leur nourriture; état d'un pays cultivé, habité; bon état.

I'mar èt. اعـمار اتّك T., *chènlèndirmèk*, peupler, cultiver, rendre florissant.

Imbik انبیق s. T. vulg. v. *inbik*.

Imdad امداد s. A. secours, assistance, aide, renfort; troupes auxiliaires; d. de *mèdèd; imdad istèmèk*, demander du secours, de l'assistance; *imdad ètmèk*, aider, secourir, assister, subvenir; envoyer des renforts.

Imdadg̃e امدادجی s. T. celui qui aide; armée auxiliaire.

Imdadiyè امدادیه s. A. subside, subvention; rempart (fortif.).

Imdi ایمدی conj. T. ainsi, donc, or; *dè imdi*, allons donc!

Imha امحا s. A. action de faire disparaître, d'anéantir, de détruire; destruction; effacement; d. de *mahv; imha ètmèk*, faire disparaître, anéantir, détruire, effacer.

Imhal امهال s. A. délai, répit; action de donner un délai; d. de *muhlèt; imhal ètmèk*, différer, accorder un délai, un répit; *allah imhal èdèr ihmal ètmèz*, Dieu diffère, mais n'abandonne pas.

Imich ایمش 3e pers. sing. du plus-que-parfait du verbe auxiliaire *olmak*, il a été, il était.

Imik ایمك s. T. partie supérieure du crâne.

Imkian امكان s. A. possibilité, probabilité; d. de *mèkianèt; imkiane var der*, c'est possible; *imkiane yok dour*, c'est impossible.

Imla املا s. A. action de charger, de remplir; remplissage; orthographe; dictée; *imla ètmèk*, charger, remplir; dicter.

Imlal املال s. A. action d'ennuyer; d. de *mèlal*.

Imlassez املاس a. T. incorrect, défectueux; ad. incorrectement, sans orthographe.

Impèrator ایمپراطور s. du L. empereur.

Impèratoriča ایمپراطوریچه s. T. impératrice.

Impèratorlouk ایمپراطورلق s. T. empire.

'Imrani عمرانی a. A. hébraïque.

Imrar امرار s. A. action de faire passer; transport; d. de *mourour*; *imrari vaket ètmèk*, passer, perdre le temps.

Imsak امساك s. A. action de saisir, de tenir; action de se contenir; abstention; commencement du jeûne; l'heure précise à laquelle doit commencer le jeûne; fig. avarice; d. de *mèsk*; *imsak ètmèk*, saisir, se contenir, s'abstenir, commencer à jeûner avant le point du jour; fig. être avare.

Imtidad امتداد s. A. prolongation, durée, étendue, extension; d. de *mèdd*; *imtidadi hayat*, prolongation de la vie; *imtidadi zèman*, la durée du temps; *imtidad ètmèk*, se prolonger, durer.

Imtihan امتحان s. A. essai, épreuve; examen; d. de *mihnèt*; *imtihan ètmèk*, soumettre à des épreuves; examiner, faire l'examen.

Imtila امتلا s. A. action de se remplir; engorgement, plénitude (méd.).

Imtina' امتناع s. A. refus; abstinence; d. de *mèn'*; *imtina' ètmèk*, se refuser, s'abstenir.

Imtinan امتنان s. A. action de reprocher un bienfait, action de témoigner sa reconnaissance; d. de *minnèt*.

Imtissal امتثال s. A. action de suivre un exemple, d'obéir à un ordre, de s'y conformer; d. de *missl*; *imtissal ètmèk*, suivre un exemple; obéir, obtempérer à un ordre.

Imtissalèn امتثالاً ad. A. en suivant un exemple; en obtempérant à un ordre, en s'y conformant.

Imtiyaz امتیاز s. A. au pl. *imtiyazat*, distinction,

supériorité ; prééminence ; excellence, prérogative, privilège, autonomie, concession ; *imtiyaz nichane*, la plus haute des décorations ottomanes, instituée par S. M. I. le Sultan régnant Abd ul-Hamid II.

Imtiyazat امتیازات s. A. pl. du précédent.

Imtiyazi امتیازی a. A. qui concerne un privilège, une concession, une autonomie.

Imtiyazle امتیازلی a. T. privilégié, distingué, autonome.

Imtizağ امتزاج s.A. mélange ; accord, union, combinaison, sympathie, action d'être bien avec quelqu'un ; de s'accoutumer à un climat, à un pays ; d. de *mèzğ* ; *imtizağètmèk*, s'unir, se combiner, sympathiser, s'accoutumer ; bien vivre avec...

Imza امضا s. A. signature, souscription ; action de signer ; *imza ètmèk* ou *atmak* ou *komak*, mettre sa signature, signer, souscrire ; *imza èdèn*, signataire.

Imzalachmak امضالاشمق T. signer et échanger le double d'un contrat.

Imzalama امضالامه s. T. action de signer, souscrire.

Imzalamak امضالامق امضا قلمق T. signer, souscrire.

Imzalanmak امضالانمق T. être signé, souscrit.

Imzalatmak امضالاتمق T. faire signer, souscrire.

Imzalattermak امضالاتدرمق امضالتدرمق T. faire signer par l'entremise d'un tiers.

Imzalayan امضالایان s. T. celui ou celle qui signe, signataire.

Imzale امضالی a. T. signé.

In ان conj. A. si, si jamais ; *in chaè allah* (*inchallah*), s'il plaît à Dieu !

In ان s. T. caverne des bêtes féroces ; tanière.

In ان a. pron. dém. P. ce, cet, cette, celui, celui-ci, ceci ; *in ğihan*, ce monde ; *ba'd-èz-in*, par suite de cela ; après ceci, désormais ; *bina-bèr-in*, à cause de cela, pour cela.

'Inad عناد s. A. obstination, opiniâtreté, ténacité ; *'inad ètmèk*, s'obstiner, s'entêter, s'opiniâtrer ; *'inad ilè*, obstinément.

'Inadge عنادجى a. T. entêté, têtu, obstiné, récalcitrant, opiniâtre.

'Inadgelek عنادجيلق s. T. v. *'inad*.

In'am انعام s. A. action de faire des bienfaits, des dons ; d. de *ni'mèt* ; *in'am ètmèk*, accorder une faveur, une grâce.

Inan اينان s. T. croyance, foi ; sûreté, sécurité.

Inan اينان impér. T. de *inanmak*, crois.

'Inan عنان s. A. rênes ; fig. direction.

Inanağak اينه جق a. T. et proprement futur, 3e pers. du sing. *(inanelağak)*, croyable, qui peut se croire.

Inandermak ايناندرمق T. faire croire ; persuader, convaincre ; assurer.

Inanech اينانش s. T. v. *inanma*.

Inanelağak اينانه جق a. T. croyable, digne d'être cru, qui peut se croire.

Inanelmak اينانلق T. impers. croire ; *bouña inanelmaz*, on ne peut pas y croire.

Inanelmayağak اينانلميه جق a. T. incroyable.

Inanelmaz اينانلماز a. T. incroyable.

Inañ اينانج a. T. digne de foi, sûr.

Inanma اينانمه s. T. *(inanech)*, croyance ; confiance.

Inanmak اينانمق T. croire ; se fier ; se persuader, prêter foi.

Inanmama اينانمامه s. T. incrédulité ; défiance.

Inanmamak اينانمامق T. ne pas croire, se défier, n'être pas sûr.

Inanmaz اينانماز a. T. incrédule.

Inanmech اينانمش p. p.

T. qui a été persuadé ; convaincu.

'Inayèt عنايت s. A. soin, sollicitude, bonté, faveur, grâce ; 'inayèt ètmèk ou bouyourmak, accorder une faveur, une grâce ; faire la grâce.

'Inayètèn عناية ad. A. de grâce.

'Inayèt-kiar عنايتكار a. P. qui a des sollicitudes ; s. bienfaiteur.

'Inayètli عنايتلو a. s. T. qui fait des bienfaits ; bienfaiteur.

Inbik انبيق s. A. (imbik, T. vulg.), alambic ; inbikdèn čèkmèk, distiller.

Inbissat انبساط s. A. action de s'étendre ; de se réjouir ; gaieté ; d. de bast.

Incha انشا s. A. au pl. inchaat, construction ; rédaction, composition (littéraire ou épistolaire) ; style ; nom de divers recueils de lettres et de requêtes qui sont communément étudiées dans les écoles ; d. de nèchèt ; incha ètmèk, construire ; rédiger, composer.

Inchaat انشاآت s. A. pl. du précédent.

In-chaè allah انشاءالله loc. A. (inchallah), s'il plaît à Dieu !

Inchayi انشائى a. A. qui concerne les constructions ; la composition, le style, l'art épistolaire ; au fém. inchayiyè ; mèssarifi inchayiyè, frais de construction.

Inchi'ab انشعاب s. A. ramification ; d. de chu'bè.

Inchikak انشقاق s. A. action de se fendre ; d. de chakk ; inchikaki havsalè, diastématopyélie (méd.) ; inchikaki 'izam, trichisme (méd.) ; inchikaki mèssanè, diastématocystie (méd.).

Inchirah انشراح s. A. dilatation ; fig. allégresse, gaieté ; d. de chèrh.

Inchitat انشتات s. A. dispersion ; d. de chètt.

'Ind عند s. A. côté, part ; présence ; prép. près de, auprès de, pour, chez ; bènim 'indimdè, pour moi, à mon estimation, dans mon opinion ; 'indiñizdè, auprès de vous, chez vous.

'Indè عند prép. A. près,

auprès de, chez, d'après, selon, parmi, à, en, après; *'ind allah* (pour *'indè-allah*) *vè 'indèn-nas*, auprès de Dieu et auprès des hommes.

Indifa' اندفاع s.A. répulsion ; d. de *dèf'*.

Inèbahte اينه بختى n. p. T. Lépante.

Inèk اينك s. T. vache ; *inèk čobane*, vacher ; *inèk mandrasse*, vacherie.

Inèkği اينكجى s. T., *inèk čobane*, vacher.

Inèklik اينكلك s. T., *inèk ahere* ou *mandrasse*, vacherie.

Infak انفاق s. A. action de faire des largesses, des dépenses ; action de nourrir ; d. de *nafaka*.

Infaz انفاذ s. A. action de faire pénétrer ; entrer ; d'influencer; exécution d'un ordre supérieur ; d. de *nufouz*; *infaz ètmèk*, faire pénétrer ; faire entrer ; influencer ; exécuter un ordre supérieur.

Infi'al انفعال s. A. action de se fâcher ; dépit ; d. de *fi'l ; infi'al ètmèk*, se fâcher.

Infiham انفهام s.A. (p.u.), action d'être compris ; d. de *fèhm*.

Infikiak انفكاك s. A. séparation ; dislocation ; d. de *fèkk*.

Infirad انفراد s. A. séparation, isolement, isolation (électricité); d. de *fèrd*.

Infirak انفراق s. A. séparation ; d. de *fark*.

Infissad انفساد s. A. corruption ; d. de *fèssad*.

Infissah انفساح s. A. dilatation ; action de s'élargir, de s'étendre ; fig. action de se réjouir ; d. de *fushat*.

Infissah انفساح s. A. action de s'abolir ; d. de *fèsh*.

Infissal انفصال s. A. séparation ; action de quitter un lieu, une place ; destitution ; d. de *fasl ; infissal ètmèk*, se séparer, partir, laisser, se retirer ; être destitué.

Ingè اينجه a. T. fin, mince, délié, subtil, menu ; aigu ; élégant, fait avec art; poli ; ad. finement, subtilement ; *ingè fikir*, sagacité ; *inğè fikirli*, sagace, qui a l'esprit fin ; *inğè èlèmèk*, tamiser en menu ; fig. vérifier, rechercher minutieusement.

Inğèdilmèk اینجه دلمك T. être aminci.

Inğèğik اینجه جك a. T. très mince, très fin ; ad. finement, légèrement.

Inğèlènmèk اینجه لنمك T. v. *inğèlmèk*.

Inğèlètmèk اینجه لتمك T. subtiliser, rendre mince, subtil, délié ; raffiner, amincir.

Inğèlik اینجه لك s. T. état et qualité de ce qui est mince, menu ; fig. finesse.

Inğèlmèk اینجلمك T. devenir mince, fin, s'amincir ; fig. faire le noble, l'élégant.

Inğèrèk اینجرك اینجوره ك a. T. subtil, fin ; élégant, svelte.

Inğètmèk اینجتمك T. v. *inğèlètmèk*.

Inği اینجو اینجی s. T. perle ; *inği čičèyi*, muguet (fleur).

Inği اینجی partic. euphonique T. *(enğe, ounğou, unğu)*, se place à la fin des adjectifs numéraux cardinaux pour les transformer en adjectifs ordinaux ; *birinği*, premier ; *alt-enğe* (pour *alte-enğe*), sixième ; *dokouz-ounğou*, neuvième ; *on deurt-unğu*, quatorzième.

Inğidiği اینجیدیجی a. T. qui fait mal, qui cause de la douleur ; vexant.

Inğidilmèk اینجیدلمك T. être vexé, blessé, offensé.

Inğiği اینجیجی s. T. négociant de perles.

Inğik اینجیك a. T. légèrement blessé, fracturé.

Inğik اینجیك s. T. fémur, l'os de la jambe.

Inğil انجیل s. A. au pl. *ènağil*, évangile ; *inğili chèrif*, le saint évangile.

Inğila انجلا s. A. apparition, manifestation ; éclat, splendeur ; d. de *ğila*.

Inğili انجیلی a. T. perlé ; d. de *inği*.

Inğili انجیلی a. A. évangélique ; d. de *inğil*.

Inğiliz انكلیز s. a. T anglais; *ingiliz dèvlèti*, le gouvernement anglais.

Ingilizğè انكليزجه a. T. anglais; s. la langue anglaise, l'anglais; ad. en anglais, à l'anglaise.

Ingiltèra انكلترهٔ n. p. de l'I. Angleterre, Grande-Bretagne, 22,715,000 h.; cap. Londres.

Inğimad انجماد s. A. congélation, gelée; solidification; d. de *ğumoud*.

Inğimèk انجيمك T. s'affliger, s'attrister; se fracturer le bras, le doigt, etc.

Inğinmèk انجينمك T. être offensé, s'offenser; se fâcher; *inğinmich*, offensé, blessé, fâché.

Inğir انجير s. T. figue; *yaban inğiri*, figue sauvage; *inğir kouchou* ou *inğir dèlèn*, becfigue (oiseau); *inğir-aghağe*, figuier.

Inğirar انجرار s. A. traction; état de ce qui est tiré; traîné; d. de *ğèrr*.

Inğitmè انجيتمه s. T. action de molester, de tourmenter, de causer de la douleur; vexation; *inğitmè bèni*, anasarque (méd.).

Inğitmèk انجيتمك T. molester, tourmenter, offenser, blesser, inquiéter, vexer, malmener, persécuter, maltraiter.

Inğizab انجذاب s. A. action d'être attiré; attraction; gravitation; d. de *ğèzb*.

Inha انها s. A. annonce, avis, avertissement; exposition, rapport; *inha ètmèk*, annoncer, avertir, informer, signifier; rapporter, soumettre.

Inhidab انحداب s. A. courbure, torsion; d. de *hadèb*.

Inhidam انهدام s. A. destruction, écroulement; d. de *hèdm*.

Inhilal انحلال s. A. dissolution, résolution, disjonction; d. de *hall*.

Inhimak انهماك s. A. application, zèle, diligence, empressement; d. de *hèmk*.

Inhina انحنا s. A. courbure.

Inhiraf انحراف s. A. réfraction, dérivation, déviation, changement, penchement, obliquité; d. de *harf*;

IÑIL 475 **INKE**

inhiraf ètmèk, se réfracter, dévier, décliner.

Inhirafi انحرافى a. A. réfringent.

Inhissaf انخساف s. A. éclipse de lune ; d. de *houssouf.*

Inhissar انحصار s. A. action d'être restreint, borné ; état de ce qui est restreint ; restriction ; monopole ; régie ; d. de *hasr.*

Inhitat انحطاط s. A. abaissement, descente, décadence, déclin ; d. de *hatt.*

Inhizam انهزام s. A. défaite, déroute ; en T. us. *bozghounlouk ;* d. de *hèzm.*

In'ikad انعقاد s. A. action de se nouer, de se lier ; conclusion d'un contrat ; liaison ; d. de *'akd.*

In'ikias انعكاس s. A. répercussion, réverbération, reflet, réflexion ; d. de *'aks ; in'ikias ètmèk,* se répercuter.

Iñildèchmèk ایكلدشمك T. v. le suivant.

Iñildèmèk ایكلدمك T. retentir, résonner.

Iñilti ایكلدی s. T. gémissement, retentissement.

Iñiltili ایكلدیلی a. T. retentissant.

In'itaf انعطاف s. A. action de se tordre, de se plier ; retour vers le passé ; d. de *'atf.*

Inkebaz انقباض s. A. constipation ; d. de *kabz.*

Inkelab انقلاب s. A. au pl. *inkelabat,* vicissitude, changement, révolution, modification ; d. de *kalb.*

Inkelabat انقلابات s. A. pl. du précédent, vicissitudes ; *inkelabati zèman,* les changements du temps.

Inkeraz انقراض s. A. fin d'une dynastie ; d'une famille.

Inkessam انقسام s. A. action d'être divisé, partagé ; division, partage ; d. de *kesm.*

Inketa' انقطاع s. A. interruption, cessation, discontinuation, relâche ; fin ; d. de *kat'.*

Inkeyad انقياد s.A. obéissance, soumission ; docilité; d. de *kayd; inkeyad ètmèk*, obéir, se soumettre.

Inkeza انقضا s.A. fin, terminaison, expiration du terme; d. de *kaza*.

Inkiar انكار s. A. dénégation, négation, désaveu; *inkiar ètmèk*, nier.

Inkichaf انكشاف s. A. révélation, apparition; d. de *kèchf*.

Inkissaf انكساف s. A. action de s'éclipser; éclipse de soleil; d. de *kussouf*.

Inkissar انكسار s. A. action de se briser, de se casser; de se fâcher; malédiction; d. de *kèsr*.

Iñlèmèk ایكلمك T. gémir, soupirer; se plaindre; *iñlèyèrèk*, en gémissant.

Iñlètmèk ایكلتمك T. faire gémir, faire pleurer; tyranniser; faire retentir.

Insaf انصاف s. A. justice, équité, acte consciencieux; modération; d. de *nassèfèt; insaf ètmèk*, être modéré, agir avec justice, avec équité, avec conscience.

Insafle انصافلی a. T. juste, consciencieux, équitable, modéré.

Insafleğa انصافلیجه ad. T. modérément, avec justice, avec équité; sans abus.

Insafsez انصافسز a. T. injuste, inique, immodéré.

Insafsezğa انصافسزجه ad. T. iniquement, impitoyablement; avec abus.

Insafsezlek انصافسزلق s. T. injustice, iniquité, immodération.

Insan انسان s. A. au pl. *nas*, homme (en général), c.-à-d. homme et femme, le genre humain; créature humaine; a. (comme mot T.), humain.

Insani انسانی a. A. humain, d'homme, propre au genre humain.

Insaniyèt انسانیت s. A. humanité, nature humaine; bonté, politesse, civilité, obligeance; philanthropie; *insaniyèt namena*, au nom de l'humanité.

Insaniyètli انسانیتلی a. T. humain, civil, poli, courtois, obligeant; philanthrope.

Insaniyètsiz انسانيتسز a. T. inhumain, impoli, incivil, désobligeant.

Insaniyètsizlik انسانيتسزلك s. T. inhumanité, incivilité, impolitesse, désobligeance.

Intag انتاج s. A. production, procréation ; action de faire résulter, de causer, de produire ; d. de *nitaÿ* ; *intaÿ ètmèk*, produire, procréer, causer, faire résulter.

Inti'ach انتعاش s. A. action de se relever promptement et sans aucun mal d'une chute ; bien-être.

Intibah انتباه s. A. éveil, réveil, vigilance, attention, circonspection ; d. de *nubh* ; *intibah uzrè olmak*, être sur ses gardes.

Inticha انتشا s. A. croissance ; d. de *nèchv*.

Intichar انتشار s.A. propagation, dissémination, diffusion ; action de se propager, de se divulguer, de se répandre ; d. de *nèchr* ; *intichar ètmèk*, se propager, se répandre.

Intifa انتفا s. A. action d'être relégué, exilé ; d. de *nèfi*.

Intifa' انتفاع s. A. (p.u.), action de profiter, de tirer avantage ; d. de *nèf'*.

Intifah انتفاخ s. A. enflure, gonflement, boursouflure ; d. de *nèfh*.

Intiha انتها s. A. action de finir, d'être terminé ; fin, terme ; d. de *nihayèt*.

Intihab انتهاب s. A. pillage, rapine ; action de piller ; d. de *nèhb* ; en T. us. *yaghma*.

Intihab انتخاب s. A. au pl. *intihabat*, élection, choix ; d. de *nuhbè* ; *intihab ètmèk, sèčmèk*, élire ; *intihabi rèyissi mèğlis*, élection du président du conseil.

Intihabat انتخابات s. A. pl. du précédent.

Intihabi انتخابي a. A. électoral, électif.

Intihal انتحال s. A. empiétement ; d. de *nahl*.

Intihar انتحار s. A. suicide ; d. de *nahr*.

Intikal انتقال s. A. changement de place ou de domicile; émigration, transmission, transport, passage d'un héritage à l'héritier; d. de *nakl; intikal ètmèk,* changer de place ou de demeure; être transporté, transféré; émigrer; passer d'un possesseur à un autre par voie d'héritage.

Intikam انتقام s. A., *euğ,* T. vengeance; d. de *nakm; intikam almak* ou *euğ almak,* tirer vengeance, se venger.

Intima انتما s. A. rapport, relation; *hakipayi mèkiarim intimayi 'alilèri,* votre haute et généreuse présence (personne).

Intissab انتساب s. A. action d'être attaché; d'appartenir à, de dépendre; relation, appartenance, dépendance; d. de *nisbèt; intissabe olmak,* être attaché, appartenir à, dépendre.

Intissağ انتساج s. A. action d'être tissé; d. de *nèsğ.*

Intizam انتظام s. A. arrangement, organisation, régularité, harmonie, ordre; d. de *nizam; intizam boulmak,* être arrangé, organisé, mis en ordre.

Intizar انتظار s. A. attente; d. de *nazar.*

Inzal انزال s. A. action de faire descendre, éjaculation; d. de *nuzoul.*

Inziva انزوا s. A. retraite, éloignement du monde; d. de *zaviyè; inziva ètmèk,* se retirer du monde.

Ip ایپ s. T. corde; pendaison; *ip ouğou,* cause, prise; *ip ouğou vèrmèk,* donner prise.

Ipèk ایپك s. T. soie; a. de soie, en soie; *ipèk bеuğèyi,* ver à soie; *kaba ipèk,* capiton, soie grossière.

Ipèkği ایپكچی s. T. celui qui prépare ou vend de la soie; vendeur de soie.

Ipèk-hanè ایپك خانه s. T. fabrique de soie.

Ipèkli ایپكلی a. T. de soie, en soie.

Ipği ایپچی s. T. cordier.

Ipğilik ایپچیلك s. T. corderie, art du cordier.

Iplèmèk ایپله‌مك T. lier avec des cordes.

Iplik ایپلیك s. T. fil; *pambouk ipliyi*, fil de coton; *kètèn ipliyi*, fil de lin.

Iplik-hanè ایپلیك‌خانه s. T. filature (établissement).

Ipliklènmèk ایپلیكلنمك T. se défiler (en parlant d'une étoffe).

Ipsiz ایپسز a. T. sans corde; fig. d'une origine obscure et d'une conduite suspecte; *ipsiz sapsez*, vaurien, misérable.

Iptida ابتدا s. T. vulg. v. *ibtida*.

Irad ایراد s. A. action de citer un passage, un argument, etc.; citation, allégation; rente, revenu; d. de *vuroud*; *irad ètmèk*, citer; *noutk irad ètmèk*, prononcer un discours; *irad sahibi*, rentier.

Iradè اراده s. A. (*iradèt*), volonté, vouloir, gré; *iradèti ilahiyè*, volonté divine; *iradèyi chahanè*, rescrit impérial.

Irak ایراق a. T. (*yerak*), absent, éloigné; ad. loin;

le mot *ouzak* est plus en usage.

'Irak عراق n. p. A. le pays situé entre la Mésopotamie et la Perse.; *'irak 'arabi*, Chaldée; *'irak 'aǧèmi*, partie occidentale de la Perse.

Iraklachma ایراقلاشمه s. T. éloignement.

Iraklachmak ایراقلاشمق T. s'éloigner l'un de l'autre.

Iraklachtermak ایراقلاشدیرمق T. éloigner l'un de l'autre.

Iraklanmak ایراقلانمق T. s'éloigner, être éloigné.

Iraklek ایراقلق s. T. éloignement, distance.

Iran ایران n. p. P. la Perse, Iran; *iran dèvlèti*, le royaume persan.

Irani ایرانی a. P. et A. qui appartient à la Perse, aux Persans.

Iranle ایرانلی a. T. Persan.

I'raz اعراض s. A. action de détourner le visage.

Irchad ارشاد s. A. action

de montrer le droit chemin, de conduire à la voie du salut; d. de *ruchd*.

'Irf عرف s. A. connaissance, savoir.

Irfah ارفاه s. A. (p. u.), action de faire jouir du bien-être d'une vie commode; d. de *rèfah*.

'Irfan عرفان s. A. connaissance, savoir; a. (comme mot T.), instruit, connaisseur.

Irha ارخا s. A. action de laisser aller, de lâcher; d. de *rèhavèt*.

Iri ایری a. T. gros, grand, volumineux; *iri yaghmour tanèlèri*, grosses gouttes de pluie.

Irichmèk ایرشمك T. arriver, parvenir, aboutir.

Irichtirmèk ایرشدیرمك T. faire arriver, faire parvenir, faire aboutir.

Irigè ایریجه ad. T. un peu ou assez gros.

Irilèchmèk ایریلشمك T. devenir gros, volumineux.

Irilik ایریلك s. T. grosseur; grandeur.

Iriñ ایرین s. T. pus.

Iriñlèumè ایرینكنمه s. T. suppuration.

Iriñlènmèk ایرینكنمك T. suppurer, rendre du pus (en parlant de la plaie).

Iriñli ایرینكلی a. T. purulent, plein de pus.

'Irk عرق s. A. veine, artère; fig. origine, souche, racine.

Irmik ایرمیك s. T. farine grosse pour faire de la soupe.

Irs ارث s. A. héritage.

Irsa ارساء s. A. affermissement; action de jeter l'ancre.

Irsad ارصاد s. A. observation des astres; d. de *rèssad*; *irsad ètmèk*, observer les astres.

Irsal ارسال s. A. envoi, expédition; *irsal ètmèk*, envoyer, expédier.

Irsèn ارثًا ad. A. par héritage.

Irsi ارثی a. A. qui concerne l'héritage; au fém. *irsiyè*; *hissèyi irsiyè*, part héréditaire.

Irti'ach ارتعاش s. A. frémissement, tremblement ; d. de *ra'chè*.

Irtibat ارتباط s. A. communication, attachement ; d. de *rabt* ; *irtibati 'izam*, syndesmose (méd.).

Irticha ارتشا s. A. action de se laisser corrompre en recevant de l'argent ou des présents ; vénalité ; d. de *richvèt*.

Irtidad ارتداد s. A. apostasie ; irrésolution ; d. de *rèdd* ; *irtidad ètmèk*, apostasier.

Irtifa' ارتفاع s. A. élévation, hauteur ; d. de *rèf'*.

Irtiğağ ارتجاج s. A. oscillation ; saccade, agitation.

Irtiğal ارتجال s. A. improvisation.

Irtiğalèn ارتجالاً ad. A. ex-abrupto, sans préparation.

Irtihal ارتحال s. A. départ ; migration, passage ; mort ; d. de *rihlèt* ; *irtihal ètmèk*, mourir ; on dit aussi *irtihali dari bèka ètmèk*, se transporter au monde éternel ; mourir.

Irtika ارتقا s. A. action de monter, de s'élever ; avancement, promotion, ascension, élévation ; *irtika ètmèk*, s'élever, monter plus haut ; être promu.

Irtikiab ارتكاب s. A. action de se charger ; de commettre un acte mauvais ; malversation ; d. de *rukioub* ; *irtikiab ètmèk*, faire, commettre un acte mauvais, malverser ; être corrompu par des présents.

Irtissam ارتسام s. A. action de se distinguer, de se dessiner, de se définir ; d. de *rèsm*.

Irtiyab ارتياب s. A. action de douter ; doute, incertitude ; d. de *rèyb*.

Irtiza ارتضا s. A. action de se contenter ; d. de *riza*.

Iryal ريال اريال s. de l'Esp. réal (monnaie).

Irza ارضاء s. A. action de satisfaire, de contenter, de persuader, de faire accepter des conditions ; d. de *riza* ; *irza ètmèk*, satisfaire, etc.

Irza' ارضاع s. A. allaitement ; d. de *riza'* ; *irza' ètmèk*, allaiter.

Is ايس s. T. suie, noir de fumée.

Isbat اثبات s.A. (*ispat*, T. vulg.), preuve, démonstration ; affirmation ; d. de *suboût* ; *isbat ètmèk*, prouver, démontrer, affirmer ; *isbati zat ètmèk*, prouver l'identité.

Isbati اسباتى s. de l'I. v. *ispati*.

Isbir اسبير s. de l'I. v. *ispir*.

Isfahan اسفهان n. p. P. v. le suivant.

Isfèhan اسفهان n. p. P. Ispahan, ville de la Perse, 200,000 h.

Isfirar اصفرار s. A. jaunisse ; d. de *safèr*.

Isgha اصغا s. A. action d'écouter, de prêter l'oreille ; de consentir à une demande, de l'agréer ; *isgha ètmèk*, écouter, consentir, agréer.

Ishak اسحق n. p. A. Isaac.

Ishal اسهال s. A. diarrhée, dyssenterie ; d. de *sèhl*.

Iska اسقا s. A. arrosement, irrigation ; action de donner à boire ; abreuvage.

Iskanbil اسقانبيل s. T. sorte de jeu de cartes.

Iskandil اسقنديل s. T. sonde, instrument dont on se sert pour reconnaître la profondeur de l'eau ; *iskandil atmak*, sonder (l'eau) ; *iskandil ètmèk*, sonder (au propre et au fig.).

Iskat اسقاط s. A. action de faire tomber ; annihilation ; d. de *sukout* ; *iskati gènin*, avortement (méd.) ; *iskat ètmèk*, faire tomber ; annihiler.

Iskèlè اسكله s. de l'I. port, échelle, bâbord (mar.); débarcadère ; échafaud ; *yèmich iskèlèssi, limon iskèlèssi*, nom de deux échelles dans la corne d'or, où l'on débarque les fruits secs, les citrons, les oranges, etc.

Iskèlèt اسكلت s. du F. squelette.

Iskèmlè اسكمله s. T. (*iskèmri*, vulg.), chaise, escabeau ; siège.

Iskèndèr اسكندر n.p. A. Alexandre le Grand; *iskèndèr bèy*, le héros Albanais.

Iskèndèriyè اسكندريه n.p.A. Alexandrie, ville d'Egypte, 250,000 h.

Iskèndèroun اسكندرون n. p. A. Alexandrette, ville du littoral de la Syrie.

Iskètè اسكته s. du G. serin vert (oiseau).

Iskian اسكان s. A. habitation; action de faire habiter ou d'habiter un lieu, un pays; d. de *sukioun*; *iskian ètmèk*, faire habiter, habiter.

Iskiat اسكات s. A. action de faire taire, d'imposer silence; d. de *sukiout*; *iskiat ètmèk*, faire taire, imposer silence.

Iskorpit اسقورپيت s. du G. (ou *iskorbout*), *iskorpit 'illèti*, scorbut.

Islaf اسلاف s. A. prêt; payement par avance; d. de *sèlèf*; *islaf ètmèk*, prêter; payer d'avance.

Islah اصلاح s. A. au pl. *islahat*, correction, rectification, amélioration, ré- forme, réformation; réconciliation; d. de *soulh*; *islah ètmèk*, améliorer, réformer; corriger; réconcilier; *islahi bèyn ètmèk*, ramener l'accord.

Islahat اصلاحات s. A. pl. du précédent, réformes; améliorations.

Islam اسلام s. A. islam, islamisme, religion musulmane; d. de *sèlamèt*; *èhli islam*, les Musulmans.

Islambol اسلامبول n. p. T. ancienne orthographe de *istanbol*, v. ce mot.

Islami اسلامى a.A. mahométan, musulman, qui appartient à l'islamisme; au fém. *islamiyè*; *mèmaliki islamiyè*, les pays musulmans; l'empire Ottoman.

Islamiyèt اسلاميت s. A. islamisme.

Islèmèk ايسلهمك T. noircir par le noir de fumée.

Islènmèk ايسلنمك T. prendre une odeur de fumée, de brûlé.

Ism اسم s. A. (*issim*), au pl. *èssami* ou *èsma*, nom; en T. us. *ad*; *ismi has*, nom propre (gramm.); *ismi ĝins*, nom commun; *ismi muzèkkèr*, nom masculin; *ismi muènnès*, nom féminin; *ismi icharèt*, pronom démonstratif; *ismi fa'yil*, participe présent, nom d'agent; *ismi mè'foul*, participe passé, nom de patient; *ismi tèfzil* ou *tèfdil*, comparatif; *ismi tasghir*, diminutif (gramm.); *issim komak*, mettre (donner) un nom, nommer; *ismi ilè*, nominativement, nommément; *bismillah*, au nom de Dieu.

Isma' اسماع s. A. action de faire entendre; d. de *sèm'*.

Isma'yil اسماعيل n. p. A. Ismaël.

Ismèn اسما ad. A. nominalement, de nom.

'Ismèt عصمت s. A. chasteté, pudicité, intégrité; vertu de femme chaste.

'Ismètli عصملو a. T. chaste, pudique, intègre, vertueuse (en parlant d'une femme).

Ismi اسمى a. A. nominal, de nom, appartenant au nom.

Isnad اسناد s. A. appui, citation, imputation, attribution, inculpation, récrimination; d. de *sènèd*; *isnad ètmèk*, imputer, attribuer, inculper.

Ispanak اسپناق s. T. épinard.

Ispaniya اسپانيا n. p. de l'I. Espagne, 17,302,000 h.; cap. Madrid.

Ispaniyale اسپانيالى a. s. T. Espagnol.

Ispanyol اسپانيول a. s. T. v. le précédent.

Ispanyolğa اسپانيولجه ad. T. en espagnol; a. espagnol; s. la langue espagnole, l'espagnol.

Isparmačèt اسپرماچت s. du L. bougie, stéarine.

Ispat اثبات s. T. preuve, etc., v. *isbat*; *ispat olmak*, être prouvé, être confirmé, se prouver; *ispat olmouch*, prouvé.

Ispati اسپاتى s. de l'I. trèfle au jeu de cartes.

Ispatle اثباتلى a. T. prouvé, confirmé.

Ispatsez اثباتسز a. T. sans preuve.

Ispavli اسپاولی s. de l'I. espèce de grosse corde, câble (mar.).

Ispazmoz اسپازموز s. du G. (ou *spazmoz*), spasme.

Ispèčiar اسپچیار s. de l'I. pharmacien.

Ispinoz اسپنوز s. du G. pinson (oiseau).

Ispir اسپیر s. de l'I. (*isbir*), palefrenier, groom.

Ispirto اسپرتو اسپرطو s. de l'I. alcool, esprit.

Ispirtolou اسپرتولی a. T. alcoolique.

Ispitalia اسپتالیه s. de l'I. hôpital.

Isra اسرا s. A. action d'envoyer, d'expédier ; envoi, expédition ; d. de *sirayèt* ; *isra ètmèk*, envoyer, expédier.

Isra' اسراع s. A. action de presser, de hâter ; d. de *sur'at*.

Israf اسراف s. A. prodigalité, excès ; d. de *sèrèf* ; *israf ètmèk*, prodiguer, gaspiller, dilapider, dissiper.

Israfğe اسرافجی s. T. dissipateur, dilapidateur, gaspilleur.

Israfil اسرافیل n. p. A. Séraphin ; ange de la mort.

Israr اسرار s. A. action de cacher un secret ; d. de *sirr* ; *israr ètmèk*, cacher un secret.

Israr اصرار s. A. persévérance, persistance ; *israr ètmèk*, persévérer, persister, insister ; s'obstiner ; *israr ilè*, avec persistance.

Israyil اسرائیل n. p. A. Israël ; *bèni israyil*, les enfants d'Israël, les Israélites.

'Issa عیسی n. p. A. Jésus ; *hazrèti 'issa*, le Seigneur Jésus ; *'issa èl-mèssih*, Jésus-Christ ; *vèladèti 'issa*, Noël, la naissance de Jésus.

Issa' ایساع s. A. dilatation, aisance, opulence ; action de dilater, d'élargir, d'enrichir ; d. de *vus'at*.

Iss'ad اسعاد s. A. (p. u.), action de rendre heureux ; d. de *sa'd* ; *iss'ad ètmèk*, rendre heureux, content.

Iss'af اسعاف s. A. action d'accepter, d'exaucer ; *iss'af ètmèk*, accepter, exaucer.

Issal ايصال s. A. action de faire arriver, de faire parvenir ; d. de *vussoul* ; *issal ètmèk*, faire arriver, parvenir.

Issar ايثار s. A. prodigalité ; action de donner en abondance.

Issè ايسه (*oussa*), troisième pers. du conditionnel du verbe *olmak* (être); s'il est, si c'est ; *euylè issè*, si c'est comme ça ; s'ajoute aux différents temps des verbes, et leur donne la forme conditionnelle ; *sèvèyor issè, sèvèyor oussa*, s'il aime ; *gèlir issè*, s'il vient ; *ètdi issè*, s'il a fait. Le mot *issè* devient aussi conj. et ad. et signifie quant à, mais, plutôt que ; *biz issè*, quant à nous ; *o sizi sèvmèz bèn issè sèvèrim*, il ne vous aime pas, mais moi je vous aime.

Issèdè ايسه ده ad. T. quoique ; *hèr nè issèdè*, quoiqu'il en soit.

'Issèvi عيسوى a. A. Chrétien, de la religion de Jésus-Christ ; au fém. *'issèviyè* ; *millèti 'issèviyè*, le peuple chrétien, qui croit en Jésus-Christ.

Issim اسم s. A. v. *ism*.

Issimsiz اسمسز a. T. sans nom, anonyme.

Istabl اسطبل اصطبل s. A. (d. du G. *stavlos*), étable, écurie ; *istabl 'amirè*, écuries impériales.

Istakos استاقوس s. du G. homard.

Istambol استانبول n. p. du G. v. *istanbol*.

Istampa استامپا s. de l'I., *basma*, T. estampe : *istampa ètmèk, basmak*, estamper.

Istan ستان (*stan, sitan*), partic. P., ajoutée à la fin des substantifs indique le nom du lieu, du pays, de la contrée ; *'arabistan*, l'Arabie, le pays des Arabes ; *èrmèni-stan* ou *èrmèni-sitan*, l'Arménie; *kurdistan*, le Kourdistan, l'Assyrie ; *bèrbèr-istan*, la Barbarie ; *gurği-stan* ou *gurği-sitan*, la Géorgie ; *younan-istan*, la Grèce ; *hind-istan*, l'Inde ; *mar-istan,* lieu où il y a des serpents.

Istanbol استانبول n. p. du G. (*istambol, stambol, kostantiniyè*), Constantinople (l'anc. Byzance), cap. de l'empire ottoman, sur le Bosphore, 1,100,000 h. ; fondée par Constantin en 330, devint la capitale de l'empire romain. A la destruction de l'empire d'Occident (476), fut le siège de l'empire d'Orient, ou Bas-Empire ; en 1453, elle tomba au pouvoir de Mahomet II.

Istan-keuy استانكوى n. p. T. Stancho, île de l'Archipel, l'ancienne Cos.

Istavrit استاوريت s. du G. (ou *estavrit*), sansonnet (poisson).

Istavroz استاوروز s. du G. (ou *stavroz*), ḣač, Arm., čelipa, P. crucifix, croix ; signe de la croix ; *istavroz čekarmak,* faire le signe de la croix.

Istèk ايستك استك s. T., *murad,* A. désir, volonté, vouloir, envie, souhait ; *istèk ètmèk,* désirer, demander, souhaiter.

Istèkli ايستكلى استكلى استكلو a. T. désireux.

Istèmèk ايستەمك ايستمك استمك T. désirer, vouloir, requérir, demander, exiger, chercher, falloir ; *istèrim,* je veux ; *istèmèm,* je ne veux pas.

Istèmèksizin ايستمكسزين ad. T. malgré, involontairement.

Istèmèmèk ايستەمامك استما T. ne pas désirer ou vouloir, répugner ; négatif de *istèmèk.*

Istèmèyèrèk ايستەمیەرك ad. T. involontairement.

Istènilmèk ايستنلمك T. (*istènmèk*), être demandé, exigé, cherché.

Istènmèk ايستنمك T. v. le précédent.

Istèr ايستر 3e pers. du prés. de l'ind. du verbe *istèmèk* (vouloir), il veut ; conj. soit (marque l'indifférence) ; *istèr bou adam istèr bir bachkasse,* soit cet homme, soit un autre ; *istèr istèmèz,* bon gré mal gré.

Istèrèk استرك s. du G. styrax, storax.

Istètmèk اِسْتَتْمَك T. demander, chercher; faire appeler.

Istèyèn اِسْتِيَان p. pr. T. qui désire; d. de *istèmèk*.

Istèyich اِسْتَەيِش s. T. action de vouloir, de désirer, de demander, d'exiger, de chercher.

Isti'ab اِسْتِيعاب s. A. action de contenir, d'occuper; *isti'ab ètmèk*, contenir, occuper.

Isti'anè اِسْتِعانه s. A. demande d'assistance, de secours; action de demander du secours; d. de *'avn*; *isti'anè ètmèk*, implorer l'assistance, le secours.

Isti'arè اِسْتِعاره s. A. action d'emprunter; emprunt; métaphore (rhét.); d. de *'ariyèt*; *isti'arè ètmèk*, emprunter; *isti'arè tariki ilè*, métaphoriquement.

Istib'ad اِسْتِبعاد s. A. action de vouloir s'éloigner ou de s'éloigner; d. de *bou'd*.

Istibar اِصْطِبار s. A. action de patienter; action de supporter patiemment les misères et les calamités; d. de *sabr*.

Istibchar اِسْتِبشار s. A. joie qu'on éprouve en apprenant une bonne nouvelle; action d'annoncer une bonne nouvelle; d. de *bècharèt*.

Istibdad اِسْتِبداد s. A. pouvoir absolu; absolutisme, despotisme.

Istibdal اِسْتِبدال s. A. échange, remplacement, substitution; remplacement de soldats par l'enrôlement d'autres; d. de *bèdèl*; *istibdal ètmèk*, échanger, substituer, remplacer.

Istibka اِسْتِبقا s. A. action de demander la conservation de; conservation, maintien; d. de *bèka*; *istibka ètmèk*, demander la conservation de; conserver, garder; maintenir.

Istibra اِسْتِبراء s. A. purification; d. de *bèraèt*.

Istibraz اِسْتِبراز s. A. (p. u.), production, manifestation; d. de *burouz*.

Istich'ar اِسْتِشعار s. A. action de demander des informations officielles par écrit; d. de *chi'r*.

Isticharè اِسْتِشاره s. A.

action de consulter ; consultation, délibération ; demande de conseil ; d. de *mèchvèrèt* ; *isticharè ètmèk*, consulter ; délibérer.

Istichfa استشفاء s. A. guérison ; d. de *chifa*.

Istichfa' استشفاع s. A. sollicitation d'une intercession ; d. de *chèfa'at*.

Istichhad استشهاد s. A. action de prendre à témoin ; action de se faire martyr ; d. de *chèhadèt*.

Istichhar استشهار s. A. action de tâcher, d'acquérir de la réputation ; d. de *chuhrèt*.

Istichmam استشمام s. A. action de sentir, de flairer ; flair ; d. de *chèmm* ; *istichmam ètmèk*, sentir, flairer ; fig. deviner, découvrir.

Istid'a استدعا s. A. action de solliciter, de demander ; réclamation, réquisition, pétition, requête ; d. de *da'va* ; *istid'a ètmèk*, solliciter, demander, requérir ; *sahibi istid'a*, requérant.

Isti'dad استعداد s. A. capacité, disposition ; d. de *'adèd* ; *isti'dade olmak*, avoir des dispositions.

Istidamè استدامه s. A. perpétuité ; d. de *dèvam*.

Istid'a-namè استدعانامه s. P. requête, pétition.

Istidanè استدانه s. A. action de faire un emprunt, d'emprunter ; d. de *dèyn* ; *istidanè ètmèk*, emprunter.

Istidlal استدلال s. A. action de conclure, de tirer une conséquence ; induction, déduction, conclusion ; pronostic ; d. de *dèlalèt* ; *istidlal ètmèk*, tirer une conséquence, une induction ; pronostiquer.

Istidrağ استدراج s. A. augmentation ou amoindrissement par degrés ; grande chance ; d. de *dèrèğè*.

Istidrak استدراك s. A. action de comprendre, de s'apercevoir, de parvenir à ; d. de *dèrk*.

Istif استيف s. de l'I. amoncellement et arrangement méthodique ; *istif ètmèk*, amonceler, entasser ; arranger méthodiquement.

Istifa استيفا s. A. payement intégral; accomplissement; d. de *vèfa*; *istifa ètmèk*, payer intégralement; accomplir.

Isti'fa استعفا s. A. action de demander pardon; démission, abdication; d. de *'afv*; *isti'fa ètmèk*, demander pardon; donner sa démission; se retirer; *isti'fassenè vèrmèk*, être démissionnaire, donner sa démission.

Istifadè استفاده s. A. profit, avantage; acquisition de connaissances; d. de *fèyd*; *istifadè ètmèk*, profiter, tirer avantage; acquérir des connaissances.

Istifaza استفاضه s. A. divulgation d'une nouvelle; abondance, profusion; d. de *fèyèzan*.

Istifham استفهام s. A. action de demander des informations, des explications; l'interrogation (gramm.); d. de *fèhm*; *èdati istifham*, particule interrogative.

Istifhami استفهامى a. A. interrogatif.

Istiflèmèk استيفلك T. en- tasser, estiver, amonceler et arranger méthodiquement.

Istifragh استفراغ s. A., *kousma*, T. vomissement; d. de *firagh*; *istifragh ètmèk*, *kousmak*, vomir.

Istifsar استفسار s. A. demande, information; recherche; d. de *fèsr*; *istifsar ètmèk*, demander, rechercher; s'informer, s'enquérir.

Istifta استفتاء s. A. demande d'un *fètva* à un mufti; consultation d'un jurisconsulte sur un procès douteux; d. de *fètva*; *istifta ètmèk*, demander au mufti un *fètva*, une solution d'un cas juridique; consulter un jurisconsulte.

Istiğab استيجاب s. A. action d'exiger, de regarder comme nécessaire; d. de *vuğoub*; *istiğab ètmèk*, exiger, nécessiter, regarder comme urgent, nécessaire, indispensable.

Istiğabè استجابه s. A. action de répondre, d'exaucer, d'agréer; d. de *ğèvab*.

Isti'ğal استعجال s. A. hâte, précipitation; action

de presser, d'activer; de s'empresser; d. de *'aǧèlè*.

Istiǧar استجار s. A. action de prendre à loyer; location; d. de *uǧrèt*; *istiǧar ètmèk*, prendre à loyer, louer.

Istiǧarè استجاره s. A. (p. u.), action de solliciter la protection de quelqu'un; d. de *ǧivar*.

Istiǧazè استجازه s. A. demande de permission; d. de *ǧèvaz*; *istiǧazè ètmèk*, demander permission.

Istiǧbar استجبار s. A. action de faire exécuter une chose par force; d. de *ǧèbr*.

Istighfar استغفار s. A. action de demander pardon pour ses péchés; d. de *ghoufran*; *istighfar ètmèk*, demander pardon à Dieu pour ses péchés.

Istighlal استغلال s. A. action d'assigner le revenu d'un immeuble au payement d'une dette.

Istighrab استغراب s. A. action de s'étonner; étonnement, stupéfaction; d. de *gharabèt*; *istighrab èt-*mèk, s'étonner, être stupéfait.

Istighrak استغراق s. A. submersion; action de plonger; fig. action de combler quelqu'un de...; d. de *ghark*.

Istiǧlab استجلاب s. A. action d'attirer; attraction; d. de *ǧèlb*; *istiǧlab ètmèk*, attirer; *istihsanè 'ammèyi istiǧlab ètmèk*, gagner l'approbation générale.

Istihal استهال s. A. action de se montrer digne, capable; mérite; d. de *èhl*.

Istihalè استحاله s. A. impossibilité; changement, transformation; d. de *havl*; *dèrèǧèyi istihalèdè dir*, c'est impossible.

Istihbar استخبار s. A. action de s'informer, de demander des informations; d. de *habèr*.

Istihdam استخدام s. A. action d'employer; d. de *hidmèt*.

Istihfaf استخفاف s. A. action de mépriser; de ne pas faire cas; d. de *hiffèt*.

Istihkan استحقان s. A.

action de prendre un lavement ; d. de *houkna*.

Istihkar استحقار s. A. mépris, dépréciation, dédain ; d. de *hakarèt* ; *istihkar ètmèk*, faire peu de cas, mépriser.

Istihkiam استحكام s. A. au pl. *istihkiamat*, affermissement, consolidation, fortification, art de la fortification (mil.) ; d. de *hukm* ; *istihkiam vèrmèk*, affermir, consolider ; *istihkiam boulmak*, s'affermir, se consolider.

Istihkiamat استحكامات s. A. pl. du précédent, fortifications (mil.).

Istihlaf استخلاف s. A. action de laisser ou de nommer un lieutenant, un successeur ; d. de *halèf*.

Istihlak استهلاك s. A. dissipation, consommation ; d. de *hèlak* ; *istihlaki dèyn*, amortissement d'une dette ; *istihlak ètmèk*, dissiper, consommer.

Istihlal استهلال s. A. observation de la nouvelle lune ; d. de *hilal* ; *bèra'ati istihlal*, réunion de mots synonymes qui riment entre eux.

Istihlal استحلال s. A. action de regarder comme légitime ; action de désirer, de demander le pardon de ceux qu'on va quitter ; d. de *halal*.

Istihlas استخلاص s. A. action de tâcher de se délivrer ; de s'approprier ; affranchissement, délivrance, appropriation ; d. de *halas*.

Istihmam استحمام s. A. action de prendre un bain ; d. de *hammam*.

Istihrağ استخراج s. A. action d'extraire, d'éliminer ; extraction, élimination ; action de prédire ; prédiction ; action de chercher le sens d'un écrit obscur ; de comprendre le texte ; d. de *houroug* ; *istihrağ ètmèk*, extraire, etc.

Istihsal استحصال s. A. action d'acquérir, d'obtenir ; acquisition, obtention ; d. de *houssoul* ; *istihsal ètmèk*, acquérir, obtenir.

Istihsan استحسان s. A. action d'approuver, de

trouver bon ; approbation ; d. de *husn ;* *istihsan ètmèk,* approuver.

Istihza استهزاء s. A. raillerie, dérision, moquerie, ironie ; d. de *hèz ; istihza ètmèk,* railler, se moquer ; *istihza tariki ilè,* ironiquement ; par dérision, par moquerie.

Istihzar استحضار s. A. action d'amener, de faire venir ; citation, appel ; d. de *houzour ; istihzar ètmèk,* faire venir, faire comparaître ; citer.

Istikamèt استقامت s. A. droiture, loyauté, rectitude, probité, intégrité ; d. de *keyam ; kèmalè istikamèt ilè,* avec une grande probité.

Istikaz استيقاظ s. A. action de se réveiller ; réveil ; d. de *yakaz.*

Istikbal استقبال s. A. action d'aller à la rencontre ; d. de *kaboul ; istikbal ètmèk,* aller à la rencontre.

Istikbal استقبال s. A. avenir, temps futur ; d. de *kablè ; istikbaldè,* à l'avenir ; futur (gramm.).

Istikbalèn استقبالا ad. A. à l'avenir, pour l'avenir ; *halèn vè istikbalèn,* actuellement et à l'avenir.

Istikbali استقبالي a. A. qui concerne l'avenir.

Istikbar استكبار s. A. orgueil, présomption, arrogance, fierté ; d. de *kibr ; istikbar ètmèk,* s'enorgueillir, être fier.

Istikchaf استكشاف s. A. au pl. *istikchafat,* action de découvrir, de faire apparaître ; reconnaissance (mil.) ; d. de *kèchf ; istikchaf ètmèk,* découvrir, faire apparaître.

Istikchafat استكشافات s. A. pl. du précédent ; *istikchafati 'askèriyè,* reconnaissances militaires.

Istikdam استقدام s. A. action de précéder, de marcher en avant ; progrès ; d. de *kedèm.*

Istikdam-ḫah استقدام خواه a. P. progressiste.

Istiklal استقلال s. A. pouvoir indépendant ; indépendance ; d. de *kellèt ; èfkiari tèffèrud vè istiklal,* esprit d'indépendance.

Istiklali استقلالى a. A. relatif à l'indépendance, qui la concerne; au fém. *istiklaliyè*; *houkouki istiklaliyè*, droit d'indépendance.

Istiklaliyèt استقلاليت s.A. indépendance; *istiklaliyèt milkiyè*, indépendance politique.

Istikmal استكمال s. A. action d'achever, de compléter; de demander l'achèvement d'une chose; d. de *kèmal*; *istikmal ètmèk*, achever, etc.

Istiknah استكناه s. A. action de chercher à comprendre une chose à fond, de l'approfondir; approfondissement; d. de *kunh*; *istiknah ètmèk*, approfondir.

Istikra استكرا s. A. action de prendre à loyer; location; d. de *kira*; *istikra ètmèk*, prendre à loyer, louer.

Istikrah استكراه s. A. aversion, répugnance; dégoût; d. de *kèrahèt*; *istikrah ètmèk*, avoir de l'aversion, de la répugnance, du dégoût.

Istikrar استقرار s. A. action de se fixer, de s'arrêter, de s'établir; de se raffermir, de se confirmer, de se consolider; d. de *karar*; *istikrar ètmèk*, se fixer, etc.

Istikraz استقراض s. A. au pl. *istikrazat*, emprunt, dette; d. de *karz*; *istikraz ètmèk*, emprunter.

Istikrazat استقراضات s. A. pl. du précédent.

Istiksa استقصا s. A. grande curiosité, grande attention.

Istiksar استكثار s. A. action de tâcher d'augmenter, de rendre nombreux; d. de *kèsrèt*.

Istila استيلا s. A. invasion, envahissement; action de s'emparer; occupation; *istila ètmèk*, envahir, s'emparer, occuper.

Isti'la استعلا s. A. élévation; d. de *'uluvv*; *isti'la ètmèk*, s'élever, monter.

Istilah اصطلاح s. A. au pl. *istilahat*, expression ou terme technique; phrase ou expression particulière; phraséologie; d. de *soulh*; *sarf istilahenda*, en terme de grammaire.

Istilahat اصطلاحات s. A. pl. du précédent, expressions ou termes techniques; mots pompeux; *istilahati tebiyè*, termes médicaux; *istilahati fènniyè*, termes scientifiques.

Isti'lam استعلام s. A. action de demander des informations, des explications; d. de *'ilm*.

Istilzam استلزام s. A. action d'exiger, de réclamer comme une nécessité, comme une conséquence; d. de *luzoum*; *istilzam ètmèk*, exiger, etc.

Istim استم s. de l'Ang. vapeur.

Istima' استماع s. A. action d'entendre, d'écouter; audition; d. de *sèm'*: *istima' ètmèk*, écouter, prêter l'oreille, entendre.

Isti'mal استعمال s. A. usage, emploi; pratique; d. de *'amèl*; *isti'mal ètmèk*, se servir, faire usage, employer, pratiquer.

Istimalè استمالة s. A. v. le suivant.

Istimalèt استمالت s. A. action de faire incliner vers soi, d'attirer; de se concilier la sympathie; d. de *mèyl*; *istimalèt ètmèk*, faire incliner vers soi, etc.

Istiman استئمان s. A. action de demander grâce ou protection; d. de *èman*; *istiman ètmèk*, demander grâce ou protection.

Istimar استئمار s. A. action de demander l'ordre; d. de *èmr*.

Istimara استئماره s. de l'I. estimation.

Istimaragè استئمارهجى s. T. estimateur.

Istimdad استمداد s. A. action de demander secours, assistance; invocation; recours; d. de *mèdèd*; *istimdad ètmèk*, demander secours.

Istimhal استمهال s. A. demande de délai; d. de *muhlèt*; *istimhal ètmèk*, demander un délai.

Istimrar استمرار s. A. action de durer; durée; continuation; d. de *murour*; *istimrar ètmèk*, durer, continuer.

Istimrari استمرارى a. A.

durable, continuel, qui dure.

Istimzağ استمزاج s. A. action de sonder le caractère de quelqu'un pour pouvoir vivre bien ensemble ; d. de *mizağ*.

Istinad استناد s. A. action de s'appuyer, de considérer comme preuve, comme raison ; d. de *sèněd* ; *istinad ètmèk*, s'appuyer, etc.

Istinaf استيناف s. A. commencement ; appel (jurisp.) ; *divani istinaf*, cour, tribunal d'appel ; *istinaf tariki ilè*, par voie d'appel ; *istinaf istid'asse*, acte d'appel ; *bila istinaf*, sans appel ; *istinaf ètmèk*, interjeter l'appel.

Istinafèn استينافاً ad. A. en appel.

Istinafi استينافي a. A. relatif à l'appel ; au fém. *istinafiyè* ; *mahkèmèyi istinafiyè*, tribunal d'appel.

Istinas استيناس s. A. action de s'apprivoiser, de se familiariser, de s'accoutumer ; sociabilité ; d. de *uns* ; *istinas ètmèk*, s'apprivoiser, etc. ; *istinassi iklim*, acclimatation.

Istindil استنديل n. p. T. Tine, île de l'archipel.

Istinkiaf استنكاف s. A. orgueil, refus ; abstinence; d. de *nèkf* ; *istinkiaf ètmèk*, refuser, s'abstenir.

Istinkiar استنكار s. A. dénégation.

Istinsah استنساخ s. A. action de copier, ; transcription ; d. de *nèsh* ; *istinsah ètmèk*, copier, transcrire.

Istintağ استنتاج s. A. action de conclure ; conclusion, déduction ; d. de *nètiğè* ; *istintağ ètmèk*, conclure, tirer une conséquence.

Istintak استنطاق s. A. interrogatoire ; d. de *noutk* ; *istintak ètmèk*, interroger ; *tahte istintaka almak*, soumettre à un interrogatoire.

Istintak-namè استنطاق نامه s.P. papier qui contient un interrogatoire ; procès-verbal d'un interrogatoire.

Istirahat استراحت s. A. action de se reposer ; repos, calme ; d. de *rahat ;* *istirahat* ètmèk, se reposer.

Istirak استراق s. A. action de dérober, de voler ; vol, larcin ; d. de *sirkat.*

Istirdad استرداد s. A. action de faire rendre, de demander la restitution d'une chose ; d. de *rèdd ;* *istirdad* ètmèk, faire rendre, réoccuper.

Istirfah استرفاه s. A. action de jouir du repos et du bien-être ; d. de *rèfah.*

Istirğa استرجاء s. A. action de prier, de solliciter ; d. de *rèğa.*

Istirha استرخا s. A. relâchement, relaxation (méd.); d. de *rèhavèt.*

Istirham استرحام s. A. action d'attirer la compassion, de demander ardemment, de prier, de supplier, de solliciter ; prière, sollicitation ; d. de *rahm ;* *istirham* ètmèk, prier, etc.

Istirkak استرقاق s. A. action de faire captif, d'asservir, de réduire à l'esclavage ; d. de *rikk ; istirkak* ètmèk, faire captif, faire esclave.

Istis'ad استسعاد s. A. action de considérer une chose comme cause de bonheur ; d. de *s'ad.*

Istishab استصحاب s. A. action de se faire accompagner par quelqu'un ; de prendre avec soi ; de prendre le parti de quelqu'un, de le protéger ; d. de *sahabèt ; istishab* ètmèk, se faire accompagner par, etc.

Istiska استسقا s.A. action de demander à boire ; prière publique faite pendant le temps de sécheresse pour avoir la pluie.

Istisna استثناء s. A. exception, exclusion ; *istisna* ètmèk, excepter ; *bil istisna,* par exception ; *bila istisna,* sans exception.

Istisnad استناد s. A. action de chercher un appui, de s'appuyer sur ; d. de *sènèd ; istisnad* ètmèk, chercher un appui, s'appuyer sur.

Istisnayi استثنائي a. A. exceptionnel.

Istissal استئصال s. A. action de déraciner ; destruction, anéantissement, extermination ; d. de *asl ; is-*

tissal ètmèk, déraciner, détruire, anéantir, exterminer.

Istita'a استطاعه s. A. force, pouvoir, puissance ; *'ala kadr il-istita'a*, selon ses forces.

Isti'taf استعطاف s. A. action de demander une grâce, de solliciter une faveur ; d. de *'atefèt* ; *isti'taf ètmèk*, demander une grâce, etc.

Istitrad استطراد s. A. digression ; parenthèse ; d. de *tard*.

Istiva استوا s. A. égalité, régularité ; d. de *sèvi* ; *hatti istiva*, équateur.

Istizah استيضاح s. A. action de demander des explications, des éclaircissements ; d. de *vuzouh*.

Istizan استيذان s. A. demande de permission, de congé, d'autorisation ; d. de *izn*.

Istoubèğ استوبج s. T. (*ustubèğ*, vulg.), céruse, blanc de plomb.

Istralia استراليه s. de l'I. cordes attachées aux bouts des voiles pour les tourner (mar.).

Istridya استريديه استريديا s. du G. (ou *estridya*), huître.

Istromaĉa استروماجه s. de l'I. cordes ou chaînes entortillées, entrelacées (mar.).

Istrongilo استرونكيلو s. du G. girelle (poisson).

Isvèğ اسوج n.p. T. Suède, 4,600,000 h. ; cap. Stockholm.

Isvèğli اسوجلي a. T. Suédois.

It ايت s. T., *keupèk* ; *kèlb*, A. chien ; *it surussu* (fig.), troupe d'hommes vils, méprisables.

I'ta اعطا s. A. action de donner ; payement, remboursement, acquittement ; d. de *'ata* ; *i'ta ètmèk*, payer, donner, rembourser, acquitter.

Ita'at اطاعت s. A. obéissance ; docilité, soumission ; d. de *tav'* ; *ita'at ètmèk*, obéir ; *'arzi ita'at ètmèk*, se soumettre, faire sa soumission ; *ita'at ètmèmèk*, désobéir.

Ita'atle اطاعتلی a. T., *mu-tu*, vulg., obéissant, soumis, docile.

Ita'atsez اطاعتسز a. T. désobéissant, indocile.

Ita'atsezlek اطاعتسزلق s. T. désobéissance.

It'ab اتعاب s. A. action de fatiguer ; d. de *tè'ab*.

I'tak اعتاق s. A. affranchissement d'un esclave ; d. de *'etk*.

Italè اطالة s. A. action d'allonger ; d. de *toul*; *italè ètmèk*, allonger ; *italèyi lissan* ou *italèyi zèban ètmèk* (fig.), allonger la langue : parler contre un supérieur et sans respect.

Italia ایتالیا s. de l'I. Italie, 30,000,000 h.

Italian ایتالیان a. s. du F. (*talian*), Italien.

Italianğa ایتالیاجه ad. T. en italien ; s. langue italienne ; a. italien.

It'am اطعام s. A. action de nourrir, d'alimenter, de sustenter ; alimentation ; d. de *ta'am* ; *it'am ètmèk*, nourrir, etc.

Itarè اطارة s. A. action de faire voler ; fig. envoi, expédition ; d. de *tayèran*.

Itdirmèk ایتدرمك T. faire pousser ; causatif de *it-mèk*.

Itfa اطفا s. A. action d'éteindre ; extinction ; *itfa ètmèk*, éteindre.

Itfayi اطفائی a. A. qui sert à éteindre ; qui concerne l'extinction ; au fém. *itfayiyè* ; *itfayiyè alaye*, régiment de pompiers créé à Constantinople vers l'année 1878.

Ithaf اتحاف s. A. don, offrande ; d. de *tuhfè* ; *ithaf ètmèk*, faire des dons, des cadeaux ; offrir.

Itham اتهام s. A. imputation, accusation ; d. de *tuhmèt* ; *itham ètmèk*, accuser, imputer.

Iti ایتی a. T. (p. u.), tranchant, fort ; *iti keleğ*, épée tranchante.

I'tibar اعتبار s. A. estime, crédit, valeur, prix, considération, honneur ; rapport ; *i'tibar ètmèk*, estimer, faire cas de ; considérer, apprécier ; regarder comme ; *i'tibardan duch-mèk*, perdre sa considération, être déprécié ; *i'tibari 'osmani*, crédit ottoman (banque) ; *i'tibar ètmèmèk*, mésestimer.

I'tibari اعتبارى a. A. conditionnel, conventionnel ; nominal ; opposé à *hakiki*, réel.

I'tibarle اعتبارلو اعتبارلى a. T. estimé, apprécié, honoré, considéré, dont on fait beaucoup de cas.

I'tibarsez اعتبارسز a. T. discrédité, mésestimé, déconsidéré ; sans considération ; dont on ne fait aucun cas.

I'tibarsezlek اعتبارسزلق s. T. déconsidération ; état de celui qui ne jouit d'aucune considération.

Itich ايتش s. T. (*itmè*), action de pousser.

Itichmè ايتشمه s.T. poussée.

Itichmèk ايتشمك T. se pousser, se bousculer, se quereller, se disputer.

I'tida اعتدا s. A. oppression, injustice ; d. de *'oudvan*.

I'tidad اعتداد s. A. énumération ; d. de *'adèd*.

I'tidal اعتدال s. A. modération, égalité, équilibre, tempérance ; d. de *'adl* ; *'adèmi i'tidal*, immodération, intempérance ; manque d'équilibre ; *kèsbi i'tidal ètmèk*, se modérer, se tempérer ; *i'tidali dèm*, sang-froid.

Itik ايتيك a. T. v. *iti*.

I'tikad اعتقاد s. A. conviction, persuasion ; croyance, foi, dogme ; d. de *'akidè* ; *i'tikad ètmèk*, être convaincu, persuadé ; croire.

I'tikadle اعتقادلى a. T. croyant, fidèle, religieux.

I'tikadsez اعتقادسز a. T. incrédule, incroyant, sans foi ou croyance, irréligieux, athée.

I'tikadsezlek اعتقادسزلق s. T. incrédulité, athéisme.

I'tikiaf اعتكاف s. A. retraite spirituelle ; d. de *'oukiouf*.

I'tila اعتلا s. A. élévation ; supériorité ; action de s'élever en grandeur, en dignité ; d. de *'uluvv*.

Itilaf ائتلاف s. A. relation, conversation.; d. de *ulfèt*.

I'tilal اعتلال s. A. action de devenir malade ; action d'abandonner toutes choses pour ne s'occuper que d'une seule ; d. de *illèt*.

Itilèmèk ايتيلەمك T. (p. u.), aiguiser ; en T. us. *bilèmèk*.

Itilmèk ايتيلمك T. être poussé.

Itilmèk ايتيلمك T. v. *itimèk*.

I'timad اعتماد s. A. confiance, appui, foi ; d. de *'amdè* ; *i'timad ètmèk*, s'appuyer, se fier, se confier, avoir foi ; *i'timad ètmèmèk*, se méfier, se défier, ne pas croire.

I'timadèn اعتماداً ad. A. avec confiance, avec foi, en s'appuyant sur, en se fiant à.

I'timad-namè اعتمادنامه s. P. lettres de créance qu'un ambassadeur présente au souverain auprès duquel il est accrédité.

I'timadsezlek اعتمادسزلق s. T. méfiance, défiance.

Itimèk ايتيمك T. être tranchant, aiguisé.

I'tina اعتنا s. A. grand soin, effort ; *i'tina ètmèk*, avoir soin, faire tous ses efforts.

I'tiraf اعتراف s. A. aveu, confession, déclaration ; d. de *'irf* ; *i'tiraf ètmèk*, avouer, reconnaître, déclarer, confesser.

I'tiraz اعتراض s. A. au pl. *i'tirazat*, opposition, objection, observation, critique ; d. de *'arz* ; *i'tiraz ètmèk*, s'opposer, objecter ; faire des observations; critiquer ; *i'tirazi 'alèl hukm*, opposition contre un jugement ; *i'tiraz ètmèk* ou *i'tirazi 'alèl hukm ètmèk*, former opposition ; *i'tirazi 'alèl hukm 'arzouhalè*, requête d'opposition ; *kabili i'tiraz*, susceptible d'opposition ; *i'tirazi 'alèl hukm istid'asse*, demande en opposition ; *chahsc salissiñ i'tirazè* ou *i'tiraz ul-ghayr da'vasse*, tierce opposition ; *i'tiraz ul-ghayr istid'assenè dèrmèyan ètmèk*; former tierce opposition ; *i'tirazi hadissi*, tierce opposition incidente ; *i'tiraz tarafè*, parti de l'opposition.

I'tirazat اعتراضات s. A. pl. du précédent, oppositions, etc.

I'tissaf اعتساف s. A. action de s'écarter du droit chemin et de la justice; injustice, iniquité, oppression, atrocité; d. de *'asf*.

Itivèrmèk ايتيوبرمك T. pousser.

I'tiyad اعتياد s. A. habitude, coutume; d. de *'adèt*; *i'tiyad ètmèk*, s'habituer, s'accoutumer.

I'tizal اعتزال s. A. action de s'isoler, de se séparer des autres ou des siens; de faire scission; scission, division, abandon, abdication; schisme; d. de *'uzlèt*: *èhli i'tizal*, les schismatiques.

I'tizam اعتزام s. A. résolution; application; d. de *'azm*.

I'tizar اعتذار s. A. action de présenter des excuses; excuse; d. de *'uzr*; *i'tizar ètmèk*, s'excuser, présenter des excuses; *i'tizar chèhadèt-namèssi*, exoine.

I'tizaz اعتزاز s. A. (p. u.), grandeur, honneur; d. de *'izzèt*.

Itla' اطلاع s. A. action d'informer; information; d. de *toulou'*.

Itlaf اتلاف s. A. destruction, anéantissement, dissipation; prodigalité; perte, ruine; d. de *tèlèf*; *itlaf ètmèk*, détruire, anéantir; consumer; prodiguer.

Itlak اطلاق s. A. action de lâcher, de laisser libre; affranchissement; répudiation; action de nommer un objet; d. de *talak*; *itlak ètmèk*, lâcher, laisser libre, renvoyer, répudier; *itlak olounmak*, s'appeler, être désigné, nommé.

Itlik ايتلك s. T. caractère de chien; méchanceté.

Itmam اتمام s. A. achèvement, accomplissement; d. de *tèmam*; *itmam ètmèk*, achever, accomplir, compléter, finir, terminer.

Itmè ايتجه s. T. (*itich*), action de pousser; poussée.

Itmèk ايتمك T. pousser.

Itminan اطمينان s. A. sécurité, sûreté, tranquillité.

Itnab اطناب s. A. prolixité, détails superflus.

Ittiba' اتباع s. A. obéissance, soumission ; action de se soumettre ; de suivre ; de se conformer ; d. de *tèba'at* ; *ittiba' ètmèk*, obéir, se soumettre ; suivre.

Ittifak اتفاق s. A. au pl. *ittifakat*, union, accord, concorde, ligue, alliance, fédération, confédération ; occurrence ; hasard, concours ; d. de *vifak* ; *ittifaki ara*, unanimité ; *bil ittifak*, d'accord ; *ittifak ètmèk*, être d'accord, se fédérer, s'unir, s'allier.

Ittifaka اتفاقا ad. A. par hasard, fortuitement.

Ittifakan اتفاقاً ad. A. v. le précédent.

Ittifakat اتفاقات s. A. pl. de *ittifak*, événements.

Ittifaki اتفاقى a. A. casuel, fortuit, éventuel.

Ittifak ilè اتفاق ايله ad. T. d'accord, unanimement.

Ittifaksez اتفاقسز a. T. désuni, désaccordé, en discorde, qui n'est pas d'accord.

Ittifaksezlek اتفاقسزلق s. T. désunion, désaccord, discorde.

Ittihad اتحاد s. A. union, accord, harmonie, alliance, ligue ; d. de *vahdèt* ; *ittihad ilè*, unanimement ; *ittihad ètmèk*, s'unir, être parfaitement d'accord, concorder.

Ittihadi اتحادى a. A. qui est relatif à l'union, à la concorde.

Ittiham اتهام s. A. inculpation, culpabilité.

Ittihaz اتخاذ s. A. action de prendre pour, de tenir pour ; d. de *ahz* ; *ittihaz ètmèk*, prendre pour, etc. ; *ittihaz olounmak*, être pris.

Ittika اتقا s. A. précaution ; appréhension ; abstinence ; crainte de Dieu ; dévotion ; d. de *vikayè*.

Ittikan اتقان s. A. certitude ; d. de *yèkin*.

Ittikia اتكا s. A. action de s'appuyer.

Ittila' اطلاع s. A. action de s'informer ; d. de *toulou'*.

Ittirad اطراد s. A. succession, suite, marche successive à la suite l'un de l'autre ; régularité.

Ittissa' اتساع s. A. développement, dilatation; étendue; d. de *vus'at; ittissa' ètmèk*, se développer, s'étendre, se dilater, s'élargir.

Ittissaf اتصاف s. A. action de se qualifier de ; d'être qualifié de ; d. de *vasf.*

Ittissal اتصال s. A. jonction, conjonction, contiguïté, proximité; d. de *vasl; ittissalenda,* à proximité de.

Ittissam اتسام s. A. action d'être marqué; d. de *vèsm; hikmèt ittissam*, merveilleux.

'Ivaz عوض s. A. au pl. *a'vaz*, échange, compensation ; remplacement.

'Ivèğ عوج s. A. courbure.

I'viğağ اعوجاج s. A. courbure, tortuosité, anfractuosité ; d. de *'ivèğ.*

Iy ايك s. T. fuseau.

'Iyal عيال s. A. (*'ayal*, T. vulg.), pl. de *'ayyil*, femmes, enfants et autres individus dont l'entretien est à la charge d'une seule personne ; maison, famille, épouse.

'Iyar عيار s. A. v. *'ayar*.

'Iyaz عياذ s. A. action de se réfugier ; refuge; *'iyazèn billah,* je me réfugie en Dieu ! à Dieu ne plaise !

Iydè ايكده s. T. espèce de fruit semblable au jujube et contenant de la fécule ; *iydè aghağe,* l'arbre qui produit ce fruit.

Iydich ايكديش s. T. cheval hongre.

Iydiğ ايكديج s. T. v. le précédent.

Iyit يكيت s. T. homme brave, courageux, vaillant; a. brave, courageux, vaillant; intrépide; pieux; *baba iyit*, jeune homme qui est brave et chevaleresque.

Iyitğè يكتجه ad. T. vaillamment, en brave, courageusement.

Iyitlèndirmèk يكتلندرمك T. exciter, inspirer du courage, rendre brave.

Iyitlènmèk يكتلنمك T. devenir brave, courageux, vaillant ; prendre courage.

Iyitlik ایکیتلك s. T. vaillance, bravoure, courage, intrépidité, prouesse ; *iyitlik ètmèk*, faire un acte de bravoure.

Iynè ایکنه s. T. aiguille à coudre ; dard (d'un insecte) ; *toplou iynè*, épingle.

Iynèdan ایکنه دان s. T. (*iynèdanlek*), étui à aiguilles.

Iynèği ایکنه جی s. T. celui qui fait ou vend des aiguilles.

Iynèğilik ایکنه جیلك s. T. métier de celui qui fait ou vend des aiguilles.

Iynèlèmèk ایکنه لمك T. percer avec une aiguille.

Iynèlik ایکنه لك s. T. aiguillier.

Iyrèčin ایکرجین a. T. irrésolu, hésitant.

Iyrèčinlik ایکرجیلك s. T. irrésolution, hésitation.

Iyrèmèk ایکرمك T. mugir.

Iyrèndirmèk ایکرندیرمك T. dégoûter, rebuter, causer de la répugnance.

Iyrènègèk ایکرنه جك a. T. dégoûtant, rebutant.

Iyrèng ایکرنج s. T. dégoût, répugnance ; a. qui se dégoûte aisément.

Iyrèngèğ ایکرنگج a. T. qui se dégoûte aisément.

Iyrènglik ایکرنجلك s. T. dégoût, répugnance.

Iyrènich ایکرنش s. T. v. le suivant.

Iyrènmè ایکرنمه s. T. dégoût, répugnance.

Iyrènmèk ایکرنمك T. éprouver de la répugnance, se dégoûter, répugner.

Iyrènti ایکرندی s. T. dégoût, répugnance.

Iyrik ایکرك s. T. animal qui crie, qui mugit.

Iyrim ایکرم s. T. v. *èyrim*.

Iz ایز s. T. trace, piste, vestige, signe ; *izinè basmak*, suivre quelqu'un pas à pas, imiter ; *izinè gitmèk*, marcher sur les traces de quelqu'un ; *izinè deunmèk*, retourner, rebrousser chemin.

Iza'a اضاعه s. A. perte,

dilapidation, gaspillage; action de perdre, de dissiper; d. de *zay'*; *iza'a ètmèk*, perdre, dissiper; *iza'aye èvkat ètmèk*, perdre le temps.

Iza'a اذاعه s. A. action de faire connaître, de divulguer; divulgation, publication.

Izaè اضائه s. A. action de rendre lumineux; d'éclairer; d. de *ziya*.

Iz'af اضعاف s. A. action d'affaiblir, de rendre faible; d. de *za'f*.

Izafèt اضافت s. A. appropriation, rapprochement, liaison, relation, annexion de deux noms qui se suivent et dont le premier se met au génitif; comme, *baghčèniñ aghağe*, l'arbre du jardin (v. gramm.).

Izafi اضافى a. A. relatif à l'*izafèt*, v. ce mot; *zamiri izafi*, affixe possessif (gramm.).

Iz'ağ ازعاج s. A. action d'arracher, de déraciner; enlèvement.

Iz'ağ اذعاج s. A. action de forcer, de contraindre; d. de *za'ğ*.

Izah ايضاح s. A. au pl. *izahat*, action d'expliquer, de rendre clair; explication; d. de *vuzouh*; *izah ètmèk*, expliquer clairement.

Izahat ايضاحات s. A. pl. du précédent, explications; *izahat vèrmèk*, donner des explications.

Izaka اذاقه s. A. action de faire goûter, de faire éprouver quelque chose; d. de *zèvk*.

Izalè ازاله s. A. action de faire cesser, de détruire; d. de *zèval*; *izalè ètmèk*, faire cesser, détruire.

'Izam عظام s. A. pl. de *'azm*, os; (adjectif), pl. de *'azim*, grands, illustres.

Iz'an اذعان s. A. obéissance, soumission, intelligence; jugement, raison, action de comprendre; d. de *za'an*.

I'zaz اعزاز s. A. honneur, respect; d. de *'izzèt*.

Izbandit ازبانديت s. de l'I. (*ezbandout*), homme d'une stature grande et athlétique à faire peur.

Izbar ازبار s. A. action

Izdiham ازدحام s. A. foule, concours, encombrement; d. de *zahm*.

Izdivaġ ازدواج s. A. mariage; d. de *zèvġ*; *izdivaġ ètmèk*, se marier.

Izdiyad ازدياد s. A. augmentation, accroissement; d. de *ziadè*.

Izhar اظهار s. A. action de montrer, de manifester, de témoigner; manifestation; d. de *zouhour*; *izhar ètmèk*, montrer, manifester, témoigner.

Izid ازد s. P. Dieu.

Izin اذن s. A. (*izn*), permission; congé; *izin almak*, prendre permission; *izin vèrmèk*, permettre, donner la permission; congédier; *izin var mė*, est-il permis?

Izinli اذنلی a. T. qui a obtenu une permission.

Izkiar اذكار s. A. action de rappeler; d. de *zikr*.

Izlal اذلال s. A. action de rendre vil, méprisable; d. de *zillèt*.

Izlèmèk ايزلهمك ايزلمك T. suivre la trace, suivre à la piste; chercher la trace de; dépister.

Izmar اضمار s. A. action de cacher; dissimulation; d. de *zamir*.

Izmid ازميد n. p. T. (*iznimid*), Nicomédie (Ismid); cap. de la Bithynie, célèbre par la mort d'Annibal.

Izmihlal اضمحلال s. A. action de disparaître; disparition; destruction.

Izmir ازمير n. p. T. Smyrne, 196,000 h.

Izn اذن s. A. v. *izin*.

Iznik ازنيق n. p. T. Nicée, ville de l'ancienne Bithynie.

Iznimid ازنيكميد n. p. T. v. *izmid*.

Izrar اضرار s. A. action de causer du dommage; endommagement; d. de *zarar*; *izrar ètmèk*, endommager.

Iztirab اضطراب s. A. souffrance, angoisse, anxiété; agitation, trouble; d. de *zarb*.

Iztirar اضطرار s. A. indigence, misère, dénuement, nécessité ; d. de *zarourèt*.

'Izz عز s. A. dignité, grandeur, considération, magnificence, vénération, honneur, gloire.

'Izzèt عزت s. A. dignité, gloire, honneur, considération ; *'izzèt ètmèk*, vénérer, respecter, honorer.

'Izzètlèmèk عزتلمك T. glorifier, honorer, respecter.

'Izzètlènmèk عزتلنمك T. être glorifié, honoré, respecté ; être l'objet des honneurs (rendus).

'Izzètli عزتلو a. T. (*'izzètlu*), honorable, glorieux, magnifique, illustrissime, éminent ; titre d'honneur donné aux colonels, aux lieutenants-colonels et aux employés civils ayant le même grade (style épist.).

J

Jaj ژاژ s. P. paroles vaines et futiles ; bêtise.

Jaj-ha ژاژخا a. P. v. le suivant.

Jaj-hay ژاژخای a. P. qui dit des bêtises, des paroles futiles.

Jalè ژاله s. P. rosée.

Jandarma ژاندارمه s. de l'I. gendarme, on dit aussi *ĝandarma*.

Jè ژ quatorzième lettre de l'alphabet turc, ne se trouve que dans quelques mots empruntés au persan ou à une autre langue étrangère.

Jènk ژنك s. P. oxyde; rouille ; le mot *jank*, arménien, a la même signification.

Jènk-bèstè ژنك بسته a. P. oxydé, rouillé.

Jèrf ژرف a. P. profond.

Jèrf-bin ژرف بین a. P. intelligent, sagace.

Jimnastik ژیمناستیق s. du F. gymnastique, on dit aussi *ĝimnastik*.

Jiva ژيوه s. P. v. ǧiva.

Jiyan زيان a. P. furieux, terrible.

Joulidè ژوليده a. P. mêlé; *joulidè-mouy*, qui a les cheveux pêle-mêle.

Journal ژورنال s. du F. journal; rapport; *journal ètmèk*, rédiger le rapport d'un délit.

K

Kab قاب s. T. vase, vaisselle; cuvette, récipient, plat; enveloppe, couverture; *ayak kabı*, soulier.

Kab قاب (*keb, koub* ou *kap, kep, koup*), partic. augmentative T. tout, très, fort; *kab* ou *kap kara*, tout noir, fort noir; *keb* ou *kep kermèze*, tout rouge, très rouge; *koub* ou *koup kourou*, tout sec, fort sec.

Kaba قبا قابا a. T. d'un volume, gros mais léger; grossier, incivil, vulgaire, trivial; *kaba sakal*, qui a la barbe épaisse; *kaba adam*, homme grossier, incivil; *kaba saba* et *kaba taslak*, grossièrement; grossier; sans goût ni soin; *kaba daye*, brave, vaillant; *kaba koz*, d'une apparence imposante mais fausse; *kaba soghan*, qui paraît plus fort qu'il ne l'est; *kaba zihin*, esprit obtus; *kaba èt*, le derrière.

Kaba قبا s. P. vêtement, habit, tunique.

Kabaǧa قباجه ad. T. grossièrement, trivialement; en gros; tant soit peu grossier.

Kabahat قباحت s. A. faute, délit, crime; tort; mauvaise action; *kabahat ichlèdiyi vaket*, en flagrant délit; *kabahat ichlèmèk*, commettre un délit.

Kabahatle قباحتلى a. T. coupable, criminel.

Kabahatsez قباحتسز a. T. sans faute, innocent, irréprochable.

Kabahatsezlek قباحتسزلق s. T. innocence.

Kabak قاباق s. T. courge, citrouille ; *sou kabaghe*, calebasse, espèce de courge; *sakez kabaghe*, sorte de petite courge ; *asma kabaghe*, courge très longue ; *hèlvaĝe kabaghe*, espèce de grosse courge du genre potiron dont on fait la conserve ; *bal kabaghe*, potiron ; fig. homme insipide ; *kabak bachle*, chauve ; comme adjectif, sans goût, sans saveur, insipide (fruit) ; *yalen ayak bache kabak*, nu-pieds et nu-tête ; *kabak dade vèrmèk*, dégoûter, ennuyer, importuner à force de répétition.

Kabala قباله s. T. ouvrage déterminé et ordonné à forfait, forfait ; contrat d'affermage ; reçu ; prix de divers objets vendus en bloc.

Kabalachmak قبالاشمق T. devenir grossier, vulgaire.

Kabalachtermak قبالاشدرمق T. rendre grossier, vulgariser.

Kabalek قبالق s. T. qualité d'une chose volumineuse mais légère ; grossièreté, incivilité, impolitesse, rusticité, trivialité.

Kaballamak قبالامق T. vendre en bloc, ordonner un ouvrage à forfait.

Kabara قباره s. T. clou d'ornement à tête convexe et dorée.

Kabarale قبارهلی a. T. orné de clous à tête convexe et dorée.

Kabarek قباریق s. T. enflure, boursouflement, élevure ; brûlure ; *yèr kabareghe*, taupinière, taupinée ; a. enflé, boursouflé ; brûlé.

Kabarĝek قبارجق s. T. bulle d'eau, ampoule, cloche, bube, tumeur, papule ; vessie, pustule, bouton sur la peau, petit abcès.

Kabarma قبارمه s. T. action de s'enfler, de se gonfler ; gonflement.

Kabarmak قبارمق T. s'enfler, se gonfler ; être enflé ; devenir gros et volumineux sans changer de poids ; fig. s'enorgueillir, devenir impertinent ; *koltouklare kabarmak*, s'enorgueillir en entendant faire ses éloges.

Kabartay قبارطای n. p.

T. Kabarda ou Cabardie (Caucase).

Kabartma قبارتمه s. T. haut relief; a. en haut relief.

Kabartmak قبارتمق T. enfler, boursoufler, augmenter le volume sans changer de poids; hausser, élever; *koulak kabartmak*, prêter l'oreille; *koltouk kabartmak*, se vanter, s'enorgueillir.

Kaba-tach قبه طاش n. p. T. village près de *top-hanè*, sur le Bosphore.

Kabayih قبائح s. A. pl. de *kabiha*, mauvaises actions.

Kabayil قبائل s. A. pl. de *kabilè*, tribus, peuplades.

Kabez قابض p. pr. A. v. *kabiz*.

Kabih قبيح a. A. laid, mauvais; d. de *koubh*.

Kabiha قبيحه a. A. fém. du précédent; s. au pl. *kabayih*, mauvaise action.

Kabil قابل n. p. A. Caïn; *kabil vè habil*, Caïn et Abel.

Kabil قبيل s. A. espèce, genre, catégorie.

Kabil قابل p. pr. A. qui reçoit, accepte, agrée; s. accoucheur (méd.); a. possible, susceptible; ad. c'est possible; d. de *kaboul*; *kabili kesmèt* ou *kabili taksim* ou *kabili inkissam*, divisible; *kabili ihtirak*, combustible; *kabili ichti'al*, inflammable; *kabili imtidad*, extensible; *kabili inhilal*, décomposable, soluble; *kabili in'ikias*, réflexible; *kabili inbissat*, expansible; *kabili inkissar*, réfrangible; *kabili tè'affun*, putrescible; *na kabil*, impossible; *kabil ki*, il est possible que; peut-être.

Kabilè قبيله s. A. au pl. *kabayil*, tribu, peuplade.

Kabilè قابله s. A. accoucheuse, sage-femme; en T. us. *èbè kaden*.

Kabiliyèt قابليت s. A. capacité, aptitude; possibilité; *kabiliyèti inkissam*, divisibilité; *kabiliyèti ihtirak*, combustibilité; *kabiliyèti ichti'al*, inflammabilité; *kabiliyèti imtidad*, extensibilité; *kabiliyèti inhilal*, solubilité; *kabiliyèti* in'ikias, réflexibilité ; *kabiliyèti inbissat*, expansibilité ; *kabiliyèti inkissar*, réfrangibilité.

Kabiliyètli قابليتلی a. T. habile, capable, apte à.

Kabiliyètsiz قابليتسز a. T. incapable, inepte, non susceptible de recevoir.

Kabiliyètsizlik قابليتسزلك s. T. incapacité, inaptitude, inhabilité.

Kabilsiz قابلسز a. T. impossible.

Kabiz قابض p. pr. A. (*kabez*), qui prend, qui reçoit ; s. receveur ; a. astringent, restringent, constipant ; d. de *kabz*.

Kabizi èrvah قابض ارواح s. A. l'Archange Azraël qui reçoit les âmes des mourants.

Kabizi mal قابض مال s. A. (*kabzimal*, T. vulg.), percepteur, receveur.

Kabkağak قاب قجاق s T. ustensile, vase de terre, poterie.

Kab-kara قابقره ad. T. tout noir, très noir.

Kablè قبل ad. A. avant ; *kablèt-ta'am*, avant le repas ; *ba'dèt-ta'am*, après le repas ; *kablèz-zouhr* ou *kablèz-zèval*, avant-midi ; *ba'dèz-zouhr* ou *ba'dèz-zèval*, après-midi.

Kablou-bagha قابلو بغا s. T., *tosbagha*, tortue.

Kabouk قابوق s. T. écorce, croûte ; coque, coquille, cosse, gousse, pelure ; *bakla kaboughou*, cosse de fève ; *koz kaboughou*, coquille de noix ; *èlma kaboughou*, pelure de pomme ; *soghan*, *sarmoussak kaboughou*, gousse d'oignon, d'ail ; *bizèlia kaboughou*, cosse de pois ; *yarañ kaboughou*, croûte d'une plaie; *aghağ kaboughou*, écorce d'arbre ; *kabouk čekarmak*, écosser, ôter la coquille, la croûte, la pelure ; *kabouk baghlamak*, se couvrir d'écorce, de croûte; *fendek kaboughou doldourmaz*, (fig.), vide de sens.

Kabouklanmak قابوقلانمق T. se couvrir d'écorce, de croûte, de pelure, de coquille.

Kabouklou قابوقلی a. T. couvert d'écorce, de croûte, de pelure, d'une coque.

Kabouksouz قابوقسز a. T. sans écorce, etc.

Kaboul قبول s. A. action d'accepter, d'agréer; acceptation; action de recevoir, d'accueillir; réception, accueil; action de daigner; consentement; *kaboul ètmèk*, accepter, agréer, recevoir, admettre, accueillir, exaucer, accorder, daigner; consentir; *kaboul olounmak*, être accepté, etc.; *kaboul ètmèmèk*, refuser; *husnu kaboul*, bon accueil, accueil bienveillant.

Kabourgha قابورغه s. T. côte, os plat et courbé qui tient à la colonne vertébrale; coque d'un navire.

Kabr قبر s. A. au pl. *koubour*, tombe, tombeau, sépulcre; en T. us. *mèzar*.

Kabr-istan قبرستان s. P. cimetière.

Kabz قبض s. A. action de prendre, de saisir; prise, possession; constipation; *kabz ètmèk*, prendre, saisir, recevoir; *kabz olmak* (vulg. *kabez olmak*), être constipé.

Kabza قبضه s. A. poignée, manipule; garde d'une épée; fig. possession.

Kabzimal قابضمال s. T. v. *babizi mal*.

Kač قاچ impér. T. de *kačmak*, fuis.

Kač قاچ ad. T. combien? signifie aussi quel, quelle; *kač kichi*, combien de personnes? *kač adam*, combien d'hommes? *bir kač*, quelques; *bir kač dèf'a*, plusieurs fois, à plusieurs reprises; *kač yachenda der*, quel âge a-t-il? *sa'at kač der*, quelle heure est-il? (v. gramm.).

Kačak قاچاق s. T. fuite (particulièrement feinte); a. fugitif, fuyard; passé secrètement sans payer le droit de douane, par contrebande; *kačak mal*, contrebande.

Kačamak قاچاماق s. T. évasion, fuite; échappatoire, tergiversation, prétexte; asile; petit parc d'animaux; sorte de pâte de farine de maïs que mangent les bergers; *kačamak*

33

geustèrmèk, faire semblant de fuir ; fuir, s'évader.

Kačan قاچان p. pr. T. fuyant, qui fuit ; d. de *kačmak*.

Kačan قاچان ad. T. (p.u.), (*hačan*), quand, lorsque.

Kačar قاچر ad. T. combien chacun ou pour chacun ; *kačara*, à combien la pièce ?

Kačech قاچش s. T. fuite, évasion, échappement.

Kačechmak قاچشمق T. fuir chacun d'un côté ; se disperser.

Kaček قاچق a. T. incliné d'un côté (édifice) ; qui a le cerveau dérangé, toqué ; fou, extravagant.

Kačeklek قاچقلق s. T. folie, extravagance.

Kačelmak قاچلمق T. fuir, s'évader, s'esquiver (avec le sujet indét.) ; *o tarafdan kačelmaz*, on ne peut fuir de ce côté-là.

Kačelmaz قاچلماز a. T. inévitable.

Kačenge قاچنجی a. T. quantième.

Kačenmak قاچنمق T. se retirer, éviter, s'abstenir ; reculer ; *gunahdan kačenmak*, éviter le péché.

Kačerelmak قاچرلمق T. être laissé passer, être importé ou exporté par contrebande.

Kačerma قاچرمه s. T. contrebande ; a. importé ou exporté par contrebande.

Kačermak قاچرمق T. faire fuir, mettre en fuite ; laisser fuir, laisser échapper ; laisser passer ; perdre ; importer ou exporter par contrebande ; faire la contrebande ; se salir involontairement par suite de la diarrhée ; *altena kačermak*, faire banqueroute ; *'aklene kačermak*, perdre la raison, devenir fou ; *dade kačermak*, devenir impoli, importun ; finir par déplaire ; *lakerde kačermak*, être indiscret ; *kèlèpir kačermak*, laisser échapper une belle occasion (de vente ou d'achat).

Kačertmak قاچرتمق T. faire fuir ; faire ou laisser passer ; faire perdre ; faire faire la contrebande.

Kaĉghen قاچغين a. s. T. fuyard, fugitif, déserteur.

Kach قاش s. T. sourcil; toute chose courbée comme un arc; *kach čatmak,* froncer les sourcils; *kach atmak,* faire des signes d'intelligence; *kachla geuz arassenda,* en un clin d'œil; *èyèriñ kache,* arçon; *èyèriñ ard kache,* partie postérieure d'une selle; *kach yapayem dèrkèn geuzunu čckarmak,* gâter une affaire en tâchant de l'arranger.

Kachaghe قاشاغى s. T. étrille.

Kachaghelamak قاشاغيلا مق T. étriller.

Kachamak قاشامق T. v. le précédent.

Kachan قاشان s. T. urine de cheval, de mulet, etc.

Kachandermak قاشانديرمق T. faire uriner le cheval, etc.

Kachanmak قاشانمق T. uriner, pisser (en parlant des chevaux, etc.).

Kachek قاشق s. T. cuiller, cuillère; petite quantité; *kachek otou,* cochléaria (plante); *kachek atmak,* manger beaucoup, avidement; *kachekla vèrip sape ilè geuzunu čckarmak,* faire autant de mal que de bien; *bir kachek souda boghmak,* être très hostile à quelqu'un; *kachek duchmane,* personne inutile à la charge de quelqu'un.

Kachekğe قاشيقجى s. T. fabricant ou marchand de cuillères.

Kachemak قاشيق T. gratter, égratigner.

Kachenma قاشينمه s. T. démangeaison.

Kachenmak قاشينمق T. se gratter, démanger, s'égratigner.

Kachèr قاشر s. T. sorte de fromage fabriqué en Thrace.

Kachkaval قاشقاوال s. de l'I. espèce de fromage.

Kachle قاشلى a. T. qui a des sourcils; *deurt kachle,* jeune homme dont les moustaches commencent à peine à pousser.

Kachmir قاشمیر s. T. cachemire (étoffe).

Kaĉken قاچقین a. s. T. fuyard, déserteur.

Kaĉma قاچمه s. T. action de fuir; fuite, évasion.

Kaĉmak قاچمق T. fuir, s'enfuir, prendre la fuite, s'en aller, s'échapper, s'évader; éviter, déserter, entrer furtivement; se refuser.

Kadah قدح s. A. v. *kadèh*.

Kadar قدر ad. T. autant, tant que; jusqu'à; *lazem oldoughou kadar*, autant qu'il faut; *istèdiyi kadar*, tant qu'il veut; *chimdiyè kadar*, jusqu'à présent; *nè kadar*, combien; *nè vaketa kadar*, jusques à quand; *bou kadar, ô kadar*, tant, autant. L'adverbe *kadar* placé après un adjectif numéral se traduit, environ, à peu près; *on bèch kadar adam*, environ quinze hommes; *chou kadar ki*, avec la seule différence que.

Kadd قدّ s. A. taille, stature.

Kade قاضی p. pr. A. (*kaze*), au pl. *kouzat*, qui juge, qui accomplit, qui exécute, qui acquitte; s. juge; d. de *kaza* ; *kaze 'askèr*, juge d'armée; *kaze ul-haĝat*, celui qui satisfait à tous les besoins (Dieu).

Kadèh قدح s. A. au pl. *kedah, koudouh* ou *akdah*, verre à boire, coupe; *bir kadèh sou*, un verre d'eau.

Kade-keuyu قاضی کویی n. p. T. (*kadi-keuy*), Katikeuy, l'ancienne Chalcédoine, village à l'entrée du Bosphore en face de Constantinople.

Kadelek قاضیلیق s. T. charge et dignité de juge; judicature, arrondissement.

Kadèm قدم s. A. au pl. *akdam*, pied, pas; pied (mesure); bon augure; *kadèm basmak* ou *kadèm nihadè olmak*, mettre le pied, entrer; *kadèm gètirmèk*, porter bonheur.

Kadèm-boussi قدم‌ بوسی s. P. cérémonie qui consiste à embrasser le pied du Sultan.

Kadèmè قدمه s. A., *bas-*

samak, T. marche d'un escalier, degré.

Kadèmli قدملی a. T. de bon augure.

Kadèmsiz قدمسز a. T. de mauvais augure.

Kaden قادن s. T. dame; femme du Sultan; *kaden ninè*, grand'mère.

Kadenğa قادینجه ad. T. à la manière des dames, des femmes.

Kadenğek قادینجق s. T. petite dame; dim. de *kaden*; dame comme il faut, bien élevée et capable de gouverner une maison.

Kadenlek قادنلق s. T. état et dignité de dame, de femme; action digne des dames bien élevées; acte de bienfaisance fait par une dame.

Kader قادر a. A. v. *kadir*.

Kader قدر s. A. v. *kadr*.

Kadèr قدر s. A. prédestination, destinée, destin; providence; fatalité.

Kadergha قادرغه s. du G. galère, ancien bâtiment de guerre à voile et à rames; *kadergha baleghe*, baleine.

Kadid قدید s. A., *pasterma*, T. viande coupée en longues tranches et séchée au soleil; comme mot turc, squelette; a. fig. très maigre.

Kadifè قطیفه s. A. (prononciation vulg.), velours; v. *katifè*; *kadifè čičèyi*, amarante; a. de velours.

Kadifèli قطیفه‌لی a. T. orné, garni de velours.

Kadim قادم p. pr. A. au pl. *kouddam*, qui arrive, qui vient d'une expédition; d. de *koudoum*.

Kadim قدیم a. A. au pl. *koudèma*, antique, vieux, ancien; éternel; au fém. *kadimè*; d. de *kedèm*; *min èl-kadim*, de temps immémorial.

Kadir قادر a. A. (*kader*), puissant, capable; au fém. *kadirè*; d. de *kadr*, *koudrèt*; *kader olmak*, pouvoir, être capable.

Kadir قدیر a. A. puissant, tout-puissant, qui peut tout, un des attributs de Dieu; d. de *kadr*, *koudrèt*.

Kadr قدر s. A. puissance, pouvoir; valeur, dignité, estime; *'ali kadr*, de haute valeur, éminent.

Kadr قدر s. A. *(kader)*; *lèylèyi kadr*; v. ce mot dans *lèylè*.

Kaf ق vingt-quatrième lettre de l'alphabet turc, se prononce comme le *k* français et se change en *ghayn (gh)* devant une voyelle, mais seulement dans les mots d'origine turque; comme, *balek*, poisson; *baleghe*, le poisson, etc.

Kafa قفا s. A. crâne, occiput; comme mot turc, tête; fig. intelligence; stupidité, esprit lourd; *kafassena seuz girmèyor*, il n'entend rien (tête dure); *hèr kafadan bir sès čekmak*, régner l'anarchie, ne pas y avoir d'ordre ni de concorde.

Kafadar قفادار s.P. compagnon, ami intime; familier, partisan; individu qui a les mêmes idées qu'un autre.

Kafadarlek قفادارلق s. T. compagnie, état de partisan.

Kafaf قواف s. T. vulg. v. *kavvaf*.

Kafale قفالي a. T. intelligent; *kalen kafale*, qui a l'esprit lourd.

Kafas قفص s. A. v. le suivant.

Kafès قفس s. A. *(kafas)*, cage, grille, grillage; barreaux, treillage, jalousie; *kafès gèčirmèk*, treillisser, treillager; garnir de jalousies.

Kafèsği قفسجی s. T. treillageur; artisan qui fait des cages, etc.

Kafèsli قفسلی a. T. garni de grilles, de jalousies.

Kafilè قافله s. A. au pl. *kavafil*, caravane, troupe de voyageurs; convoi; expédition postale.

Kafiyè قافیه s. A. au pl. *kavafi*, rime (dans les vers), la prose rimée se dit *sèǰ*.

Kafiyèli قافیه‌لی a. T. rimé.

Kafkas قفقاس n. p. A. Caucase.

Kafr قفر s. A. pays aride et désert.

Kaftan قفتان s. T. v. *haftan*.

Kaghouk قاغوق s. T. v. *kaouk*.

Kahbè قحبه s. A. courtisane, femme perdue ; a. (comme mot T.), perfide, roué, rusé ; *kahbè oghlou*, personne capable de tout faire pour arriver à son but.

Kahbèlik قحبه‌لك s. T. perfidie, ruse.

Kahhar قهار a. A. très puissant ; destructeur (attribut de Dieu) ; d. de *kahr*.

Kahir قاهر p. pr. A. qui dompte, qui subjugue par violence ; d. de *kahr*.

Kahirè قاهره s. A. (*èl-kahirè*), le Caire, cap. de l'Egypte, 350,000 h.

Kahkaha قهقهه s. A. éclat de rire ; *kahkaha ilè gulmèk*, rire aux éclats.

Kahkara قهقری s. A. retraite à reculons.

Kahr قهر s. A. puissance, force, violence ; destruction ; comme mot turc, souci, chagrin, affliction ; *kahr ètmèk*, agir avec violence ; détruire ; s'affliger, être chagriné ; *kahrenè čèkmèk*, supporter des soucis, des violences de la part de.

Kahrèman قهرمان s. P. héros.

Kahrèmananè قهرمانانه ad. P. heroïquement ; en héros ; a. héroïque.

Kahrèmanlek قهرمانلق s. T. héroïsme.

Kahrèn قهراً ad. A., *zor ilè*, T. par force, violemment.

Kaht قحط s. A., *ketlck*, T. disette, famine, pénurie.

Kaht-sal قحط‌سال s. P. année de sécheresse ou de disette.

Kahvalte قهوه‌آلتی s. T. vulg. (*kahvè altè*), collation, déjeuner ; *kahvalte ètmèk*, déjeuner.

Kahvè قهوه s. A. café ; lieu public où l'on prend le café ; café ; *kahvè aghağè*, caféier, cafier ; *yèmèn kahvèssi*, café moka ; *kahvè parasse*, pourboire.

Kahvèği قهوه‌جی s. T. cafetier, vendeur de café.

Kahvè-hanè قهوه‌خانه s. P. lieu public où l'on prend le café; café; on dit aussi simplement *kahvè*.

Kakan قاقان p. pr. T. qui frappe, frappant; d. de *kakmak*; *aghaǧ kakan*, pic (oiseau).

Kakechmak قاقشمق T. se pousser brusquement; s'entre-choquer; se quereller.

Kakechtermak قاقشدرمق T. pousser avec violence et en maltraitant; battre à coups de poing.

Kakemak قاقیمق T. reprocher, réprimander; se fâcher.

Kakerdak قاقرداق a. T. sec; qui rend un bruit sec.

Kakerdamak قاقرداماق T. rendre un bruit sec comme celui des feuilles sèches ou des noix qui se cassent.

Kakma قاقمه s. T. action de frapper; de planter, de ficher, etc.; a. travaillé en relief (sur une plaque de métal); orné de clous, de fils ou de morceaux d'or, d'argent, etc. fichés.

Kakmak قاقمق T. planter, ficher en frappant, clouer; frapper, repousser, pousser brusquement; *bacha kakmak*, reprocher, rappeler à quelqu'un les bienfaits reçus; *kazek kakmak*, ficher un pieu.

Kakoula قاقوله s. T. amome, cardamome (plante).

Kakoum قاقم s. A. hermine, fourrure d'hermine.

Kal قال impér. T. de *kalmak*, attends, reste.

Kal قال s. A. parole, discours; *kil ou kal*, propos, scandale.

Kal قال s. T. affinage, raffinage, épuration, coupellation; *kal ètmèk*, affiner, purifier l'or et l'argent; coupeller.

Kal' قلع s. A. action d'arracher, de déraciner.

Kala قاله ad. T. moins, avant; *sa'at ona čèyrèk kala*, à dix heures moins un quart; on dit aussi *kalarak*.

Kal'a قلعه s. A. (*kalè*, T. vulg.), au pl. *kela'*, château

KALA 521 **KALA**

fort, forteresse, place forte ; *kal'ayè soultaniyè*, la ville des Dardanelles.

Kalabalek قلابالق غلبهلك s. T. v. *ghalèbèlik*.

Kal'a-bènd قلعهبند a. P. interné dans une forteresse.

Kal'a-dar قلعهدار s. P. commandant d'une place forte.

Kalafat قلافات s. T. calfatage ; fig. falsification ; *kalafat ètmèk*, calfater.

Kalafatġe قلافاتجى s. T. calfat.

Kalafatlamak قلافاتلامق T. calfater.

Kalak قالاق s. T. narine d'un animal.

Kalam قلام s. A. pl. de *kalèm*, plumes, roseaux pour écrire.

Kalamech قلامش s. T. marais où croissent des roseaux et qui communique avec la mer.

Kalan قالان p. pr. T. restant, qui reste ; d. de *kalmak*.

Kalarak قاله رق ad. T. v. *kala* ; *kalarak* est proprement gérondif.

Kalas قلاص n. p. T. Galatz.

Kalay قلاى s. T. étain ; étamage ; fig. faux ornement ; ornement superficiel ; reproche, gronderie, forte réprimande ; *kalay atmak* ou *basmak* ou *kalay vèrmèk*, gronder, réprimander fortement.

Kalayġe قالايجى s. T. étameur ; fig. falsificateur.

Kalayġelek قالايجيلق s. T. métier d'étameur.

Kalaylama قالايلامه s. T. étamage ; fig. falsification ; réprimande.

Kalaylamak قالايلامق T. étamer ; fig. orner superficiellement ; falsifier ; reprocher, gronder, réprimander.

Kalaylanmak قالايلانمق T. être étamé.

Kalayle قالايلى a. T. étamé ; fig. orné superficiellement ; falsifié.

Kalaysez قالايسز a. T. non étamé ; fig. qui n'a

pas d'ornement superficiel ; naturel.

Kalb قلب a. A. *(kalp,* T. vulg.), faux, falsifié (monnaie, etc.), qui n'est pas sincère ; à qui on ne peut se fier ; poltron ; *kalp akčè,* fausse monnaie; *kalp adam,* homme faux.

Kalb قلب s. A. au pl. *kouloub,* cœur ; centre ; centre de l'armée ; en T. us. *yurèk,* cœur ; *iztirabe kalb,* remords.

Kalb قلب s. A. conversion, changement ; permutation d'une lettre en une autre ; arrangement artificiel d'une phrase tel que les lettres lues en sens contraire donnent les mêmes mots ; *kalb ètmèk,* convertir, changer en.

Kalbèn قَلْبًا ad. A., *èz-dil,* P., *yurèkdèn,* T. cordialement, de cœur.

Kalbi قلبي a. A. cordial, sincère.

Kalblek قلبلق s. T. fausseté.

Kalbour قلبور s. T. crible.

Kalbourǧou قلبورجى s. T. cribleur, celui qui fait ou vend des cribles.

Kalbourlamak قلبورلامق T. cribler ; vanner.

Kalbourlanmak قلبورلا- نمق T. être criblé ; *kalbourlanmech,* criblé.

Kalb-zèn قلبزن s. P. v. *kalpazan.*

Kalča قالچه s. T. (ou *kalčak*), cuisse ; hanche.

Kalčak قالچاق s. T. v. le précédent.

Kalčen قالچين s. T. chaussettes de feutre qui montent jusqu'à la cuisse.

Kalderelmak قالديرلمق T. être redressé, levé, enlevé, emporté ; être haussé, élevé ; passif de *kaldermak.*

Kalderem قالدريم s. T. pavé, pavage ; rue pavée ; *kalderem tache,* pierre de pavage ; *kalderem deuchèmèk,* paver.

Kalderemǧe قالدريمجى s. T. paveur.

Kaldermak قالديرمق T. élever, lever, hausser, relever, enlever, ôter ; dresser, hérisser ; abolir, supprimer ; soulever, exciter à la révolte ; mener à la prison ou en exil ; *bach kaldermak*, élever la tête, se révolter.

Kaldertmak قالدرمق T. faire lever, redresser, etc.

Kalè قلعه s. T. vulg. *(ka-l'a,* A.*)*, forteresse, château fort ; *ič kalè*, citadelle.

Kaleb قالب s. T. vulg. *(kalib,* A.*)*, modèle ; moule, forme, prototype ; corps ; ruse, fourberie ; *kaleba deukmèk*, mouler ; *basma kaleb*, chose faite sans ingéniosité.

Kalebğe قالبجى s. T. mouleur, celui qui fait des moules et des formes ou qui met à la forme les bonnets rouges ou les fez, etc.; a. fig. rusé, trompeur, fourbe.

Kaleblamak قالبلامق T. modeler, donner une forme, mettre à la forme (le fez).

Kaleblanmak قالبلانمق T. être mis à la forme.

Kaleblatmak قالبلاتمق T. faire mettre à la forme la calotte ou le fez.

Kalech قالش s. T. action de rester, de séjourner ; séjour.

Kalèm قلم s. A. au pl. *aklam* ou *kalam*, plume, roseau, plume faite de roseau ; morceau de bois coupé en forme de roseau pour écrire ; écriture ; bureau de chancellerie, d'administration ; pinceau, ciseau de sculpteur ; ciselure, gravure; unité, pièce, sorte ; *deurt kalèm èchya*, quatre sortes de marchandises ; *čelik kalèm*, plume métallique ; burin ; *kalèm ichi*, sculpture; *ache kalèmi*, étui à vaccine ; *kalèm sape*, porte-plume ; *kourchoun kalèm*, crayon ; *kalèm kiari*, peint avec le pinceau (étoffe, tulle) ; *kara kalèm*, peint en noir (porcelaine etc.) ou dessiné aux deux crayons ; *kalèm odasse*, secrétairerie ; *kalèmè gèlmèz*, indescriptible ; *kalèmè almak*, rédiger ; *èhli kalèm* ou *èrbabi kalèm*, secrétaires ; écrivains (auteurs) ; *yèk kalèmdè* ou *bir kalèmdè*, en une addition, d'un coup.

Kalèm-dan قلمدان s. P. étui à plumes.

Kalèmi قلمى a. A. relatif

à la plume ; à la classe des écrivains, des secrétaires ; au fém. *kalèmiyè* ; *tariki kalèmiyè*, les gens de plume, la classe des écrivains, des secrétaires.

Kalè misk قالدمسك s. T. v. *kaliyè misk*.

Kalèmiyè قلميه a. A. fém. du *kalèmi* ; s. droit de bureau, de chancellerie.

Kalèm-kèch قلمكش s. P. écrivain.

Kalèm-kiar قلمكار s. P. sculpteur, ciseleur, graveur en or ou en argent.

Kalèm-kiari قلمكارى s. P. gravure, sculpture, ciselure ; peint avec le pinceau (étoffe).

Kalèm-kiarlek قلمكارلق s. T. gravure, sculpture, ciselure.

Kalèmoun قلمون s. P. v. *boukalèmoun*.

Kalèm-rèv قلمرو s. P. pays qui se trouve sous l'autorité d'un monarque ; monarchie ; état.

Kalèm-tirach قلمتراش s. P. canif à tailler les plumes.

Kalèmtrach قلمتراش s. P. (prononciation vulg.), v. le précédent.

Kalèm-zèdè قلمزده a. P. écrit, notifié.

Kalèm-zèn قلمزن a. s. P. qui écrit ; écrivain.

Kalen قالين a. T. gros, gras, massif, épais ; grossier.

Kalèndèr قلندر s. P. sorte de *fakir* errant ; en turc nom d'un lieu de promenade au bord de la mer sur le Bosphore (côte d'Europe entre Yèni-keûy et Thérapia).

Kalenlachmak قالينلاشمق T. grossir, devenir gros, volumineux, épais.

Kalenlachtermak قالينلاشدرمق T. grossir, rendre gros, volumineux, épais.

Kalenlek قالينلق s. T. grosseur, épaisseur.

Kalep قالب s. T. v. *kaleb*.

Kalfa قلفه s. T. sous-maître, adjoint de maître dans une école primaire ; sous-chef d'un bureau ; ingénieur-maçon, architecte ;

ancienne servante; premier garçon de boutique; apprenti avancé. Ce mot est corrompu de l'arabe ḫalifè.

Kalğe قالجى s. T. affineur.

Kali قالى s. T. (ḫale), tapis.

Kalib قالب s. A. au pl. kavalib, v. kaleb.

Kalīčè قاليچه s. P. petit tapis.

Kalikot قاليقوت s. du F. calicot, toile de coton qu'on tirait autrefois de Calicut, ville de l'Inde.

Kalil قليل a. A. peu, modique (en nombre, en quantité), court, bref (temps); au fém. kalilè; d. de kellèt; muddèti kalilèdè, en peu de temps; kalil ul-mekdar, en petite quantité.

Kalilèn قليلا ad. A. peu, modiquement.

Kalinis قالينيس s. du G. poule d'eau.

Kalinos قالينوس s. du G. espèce de poisson.

Kalion قاليون قليون s. de l'I. gros bâtiment de guerre.

Kaliongou قاليونجى s. T. fusilier d'un navire de guerre.

Kalioun قليون s. P. espèce de pipe persane.

Kaliya قاليه قليه s. T. potasse; soude; alcali.

Kaliyè قليه s. T. légumes bouillis après avoir été fricassés au beurre.

Kaliyè قاليه s. T. (ghaliyè, P.), civette (petit quadrupède qui fournit une sorte de liqueur onctueuse très odorante; cette liqueur même); en T. us. kaliyè misk (kalè misk, vulg.), musc de civette.

Kalk قالق impér. T. de kalkmak, lève-toi.

Kalkan قالقان قلقان s. T. bouclier; kalkan baleghe, ou simplement kalkan, turbot (poisson); kalkan otou, pétasite (plante).

Kalkechmak قالقشمق T. entreprendre avec prétention, prétendre.

Kalkek قالقيق a. T. dressé, hérissé; élevé.

Kalkemak قالقْمَق T. sauter, bondir.

Kalkenmak قالقْنْمَق T. se rétablir, voir son état s'améliorer.

Kalkma قالقْمَه s. T. action de se lever, etc.

Kalkmak قالقْمَق T. se lever, se dresser, se hérisser, se relever, se hausser, se soulever; se révolter; être aboli; partir; *ordou kalkmak*, lever le camp.

Kalkuta قالكوته n. p. T. Calcutta, 600,000 h.

Kallach قلاش s. A. vagabond, débauché.

Kalma قالمه s. T. action de rester, de demeurer, etc.; a. restant, qui reste, qui est en usage depuis; *gêǧè kalmassena*, pour passer la nuit.

Kalmak قالمق T. rester, demeurer, séjourner, stationner, s'arrêter; retarder, durer; survivre; tomber (vent); *ichdèn kalmak*, être empêché de travailler; *yuk altenda kalmak*, succomber au fardeau; *baña kalsa*, s'il dépendait de moi; quant à moi; à mon avis; *kala, baka* ou *chacha kalmak*, être stupéfait, s'étonner; *babadan kalmak*, revenir par héritage; *kas kate kalmak*, demeurer fixe, glacé; défaillir; *kel kalde*, peu s'en fallut; *kalde ki*, quant à, si par hasard.

Kalp قلب a.T. faux, etc., v. *kalb*.

Kalpak قلپاق s. T. coiffure d'homme, recouverte de fourrure comme celles des Bulgares, des Circassiens, etc.

Kalpazan قلپازان قلبزن s. T. (*kalb-zèn*, P.), faux-monnayeur.

Kalpazanlek قلپازانلق s. T. métier, délit de faux-monnayeurs; fabrication de fausses monnaies.

Kaltaban قالتابان a. P. menteur, trompeur, charlatan; malhonnête.

Kaltabanlek قالتابانلق s. T. menterie, tromperie, charlatanisme; malhonnêteté.

Kaltak قالتاق s.

T. arçon, selle; fig. femme perdue, de mauvaise vie (terme d'insulte).

Kalvi قلوى s. A. au pl. *kalviyat*, alcali.

Kalviyat قلويات s. A. pl. du précédent.

Kama قامه قا s. T. cheville, couteau large à bout pointu et tranchant des deux côtés; coin, marque faite sur le visage du vaincu par le vainqueur dans certains jeux; *kama basmak*, vaincre, gagner au jeu.

Kamachmak قاماشمق T. être agacé (en parlant des dents); être ébloui (en parlant des yeux).

Kamachtermak قاماشدیرمق T. agacer (les dents); éblouir (les yeux).

Kamara قاره قامره s. de l'I. cabine, chambre d'un navire; chambre; parlement.

Kamarot قامروت s. de l'I. domestique d'un bateau.

Kambial قامبيال s. de l'I. lettre de change.

Kambio قامبيو s. de l'I. change.

Kambour قانبور قنبور s. T. (*kanbour*), bosse, gibbosité; a. bossu; *kambourou čekmak*, devenir, être bossu.

Kambourlachmak قنبورلاشمق T. devenir bossu.

Kambourlouk قنبورلوق s. T. bosse, gibbosité; défaut d'un bossu.

Kamče قامچى s. T. fouet; coup de fouet; cravache; férule; *kamče čalmak*, fouetter; *kamče keleğ*, épée étroite et pointue.

Kamčelamak قامچيلامق T. fouetter, donner des coups de fouet; poursuivre, faire avancer une affaire.

Kamech قامش قامیش s. T. roseau, canne; tuyau, tige; *kamech hèlvasse*, pénide, épénide; *chèkèr kameche*, canne à sucre; *kamech bayrame*, fête des Israélites.

Kamechğek قامشجق s. T. chalumeau.

Kamechlek قامشلق s. T. lieu où croissent les roseaux.

Kamèr قمر s. A. lune; en T. us. *ay*.

Kamèri قمری a. A. lunaire, lunatique; au fém. *kamèriyè: sènèyi kamèriyè*, année lunaire; *chuhouri kamèriyè*, mois lunaires; *houroufi kamèriyè*, lettres lunaires devant lesquelles le *lam* de l'article arabe *èl* se prononce; *ma' èl-mèmnouniyè*, avec plaisir, etc.; opposé à *houroufi chèmsiyè*, lettres solaires devant lesquelles le même *lam* ne se prononce pas, mais en revanche ces lettres ont un redoublement de son; *ma' èt-tèèssuf*, avec regret (v. gramm.).

Kamèriyè قمریه a. A. fém. du précédent; s. terrasse, petit pavillon construit dans les jardins où l'on s'assied au clair de lune.

Kamèt قامت s. A., boy, T. taille, stature.

Kamis قمیص s. A. (p. u.), *pirahèn*, P. chemise; en T. us. *geumlèk*.

Kaml قمل s. A. pou; en T. us. *kèhlè* ou *bit*.

Kamous قاموس s. A. Océan, haute mer; nom d'un célèbre dictionnaire arabe composé par Firouz-abadi.

Kan قان s. T. sang; meurtre, homicide, assassinat; *kan ètmèk*, tuer, assassiner; *kan tèrlèmèk, kan tèrè batmak*, suer très fortement; être très fatigué; *kan gitmèk*, avoir une hémorrhagie; *kan soulanmak*, avoir l'anémie; *kanè seÿak*, aimable, sympathique.

Kana'at قاعات s. A. contentement de ce qu'on a; action de se suffire; sobriété; *kana'at ètmèk*, se contenter, se suffire; *èhli kana'at*, qui se suffit avec ce qu'il a.

Kana'at-kiar قناعتكار a. P. sobre, qui se contente avec peu.

Kanad قاد s. T. v. *kanat*.

Kanadil قاديل s. A. pl. de *kandil*, lampes.

Kanal قانال s. du F. canal.

Kanama قاناما s. T. saignement.

Kanamak قانامق T. saigner, perdre du sang.

Kanara قناره s. T. abattoir, v. *sèlh̬-h̬anè*.

Kanaria قاناريه s. de l'I. canari (oiseau); serin de Canarie; *kanaria saresse*, couleur jaune clair; *kanaria adalare*, les îles Canaries, 260,000 h.

Kanat قنات s. T. *(kanad)*, aile; nageoire, vantail, battant, volet; aile (d'un édifice); la moitié de la largeur d'une étoffe pliée dans le sens de sa longueur; *kol kanat*, membres du corps, individus attachés à quelqu'un pour l'aider; *kol kanat toutmamak*, ne pas avoir la force de.

Kanata قناته s. de l'I. vase de terre pour les liquides.

Kanatir قناطر s. A. pl. de *kantara*, ponts, voûtes.

Kanatlanmak قاناتلانمق T. se dit d'un insecte ou d'un petit oiseau dont les plumes commencent à pousser; commencer à voler.

Kanatle قاناتلی a. T. ailé.

Kanatmak قاناتمق T. faire saigner, faire couler le sang; *kimsèniñ bournounou kanatmayarak*, sans coup férir.

Kanaveča قانوبچه s. de l'I. toile de chanvre grossière et lâche pour la broderie, etc.; canevas.

Kanbot قنبوط s. T. chabot (poisson).

Kanbour قنبور s. a. T. v. *kambour*.

Kančèlaria قانچلاریه s. de l'I. chancellerie.

Kandahar قندهار n. p. T. Kandahar, ville et province de l'Afghanistan.

Kandè قانده ad. T. où?; on dit plus souvent *nèrèdè*.

Kandèn قاندن ad. T. d'où? par où?; on dit plus souvent *nèrèdèn*.

Kanderech قاندیرش s. T. action ou manière de persuader, de convaincre.

Kanderegě قاندیربجی a. T. persuasif.

Kanderelmak قاندیرلمق T. être persuadé, convaincu (par un autre).

34.

Kandèri قندری s. T. sorte de roseau fin qui sert à faire des corbeilles.

Kanderma قاندرمه s. T. persuasion.

Kandermak قاندرمق T. persuader, convaincre.

Kandia قنديه n.p. T. Candie (Crète), 170,000 h.; cap. Candie.

Kandil قنديل s. A. au pl. *kanadil*, lampe, surtout à huile comme celles qu'on allume dans les églises, dans les mosquées; bulle de savon; différentes fleurs suspendues en groupes; *kandil gèǧèssi*, nuit d'une fête musulmane; *kandil donanmasse*, illumination; *gueuk kandil*, ivre au dernier degré; *idarè kandili*, veilleuse.

Kandilği قنديلجى s. T. allumeur ou marchand de lampes.

Kandilli فنديللى a. T. orné de lampes, illuminé avec des lampes; s. nom d'un village sur le Bosphore à une petite distance de Beylerbey (côte d'Asie).

Kanekmak قانيقمق T. être très rassasié.

Kaneksamak قانيقسه مق T. être altéré de sang, désirer répandre du sang.

Kaneksemak قانيقسيمق T. v. *kanekmak*.

Kanǧa قانجه s.T. crochet, croc, grappin de marin; *kanǧaye atmak* ou *ilichtirmèk*, arrêter avec un croc; fig. attraper, ne pas laisser tranquille; *kanǧa bèrabèr manǧa bèrabèr*, tous ensemble dans une partie de plaisir, etc.

Kanǧalamak قانجه لامق T. accrocher, arrêter ou tirer avec un grappin; saisir, attraper.

Kanǧegha قانجو غه s. T. boucle de devant de la selle.

Kanǧek قانجق s. T. chienne; ânesse; fig. traitre.

Kanghal قانغال s. T. corde, fil, cheveux pliés et tordus; *kanghal ètmèk*, plier et tordre une corde, etc.

Kanghallamak قانغاللامق

KANM 531 KANO

Kan قنغالاق T. plier et tordre une corde, etc.

Kanghe قنغى pron. T. quel ; *kanghesse*, lequel, laquelle, on prononce plutôt *hange*, *hangi*.

Kani قانى ad. T. (*hani*), où ? où est ?

Kani' قانع p. pr. a. A. qui se contente, content, satisfait ; d. de *kana'at* ; *kani' olmak*, se contenter.

Kan-kouroudan قان قو رودان s. T. mandragore (plante narcotique).

Kanlamak قانلامق T. ensanglanter, couvrir, souiller de sang.

Kanlanmak قانلانمق T. s'ensanglanter ; devenir assassin, criminel.

Kanle قانلى a. T. sanglant, saignant, sanguin ; *kanle katil*, meurtrier, assassin, homicide, criminel ; *deli kanle*, jeune homme, ardent, alerte.

Kanmak قانمق T. se persuader, se convaincre ; être persuadé ; se désaltérer ; être rassasié, en avoir assez ; *kana kana*, au point d'être désaltéré, rassasié ; *kanmech*, persuadé, convaincu ; désaltéré, rassasié.

Kanoun قانون s. A. au pl. *kavanin*, loi, règle, statut ; *kanouni èssassi*, constitution ; *kanouni harb*, loi martiale ; *kanoun hukmundè toutoulmak*, faire loi, tenir lieu de loi ; *ḫilafi kanoun*, illégal.

Kanoun قانون s. T. instrument de musique à cordes triangulaire ; psaltérion.

Kanoun قانون s. T. sous-officier faisant la police pour les militaires.

Kanounèn قانونًا ad. A. légalement, selon la loi, d'après la loi.

Kanoungou قانونجى s. T. législateur ; personne très assidue à ses devoirs ; joueur de l'instrument de musique dit *kanoun*.

Kanouni قانونى a. A. légal, législatif ; s. législateur ; *soultan sulèyman kanouni*, Soliman II le Magnifique, législateur et guerrier habile, fit treize campagnes (1520-1566).

Kanoun-namè قانوننامه s. P. code, livre de lois; *ğèza kanoun-namèssi*, code pénal; *houkouk kanoun-namèssi*, code civil.

Kan-tache قان طاشى s. T. sorte de pierre précieuse couleur de sang à laquelle on attribue la propriété d'arrêter l'écoulement du sang; hématite, sanguine.

Kantar قنطار s. A. quintal, poids de 44 ocques; *kantare bèlindè*, attentif à son commerce, à ses affaires.

Kantara قنطره s. A. au pl. *kanatir*, pont, voûte.

Kantarğe قنطارجى s. T. employé de la douane, etc. chargé de peser les ballots; peseur public ou simplement peseur.

Kantarion قنطاريون s. A. du G. centaurée (plante médicinale).

Kantarma قانتارمه s. T. sorte de licou, licol.

Kantarmak قانتارمق T. mener les chevaux, etc. à l'abreuvoir.

Kantaron قنطارون s. A. v. *kantarion*.

Kaouchmak قاوشمق T. (*kavouchmak*), se joindre, se toucher, se rencontrer, se revoir; *dagh dagha kaouchmaz adam adama kaouchour*, les montagnes ne se rencontrent pas, les hommes se rencontrent (prov.), c.-à-d. après une longue absence les hommes peuvent se revoir.

Kaouchtourmak قاوشديرمق T. (*kavouchdourmak*), joindre, faire toucher, faire rencontrer, faire revoir; *euñ kaouchtourmak*; boutonner l'habit par devant.

Kaouk قاوق a. T. (*kavouk*), ce qui est vide et léger; s. grand bonnet de drap ouaté; toute sorte de vésicule; *kaouk sallamak*, flatter, approuver tout sans faire la moindre observation; *dal kaouk* (ou *dal kavouk*), parasite.

Kaoun قاون s. T. (*kavoun*), melon; *kaoun iči*, couleur jaune foncée et rougeâtre; *aghağ kaounou*, cédrat (qui sert à faire une sorte de confiture excellente).

Kaourma قاورمه s. T.

(*kavourma*), viande torréfiée ; torréfaction.

Kaourmağ قاورماج s. T. (*kavourmağ*), blé torréfié.

Kaourmak قاورمق T. torréfier, griller (café, etc.), fricasser ; fig. brûler ; sévir (maladie).

Kaouroulmak قاورلمق T. (*kavouroulmak*), être torréfié, grillé, fricassé ; fig. être brûlé par le soleil, desséché (en parlant des blés, etc.).

Kaourtmak قاورتمق T. (*kavourtmak*), faire torréfier, fricasser.

Kap قاب partic. augmentative T. v. *kab*.

Kapak قپاق s. T. couvercle, soupape ; large plaque de pierre ; navire de guerre ponté ; *diz kapaghe*, rotule ; *kapaghe atmak*, se réfugier ; fuir en toute hâte.

Kapakle قپاقلی a. T. qui est muni d'un couvercle ; *gizli kapakle*, secret.

Kapaksez قپاقسز a. T. sans couvercle, ouvert.

Kapale قپالی a. T.
fermé, enfermé, couvert, bouché, barré, obstrué, clos, obscur (sens), nébuleux (temps) ; *geuzu kapale*, naïf, ignorant.

Kapama قپامه s. T. action de fermer, de serrer, etc. ; vêtement complet ; étuvée de viande, étouffée ; *kapou kapama*, en gros, tout ensemble ; *èvi kapou kapama* ou *kapou kapamağa kiraya vèrmèk*, louer toute la maison.

Kapamağe قپامه جی s. T. marchand qui vend des habillements complets.

Kapamak قپامق T. fermer, serrer, enfermer, boucher, couvrir, barrer, obstruer, clore ; *geuz kapamak*, fermer les yeux, faire semblant de ne pas voir, laisser faire.

Kapan قپان s. T. grand poids de denrées ; magasin public, grenier ; *oun kapane*, la halle aux farines ; *yagh kapane*, la halle aux huiles.

Kapan قپان s. T. trappe, piège ; *farè kapane*, souricière ; *tokmak kapan*, grande trappe pour les rats.

Kapanek قپانیق a. T. fermé; sombre, obscur, triste, nébuleux.

Kapanğa قپانجه s. T. trappe, trébuchet pour prendre des oiseaux.

Kapaniča قپانیچه s. T. pelisse de gala que portaient autrefois les Sultans.

Kapanmak قپانمق T. se fermer, s'enfermer, se boucher; être fermé, bouché, barré; s'obstruer; tomber sur le museau (cheval, etc.); s'éteindre (famille, maison); *yèrè kapanmak*, se prosterner; *ayaghena kapanmak*, se jeter aux pieds de; *kapanmech*, reclus, enfermé, fermé.

Kaparoz قپاروز s. T. butin, proie; accaparement d'une chose pour rien.

Kaparozğou قپاروزجی s. T. celui qui cherche l'occasion d'accaparer une chose pour rien.

Kapatma قپاتمه s. T. reclusion, traque; achat clandestin d'un objet avant d'être mis aux enchères; a. enfermé.

Kapatmak قپاتمق T. faire fermer, enfermer, traquer, faire boucher, faire couvrir, faire barrer, obstruer, faire clore, clôturer; mettre la selle au cheval; s'empresser d'acheter à bon marché une chose aux enchères.

Kapčak قاپچاق s. T. harpon.

Kapech قاپش s. T. action d'arracher par violence; ad. *kapech kapech*, en enlevant chacun de son côté.

Kapechmak قاپشمق T. enlever chacun un morceau, morceler et arracher avec violence.

Kapeğe قاپیجی s. a. T. usurpateur, qui enlève, ravisseur, arracheur, ravissant, rapace.

Kapelech قاپلش s. T. action d'être enlevé, arraché par violence; action de se tromper.

Kapelma قاپلمه s. T. v. le précédent.

Kapelmak قاپلمق T. être enlevé, arraché par violence; se tromper, se fier à une chose sans raison; *kapelmech*, arraché, etc.

Kaplama قاپلامه s. T. action de couvrir, d'envelopper, etc.; incrustation, plaque; chose redoublée, plaquée; a. redoublé, plaqué.

Kaplamağe قاپلامەجى s. T. plaqueur.

Kaplamak قاپلامق T. couvrir, envelopper, entourer, contenir, comprendre, renfermer, remplir; se répandre; incruster, plaquer, doubler, mettre une doublure.

Kaplan قپلان s. T. tigre; panthère; *kaplan alağasse*, tacheté comme un tigre.

Kaplanmak قاپلانمق T. être couvert, enveloppé, contenu; être redoublé, plaqué; *kaplanmech*, contenu, redoublé, plaqué.

Kaplatmak قاپلاتمق T. faire envelopper, faire mettre une doublure, faire entourer.

Kapleğa قاپلوجه قاپلەجە s. T. thermes, bain minéral chaud, source thermale; *broussa kapleğasse*, les eaux thermales de Brousse.

Kaplouğa قاپلوجه s. T. plante parasite semblable à l'avoine qui croît dans les blés; chiendent.

Kapmağa قاپمەجە s. T. jeu d'enfant, quatre-coins.

Kapmak قاپمق T. ravir, arracher, enlever, saisir, rapiner, emporter par violence, prendre par force, empoigner, attrapper.

Kapot قاپوت s. du F. capote, manteau.

Kapou قاپو s. T., *bab*, A., *dèr*, P. porte; hôtel d'un ministère; emploi, service; maison où sert un domestique, etc.; union de deux pièces pour couvrir (au jeu d'échecs); *pacha kapoussou (babe 'ali)*, la S. Porte; *sèr 'askèr kapoussou*, hôtel du ministère de la guerre; *kapou kèthoudasse* ou *kèhyasse*, agent d'un gouverneur général ou d'un prince vassal auprès de la S. Porte; *kapou čohadare*, employé sous les ordres de cet agent; *kapou oghlane*, messager d'une ambassade ou d'un patriarcat à la S. Porte; *kapoussou aček*, hospitalier; *kapou ačmak*, commencer, tracer un chemin; donner l'exemple;

kapou yapmak, couvrir (au jeu d'échecs).

Kapoug̈ou قپوجی s. T., *bèvvab*, A., *dèrban*, P. portier; *kapoug̈ou bache*, chef des portiers du Palais.

Kapoulandermak قپولاندرمق T. procurer du service à un domestique, etc., placer.

Kapoulanmak قپولانمق T. trouver du service, entrer en service; se placer (en parlant d'un domestique, etc.).

Kapourta قپورطه s. T. lucarne, ouverture pour éclairer la cabine (dans un vaisseau).

Kapouska قاپوسقه قپوسقه s. T. viande aux choux.

Kapoussouz قپوسز a. T. sans porte; qui n'est pas en service (domestique, etc.).

Kapout قاپوت s. du F. capot; *kapout olmak*, être capot (au jeu).

Kapsol قاپسول s. du F. capsule.

Kapsollou قاپسوللی a. T. à capsule (fusil).

Kaptan قپودان s. de l'I. capitaine; commandant d'un vaisseau; chef d'une tribu albanaise ou grecque; *kaptan pacha* ou *kaptane dèrya*, ministre de la marine; grand amiral; on appelle assez souvent les étrangers du nom de *kaptan*.

Kaptana قپودانه s. T. vice-amiral, on dit aujourd'hui plutôt *bahriyè fèriki*.

Kaptanlek قپودانلق s. T. charge et grade de commandant de vaisseau, de capitaine.

Kaptermak قاپدیرمق T. laisser arracher, enlever, emporter.

Kar قار s. T. neige; *kar yaghmak*, neiger; *kar topou*, boule de neige; viorne (fleur); *kar kouchou*, espèce d'hirondelle; *kar yaghde*, parsemé de taches blanches.

Ka'r قعر s. A. fond, profondeur; *ka'ri dèrya*, le fond de la mer.

Kara قره s. T., *bèrr*, A. terre ferme, continent; *karadan vè dèñizdèn* (*bahrèn vè bèrrèn*), par terre et par mer; *karaya duchmèk*, échouer (navire); *bachdan kara ètmèk*, diriger le navire à la côte pour éviter un danger ; *karaya ènmèk*, débarquer ; *kara vaporou*, train de chemin de fer.

Kara قره a. T., *siyah*, P. noir ; fig. de mauvais augure, sinistre, mauvais ; *kara ḫabèr*, mauvaise nouvelle, annonce d'une mort ; *kara koğa*, vieil homme dont les cheveux ne blanchissent pas ; *kap* (ou *kab*) *kara*, tout noir ; *baldere kara*, mélampyre (plante) ; *karalar*, deuil, habit de deuil ; *karalar giymèk* ou *karalara girmèk*, porter le deuil ; *karalar mèmlèkèti*, Nigritie, pays des Nègres, Soudan.

Kara-aghağ قره آغاج s. T. orme (arbre).

Kara-ardeğ قره آردج s. T. sabine, espèce de genévrier.

Kara-bach قره باش s. T. prêtre ; mélisse (plante).

Kara-bachak قره بشاق s. T. blé noir, sarrasin.

Karabaskan قره باصقان s. T. v. le suivant.

Karabassan قره باصان s. T. (*karabaskan*), cauchemar.

Karabatak قره بتاق s. T. cormoran, plongeon (oiseau).

Karabèt قرابت s. A. parenté, consanguinité, affinité.

Karabin قرابين s. A. pl. de *kourban*, victimes, sacrifices ; offrandes.

Karabina قرابينه s. de l'I. carabine.

Karabinale قرابينه‌لی s. a. T. carabinier ; armé d'une carabine.

Kara-bouroun قره برون n. p. T. nom d'un cap au nord de Dercos, surmonté d'un grand phare (mer Noire).

Kara-boya قره بويا s. T. vitriol.

Kara-čale قره چالی s. T. lyciet (arbrisseau).

Kara-dagh قره طاغ n. p. T. Monténégro, 160,000 h.

Kara-dèñiz قره دكز s.T., *bahri siyah*, P. mer Noire ; Pont Euxin ; *kara-dèñiz* *kapou yapmak*, couvrir (au jeu d'échecs).

Kapouğou قپوجى s. T., *bèvvab*, A., *dèrban*, P. portier ; *kapouğou bache*, chef des portiers du Palais.

Kapoulandermak قپولاندرمق T. procurer du service à un domestique, etc., placer.

Kapoulanmak قپولانمق T. trouver du service, entrer en service ; se placer (en parlant d'un domestique, etc.).

Kapourta قپورطه s. T. lucarne, ouverture pour éclairer la cabine (dans un vaisseau).

Kapouska قاپوسقه قپوسقه s. T. viande aux choux.

Kapoussouz قپوسز a. T. sans porte ; qui n'est pas en service (domestique, etc.).

Kapout قاپوت s. du F. capot ; *kapout olmak*, être capot (au jeu).

Kapsol قاپسول s. du F. capsule.

Kapsollou قاپسوللى a. T. à capsule (fusil).

Kaptan قپودان s. de l'I. capitaine ; commandant d'un vaisseau ; chef d'une tribu albanaise ou grecque ; *kaptan pacha* ou *kaptane dèrya*, ministre de la marine ; grand amiral ; on appelle assez souvent les étrangers du nom de *kaptan*.

Kaptana قپودانه s. T. vice-amiral, on dit aujourd'hui plutôt *bahriyè fèriki*.

Kaptanlek قپودانلق s. T. charge et grade de commandant de vaisseau, de capitaine.

Kaptermak قاپديرمق T. laisser arracher, enlever, emporter.

Kar قار s. T. neige ; *kar yaghmak*, neiger ; *kar topou*, boule de neige ; viorne (fleur) ; *kar kouchou*, espèce d'hirondelle; *kar yaghde*, parsemé de taches blanches.

Ka'r قعر s. A. fond, profondeur ; *ka'ri dèrya*, le fond de la mer.

Kara قره s. T., *bèrr*, A. terre ferme, continent ; *karadan vè dènizdèn* (*bahrèn vè bèrrèn*), par terre et par mer ; *karaya duchmèk*, échouer (navire); *bachdan kara ètmèk*, diriger le navire à la côte pour éviter un danger; *karaya ènmèk*, débarquer; *kara vaporou*, train de chemin de fer.

Kara قره a. T., *siyah*, P. noir; fig. de mauvais augure, sinistre, mauvais; *kara habèr*, mauvaise nouvelle, annonce d'une mort; *kara koğa*, vieil homme dont les cheveux ne blanchissent pas; *kap* (ou *kab*) *kara*, tout noir; *baldere kara*, mélampyre (plante); *karalar*, deuil, habit de deuil; *karalar giymèk* ou *karalara girmèk*, porter le deuil; *karalar mèmlèkèti*, Nigritie, pays des Nègres, Soudan.

Kara-aghağ قره آغاج s. T. orme (arbre).

Kara-ardeğ قره آردج s. T. sabine, espèce de genévrier.

Kara-bach قره باش s. T. prêtre; mélisse (plante).

Kara-bachak قره بشاق s. T. blé noir, sarrasin.

Karabaskan قره باصقان s. T. v. le suivant.

Karabassan قره باصان s. T. (*karabaskan*), cauchemar.

Karabatak قره بتاق s. T. cormoran, plongeon (oiseau).

Karabèt قرابت s. A. parenté, consanguinité, affinité.

Karabin قرابين s. A. pl. de *kourban*, victimes, sacrifices; offrandes.

Karabina قرابينه s. de l'I. carabine.

Karabinale قرابينه‌لى s. a. T. carabinier; armé d'une carabine.

Kara-bouroun قره برون n. p. T. nom d'un cap au nord de Dercos, surmonté d'un grand phare (mer Noire).

Kara-boya قره بويا s. T. vitriol.

Kara-čale قره چالى s. T. lyciet (arbrisseau).

Kara-dagh قره طاغ n. p. T. Monténégro, 160,000 h.

Kara-dèñiz قره دكز s. T., *bahri siyah*, P. mer Noire; Pont Euxin; *kara-dèñiz*

T. être arrêté, déterminé; être décidé, résolu.

Kararlachtermak قرارلاشديرمق T. arrêter, déterminer, décider, résoudre.

Kararlamak قرارلامق T. arrêter, conjecturer.

Kararle قرارلى a. T. arrêté, déterminé, résolu, décidé; constant, stable.

Kararmak قرارمق T. noircir, être ou devenir noir, livide; s'obscurcir, se couvrir de brouillard.

Kararsez قرارسز a. T. indécis, irrésolu, sans repos, inquiet; précaire, qui ne dure pas.

Kararsezlek قرارسزلق s. T. indécision, irrésolution, inconstance, instabilité; manque de repos, inquiétude.

Kararte قرارتى s. T. v. *karalte*.

Karartmak قرارتمق T. noircir, rendre obscur, obscurcir.

Kara-sèvda قره سودا s. T. mélancolie; *kara-sèvda-le*, a. mélancolique.

Karassi قراسى s. T. espèce de petit poisson semblable au sansonnet.

Karassi قره اسه قره سى n. p. T. l'ancienne Mysie, contrée de l'Asie-Mineure où se trouvait Troie.

Kara-tach قره طاش s. T. ardoise.

Kara-tavouk قره طاووق s. T. merle (oiseau).

Karatis قراطيس s. A. pl. de *kertas*, papiers.

Karavana قراوانه s. T. gamelle.

Karavèch قراوش s. T. (p. u.), mieux *ẖalayek*, servante, esclave.

Karavèla قراوله s. du G. caravelle, ancien navire de guerre.

Kara-yèl قره يل s. T. vent du nord-est.

Kara-yelan قره يلان s. T. couleuvre.

Karayin قرائن s. A. pl. de *karinè*, conjectures, inductions.

Karche قارشى قارشو s. T. côté opposé; a. qui est sur le côté opposé, contraire;

opposé; ad. en face, contrairement; prép. contre, vis-à-vis; *karchessenda*, vis-à-vis de; *karche bè karche*, face à face, vis-à-vis; cette locution est barbare, on dit mieux *karche karcheya*; *karche seuylèmèk*, parler contre, contredire; *karche komak*, résister, tenir tête; *karchessena čekmak*, avoir une audience, se présenter; *karche yaka*, la rive opposée.

Karchelachmak قارشىلا شمق قارشولاشمق T. s'arranger (en parlant des comptes).

Karchelachtermak قار شیلاشدیرتق قارشولاشدیرمق T. confronter, comparer; collationner.

Karchelamak قارشیلامق قارشولامق T. aller à la rencontre de; s'opposer, contredire.

Karchelek قارشیلىق قارشولق s. T. réponse; récompense; sommes, revenus destinés à une dépense.

Karchelekle قارشیلقلى قارشولقلى a. T. réciproque; ad. vice-versa, réciproquement.

Kardach قراداش قرانداش s. T. (*karen-dach*), frère; *kcz-kardach*, sœur; *sud-kardache*, frère de lait; *kardach oghoullare*, cousins germains; *kardach olmak*, fraterniser.

Kardachğa قرنداشجه ad. T. (*karen-dachğa*), fraternellement.

Kardachlek قرنداشلق s. T. (*karen-dachlek*), fraternité.

Kare قارى s. T., *zèn*, P. femme; épouse; *kare koğa*, mari et femme, les deux époux; *koğa kare*, vieille femme; *kare almak*, se marier, prendre femme.

Karech قاريش قارش s. T. palme, empan; *karech karech eulčmèk*, mesurer avec grand soin.

Karechek قارشیق a. T. mêlé, mélangé, embrouillé, en désordre.

Karecheklek قارشیقلق s. T. confusion, embrouillement, troubles, perturbation, émeute.

Karechelmak قارشلق T. se mêler (avec le sujet indét.).

Karechlamak قاريشلامق T. mesurer avec l'empan ; *alen karechlamak*, applaudir (par dérision).

Karechmak قارشمق T. se mêler, s'immiscer ; se mêler de quelque chose, intervenir ; être embrouillé ; *karechmech*, mêlé, embrouillé, mélangé.

Karech mourouch قارش مورش ad. T., *hèrg̃ ou mèrg̃*, A. pêle-mêle.

Karechteran قارشديران s. T. point de jonction de deux rivières.

Karechterege قارشديريجى a. T. qui mêle, qui embrouille, qui met en désordre, en désaccord ; perturbateur.

Karechterelmak قارشدير لمق T. être mêlé, mélangé, embrouillé.

Karechtermak قارشدير مق T. mêler, mélanger, brouiller, embrouiller, mettre tout en désordre, en désaccord ; parler de.

Karek قاريق s. T. éblouissement des yeux occasionné par la réverbération de la neige ; a. ébloui par la neige (œil).

Karelek قاريلق s. T. état de femme, d'épouse.

Karemak قارمق T. tâter le ventre d'un mouton pour s'assurer de l'état de son engraissement.

Karen قارن قارين s. T. (*karn*), ventre ; *karnakse (karen aghresse)*, crevez ! (insulte) ; *karen ag̃ekmak*, avoir faim ; *karen tok olmak*, être rassasié ; *karne gènich adam*, homme patient.

Karen-dach قرنداش قارنداش s. T. v. *kardach* avec ses dérivés.

Karenga قر قارنجه قارينجه s. T., *mour*, P. fourmi ; *karenga gibi kaynamak*, fourmiller (abonder) ; *karenga youvasse*, fourmilière (au propre et au figuré) ; *dèmir karengasse*, rouille.

Karengalanmak قارنجه لانمق T. avoir des fourmillements, des picotements ;

ayaghem karengalaneyor, les pieds me fourmillent.

Karengale قاريجدلى a. T. rouillé; qui renferme de petites cavités à cause de la défectuosité de la fonte (canon, etc.).

Karenlamak قار قارينلامق T. s'approcher, toucher (en parlant d'un navire).

Karenle قارينلو قارنلى a. T. ventru, qui a un gros ventre; qui a le milieu gros.

Karenmak قارنمق T. être secoué, mélangé par l'agitation.

Karente قاريندى قارنده s. T. se dit du choc des petites vagues qui battent le flanc d'un navire.

Karga قارغه s. T. v. le suivant.

Kargha قارغه s. T. (*karga*, vulg.), corbeau; *ala-kargha*, geai, choucas, casse-noix (oiseau); *kargha bouroun*, sorte de pincettes pour manier le fil de fer, etc.; personne au nez aquilin; *kargha bukèn*, noix vomique.

Karghacha قارغشه s. T. tumulte, désordre, troubles.

Karghachalek قارغشه لق s. T. v. le précédent.

Karghe قارغى s. T. lance.

Karghen قارغين s. T. sorte de grand rabot.

Karha قرحه s. A. ulcère.

Kar-hanè قارخانه s. T. glacière.

Kari قارى p. pr. s. A. au pl. *kariyin*, qui lit; lecteur; d. de *keraèt*.

Karib قريب s. A. au pl. *akrèba*, *kourban* ou *kourèba*, parent.

Karib قريب a. A. proche, rapproché; prochain; ad. près, non loin, environ, à peu près; d. de *kourb*; *'an karib*, sous peu, prochainement.

Kariha قريحه s. A. esprit, intelligence; idée; initiative.

Karin قرين s. A. au pl. *akran* ou *kourèna*, compagnon, prochain; a. proche; *karini kaboul olmak*, être accepté.

Karinè قرينة s. A. au pl. *karayin*, conjecture, induction ; *karinè ilè*, par conjecture.

Kariyè قريه s. A. au pl. *koura*, village, bourg.

Kariyin قارئين s. A. pl. de *kari*, lecteurs.

Karkara قرقره s. T. espèce de grue à grand panache.

Kar-kouchou قارقوشی s. T. perdrix blanche ; poule de neige.

Karle قارلی a. T. neigeux.

Karlek قارلق s. T. vase de verre propre à refroidir l'eau au moyen de la glace.

Karmachmak قارماشمق T. être bouleversé.

Karmachtermak قارماشدیرمق T. mâcher, mordre.

Karma karechek قارمه قاریشیق a. T. embrouillé, confus ; ad. pêle-mêle.

Karmouk قارموق s. T. grand croc.

Karn قارن s. T. v. *karen*.

Karn قرن s. A. au pl. *kouroun*, corne, antenne ; âge, siècle ; *karni tassi' achèrè*, 19ᵉ siècle.

Karna-bahar قرنبهار s. T. (*karnabit*), chou-fleur.

Karnabit قرنابيت s. T. v. le précédent.

Karnassa قرنسه s. T. mue des oiseaux.

Karnèyn قرنين s. A. duel de *karn*, A. deux cornes ; *zul-karnèyn*, bicorne, surnom donné à Alexandre le Grand.

Karpouz قارپوز s. T. melon d'eau, pastèque ; fig. toute chose ronde, boule, globe ; *iki karpouz bir koltougha seghmaz*, deux pastèques ne peuvent entrer dans une aiselle (prov.), c.-à-d. on ne peut faire deux choses à la fois.

Karsak قارصاق قرصاق s. T. espèce de renard.

Kart قارت a. T. qui n'est pas frais (fruit, légume) ; qui n'est pas jeune (personne).

Kart قارت partic. T.

s'emploie répétée, imite le bruit brusque provenant d'un fort grattage ou le craquement produit par la morsure d'un objet dur.

Karta قارته s. de l'I. carte, carte de visite.

Kartal قارتال قرتال s. T., *kara-kouch*, aigle; nom d'un village à 20 kilomètres de Kadikeuy.

Kartalmak قارتالمق T. v. *kartlanmak*.

Kartlachmak قارتلاشمق T. v. le suivant.

Kartlanmak قارتلانمق T. perdre sa fraîcheur (en parlant d'un fruit, d'un légume, ou d'une jeune personne).

Kartlek قارتلق s. T. état d'un fruit, d'un légume ou d'une personne qui a perdu sa fraîcheur.

Kartouk قارتوق s. T. herse.

Karz قرض s. A. emprunt, prêt; *karz almak*, emprunter; *karz vèrmèk*, prêter.

Karzan قرضًا ad. A. par emprunt.

Kasd قصد s. A. (*kast*, vulg.), tendance, intention, dessein, projet, préméditation; complot, conspiration; *kasd ètmèk*, se proposer, intenter, préméditer, conspirer, comploter; *souyi kasd*, attentat; *'an kasdin* ou *kasd ilè*, avec préméditation, à dessein, de propos délibéré; *bi ghayre kasdin*, involontairement, sans préméditation.

Kasdèn قصدًا ad. A. à dessein, avec préméditation, de propos délibéré.

Kasm قصم s. A. action de briser, de rompre en séparant les parties.

Kasmak قاصمق T. plier en cousant; contracter, trousser, resserrer, amoindrir, diminuer.

Kasnak قاصناق s. T. cercle de bois ou de fer sur lequel on tend une peau, une étoffe, etc.; métier à broder; *dèmir kasnak*, cercle de fer d'une roue.

Kasne قاصني s. T. galbanum, espèce de gomme tirée d'une plante du même nom.

Kasr قسر s. A. force, violence, contrainte.

Kasr قصر s. A. action de raccourcir; état de ce qui est court; brièveté; *kasr ul-bèssar*, myopie.

Kasr قصر s. A. au pl. *koussour*, palais, château, pavillon; *kasri chahi*, palais royal; *èl kasr*, (le palais) dont les Européens ont fait Alcazar pour désigner les palais construits en Espagne par les Maures.

Kasri قسرى a. A. qui se fait par force, par contrainte; forcé.

Kasriyèd قصريد s. A. désistement; *kasriyèd ètmèk*, se désister (jurisp.).

Kassa قاصه s. de l'I. caisse, coffre.

Kassab قصاب s. A. boucher; fig. sanguinaire; *kassab dukkiane*, boucherie, boutique de boucher; *kassab mèrhèmi*, basilicon (onguent suppuratif); *kassab oghlou*, rusé, fourbe; *yuzu kassab sungèri ilè silinmich*, effronté, éhonté.

Kassab قصب s. A. roseau, canne; flûte.

Kassaba قصبه s. A. au pl. *kassabat*, bourg, petite ville.

Kassabat قصبات s. A. pl. du précédent.

Kassab-hanè قصابخانه s. P. grande boucherie.

Kassabiyè قصابيه s. A. droit perçu des bouchers; prix d'abattage payé à un boucher.

Kassablek قصابلق s. T. métier de boucher; boucherie; droit d'abattage payé par les bouchers; abattage; fig. cruauté, atrocité.

Kassam قسام s. A. employé du *chèr'i* chargé de répartir les biens d'un mort à ses héritiers.

Kassarèt قصارت s. A. état de ce qui est court; brièveté.

Kassatoura قصاتوره s. T. sabre-baïonnette.

Kassavèt قساوت s. A. affliction, chagrin, souci, inquiétude; (p. u.) dureté, inclémence; *kassavèt ètmèk*, s'inquiéter, regretter; *kassavèt čèkmèk*, avoir des chagrins, des soucis; être affligé.

Kassavètlènmèk قساو تلك T. s'affliger, s'inquiéter, regretter.

Kassavètli قساوتلی a. T. affligé, triste, morne, inquiet.

Kassayid قصائد s. A. pl. de *kassidè*, v. ce mot.

Kassek قاصق s. T. aine; *kassek 'illèti* ou *čatlaghe*, hernie; *kassek baghe*, bandage; *kassek otou*, aigremoine (herbe).

Kasselmak قاصلمق T. se raccourcir, se contracter; s'amoindrir.

Kassèm قسم s. A. serment; *kassèm ètmèk*, jurer; prêter serment.

Kassente قاصنتی s. T. couture faite après coup pour rétrécir un habit.

Kassergha قاصرغه s. T. tourbillon, vent violent, ouragan, rafale.

Kassi قاسی a. A. dur comme la pierre.

Kassid قاصد p. pr. A. qui tend vers; s. messager, exprès; d. de *kasd*.

Kassidè قصیده s. A. au pl. *kassayid*, poème, épopée.

Kassil قصیل s. A. fourrage vert coupé pour les chevaux; le vert.

Kassim قاسم p. pr. A. qui divise ou distribue; s. diviseur (arith.); d. de *kesm*; en T. us. *kassem*, mi-automne.

Kassimè قاسمة a. A. fém. du précédent; *'adalèti kassimè*, justice distributive.

Kassir قاصر a. A. imparfait, défectueux; d. de *koussour*.

Kassir قاسر p. pr. A. qui contraint; qui fait travailler par force; d. de *kasr*.

Kassir قصیر a. A. court, bref, petit de taille; d. de *kasr*; *kassir ul-bèssar*, myope.

Kast قصد s. A. (prononciation vulg.), v. *kasd*.

Kastarlamak قصتارلامق T. blanchir (le coton, etc.).

Kastarle قصتارلو a. T. blanchi (coton, etc.).

Kasvèt قسوت s. A. (p.u.), inclémence, chagrin, tristesse.

Kat قات s. T. pli; étage, couche; partie complète d'habillements, de linge, etc.; degré, quantité égale; *kat kat ètmèk*, plisser; *iki kat olmak*, être plié, courbé; être doublé; *birinǧi* ou *ust kat*, premier étage; *alt kat*, rez-de-chaussée; *bir kat èsvab*, un habillement complet; *iki kat*, double; *uč kat*, triple; *deurt kat*, quadruple; *bir kat daha*, encore autant; *biñ kat*, beaucoup plus, infinement plus; *iki kat ètmèk*, doubler; *kat kat*, mis par couches; en plusieurs étages; beaucoup plus, on dit aussi, mais c'est un barbarisme *kat èndèr kat*.

Kat قات partic. T. augmentative, se place devant certains adjectifs commençant par *kaf* (k); *kat kate*, très dur; *kat kala*, fixe.

Kat' قطع s. A. action de couper, de trancher; coupe; action de traverser, de déterminer, de franchir, de rompre; rupture; section (géom.); *kat'i alaka*, cessation des relations, rupture; *kat'i umid*, désespoir; *kat'i umid ètmèk*, désespérer; *kat'i munassèbat*, rupture des relations entre deux États.

Kat'a قطعا ad. A. nullement, aucunement; jamais; point; *asla vè kat'a*, pas le moins du monde.

Katar قطار s. A. rangée, série; file; une file de chameaux, de mulets, etc.; train de chemin de fer; *katar ètmèk*, ranger, réunir en une série.

Katarat قطرات s. A. pl. de *katra*, v. *katra*.

Katarlamak قطارلامق T. réunir, ranger en ligne.

Katayif قطائف s. A. pl. de *katifè*, (*kadifè*, vulg.), velours.

Katayif قطايف s. T. différentes espèces de douceurs; *tèl katayif*, pâte fine en forme de fils préparée avec du beurre et du sucre fondu ou du sapa; *èkmèk katayifi*, pain très mince préparé au sucre fondu et piqué de crème; *yasse katayif*, pâte en morceaux minces et circulaires préparées au beurre et au sucre fondu; *dèñiz katayifi*, espèce de plante marine.

Kate قاتی a. T. dur, âpre, rude; fort, violent; dense, épais; ad. durement, rudement, violemment, excessivement, etc.; *kate čok (pèk ziadè)*, excessivement, beaucoup trop.

Katech قاتش s. T. action d'adjoindre, d'ajouter, de mêler.

Katechtermak قاتشدرمق T. v. *katmak*.

Katega قاتجه ad. T. d'une manière épaisse.

Katek قاتيق s. T. ce qu'on mange avec le pain; pitance.

Kateklanmak قاتيقلانمق T. se procurer de quoi manger avec le pain.

Katelachma قاتيلاشمه s. T. (*katelanma*), endurcissement; coagulation.

Katelachmak قاتيلاشمق T. (*katelanmak*), devenir dur, s'endurcir; se coaguler.

Katelachtermak قاتيلاشدرمق T. rendre dur, endurcir; coaguler.

Katelanma قاتيلانمه s. T. v. *katelachma*.

Katelanmak قاتيلانمق T. v. *katelachmak*.

Katelech قاتلش s. T. (*katelma*), action d'être adjoint, ajouté; d'être mêlé; action de suivre.

Katelek قاتيلق s. T. dureté, rudesse, violence; densité, épaisseur.

Katelma قاتلمه s. T. v. *katelech*.

Katelmak قاتلمق T. être adjoint, ajouté; suivre, se mêler à.

Kater قاطر s. T. mulet, mule; fig. personne perfide, rouée.

Katergé قاطرجى s. T. muletier.

Kater-ternaghé قاطر طرناغى s. T. genêt (plante).

Katf قطف s. A. (p. u.), action de cueillir.

Kati' قاطع p. pr. a. A. au pl. *koutta'*, qui tranche, qui coupe; qui interrompt; incisif; d. de *kat'*; *kati'i houmma*, antifébrile, fébrifuge; *kati'i dèm*, hémostatique.

Kat'i قطعی a. A. décisif, définitif.

Katifè قطيفه s. A. (kadifè, vulg.), au pl. katayif, velours.

Katil قاتل p. pr. s. A. au pl. kouttal, qui tue : tueur, assassin, meurtrier ; a. mortel ; d. de katl ; katil ul-bèchèr ou katil ul-insan, homicide ; katil ul-hèvvam, insecticide.

Kat'i mukiafi قطع مكافى s. A. parabole (géom.).

Kat'i nakes قطع ناقص s. A. ellipse (géom.).

Kat'iyèn قطعیاً ad. A. définitivement ; rigoureusement.

Kat'i zayid قطع زائد s. A. hyperbole (géom.).

Katl قتل s. A. action de tuer ; meurtre, assassinat ; katl ètmèk, tuer, assassiner.

Katlachmak قاتلاشمق T. se courber, se plier.

Katlama قاتلامه s. T. pliage, plissage.

Katlamak قاتلامق T. plier, plisser ; multiplier, redoubler d. de kat.

Katlandermak قاتلاندرمق T. faire courber, plier, plisser ; faire consentir, faire accepter.

Katlanmak قاتلانمق T. se courber, se plier, fléchir, accepter, consentir, se résigner ; supporter, souffrir.

Katlatmak قاتلاتمق T. faire plier.

Katl-giah قتلكاه s. P. échafaud (pour l'exécution d'un criminel).

Katma قاتمه s. T. action d'adjoindre, d'ajouter, de mêler ; chose ajoutée.

Katmak قاتمق T. adjoindre, ajouter, attacher ; mêler, mélanger ; mettre ; faire accompagner ; bir birinè katmak, semer la discorde ; gèğèyi gunduzè katmak, travailler nuit et jour.

Katmèr قاتمر a. T. double, à plusieurs plis, à plusieurs feuilles (fleur), redoublé, multiplié ; katmèr gul, rose double.

Katolik قاتوليك a. s. du F. catholique.

Katoliklik قاتوليكلك s. T. catholicisme, religion catholique.

Katr قطر s. A. (p. u.), action de dégoutter.

Katra قطره s. A. au pl. *katarat*, goutte (d'un liquide); en T. us. *damla*; *katra katra* (*damla damla*), goutte à goutte.

Katran قطران s. A. goudron, poix liquide.

Katranlamak قطرانلامق T. goudronner.

Katranle قطرانلی a. T. goudronné.

Kav قاو s. T. amadou; fig. chose sèche, pourrie; légère, vide; *kav gibi adam*, homme sans aucune force; *kav kèssilmèk*, être pourri.

Kavafi قوافی s. A. pl. de *kafiyè*, v. ce mot.

Kavafil قوافل s. A. pl. de *kafilè*, caravanes.

Kavak قاواق s. T. peuplier; *anadolou-kavak*, petit village sur le haut Bosphore (côte d'Asie); *roumèli-kavak*, autre petit village à l'opposite.

Kaval قوال s. T. flûte; *kaval čalmak*, jouer de la flûte; *kaval bouroun*, gros nez; *ustu kaval alte chèchhanè*, asymétrique.

Kavala قواله n. p. T. Cavala (ville).

Kavalib قوالیب s. A. pl. de *kalib*, modèles, formes.

Kavanin قوانین s. A. pl. de *kanoun*, règles, lois; *kavanini èssassiyè*, lois fondamentales; *kavanini milkiyè*, lois politiques; *kavanini ǧèzayiyè*, lois criminelles ou pénales; *kavanini milliyè*, la loi des nations.

Kavanoz قوانوز s. T. pot ou vase de terre, urne.

Kavara قواره s. T. pet; *kavara čèkmèk*, péter.

Kavas قواص s. T. v. *kavvas*.

Kavata قواطه s. T. sorte de tomate verte et acide.

Kavata قواطه s. T. cuvette.

Kava'yid قواعد s. A. pl. de *ka'yidè*, règles, fondements, bases; sing. (comme mot T.), grammaire; *kava'yidi 'osmaniyè*, grammaire turque.

Kavayim قَوائمُ s. A. pl. de *kayimè*, v. ce mot.

Kavgha غَوغا s. T. v. *ghavgha* avec ses dérivés.

Kavi قوى a. A. fort, robuste, vigoureux, ferme, solide, puissant ; d. de *kouvvèt* ; *kavi dourmak*, tenir ferme.

Kavl قول s. A. au pl. *akval*, parole, dire ; accord, pacte, convention ; *kavl ètmèk*, rester d'accord, convenir d'une chose, faire un pacte.

Kavlak قاولاق a. T. dont l'écorce est séparée, tombée (arbre).

Kavlamak قاولامق T. se séparer, tomber (en parlant de l'écorce, de la peau).

Kavlèn قولاً ad. A. en parole, opposé à *fi'lèn* ; *kavlèn vè fi'lèn,* en parole et en action.

Kavli قولي a. A. relatif à la parole.

Kavl-namè قولنامه s. P. contrat, convention.

Kavm قوم s. A. au pl. *akvam*, peuple, nation ; tribu.

Kavouchdourmak قاوشدرمق T. v. *kaouchtourmak*.

Kavouchmak قاوشمق T. v. *kaouchmak*.

Kavouk قاوق a. s. T. v. *kaouk*.

Kavoun قاون s. T. v. *kaoun*.

Kavourma قاورمه s. T. v. *kaourma* avec ses dérivés.

Kavramak قاورامق T. empoigner, enlever, saisir ; entourer, couvrir en entier.

Kavrayech قاورايش s. T. action d'empoigner, d'enlever, de saisir, etc.

Kavvaf قواف s. A. (*kafaf*, T. vulg.), marchand de pantoufles, de bottes, de souliers ; se dit des marchands qui vendent de tels objets pour le bas peuple ; *kafaf ichi*, ouvrage ordinaire, vulgaire ; *kiahal kafafe*, menteur, imposteur ; homme fourbe qui fait l'avocat.

Kavvaf-hanè قوافخانه s. P. boutique de marchand de pantoufles, etc.

Kavval قوال s. A. beau parleur; d. de *kavl*.

Kavvas قواس s. A. (*karas*, T. vulg.), sbire; huissier; garde des ambassadeurs en Turquie.

Kay ق s. A. vomissement; en T. us. *kousma*; *kayi dèm*, hématémèse, vomissement de sang; *kay ètmèk*, *kousmak*, vomir.

Kaya قايا s. T. rocher, roc, roche, écueil; *kaya koroughou*, orpin (plante); *kaya bulbulu*, passerine solitaire (oiseau).

Kayağek قاياجق s. T. petit rocher; *kayağek aghağe*, sorte de hêtre très dur.

Kayaghan قاياغان s. T. sorte d'ardoise.

Kayalek قيالق s. T. terrain rocailleux, côte couverte de rocs.

Kayar قايار s. T. fer à cheval à crochets pour marcher sur la glace.

Kayassa قاياسه s. T. courroie attachée au bout d'une sangle pour passer dans la boucle.

Kayassirè قياصره s. A. pl. de *kaysèr*, v. *kaysèr*.

Kayb غائب s. T. d. du mot arabe *ghayib*, perte; *kayb ètmèk*, perdre; *kayb olmak*, être perdu; disparaître; *kayebda der*, il est perdu, on ne sait pas ce qu'il est devenu.

Kayd قيد s. A. au pl. *kouyoud*, action de lier; lien, entrave, enchaînement; enregistrement; assiduité, souci; article obligatoire; *kayd ètmèk*, lier; enregistrer; se soucier; *kayd olounmak*, être enregistré; *kayd ètmèm*, je ne m'en soucie pas; *kaydenda olmak*, se soucier; *kaydi hayat*, à vie; *bi kayd*, insoucieux.

Kayderak قايدراق s. T. palet.

Kayderma قايدرمه s. T. pente douce.

Kaydermak قايدرمق T. faire glisser; chasser, éloigner, expulser.

Kaydsez قيدسز a. T. insouciant, insoucieux.

Kaydsezlek قيدسزلق s. T. insouciance.

Kayech قايش s. T. courroie, sangle; bande de cuir pour affiler le rasoir; fig. chose sèche et dure; *kayech dili*, argot; *kayech-daghe*, montagne en face de Constantinople à deux heures et demie de Scutari.

Kayech قايش s. T. glissement.

Kayechġe قايشجى s. T. trompeur.

Kayek قايق s. T. caïque, petit bateau léger et long, esquif, canot; *atèch* ou *pazar kayeghe*, grand bateau long; *balekġe kayeghe*, barque de pêcheur.

Kayekġe قايقجى s. T. batelier.

Kayekġelek قايقجيلق s. T. métier de batelier.

Kayek-hanè قايقخانه s. T. lieu couvert où l'on retire les caïques, les barques.

Kayen قاين s. T. (*kayen-biradèr*), beau-frère.

Kayen قاين s. T., *kayen aghaġe*, hêtre, charme (arbre).

Kayen قاين s. T. corrompu de *kayim*, A. qui tient lieu de (v. *kayim*); usité dans les mots suivants; *kayen-pèdèr* ou *ata*, beau-père; *kayen-validè* ou *ana*, belle-mère; *kayen-biradèr*, ou simplement *kayen*, beau-frère (celui dont on a épousé la sœur).

Kayer قاير s. T. amas de sable à l'embouchure d'une rivière; barre.

Kayereġe قاىريجى s. T. celui qui prend soin de; protecteur.

Kayerelmak قايرلمق T. être soigné, ménagé; être nommé ou reçu en service.

Kayermak قايرمق T. (*kayghourmak*), soigner, avoir soin, protéger, ménager; nommer à un emploi; recevoir en service.

Kayesse قايسى s. T. v. *kayse*.

Kayghana قايغنه s. T. omelette.

Kayghe قايغو s. T. (*kayghou*), souci, chagrin, affliction.

Kayghele قايغولو a. T. soucieux, affligé.

Kayghessez قايغوسز a.

T. sans souci, insouciant, insoucieux.

Kayghou قايغو s. T. v. *kayghe.*

Kayghourmak قايغورمق T. v. *kayermak.*

Ka'yid قاعد p. pr. A. qui s'assied ; d. de *kou'oud.*

Ka'yidè قاعده s. A. au pl. *kava'yid*, maxime, axiome, principe, système, méthode, règle, fondement, base (géom.) ; *ka'yidèyi 'oumoumiyè*, règle générale.

Ka'yidèli قاعدلى a. T. méthodique, systématique.

Ka'yidèssiz قاعدهسز a. T. sans règle, sans méthode.

Ka'yidèssizlik قاعدهسزلك s. T. irrégularité, manque de méthode.

Kayil قائل p. pr. A. qui dit, qui parle ; qui consent ; d. de *kavl* ; *kayil olmak*, se contenter, consentir.

Kayim قائم p. pr. A. qui se lève, se dresse ; qui se tient debout ; qui tient lieu de ; a. permanent ; droit ; vertical, perpendiculaire ; d. de *keyam* ; *mussèlèssi kayim uz-zaviyè*, triangle rectangle (géom.).

Kayimè قائمة a. A. fém. du précédent ; *zaviyèyi kayimè*, angle droit (géom.).

Kayimè قائمة s. A. au pl. *kavayim*, billet, note, papier, mémoire ; papier-monnaie.

Kayimèn قائمًا ad. A. debout ; verticalement, perpendiculairement, on dit aussi *'amoudèn*, perpendiculairement.

Kayim-mèkam قائم مقام s. A. (*kaymakam*, T. vulg.), lieutenant, vicaire, locumtenens, délégué ; lieutenant-colonel ; sous-gouverneur d'un district ; caïmacam ; ministre par intérim ; c. de *kayim* et de *mèkam*, siège, place ; *sadra'zam kaymakame*, grand vizir par intérim.

Kaymač قايماچ a. T. qui a le coin extérieur relevé vers le haut (œil).

Kaymak قايمق T. glisser ; *geuz kaymak*, loucher ; *dil kaymak*, faire une faute par inattention en parlant.

Kaymak قایاق s. T. créme, fleur de lait ; essence, extrait d'une chose, quintessence.

Kaymakam قایمقام s. T. v. *kayim-mèkam*.

Kaymakamlek قیمقاملق s. T. lieutenance ; charge de caïmacam ; ministère par intérim ; grade de lieutenant-colonel ; dignité et charge de sous-gouverneur de district ; district gouverné par un caïmacam.

Kaymakğe قیماقجی s. T. crémier, vendeur de *kaymak*.

Kaymaklanmak قایماقلانمق T. crémer, se couvrir de crème (lait, etc.).

Kaymakle قایماقلی a. T. crémeux, à la crème.

Kaynachmak قایناشمق T. s'unir, se souder.

Kaynak قایناق s. T. jointure, articulation ; soudure ; source ; extrémité postérieure de la cuisse.

Kaynama قاینامه s. T. ébullition, bouillonnement.

Kaynamak قاینامق T. bouillir, entrer en ébullition, bouillonner, fermenter ; sourdre (eau) ; se couver (révolution, etc.) ; fourmiller ; être uni, soudé ; ne pas rester tranquille ; être englouti (navire).

Kaynana قاین آنا s. T. (*kayen-ana*), belle-mère.

Kaynar قاینار a. T. bouillant.

Kaynarğa قاینارجه s. T. source d'eau chaude, d'eau minérale, thermale.

Kaynata قاین آتا s. T. (*kayen-ata*), beau-père.

Kaynatmak قایناتمق T. faire bouillir, faire fermenter ; unir, coller ; souder.

Kaypak قایپاق a. T. glissant ; s. objet volé.

Kaypakğe قایپاقجی s. T. celui qui vole une marchandise et l'emporte ; voleur.

Kaypamak قایپامق T. glisser ; disparaître ; couler (graisse).

Kayrak قایراق s. T. terrain dont la terre est glissante et meuble.

Kayralmak قایرالمق T. être barré par un amas de sable (fleuve, rivière).

Kayse قايسى s. T. (*kayesse*), gros abricot à noyau doux; *zèrdali*, petit abricot à noyau amer; *kayse aghağe*, abricotier qui donne de gros abricots.

Kaysèr قيصر s. A. au pl. *kayassirè*, César; empereur, monarque; analogie avec le mot arménien *gèssar*, empereur.

Kaysèri قيصرى a. A. Césarien.

Kaysèriyè قيصريه a. A. fém. du précédent; n. p. Césarée en Cappadoce, aujourd'hui Kaïsarieh dans l'Asie-Mineure; on dit aussi vulgairement *kaysèri*.

Kaytan قيطان s. T. *(ghaytan)*, ganse, cordonnet, aiguillette.

Kayyoum قيوم a. A. qui existe par lui-même; immuable (attribut de Dieu); s. celui qui fait le service d'une mosquée et la surveille.

Kaz قاز s. T. oie; fig. sot; *kaz palaze*, oison; *kaz ayaghe*, crochet à plusieurs branches; ansérine (plante); *kaz daghe*, Ida, montagne de la Troade; *euylè dèyil kazeñ ayaghe*, vous vous trompez; cela n'est pas ainsi (expression).

Kaza' قذع s. A. parole obscène, impure.

Kaza قضاء s. A. charge, fonction de juge; sentence, jugement; arrêt, destin, destinée, fatalité; accident; accomplissement; arrondissement, district gouverné par un sous-gouverneur (caïmacam); *kaza ilè*, par accident, par hasard.

Kazaèn قضاءً ad. A. par accident, par hasard.

Kazak قازاق قزاق s. T. cosaque (nation et soldat); *kazak vilayèti*, Ukraine, région de la Russie d'Europe.

Kazan قزان n. p. T. Kazan, ville importante de la Russie d'Europe, 78,000 h.

Kazan قزان s. T. *(kazghan)*, chaudron; chaudière.

Kazandermak قزانديرمق T. faire gagner.

Kazanğ قزانج s. T. gain, profit, lucre; gagne-pain.

Kazanğe قزانجى s. T. chaudronnier, artisan qui fabrique ou raccommode les chaudières des bateaux à vapeur.

Kazanğle قزانجلى a. T. lucratif, profitable.

Kazanmak قزانمق T. gagner, profiter.

Kazara قضارا ad. P. par hasard, par accident.

Kaz'askèr قاضى عسكر s. T. v. *kaze'askèr*.

Kaz'askèrlik قاضى عسكرلك s. T. grade et dignité de *kaz'askèr*.

Kazaya قضايا s. A. pl. de *kaziyè*, v. ce mot.

Kazaz قزاز s. T. v. *kazzaz*.

Kazdermak قازديرمق T. faire creuser, faire fouiller; faire graver, sculpter.

Kaze قاضى s. A. v. *kade*.

Kaze 'askèr قاضى عسكر s. A. (*kaz'askèr*, T. vulg.), juge d'armée; grand dignitaire de la hiérarchie des ulémas (docteurs de la loi) qui viennent à la suite du *chèyh ul-islam*; il y en a deux, l'un appelé *roumèli kaz'askèri*, pour la Turquie d'Europe, l'autre appelé *anadolou kaz'askèri*, pour la Turquie d'Asie.

Kazech قازش s. T. action de creuser; de graver.

Kazeğe قازيجى s. T. celui qui creuse; graveur, sculpteur.

Kazek قازيق s. T. pieu, pal, palis, poteau, piquet; fig. dommage subi par duperie; *kazegha otourmak*, subir un dommage; *kazek atmak*, faire subir un dommage; *ichi kavi* ou *sagh kazegha baghlamak*, arranger, traiter une affaire solidement; *kazek dikmèk*, ficher des pieux; fig. se rendre célèbre par une action éclatante; *kazekdan kačmech* ou *kourtoulmouch*, criminel dangereux.

Kazekğe قازيقجى s. T. dupeur; a. qui fait subir des pertes en dupant.

Kazeklamak قازيقلامق T. empaler, faire subir le supplice du pal ; fig. faire subir un dommage par duperie.

Kazèl قزل s. T. feuille d'arbre sèche.

Kazelmak قازلمق T. être creusé, fouillé ; gravé, sculpté ; va. creuser, etc. (sujet indét.).

Kazem قاضم p. pr. a. A. qui ronge ; rongeur ; phagédénique (méd.) ; au fém. *kazemè*; *hayvanate kazemè*, rongeurs.

Kazemak قازيمق T. raturer, effacer, racler, gratter, raser ; graver.

Kazenmak قازينمق T. se gratter, s'égratigner.

Kazente قازيندى s. T. raclure ; *baghersak kazentesse*, diarrhée forte.

Kazèr قزر s. A. ordure, immondice.

Kazèta غزته s. de l'I. v. *ghazèta*.

Kazetmak قازتمق T. faire gratter, faire raturer, raser ; faire graver.

Kaze ul-'askèr قاضى العسكر s. A. v. *kaze 'askèr*.

Kazèvi قزوى s. T. sac tressé de feuilles de dattier pour y mettre du riz.

Kazèz قزاز s. T. v. *kazzaz*.

Kazèzlik قزازلق s. T. v. *kazzazlek*.

Kazghan قزغان s. T. v. *kazan*.

Kazghanğe قزغانجى s. T. v. *kazanğe*.

Kaziyè قضيه s. A. au pl. *kazaya*, événement, accident ; question, affaire ; proposition (log.).

Kazlek قازلق s. T. sottise, stupidité.

Kazma قازمه s. T. action de creuser, de fouiller ; de graver ; creusement, excavation ; a. creusé, gravé, fouillé.

Kazma قازمه s. T. pioche, houe.

Kazma قازمه impér. T. de *kazmamak*, ne creuse pas ; *kazma kouyouyou kèndiñ duchèrsin*, ne creusez pas un puits (une fosse pour d'autres) vous y tombez vous-même (prov.).

Kazmak قازمق T. creuser, excaver, piocher, fouiller ; graver, sculpter.

Kazmir قازمیر s. du F. casimir (étoffe).

Kazz قزّ s. A. (p. u.), soie.

Kazzaz قزّاز s. A. *(kazaz,* T. vulg.), celui qui prépare et vend de la soie, mercier ; d. de *kazz.*

Kazzazlek قزّازلق s. T. mercerie.

Keb قب partic. T. v. *kab.*

Kèbab كباب s. A. rôti, viande rôtie ou toute autre chose torréfiée, rôtie, comme châtaignes, maïs ; a. torréfié, fricassé ; fig. brûlé ; *kèbab ètmèk,* rôtir, torréfier, fricasser ; brûler ; *kèbab olmak,* se rôtir ; être consumé de douleur (en parlant du cœur).

Kèbabğe كبابجى s. T. rôtisseur.

Kèbabiyè كبابیه s. T. tabac consumé qui reste au fond du foyer d'une pipe.

Kèbad كباد s. T. grand citron (genre cédrat) qui sert à faire de la confiture.

Kèbadè كباده s. P. v. *kèpadè.*

Kèbayir كبائر s. A. pl. de *kèbirè,* les grands péchés.

Kèbè كبه s. T. feutre grossier ; serge ; manteau de villageois en feutre grossier.

Kèbèd كبد s. A. foie ; en T. us. *kara ḡiyèr : illihabi kèbèd,* hépatite (méd.).

Kèbir كبیر a. A. au pl. *kibar* ou *kubèra,* grand, puissant, énorme, grave ; éminent ; âgé, adulte, majeur ; d. de *kibr.*

Kèbirè كبیره s. A. au pl. *kèbayir,* grand péché, crime ; a. fém. de *kèbir,* grande.

Kèbissè كبیسه s. A. au pl. *kèvabis,* bissexte ; a. fém. bissextile ; *sènèyi kèbissè,* année bissextile, on peut dire aussi *salè kèbissè.*

Keblè قبله s. A. côté vers lequel on se tourne en faisant la prière ; sud ; vent du sud.

Keblètèyn قبلتين s. A. duel de *keblè*, les deux *keblè* ou points vers lesquels on se tourne en priant ; c.-à-d. la Mecque pour les Mahométans, et Jérusalem pour les Israélites.

Kebres قبرس n. p. T. Chypre.

Kebresle قبرسلى a. s. T. Chypriote ; de Chypre.

Keč کج s. T. partie postérieure de toute chose, poupe d'un navire ; le derrière ; ruade ; *keč atmak*, donner des ruades.

Keče کچه s. T. feutre, étoffe de laine non tressée mais frappée ; tapis.

Keče کچی interj. T. dont on se sert pour appeler les chiens.

Kečegi کچه‌جى s. T. fabricant ou vendeur de tapis, de feutre.

Kečen کچين ad. T. en reculant.

Kèch کش a. T. naïf.

Kèch کش s. T. sorte de lait aigre caillé ; sorte de fromage maigre.

Kèch کش s. T. vulg. personne ; *hèr kèch*, chacun ; v. *kès*, P.

Kèch کش impér. P. tire, traîne, attire ; a. qui tire, etc. ; partic. en compos. ; *ğèfa-kèch*, vexé, tourmenté, contrarié ; *dil-kèch*, attrayant, qui attire le cœur.

Kech قيش s. T., *chita*, A. hiver ; *kara kech*, hiver rigoureux ; le cœur de l'hiver ; *kech yèmèk*, être exposé au froid de l'hiver.

Kècha-kèch کشاکش s. P. lutte, dispute ; désaccord.

Kèchan کشان a. P. qui tire, traîne ; *kèchan kèchan*, graduellement.

Kèchan کشان s. T. licou ou entrave en forme de chaîne.

Kèchchaf کشاف p. pr. A. qui dévoile, qui découvre ; s. éclaireur (mil.) ; d. de *kèchf*.

Kechen قيشين ad. T. pendant l'hiver ; *èsnaye chita-dè*, même signification.

Kèchf کشف s. A. action

36

de dévoiler, de découvrir; d'expliquer un mystère; découverte, révélation; enquête; reconnaissance militaire; *kèchf ètmèk*, dévoiler, découvrir, révéler, scruter, faire l'enquête; faire le devis de; *kèchf olmak*, être révélé; *kèchf dèftèri*, devis.

Kèchfiyat كشفيات s. A. pl. découvertes.

Kèchich كشيش s. T., *rahib*, A. prêtre ou moine chrétien; *kèchich-daghe*, mont Olympe à Brousse (ancienne Bithynie).

Kèchich-hanè كشيشخانه s. T. monastère, couvent chrétien.

Kèchichlèmè كشيشلمه كشيشله s. T. vent du sud-est qui semble venir de Kéchichdagh, siroco sur la Méditerranée.

Kèchidè كشيده p. p. P. d. de *kèchidèn*, tiré, attiré, tracé; étendu, allongé; s. trait d'une lettre; trait d'union; action de donner un repas; *ziyafèt kèchidè ètmèk*, donner un festin; *tèlèghraf kèchidè ètmèk*, télégraphier; *poliča kèchidè ètmèk*, tirer une traite.

Kèchidè كشيد a. P.. qui a souffert, supporté, enduré; partic. en compos.; *èlèm-kèchidè*, qui a éprouvé des tourments.

Kèchkè كشكه interj. T. v. *kiach-ki*.

Kèchkèk كشكك s. T. froment bouilli avec des morceaux de viande coupée.

Kechkermak قشقرمق T. s'enfuir épouvanté; s'inquiéter.

Kechkertmak قشقرتمق T. faire fuir avec peur, faire frémir; causer de la peur; rendre sauvage, inquiet.

Kechla قشلا قيشلا قشله s. T. caserne.

Kechlak قشلاق قيشلاق s. T. quartier d'hiver pour l'armée; lieu où l'on fait paître les troupeaux pendant l'hiver.

Kechlamak قشلامق قيشلامق T. hiverner.

Kechlatmak قيشلاتمق T. faire hiverner.

Kechlek قيشلق a. T. hivernal.

Kèchmèkèch كشمكش s. P. mêlée, dispute, querelle, combat, lutte; souci.

Kechr قشر s. A. écorce, coque, cosse, croûte; test (hist. nat.).

Kechrè قشره s. A. v. le précédent.

Kechri قشرى a. A. cortical; crustacé.

Kèchti كشتى s. P. navire, vaisseau; en T. us. *gèmi*.

Kèchtiban كشتيبان s. P. capitaine de vaisseau; pilote.

Kèči كچى s. T. chèvre; bouc; *kèči bouynouzou*, carouge ou caroube, fruit du caroubier; fruit en cosse; *kèči otou*, hépatique (herbe); *dagh kèčissi*, chamois.

Kedah قداح (et *koudouh*), s. A. pl. de *kadèh*, coupes, verres à boire.

Kedèm قدم s. A. préséance; ancienneté hiérarchique; préexistence, antériorité; éternité.

Kedèmli قدملى a. T. qui a la préséance; ancien dans l'ordre hiérarchique.

Kèdèr كدر s. A. au pl. *èkdar*; tristesse, affliction, tribulation, malheur, peine, chagrin, déplaisir; préjudice, dommage; *kèdèr ètmèk*, s'affliger, se chagriner; *kèdèr vèrmèk* ou *gètirmèk*, attrister, affliger, faire de la peine; endommager.

Kèdèrlènmèk كدرلنمك T. s'affliger, s'attrister.

Kèdèrli كدرلى a. T. affligé, attristé, triste; qui cause de la peine.

Kèdi كدى s. T. chat, chatte; *kèdi baleghe*, raie (poisson); *misk kèdissi*, civette; *kèdi otou*, herbe au chat, valériane.

Kedm قدم s. A. antériorité; éternité.

Kedr قدر s. A. au pl. *koudour*, marmite, pot.

Kè-ènnè كأنّ ad. A. comme si, on dirait que; *kèènnè lèm yèkun*, comme s'il n'avait jamais existé; nul et non avenu.

Kè-ènnè-hou كأنّه ad. A. v. le précédent.

Kèès كأس s. A. coupe à boire; calice.

Kèf كيف s. T. v. *kèyf*.

Kèf كف s. P. écume; en T. us. *keupuk*; *kèfini almak*, ôter l'écume, écumer le bouillon.

Kèf ك vingt-cinquième lettre de l'alphabet turc; v. *kiaf*.

Kèfaf كفاف s. A. ce qui suffit pour vivre.

Kèfal كفال s. du G., *kèfal baleghe*, T. muge, mulet (poisson à grosse tête).

Kèfalèt كفالات s. A. caution, garantie, cautionnement; *kèfalèt ètmèk*, se rendre caution, cautionner, garantir; *kèfalèti kaviyè vè mu'tèbèrè*, caution bonne et suffisante; *i'taye kèfalèt ètmèk*, fournir caution; *kèfalètè rabt ètmèk*, admettre une caution.

Kèfalèt-namè كفالتنامه s. P. acte de caution; *ba kèfalèt-namè*, par acte de caution.

Kèfarèt كفارت s. A. pénitence, peine expiatoire, satisfaction, expiation; *kè-farèt zunoub*, satisfaction pour les péchés.

Kèfcè كفچه s. P. v. *kèpcè*.

Kèfè كفه s. T. brosse de serge pour nettoyer les chevaux; vergette.

Kèfèlèmèk كفه‌لمك T. nettoyer le cheval avec une brosse de serge, avec une vergette.

Kèfèn كفن s. A. (*kèfin*, T. vulg.), suaire, linceul pour ensevelir les morts; drap mortuaire.

Kèfèrè كفره s. A. (*kuff'ar*), pl. de *kiafir*, les infidèles.

Kèff كف s. A. paume de la main; plante du pied.

Kèff كف s. A. abstinence, renoncement; action de repousser, de refouler.

Kèffè كفه s. A. bassin ou plateau de balance.

Kèf-gir كفگير s. P. (*kèv-gir*, T. vulg.), écumoire.

Kèfil كفيل s. A. caution, garant, fidéjusseur; d. de *kèfalèt*; *kèfil olmak*, être ou se rendre garant, caution; cautionner; *kèfilè rabt èt-*

mèk ou *kèfil almak*, prendre caution ; *kèfil irayè ètmèk*, fournir caution ; *kèfil vèrmèk*, donner une caution, garantir ; *kèfili bil-mal*, caution pécuniaire ; *kèfili binnèfs* ou *nèfsinè kèfil*, caution personnelle.

Kèfillik كفيللك s. T. garantie, caution.

Kèfin كفين كفن s. T. (*kèfèn*, A.), drap mortuaire, linceul pour ensevelir les morts.

Kèfingi كفنجى s. T. celui qui prépare les draps mortuaires ; qui dépouille le mort.

Kèfinlèmèk كفينلمك s. T. envelopper du drap mortuaire.

Kèfinli كفنلى a. T. enveloppé dans le drap mortuaire.

Kèfiyè كفيه s. T. châle léger de soie.

Kèfnè كفنه s. T. gantelet de cuir.

Kèǧè قيچه s. T. toute chose piquante, caustique.

Keǧek قيچك s. T. (*keǧeklanma*), chatouillement.

Keǧeklamak قيچكلامق T. (*gheǧeklamak*), chatouiller, titiller.

Keǧeklanmak قيچكلانمق T. (*gheǧeklanmak*), être chatouillé.

Keǧer قيچر partic. T. imite le grincement ou le craquement léger des souliers neufs ; *keǧer keǧer*, se dit de tout ce qui est neuf (habits, souliers, etc.).

Keǧerdamak قيچردامق T. faire un grincement ; grincer.

Keǧerdatmak قيچرداتمق T. faire grincer, grincer.

Keǧerte قيچردى s. T. grincement.

Kegh قيخ s. T. fiente de mouton.

Keghelǧem قيغلجم s. T. (*kevelǧem*), étincelle.

Keghlamak قيغلامق T. fienter (en parlant des moutons, etc.).

Kèhallek كهالق s. T. art, profession d'oculiste.

Kèhaya كهيا كتخدا s. T. (*kèhya*), intendant ; d. de *kèthuda* (*kèthouda*), P. ès-

naf kèhyasse, notable de chaque corporation ; *kapou kèhyasse*, v. *kapou kèthoudasse* (dans *kapou*) ; *kèhyasse yok*, indépendant.

Kèhayalek كهيالق s. T. (*kèhyalek*), intendance ; fig. intervention, immixtion ; *kèhyalek ètmèk*, faire l'intendant ; fig. se mêler des affaires d'autrui.

Kèhènè كهنة s. A. pl. de *kiahin*, devins.

Kèhf كهف s. A. grotte, caverne.

Kèhfî كهفي a. A. caverneux.

Kèhhal كحال s. A. oculiste ; d. de *kuhl*.

Kèh-kèchan كهكشان s. P. voie lactée.

Kèhlè كهله s. T., *bit*, pou ; vermine ; *tahta kèhlèssi* ou *biti*, punaise.

Kèhlèlènmèk كهلەلنمك T. avoir des poux.

Kèhlèli كهلەلي a. T., *bitli*, pouilleux, plein de poux.

Kèhribar كهربار s. T. ambre jaune ; carabé, succin ; d. de *kèh-ruba*, P.

Kèh-ruba كهربا s. P. v. le précédent.

Kèhvarè كهوارە s. P., *mèhd*, A. berceau ; en T. us. *bèchik*.

Kèhya كهيا s. T. v. *kèhaya*.

Kèhyalek كهيالق s. T. v. *kèhayalek*.

Kèkè ككه s. T. long bâton pourvu d'un croc pour tirer à soi les branches des arbres.

Kèkè ككه a. T. qui bégaye.

Kèkèlèmèk ككەلمك T. bégayer.

Kèkèmè ككەمە a. T. qui bégaye ; bègue.

Kekerdak قيقرداق s. T. reste de graisse fondue ; conque ; cavité de l'oreille.

Kèkîk ككيك s. T. thym (plante).

Kèklik ككليك s. T. perdrix ; *kèklik otou*, marjolaine (plante).

Kèkrè ككرە a. T. âpre, âcre, acide.

Kèkrèlik ككرەلك s. T. âpreté, âcreté, acidité.

Kèkrèmèk كَكْرَمَكْ T. devenir âpre, âcre, acide, aigre ; fermenter.

Kèkrèmèssi كَكْرَمَسِى a. T. acidule.

Kel قِيل s. T. poil, cheveu ; crin ; fig. très peu ; *kel kalde*, peu s'en fallut ; *kel kadar*, le moins du monde ; *kel bouroun*, langue de terre très mince.

Kèl كَل s. T. teigne ; a. teigneux, rogneux ; chauve ; nu (plante, arbre) ; *sinèk kayde kèl*, très chauve ; *kèl oghlan*, orphelin ; enfant pauvre, misérable, mesquin ; *kèli kezmak*, se courroucer, s'irriter.

Kela' قلاع s. A. pl. de *ka'la*, forteresses, châteaux forts.

Kèlab كلاب s. A. rage contractée par la morsure d'un chien enragé.

Kelabdan قِلابدان s. T. fil métallique composé d'argent et de cuivre.

Kelaghe قِلاغى s. T. tranchant, fil d'un sabre, d'un couteau.

Kelaghou قِيلاغو s. T. v. le précédent.

Kelaghouz قِيلاغوز s. T. *(kelaouz)*, v. *koulaghouz*.

Kelaghouzlouk قِيلاغوزلق s. T. *(kelaouzlouk)*, v. *koulaghouzlouk*.

Kèlal كلال s. A. fatigue, lassitude.

Kèlam كلام s. A. parole, discours ; idiome, langage ; phrase, proposition ; *miri kèlam*, éloquent ; *'ilmi kèlam*, théologie ; *kèlame chèrif*, parole sacrée, les livres divins ; *sèlamsez kèlamsez*, sans dire adieu, sans rien dire ; *hassele, hulassaye* ou *nètigèyi kèlam*, en résumé, enfin, en un mot ; bref.

Kelaouz قلاوز s. T. *(kelaghouz)*, v. *koulaghouz*.

Kelaouzlamak قلاوزلامق T. v. *koulaghouzlamak*.

Kelaouzlouk قلاوزلق s. T. *(kelaghouzlouk)*, v. *koulaghouzlouk*.

Kèlat كلات n. p. T. Kélat, cap. du Béloutchistan, 10,000 h.

Kelav قِلاو s. T. maladie mortelle des bestiaux qui

fait venir l'écume à la bouche.

Kelavouz قلاوز s. T. v. *koulaghouz*.

Kèlb كلب s. A. au pl. *kilab*, chien ; en T. us. *keupèk* ; *kèlbi èkbèr*, nom d'une étoile, canicule ou le Grand Chien.

Kèlbètan كلبتان s. A. v. *kèrpèdin*.

Kèlbètèyn كلبتين s. A. v. *kèrpèdin*.

Kèlbi كلبي a. A. de chien, qui appartient au chien ; cynique.

Kelčèk قيلیچیق قیلچیق قلیچیق s. T. arrête de poisson ; barbe d'épi.

Keldermak قيلدرمق قيلدرمق T. faire faire, exécuter.

Kèlèbčè كلبچه s. T. (*gulbèğè*, vulg.), menottes, lien de fer qu'on met aux poignets des criminels.

Kèlèbèk كلبك بك كلبك s. T. (*kèpènèk*, vulg.), papillon de jour, cercelle ; *pèrvanè*, P. papillon de nuit.

Kèlèch كلش a. s. T. teigneux.

Kelef قليف s. T. gaîne, fourreau ; étui, enveloppe ; d. de l'arabe *ghilaf*.

Keleğ قليچ s. T., *sèyf*, A., *chimchir*, P. épée, sabre, cimeterre ; glaive ; *keleğ ačeğe*, fourbisseur ; *keleğ-hanè*, manufacture de sabres pour l'armée ; *keleğ otou* (*kantarion*), centaurée ; *keleğ čèkmèk*, tirer le sabre ; *keleğ takenmak*, ceindre le sabre ; *keleğdan gèčirmèk*, passer au fil de l'épée ; *keleğ čalmak*, sabrer ; *keleğ ačmak*, aiguiser l'épée ; *keleğ alaye* ou *keleğ kouchanmasse*, cérémonie de l'investiture du sabre après l'avènement au trône d'un nouveau Sultan.

Keleğče قليچجى s.T. fabricant ou vendeur de sabres.

Keleğlama قليجلامه ad. T. en écharpe.

Keleğle قليجلى a. T. qui porte l'épée.

Kèlèk كلك a. T. qui a des taches semblables aux traces de la teigne ; sans saveur, non mûri (fruits surtout melon et pastèque).

Kelek قيليق s. T., *keyafèt*, A. extérieur; forme, apparence, costume.

Kelekle قيليقلى a. T. de telle ou telle forme; *insan kelekle*, en homme, comme un homme; *sèned kelekle*, ayant la forme (la valeur) d'un acte.

Keleksez قيليقسز a. T. d'un extérieur difforme, laid.

Kelenmak قيلنمق T. être fait, exécuté.

Kèlèpir كلاپير كپير كه پور a. T. acheté à très bon marché, acquis pour rien, par occasion; s. tout ce qui s'achète ou s'acquiert de cette manière.

Kèlèpirği كلاپيرجى كپيرجى s.T. celui qui achète, acquiert ou qui veut toujours acheter pour rien, à très bon marché.

Kèlèr كلر s.T. (plus souvent *kèrtènkèlèr* ou *kèrtènkèlè*), lézard.

Kèl-èvvèl كل اول ad. A. comme auparavant.

Kèlim كليم s. A. interlocuteur, celui à qui l'on parle; *kèlim oullah*, l'interlocuteur de Dieu (Moïse).

Kèlimat كلمات s. A. pl. du suivant.

Kèlimè كلمة s. A. au pl. *kèlimat* ou *kilèm*, parole, mot; *kèlimèt oullah*, parole de Dieu, le Verbe (Jésus); *kèlimè bè kèlimè*, mot à mot.

Kèlimètèyn كلمتين s. A. duel, deux paroles.

Kèlissa كليسا s. du G. v. *kilissè*.

Kellanmak قللانمق T. commencer à avoir de la barbe et des moustaches; d. de *kel*.

Kèllè كله كلّه s.T., *bach*, tête; pain de sucre, de fromage, etc.; *kèllè koulak yèrindè*, robuste et corpulent.

Kelle قللو a. T. pelu, velu.

Kellèt قلّت s. A. petit nombre, petite quantité; rareté; *ğèm'i kellèt*, espèce de pluriel irrégulier arabe qui indique de 3 à 9 et dont le type est *èf'ul*; comme, *ènğum* de 3 à 9 étoiles; opposé à *ğèm'i kèsrèt*, qui indique un grand nombre de choses; comme, *nuǧoum*, beaucoup d'étoiles.

Kelmak قيلمق T. faire opérer, exécuter. Ce verbe ainsi que *ètmèk*, est souvent employé comme auxiliaire ; *mèmnoun kelmak* ou *ètmèk*, obliger, rendre service ; réjouir.

Kèm كم s. A. nombre, quantité.

Kèm كم a. P. mauvais, méchant, vicieux, défectueux ; vil, méprisable.

Kèma كما ad. A. comme, de même que (usité dans les locutions arabes).

Kèma fis-sabek كما في السابق loc. A. v. *kèma kian*.

Kèma hiyè كما هي loc. A. comme la chose est.

Kèma huvè hakkouhou كما هو حقه loc. A. ainsi que cela convient dans ce cas.

Kèma huvèl-vaǧib كما هو الواجب loc. A. ainsi que cela est nécessaire.

Kèma kian كما كان loc. A. comme auparavant.

Kèmal كمال s. A. au pl. *kèmalat*, perfection, talent; maturité (au propre et au fig.) ; *kèmal mèrtèbè*, parfaitement. Le mot *kèmal* suivi d'un substantif est accompagné généralement d'un *èsrè (i)*, et joue le rôle de l'adjectif grand ou de l'adverbe beaucoup ; *kèmali mèrhamètindèn*, par sa grande clémence ; *kèmali tèvkir vè ta'zim ilè*, avec beaucoup d'honneur et de vénération ; comme mot turc, valeur, prix ; *kèmali nè dir*, qu'est-ce que cela peut valoir ? ce n'est pas grand'chose.

Kèmalat كمالات s. A. pl. du précédent.

Kèman كمان s. P. arc, violon.

Kèmančè كمانچه s. T. (*kèmènčè*), sorte de petit violon.

Kèmanè كمانه s. P. archet.

Kèmanǧe كمانجى s. T. violoniste ; violon.

Kèmani كمانى a. P. qui a la forme d'un arc; s. musicien, qui joue du violon ;

violoniste; violon; artisan qui fait des violons.

Kèman-kèch كمانكش s. P. violoniste; archer.

Kèm-'ayar كعيار a. P. (mieux *kèm-'iyar*), qui n'a pas le poids voulu (monnaie).

Kèma yènbèghi كما ينبغي loc. A. comme il convient, comme il faut.

Kèm-bida'a كم بضاعة a. P. qui a un capital insignifiant, c.-à-d. qui a des connaissances bornées (se dit de soi-même par modestie).

Kemeldamak قلدامق T. v. *kemeldanmak*.

Kemeldaner قلدانر a. T. mobile.

Kemeldanmak قلدانمق T. s'agiter, se remuer, se mouvoir.

Kemeldanmamak قلدانمامق T. ne pas bouger, rester immobile.

Kemeldanmaz قلدانماز a. T. immobile; *yèrindèn kemeldanmaz*, inébranlable.

Kemeldatmak قلداتمق T. agiter, mouvoir, remuer.

Kèmènčè كمنچه s. T. v. *kèmančè*.

Kèmènd كمند s. P. licou; lacet, nœud coulant; fig. boucle de cheveux.

Kèmèr كمر s. T. voûte, coupole, arcade, arche; portique; ceinture, zone; *kèmèr patliğane*, aubergine longue; analogie avec le mot arménien *gamar*, voûte, arche.

Kèmèr-bèstè كمربسته a. P. assidu, zélé, attaché à son travail.

Kèmèrdèk كمردك s. T. *kouyrouk sokoumou*, coccyx, dernier os de la colonne vertébrale.

Kèmèrğik كمرجك s. T. os du nez, vomer.

Kèmèrli كمرلی a. T. qui a des arches, en forme d'arche; voûté; fait en forme de voûte.

Kèmèrlik كمرلك s. T. ceinture de cuir ou de bois pour porter les outils d'un artisan; ceinture de cuir pour porter des armes.

Kèmèrtlèk كمرتلك s. T. v. *kèmèrğik*.

Kèmik كیك s. T. os; a. en os, d'os; چَنَه kèmiyi, mâchoire; kèmiyè ichlèmèk, pénétrer (froid); dèri ilè kèmik, très maigre.

Kèmikli كیكلی a. T. osseux.

Kèmiksiz كیكسز a. T. sans os.

Kèmin كیٖن s. A. embûche, embuscade.

Kèminè كَمِنه a. P. médiocre, humble, bas, vil; ma'rouzi čakèri kèminèlèri dir ki, votre humble serviteur a l'honneur de vous exposer (formule par laquelle commencent en général les pétitions).

Kèmin-gèh كیٖنگه s. P. v. le suivant.

Kèmin-giah كیٖنگیاه s. P. lieu où est dressée une embuscade.

Kèm-'iyar كمعیار a. P. v. kèm-'ayar.

Kèmiyèt كمیت s. A. quantité, nombre; nombre (gramm.).

Kemlanmak كملانمق T. faire un mouvement pour se lever ou se disposer à voler (en parlant des oiseaux).

Kèmlik كملك s. T. malice, méchanceté, malignité; d. de kèm; èyliyè karche kèmlik, le mal contre le bien.

Kèm-mayè كمَمایه a. P. de peu de valeur; sans talents; vil, méprisable.

Kèm-nam كمنام a. P. obscur, sans renommée.

Kèmoun كمون s. A. (kimion, T.), cumin; kèmouni bèrri, carvi.

Kèmtèr كمتر a. P. inférieur, vil; humble (style épist.).

Kèmtèranè كمترانه ad. P. humblement; a. humble; nèmikaye kèmtèranèm, mon humble lettre.

Kèmtèrin كمترین a. compar. et super. P. plus humble, plus vil; le plus humble, le plus vil.

Kèm-yab كمیاب a. P. difficile à trouver, rare.

Kèn كن impér. du verbe P. kèndèn, creuse, déracine; a. qui creuse, etc.; partic. en compos.; diraht-

kèn; qui déracine les arbres.

Kèn كن gérondif T. de l'auxiliaire *im (olmak)*, être, contracté de *ikèn*; *sèvèr-kèn*, en aimant.

Ken قين s. T. gaîne, fourreau; *keleğe kena komak*, mettre l'épée dans le fourreau; cesser de faire la guerre.

Kena قينه s. T. quina ou kina.

Kena قنا s. T. vulg. henné (arbrisseau), poudre des feuilles de cet arbrisseau avec laquelle les femmes, en Asie et en Afrique, se teignent les ongles en rouge foncé; d. de l'arabe *hena*; *kena čičèyi*, balsamine.

Kena-aghağc قنا آغاجى s. T. troène (arbrisseau).

Kenab قناب s. T. ficelle fine; d. de l'arabe *kounnèb*.

Kenak قناق s. T. articulation des doigts.

Kena-kena قنا قنا قينه قينه s. T. quinquina.

Kenalamak قنالامق T. teindre en rouge avec le henné.

Kenalc-ada قنالى آطه n. p. T. Proti, la plus petite des îles des Princes et la plus rapprochée de Constantinople dans la mer de Marmara.

Kenamak قنامق T. blâmer, reprocher, critiquer.

Kènar كنار s. P. bord, rebord, rive, lisière, bordure, marge; côté, coin, bout, extrémité; *dèr kènar*, note d'un tribunal sur la marge d'une pétition; *dèr kènar ètmèk*, écrire cette note.

Kènarğc كنارجى s. T. pêcheur qui pêche sur le bord de la mer.

Kènarle كنارلى a. T. qui a des bords, des marges; bordé, ourlé, marginé.

Kènarsez كنارسز a. T. sans bords; infini, immense.

Kèndi كندى pron. T. (*gèndi*), soi, soi-même; lui, lui-même; s'emploie souvent avec le pronom affixe; *kèndim*, moi-même; *kèndiñ*, toi-même; *kèndissi*, lui-même, elle-même, soi-même; signifie également son, sa, et joue le rôle de l'adjectif propre ; *kèndi èvi*, sa maison ; *kèndi ichim*, ma propre affaire ; *kèndi ustunè almak*, prendre sur soi, se charger ; *kèndissinè guvènmèk*, avoir confiance en soi, avoir de la présomption. Le pronom *kèndi* se répète lorsque le verbe a le sens pronominal ; *kèndi kèndissinè seuylèmèk*, se dire à soi-même ; *kèndi kèndissini euldurmèk*, se suicider ; *kèndi kèndinè* ou *kèndi kèndissinè*, (au datif), signifie seul, seule (lui, elle) ; *kèndissindèn*, de soi-même, naturellement ; *kèndinè* ou *kèndissinè gèlmèk*, revenir à soi.

Kèndilik كندیلك s. T. initiative ; ne s'emploie qu'à l'ablatif ; *kèndiliyindèn*, de soi-même, de sa propre initiative.

Kèndir كندیر s. T. chanvre ; *kèndir bèzi*, toile de chanvre.

Kèndissi كندیسی كندوسی pron. T. v. ce mot dans les exemples de *kèndi*.

Kènè كنه s. T. (*gènè*), tique.

Kènèf كنف s. A. au pl. *èknaf*, côté, contrée.

Kènèf كنف s. T. vulg. (*kènif*, A.), lieu d'aisances, latrines ; on dit plus poliment *abdèst-hanè*.

Kènèvir كنویر s. T. chanvre, graine de chanvre, chènevis.

Kènif كنیف s. A. v. *kènèf*.

Kènissa كنیسا s. T. v. *kilissè*.

Kènissè كنیسه s. T. v. *kilissè*.

Kènkèr كنكر s. T. artichaut sauvage ; analogie avec le mot arménien *gangar* ou *gankar*, ayant la même signification.

Kenlamak قینلامق T. faire un fourreau ; d. de *ken*.

Kènz كنز s. A. au pl. *kunouz*, trésor enfoui.

Kep قب partic. T. v. *kab*.

Kèpadè كپاده s. P. v. le suivant.

Kèpazè كپازه s. T. arc léger pour les exercices ; a. déshonoré, infâme ; vil ; d. du mot précédent.

Kèpazèlèmèk كپازەلمك T. v. *kèpazèlètmèk*.

Kèpazèlènmèk کپازه لنمك T. perdre toute sa considération, se déshonorer; s'avilir.

Kèpazèlètmèk کپازه لتمك T. enlever toute considération, déshonorer; avilir.

Kèpazèlik کپازه لك s. T. manque de considération, déshonneur; avilissement.

Kèpčè کپچه s. T. écumoire, grande cuillère de cuivre ou de bois; d. du persan *kèfčè*.

Kèpèk کپك s. T. son, partie grossière du blé; pellicule.

Kepek قپق a. T. clignotant, demi-fermé (œil).

Kèpèkli کپکلی a. T. plein de son; de pellicules.

Kèpènèk کپنك s. T. v. *kèlèbèk*.

Kèpènk کپنك s. T. volet d'une boutique, d'un trou pratiqué dans le plancher; fermeture; trappe.

Keper قپر partic. T. imite un mouvement continuel, et s'emploie répétée; *keper keper oynamak*, jouer, se mouvoir continuellement.

Keperdamak قپردامق T. ne pas rester tranquille, se mouvoir, s'agiter.

Keperte قپردی s. T. léger mouvement.

Kepma قپمه s. T. clignement.

Kepmak قپمق T. cligner; *geuz kepmak*, cligner les yeux.

Ker قیر s. T. plaine, champ; terre inculte, désert, lande; *ker sèrdare*, garde-champêtre.

Ker قیر a. T. gris, grisâtre; *ker duchmèk*, commencer à devenir gris (barbe).

Ker قیر impér. T. de *kermak*, casse, etc.

Kerač قیراچ a. T. inculte (terre).

Keraèt قرائت s. A. lecture; lecture du Coran à haute voix; *keraèt-hanè*, cabinet de lecture; *keraèt ètmèk*, lire.

Keraghe قیراغی قیراغو قراغو s. T., *jalè*, P. gelée blanche.

Kèrahèt کراهت s. A. répugnance, aversion.

Kèrahètèn كراهة ad. A. avec répugnance, à contre-cœur.

Kèrahiyèt كراهيت s. A. v. *kèrahèt*.

Kèrakè كراكه s. T. long manteau d'étoffe de laine.

Keral قرال s. du Slavon (*kral*), roi ou monarque chrétien.

Kerali قرالى a. A. (mot barbare), royal; au fém. *keraliyè*.

Keraliča قراليجه s. T. reine européenne.

Keraliyèt قراليت s. A. (mot barbare), v. le suivant.

Kerallek قراللق s. T. royauté, monarchie, royaume.

Kèramèt كرامت s. A. honneur, vénération; miracle, prodige; fig. parole très juste.

Keran قران s. A. rapprochement, simultanéité, coïncidence; conjonction de deux planètes de Jupiter et de Vénus regardée comme un heureux présage; *sahib keran*, personne heureuse née sous la conjonction de deux planètes; titre donné à plusieurs princes d'Orient surtout à Tamerlan.

Keran قران p. pr. T. qui casse, qui brise; d. de *kermak*; a. destructif, mortel; s. épidémie, épizootie; *koyoun keran*, épidémie des moutons; *saç keran*, pelade.

Keranta قرانته s. T. homme à moustaches grises et sans barbe; a. gris.

Kèrastè كراسته s. T. v. *kèrèstè*.

Kerat قيراط s. A. poids de quatre grains, carat.

Kèrayib كرائب s. A. pl. de *kèribè*, infortunes, malheurs, calamités, disgrâces.

Kèrb كرب s. A. chagrin, tristesse, souci.

Kerba قربه s. A. outre pour porter de l'eau.

Kerbağ قرباج s. T. fouet fait de cuir de bœuf; cravache.

Kerbağlamak قرباجلامق T. fouetter, frapper avec une cravache.

Kerčil قيرچيل a. T. gris mêlé de blanc.

Kerd قرد s. A. singe; en T. us. *maymoun*.

Kerdermak قيردير‌مق T. faire casser, rompre, briser; faire abattre; laisser périr (l'armée); faire escompter.

Kerek قيريق a. T. brisé, cassé, rompu; s. cassure, fracture; d. de *kermak*.

Kerekğe قيريقجى s. T. chirurgien ou praticien qui raccommode et remet les membres cassés, démis; rebouteur; v. aussi *čekekğe*.

Kereklek قيريقلق s. T. état de ce qui est cassé, brisé; fig. légère indisposition qui précède souvent une maladie; abattement.

Kerelağak قيريله‌جق a. T. fragile; proprement futur de *kerelmak*.

Kereler قيريلور قيريلير a. T. fragile.

Kerelma قيريلمه s. T. action de se casser, de se briser, de se rompre; fig. démarche élégante et coquette.

Kerelmak قيريلمق T. se casser, se briser, se rompre; être cassé, brisé, rompu, abattu; être plié, retroussé, estropié; être détruit, anéanti, tué, mort; périr (armée, bestiaux); se fâcher; *bèl kerelmak* ou *kol, kanat kerelmak*, être fatigué; *gulmèdèn kerelmak*, éclater de rire; *soghouk kerelmak*, diminuer (froid); *rouzgiar kerelmak*, tomber (vent); *kerelmech*, cassé, brisé, etc.

Kerem قيرم قيريم s. T. abattage d'animaux pour en extraire la graisse; fin du carême chrétien (selon les Ottomans); plissure.

Kèrèm كرم s. A. générosité, noblesse de caractère; grâce, bonté, faveur, bienfait, libéralité, munificence; *kèrèm bouyourouñ*, faites-moi la grâce, veuillez m'écouter, je vous prie; *kèrèm èdiñ* ou *kèrèm èylè*, ayez la complaisance, la bonté.

Kèrèmèn كرماً ad. A. de grâce; ce mot est presque toujours précédé de l'adverbe arabe *loutfèn*; *loutfèn vè kèrèmèn*, de grâce, par bonté.

Kèrèmit كرآميت s. du G. tuile; *kèrèmit parčasse*, tuileau; *kèrèmit fabrikasse*, tuilerie.

Kèrèmitği كرميتجى s. T. fabricant ou vendeur de tuiles.

Kèrèm-kiar كرمكار a. P. généreux, libéral, bienfaisant.

Kèrèm-kiari كرمكارى s. P. bienfaisance, libéralité, générosité; a. généreux, libéral.

Kèrèm-kustèr كرمكستر a. P. v. *kèrèm-kiar*.

Kerenmak كرنمق T. se mouvoir coquettement.

Kerente كرندى s. T. fragment, débris, miettes d'un repas.

Kèrèstè كرسته s. T. (*kèrastè*), bois de construction; matière.

Kèrèstèği كرستهجى s. T. marchand de bois de construction.

Kèrèvèt كرويت s. du G. lit de repos, sofa en charpente.

Kèrèviz كرويز s. T. céleri (plante potagère).

Kergen كرجين s. T. é-pizootie.

Kerghen كرغين s. T. massacre, carnage, extermination, mortalité; épizootie; a. cassé, brisé, rompu; fâché.

Kerghenlek كرغينلق s. T. fâcherie.

Kèrh كره s. A. aversion, répugnance.

Kèr-hanè كارخانه كرخانه s. T. (*kèrhana*), *kiar-hanè*, P. atelier, usine, fabrique; *kèrhana*, vulg. maison mal famée.

Kèrhèn كرها ad. A. avec répugnance, à contre-cœur.

Kèribè كريبه s. A. au pl. *kèrayib*, infortune, malheur, disgrâce, calamité.

Kèrih كريه a. A. dégoûtant, repoussant, désagréable; d. de *kèrh* ou *kèrahèt*.

Kèrim كريم a. A. au pl. *kiram*, généreux, bienfaisant; clément, noble, grand, illustre; d. de *kèrèm*; *allah kèrim*, Dieu est généreux (terme de résignation); *kèrim uch-chiyèm*, doué d'un caractère noble et généreux (homme).

Kèrimanè كريمانه ad. P. généreusement, libéralement; a. généreux, libéral (style épist.).

Kèrimè كريمه a. A. fém. de *kèrim*; *kèrimèt uch-chiyèm*, douée d'un caractère noble et généreux (femme); s. fille.

Kerk قرق a. num. T. quarante; fig. plusieurs; *kerk-ayak*, scolopendre, mille-pieds (insecte); *kerk-bayer*, ventricule; *kerk-anbar*, boutique où l'on vend différents objets; *bir chèyi kerk kèrrè scuylèmèk*, répéter une chose plusieurs (quarante) fois.

Kerkar قرقر a. ad. T. quarante à chacun, par quarante.

Kerke قرق s. T. grands ciseaux pour tondre les moutons.

Kèrkèdan كركدان s. P. v. le suivant.

Kèrkèdèn كركدن s. P. (*zèrgèrdan*, T. vulg.), rhinocéros.

Kerkem قرقيم s. T. tondaison, saison de la tonte.

Kerkemğe قرقيمجى s. T. espèce d'insecte qui se trouve sur les feuilles des roses.

Kèrkènès كركنس s. T. milan noir (oiseau).

Kerkenğe قرقنجى a. num. T. quarantième.

Kerkente قرقندى s. T. tonte, rognures; tonsure.

Kèrkin كركين a. T. irrité (animal).

Kerk-kilissè قرق كليسا n. p. T. chef-lieu de district près d'Andrinople, m. à m. quarante églises.

Kerklamak قرقلامق T. répéter, renouveler quarante fois, plusieurs fois; faire ses quarante jours; faire ses couches.

Kerklek قرقلق a. T. qui vaut quarante paras (une piastre); de la capacité de quarante (drachmes, ocques); âgé de quarante ans, qui a la quarantaine.

Kerkmak قرقمق T. tondre, tondre la laine, couper les cheveux; tailler par les coins.

Kerlaghan قيرلاغان s. T., *youmourğak*, peste; *kerla-*

ghan surussu, bande d'individus nuisibles.

Kerlangheŷ قرلانغج s. T. hirondelle ; *kerlangheŷ otou*, curcuma, chélidoine, safran des Indes ; *kerlangheŷ baleghe*, hirondelle de mer (poisson).

Kerma قِرمه s. T. action de casser, etc. ; plissure, pli, plissage.

Kermağe قِرمه‌جى s. T. plieur.

Kermak قِرمَق T. casser, briser, rompre, massacrer, écraser, détruire, anéantir, faire périr ; fâcher, plier, plisser, retrousser, escompter ; *bournounou kermak*, abattre l'orgueil de quelqu'un.

Kermale قِرمه‌لى a. T. plissé ; à plis.

Kermanĉo قِرمانجو s. T. homme d'une cinquantaine d'années ; a. grison.

Kermez قِرمز s. A. kermès, alkermès; *kermez beuğeyi*, cochenille.

Kermeze قِرمزى a. T. rouge, écarlate, cramoisi ; *kep kermeze*, tout rouge.

Kermezelek قِرمزيلق s. T. rougeur.

Kermezi قِرمزى a. A. de couleur de kermès.

Kermeziyè قِرمزيه s. A. scarlatine (méd.).

Kernak قِرناق s. T. esclave (homme ou femme).

Kèroubian كروبيان s. P. pl. chérubins.

Kèroubioun كروبيون s. A. pl. chérubins.

Kèrpèdin كربدن s. T. (*kèrpètin*, vulg.), tenailles ; d. de l'arabe *kèlbètèyn*.

Kerpek قِرپَق a. T. tondu (laine) ; dont les coins, les bouts ou les cheveux sont coupés.

Kerpente قِرپَندى s. T. petits fragments d'un objet coupé ; laine, cheveux tondus ; tondaille.

Kèrpètin كربدن s. T. v. *kèrpèdin*.

Kèrpiğ كرپيج s.T. (*kirpiŷ*), brique crue avec de la paille ; a. en briques crues (mur).

Kerpma قِرعمه s. T. tonte.

Kerpmak قِرعمق T. rogner,

tondre, couper les coins, les bouts, les cheveux, la laine.

Kerptermak قرپدیرمق T. faire tondre ; faire couper les coins, les bouts, les cheveux, la laine.

Kèrr كر s. A. attaque vive et brusque ; charge (mil.).

Kèrrar كرار a. A. qui revient plusieurs fois à l'attaque.

Kèrrat كرات s. A. pl. du suivant.

Kèrrè كرّه s. A. au pl. *kèrrat*, fois ; *ba'ze kèrrè*, quelquefois ; *čok kèrrè*, plusieurs fois, souvent.

Kertas قرطاس s. A. au pl. *karatis*, papier.

Kèrtè كرته s. de l'I. chacun des quarts de la boussole.

Kèrtè كرته s. T. (*kèrti*), entaille, coche, ligne ; degré, point ; moment favorable.

Kèrtènkèlè كرتنكله s. T. vulg. v. le suivant.

Kèrtènkèlèr كرتنكلر s. T. lézard.

Kèrti كرتى s. T. v. *kèrtè*.

Kèrtik كرتيك s. T. entaille ; a. entaillé.

Kèrtinmèk كرتنمك T. être taillé, recevoir une entaille.

Kèrtmèk كرتمك T. tailler, faire des entailles.

Kèrttirmèk كرتدرمك T. faire tailler, faire faire des entailles.

Kèrvan كروان s. T. (*kiar-van* ou *kiar-ban*, P.), *kafilè*, A. caravane.

Kèrvansaray كروانسراى s. T. v. *kiar-van-saray*.

Kès كس a. T. ébahi, étourdi, stupéfait ; *kès kalmak*, rester ébahi.

Kès كس impér. T. de *kèsmèk*, taille, coupe, etc.

Kès كس s. P. (*kèch*, T. vulg.), au pl. *kèssan*, personne, individu ; *hèr kès* (*hèr kèch*), chacun ; tout le monde.

Kèsb كسب s. A. gain, acquisition ; action de gagner sa vie ; acquisition de connaissances, instruction ; *kèsb ètmèk*, gagner, acquérir ; travailler pour gagner sa vie ; *kèsbi ma'-loumat ètmèk*, acquérir des connaissances, s'instruire ; *kèsbi hayat ètmèk*, s'animer.

Keskağ قيصقاغ s. T. échelle portative qui s'ouvre et se ferme.

Keskandermak قيصقاندير مق T. rendre jaloux ; motiver, causer la jalousie de.

Keskanelmak قيصقانلق T. être envié (sujet indét.), envier, être jaloux.

Keskang قيصقانج قسقانج a. T. envieux, jaloux.

Keskanglek قيصقانجلق s. T. jalousie.

Keskanmak قيصقانمق T. envier, être jaloux, jalouser ; épargner.

Kèskèn كسكن s. T. petite souris qui ronge les habits.

Kèski كسكى s. T. sorte de petite hache pour couper des branches ; hachette.

Kèski كسكى s. T. v. *kèssi*.

Kèskin كسكين a. T. aigu, tranchant ; âcre, fort, violent, rigoureux, sévère ; actif ; s. côté tranchant, le tranchant ; *kèskin charab*, vin fort, généreux ; *kèskin kalèm*, rédaction éloquente ; *kèskin sirkè kabena zarar vèrir*, le vinaigre fort nuit au vase qui le contient (prov.), c.-à-d. l'homme violent se nuit à lui-même.

Kèskinlèchmèk كسكينلشمك T. devenir tranchant, aigu, fort ; sévère.

Kèskinlènmèk كسكينلنمك T. v. le précédent.

Kèskinlik كسكينلك s. T. état d'un instrument tranchant ; le tranchant ; âcreté, rigueur, intensité, force, violence, sévérité.

Kesm قسم s. A. (*kessem*), au pl. *aksam*, partie, portion, sorte, genre, espèce, division, variété ; *kaden kesme*, le sexe féminin, la femme (en général) ; *insan kesme*, l'homme ou les hommes (en général).

Kesmak قسمق T. serrer, comprimer ; pincer ; amoindrir ; épargner ; abattre les oreilles ; mettre la queue entre les jambes (se dit d'un chien, d'un cheval, etc.).

Kèsmè كَسْمَه a. T. qui peut être taillé, coupé; mou; schisteux (roche); s. action de tailler, de couper, etc.

Kèsmèğè كَسْمَهجَه ad. T. à condition de couper; *kèsmèğè* ou *kèsmè pazarc*, vente de pastèques et de melons en les coupant devant l'acheteur (qui les refuse s'ils sont mauvais).

Kèsmèk كَسْمَك T. tailler, couper, trancher, retrancher, rompre, abattre; décider, résoudre, déterminer, désigner, fixer, assigner; interrompre, faire cesser, abandonner; tuer; ronger; châtrer; *bachenc kèsmèk*, décapiter, trancher la tête; *mèmèdèn* ou *suddèn kèsmèk*, sevrer; *'akel kèsmèk*, comprendre; *seuzu kèsmèk*, interrompre, couper la parole; *seuz kèsmèk*, couvenir; *sèssi kèsmèk*, se taire; *cuñunu kèsmèk*, empêcher d'avancer; *èksèr* ou *čivi kèsmèk*, grelotter.

Kèsmèlik كَسْمَلِك s. T. carrière (lieu d'où l'on tire la pierre).

Kesmèt قِسْمَت s. A. division, distribution; sort, fortune, chance; *hariği kesmèt*, quotient (arith.); ad. peut-être, voyons; si la fortune veut.

Kèsmèz كَسْمَز a. T. qui n'est pas tranchant; émoussé, qui ne coupe pas.

Kèsmik كَسْمِك s. T. paille d'épi.

Kèsr كَسْر s. A. action de rompre, de briser, de casser; rupture, destruction; fraction (arith.); au pl. *kussour*: fracture (méd.); *kèsr ètmèk*, rompre, briser, casser; *kèsri namous*, atteinte à l'honneur.

Kesrak قِيصْرَاق s. T. jument, cavale; *kesrak tay*, pouliche.

Kèsrè كَسْرَه s. A. le signe (ِ) qui tient lieu de la voyelle *i* ou *y*.

Kesrek قِيصْرَيِق a. T. timide; gauche.

Kèsrèt كَثْرَت s. A., *čoklouk*, T. multitude, grand nombre, pluralité, multiplicité; abondance, surabondance, profusion; *kèsrèt uzrè*, en grand nombre, abondamment ; profusément ; fréquemment.

Kèsrètli كثرتلى a. T. abondant, en grand nombre ; fréquent.

Kèsri كسرى a. A. fractionnaire (arith.) ; *'adèdi kèsri*, nombre fractionnaire.

Kessa قصة s. A. histoire, récit, conte, narration, anecdote ; *kessadan hissè*, conclusion morale ; *èl-kessa*, bref, enfin, synonyme de *èl-hassel*.

Kessa قصه a. T. court, concis, bref, sommaire ; succinct ; *'akle kessa*, pauvre d'esprit.

Kèssad كساد s. A. manque de débit ; chômage.

Kèssadlek كسادلق s. T. v. le précédent.

Kèssafèt كثافت s. A. épaisseur, opacité, densité.

Kessağ قصاج s. T. grande tenaille de forgeron.

Kessağlamak قصاجلامق T. tenailler, torturer en serrant la chair avec des tenailles.

Kessalek قصالق s. T. état de ce qui est court ; raccourcissement.

Kessalmak قصالمق T. devenir court, se raccourcir, s'abréger ; *kessalmech*, raccourci, rendu abrégé.

Kessaltmak قصالتمق T. raccourcir, abréger.

Kèssan كسان s. P. pl. de *kès*, personnes.

Kessas قصاص s. A. loi du talion ; représailles ; *kessas ètmèk*, appliquer la peine du talion, user de représailles.

Kèssè كسه s. T. (*kissè*, A.), bourse pour l'argent ; sac, poche ; sachet de serge employé dans les bains pour frotter les baigneurs ; *bir kèssè akčè*, la somme de 500 piastres (110 fr.) ; *kèssèyè èl vèrmèk*, convenir.

Kèssè-dar كسه دار s. P. prononciation vulg. (*kissèdar*), celui qui tient la bourse, caissier, intendant ; chef de bureau.

Kèssèk كسك s. T. morceau de gazon avec de la terre.

Kessek قصق a. T. pincé, pressé, serré, comprimé; rauque (voix).

Kèssèl كسل s. A. lenteur; inertie.

Kèssèlèmèk كيسه‌لمك T. frotter les baigneurs avec un sachet de serge.

Kèssèlènmèk كيسه‌لنمك T. se frotter ou se faire frotter dans le bain avec un sachet de serge.

Kesselmak قيصلمق T. être serré, comprimé, pincé; passif de *kesmak*; vn. devenir rauque (voix).

Kessem قسم s. A. v. *kesm*.

Kessem قيصم s. T. poignée, prise.

Kèssèn kès كسن كس loc. prépositive T. sans hésitation; ad. définitivement.

Kesser قيصير a. T. stérile, improductif (femme, animal).

Kèssèr كسر s. T. hachette, hache de charpentier, herminette; doloire.

Kesserlek قيصيرلق s. T. stérilité.

Kèssi كسى s. T. (ou *kèski*), quantité de poudre pour une décharge; mesure de poudre.

Kèssich كسيش s. T. action ou manière de couper; action de fixer le prix.

Kèssif كثيف a. A. épais, opaque, dense; d. de *kèssafèt*.

Kèssiği كسيجى a. s. T. qui coupe, taille; coupeur, tailleur; *yol kèssiği*, voleur de grand chemin, brigand; *yan kèssiği*, coupeur de bourses, filou.

Kèssik كسيك a. T. taillé, mutilé, coupé; abattu; coupé (lait).

Kèssiklik كسيكلك s. T. état d'une chose coupée ou d'un membre mutilé; abattement, relâchement.

Kèssilèn كسيلن p. p. T. coupé, tranché. La terminaison *èn* ou *an*, du participe présent d'un verbe actif, ajoutée au radical d'un verbe passif, marque le participe passé.

Kèssilmè كسلمه s. T. action de se couper; de cesser.

Kèssilmèk كسلمك T. être coupé, tranché, taillé, abattu ; se trancher, se couper, cesser ; être conclu, décidé; être interrompu ; s'abstenir de ; cesser de ; *umidim kèssildi*, j'ai perdu l'espoir; *kèssilmich*, coupé, taillé, tranché, cessé.

Kèssilmèz كسلماز a. T. qui ne peut se couper, se trancher; intarissable (source).

Kèssim كسيم s. T. action ou manière de couper, de tailler ; forme, façon ; affermage; prix déterminé payé d'avance pour le tout; cessation des leçons, vacance; *sou kèssimi*, partie du navire qui reste hors de l'eau; *èt kèssimi*, carnaval; *kèssimè vèrmèk*, vendre le revenu pour le tout moyennant un prix déterminé à l'avance.

Kèssinti كسنتى s. T. rognure, retaille ; sarcasme, raillerie.

Kèssir كسير a. A. rompu, brisé, cassé ; d. de *kèsr*.

Kèssir كثير a. A. abondant, nombreux, fréquent ; d. de *kèsrèt*; *kèssir ul-'iyal*, qui a une famille nombreuse.

Kèstanè كستانه s. du G. châtaigne, marron ; a. châtain ; *kèstanè aghaĝè*, châtaignier ; *kouzou kèstanèssi*, petite châtaigne qui vient au printemps ; *kèstanè fichèngi*, marron (pétard) ; *kèstanè tourpou*, raifort rond.

Kèstanèĝi كستانه جى s. T. marchand de châtaignes.

Kèstèrè كستره s. T. bétoine (plante).

Kestermak قيصدرمق T. faire ou laisser serrer, pincer, comprimer, serrer ; attraper en serrant dans un endroit étroit.

Kèstirilmèk كسدرلمك T. être coupé, retranché ; être décidé, résolu définitivement.

Kèstirmè كسدرمه s. T. action de faire couper, etc.; a. définitif, évalué, conjecturé, approximatif ; *kèstirmè yol*, chemin court.

Kèstirmèk كسدرمك T. faire couper, retrancher; faire laisser, abandonner ; décider, résoudre définitivement ; évaluer, conjecturer, abréger, raccourcir (le chemin) ; couper le lait; *geuzè kèstirmèk*, oser.

Ket قت s. T. côté, partie; *ketenda, ketena*, auprès, chez.

Ket قيت a. T. rare, en petite quantité ; peu ; d. de l'arabe *kaht*.

Ket'a قطعه s. A. au pl. *ket'aat*, partie, morceau, fragment ; pièce ; continent, partie (géog.) ; subdivision, fraction ; stance (vers) ; *bir ket'a mèktoub* ou *tèzkèrè*, une lettre, un billet.

Keta' قطاع s. A. secteur (géom.).

Ket'aat قطعات s. A. pl. de *ket'a* ; *ket'aate hamsè*, les cinq parties du monde.

Ketal قتال s. A. (*kital*), guerre, combat, lutte, bataille ; en T. us. *g̃enk*.

Kètan كتان s. A. v. *kètèn*.

Kètb كتب s. A. action d'écrire.

Kètèbè كتبه s. T. permission ; certificat de maître de calligraphie ; d. de l'arabe *kètèbè*, écrit par.

Kètèbè كتبه s. A. pl. de *kiatib*, écrivains, secrétaires ; v. *kiatib*.

Kètèn كتان s. T. vulg. (*kètan*, A.), lin ; a. de lin ; *kètèn bèzi*, toile de lin ; *kètèn tohoumou*, graine de lin ; *kètèn kouchou*, linotte (oiseau).

Kètèng̃ik كتانجك s. T. algue (plante marine) ; cameline (plante).

Keter قتر s. T., *yalan*, mensonge ; *keter atmak* ou *yalan seuylèmèk*, mentir.

Keter قتر partic. T. imite le bruit léger d'une chose fragile quand on la mange, s'emploie souvent répétée ; *keter keter yèmèk*, manger avec un bruit léger.

Keterdamak قترداماق T. rendre un bruit léger quand on mange une chose fragile.

Keterdatmak قترداتماق T. faire rendre un bruit léger comme celui d'une chose fragile quand on la mange.

Keterte قتردى s. T. bruit léger que rend une chose fragile quand on la mange.

Kètf كَتِفْ s. A. épaule ; en T. us. *omouz*.

Kèthouda كتخدا s. P. v. *kèthuda*.

Kèthoudalek كتخدالق s. T. intendance.

Kèthuda كتخدا s. P. (*kèhaya*, T.), maître de la maison, intendant, majordome ; hôte.

Ketlachmak قيتلاشمق T. devenir rare.

Ketlek قيتلق s. T. rareté, pénurie, famine, disette, manque, cherté de vivres.

Kètm كتم s. A. action de cacher, de tenir secret, de celer, de dissimuler ; celation, dissimulation, discrétion ; *kètmi serr ètmèk*, cacher un secret.

Keuchè كوشه s. P. angle, coin, recoin ; *uč keuchè*, triangulaire ; *deurt keuchè*, quadrangulaire ; *keuchè bouğak*, partout, dans tous les coins ; *keuchè bache*, coin d'une rue ; *keuchè sarrafe*, changeur qui s'installe au coin d'une boutique ; *ğiyèr keuchèm*, mon petit chéri (terme de tendresse).

Keuchè-gir كوشه كير a. P. v. *keuchè-nichin*.

Keuchèli كوشهلى a. T. angulaire, à angle.

Keuchè-nichin كوشه نشين a. P. retiré dans un coin ; en retraite.

Keuchk كوشك s. T. kiosque, pavillon ; pavillon dans un jardin ; tour.

Keuchklu كوشكلى a. T. qui a un kiosque, un pavillon.

Keuftè كوفته s. P. (*kuftè*, T. vulg.), boulettes de hachis cuites au beurre, à la poêle ou sur le gril.

Keuftè-hor كوفته خور a. s. P. vantard, charlatan.

Keuftèr كوفتر s. T. conserve de raisin en pâte mince, coupée en petits morceaux.

Keuftun كوفتون s. T. tourteau de graines de lin et de chanvre qu'on donne aux bœufs à manger.

Keuhèylan كوهيلان s. T. cheval arabe de race.

Keuk كوك s. T. clef d'un instrument de musique à

cordes ; *saze keuk ètmèk*, accorder un instrument (à cordes).

Keuk كوك s. T. racine ; fig. origine ; *mèyan keuku*, racine de réglisse ; *ènsè keuku*, nuque ; *keukundèn koparmak*, déraciner ; *keukunu kouroutmak*, exterminer.

Keukdèn كوكدن ad. T. radicalement.

Keuklèchmèk كوكلشمك T. pousser des racines ; fig. être bien basé, devenir stable, fort.

Keuklèmèk كوكلەمك T. accorder un instrument de musique à cordes ; piquer un matelas, etc. avec une ficelle.

Keuklènmèk كوكلنمك T. s'enraciner, pousser des racines ; *keuklènmich*, enraciné.

Keuklu كوكلى a. T. enraciné, qui a des racines.

Keuknar كوكنار s. T., *čam aghağe*, sapin.

Keukrè كوكره a. T. irrité, excité ; dont la bouche écume (chameau, etc.).

Keukrèmèk كوكرەمك T. s'irriter, être excité ; avoir la bouche écumante (chameau, etc.).

Keulčèr كولچر s. T. sorte d'ivraie.

Keulè كوله s. T. esclave ; serviteur.

Keulèlik كولەلك s. T. esclavage, servitude.

Keulèmèn كولەمن s. T. mamelouk, soldat d'une milice à cheval formée en Egypte d'esclaves affranchis.

Keulgè كولگه s. T. v. *geulgè* avec ses dérivés.

Keumur كومور s. T charbon de bois ; *ma'dèn keumuru*, charbon de terre, houille ; *keumur geuz*, yeux très noirs.

Keumurğu كومورجى s. T. charbonnier, marchand de charbon (de bois).

Keumurluk كومورلك s. T. charbonnerie.

Keupèchtè كوپشته s. T. (*kupèchtè*), bord d'un bateau.

Keupèk كوپك s. T., *it* ; *kèlb*, A. chien ; *keupolou* ou *keupè oghlou*, rusé, canaille; adroit, habile mais méchant ; *keupèk dichi*, dent canine ; *keupèk mèmèssi*, bubon (tumeur).

Keupèklik كوپكلك s. T. méchanceté, malice.

Keupèlèk كوپهلك s. T. (p. u.), *kèpènèk*, vulg. v. *kèlèbèk*.

Keupru كوپری s. T. pont; *èyrèti keupru*, pont-levis ; *asma keupru*, pont suspendu ; *yèñi keupru*, pont de Galata ; *èski keupru*, pont d'Azab-kapou (près de l'Arsenal).

Keupruğu كوپرجی s. T. pontonnier, préposé, constructeur de ponts.

Keupruğuk كوپرجك s. T. clavicule.

Keupruğuluk كوپرجلك s. T. pontonnerie.

Keupuk كوپوك s. T. écume ; *dèñiz keupuyu*, écume de mer (terre magnésienne tendre et blanche dont on fait des pipes).

Keupuklu كوپوكلی s. T. écumeux, écumant, mousseux.

Keupurmèk كوپرمك T. écumer, mousser ; *dèñiz keupurmèk*, s'agiter furieusement (mer) ; *aghez keupurmèk*, être furieux.

Keupurtmèk كوپرتمك T. faire écumer, faire mousser ; laver avec du savon.

Keur كور a. T. (*kior*, vulg.), aveugle; fig. qui n'a pas de prévoyance ; *nan-keur*, ingrat; *keur keurunè*, aveuglément; *keur deuyuchu*, manque d'ordre, de tactique ; *keur ètmèk*, aveugler, rendre aveugle ; *keur olmak*, s'aveugler ; *bir geuzu keur*, borgne.

Keurabè كورابه s. T. colin-maillard.

Keurfèz كورفز s. du G. golfe; l'île de Corfou ; *vènèdik keurfèzi*, golfe de Venise ; mer Adriatique ; *izmid keurfèzi*, golfe d'Ismid (Nicomédie dans la mer de Marmara).

Keurlèmè كورلمه s. T. cécité ; manque de vigilance, de prévoyance ; *keurlèmèdèn*, sans connaissance ; par ignorance.

Keurlèmèk كورلەمك كور eامك T. v. le suivant.

Keurlètmèk كورلتمك T. rendre aveugle, aveugler ; rendre émoussé ; désachalander ; empêcher la vue.

Keurluk كورلك s. T. cécité, aveuglement.

Keurpè كورپه a. T. frais, tendre.

Keurpèğik كورپه جك a. T. tout à fait tendre ou frais ; *keurpèğik heyar*, concombre très frais.

Keurtun كورتون s. T. sorte de grand bât.

Keuruk كوروك s. T. (*kuruk*), soufflet pour allumer le feu ; capote de cabriolet.

Keuruklèmèk كوروكلەمك T. (*kuruklèmèk*), souffler (avec un soufflet) ; fig. exciter.

Keussè كوسه a. T. imberbe ; qui a la barbe et les moustaches clair-semées ; *Keussè Mehal*, personnage historique, chef des troupes irrégulières dites *akenğe*, formées au temps d'Osman I (Othman I).

Keussèlè كوساله s. T. semelle.

Keussèmèn كوسه مَن s. T. bélier ou bouc qui marche devant et conduit le troupeau ; a. hardi.

Keustèbèk كوستبك s. T. (*yèr sčane* ou *keur sčan*), taupe.

Keustèk كوستك s. T. entraves aux pieds d'un cheval, entraves ; cordon de montre en chaîne.

Keustèklèmèk كوستكلەمك T. lier avec des entraves ; entraver.

Keutèk كوتك s.T., *dayak*, bastonnade ; *keutèk vèrmèk*, *vourmak* ou *čalmak*, bâtonner, donner la bastonnade ; *keutèk yèmèk*, être bâtonné, recevoir la bastonnade, m. à m. manger des coups de bâton.

Keutrum كوتروم a. T. (mieux *keuturum*), v. ce dernier mot.

Keutu كوتو a. T. mauvais, méchant ; ad. mal.

Keutulèchmèk كوتولَشمك T. devenir mauvais, pire ; empirer.

Keutulèchtirmèk كوتولشديرمك T. rendre mauvais, pire; empirer.

Keutulèmèk كوتولمك T. blâmer, accuser; parler mal de.

Keutulènmèk كوتولنمك T. perdre sa renommée; être blâmé.

Keutuluk كوتولك s. T. méchanceté, malice, scélératesse, mal; *keutuluk ètmèk*, faire du mal.

Keuturum كوتروم s. a. T. paralytique; *kcus keuturum*, tout à fait paralytique.

Keuturumluk كوترومك s. T. paralysie.

Keuy كوى s. T. village, bourg, bourgade, hameau; campagne; *keuy èvi*, maison de campagne; *yèñikeuy*, village en deça de Thérapia sur le Bosphore (côte d'Europe).

Keuy-dach كويداش s. T. habitant du même village.

Keuylu كويلى a. T. paysan, villageois, campagnard; fig. grossier, rustaud.

Keuyluluk كويليلك s. T. état et condition de villageois, de campagnard.

Keuz كوز s. T. braise, cendre chaude avec de la braise; os tendre; *keuz kèbabe*, rôti braisé.

Kèvabis كوابيس s. A. pl. de *kèbissè*, v. ce mot.

Kèvakib كواكب s. A. pl. de *kèvkèb*, étoiles, astres.

Kevam قوام s. A. consistance; *kevame gèlmèk*, acquérir de la consistance.

Kevamlanmak قواملنمق T. acquérir de la consistance.

Kevamle قواملى a. T. consistant, qui a de la consistance.

Kevang قوانج a. T. vantard, qui se vante.

Kevanmak قوانمق T. se vanter.

Kevelğem قيغلجم s. T. étincelle; flammèche.

Kevergek قيورجق a. T. crêpu (cheveux); s. mouton à queue mince et à laine crêpue; viande de ce mouton, elle est excellente et la plus saine.

Keverma قیورمه s. T. couture des bords d'une étoffe en les tortillant.

Kevermak قیورمق T. tordre, tortiller, plier, retrousser, crêper, rendre crépu; fig. réussir dans une affaire; s'acquitter avec succès.

Kevertmak قیورتمق T. faire crêper.

Kèvgir كوكیر s. T. vulg. (*kèf-gir*, P.), écumoire.

Kèvkèb كوكب s. A. au pl. *kèvakib*, astre, étoile; constellation.

Kèvn كون s. A. existence.

Kèvnèyn كونین s. A. duel de *kèvn*, les deux mondes; le monde visible, physique et le monde invisible, spirituel.

Kevrak قیوراق a. T. tordu, tortillé, crépu, très poli, coquet, élégant; *kes kevrak baghlamak*, lier, serrer fortement.

Kevramak قیورامق T. se tordre, se tortiller.

Kevrelmak قیورلمق T. se tordre, se tortiller; devenir crépu; être tordu, crépu.

Kevrem قیورم s. T. tortillement, boucle crépue; *kevrem kevrem kevrelmak*, se tordre par suite d'une douleur aiguë.

Kèvsèr كوثر s. A. fleuve du paradis (selon les Mahométans); nectar.

Keyafèt قیافت s. A. extérieur, physionomie; forme, costume; *'ilmi keyafèt*, physiognomonie.

Keyafètli قیافتلی a. T. de telle ou telle forme, de tel ou tel costume.

Keyafètsiz قیافتسز a. T. difforme.

Keyak قیاق a. T. impitoyable, atroce, cruel; fort, violent; exagéré; courageux, vaillant.

Keyaklek قیاقلق s. T. cruauté, atrocité, manque de pitié; courage, audace, hardiesse.

Keyam قیام s. A. station; action de se lever, de rester debout (surtout pour faire honneur à quel-

38

qu'un); action de commencer, de se mettre à quelque chose ; *keyam ètmèk*, se lever, commencer, se mettre à ; *da'vaya keyam ètmèk*, poursuivre quelqu'un devant les tribunaux ; *yèvm ul-keyam* (ou *keyamèt*), le jour de la résurrection.

Keyamamak قیه مامق T. épargner, avoir pitié ; ne pas tuer.

Keyamèt قیامت s. A. la résurrection des morts au jour du jugement dernier ; fig. tumulte, confusion, émeute ; grand malheur ; *keyamèt kopmak*, se produire un grand tumulte (causé par le vent, l'eau).

Keyas قیاس s. A. action de comparer ; comparaison, analogie, raisonnement par analogie ; jugement, syllogisme ; règle ; *'al èl-keyas*, conformément à la règle générale ; *hilafi keyas*, contre la règle générale ; *keyas ètmèk*, comparer, juger, raisonner par analogie.

Keyassi قیاسی a. A. régulier, opposé à *sèma'yi*, irrégulier.

Keyè قیه s. T. ocque.

Keye قی s. T. partie hachée, tranchée.

Keye قی s. T. bord, rive, rivage, côte ; *keye sera gitmèk*, aller le long du rivage ; *keyeya ènmèk* ou *čekmak*, aborder ; *dèñiz keyessè*, le bord de la mer.

Keyedermak قیدیرمق T. faire hacher (du tabac, etc.).

Keyeğe قیجی s. T. ouvrier qui hache le tabac.

Keyek قیق a. T. haché.

Keyeklek قیقلق s. T. état d'une chose hachée ; courbature.

Keyelmak قیلمق T. être haché, morcelé ; fig. faire mal ; faillir, éprouver un évanouissement (en parlant de l'estomac, des genoux).

Keyem قیم s. T. manière de hacher le tabac.

Keyèm قیم s. A. pl. de *keymèt*, prix, valeurs.

Keyemle قیملی a. T. haché de telle ou telle manière.

Keyenmak قيْمَق T. faire mal (en parlant de l'estomac); être abattu (membres du corps).

Keyente قيينـدى s. T. chose hachée; douleur de l'estomac; abattement des membres du corps.

Kèyf كيف s. A. joie, gaîté, bonne humeur; santé, bien-être de corps et d'esprit; ivresse légère; a. (comme mot T.), gris, à demi ivre; *kèyfi 'aliñiz* ou *kèyfiñiz èyi mi*, votre santé est-elle bonne? comment vous portez-vous?; *kèyf ètmèk*, se divertir; *kèyf olmak*, se griser; *kèyf čatmak*, boire, s'enivrer; *kèyf vèrmèk*, enivrer; *kèyfinè*, comme il voudra.

Kèyfè-ma كيفما ad. A. de la façon que (se trouve dans quelques locutions arabes).

Kèyfè-mayècha كيف ما يشاء loc. A. selon son caprice, comme il voudra.

Kèyfè-mèttèfak كيف ما اتفق loc. A. au hasard.

Kèyfiyèt كيفيت s. A. état d'une chose, sa qualité, circonstance, manière, mode, particularité, détails; genre (gramm.).

Kèyflènmèk كيفلنمك T. se réjouir, éprouver du contentement, du plaisir.

Kèyfli كيفلى a. T. gai, de bonne humeur.

Kèyfsiz كيفسز a. T. indisposé, malade.

Kèyfsizlènmèk كيفسزلنمك T. être indisposé, devenir malade.

Kèyfsizlik كيفسزلك s. T. indisposition, maladie.

Kèyl كيل s. A. mesure pour les denrées, v. *kilè*.

Kèylous كيلوس s.A. chyle (méd.); *hamili kèylous*, chylifère.

Kèyloussi كيلوسى a. A. chyleux (méd.).

Keyma قيمه s. T. viande hachée, hachis; *keyma tahtasse*, hachoir.

Keymak قيمق T. hacher (le tabac, la viande); conclure, arrêter; ne pas épargner, être sans pitié; tuer; *nikiah keymak*; conclure un mariage.

Keymale قیمه لی a. T. fait avec du hachis, rempli de hachis.

Keymek قیمك s. T. morceau de bois ou d'os que fait voler la hache.

Keymekle قیمه لی a. T. qui contient de petits morceaux d'os (viande).

Keymèt قیمت s. A. au pl. *keyèm*, prix, valeur, estime; *zi keymèt*, précieux.

Keymètli قیمتلی a. T. précieux, cher, estimé.

Keymètsiz قیمتسز a. T. sans valeur, peu estimé.

Kèymous كیموس s. A. chyme (méd.).

Kèymoussi كیموسی a. A. chymeux (méd.).

Kèysou كیسو s. P. chevelure.

Kez قز s. T. fille, jeune fille ; vierge ; *kez-oghlan* ou *kez-oghlan kez*, vierge ; *hanem kez*, mademoiselle ; *kez-kardach* (*hèm-chirè*, P.), sœur ; *kez čoǧouk*, enfant (petite fille) ; *kezlar aghassè*, le chef des eunuques ; *hezmètǧi kez*, servante ; *kez-koulèssi*, tour (actuellement phare) dite de Léandre à l'entrée du Bosphore.

Kèza كذا pron. A. comme ceci ; ad. ainsi, aussi ; c. de *kè* et de *za*, ceci.

Kèzab كذاب s. T. eau-forte ; acide azotique ; d. du persan *tiz-ab*.

Kezak قزاق s. T. traîneau ; *kezak kaydermak*, glisser sur la glace avec un traîneau.

Kèzalik كذلك ad. A. pareillement, ainsi, de même.

Kezamouk قزاموق s. T. rougeole ; *kezamouk čekarmak*, avoir la rougeole.

Kezarmak قزارمق T. rougir ; rougir de honte ; être fricassé ; *kezarep bozarmak*, changer de couleur (par suite de la honte).

Kezartma قزارتمه s. T. fricassée, viande fricassée.

Kezartmak قزارتمق T. faire rougir, rissoler, torréfier, fricasser.

Kezdermak قزديرمق T. chauffer, échauffer ; faire rougir en échauffant ; provoquer, irriter, exciter.

Kezechmak قيزيشمق T. s'exciter, entrer en effervescence.

Kezechtermak قيزيشدير مق T. exciter les uns contre les autres.

Kezel قزل s. T. corde de poil de chèvre.

Kezel قزل قزيل قير يل a. T. rouge foncé; cramoisi, vermeil; *kezel yaprak*, aigremoine (plante); *kezel-toprak*, village près de Kadikeuy, m. à m. terre rouge; *kezel hastalek* ou *kezel* (substantif), scarlatine; *kezel aghağ*, aune (arbre).

Kezelğa قزبلجه قزيلجه قير يلجه a. T. rougeâtre.

Kezelğek قزلجق قزيلجق قير يلجق s. T. cornouille; *kezelğek aghağe*, cornouiller.

Kezellek قزللق قزيللق قير يللق s. T. rougeur; couleur rouge; scarlatine (maladie).

Kezğeghaz قيز جغز s. T. petite fille; dim. de *kez*.

Kezghen قيز غين a. T. chaud, échauffé; excité, irrité, en colère.

Kezghenlek قزغينلق s. T. fureur, indignation, colère, excitation, irritation, chaleur.

Kez-kardach قيز قرنداش s. T. (*kez-karen-dach*), hêmchirè, P. sœur.

Kezlek قيزلاق s. T., *bikirlik*, virginité.

Kezmak قيزمق T. être échauffé, s'échauffer, s'irriter, s'animer; *kezmech*, irrité, en colère.

Kèzzab كذاب a. A. menteur, imposteur; d. de *kizb*; en T. us. *yalanğe*.

Ki کی partic. T. s'ajoute au génitif des pronoms personnels pour les transformer en pronoms possessifs; *bènim-ki*, le mien; *sèniñ-ki*, le tien, etc. La même particule, ajoutée aux adverbes de temps ainsi qu'au commoratif des pronoms personnels ou au génitif et au commoratif des noms, signifie celui, celle de; celui, celle qui est; *bou gun-ki*, celui, celle d'aujourd'hui; *yaren-ki*, celui, celle de demain; *bèn-*

dè-ki, celui, celle qui est chez moi, auprès de moi ; *bèrbèriñ-ki*, celui, celle du barbier ; *èfèndidè-ki*, celui, celle qui est auprès de monsieur.

Ki كِ pron. T. qui, lequel, laquelle, lesquels, que ; *bir čoǧouk ki tèmbèl dir hič bir chèy euyrènmèz*, un enfant qui est paresseux n'apprend rien ; *onou ki dèdim*, ce que j'ai dit ; conj. que ; *sizè dèdim ki*, je vous ai dit que ; *madam ki*, puisque.

Kia'b كعب s. A. cube, corps cubique ; cheville du pied.

Kia'bè كعبة s. A. nom du temple de la Mecque.

Kia'bèteyn كعبتين s. A. les deux temples, celui de la Mecque et celui de Jérusalem.

Kiabil كابل n. p. T. Caboul ou Kaboul, ville de l'Afghanistan, cap. de la province de ce nom, 60,000 habitants.

Kiabin كابين s. P. somme déterminée que le mari est tenu de payer à sa femme quand il la répudie.

Kiabir كبير a. A. (p. u.), grand, illustre ; d. de *kibr*.

Kiabous كابوس s. A. cauchemar.

Kiachanè كاشانه s. P. nid ; kiosque ; logis (poét.).

Kiachi كاشى s. T. sorte de porcelaine originaire de Kiachan en Asie ; tuile couverte de vernis.

Kiachif كاشف p. pr. A. qui découvre, révèle, qui explique ; d. de *kèchf* ; s. gouverneur d'un district sous les Mamelouks.

Kiach-ki كاشكه interj. P. (*kèchkè*, T. vulg.), plût à Dieu que ! oh si !

Kiad كاغد s. T. vulg. (*kiahat* ou *kiat*), v. *kiaghed*.

Kiaf ك nom arabe de la lettre *kèf* (ou *kièf*), vingt-cinquième lettre de l'alphabet turc. Il y a quatre sorte de *kiaf* à savoir : *kiafi 'arabi* (kéf arabe), *kitab*, livre ; *kiafi farsi* (kéf persan), *geuz*, œil ; *kiafi turki* (kéf turc), *bèy*, seigneur, prince ; et *sagher kiaf* (kèf muet), *dèñiz*, mer.

Kiaffè كافّة s. A. le tout, la totalité.

Kiaffètèn كافّةً ad. A. en tout, en général, sans exception.

Kiafi كافي a. A. suffisant; ad. assez ; d. de *kifayèt*; *kiafi olmak*, être suffisant, suffire.

Kiafil كافل p. pr. A. qui a soin des affaires de quelqu'un, qui administre ; administrateur, curateur ; d. de *kèfalèt*.

Kiafir كافر p. pr. s. A. au pl. *kèfèrè* ou *kuffar*, qui nie, qui renonce ; infidèle, incrédule ; blasphémateur, impie ; d. de *kufr*.

Kiafiranè كافرانه ad. P. d'une manière digne des infidèles ; en impie ; cruellement ; a. propre aux infidèles, digne des infidèles.

Kiafiri كافوری s. T. v. *kiafour*.

Kiafirlik كافرلك s. T. incrédulité, infidélité ; impiété ; cruauté.

Kiafour كافور s. A. (*kiafiri*, T. vulg.), camphre.

Kiafouri كافوری a. A. camphorique.

Kiaghed كاغد s. P. (*kiahat, kiad* ou *kiat*, T. vulg.), papier ; lettre, épître ; cartes à jouer ; a. en papier, de papier ; *douvar kiaghede*, tapisserie ; *banka* ou *kambial kiaghede*, lettre de change ; *kiaghed hèlvasse*, pâte douce en feuilles rondes très minces ; *hèlvaǧe kiaghede*, papiers, lettres sans valeur ; *mèktoub kiaghede* ou *posta kiaghede*, papier à lettres ; *kiahat yazmak*, écrire une lettre ; *kiahat uzèrindè kalmak*, rester lettre morte.

Kiaghedǧe كاغدجی s. T. (*kiahatǧe*), papetier, marchand de papier ; *kiahatǧe tukkiane*, papeterie (magasin).

Kiaghedǧelek كاغدجیلق s. T. (*kiahatǧelek*), papeterie (manufacture, commerce de papier, art de le fabriquer).

Kiaghed-hanè كاغدخانه s. P. (*kiahat-hana, kiatanè*, vulg.), manufacture ou fabrique de papier ; papeterie ; les Eaux-douces d'Europe, lieu de promenade à 1 h. 1|2 de Péra.

Kiah كاه s. P. paille, herbe; en T. us. *saman, čayer otou.*

Kiah كياه s. P. fourrage, herbe, foin.

Kiah كاه impér. P. de *kiahdèn*, diminue; a. qui diminue; partic. en compos. *lèzzèt-kiah*, qui diminue la saveur.

Kiah كح s. P. pavillon; palais.

Kiah كه s. T. vulg. *(giah, P.)*, temps, moment; ad. quelquefois, tantôt.

Kiahat كهت s. T. v. *kiaghed.*

Kiahi كهى s. T. sorte de petit gâteau triangulaire.

Kiahil كهل a. A. lent, paresseux.

Kiahilanè كهلانه ad. P. lentement, avec nonchalance.

Kiahin كهن p. pr. s. A. au pl. *kèhènè*, qui prédit l'avenir; prêtre païen qui prédisait l'avenir; devin; d. de *kihanèt*.

Kiahinlik كهنلك s. T. divination.

Kiahou كاهو s. T. laitue sauvage.

Kiak كاك s. T. sorte de biscuit.

Kiakul كاكل s. P. boucle de cheveux pendant en anneaux.

Kiakullu كاكلل a. T. qui a des boucles de cheveux pendant en anneaux.

Kiam كام s. P. désir, souhait.

Kiamil كامل a. A. au pl. *kiamilin* ou *kiamiloun*, entier, complet, parfait, accompli, instruit; comme il faut; d. de *kèmal*; comme mot turc, d'un âge mûr; d'une bonne conduite, sage, honnête, posé, grave, sérieux.

Kiamilèn كاملا ad. A. entièrement, complètement.

Kiamilin كاملين s. A. pl. de *kiamil*, ceux qui sont parfaits, accomplis.

Kiamiloun كاملون s. A. pl. de *kiamil*, v. le précédent.

Kiam-kiar كامكار a. P. heureux, puissant, auguste, glorieux.

Kiam-kiari كامكارى s. P. bonheur, prospérité, gloire, magnificence.

Kiam-ran كامران a. P. heureux, à qui tout va au gré de ses désirs; victorieux.

Kiam-rani كامرانى s. P. bonheur, prospérité; pouvoir absolu d'un monarque.

Kiam-rèva كامروا a. P. parvenu au but de ses désirs; heureux.

Kiam-rèvayi كامرواى s. P. bonheur, félicité, prospérité.

Kian كان s. P. mine, carrière.

Kianoun كانون s. A. foyer, poêle, fourneau; nom de mois selon le calendrier syriaque; *kianouni èvvèl*, décembre; *kianouni sani*, janvier.

Kiar كار partic. P. qui ajoutée à des noms persans ou arabes en forme des adjectifs qui signifient l'auteur, le faiseur; *hilè-kiar*, rusé; *chivè-kiar*, coquet, gracieux.

Kiar كار s. P. travail, œuvre, ouvrage, affaire, occupation, action, impression; *kiar ou kisb*, occupation; *dèrkiar*, évident; *kiar ètmèk*, agir, faire de l'impression.

Kiar كار s. T. profit, gain, acquisition, bénéfice; *kiar čekarmak* ou *ètmèk*, profiter, gagner.

Kiar-agiah كار آگاه a. P. qui se connaît en affaires.

Kiar-amouz كار آموز a. P. versé dans les affaires; expérimenté.

Kiar-azmoudè كار آزموده a. P. v. le précédent.

Kiar-ban كاربان s. P. v. *kiar-van*.

Kiar-bar كاربار s. P. affaire, occupation.

Kiar-chinas كار شناس a. P. qui se connaît en affaires.

Kiar-dan كاردان a. P. versé dans les affaires; expérimenté.

Kiar-dani كاردانى s. P. habileté dans le maniement des affaires.

Kiar-dar كاردار a. P. qui

travaille, qui s'occupe de quelque chose.

Kiar-didè کاردیده a. P. versé dans les affaires; expérimenté.

Kiar-gèr کارگر s. a. P. ouvrier; pénétrant, efficace, qui agit.

Kiar-giah کارگاه s. P. boutique, fabrique (métier à broder, comme synonyme de *gèrgèf*).

Kiargir کارگیر a. P. *(kiavgir*, vulg.), en pierre, en brique; s. édifice en pierre ou en brique.

Kiar-guzar کارگذار s. P. homme d'affaires; a. habile, versé dans le maniement des affaires.

Kiar-ḣanè کارخانه s. P. v. *kèrḣanè*.

Kiariz کاریز s. P. (*gèriz*, T.), égout, cloaque.

Kiarle کارلی a. T. lucratif, profitable, utile, avantageux; *kiarle čekmak*, avoir un avantage.

Kiar-namè کارنامه s. P. modèle, dessin, plan.

Kiar-saz کارساز a. P. qui arrange les affaires, qui les manie; s. fabricant, ouvrier.

Kiarsez کارسز a. T. sans profit ou utilité.

Kiar-van کاروان s. P. (ou *kiar-ban*), *hèrvan*, T. caravane.

Kiar-van-sèray کاروانسرای s. P. caravansérail.

Kiar-zar کارزار s. P. combat, guerre, bataille.

Kiar-zar-giah کارزارگاه s. P. champ de bataille.

Kiassè کاسه s. P. grande tasse à boire, coupe, écuelle.

Kiassè-lis کاسه‌لیس s. P., *čanak yalayeğe*, T. parasite, m. à m. qui lèche les écuelles des autres, lèche-plat; a. bas, vil, abject; flatteur.

Kiassèt کیاست s. A. intelligence, sagacité.

Kiassib کاسب p. pr. A. qui travaille pour gagner sa vie, qui gagne par le travail; d. de *kèsb*.

Kiassid کاسد a. A. sans débit; d. de *kèssad*.

Kiassir كسّر p. pr. A. qui casse, brise ; d. de *kèsr* ; *kiassir ul-hağèr*, saxifrage, lithontriptique (méd.).

Kiat كاغد s. T. v. *kiaghed*.

Kiatib كاتب p. pr. s. A. au pl. *kuttab* ou *kètèbè*, qui écrit ; écrivain, secrétaire ; a. qui sait écrire, bon rédacteur ; d. de *kètb* ; *serr kiatibi*, secrétaire de confiance ou d'ambassade ; *sèfarèt kiatibi*, secrétaire de légation ; *bach kiatib*, secrétaire en chef.

Kiatiblik كاتبلك s. T. charge et office de secrétaire, d'écrivain ; secrétariat ; *kiatiblik ètmèk*, être employé comme écrivain, secrétaire.

Kiavgir كاوكير a. T. v. *kiargir*.

Kiayin كائن p. pr. A. qui est, qui existe, qui se trouve ; a. sis, situé ; d. de *kèvn*.

Kiayinat كائنات s. A. pl. créatures, tout ce qui existe ; comme sing. univers.

Kiazib كاذب a. A., *yalanğe*, T. menteur, imposteur, mensonger ; faux ; au fém. *kiazibè*, menteuse ; fausse ; d. de *kizb*.

Kibab قباب s. A. pl. de *koubbè*, voûtes, coupoles, arcades.

Kibalè قبالة s. A. accouchement ; en T. us. *èbèlik*.

Kibar كبار s. A. pl. de *kèbir*, les grands, les personnes nobles, illustres, éminentes, distinguées ; a. sing. (comme mot T.), noble, riche, appartenant à la haute société.

Kibarlachmak كبارلاشمق T. s'ennoblir, entrer dans la haute société ; devenir fier.

Kibarlek كبارلق s. T. noblesse, fierté.

Kibèr كبر s. A. âge avancé, vieillesse.

Kibir كبر s. A. (prononciation vulg.), v. *kibr*.

Kibirli كبرلى a. T. orgueilleux, hautain, fier, dédaigneux.

Kibr كبر s. A. (*kibir*), grandeur, orgueil, fierté, dédain.

Kibrit كبريت s. A., *ku-*

kurd, P. *(kukurt*, T.*),* soufre ; *hamizi kibrit*, acide sulfurique (chim.).

Kibrit كبريت s. T. allumette ; d. du mot arabe précédent ; *kibrit koutoussou*, boîte aux allumettes.

Kibritği كبريتجى s. T. celui qui fait ou vend des allumettes, marchand d'allumettes.

Kibriti كبريتى a. A. sulfurique, vitriolé, sulfureux ; de couleur de soufre, jaune verdâtre ; *hamizi kibriti*, acide sulfureux ; *èssassi kibriti*, sulfobase (chim.).

Kibritiyèt كبريتيت s. A. sulfate.

Kibriya كبريا s. A. grandeur de Dieu ; *ġènabe kibriya*, Dieu.

Kich كش interj. P. échec au roi ! (au jeu d'échecs).

Kich كيش s. P. secte ; religion.

Kichi كشى s. T. homme, personne, individu ; *kichi bilmèdiyiniñ duchmane der*, l'homme est l'ennemi de ce qu'il ignore (prov.).

Kichir كشير s. T. carotte, plus souvent *havouğ*.

Kichi-zadè كشير اده a. T. (mot barbare), noble de naissance, de caractère ; s. gentilhomme.

Kichi-zadèlik كشير ادەلك s. T. noblesse ; gentilhommerie.

Kichmich كشمش s. P. v. *kichnich*.

Kichnèmè كيشنەمە s. T. hennissement.

Kichnèmèk كيشنەمك T. hennir.

Kichnich كشنيش s. T. coriandre ; graines de cette plante.

Kichnich كشنيش s. T. (*kichmich*, P.), sorte de raisin sec à petits grains sans pépins, on dit aussi *kichmich uzumu*.

Kichvèr كشور s. P. pays, région, contrée.

Kichvèr-kucha كشور كشا a. P. (*fatih ul-bilad*, A.), qui conquiert des pays ; conquérant.

Kidvè قدوه s. A. exemple, modèle à suivre.

Kièf ك (k), vingt-cinquième lettre de l'alphabet turc, v. kiaf.

Kifayèt كفايت s. A. suffisance, quantité suffisante, capacité ; *kifayèt èdègèk kadar* ou *kifayèt mekdare*, en quantité suffisante ; *kifayèt ètmèk*, suffire, être suffisant.

Kihanèt كهانت s. A. divination.

Kil كيل s. T. (*gil*, P.), argile ; *kil èrmèni*, bol d'Arménie.

Kilab كلاب s. A. pl. de *kèlb*, chiens.

Kilar كلار s. T. v. *kilèr*.

Kilè كيله s. A. mesure pour les denrées dont la capacité diffère selon les localités ; à Constantinople le *kilè* vaut 45 kilogrammes.

Kilèm ك s. A. pl. de *kèlimè*, paroles, mots.

Kilèr كيلار s. T. (*kilar,*), garde-manger ; cave ; office, cellier, crédence.

Kilèrği كيلارجى s. T. celui qui a soin du garde-manger, cellérier, sommelier ; *kilèrği bache*, le chef des celleriers du palais impérial.

Kilèrğilik كيلارجيلك s. T. charge ou office de cellérier.

Kilid كليد s. P. clef.

Kilid كليد s. du G. (*kilit*, T. vulg.), serrure ; *asma kilid*, cadenas ; *kilid altenda*, sous clef, fermé, gardé à clef.

Kilidlèmèk كليدلامك T. (*kitlèmèk*), fermer à clef ; joindre les mains, etc.

Kilidlènmèk كليدلنمك T. (*kitlènmèk*), se fermer, être fermé à clef ; être serré (mâchoires) ; être joint (mains).

Kilidli كليدلى a. T. (*kitli*), fermé à clef ; serré l'un contre l'autre.

Kilim كليم s. P. tapis ras.

Kilis كليس s. T. espèce d'esturgeon ou de lézard aquatique.

Kilissè كليسا s. du G. (*kèlissa*), église chrétienne.

Kilit كليت s. T. v. *kilid* avec ses dérivés.

Kilk كلك s. P. plume à écrire ; *tèhzizi kilk ètmèk*, agiter la plume (écrire).

Kilpè كلپه s. T. échalas pour soutenir la vigne.

Kim كيم pron. T. qui ? ; *kimiñ*, de qui ? *kimè*, à qui ? *kimi*, qui ? (accusatif) ; *kimi* ou *kimissi*, l'un, l'autre d'entre eux ; *kimimiz*, *kimiñiz*, l'un, l'autre d'entre nous, d'entre vous ; *kimki* ou *hèr kim*, quiconque ; *kimè nè*, qu'est-ce que cela fait aux autres ; *kim dir o*, qui vive ?

Kimèsnè كيمسنه pron. indéf. T. v. *kimsè*.

Kimia كيميا s. A. d. du G. chimie, alchimie ; *kimiayi halli*, chimie analytique ; *èhli kimia*, chimistes, alchimistes.

Kimiağe كيمياجى s. T. v. le suivant.

Kimia-gèr كيماكر s. P. chimiste, alchimiste.

Kimiagèrlik كيماكرلك s. T. science et profession de chimiste ou d'alchimiste.

Kimion كيمون s. T. cumin ; d. de l'arabe *kèmoun*.

Kimioni كيموني a. T. (mot barbare), de couleur cumin, vert olivâtre.

Kimiyèvi كيميوى a. A. chimique.

Kimsè كيمسه كمسه s. pron. indéf. T. personne, individu ; quelqu'un, nul, aucun, personne.

Kin كين s. P. haine, rancune, ressentiment ; *kin toutmak*, garder rancune.

Kinayat كنايات s. A. pl. du suivant.

Kinayè كنايه s. A. au pl. *kinayat*, allusion, métonymie ; raillerie indirecte ; pronom (gramm.).

Kinayèli كنايه لى a. T. qui se fait par allusion (parole), qui lance des railleries indirectes.

Kinè كينه s. P. v. *kin*.

Kinèt كينت s. T. fil ou barre de fer qui sert à relier les morceaux d'un vase cassé ou des pierres.

Kinètlèmèk كينتلك T. relier avec un fil ou des barres de fer.

Kinètlènmèk كينتلنمك T. être serré, relié avec du fil de fer; čènèlèr dichlèr kinètlènmèk, être serré (mâchoires, dents).

Kinètli كينتلي a. T. lié, relié avec du fil ou des barres de fer.

Kior كور a. T. v. keur.

Kioufi كوفي a. A. relatif à la ville de Koufa (Irak); ḥatti kioufi, ancienne écriture arabe.

Kiouh كوه s. P. (kuouh), ǧèbèl, A., dagh, T. mont, montagne.

Kiouhsar كوهسار s. P. contrée montagneuse.

Kioutah كوتاه a. P. (kutah), court.

Kir كير s. T. saleté, crasse; kir toutmak, se crasser.

Kira كرا s. A. loyer, location, louage; kira 'arabasse, voiture de louage; kiraya vèrmèk, louer (donner à louage); kira ilè toutmak, louer (prendre à louage); dich kirasse, don qu'on fait à ses hôtes.

Kiraǧe كراجى s. T. locataire; celui qui tient des chevaux à louer.

Kiraǧelek كراجيلق s. T. état de locataire; profession de celui qui tient des chevaux à louer.

Kiralamak كرالامق T. donner en location, louer.

Kiram كرام a. A. pl. de kèrim, généreux, grands, éminents; hauts; zèvate kiram, les hauts personnages.

Kiras كراس s. T. (kiraz), cerise; analogie avec le mot arménien gèras (cerise); kiras aghaǧe, cerisier.

Kirassoun كراسون n. p. T. Kersoun, ville de la Turquie d'Asie sur la mer Noire.

Kiraz كراز s. T. v. kiras.

Kirbas كرباس s. A. toile de coton ou de lin; analogie avec le mot arménien gèrbas (soie ou lin pur).

Kirbassi كرباسى a. A. de coton, de lin.

Kirdè كرده s. T. sorte de pain plat et mince.

Kirèǧ كرج s. T. chaux; kirèǧ oǧaghe, four à chaux; seunmèmich kirèǧ, chaux vive ; *beñz kirèğ gibi olmak,* pâlir ; *kirèğ horassan,* ciment ; *kirèğ-bournou,* petit village entre Thérapia et Beuyukdéré (côte d'Europe).

Kirèğği كيرججى s. T. chaufournier.

Kirich كيريش s. T. corde de boyau pour les instruments de musique ; corde d'arc ; solive ; *koulak kirichdè olmak,* être sur le qui-vive.

Kirichlèmè كيريشلمه s. T. pièce de charpente pour soutenir le plancher ; solive.

Kirichlèmèk كيريشلمك T. tendre l'arc.

Kirlèmèk كيرلەمك T. salir, faire des saletés.

Kirlènmèk كيرلنمك T. se salir, se souiller, se crasser ; être sali, souillé ; fig. devenir suspect ; être attaqué dans son honneur, dans sa probité.

Kirlètmèk كيرلتمك T. salir, souiller, crasser ; fig. rendre suspect ; s'attaquer à l'honneur, à la probité.

Kirlèttirmèk كيرلتدرمك T. faire ou laisser salir.

Kirli كيرلى a. T., *na-pak,* P. impur, sale, crasseux, malpropre ; *kirli hanem,* sorte de fromage frais.

Kirman كرمان s. T. quenouille pour filer de la laine.

Kirpi كرپى s. T. hérisson, porc-épic.

Kirpiğ كرپیج s. T. v. *kèrpiğ.*

Kirpik كرپیك s. T. cils.

Kis كيس s. A. bourse, sac.

Kisbèt كسبت s. T. v. *kisvèt.*

Kisra كسرى s. A. au pl. *èkiassirè,* titre donné à certains anciens rois de Perse.

Kissè كيسه s. A. v. *kès-sè* avec ses dérivés.

Kissè-dar كيسەدار s. P. v. *kèssè-dar.*

Kisvè كسوه s. A. v. le suivant.

Kisvèt كسوت s. A. (*kisbèt,* T. vulg.), habillement ; costume, vêtement.

Kitab كِتَاب s. A. au pl. *kutub*, livre; *hissab kitab*, tout compte fait, après le compte.

Kitabè كِتَابِه s. A. inscription.

Kitabèt كِتَابَت s. A. art d'écrire; écriture; composition épistolaire; style; charge et dignité de secrétaire; secrétariat.

Kitabğe كِتَابْجِى s. T., *sahhaf*, A. libraire, bibliothécaire (d'une bibliothèque privée).

Kitabğelek كِتَابْجِيلِق s.T. profession et commerce de libraire; librairie.

Kitab-hanè كِتَابْخَانه s. P. (*kutub-hanè*), bibliothèque.

Kital قِتَال s. A. v. *ketal*.

Kiti كِتِى s. P. monde; en T. us. *dunya*.

Kiti-sitan كِيتِىسْتَان a. P. conquérant.

Kitlèmèk كِتْلَمَك T. v. *kilidlèmèk*.

Kitlènmèk كِتْلَنْمَك T. v. *kilidlènmèk*.

Kitli كِتْلِى a. T. v. *kilidli*.

Kiyassèt كِيَاسَت s. A. intelligence; sagacité.

Kizb كِذْب s. A. mensonge; en T. us. *yalan*.

Kizib كِذِب s. A. v. le précédent.

Kizir كِزِير s. T. domestique sous les ordres du préposé d'un village.

Ko قُو impér. T. de *komak*, mets, place, laisse; *ko seuylèssin*, laisse (laissez) le parler.

Koč قُوچ s. T. bélier; fig. personne courageuse; croc du canon pour attacher la corde.

Kočak قُوچاق a. T. brave, courageux.

Kočan قُوچان s. T. trognon, tige intérieure, souche; fig.(a.) grossier, raide.

Koch قُوش s. T. paire, une paire de chevaux, attelage.

Koch قُوش impér. T. de *kochmak*, cours.

Kochma قُوشَمَه s. T. action de courir, etc.

Kochmak قُوشَمَق T. courir; (va.) ajouter, faire ac-

39

compagner, donner comme escorte ; atteler, préparer, apprêter ; *bir ich ardenda kochmak*, poursuivre une affaire ; *ardendan kochmak*, poursuivre quelqu'un.

Kochou قوشو s. T. course ; air de danse.

Kochou قوشى s. T. bande, troupe d'hommes ; classe ; *achaghe kochou*, le bas peuple, la basse classe.

Kochouch قوشش s. T. action et manière de courir ; course.

Kochouchmak قوششمق T. courir ensemble de tous côtés ; affluer.

Kochougou قوشىجى s. T. coureur.

Kochouk قوشوق s. T. air de danse.

Kochoulmak قوشالمق T. être ajouté, donné comme escorte ; être attelé ; vn. (avec le sujet indét.) courir.

Kochoum قوشوم s. T. attelage, harnais.

Kochoun قوشون s. T. troupe d'hommes ; multitude ; armée.

Kochountou قوشندى s. T. suite (ceux qui suivent).

Kochtourmak قوشدیرمق T. faire courir ; faire atteler ; faire accompagner.

Kočkar قوچقار s. T. grand bélier lutteur.

Kočlanmak قوچلانمق T. se dresser comme un bélier ; montrer du courage.

Kočou قوچى s. de l'Hong. sorte d'ancienne voiture en forme de pavillon.

Kočougou قوچىجى s. T. cocher d'une voiture dite *kočou*.

Kodaman قودامان a. T. grand, énorme ; d'une forme vieille ; hors d'usage.

Kof قوف a. T. creux, vide ; fig. sot, ignorant ; sans force.

Koğa قوجه a. T. vieux ; grand, énorme ; brave ; *kos koğa*, très grand, énorme ; s. vieillard ; mari, époux ; *koğa kare*, vieille femme ; *kare koğa*, mari et femme ; *koğaya varmak*, être mariée (femme) ; *koğaya vèrmèk*, marier (une femme) ; *koğa yèmich* ou *yèmichi*, arbouse ; *koğa yèmich aghağe*, arbousier ; *koğa bache,* notable d'un village.

Koğalak قوجهلاق s. T. espèce de gros milan (oiseau).

Koğalamak قوجهلامق T. v. *koğamak.*

Koğale قوجهلی a. T. mariée, qui a un mari (femme).

Koğalek قوجهلق s. T., *pirlik, ihtiyarlek,* vieillesse; état de mari.

Koğalmak قوجالمق T. v. le suivant.

Koğamak قوجامق T. (*koğalamak, koğalmak*), devenir vieux, vieillir ; *koğamech,* vieilli.

Koğaman قوجهمان a. T. énorme.

Koğassez قوجهسز a. T. sans mari ; veuve.

Koğatmak قوجاتمق T. rendre vieux ; vieillir.

Koğechmak قوجشمق T. s'embrasser l'un l'autre, se jeter dans les bras l'un de l'autre.

Koğendermak قوجندرمق T. exciter, inquiéter, troubler ; faire soupçonner.

Koğenmak قوجنمق T. s'exciter, s'inquiéter, se troubler ; soupçonner.

Kogha قوغه s. T. v. *kova.*

Koghalamak قوغهلامق قوغالامق T. v. *kovalamak.*

Koghalek قوغهلق s. T. espèce de roseau dont on fait des nattes.

Koghan قوغان p. pr. T. (ou *kovan*), chassant, qui chasse.

Koghan قوغان s. T. (ou *kovan*), ruche.

Koghdourmak قوغدیرمق T. v. *kovdourmak.*

Koghe قوغی s. T. (*koughou*), cygne.

Koghege قوغیجی a. T., *nèmmam,* A. rapporteur.

Koghegelek قوغیجیلق s. T., *nèmmamlek,* action et état de celui qui fait le rapporteur.

Koghmak قوغمق T. v. *kovmak.*

Koghouch قوغوش s. T.

Koghouk قوغوق s. a. T. v. *kovouk*.

Koğmak قوجمق T. embrasser, étreindre.

Kok قوق s. de l'Ang. coke.

Koka قوقه s. T. sorte de coiffure de feutre à panache que portaient les chefs des janissaires.

Kokarğa قوقارجه s. T. espèce de fouine.

Koklachmak قوقلاشمق T. se flairer l'un l'autre (animaux); fig. s'aimer mutuellement.

Koklamak قوقلامق T. flairer, sentir l'odeur; respirer une essence.

Koklatmak قوقلاتمق T. faire sentir l'odeur, faire flairer; fig. donner en petite quantité.

Kokmak قوقمق T. sentir; *guzèl kokmak*, sentir bon; *fèna kokmak*, sentir mauvais; fig. être pressenti; *kokmouch*, infect, puant, qui sent mauvais.

Kokona قوقونه s. du G. dame grecque, dame chrétienne (en général).

Kokoroz قوقوروز s. T. maïs, blé de Turquie (avec son trognon).

Kokou قوقو s. T., *rayha*, A. odeur; *kokou almak* (fig.), pénétrer, deviner; *kokoussou čekmak*, être découvert.

Kokoulou قوقولی a. T. qui sent (bon ou mauvais); parfumé, odoriférant.

Kokoussouz قوقوسز a. T. sans odeur, inodore.

Kokoutmak قوقوتمق T. répandre une bonne ou mauvaise odeur; infecter; *iskèlèyi kokoutmak* (fig.), importuner.

Kokoz قوقوز a. T. vulg. (*zuyurt*), qui n'a pas le sou.

Kokozlamak قوقوزلامق T. n'avoir plus le sou.

Kokozlouk قوقوزلق s. T. vulg. (*zuyurtluk*), manque d'argent; pénurie.

Kol قول s. T. bras; manche, branche; aile ou colonne d'une armée; patrouille, ronde; *sagh kol*, bras droit ; aile droite (mil.) ; *sol kol*, bras gauche ; aile gauche (mil.) ; *kol kola*, bras dessus bras dessous ; *kol dolachmak*, faire la patrouille ; *kol gèzmèk*, se promener en ronde ; *kol ordou*, corps d'armée ; *sagh kol aghasse*, adjudant-major.

Kola قوله s. de l'I. colle, empois, empesage.

Kolalamak قولالامق T. empeser (linge).

Kolalanmak قولالانمق T. être empesé.

Kolalatmak قولالاتمق T. faire empeser.

Kolale قولالى a. T. empesé.

Kolan قولان s. T. *(kolañ)*, sangle, ventrière ; ruban large et gros ; *kolane sekmak*, sangler.

Kolañ قولاں s. T. v. le précédent.

Kolay قولاى a. T., *assan*, P. facile, aisé, commode ; s. facilité ; ad. facilement, aisément ; *kolay gèlè*, qu'il vous soit facile (souhait) ; *kolayene boulmak*, trouver le moyen.

Kolayġa قولايجه ad. T. facilement ; un peu ou assez facile.

Kolaylachmak قولايلاشمق T. devenir ou être facile, commode ; avancer, approcher de sa fin (travail).

Kolaylachtermak قولايلاشديرمق T. v. *kolaylatmak*.

Kolaylamak قولايلامق T. faciliter ou être facilité.

Kolaylandermak قولايلانديرمق T. v. *kolaylatmak*.

Kolaylanmak قولايلانمق T. devenir facile, être ou se rendre facile ; avancer, approcher de sa fin.

Kolaylatmak قولايلاتمق T. faciliter, rendre facile ; avancer.

Kolaylek قولايلق s. T. facilité, aisance, aise, moyens ; *kolaylekla*, facilement, aisément, avec facilité.

Kolčak قولچاق s. T. gantelet.

Kel-dach قولداش s. T. (p. u.), compagnon.

Kolèra قولرا s. du G. choléra ; tristplachnine ; *kolè-*

raya toutoulmak, être attaqué par le choléra.

Kolgou قولجى s. T. gardien de douane ; gendarme qui garde les routes.

Kolgoulouk قولجيلاق s. T. charge, service de gardien.

Kollamak قوللامق T. s'informer de ; avoir soin de, protéger, aider ; attendre, guetter ; *fersant kollamak*, guetter l'occasion.

Kollou قوللى a. T. à manches (habit).

Koločka قولوچقه s. T. (*kouloučka*), couveuse ; fig. personne paresseuse ; *koločkaya otourmak*, couver.

Koltouk قولتوق s. T. aisselle, bras, bord, coin ; petit cabaret ou boutique au coin d'une rue ; fig. flatterie ; *koltouk kabartmak*, s'enorgueillir ; *koltouk vèrmèk*, flatter ; *koltouk dèynèyi*, béquille ; *koltouk* ou *koltouklou sandaliè*, fauteuil.

Koltoukgou قولتوقجى s. T. marchand de bric-à-brac ; petit cabaretier ; vendeur de fauteuils.

Koltouklamak قولتوقلا T. prendre par le bras ; fig. flatter.

Koltouklou قولتوقلى a. T. à bras, à aisselles ; s. fauteuil.

Kolyoz قوليوز s. du G. espèce de maquereau (poisson).

Koma قومه s. T. action de mettre, etc.

Komak قومق T. (*koymak*), mettre, poser, placer ; abandonner, laisser ; établir, tolérer, permettre ; *atèch komak*, incendier ; *mèydana komak*, exposer, mettre au grand jour ; *yolouna komak*, arranger, mettre en bon ordre, faire marcher une affaire ; *yola komak*, expédier ; *araya komak*, prendre pour intermédiaire ; *bahs komak*, parier ; *ustè komak* (vn.), renchérir.

Komanda قوماندﻩ s. de l'I. commande, ordre, commandement ; *komanda ètmèk*, commander.

Komandan قوماندان s. du F., *amir*, A. commandant, chef d'une armée.

Komandanlek قوماندانلق s. T. commandement.

Komandar قوماندار s. T. v. *komandan*.

Komania قومانيه s. de l'I. provisions d'un navire.

Komchou قونشو s. T. v. *konchou*.

Komchoulouk قونشولق s. T. v. *konchoulouk*.

Komèdia قومديا s. du G. comédie.

Komissèr قوميسر s. du F. commissaire.

Komissèrlik قوميسرلك s. T. commissariat.

Komission قوميسيون s. du F. commission ; conseil ; hôtel de ville (à Péra), municipalité (de Péra).

Komissionğou قوميسيونجى s. T. commissionnaire.

Kompania قومپانيه s. de l'I. compagnie, société.

Kompas قومپاس s. du F. compas.

Kompas قومپاس s. T. boussole ; *kompas ètmèk*, méditer, conjecturer ; conspirer.

Konak قوناق s. T. hôtellerie, logis, logement, cantonnement ; station, relais, étape, journée ; grande maison, résidence d'un seigneur ; *hukumèt konaghe*, hôtel du gouvernement, hôtel de ville ; préfecture ; mairie ; *konak ètmèk*, demeurer, séjourner.

Konakğe قوناقجى s. T. celui qui désigne et fait préparer les logements pendant le voyage ; officier attaché, en Turquie, aux seigneurs d'un certain rang ; adjudant-major chargé du cantonnement ; *konakğe bache*, le quartier-maître général.

Končè قونچه s. T. v. *ghončè*.

Koñchou قوكشو s. T. v. le suivant.

Konchou قونشو s. T. (ou *koñchou*), *ğar*, A. voisin.

Konchoulouk قونشولق s. T. voisinage.

Kondak قونداق s. T. maillot, bois de fusil ; matière incendiaire.

Kondakğe قونداقجى s. T. fabricant de bois de fusil ; incendiaire.

Kondaklamak قوندافلامق T. mettre au maillot (un enfant), emmaillotter.

Kondourmak قوندیرمق قوندرمق T. poser, faire cantonner, camper.

Kondourmamak قوندیرمامق مق قوندرمامق T. s'emploie avec le mot *toz* (poussière); *toz kondourmamak*, ne souffrir aucune insulte, aucune accusation contre quelqu'un qu'on aime; ne pas voir, excuser les fautes de la personne aimée; être indulgent.

Kondukteur قوندوقتور s. du F. conducteur (du tramway, etc.).

Konférans قونفرانس s. du F. conférence.

Konğ قونج s. T. le haut des bas, des bottes.

Konğolos قونجولوس نجلوس s. T. v. le suivant.

Konğoloz قونجولوز s. T. (*kara konğoloz*), vampire; loup-garou.

Kongrè قونغره s. du F. congrès.

Konma قونمه s. T. action de descendre, etc.

Konmak قونمق T. descendre dans une maison, dans un hôtel; camper, cantonner, se mettre, se placer, percher, se percher (oiseau); *mirassa konmak*, hériter; *hazera konmak*, trouver une fortune préparée, c.-à-d. profiter de l'occasion; *konmouch*, posé, mis, placé; perché.

Konou قونو s. T. v. *konouk*; *konou konchou*, les voisins; les passants; *èni konou*, lentement, doucement; longuement.

Konouchma قونوشمه قونشمه s. T. (*koñouchma*), entretien, conversation.

Konouchmak قونوشمق قونشمق T. (*koñouchmak*), s'entretenir, converser, parler sur une affaire.

Koñouchmak قوكشمق T. v. le précédent.

Konouchmènto قونشمنتو s. de l'I. connaissement.

Konouchoulmak قونشلق T. (sujet indét.), v. *konouchmak*.

Konouchtourmak قونُشدِرمق T. amener deux ou plusieurs personnes à s'entretenir; faire converser, parler sur une affaire.

Konouk قونوق s. T. *(konou)*, hôte, étranger qui reçoit l'hospitalité.

Konouklamak قونوقلامق T. recevoir des hôtes, des convives; inviter, convier, régaler.

Konoulmak قونولمق T. être mis, posé, placé; être abandonné.

Konsolidè قونسوليده s. du F. titres de la dette consolidée.

Konsolidèği قونسوليده‌جى s. T. homme qui fait l'agent de change, le courtier de fonds.

Konsolos قونسولوس s. du L., *chèh-bèndèr*, P. consul; *konsolos vèkili*, vice-consul.

Konsolos-hanè قونسولوسخانه s. T., *chèh-bèndèr-hanè*, P. consulat, hôtel de consul.

Konsoloslouk قونسولوسلق s. T., *chèh-bèndèrlik*, consulat, charge de consul.

Kontrato قونطراطو s. de l'I., *moukavèlè-namè*, P. contrat.

Koparmak قوپارمق T. couper; arracher, détacher, déraciner, extirper, décrocher; cueillir; faire naître, élever; prendre de l'argent par fourberie; *gurultu* ou *paterde koparmak*, s'irriter terriblement, crier de rage.

Kopartmak قوپارتمق T. faire couper, faire arracher.

Kopča قوپچه s. T. agrafe.

Kopčalamak قوپچه‌لامق T. agrafer.

Kopčalanmak قوپچه‌لانمق T. s'agrafer, être agrafé.

Kopčalè قوپچه‌لى a. T. garni d'agrafes.

Kopmak قوپمق T. se couper, se rompre; être coupé, rompu; détaché, arraché, déraciné; se détacher, s'arracher, se déraciner; s'élever; naître; éclater; *geuñuldèn kopmak*, donner volontairement.

Kopouz قوپوز s. T. sorte de guitare à une seule corde.

Kor قور s. T. charbon ardent.

Kordèla قورده s. de l'I. cordelette, cordon; large galon de soie.

Korğou قورجی s. T. v. *korouğou*.

Korkak قورقاق a. T. craintif, timide, peureux, pusillanime; poltron; *korkak bazirgian nè kiar èdèr nè zarar*, le négociant peureux ne fait ni profit ni perte (prov.).

Korkaklek قورقاقلق s.T. timidité, pusillanimité; poltronnerie.

Korkma قورقه s. T. action d'avoir peur, etc.

Korkmak قورقمق T. avoir peur, craindre, s'épouvanter.

Korkou قورقو s.T. crainte, peur, terreur, frayeur, épouvante, alarme; danger, péril.

Korkoulmak قورقلمق T. craindre, avoir peur (sujet indét.); *korkoulour*, c'est à craindre; *korkoulmaz*, il n'y a rien à craindre.

Korkoulou قورقولی a. T. qui fait peur, effrayant, épouvantable, terrible; dangereux, périlleux.

Korkoulouk قورقولق s. T. épouvantail; parapet, garde-fou.

Korkounğ قورقونج a. T. épouvantable, terrible, effrayant, redoutable, formidable; hideux.

Korkoussouz قورقوسز a. T. sans peur, hardi, intrépide; qui n'est pas à craindre; sûr.

Korkoussouzlouk قورقوسزلق s.T. manque de peur, de péril, sûreté; intrépidité, courage.

Korkoutmak قورقوتمق T. épouvanter, effrayer, terrifier, faire peur; menacer, intimider.

Korniza قورنیزه s. du G. châssis.

Korou قوری s. T. parc, forêt, bosquet; *korou aghasse*, intendant des forêts.

Korouğou قوروجی s. T. (*korğou*), gardien, garde-champêtre.

Korouk قوروق s. T. lieu réservé.

Korouk قوروق s. T. v. *kourouk*.

Koroumak قوريَق T. garder, défendre, protéger, préserver, garantir ; vn. répondre à, être suffisant.

Koroutmak قوريتَق T. faire garder par un garde-champêtre ; entourer d'une haie, d'un fossé, etc.

Korvèt قوروت s. du F. corvette.

Kos قوس partic. T. augmentative ; *kos koğa*, énorme.

Kostautiniyè قسطنطينيه n. p. A. d. du G. Constantinople.

Kotèr قوتر s. de l'Ang. v. le suivant.

Kotra قوتره s. de l'Ang. cutter (petit navire).

Koub قوب partic. T. augmentative, v. *kab*.

Koubad قوباد a. T. grossier, vulgaire (langue, idiome).

Koubbè قبّه s. A. au pl. *kibab*, voûte, coupole.

Koubbèli قبّه لى a. T. qui a une voûte, une coupole ; voûté ; *kerk koubbèli bir hamam*, un bain avec quarante coupoles (se dit d'une exagération).

Koubh قبح s. A. laideur, turpitude.

Koubhiyat قبحيات s. A. pl. actions mauvaises.

Koubour قوبور s. T. tuyau, étui pour les pistolets, carquois.

Koubour قبور s. A. pl. de *kabr*, tombes, tombeaux.

Kouch قوش s. T., *tayir*, A., *murgh*, P. oiseau ; *av kouchou*, oiseau de proie ; *dèvè kouchou*, autruche ; *kouch bournou*, bec d'oiseau ; cynorrhodon (églantier, rosier sauvage) ; *kouch yèmi*, chènevis ; *kouch lokoumou*, sorte de petite pâte ronde au sucre et aux œufs ; *kouch-hanè*, volière ; *kouch eutmèssi*, gazouillement des oiseaux ; *kouch konmaz*, asperge ; *kouch sudu*, chose introuvable, m. à m. lait d'oiseau ; *kouch bache*, rôti en petits morceaux, gros flocons de neige ; *kouch dili,* espèce de frêne (arbre); *ǧènnèt kouchou,* petit enfant mort ; phénix ; *kouch uzumu,* raisin sec à petits pépins.

Kouch قوش s. T. cavité qui survient à la croupe des chevaux (lorsqu'ils vieillissent).

Kouchak قوشاق s. T. ceinture, zone ; tasseau.

Kouchanmak قوشانمق T. se ceindre, être ceint ; *keleǧ kouchanmak,* se ceindre d'une épée ; *giyinip kouchanmak,* s'habiller, se parer ; *keleǧ kouchanmasse,* investiture du sabre, cérémonie qui, pour le Sultan, tient lieu du couronnement.

Kouchante قوشاندى s. T. vêtement de femme ; habillement.

Kouchatmak قوشاتمق T. ceindre, investir, environner, entourer, assiéger, bloquer.

Kouch-baz قوشباز a. T. qui nourrit et vend des oiseaux ; s. oiseleur. Mot barbare, attendu que les particules et les impératifs persans ne peuvent se joindre aux mots turcs.

Kouch-bazlek قوشبازلق s. T. oisellerie.

Kouchǧou قوشجى s. T. oiselier ; *kouchǧou bache,* lieutenant du *bostanǧe-bache,* grand-maître des forêts, celui qui délivre les permis de chasse ; chef des oiseliers du sérail.

Kouch-hanè قوشخانه s. T. volière.

Kouchkou قوشقو s. T. frayeur, épouvante.

Kouchkoulanmak قوشقولانمق T. s'effrayer, s'épouvanter ; être effrayé, épouvanté.

Kouchlak قوشلاق s. T. lieu plein d'oiseaux de chasse.

Kouchlouk قوشلق s. T. avant-midi, matinée.

Kouchlouk قوشلق s. T. *(kouch-hanè),* volière.

Kouchmar قوشمار s. T. sorte de trappe pour prendre des oiseaux.

Koudas قداس s. A. la messe ; l'eucharistie ; kou-

dassi chèrif, la sainte messe.

Kouddam قدام s. A. le devant, front, façade; et pl. de *kadim* (p. pr.), qui viennent, qui arrivent les premiers d'une expédition; le pl. de *kadim* (a.) est *koudèma*; *kouddami 'askèr*, l'avant-garde d'une armée.

Kouddous قدوس a. A. très saint; s. le Très-Saint (Dieu).

Koudèma قدما a. s. A. pl. de *kadim*, anciens, principaux, chefs; personnes prépondérantes, éminentes.

Koudouh قدوح s. A. pl. de *kadèh*, verres à boire.

Koudouk قددوق s. T. ânon.

Koudoum قدوم s. A. arrivée.

Koudoumiyè قدوميه s. A. présent que le peuple fait au souverain ou à ses ministres à l'occasion de leur arrivée.

Koudourma قدورمه s. T. rage, fureur, furie; action d'enrager.

Koudourmak قودورمق T. être ou devenir enragé, être en fureur, enrager; fig. être excité, s'irriter; *koudourmouch*, enragé, furieux, démoniaque.

Koudourtmak قودورتمق T. faire enrager, rendre enragé; mettre en fureur; fig. exciter, irriter jusqu'à la rage.

Koudouz قودوز a. T. enragé, furieux; s. rage; *koudouz 'illèti*, rage.

Koudouzlanmak قودوزلانمق T. être ou devenir enragé.

Koudrèt قدرت s. A. force, puissance, pouvoir, pouvoir divin, omnipotence de Dieu; création; nature, moyens pécuniaires; *koudrètdèn*, naturel.

Koudrètli قدرتلی قدرتلو a. T. (*koudrètlu*), fort, puissant; très-puissant, titre donné au Sultan (style épist.); *chèvkètlu koudrètlu 'azamètlu padichahemez èfèndimiz soultan 'abd ul-hamid han sani*, notre très majestueux, très puissant, très auguste souverain et seigneur Abd ul Hamid han II.

Koudrètsiz قدرسز a. T. impuissant, sans force ou vigueur, faible.

Koudrètsizlik قدرسزلك s. T. impuissance, faiblesse.

Koudrèt-yab قدریاب a. P. qui parvient à quelque chose ; *koudrèt-yab olmak*, parvenir à...

Kouds قدس s. A. sainteté ; *koudsi chèrif*, la sainte ville de Jérusalem.

Koudsi قدسى a. A. saint; divin ; sanctifié.

Koudsiyan قدسیان s. P. pl. les anges.

Koudsiyat قدسیات s. A. pl. choses sacrées relatives à Dieu ou aux anges.

Koudsiyèt قدسیت s. A. sainteté.

Koufl قفل s. A. au pl. *akfal*, serrure.

Kougak قوجاق s. T. sein; étreinte ; gerbe, faisceau ; *kougak kougagha gèlmèk*, se prendre corps à corps.

Kougaklachmak قوجاقلاشمق T. s'embrasser l'un l'autre, s'étreindre.

Kougaklamak قوجاقلامق T. embrasser, étreindre.

Koughou قوغو s. T. (*koghe*), cygne (oiseau).

Kouka قوقا s. T. racine dure d'un arbre des Indes dont on fait des chapelets, etc.

Koukla قوقله s. T. poupée ; fig. personne mince et de petite taille ; *kirli koukla*, femme malpropre.

Koukou قوقو s. T. coucou (oiseau).

Koukoulèta قوقولته s. de l'I. capuchon.

Koukoulètale قوقولتدلى a. T. à capuchon (manteau, etc.).

Koukoulia قوقولیه s. du G., *ipèk kozasse*, T. cocon.

Koukouliage قوقولیه‌جى s. T. bohémienne qui dit la bonne aventure.

Koul قول s. T. esclave, serf ; homme, créature, serviteur de Dieu ; soldat, militaire, garde, sentinelle ; *koulouñouz* ou *koullare*, votre serviteur, moi.

Koula قولا s. T. couleur baie ; roux, couleur rousse ; *koula at*, cheval bai, roux.

Koulačan قولاچان s. T. promenade ou excursion avec le dessein de voler, de piller ; *koulačan ètmèk* ou *koulačana čekmak*, se promener pour voler, piller, dérober.

Koulağ قولاج s. T. brasse, toise, mesure de deux bras étendus ; *koulağ koulağ*, amplement, largement.

Koulaghouz قولاغوز s. T. *(kelaouz)*, guide, conducteur, pilote ; chef, intermédiaire ; sorte de petite tarière ; aiguille de chirurgien.

Koulaghouzlamak قولاغوزلامق T. *(kelaouzlamak)*, faire l'intermédiaire (surtout pour un mariage).

Koulaghouzlouk قولاغوزلق s. T. *(kelaouzlouk)*, charge et service de guide, de conducteur ; *kelaouzlouk ètmèk*, faire le guide, le conducteur ; guider, conduire.

Koulağlamak قولاجلامق T. toiser, mesurer avec la brasse.

Koulak قولاق s. T. oreille ; ouïe ; *koulak asmak*, prêter l'oreille ; *koulak vèrmèk*, écouter attentivement; *geuz koulak olmak*, être très attentif ; *koulak missafiri olmak* ou *koulak kabartmak*, écouter attentivement, être aux écoutes sans en faire semblant ; *koulak bukmèk*, avertir ; *koulak tozou*, les tempes ; *kouzou koulaghe*, oseille (plante) ; *dèvè koulaghe*, oreille de chameau (plante) ; *tavchan koulaghe*, cyclamen, pain de pourceau (plante) ; *koulak pèrdèssi*, tympan (de l'oreille); *koulaghe dèlik*, éveillé, averti ; *koulakda kupè*, avertissement ; *dèvèdè koulak*, en quantité relativement minime, fort peu, insignifiant.

Koulakčin قولاقچين s. T. partie d'une coiffure propre à couvrir les oreilles ; oreillette.

Koulaklc قولاقلي a. T. qui a des oreilles ou de grandes oreilles ; s. espèce de marmite.

Koulaksez قولاقسز a. T. qui a les oreilles coupées.

Koulè قوله s. T. tour,

château ; sommet, cime ; d. de l'arabe *koullè*; *yanghen koulèssi*, la tour du Séraskérat ; *ghalata koulèssi*, la tour de Galata ; *čan koulèssi*, clocher.

Koulèl قلل s. A. pl. de *koullè*, v. *koullè*.

Koulèng̃ قولنج s. P. v. *kouloung̃*.

Koulibè قوليبه s. T. cabane, baraque, hutte ; d. du persan *kulbè*.

Koullab قولاب s. T. dévidoir propre à entourer un cordon de fil d'or ou d'argent.

Koullab قلاب s. A. croc, grappin, hameçon.

Koullandermak قوللاندرمق T. faire employer, user; faire nommer à un emploi.

Koullanech قوللانش قوللانيش s. T. emploi, usage, commodité.

Koullanechle قوللانيشلى a. T. (*koullanekle*), commode, d'un usage facile.

Koullanekle قوللانيقلى a. T. v. le précédent.

Koullaneler قوللانيلر قوللانيلور a. T. employé, usité.

Koullanelmak قوللانلمق T. s'employer, être employé, usité ; être nommé à un emploi ou accepté à un service.

Koullanelmaz قوللانلماز a. T. inusité, hors d'usage.

Koullanma قوللانمه s. T. action d'employer ; usage, emploi, maniement.

Koullanmak قوللانمق T. employer, faire usage, manier, consommer, se servir, user ; jouir ; diriger, administrer, nommer à un emploi ou accepter à un service.

Koullè قلّه s. A. (*koulè*, T.), au pl. *koulèl*, sommet, cime, tour.

Koullouk قوللق s. T. servitude, esclavage, servage ; corps de garde ; officier subalterne chez les janissaires.

Kouloub قلوب s. A. pl. de *kalb*, cœurs.

Kouloučka قولوچقه s. T. v. *koločka*.

Kouloun قولون s. T. âne sauvage, onagre ; ânon nouveau-né.

Kouloung̃ قولنج s. P. (*koulèng̃*), colique ; d. du G. ; *kouloung̃ kermak*, frotter fortement.

Koulounlamak قولونلامق T. mettre bas (ânesse, etc.).

Koulp قولپ s. T. anse, manche d'un vase ; fig. prétexte ; *koulp takmak*, inventer des moyens pour accuser, chercher des prétextes ; *youmourtaya koulp takan* (*bèhanè-g̃ou*, P.), qui cherche des prétextes.

Koulplou قوللى a. T. à anses, à manches (vase).

Koulzoum قلزم n. p. A. nom donné à la mer Rouge, on dit aussi *bahri koulzoum*.

Koum قوم s. T., *rèml*, A., *rik*, P. sable ; poudre ; *koum sa'ate*, sablier, horloge de sable.

Koumach قماش s. A. au pl. *akmecha*, étoffe, toile fine ; comme mot turc, étoffe de soie, étoffe précieuse ; fig. sorte, genre d'homme.

Koumandaria قوماندارىه s. T. vin de Chypre d'une qualité très estimée.

Koumar قمار s. A., *koumar oyounou*, T. jeu de hasard (joué pour de l'argent) ; jeu de dés ; *koumar oynamak*, jouer à un jeu de hasard.

Koumar-baz قمار باز s. P. (*koumarg̃e*, T.), joueur, qui joue aux dés ou aux cartes (pour de l'argent).

Koumar-bazlek قمار بازلق s. T. vice de celui qui joue à un jeu de hasard (pour de l'argent).

Koumarg̃e قمارجى s. T. v. *koumar-baz*.

Koumar-hanè قمار خانه s. P. maison de jeu (de hasard).

Koumari قمارى s. A. pl. de *koumriyè*, tourterelles femelles.

Koumari قمارى s. T. sorte d'aloès venant des Indes.

Koumbara قومباره s. T. (*h̆oumbara*, A.), bombe, grenade ; tirelire ; *koumbara atmak*, bombarder.

Koumbarag̃e قومبرجى s.

40

T. bombardier; *koumbaraǧe yokouchou*, nom d'une rue au carrefour de Péra.

Koumbara-hana خمبرخانه s. T. (*houmbara-hanè*, P.), caserne des bombardiers.

Koum-kapou قوم قپو n. p. T. nom d'un faubourg de Constantinople.

Koumkoumè قوم قومه s. T. petite bouteille en métal.

Koumlou قوملو a. T. sablonneux, sableux.

Koumlouk قوملق s. T. sablière; pays ou lieu sablonneux; a. sablonneux.

Koumral قومرال a. T. châtin clair.

Koumri قمرى s. A. tourterelle (mâle).

Koumriyè قمريه s. A. au pl. *koumari*, tourterelle femelle; fém. du précédent.

Koumrou قومرى s. T. v. *koumri*.

Koumsal قومسال s. T. pays sablonneux, terre sablonneuse.

Kounda قونده s. T. espèce d'araignée venimeuse.

Koundak قونداق s. T. v. *kondak* avec ses dérivés.

Koundoura قوندره s. T. (*koundra*), soulier; *koundoura kèmiyi*, chausse-pied; *koundoura yuzu*, empeigne.

Koundouraǧe قوندره چى s. T. cordonnier.

Koundouraǧelek قوندره چيلق s. T. métier ou commerce de cordonnier; cordonnerie.

Koundouz قوندوز s. T. castor, quadrupède amphibie.

Koundra قوندره s. T. v. *koundoura*.

Kounnèb قنب s. A. chènevis; chanvre.

Kou'oud قعود s. A. action de s'asseoir; partie de la prière musulmane qu'on récite étant assis.

Koup قوب partic. T. v. *kab*.

Koupa قوپه s. de l'I. coupe, verre à boire; cœur (dans le jeu de cartes).

Koupè قوپه s. du F. coupé (voiture).

Koura قرا s. A. pl. de *kariyè*, bourgs, villages.

Kour'a قرعه s. A. scrutin, ballottage, lot, sort; *kour'a nèfèri*, conscrit; *kour'a atma*, scrutin; *kour'a atmak*, voter, donner son suffrage; *kour'a čèkmèk*, tirer au sort; *kour'a issabèt ètmèk*, être recruté en tirant au sort.

Kourabiyè قرابيه s. T. (*ghourabiyè*), espèce de pâte sucrée et aux amandes, ronde et plate; *karpouz kourabiyè*, petite pastèque.

Kourada قواده a. T. vieux, décrépit.

Kour'agè قرعه‌جى s. T. officier qui fait tirer au sort les jeunes gens à recruter.

Kourak قوراق a. T. sec, sèche, sans pluie, sans humidité (temps, pays, etc.).

Kouraklek قوراقلق s. T. sécheresse.

Kouran قرآن s. A. Le Coran.

Kouraza قراضه s. A. rognures.

Kourb قرب s. A. voisinage, proximité.

Kourbagha قورباغا قوربا‌غه s. T. grenouille.

Kourbaghagek قورباغاجق s. T. ranule, grenouillette (tumeur qui survient au-dessous et près du filet de la langue); le petit de la grenouille.

Kourban قربان s. A. action de s'approcher; et pl. de *karib*, proches, parents.

Kourban قربان s. A. au pl. *karabin*, oblation, sacrifice, holocauste, victime, offrande qu'on fait à Dieu; *kourban bayrame*, v. *bayram*; *kourban ètmèk*, sacrifier; *kourban kèsmèk*, sacrifier, immoler; faire une offrande, un holocauste (à Dieu); *kourban olmak*, se sacrifier, s'immoler (pour Dieu ou pour les hommes).

Kourbanlek قربانلق s. T. propre à être immolé (mouton).

Kourbè قربه s. A. voisinage, proximité; parenté.

Kourbiyèt قربيت s. A. voisinage, proximité.

Kourchoun قورشون s. T. plomb; balle de plomb;

kourchoun sirkèssi, acétate de plomb ; *kourchouna dizmèk*, fusiller ; *bir birinè kourchoun atmak*, se haïr.

Kourchouni قورشونى a. T. plombé.

Kourchounlamak قورشونلامق T. (*kourchoun kaplamak*), couvrir de plomb, plomber, cacheter avec du plomb.

Kourchounlanmak قورشونلانمق T. être recouvert de plomb, etc.

Kourchounlou قورشونلى a. T. recouvert de plomb ; *kourchounlou maḫzèn*, quartier de Galata voisin de la douane.

Kourd قورد s. T. v. *kourt* avec ses dérivés.

Kourdourmak قوردرمق T. faire tendre, dresser, disposer ; faire monter une montre, une horologe, une machine.

Kourèba قربا s. A. pl. de *karib*, proches, parents.

Kourèna قرنا s. A. pl. de *karin*, compagnons, proches ; entourage d'un monarque ; s'emploie souvent comme singulier, chambellan ; *sèr kourèna*, premier chambellan.

Kourèvi قروى a. A. propre aux gens d'un village, villageois, rural ; d. de *kariyè*.

Kourġa قورجه s. T. grattage ; fig. excitation, irritation.

Kourġalachtermak قورجهلاشدرمق T. v. le suivant.

Kourġalamak قورجهلامق T. gratter, égratigner, remuer, manier trop ; fig. exciter, irriter, faire des perquisitions.

Kourghaz قورغاز a. T. très maigre, décharné.

Kourghou قورغو s. T. imagination ; mélancolie.

Kourlaghan قورلاغان s. T. peste formidable.

Kourmak قورمق T. tendre, dresser, apprêter, disposer ; réunir, convoquer, établir, organiser, ajuster ; monter une montre, etc. ; viser à, se mettre en tête ; vn. songer beaucoup, devenir mélancolique, pensif.

Kourna قورنه s. T. baignoire, lavoir, bassin d'un bain ou d'une fontaine.

Kournaz قورناز a. T. rusé, fin, malin, madré, fourbe ; espiègle.

Kournazlek قورنازلق s. T. ruse, finesse, fourberie ; espièglerie.

Kourou قورو a. T. sec, aride, desséché ; fig. nu, non tapissé ; maigre ; vain ; *kourou uzum*, raisin sec ; *kourou ot*, foin ; *kourou seke*, décharge sans balle (fusil) ; *kourou kourouya*, en vain, inutilement ; sans rien manger ; *kourou-čechmè*, village sur le Bosphore, à côté d'Orta-keuy (côte d'Europe).

Kourouch غروش s. T. v. *ghourouch*.

Kouroudougou قوروديجى a. T. siccatif, desséchant.

Kouroudoulmak قورود ولمق T. être desséché ou essuyé ; *kouroudoulmouch*, desséché.

Kourouk قوروق s. T. (*korouk*, vulg.), raisin vert, verjus ; fruit vert.

Kouroulanmak قورولانمق T. se sécher, s'essuyer.

Kourouldamak قورولدامق T. v. *ghourouldamak*.

Kouroulma قورولمه s. T. action d'être tendu, dressé, etc. ; air imposant et fier.

Kouroulmak قورولمق T. être tendu, dressé, préparé, apprêté, disposé ; être convoqué, établi ; être monté (montre, etc.), passif de *kourmak;* vn. prendre un air imposant et fier ; vouloir en imposer ; *kouroulmouch*, tendu ; disposé, organisé.

Kouroulouk قورولوق s. T. sécheresse.

Kouroum قوروم s. T. fondation, établissement ; air imposant.

Kouroum قوروم s. T. suie.

Kouroumak قورومق T. devenir sec, se sécher ; être sec, se faner ; être paralysé (membre) ; vn. amaigrir ; *kouroumouch*, séché, tari.

Kouroumaz قورومز a. T. intarissable.

Kouroun قرون s. A. pl.

de *karn*, v. *karn*; *kourouni vusta*, moyen âge.

Kourountou قورندى s.T. imagination, soupçon imaginaire; mélancolie.

Kourountoulou قورندىلى a. T. qui devient inquiet par des soupçons imaginaires.

Kourout قوروت s. T. sorte de lait caillé.

Kouroutma قوروعه s. T. desséchement, dessication, séchage.

Kouroutmak قوروعق T. dessécher, sécher; tarir, essuyer.

Kourra قرا s. A. pl. de *kari*, lecteurs du Coran.

Kours قرص s. A. disque; pastille (composition qui parfume l'air en brûlant).

Koursak قورساق s. T. gésier, estomac des oiseaux, jabot.

Koursan قورصان s. de l'I. corsaire, pirate; corsaire (navire).

Koursanlek قورصانلق s. T. piraterie, état ou métier de corsaire; *koursanlek ètmèk*, exercer la piraterie, faire le pirate, pirater.

Kourt قورت s. T. (ou *kourd*), ver; *ipèk kourdou*, ver à soie; *aghaĝ kourdou*, chenille.

Kourt قورت s. T. (ou *kourd*), loup; *èski kourt*, personne rusée; *kourt boghan*, aconit (plante vénéneuse); *kourt pènčèssi* ou *ternaghe*, bistorte (plante), m. à m. griffe ou ongle de loup.

Kourtaran قورتاران p. p. T. qui sauve, qui délivre; *ĝan kourtaran yok mou*, au secours! *ĝan kourtaran sandal*, barque de sauvetage.

Kourtareĝe قورتاريجى s. T. libérateur, sauveur, rédempteur.

Kourtarelmak قورتارلمق T. être sauvé, libéré, délivré; racheté.

Kourtarmak قورتارمق T. délivrer, sauver, libérer, racheter.

Kourtlanmak قورتلانمق T. être vermoulu; fig. être impatient; d. de *kourt*.

Kourtlou قورتلی a. T. vermoulu.

Kourtoulma قورتلمه s. T. v. *kourtoulouch*.

Kourtoulmak قورتلمق T. se sauver, être délivré ; se débarrasser ; s'échapper, s'évader ; *kourtoulmouch*, sauvé, délivré.

Kourtoulouch قورتلش s. T. action de se sauver, d'être libéré ; évasion, délivrance ; moyens de se sauver, d'échapper.

Kousdourmak قوصدیرمق T. v. *koustourmak*.

Kouskoughouk قوسقوغوق s. T. espèce de coucou (oiseau) ; pigeon sauvage, ramier.

Kouskoun قوسقون s. T. croupière.

Kouskous قوسقوس s. T. pâte en grains pour faire du *pilav*.

Kousmak قوصمق T. vomir.

Kousmouk قوصموق s. T. (*koussountou*), vomissement ; chose vomie.

Koussouk قوصوق s. T. vomissement ; chose vomie.

Koussountou قوصندی s. T. v. *kousmouk*.

Koussour قصور s. A. pl. de *kasr*, palais, châteaux (p. u. en T.).

Koussour قصور s. A. omission, faute, manque, défectuosité, imperfection, défaut, vice, erreur, reste ; *koussour ètmèk*, omettre, faillir, manquer ; *koussour ètmèmèk*, faire tout ce qu'on peut ; *koussoura bakmamak*, excuser ; *isti'faye koussour ètmèk*, demander pardon, s'excuser.

Koussourlou قصورلی a. T. défectueux, imparfait, incomplet, vicieux.

Koussoursouz قصورسز a. T. parfait, accompli, sans défaut, sans faute ; *koussoursouz bir allah*, Dieu seul est parfait.

Koustourmak قوصدیرمق T. faire vomir.

Koustourouğou قوصدیرجی a. T. vomitif, émétique.

Kout قوت s. T. (p. u.), bonheur ; heureux augure

Kout قوت s. A. au pl. *akvat*, aliment, nourriture; *kouti la yèmout*, nourriture nécessaire pour ne pas mourir.

Koutb قطب s. A. au pl. *aktab*, pôle; *koutbi chimali*, pôle arctique; *koutbi ǧènoubi*, pôle antarctique.

Koutbèyn قطبين s. A. (duel), les deux pôles.

Koutbi قطبي a. A. polaire.

Koutlou قوتلي a. T. heureux.

Koutn قطن s. A. coton; en T. us. *pambouk*.

Koutni قطني a A. cotonneux; s. (comme mot T.), sorte de satin mêlé de coton (dans ce cas il vaut mieux prononcer *koutnou*).

Koutou قوطي قوطو s. T. boîte, tabatière; mesure de denrées; *ènfiyè koutoussou*, tabatière de tabac à priser; *tutun koutoussou*, tabatière de tabac à fumer.

Koutr قطر s. A. au pl. *aktar*, région, contrée, pays; diamètre, diagonale (géométrie).

Koutsouz قوتسز a. T. malheureux, infortuné; pauvre.

Koutta' قطاع s. A. pl. de *kati'*, ceux qui coupent, usité avec le mot *tarik* (chemin); *koutta' ut-tarik* ou *koutta'yi tarik*, ceux qui coupent la route; brigands, voleurs de grand chemin.

Kouttal قتال s. A. pl. de *katil*, tueurs, assassins.

Kouvva قوا s. A. pl. de *kouvvèt*, forces, etc. v. *kouvvèt*.

Kouvvat قوات s. A. pl. de *kouvvèt*, v. *kouvvèt*.

Kouvvè قوه s. A. (ou *kouvvèt*), au pl. *kouvva*, projet, faculté, force, puissance; *kouvvèyi zatiyè*, force innée, naturelle; *kouvvèyi hayvaniyè*, force animale; *kouvvèyi dafi'a*, force répulsive; *kouvvèyi ǧazibè*, force d'attraction; *kouvvèyi muhrikè*, force motrice; *kouvvèyi miknatissiyè*, force magnétique; *kouvvèyi 'an il-mèrkèziyè*, force centrifuge; *kouvvèyi il èl-mèrkèziyè*, force centripète; *kouvvèyi iltissak*, force de cohésion; *kouvvèyi haya-*

tiyè, force vitale ; *kouvvèyi muchèddèdè*, force vive ; *kouvvèyi mutèvaziyè*, forces parallèles ; *kouvvèyi moutlaka*, forces absolues; *kouvvèyi ǧunoudiyè*, armées, troupes ; *kouvvèyi 'askèriyè*, forces militaires ; *kouvvèyi bahriyè*, forces navales, armées de mer ; *kouvvèyi bèrriyè*, armées de terre ; *kouvvèyi mumèyyizè*, raison, jugement ; *kouvvèyi bassirè*, la vue ; *kouvvèyi chammè*, l'odorat ; *kouvvèyi lamissè*, le tact ; *kouvvèyi zayika*, le goût ; *kouvvèyi sami'a*, l'ouïe ; *kouvvèyi hafeza*, la mémoire, *kouvvèyi mudrikè*, les facultés intellectuelles ; *kouvvèdè olmak*, être en projet, être en puissance ; *konvvèdèn fi'lè gètirmèk*, réaliser.

Kouvvèt قوّت s.A. (*kouvvè*), au pl. *kouvvat* ou *kouvva*, force, vigueur, pouvoir, puissance, renfort, secours; tonicité (méd.) ; *kouvvèt vèrmèk*, fortifier, renforcer ; *var kouvvèti vèrmèk*, employer toutes ses forces.

Kouvvètlè قوّتلّه ad. T. (*kouvvèt ilè*), fortement, avec force.

Kouvvètlèndiriği قوتلندرجى a. T. roboratif, tonique.

Kouvvètlèndirmèk قوتلندرمك T. fortifier, renforcer.

Kouvvètlènmèk قوتلنمك T. se fortifier, acquérir de la force, devenir fort, se renforcer.

Kouvvètli قوتلى a. T. fort, puissant, vigoureux, robuste.

Kouvvètsiz قوتسز a. T. sans force, sans vigueur, faible, impuissant.

Kouvvètsizlik قوتسزلك s. T. faiblesse, impuissance.

Kouyou قويو s. T., *biir*, A. puits.

Kouyoud قيود s. A. pl. de *kayd*, liens, enregistrements ; articles enregistrés.

Kouyoudat قيودات s. A. pl. du précédent, enregistrements.

Kouyouǧou قويوجى s. T. celui qui creuse un puits.

Kouyoum قويوم s. T. (p.

u.), objets d'ornement en or ou en argent.

Kouyoumḡou قویومجی s. T. orfèvre.

Kouyoumḡoulouk قویومجیلق s. T. orfèvrerie, métier d'orfèvre.

Kouyrouk قویروق s. T., zèneb, A., dunbal, P. queue; culasse; fig. fin, terme; appendice, supplément, coin (de l'œil); *kouyrouk salan*, hochequeue, bergeronnette (oiseau).

Kouyrouklou قویروقلی a. T. qui a une queue; *kouyrouklou yeldez*, comète.

Kouyrouksouz قویروقسز a. T. sans queue; fig. sans enfants.

Kouzat قضاة s. A. pl. de *kade*, juges.

Kouzghoun قوزغون s. T. corneille; *kouzghoun dèñizi*, mer Caspienne.

Kouzghounḡouk قوزغونجق n. p. T. nom d'un village sur le Bosphore un peu au delà de Scutari et habité en très grande partie par des Israélites; s.

grillage en fer aux portes des cachots.

Kouzou قوزی s. T. agneau; fig. (a.), bien-aimé, cher, doux, paisible; *kouzou dichi*, dents de lait; *kouzoum*, mon agneau, mon chéri, mon bien-aimé.

Kouzouḡouk قوزیجق s. T. petit agneau; dim. de *kouzou*.

Kouzoulamak قوزیلامق T. avoir un petit de son genre à côté (fruit).

Kouzoulou قوزیلی a. T. accompagné d'un petit de son genre (fruit, ligne, porte, etc.).

Kova قووه قوغه s. T. (*kogha*), seau.

Kovalamak قووالامق قوغالامق T. (*koghalamak*), poursuivre, donner la chasse, persécuter; quêter.

Kovan قوان قوغان s. T. (*koghan*), ruche d'abeilles; *kovan otou*, mélisse (plante).

Kovan قوان قوغان p. pr. T. (*koghan*), de *kovmak*, chassant, qui chasse, poursuivant, qui poursuit; *yèl* *kovan*, aiguille de montre; girouette, on dit aussi *'akrèb* pour aiguille de montre.

Kovdourmak قوودیرمق T. *(koghdourmak)*, قوغدیرمق faire chasser.

Kovmak قووَمق T. قوغمق *(koghmak)*, chasser, expulser; poursuivre.

Kovouk قوغوق s. T. *(koghouk)*, cavité, trou, caverne; a. creux, vide.

Kovoulmak قووُلمق قوغُلق T. *(koghoulmak)*, être chassé, expulsé, poursuivi; passif de *kovmak*; *kovoulmouch*, chassé, expulsé.

Koy قوى s. T. petit golfe, petite baie.

Koymak قویمق T. v. *komak*.

Koyn قوین s. T. v. *koyoun*.

Koyou قویو a. T. épais (liquide, ténèbres); foncé (couleur).

Koyou قویو قویى a. T. renversé, prosterné; en bas; *yuzu koyou*, face contre terre.

Koyoulachmak قویولاشمق T. s'épaissir (liquide); devenir plus foncé (couleur); *koyoulachmech*, épaissi (liquide); devenu plus foncé (couleur).

Koyoulachtermak قویولاشدیرمق T. épaissir, rendre épais (liquide); foncer, rendre plus foncé (couleur).

Koyoulmak قویولمق T. se jeter (une rivière dans une autre); se précipiter (sur l'ennemi).

Koyoulouk قویولق s. T. état plus ou moins épais d'un liquide; état d'une couleur foncée.

Koyoun قویون s. T. mouton; brebis; fig. personne douce et de peu d'esprit; *koyoun otou*, aurone, citronnelle (plante); *dichi koyoun* (proprement), brebis; *koyoun yel*, 8ᵉ année de chaque période de l'ancienne ère turque.

Koyoun قویون s. T. *(koyn)*, sein; poche; *koyoun sa'ate*, montre de poche.

Koyvèrmèk قویویرمك T. lâcher.

Koz قوز s. T., ğèviz, noix; *koz aghağe*, noyer (arbre); *koz paylachmak*, s'arranger, s'accommoder; *koz kaboughouna girmèk*, se cacher rigoureusement.

Koz قوز s.T. atout (dans le jeu de cartes).

Koza قوزه s. T. capsule; *ipèk kozasse*, cocon; *pambouk kozasse*, noix de coton.

Kozak قوزاق s. T. pomme de pin; boule.

Kozalak قوزالاق s. T. pomme de cyprès; galbule; fig. tout corps qui n'a pas la grandeur naturelle.

Kral قرال s. du Slavon, v. *keral*.

Krem قرم n. p. T. Crimée, presqu'île de la Russie d'Europe.

Kremle قريملي a. T. habitant de la Crimée.

Kubèra كبرا s. A. pl. de *kèbir*, grands et illustres personnages.

Kubra كبرى a. A. fém. de *èkbèr*, plus grande, illustre, éminente; s. la majeure (log.), opposé à *soughra*, la mineure (log.).

Kuch كش impér. P. de *kuchtèn*, tue; a. qui tue; partic. en compos.; *mèrdum-kuch*, homicide.

Kucha كشا impér. a. P. ouvre, réjouis, conquiers; qui ouvre, etc.; *dil-kucha*, qui réjouit le cœur; *kichvèr-kucha*, conquérant.

Kuchad كشاد s. P. action d'ouvrir, de découvrir; ouverture, inauguration; conquête; *kuchad ètmèk*, ouvrir, découvrir, inaugurer.

Kuchadè كشاده p. p. a. P. ouvert, découvert; conquis; gai, joyeux; *kuchadè-rouy*, serein (visage); *kuchadè-dil*, réjoui (cœur).

Kuchayich كشايش s. P. action d'ouvrir; égayement, réjouissance.

Kuchtè كشته p. p. P. tué; d. de *kuchtèn*.

Kuchtègian كشتكان s. P. pl. du précédent, ceux qui sont tués.

Kučuğuk كوچوجك كوچك a. T. cher petit, très petit.

KUČU   637   KUFU

Kučak كوچك a. T. petit, jeune, en bas âge ; s. enfant ; petit d'animal (en général) ; *kučuk yach*, enfance ; *kučuk duchmèk*, être humilié.

Kučuklèmèk كوچكلەمك T. mépriser, humilier.

Kučuklètmèk كوچكلتمك T. (*kučultmèk*), diminuer, amoindrir, rendre petit, mince.

Kučukluk كوچكلك s. T. petitesse, minorité, enfance, jeunesse, bas âge ; fig. honte, indignité ; *kučuklukdèn bèri*, depuis l'enfance.

Kučulmèk كوچولمك T. devenir petit, se rapetisser, se rendre petit.

Kučultmèk كوچولتمك T. rendre petit, rapetisser ; montrer comme de peu d'importance.

Kučurèk كوچورك a. T. un peu ou assez petit.

Kuf كوف s. T. moisissure, moisi ; *kuf baghlamak*, moisir ; *kuf kokmak*, sentir le moisi.

Kufè كوفه s. T. couffin, sorte de corbeille profonde.

Kufèk كوفك a. T. spongieux.

Kufèlik كوفهلك a. T. ivre-mort.

Kuffar كفار s. A. pl. de *kiafir*, les infidèles.

Kufiyè كفيه s. A. quantité suffisante.

Kuflènmèk كوفلنمك T. se moisir, être moisi ; fig. être abandonné à l'oubli ; d. de *kuf* ; *kuflènmich*, moisi.

Kuflètmèk كوفلتمك T. faire moisir, moisir.

Kuflu كوفلى a. T. moisi.

Kufr كفر s. A. (*kufur*), infidélité, incrédulité, impiété ; blasphème ; comme mot turc, injure ; *kufur ètmèk*, blasphémer ; injurier.

Kufran كفران s. A. ingratitude ; *kufrani ni'mèt*, même signification.

Kuftè كوفته s. T. v. *keuftè*.

Kufur كفر s. A. (prononciation vulg.), v. *kufr*.

Kufur-baz كفرباز s. P. blasphémateur.

Kuhèylan كهيلان s. P. (*kuhlan*, T. vulg.), cheval arabe de race.

Kuhl كحل s. A. cosmétique dont on enduit les paupières pour donner aux yeux une belle apparence ; collyre (méd.).

Kuhnè كهنه a. P. vieux, antique, usé.

Kukurd كوكرد s. P. (*kukurt*, T.), soufre ; *kukurt čičèyi*, fleur de soufre.

Kukurdlu كوكردلى a. T. sulfurique; sulfureux, soufré.

Kukurt كوكرت كوكورت s. T. v. *kukurd*.

Kukurtlu كوكرتلى a. T. v. *kukurdlu*.

Kul كول s. T. cendre; *kul souyou*, lessive ; *kul rèngi*, couleur cendrée ; *kul basde*, côtelette ; *kul kèdissi*, individu qui craint beaucoup le froid ; frileux; *kul olmak*, être incendié, brûlé ; être détruit, ruiné.

Kulah كلاه s. P. bonnet à bout pointu ; bonnet de derviche ; toute sorte de bonnet de feutre ; tube de laiton qu'on pose sur le narguilé (pipe persane) pour le préserver du vent ; fig. ruse, tromperie, gain illicite ; *kulah ètmèk*, tromper ; *kèčè kulah*, dépouillé de ses titres ; dégradé.

Kulahġe كلاهجى s. T. fabricant ou vendeur de bonnets de feutre, etc. ; fig. rusé, fourbe.

Kulahle كلاهلى a. T. qui porte un bonnet de feutre, un bonnet de derviche.

Kulbè كلبه s. P. v. *koulibè*.

Kulčè كولچه s. T. lingot de métal.

Kulèk كولك s.T. sorte de seau à anse pour recevoir le lait ; hune de navire.

Kulfèt كلفت s. A. peine, fatigue; cérémonies, façons.

Kulfètli كلفتلى a. T. qui se fait avec peine et fatigue.

Kulfètsiz كلفتسز a. T. qui se fait ou s'obtient sans peine, sans fatigue.

Kulhan کولخان s. T. v. le suivant.

Kulhan کلخان s. P. four pour chauffer le bain ; *kulhan bèyi*, gamin qui passe la nuit au four d'un bain.

Kulhani کولخانی a. s. T. v. le suivant.

Kulhani کلخانی a. s. P. misérable ; gamin qui n'a pour domicile que le four d'un bain public ; canaille.

Kull کل s. A. totalité, universalité ; a. tous ; *kulli èn-nas*, tous les hommes, le genre humain ; *min kull il-vuğouh*, sous tous les rapports ; *kulli yèvmin*, tous les jours.

Kullèmè کوللّمه s. T. sorte de maladie de la vigne ; oïdium.

Kulli کلّی a. A. total, opposé à *ğuzi*, partiel ; comme mot turc, beaucoup, trop ; en gros.

Kulliyat کلیات s. A. pl. affaires générales.

Kulliyèn کلیاً ad. A. totalement, entièrement, tout à fait.

Kulliyèt کلیّت s. A. totalité, le tout ; grand nombre, grande quantité.

Kulliyètli کلیّتلی a. T. en grand nombre, en grande quantité.

Kullu کوللی a. T. mêlé de cendre.

Kulunk کولونک s. T. pioche pour casser les pierres, pic.

Kumè کومه s. T. tas, amas ; groupe ; colline.

Kumèk کومک s. T. tas, amas ; secours, assistance.

Kumèlti کوملدی s. T. hutte de chasseur ou de garde-champêtre ; épouvantail.

Kumès کومس s. T. poulailler.

Kundè کونده s. T. entraves ; embuscade, trappe.

Kunh کنه s. A. fond ; extrémité ; *kunhunè varmak*, approfondir, connaître à fond.

Kuniyè کنیه s. A. figure dite métonymie ; surnom ; note comprenant le nom d'un individu, le nom de son père, sa patrie, son âge et ses traits principaux ;

kuniyè tèftèri, registre qui contient de telles notes.

Kunk كُونَك s. T. conduit, tuyau de terre; gouttière.

Kunkè كُونكَه s. T. petit éclat de bois.

Kunkurè كُنكُره s.P. sommet d'une voûte, d'une coupole.

Kunluk كُونلُك s. T. (mieux *gunluk*), encens.

Kunouz كُنوز s. A. pl. de *kènz*, trésors enfouis.

Kuouh كُوه s.P. v. *kiouh*.

Kup كُوپ s. T. jarre.

Kupè كُوپَه s. T. pendant d'oreilles; *kupè čičèyi*, plante à fleurs rouges ou roses pendant en clochettes, fuchsia.

Kupèchtè كُوپشته s. T. v. *keupèchtè*.

Kurassi كَراسي s. A. pl. de *kursi*, sièges, trônes, fauteuils.

Kurat كَرات s. A. pl. de *kurè*, globes.

Kurd كُرد s. A. au pl. *èkrad*, Kourde (Kurde), peuple nomade de la Mésopotamie; Mède.

Kurd-istan كُردستان n. p. P. Kourdistan, pays des Kurdes; Médie; contrée de la Turquie d'Asie.

Kurè كُوره s. T. forge.

Kurè كُره s. A. au pl. *kurat*, globe, boule, sphère; *kurèyi arz*, globe terrestre; *kurèyi sèma*, globe ou sphère céleste.

Kurèk كُورَك كُوراك s. T. pelle, rame; galère (peine des galériens, des forçats); *kurèk kèmiyi*, omoplate; *kurèk čèkmèk*, ramer; *akenteya kurèk čèkmèk*, ramer (aller) contre le courant; fig. se fatiguer en vain, inutilement; *kurèyè atmak*, condamner aux galères.

Kurèkği كُورَكجي s. T. rameur; fabricant ou vendeur de rames, de pelles.

Kurèkli كُورَكلي a. T. à rames.

Kurèvi كُروي a. A. globulaire, sphérique, sphéroïdal.

Kurèviyèt كُرويت s. A. sphéricité.

Kurk كورك s. T. pelisse, fourrure ; habit garni de fourrures.

Kurkğu كوركچى s. T. pelletier ; marchand de fourrures, fourreur.

Kurkğuluk كوركچيلك s. T. pelleterie.

Kurklu كوركلى a. T. garni de fourrures (habit) ; qui porte une pelisse.

Kursi كرسى s. A. au pl. *kurassi*, chaire, chaise, fauteuil ; trône ; chef-lieu ; capitale.

Kuruk كوروك s. T. v. *keuruk*.

Kuruklèmèk كوروكله‌مك T. v. *keuruklèmèk*.

Kusbè كوسبه s. T. tourteau, résidu.

Kusku كوسكو كوسكى s. T. tison ; barre de fer à bout pointu ; pic, lance.

Kuskun كوسكون a. T. fâché ; *dèvlèt kuskunu*, disgracié.

Kuskunluk كوسكونلك s. T. fâcherie.

Kusmè كوسمه s. T. fâcherie ; a. arriéré, resté petit (arbre, etc.).

Kusmèk كوسمك T. se fâcher, être fâché ; resté en arrière, ne pas grandir.

Kussar كسار impér. a. P. enlève, dissipe ; qui enlève, qui dissipe ; partic. en compos. ; *gham-kussar*, qui dissipe les chagrins.

Kussouf كسوف s. A. éclipse de soleil ; *kussoufi kulli*, éclipse totale ; *kussoufi ğuzi*, éclipse partielle.

Kussour كسور s. A. pl. de *kèsr*, fractions, monades, décades, etc.

Kussourat كسورات s. A. pl. du précédent ; partie de l'arith. qui traite des fractions.

Kussu كوسو s. T. fâcherie.

Kussulu كوسولى a. T. fâché.

Kustah كستاخ a. P. impertinent, arrogant, insolent.

Kustahanè كستاخانه ad. P. avec effronterie, insolemment, impertinemment ; a. impertinent, insolent.

Kustahlek كستاخلق s. T. impertinence, effronterie, insolence.

Kustèr كستر impér. a. P. étend, répand; qui étend, etc.; partic. en compos.; *sadakat-kustèr*, fidèle.

Kustèrè كوستره s. T. long rabot; pierre à aiguiser.

Kusturmèk كوسدرمك T. fâcher.

Kut كوت a. T. non pointu, non aigu.

Kut كوت partic. T. imite un bruit sourd, comme lorsqu'on frappe sur le dos de quelqu'un; *pat kut*, même signification.

Kutah كوتاه a. P. v. *kioutah*.

Kutahiyè كوتاهیه n. p. T., Kutaieh, ville de la Turquie d'Asie, 55,000 h.

Kutlèmèk كوتلمك T. v. *kuturdèmèk*.

Kuttab كتاب s. A. pl. de *kiatib*, écrivains, secrétaires.

Kutub كتب s. A. pl. de *kitab*, livres, registres; *kutub-ḫanè*, bibliothèque.

Kutuk كوتوك s. T. tronc, cep; grand livre; chose principale; *kutuk ètmèk*, couper les branches à un arbre; *kutuk olmak*, s'enfler, grossir; *èski kutuk*, personne expérimentée; *ǧèhènnèm kutuyu*, pécheur digne de l'enfer.

Kuturdèmèk كوتردمك T. (*kutlèmèk*), rendre un bruit sourd comme le dos lorsqu'on le frappe.

Kuturdu كوتردی s. T. bruit, fracas, tapage, vacarme; *paterde kuturdu*, même signification.

Kuturdulu كوتردیلی a. T. qui fait beaucoup de bruit; tapageur; qui se fait avec beaucoup de bruit et de tapage.

Kuzaz كزاز s. A. tétanos.

Kuzazi كزازی a. A. tétanique.

FIN DU TOME PREMIER.

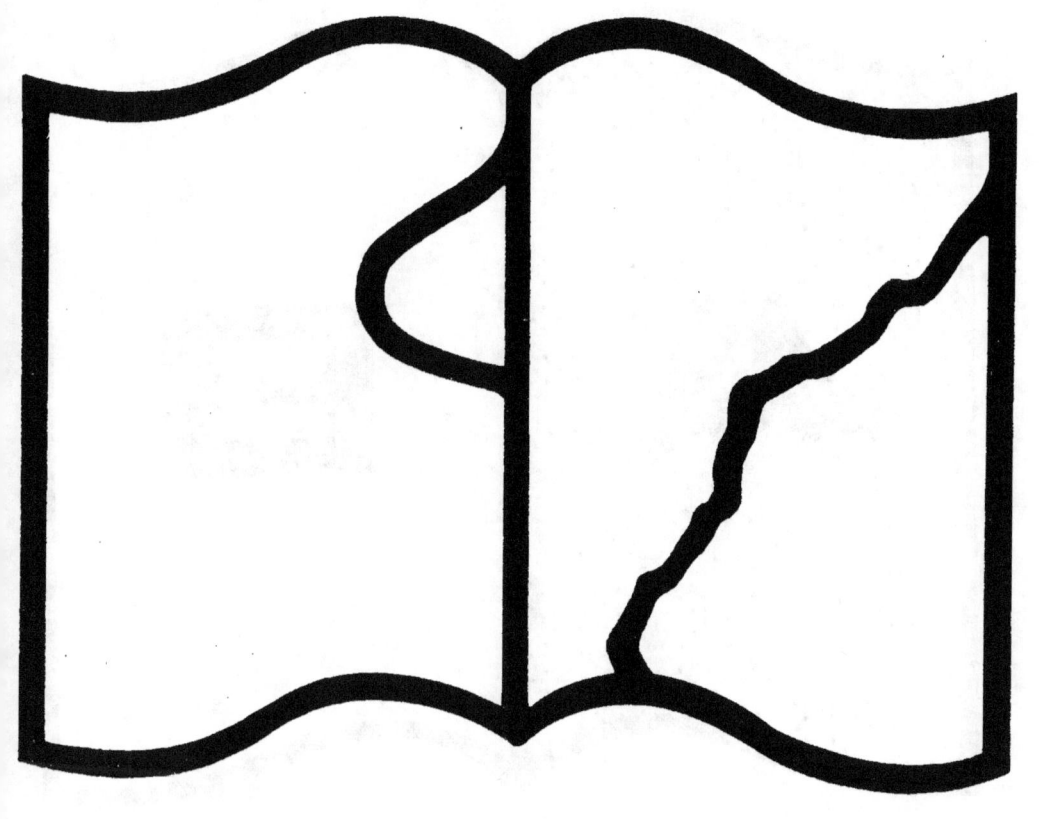

Texte détérioré — reliure défectueuse

NF Z 43-120-11

Contraste insuffisant

NF Z 43-120-14

www.ingramcontent.com/pod-product-compliance
Lightning Source LLC
Chambersburg PA
CBHW050100230426
43664CB00010B/1381